敦煌文獻合集

張涌泉 主編 審訂

敦煌經部文獻合集

第五册 小學類韻書之屬（一）

關長龍 撰

中華書局

小學類韻書之屬（一）

切韻

陸法言

切韻（一）（卷一）

伯三七九八

【題解】

《切韻》，陸法言撰。法言名詞（『詞』字《舊唐書》經籍志、《新唐書》藝文志《切韻》條下皆作『慈』，日本源順《倭名類聚鈔》及僧瑞信《浄土三部經音義》作『詞』，與敦煌本《王序》同，合於傳統學人的名、字關係），以字行。唐蘇鶚《蘇氏演義》卷上云：『法言本代北人，世爲部落大人，號步陸孤氏，後魏孝文帝改爲陸氏。及遷都洛陽，乃下令曰：「從我入洛陽，皆以河南洛陽爲望也。」』《元和姓纂》所述略同。據陸氏《切韻·序》，其序撰於隋仁壽元年（六〇一），則《切韻》之作，蓋亦當成於此時。全書分爲五卷，一百九十三韻（其中平聲上廿六韻，平聲下廿八韻，上聲五十一韻，去聲五十六韻，入聲三十二韻）。又據關長龍、曾波《敦煌韻書斯二〇五五之謎》（張涌泉、陳浩主編《浙江與敦煌學》，浙江古籍出版社二〇〇四）考證，陸氏《切韻》原本所收字頭數約爲一萬零九百個左右。

底卷編號爲伯三七九八，存一殘紙，單面抄。其内容爲平聲一東、二冬、三鍾三韻殘字，計十六行。大韻起始處文字不提行，空約四字後接書；大韻代表字前有標序數字，數字前加朱圈；小韻首字前加朱點；每一大韻結束，用『右××韻』標出其中的小韻數；小韻首字注文的體例爲字頭—釋義—反切—小韻字頭數。行間有界欄，行款、字體皆甚謹飭，書法有隸意。以大字計，行抄約十八字左右。與《箋七》比較，底卷收字少，常用字大多無訓解，無加字加訓標識，『應當是陸法言書較早的傳本』（《周韻·考釋一》，頁八〇七）。《索引》定名爲『切韻』，《寶藏》、《索引新編》同。其中『葉』字作『蓵』形，蓋避唐諱改。綜此，底卷蓋爲唐初抄本。今從諸家定作《切韻》（一），簡稱《切一》。

《潘韻》最早據原卷録文，其後《補正》據膠片録文（略有校勘），後《周韻》亦據膠片録文，并加以考釋。今據《法藏》録文，并參考敦煌韻書中相關的卷子如《切二》、《箋七》、《唐韻》、《唐刊》及傳世韻書《王二》、《裴韻》、《廣韻》等校録於後。

（前缺）

1 東 ▨（蠳）□▨（麥）。〔一〕充▨▨（處隆）反。三。〔二〕▨（琉）▭〔三〕▨（鼜）鼓聲。〔四〕空▨▨（苦紅）反。〔五〕五。箜箜篌。崆▨▨（崆峒），山名。〔六〕▨（硿）□青，色。〔七〕椌稻稈。公▨（古）□反。□。〔八〕□。〔九〕▨（工）。〔一〇〕疘□▨（病）。〔一一〕▭〔一二〕蒙莫紅反。十二（一）。〔一三〕濛。〔一四〕朦大皃。矇矇〔□。□□〕艨，戰船。又武用反。〔一五〕饛盛食滿皃。〔一六〕鬖馬垂鬖。〔一七〕驜驢子。檬似槐黄蓵（葉）。〔一八〕醿麴▨（生）□□。〔一九〕□□。〔二〇〕▨（籠）盧紅反。〔二一〕十三。礲大谷。櫳房□。〔二二〕朧日（月）欲明。〔二三〕聾□聲。〔二四〕龓馬龓頭。〔二五〕瀧瀧涷，沾漬。聾。〔二六〕□□。□□。〔二七〕嚨喉嚨。〔二八〕穠黍穠。蘢草名。洪胡籠反。十。訌諠潰。▨（鉷）弩□。〔二九〕紅。虹又古巷反。鴻。葓水草。仜▭□□□▨（蒙）。□□□。□。〔三〇〕翁烏紅反。〔三一〕三。螉蠮□，虫。〔三二〕▭〔三三〕▨（驄）馬▨（色）。〔三四〕通他紅□。▨（四）。〔三五〕▨（蓪）□□，□□。〔三六〕▨（侗）▭〔三七〕騘馬鬣。〔三八〕逢（蓬）薄紅反。〔三九〕二。篷車篷。烘火皃。呼同反。二。魟河魚，以（似）鼈。

□□□□〔四〇〕

2冬

□冬都宗反。〔四一〕二。苳草名。彤赤。徒冬反。六。疼痛。佟姓。炵火盛皃。又他冬反。▨(鴤)▨(鳥)□，□《□□□》。□□□。□□□□。□□□。□。〔四二〕▨(琮)▨(玉)□。〔四三〕▨(悰)慮；一曰樂。〔四四〕潨小水入大[□]。又軄隆反。〔四五〕淙水聲。農奴冬反。三。膿血。儂我。恭駒冬反。四。▨(龔)。□。□□。□□，□。□□□。□。〔四六〕淞水名，出吴郡。樅木名。七恭反。二。鏦短予(矛)。〔四七〕攻伐。古冬反。一。䃔䃔礲，石落聲。户冬反。一。礲力□□。□。〔四八〕▨(宗)□□反。▨(一)。〔四九〕

右十一韻

3鍾

三鍾酒器。職容反。〔五〇〕八。鐘樂器。蚣蟲。忪心動。𥫱長節竹。彸征彸，行皃。妐夫兄。衳小褌。龍力鍾反。四。瓏圭，爲龍文。躘躘蹱，小行皃。〔五一〕鸗鳥名。舂書容反。四。摏摏撞。踳□。〔五二〕𪇆鸀𪇆，鳥名。松祥容反。二。訟争獄。又徐用反。衝尺容反。〔五三〕五。罿網(網)。〔五四〕憧往来皃。䡴陷陣車。艟戰舩。容餘□反。十□。〔五五〕▨(溶)水□。〔五六〕滽水名，出宜蘇山。庸。墉垣。𤜹似牛，領有宍(肉)。〔五七〕鎔鑄。鏞。〔五八〕鄘國名。傭傭賃。又丑凶反。鷛鳥之名。〔五九〕𤭛□。〔六〇〕□□□。□□□□。〔六一〕▨(蓉)芙□。〔六二〕□□□□。□。□□□。□□▨(容)□。□。〔六三〕凶。〔六四〕銎柄□。〔六五〕洶水□。〔六六〕恟。〔六七〕兇▨(惡)。〔六八〕▨(訩)▨(衆)□。〔六九〕▨(顒)□□□。□。〔七〇〕

(後缺)

【校記】

〔一〕本條以下所存韻字參《箋七》、《王二》、《裴韻》及底卷韻例知爲『一東』韻殘字。本條字頭底卷存左下角筆畫，注文殘字存左部少許漫漶的筆畫，兹參《箋七》、《王二》、《裴韻》校補作『𩐈』、『麥』二字，其字頭『𩐈』字《箋七》隸於『敷隆反』小韻。又缺字底卷漫滅，可參諸本補作『煮』字。

〔二〕注文『反三』二字筆畫底卷有些漫散，此參《箋七》、《王二》、《裴韻》録定。又注文殘字底卷皆存左側筆畫，兹參諸本補作『處隆』二字。

〔三〕字頭底卷存下部少許漫漶的筆畫，兹參《箋七》、《王二》、《裴韻》校補作『琉』字。又『琉』字下至下條殘字『鼜』間底卷殘泐約六個半大字的空間，《箋七》此間内容作『○琉（珫），琉（珫）身（耳）。○芃，芃蔚，草。○隆，力中反。三。○癃，病』，比底卷所殘空間多半個大字，遵《切韻》常用詞多不釋義例，疑底卷『琉』或『癃』字無注文。

〔四〕字頭底卷存下部筆畫，《王二》、《裴韻》作『鼜』，《唐刊》（伯二〇一五）俗寫作『鼟』形，兹參底卷用字校補作『鼟』字。《廣韻》云：『鼕，鼓聲，俗作鼛。』『鼛』字當即『鼜』字俗省，是『鼜』又當爲『鼕』之易位俗字。又注文『皷』字，《唐刊》（伯二〇一五）、《裴韻》同，爲『鼓』的俗字，《箋七》、《王二》正作『鼓』。

〔五〕注文二殘字底卷存邊側筆畫，《箋七》、《王二》及《裴韻》皆作『苦紅』，兹據校補。

〔六〕注文殘字前者底卷存一代字符的上部筆畫，後者存左部漫漶似『山』形筆畫，兹參《箋七》、《王二》及《裴韻》校補作『崆峒』二字。

〔七〕字頭底卷存左部筆畫，其中『石』旁略可辨出，兹參《箋七》、《王二》及《裴韻》校補作『硿』字。注文缺字底卷殘泐，此依底卷行款并參《箋七》、《王二》擬補一個缺字符（原當作代字符形），《箋七》『硿』字注文作『硿青，石』，《王二》作『硿青，色』，《廣韻》作『硿青，色也』，《裴韻》作『青色』，蓋『青』字前脱代字符。余迺永引《集韻》『硿』字注文『硿青，藥名，出會稽』，以爲《廣韻》的『色也』二字當作『藥名』，蓋不確。檢《集韻》注文作『硿青，藥名，出會稽；一曰石聲』。又《玉篇》石部亦作『硿，石聲』。推知《切韻》注文原當爲『硿青，石聲』，即指明『硿』字有二義。後因傳抄脱誤，而爲『硿青，石』，又以『青』字而臆改『石』爲『色』，幸有《箋七》還保留着這一訛變過程的原貌。

〔八〕注文殘字底卷僅存上部少許筆畫，又缺字底卷漫滅，《箋七》『公』字注文作『古紅反。七』，兹參校補殘字作『古』字，而缺字當亦可據參補。

〔九〕缺字底卷漫滅，可參《箋二》、《箋七》校補作『功』字。

〔一〇〕殘字底卷存左下角筆畫，茲參《箋二》、《箋七》校補作『工』字。

〔一一〕『疘』字右下角底卷漫漶，此參《箋二》、《箋七》録定。 注文殘字底卷存左側筆畫，此亦參前二書校補作『病』字；又缺字底卷殘泐，可參二書補作『下』字。

〔一二〕『疘』字條下至『蒙』字間底卷約殘六個大字的空間。《箋七》相關内容爲『○蚣，蜈蚣，虫。○玒，玉。○釭，車釭。又古雙反』。《王二》此小韻收九字，《裴韻》八加一，皆比《箋七》多『攻』、『愩』二字，底卷此處的空位與《箋七》的内容大致吻合，可參。

〔一三〕本小韻實收十一字，又《箋七》標數字作『十一加二』，可證《切韻》原本標數字應爲『十一』，茲據校改。

〔一四〕《切韻》原本常用字多不釋義，此爲其編撰體例之一，後不一一説明。

〔一五〕字頭『矇』字注文底卷作『矇，矇艟，戰船。又武用反』，考《王二》、《唐刊》（伯二〇一六）相關部分作『○矇，矇瞽。○艨，艨艟，戰船。又武用反』，底卷『矇艟』二字間顯有脱文，《補正》以爲『脱「矇瞽艨」』三字，是，茲據擬補三個脱字符。

〔一六〕字頭『鑝』字下半略有殘泐，《潘韻》録作『鑝』，是，茲從之。

〔一七〕注文《王二》、《唐刊》（伯二〇一六）同，《廣韻》作『馬垂鬣』，義長。

〔一八〕『𦯀』爲『葉』字避唐太宗李世民諱改作，參《敦煌俗字研究》下編艸部『葉』字條考釋，後同，不一一出校説明。

〔一九〕注文殘字底卷存上部筆畫，茲參《王二》、《裴韻》及《唐刊》（伯二〇一六）校補作『生』字；又缺字底卷漫滅，可參諸本補作『衣皃』二字。

〔二〇〕『醲』字條下至下條殘字『籠』間底卷殘泐約一個半大字的空間，《箋七》此小韻字有脱文，《王二》、《裴韻》

『醲』、『籠』之間有多個字頭，故不能斷底卷所殘爲何字，《補正》考其所缺字當爲『冡，覆』條，姑從擬補二個缺字符。

〔二一〕字頭底卷存左側少許筆畫，茲參《王二》、《裴韻》、《唐刊》（伯二〇一六）校補作『籠』字。

〔二二〕底卷『房』字下模糊，《潘韻》未録字，《周韻》録一代字符，《唐刊》（伯二〇一六）『櫳』字注文首字亦作『房』，後亦漫壞不能辨。考《箋七》『盧紅反』小韻收有二『櫳』字，前者注文作『檻也，養禽獸所』，後者注文作『囚房』；《裴韻》亦收二『櫳』字，只是前者注文作『案《説文》房室之「□」』，後者作『檻也，養禽獸所』；《王二》只收一個『櫳』字，注文作『房』，然其實收字頭數比其標數字少二，故不可據定；《廣韻》則前者作『櫳』，注文云『《説文》云「房室之疏也」。亦作櫳』，後者作『櫳』，注文云『檻也，養獸所也』，此合於《説文》。從底卷本小韻後未重出『櫳』字及此『櫳』字靠前的位置可知，它應是《説文》的『櫳』字，其義爲『窗』，非房屋本身，故以『房櫳』詞組釋之爲宜，茲據擬補一個缺字符，亦可知《箋七》二『櫳』字注文之淆亂也。

〔二三〕字頭『朧』字左旁《周韻》録作『日』字形，不確；《潘韻》録作『月』字形，是。又注文『日』字《周韻》、《潘韻》同，當是『月』字之訛，《箋七》本條作『朧，月明』，可證。《廣韻》作『朧，朦朧』，則又於釋義有所改動。

〔二四〕注文缺字底卷漫滅，《箋七》、《王二》、《裴韻》、《廣韻》皆作『大聲』，可據補。

〔二五〕注文『馬䪊頭』底卷作『䪊馬頭』，《箋七》作『馬攏頭』，《裴韻》作『馬䪊頭』，茲據乙正，《廣韻》作『䪊頭』，蓋省『馬』字。

〔二六〕底卷『聾』字下漫滅，《箋七》『聾』字無注文，故據句斷。

〔二七〕『聾』字下至下條『嚨』字間底卷漫滅約三個大字的空間，《箋七》、《王二》『聾』、『嚨』間的内容作『〇䪊，軸頭。〇礱，斳』，與底卷漫滅空間大致吻合，且『盧紅反』小韻底卷存十一个字頭，加此二字頭，正合於標數字『十三』，茲據擬補五個缺字符。

[二八]『嚨』字左部『口』旁底卷漫滅，此參《箋七》、《王二》、《裴韻》録定。

[二九] 字頭底卷僅存右上部及左上角少許筆畫，《周韻》未録，《潘韻》録作小字缺字符，皆不確，檢《王二》、《裴韻》、《廣韻》、《集韻》該字皆作『鉷』，茲據校補；《箋七》作『釭』，蓋承前『古紅反』小韻之『釭』而誤。又注文『弩』下一字底卷漫滅，《箋七》、《王二》皆作『牙』，可據補。

[三〇]『仜』字下至『翁』字間底卷漫滅約七個大字的空間，其中殘字居雙行注文之右行末，存下部似『聚』字下部筆畫，檢《箋七》、《王二》、《裴韻》，其『葓』、『翁』之間所收字頭數不同，比擇其同者五：『葒』（《裴韻》誤作『⿱艹絴』形）、『仜』、『⿰彳共』、『洚』、『叢』，其中《箋七》所收的『藂』字《王二》收爲『叢』的異體字，又《裴韻》『洚』字排序在『葓』字前，底卷此處尚缺三個字頭，《補正》擬取相關内容作『○仜，身肥大。○⿰彳共，大⿱殸王。○紅，赤米。○叢，或作藂。徂紅反。一』，比底卷漫滅空間多一個大字，可參，茲據校補殘字作『藂』，并爲後一殘條擬補七個缺字符。

[三一] 注文『烏』字上部及『紅』字左下角底卷皆有些漫滅，此參《箋七》、《王二》、《裴韻》録定。

[三二] 注文缺字底卷殘泐，可參《箋七》、《王二》補作『螉』字。

[三三] 前行『螉』字條下至行末底卷殘漫滅一個半大字的空間，次行行首至下條殘字『驄』字間底卷漫滅約十二個左右大字的空間。《箋七》相關内容作『○⿰魚翁，魚。○蓊，蓊鬱，菜（草）木盛皃。○忩，古作悤。倉紅反。八加一。○葱。○樬，檜。○轗，檻囗，戰（載）囚。○聰。○緫，色青黄；又細絹』，如果前一小韻（烏紅反）取『⿰魚翁』字條，則其内容比底卷所漫滅空間多約一個大字，是底卷前一小韻末條當爲『蓊』字條，如此，則《箋七》『倉紅反』小韻之相關内容與底卷所漫滅空間略合，可參。

[三四] 字頭和注文殘字底卷分別存右下角和右部少許筆畫，茲參《箋七》、《王二》、《唐韻》（伯二〇一八）校補作『驄』、『色』二字。

[三五]『通』字左部底卷略殘，茲參《箋七》、《王二》、《裴韻》録定。注文殘字底卷存下部少許漫漶的筆畫，《箋

七》、《王二》、《裴韻》、《唐韻》（伯二〇一八）本小韻標數字皆作「四」，茲姑據校補；又缺字底卷殘泐，可參諸本及文例補作「反」字。

〔三六〕字頭底卷存上部「艹」旁，茲參《箋七》、《王二》、《裴韻》校補作「蓪」字。又注文缺字底卷殘泐，可參諸本補作「蓪草，藥名」。

〔三七〕前行殘字居底卷行末，存左部筆畫，其中「亻」旁可辨，茲參《箋七》、《王二》、《裴韻》校補作「侗」字。次行底卷僅存行末的「騘」字，行首至「騘」字間漫滅，據空間，約可抄十九個左右大字，《箋七》相關内容作「○侗，大。○恫，痛。○葼，木細支。子紅反。十二加一。○椶，栟櫚。○緵，縷。○蓯，蘢蓯。○翪，飛而斂足。丈（又）則貢反。○鬷，釜屬。○嵕，九嵕山。○豵，[□□□□。○□，]豕生三子。○鯼，石首魚。○椶（揔），椶（揔）滅」，《王二》相關内容作「○侗，大。○恫，痛。○葼，子紅反。木細枝。十九。○椶，栟櫚。○緵，縷」，《裴韻》所收内容與《王二》略同，只是「葼」小韻數作「十四加六」，又於「緵」條前多一「蓯，蘢蓯」條，較之底卷漫滅空間，則《箋七》稍多，而《王二》、《裴韻》之内容又不能填滿。

〔三八〕「騘」字《王二》同，《箋七》、《裴韻》皆以「騣」爲字頭，而別收「騘」字爲俗體。考《廣韻》上平東韻以「鬉」爲「騣」的異體，可知「騘」形當爲「鬉」字的形旁類化所致。

〔三九〕「蓬」字《王二》、《唐韻》（伯二〇一八）同，《箋七》作逄，皆爲「蓬」字俗寫，《廣韻》正作「蓬」。

〔四〇〕缺字底卷漫滅，據「三鍾」前「右十一韻」的體例，此處當有「右××韻」字樣，故據以擬補四個缺字符，《補正》擬補作「右卅二韻」，可參。

〔四一〕「冬」字在行首，據下一韻「三鍾」的體例，「冬」前應有大韻標序字「二」，底卷大韻之間約空四格接排，此標序字可在上行末，但上行行末底卷漫滅，故不能確知其所在位置。

〔四二〕殘字前者底卷殘存左側「虫」旁，後者存左側及下部漫漶的筆畫，茲參《箋七》、《王二》校補作「螐鳥」二字。又殘字「鳥」、「琮」二字間底卷漫滅約五個左右大字的空間，《箋七》相關内容作「○螐，鳥名，出《山海經》。○鼕，皷聲。○賨，西域(戎)[□]。在宗反。五』，與底卷漫滅空間略合，兹從擬補十六個缺字符。

[四三] 字頭底卷存下部漫漶的筆畫，注文殘字存右部漫漶的筆畫，兹參《箋七》、《王二》、《裴韻》校補作『琮玉』二字。又缺字底卷漫滅，可參諸本補作『名』字。

[四四] 字頭底卷存左側和右側中部少許漫漶的筆畫，《潘韻》、《周韻》皆作缺字，兹據《箋七》、《王二》、《裴韻》校補作『悰』字。

[四五] 『大』字下《箋七》、《王二》、《裴韻》有一『水』字，於義爲長，底卷誤脱，兹爲擬補一個脱字符。

[四六] 殘字底卷僅存左上角『立』形筆畫，兹據《箋七》、《王二》校補作『龔』字。殘字下至行末底卷漫滅約六個左右大字的空間，《箋七》相關内容爲『○龔，桉《説文》結(給)也。古字与上同。○供。○珙，璧。○蚣，蝑，虫。先恭反。二』，其中『龔』字注文《王二》作『姓』，依例知原本《切韻》當無注文，《箋七》所存内容若去此『龔』字注文則與底卷所漫滅空間吻合，兹從擬補十個缺字符。

[四七] 注文『予』字《箋七》、《裴韻》皆作『矛』，底卷俗訛，兹據校改。

[四八] 注文缺字底卷漫滅，《箋七》、《裴韻》『礲』字注文均作『力宗反。一』，兹據擬補三個缺字符。

[四九] 字頭底卷存左上角少許筆畫，注文殘字存左側少許筆畫，兹據《箋七》校補作『宗』、『一』二字。又缺字底卷漫滅，可參《箋七》補作『作綜』二字，《箋七》『宗』小韻下復有『鬔(鬆)，鬔鬆(鬆)，髮乱皃。私宗反。一』一條文字，然本大韻至『宗』小韻已爲十一個，合於其下所標之『右十一韻』之數，蓋『鬔』小韻爲《箋七》所增。

[五〇] 『軄』字右旁底卷有些漫漶，此參《箋七》、《王二》、《裴韻》録定。

[五一] 『小行皃』《箋七》、《王二》同，《裴韻》、《唐韻》(伯二〇一八)及《廣韻》、《集韻》『蹱』字下皆作『小兒行』或『小兒行皃』，按：此與『龍鍾』當爲同源詞，皆表示穹背而行走不穩義，疑底卷脱抄『兒』字。

〔五二〕『踷』字下至行末底卷殘泐半個大字的空間，《箋七》、《裴韻》、《唐韻》（伯二〇一八）『踷』字注文均作『踼』，茲從擬補一個缺字符。

〔五三〕『衝』字《裴韻》、《廣韻》同，然二書又皆收或體作『衝』，《箋七》字頭徑作『衝』形，按《説文》行部作『衝』，段注云：『今作衝。』

〔五四〕注文『䋄』《箋七》同，乃『網』（古亦作『网』）的後起俗字。『網』字韻書卷子中多有作此形者，後不一一出校説明。

〔五五〕缺字底卷殘泐，可從《切二》（伯三六九六）、《箋七》及《裴韻》補作『封』、『四』二字。

〔五六〕字頭底卷存『容』旁的右下部，今據《切二》（伯三六九六）、《箋七》及《廣韻》校補作『溶』字。又注文缺字底卷殘泐，可從諸本補作『皃』字。

〔五七〕『宍』爲『肉』之俗字，參《敦煌俗字研究》下編肉部『肉』字條考釋，後不一一出校説明。

〔五八〕『鏞』字下《切二》（伯三六九六）有注文『大鐘』，不知是底卷脱字，還是《切二》增注。

〔五九〕『鳥』下『之』字《切二》（伯三六九六）、《箋七》、《王二》皆無，合於文例，疑底卷誤增，當删。

〔六〇〕『𤭛』字下至行末底卷殘泐半個大字的空間，《切二》（伯三六九六）、《箋七》、《王二》『𤭛』字注文皆作『甖』字，茲從擬補一個缺字符。

〔六一〕行首至下條殘字『蓉』間底卷殘泐約三個大字的空間，《切二》（伯三六九六）相關内容作『鱅，魚名。又蜀庸反』，與底卷所殘空間吻合，茲從擬補七個缺字符。

〔六二〕字頭殘字底卷存右部似『容』字右部形筆畫，茲據《切二》（伯三六九六）、《箋七》校補作『蓉』字。又注文『芙』字下部底卷略有殘缺，此亦參二書録定。又缺字底卷殘泐，可從二書補作『蓉』字。

〔六三〕殘字居雙行注文右行行末，存右下角少許筆畫，上『蓉』字條下至下條『凶』字間底卷殘泐約五個大字的空間，《切二》（伯三六九六）相關内容作『[〇□，□□□。□。]〇犎，野牛。〇胷，許容反。七』，《箋七》作

「〇封，府容反。二。〇犎，野牛。〇胷，許容反。七」，與底卷所殘空間略合，兹從校補殘字作「容」，并爲擬補十二個缺字符。

〔六四〕「凶」字左部底卷有殘，此參《切二》（伯三六九六）、《箋七》録定。

〔六五〕「銎」字左上角殘泐，此參《切二》（伯三六九六）、《箋七》録定。又注文缺字底卷殘泐，可參二書補作「孔」字。

〔六六〕「洶」字左旁底卷有些漫壞，「水」字底卷亦有些漫漶，此並參《切二》（伯三六九六）、《箋七》録定。又缺字底卷殘泐，可參二書補作「勢」字。

〔六七〕字頭底卷存右側「匈」旁，《切二》（伯三六九六）、《箋七》「洶」下一條均作「恟，懼」，故字頭據以定之，其注文「懼」不知是底卷脱去，還是二書增訓。

〔六八〕殘字底卷存右部少許漫漶的筆畫，兹參《切二》（伯三六九六）、《箋七》校補作「惡」字。

〔六九〕字頭底卷存右側似「凶」旁筆畫，注文殘字存漫漶的筆畫，兹參《切二》（伯三六九六）、《箋七》校補作「詾」、「衆」二字。又缺字底卷殘泐，可參二書補作「語」字。

〔七〇〕字頭底卷存右側漫漶似「頁」旁筆畫，兹參《切二》（伯三六九六）、《箋七》校補作「顒」字。又「顒」字下至行末底卷殘泐約一個大字的空間，《切二》（伯三六九六）、《箋七》「顒」字注文皆作「魚容反。三」，與底卷所殘空間吻合，兹據擬補四個缺字符。

切韻（二）（卷一）

伯三六九六碎十二（底一）
伯三六九六碎十三（底四）
伯三六九六B（底二）
伯三六九五（底三）

【題解】

伯三六九六包括A、B兩個殘卷和十三個碎片，其中殘卷A爲箋注本《切韻》系韻書，別入『切韻箋注』（五）校録；殘卷B詳下底二介紹；十三個碎片的情況較複雜：第一片正面存『諮晏』二字及其下一存左部殘畫的殘字（似『閑』字），疑非韻書内容，其反面字迹不能辨，故此不予校録；第十、一片爲《切韻序》内容，別入『切韻箋注』（碎片一）校録；第三—九片疑是從伯三六九六A上揭下的補丁，屬一不知名韻書，別入『切韻箋注』（碎片二）予以校録，唯第九片包括一大一小二碎片，其中大者正面（原卷反貼）爲《箋五》（伯三六九六A）之殘斷，參《箋五》題解；第十一片字迹明顯與其他碎片不同，蓋又爲一類韻書，別入『切韻箋注』（碎片四）予以校録。遠藤光曉《P. 3696の第10、12、13片について》（《開篇》第六卷，東京好文出版社一九八八）最早指出碎片十二正面（其反面字迹不能辨，但別粘有碎片十揭下時殘存的『法』字下部筆畫和一『言』字）與伯三六九六B正面首端可以綴合，以下稱底一；碎片十三《周韻》最早指出爲伯三六九五的斷片，可以綴合，遠藤光曉亦贊成其説，以下稱底四。

底二編號爲伯三六九六B，存一殘紙，正反抄。底一末字可與底二首字銜接，二者綴合後，正面存鍾、江、支三韻殘字，計三十三行；反面存支、脂、之三韻殘字，計三十行。底三編號爲伯三六九五，其正面（《法藏》以爲反面，非是）右三行半下端殘裂，與底四恰相吻合，二者綴合後存模、齊二韻殘字十八行；反面（《法藏》以爲正面，非是）存灰、咍、真三韻殘字亦十八行。又《潘韻》最早指出伯三六九六B『筆迹與伯三六九五全同，蓋同一書』，

《周韻》亦持同論，今從之。又底二末尾與底三起首之間，殘之韻大半，微、魚、虞韻全部，模韻少半字，推想原本當爲一紙正反兩面的文字容量。

大韻起始處文字提行，大韻代表字高一格書，無韻首標序字。小韻首字注文的體例爲字頭—釋義—反切—小韻字頭數。字體秀麗，行款疏朗勻整，然脱誤較多。以大字計，行抄約十四字左右。與《切一》相重的約三十二字間比較，除底卷脱文外，其中『鏞』、『恟』二字《切一》無訓解，而底卷有。又與《箋二》、《箋七》比較，底卷增字加訓的情況甚少，《周韻》以爲絶無（《周韻》考釋一，頁八一〇），則未確，如『支』韻『章移反』小韻的標數字作『十』，與《箋七》同，而《箋二》和《周韻》據日大谷光瑞《西域考古圖譜》所録之『《切韻》斷片一』皆作『九』；又支韻『卮』、『枝』字底卷皆有訓解，『《切韻》斷片一』則無（但『《切韻》斷片一』有注文而本卷無者更多些），且『枝』字《箋七》亦無訓解；又咍韻『五來反』小韻底卷比《箋二》多一條内容，則本卷或亦間有增字加訓之内容，蓋抄者偶入，數量甚少罷了。底二《索引》未作A、B之别，並定名作《切韻》，《寶藏》、《金岡目》、《索引新編》同，至《周韻》始别作二卷，并論定前者爲『箋注本切韻』系韻書，《法藏》因從分爲A、B二卷，然皆命作《切韻》；底三《索引》定名爲《切韻》，《寶藏》、《索引新編》同，《補正》亦推定其爲陸法言《切韻》。《周韻》認爲『本書與殘葉一（伯三七九八）可能都同樣是陸法言書的傳本』，又從底本『邳』字注文作『下邳，郡』而《箋二》、《箋七》等皆作『下邳，縣』知，此本尚用隋時區劃名，亦明其當早於箋注本。又從諸底卷諱『世』不諱『治』，似乎亦暗示其當爲初唐的寫本，施安昌《論漢字演變的分期——兼談敦煌古韻書的書寫時間》（《故宫博物院院刊》一九八七年第一期）一文從書法角度加以歸類，亦謂底二、三當爲初唐之寫卷。然從前之體例分析可知，底卷之寫定時間必晚於《箋二》。今從諸家定名作《切韻》（二），簡稱《切二》。

《潘韻》最早據原卷爲底二、底三録文，其後《補正》據膠片録文（略有校勘），潘氏又於《瀛涯敦煌韻輯拾補》（《新亞學報》第十一卷，一九七四）中據原卷摹寫底一、底四文字，後《周韻》亦據膠片録文，并加以考釋和校勘。今據《法藏》及縮微膠片録文，并參考敦煌韻書中相關的卷子如《切一》、《箋二》、《箋七》及日大谷光瑞《西域考古圖譜》所録之『《切韻》斷片一』和傳本韻書《王二》、《裴韻》、《廣韻》等校録於後。底卷大韻前無標序字，茲參《箋二》、《箋七》、《王二》在天頭上擬定。

（前缺）〔一〕

3 鍾

□□▨（容）□。□。〔二〕椿椿橦。〔三〕踳踼。〔四〕□□□，□□。□□□□。〔五〕二。訟▨▨（争獄）。▨（又）徐用反。〔六〕衝▨▨（尺容）反。〔七〕五。罿□。〔八〕憧□來□。〔九〕幢陷陣車。艟□舩。〔一〇〕容□□□。〔一一〕十四。溶水皃。滽水名。〔一二〕庸。墉垣。鏞似牛，□有肉。〔一三〕鎔鑄。鏞大鐘。鄘国名。傭傭賃。〔一四〕鷛鳥名。〔一五〕𤭛（瓻）甖。〔一六〕鱅魚名。又蜀庸反。蓉芙蓉。［□□□□。□］。〔一七〕𤛱野牛。胷許容反。七。凶。〔一八〕銎柄孔。洶水勢。恟懼。兇（兇）惡。〔一九〕訩衆語。〔二〇〕顒魚容反。三。鰅魚名。喁噞喁。邕於容反。十一。雍又於用反。噰鳥鳴。䧫䧫䨴，多皃。〔二一〕灉水名，在宗（宋）。［□］以隹反。〔二二〕饔汲器。廱璧（辟）廱。〔二三〕饔熟食。癰疽。鷛鷛鶏，鳥名。壅塞。又於隴［□］。〔二四〕醲厚酒。女容反。三。䢧［□□。□］厚。〔二五〕重治容反。二。穜晚熟。從疾容反。一。蹱蹱蹱。丑凶反。二。傭均直。逢（逢）苻容反。二（三）。〔二六〕縫（縫）［□。□］水。〔二七〕峯敷容反。九。鋒。丰丰茸。又伏風反。妦好。蜂。蘴（蘴）菜。又敷隆反。桻木上。夆甹夆，掣曳，甹字普經反。烽烽火。〔二八〕縱横。即容反。又子用反。〔二九〕三。蹤迹。䡯車迹。茸草生皃。而容反。五。鞲毳飾。髶髮多。茸竹頭有文。穠花皃。蛩蛩距。渠容反。六。邛臨邛，縣。舼小舩。笻竹。輁軸，所以支棺。茚蓂莢實。鱅魚名。蜀容反。二。慵嬾。

4 江

江古雙反。五。扛舉鼎。杠旌旗餙（飾）旆（於）；一曰牀前横。〔三〇〕茳茳蘺。釭燈。又古紅反。庬厚大。莫江反。六。駹黑馬白面。狵犬。浝水名。哤語雜乱曰哤。牻牛白黑雜。［□□□］聲。［□□］反。二。〔三一〕毻髮多。窻楚江反。〔三二〕三。䈼䈼橦。〔三三〕樅（摐）打鍾鼓。〔三四〕邦博江反。［□］。〔三五〕梇雙，帆。下江反。〔三六〕四。䧖䧖䜶，胡豆。降降伏。又古巷反。缸甖類。胮胮脹。匹江反。二。舽䑢聲。瀧南人名湍。吕江反。一。雙所江反。四。［□□］。〔三七〕䜶豆。㥂《左傳》曰『駟氏㥂』。〔三八〕龐薄江反。二。胮胮□，大脹皃。〔三九〕肛許江反。二（一）。〔四〇〕腔羊腔。苦江反。一（五）。〔四一〕控打。悾信皃。跫蹋地聲。涳直流。幢□□。□□□。□。〔四二〕撞撞突。橦木名，又徒東反，花可爲布。惷愚。丑江反。又丑龍、丑用二反。二。䚒直視；目不明。椿都江反。一。

5 支

支章移反。十。〔四三〕卮酒器。〔四四〕枝樹枝。〔四五〕疻病。祇適。又巨支［□］。〔四六〕衼衹衼。肢體。〔四七〕馶馬彊。梔梔子，木蘭。〔四八〕禔福。移弋支反。十。暆東暆，縣，在樂浪。迤逶迤。貖獸名，似犬，現則有大兵。栘扶栘，木名。擨擨廞，手相弄。又以遮反。廞字以周反。〔四九〕酏酒。匜杯，似杮（柹）。〔五〇〕椸衣架。扅架（加）。〔五一〕爲薳支反。又薳僞反。二。潙水名，出新陽。嬀姓。居爲反。一。麾許（許）爲反。〔五二〕三。噅口不正。撝謙。〔五三〕逶於爲反。五。痿枯死。萎。棲田器。覣好視。糜糜粥。靡爲反。四。縻（縻）穄。〔五四〕縻縻爵。爢爢爛。〔五五〕▨（隳）毁。許規反。〔五六〕三。眭眭盱，健皃。盱字旭俱反。觿角錐，童子佩觿（觽）。〔五七〕髓（髓）髮落。直垂反。〔五八〕二。錘八銖。又馳僞反。垂是爲反。三。陲邊。倕重。羸力爲反。一。吹昌爲反。又尺爲（僞）反。〔五九〕二。炊。鈹敷羈反。五。帔又芳髲反。鮍魚鮍。〔六〇〕披。畋耕。陂彼爲反。四。詖辯辭。碑。羆。隨旬爲反。〔六一〕二。隋。〔六二〕虧去爲反。一。闚去隳反。〔六三〕一。奇渠羈反。又居▨（宜）反。〔六四〕六。琦玉名。騎。鵸似烏，三首六尾。鬾小兒（兒）鬼。〔六五〕碕曲岸。又巨機□。〔六六〕祇地神。巨支反。八。□。□。□歧路。〔六七〕郊邑。馶勁。疧病，《詩》云『俾我疧兮』。〔六八〕軝輢。犧許羈反。七。羲。焁焁欱，貪者見食皃。〔六八〕桸杓。巇險巇。鄎地名，在魏。瀸水名，在新豐。〔六九〕□□□。□□□。□。□□□。□□□□□□。〔七〇〕踦脚跛。宜魚羈反。〔七一〕五。儀。鄯地名，在徐。鸃▭郫氏，縣，在蜀。〔七二〕提飛。是支反。又弟泥反。□。〔七三〕匙。▭〔七四〕𢥠心憂。璃瑠璃。鸝陳。驪馬。▭〔七五〕蘼茳蘼。〔七六〕蘼草木附地生皃。疵疾移反。四。玼。▭〔七七〕鴜水鳥。又疾移

反。〔七八〕鼭鼠，似雞。訾思。□〔七九〕

（中缺）

反。又山尔〔□〕。〔八〇〕二。簁下物。〔八一〕⿰革雋（⿰革巂）韋鞘；一曰□皃。山垂反。□。〔八二〕□規反。〔八三〕三。觜星。纗細繩。〔八四〕槻木名，□□□。居▨（隨）□。□。□□。□□□□，□□。□□□□□。□券。觜隨反。又在細反。一。〔八五〕衰楚危反。一。腄□□。□▨（垂）□。□。□〔八六〕

6 脂

脂旨夷反。〔八七〕三。⿰礻互（祇）敬。〔八八〕⿰石互（砥）石。姨以脂反。十一。▨（彝）□菙（莁）荑。〔八九〕桋木名。蛦⿰虫遂蛦。胂夾脊骨宍（肉）。〔九〇〕師▨（踈）□反。□。□必三反。〔九一〕琵琵琶。棍（槐）楣。又方奚反。〔九二〕芘蔾芘，荊番（藩）。〔九三〕阰。〔□〕□□，在▨（楚）。□□。□□□菜（葉）。▨（蚍）□▨（蜉）。▨（枇）□▨（杷）。▨（仳）仳倠，醜女。〔九四〕⿰身比⿰身旁⿰身比。咨即脂反。八。資。粢祭飯。齋。諮。姿儀。齍黍稷在器。澬水名，在邵陵。飢（飢）〔□□□。□。□〕。〔九五〕⿰互鳥（鴟）鳥。處脂反。三。胵膍（膍）胵。〔九六〕⿰魚互（⿰魚氐）魚名。絺丑脂反。三。⿰䀠辰唉（笑）皃。又〔□□〕反。〔九七〕郗。郪縣名，在廣陵。取私反。三。趑趑趄。⿱竹韋却車邸階。〔九八〕茨疾脂反。六。蒺蒺蔾（藜）。餈飯餅。垐以土增道。穦積。蠀蠀螬，虫。又徂嵇反。⿸尸正女脂反。〔九九〕三。⿰木⿸尸正（柅）木名。⿰忄⿸尸正（怩）忸怩。墀直屈（尼）反。〔一〇〇〕六。坵（坻）小渚。⿰氵丘（泜）水名，陳餘死處。遅又直利反。蚯（蚔）蟻夘（卵）。〔一〇一〕岴（岻）山名。私（私）息茲（脂）反。〔一〇二〕二。鋖平木器。尸武（式）脂反。〔一〇三〕四。鳲。屍。〔□□〕。〔一〇四〕鬐馬項上鬐。渠脂反。六。耆。⿰金耆衛軸鐵（鐵）。〔一〇五〕鰭魚脊上骨。〔一〇六〕鮨鮓。祁盛皃；又縣名，在太原。又市支反。伊於脂反。三。咿喔咿。蛜蛜蝛。梨力脂反。七。剓（剺）直破。〔一〇七〕⿰禾离禾二把，長沙云。⿰禾⿸尸正（秜）稻死來年更生。蜊蛤蜊。蔾蒺蔾。棃（犂）牛駮。〔一〇八〕葵渠隹反。四。鄈鄈丘，地名，在陳留；又地名，在河東，漢祭后土處。楑柊楑。⿰魚癸魚名。追陟隹反。二。䨨雷，出《韓詩》。龜居追反。二。跰（⿰足⿱夂廾）

脚曲。〔一〇九〕䞖(蕤)儒隹反。〔一一〇〕三。緌纓緌。桵白桵，木名。衰微。所追反。三。榱屋橑。㿗病。惟以隹反。七。旞旍。壝埒。維。琟石，似玉。遺。潍水名，在瑯瑘。瀿水名。力追反。七。虆蔓草。樏山行乘樏。櫐索。㡀求子牛。〔一一一〕嫘嫘祖，黄帝妻。𡾋崼𡾋。又力罪反。綏安。息遺反。六。雖。荾[　]。〔一一二〕浽浽微，小雨。睢水名，在梁郡。又許葵反。稜禾四把，長沙云。逵渠追反。五。夔□□。□作聂。〔一一三〕騤馬行皃。〔一一四〕馗。戣兵名。眉古作𥃩。武悲反。九。湄水[□]。〔一一五〕楣户楣。瑂右(石)似玉。〔一一六〕矀伺視。薇竹名。又無非反。黴黴䵦(黳)，垢腐皃。又莫背反。〔一一七〕麋。蘪蘪蕪。悲府眉反。一。錐職追反。六。隹。⿸鹿隹鹿一歲。騅。鵻。萑木名，似桂。〔一一八〕誰視隹反。二。脽坐處。帷洧悲反。一。邳下邳，郡。苻悲反。〔一一九〕三。岯山。魾大鱗。〔一二〇〕丕敷悲反。五。伾有力。秠黑黍。駓桃花馬色。〔一二一〕碩大面。〔一二二〕倠似(仳)倠。許維反。〔一二三〕一。鎚直追反。三。槌。顀頭亞。推尺隹反。一。肶(胝)[□□。□□□。□。□]穀始熟。〔一二四〕紕繒欲壞。疋(匹)夷反。二(一)。〔一二五〕嶉高皃。醉綏反。三(二)。〔一二六〕檇(欈)以木有所擣；春秋，越敗吴於檇李。〔一二七〕嶲小山而衆。丘追[□]。又丘誄反。〔一二八〕一。狋犬怒皃。牛肥(肌)反。又巨員反。〔一二九〕一。

7 之

之止而反。二。芝。飴与之反。十二。怡悦怡。圯圯橋名。〔一三〇〕貽貺遺。頤。〔一三一〕詒詒言。瓵王(玉)名。宧室東北隅。洍水名。𦠆豕息宍(肉)。鮔魚名。姫(姬)王妻别稱。〔一三二〕時市之反。三。塒鑿垣栖。鼭鼠。疑語基反。二。嶷九嶷，山。〔一三三〕思息慈反。〔一三四〕九。司。罳罘罳。絲。伺。[□□。□□□□。]〔一三五〕簛竹有毒，傷人即死。禗[　]玉。〔一三六〕綦履飾。騏。淇。䳢鳥名。藄紫藄，似蕨。錤鎡錤。棊弈。璂弁飾。䱻編(鯿)魚。〔一三七〕祺福祥。綨白倉色。詩書之反。二。〔一三八〕邿地名。而如之反。十二。栭木名，子似粟(栗)而緦(細)；一曰梁上柱。〔一三九〕檽(檽)木耳。〔一四〇〕隭(隭)〔一四一〕

(中缺)

11 **模**

反。〔一四二〕菩。蒱膊魚。蒱。胡户吴反。十四。壺。〔一四三〕狐。瓳甎瓳。餬寄食。瑚。頶牛頸下垂。鶘鵜鶘，
鳥名。猢獑猢，獸名，似猨，獑字士咸□。〔一四四〕醐醍醐。黏粘。或作黏（黏）。〔一四五〕弧。乎。湖。孤古胡反。十五。
苽雕胡。姑。辜罪。呱啼聲。罛舩上納（網）。〔一四六〕泒水名，在鴈門。酤。觚酒器。蛄螻蛄。箛竹。鴣鷓鴣
（鴣），鳥名。〔一四七〕橭木名。𦨴（𦨴）《漢書》『越巫𦨴（𦨴）祠，在雲陽』。〔一四八〕沽水名，在高蜜（密）。徒度都反。十
七。屠。瘏病。塗泥。途道。峹峹山。酴酒。駼［□□，□□。□□□。□］鳥名，与鼠同穴。〔一四九〕涂水名，
在益州。梌木名。荼苦菜。蒤蒤醟。啚思度。圖畫。廜廜廯，草庵。奴乃胡反。六。砮礪。駑。帑戮。孥。
筎鳥籠。呼荒烏反。五。膴無骨腊。又武夫反。憮大。恗怯。〔一五〇〕葫蒜（蒜）。〔一五一〕吾五胡反。十。吴。䮏似
鼠。浯水名。䓊草名。䖈猨屬。珸琨珸，美石，次玉。〔一五二〕蜈蜈蚣。郚鄉名，在東莞。梧桐。〔一五三〕租則胡反。
二。葅茅（茅）藉，封諸侯，葅以茅。〔一五四〕盧落胡反。十五。鑪。壚黑田。籚竹。蘆葦。顱頭。鱸魚名。
［□□□］。〔一五五〕櫨柱。轤轒轤，圓轉木。黸黑甚。獹韓獹，犬名。鸕鸕鷀。艫舟後。纑布縷。蘇思吾反。三。
穌（穌）更生。〔一五六〕廯（廯）廜廯。徂往。昨姑反。二。殂死。▨（烏）□□□。□。〔一五七〕嗚嗚呼。杇泥槾。
槾字莫寒反。洿水不流。鴮鴮鸅（鸅），魚。〔一五八〕鋘鏝。▨（歍）口相□。〔一五九〕▨（鴮）□□，□□。〔一六〇〕玗滿弓
有所向。逋博孤反。四。鋪（餔）。〔一六一〕晡。庯屋□平。〔一六二〕□□□□。□。□。□□□。□米不精。倉胡
反。二。〔一六三〕麤行路▨（遠）。〔一六四〕瑹美玉。他胡反。二。稌稻。□□▨（古）□。〔一六五〕□□□□。□。□。□又
時遮反。〔一六六〕䅣豆䅣。□胡反。□。〔一六七〕□□。〔一六八〕▨（鯆）魚名。〔一六九〕䟫馬□。〔一七〇〕□〔一七一〕

12 **齊**

齊徂嵇反。五。臍膍臍。麡麡狼，獸名，似麋。蠐蠐□。〔一七二〕□〔一七三〕藜。莉莉芘，䘕（織）荊。〔一七四〕黧黑而
黃。緆□□，惡□。〔一七五〕□〔一七六〕▨（淒）雲。〔一七七〕凄寒□〔一七八〕

（中缺）〔一七九〕

15 **灰**

□□□，□□□。□□□□▨（長）虫。〔一八〇〕枚莫□反。十□。〔一八一〕□。□□□。□。□□□，□□□□，□□□來反。〔一八二〕晦（脢）。〔一八三〕晐（脄）背宍（肉）。又亡代反。〔一八四〕腜孕始▨（兆）。〔一八五〕□□□。□□□。□□□。□□□□。□。〔一八六〕傀大皃。雷路回反。四。罍酒器。儡□同。〔一八七〕▨（勵）□。□□□。□□□。□。□□□。□□□。〔一八八〕魋似罷▨（而）□；又人名。〔一八九〕□▨（臛）膭，▨（屋）□□。〔一九〇〕頹秃。〔一九一〕崔〔一九二〕䭔餅。堆聚土。摧▨（折）。昨恢反。〔一九三〕三。崔崔嵬。与□□嵬（崔）字□□□。〔一九四〕□□。□□□。□□反。三（二）。〔一九五〕挼繫（擊）。〔一九六〕裴薄恢反。五。徘徘徊。培益。陪□。□□□□□□□。□□□□。□。〔一九七〕胚懷胎一月。芳杯反。四。坏几（瓦）未燒。〔一九八〕痦弱。醅酒未漉。鮠□，□▨（鮎）。□回反。三。〔一九九〕□。〔二〇〇〕嵬崔嵬。䡽車盛皃。他回反。二。蓷草名。懮古之善塗者。乃回〔□〕。〔二〇一〕二。挼摩。

16 **咍**

咍笑。呼來反。二。殴毅殴，唉聲。〔二〇二〕開苦哀反。二。毅毅殴。〔二〇三〕哀烏開反。三。埃塵。唉慢膺。又於其反。臺徒哀反。六。擡擧。苔魚衣濕者曰濡苔。〔二〇四〕炱炱煤。嬯鈍劣。薹蕓薹。該古哀反。九。豥豕四蹄白。〔二〇五〕垓八極；又垓下，堤名，在沛郡，項羽毀（敗）處。〔二〇六〕荄草根。又古諧反。郂鄉名，在陳留。殪羊胎。剴木（大）鐮；一曰摩。又五哀反。〔二〇七〕陔殿階之〔□□。□□，□□〕曰姟。〔二〇八〕裁昨來反。六。纔僅。或作裁。財。才。材。麳麳（麴）〔二〇九〕。來落哀反。六。萊藜；又東萊，郡，在青州。郲地名，在蜀。騋馬高七尺。崍崍嵦（嵦），山。〔二一〇〕斄鄉名，在扶風。又力之反。灾祖才反。三。栽種。哉。猜疑。倉才反。二。偲才。胎湯來反。四。鮐魚。台三台，星名。邰地名，在始平。或作斄也。孩始生小兒。胡來反。二。咳小兒咲。鰓魚頰。蘇才反。〔二一一〕四。揌擡揌。粞碎米。䚡角中骨。皚霜雪皃（白）。五來反。〔二一二〕四。嵦崍嵦。敳有所治。殪殺羊出胎。能獸名。年來反。一。

17 **真**

真職隣反。四。甄姓。又居延反。振又之刃反。禛以真受福。春昌脣反。一。脣食倫反。三。漘水際。莀

(蔳)牛蔳，草名，似蘭，青黑色。〔二一三〕勻遍。羊倫反。一。淪没。力屯反。十。倫等。論又盧昆反。艑船。輪。

崘〔二一四〕

(後缺)

【校記】

〔一〕據《切一》，底一開端殘缺一東、二冬韻全部及三鍾韻的第一行。

〔二〕據内容，此下第一部分應爲三鍾韻字。行首至殘字間底一殘泐約八個大字的空間。又殘字底一下部作『合』形筆畫，《切一》『揰』字前一條作『舂，書容反。四』，兹據校補并擬補四個缺字符。自此殘條至『鱅』字間内容爲底一。

〔三〕『椿』字及注文中的『橦』底一皆作木旁，各家録作『扌』旁，《切一》亦作『扌』旁，按《玉篇·木部》：『椿，陟江切，椿橛也；又書容切，橦也。』則『椿』『橦』二字皆不必改。

〔四〕注文『蹋』字底一存左側大半，其中『𧾷』旁可辨，兹據《箋七》、《裴韻》、《唐韻》(伯二〇一八)録定。

〔五〕『踳，蹋』條與下『訟』之間底一殘泐約四個大字的空間，《切一》作『○鱅，鰅鱅，鳥名。○松，祥容反。二』，與底卷所殘空间吻合，兹據擬補九個缺字符。

〔六〕注文殘字居底一雙行注文的右行，皆存左側筆畫，唯第二字左旁可辨爲『犭』。檢《切一》，此三字當作『争獄。又』，兹據校補。

〔七〕『衝』字右側『亍』底一殘泐，兹據《切一》録定。又注文殘字底一僅存左側殘筆，此參《切一》校補作『尺容』二字。

〔八〕注文缺字底一漫滅，《切一》作『䋄』(網)，可從補。

〔九〕注文缺字底一殘泐，《切一》作『往來皃』，可從補。

〔一〇〕注文缺字底卷殘泐，《切一》注文作「戰船」，可從補。

〔一一〕字頭「容」字底一存左側部分，兹據《切一》録定。又注文缺字底一殘泐，《切一》作「餘□反」，《箋七》、《裴韻》、《廣韻》所收「容」字反語同作「餘封反」，可從補。

〔一二〕注文《切一》「水名」後有「出宜穌山」四字，《裴韻》、《廣韻》同，《箋七》「出」字形訛作「在」，底一當脱此四字。

〔一三〕注文缺字底一殘泐，《切一》、《裴韻》及《廣韻》皆作「領」，可據補。

〔一四〕注文《切一》後有又音「又丑凶反」，不能確定是底一脱去，還是二卷不同。

〔一五〕從開端至字頭「鱅」字間爲底一內容，因恰與底二內容的起首相銜接，且筆迹、行款俱同，今綴合録文於此。「鳥名」二字以下至「之」大韻「隔」字爲底二內容。

〔一六〕字頭「谻」字爲「𧮫」字的俗寫，《切一》正作「𧮫」。

〔一七〕「䡫」與「蓉」非同一小韻字，而「䡫」注文中未出反語，致其音讀歸屬無著，此間必有脱誤，考《箋七》「蓉」、「䡫」二字頭間存「封，府容反。二」，底二抄者脱之，兹據擬補五個脱字符。

〔一八〕底二把「凶」與下字「銎」合爲一字，作「𨯛」，下文又別出「凶」字，蓋抄者「凶」與「銎」既誤合爲一，後來發現本小韻實際字頭數缺一字，遂於下文「兇」、「訩」間補一「凶」字，考《切一》、《箋七》、《王二》、《廣韻》「凶」字皆置於「匈」後，而《王二》、《廣韻》「凶」後有注文，更與其後的「銎」字界劃判然，是此處「凶」、「銎」當分爲二字，而後一「凶」字當删，至於《裴韻》更省「𨯛」作「銎」，則是誤上加誤矣，後《集韻》「銎」字收或體「𨦖」，蓋亦延承《裴韻》類韻書之誤而來，只是其構形「從金、凶聲」符合漢字的一般結體規律而已。

〔一九〕「兇」字《箋七》、《裴韻》同，《王二》、《廣韻》作「兇」形，按「兇」爲「兇」之俗字，參《敦煌俗字研究》下編儿部「兇」字條考釋。

〔二〇〕底二「訩」前有字頭「凶」字，今删。参看上文校記〔一八〕。

〔二一〕『⿰多雍』字《箋七》、《王二》、《裴韻》、《廣韻》皆作『⿰多邕』形，按二字爲異體字，《集韻》正以二字列爲一條釋之。

〔二二〕『名』字底卷抄在注文末『反』字後，蓋漏抄而補於注文尾部，今依文例移至『水』後。又注文『在宗。［□］以隹反』底卷本作『在宗、以隹二反』，考《箋七》作『在宗。又以侯反』，《王二》、《裴韻》皆作『在宋。又以隹反』，《廣韻》、《集韻》同作『在宋』，底卷及《箋七》『宗』字當爲『宋』字俗寫之變體，且底卷『以』前復脱一『又』字，又於『反』字前臆加『二』字，今删『二』字，而於『以』前擬補一脱字符。又按：『灉』之『以隹』、『以侯』諸音，似於文獻和音理上皆乏理據，考《廣韻》所載『灘』（灉爲灘之隸變形體）字，除平聲韻外，去聲用韻收有『於用切』一讀，釋云『河水決出還入爲灘，又於容切』，於音理、字義皆有落實；又《經典釋文・尚書音義上・禹貢》『灘，徐音邕，王於用反』，《經典釋文・爾釋音義上・释水》『灘，於用反，又於恭反』，又『灘，於用反，或於凶反，字又作灉』，所收『灉』字二音與《廣韻》同。是敦煌系韻書所收『灉』字的又音『以隹』、『以侯』，當皆爲『於用』二字俗寫之訛變，當據校正。

〔二三〕『壁』字《箋七》作『壁』，《王二》、《裴韻》、《廣韻》作『辟』，後者合於《説文》，『辟廱』之構詞義當指辟開壅塞以溝通天人的地方，底二誤增『玉』旁，《補正》已校『壁』作『辟』，兹從之。

〔二四〕注文反語底二脱『反』字，《箋七》不脱，兹爲擬補一個脱字符。

〔二五〕底二於『⿰多農』字注文作『厚』，而『女容反』小韻標數爲『三』而實僅二字。且『⿰多農』訓『厚』也與敦煌諸韻書不合，檢《箋七》、《王二》、《裴韻》『⿰多農』字注文皆作『⿰多邕⿰多農』，又其下有『濃，厚』一條，正使底二注文的『厚』字得到落實，兹據擬補三個脱字符。

〔二六〕字頭『逄』字《裴韻》同，《箋七》作『逄』形，皆爲『逢』的俗字，《王二》、《廣韻》正作『逢』字，又參下『縫』字條校記。又小韻標數字因後之字頭有脱抄而少計一條，參下條校記，兹據校改『二』作『三』字。

〔二七〕字頭『縫』字《箋二》、《裴韻》同，《箋七》作『縫』形，皆爲『縫』的俗字，《王二》、《廣韻》正作『縫』字。又『縫』字注文底二作『水』，考《箋二》、《箋七》、《王二》、《裴韻》、《廣韻》皆作『紩』（『紩』字《箋七》訛書作

「綟」形），其中《箋二》、《箋七》、《王二》、《廣韻》於「縫」字後所録字頭皆作「漨」，其注文《箋二》作「水」，《箋七》、《廣韻》作「水名」，《王二》作「水澤」，是此處當脱字頭「漨」字，故據擬補二個脱字符。如此則上條「逢」字下注的小韻數亦不確，當據改作「三」，《箋二》正作「三」，《裴韻》本作「三加三」，知其所據修之韻書本有作「三」字者，《箋七》標數字作「四」而實收三字，蓋有脱文。

〔二八〕注文《箋七》有按語云：「《説文》作此夆（夆）。」《裴韻》字頭正作「夆」，并於注文中指出「又作「烽（烽）」」，是知「烽」當爲「夆」字的易位俗省。注文「烽火」，《箋二》、《箋七》、《裴韻》皆作「火」，蓋《切韻》本用注文與被注字連讀成訓例而釋作「火」（參張涌泉《〈説文〉「連篆讀」發覆》，載《文史》第六十輯），底二抄者依習慣而增「烽」字，至《王二》蓋已不用注文與被注字連讀成訓例，遂徑改作「烽火」。

〔二九〕「縱」字釋義《箋二》、《箋七》、《裴韻》、《廣韻》皆作「縱横」，底二當用注文與被注字連讀成訓例。

〔三〇〕注文「旌旗旟旆」《箋二》、《箋七》、《箋十二》、《王二》皆作「旌旗飾」（其中《箋二》的「飾」字作「飭」，通假字也），無「旆」字，疑底二「旟」字爲「飾」字抄寫之訛，又檢「杠」字的文獻釋例，其最早者當爲《爾雅·釋天》「素錦綢杠」郭璞注「以白地錦韜旗之竿」，以及《儀禮·士喪禮》「竹杠長三尺」鄭玄注「杠，銘橦也」，然二者皆以「杠」爲經過裝飾的旗竿，而不是旌旗的裝飾本身。《集韻》「杠」字注文有「一曰旌旗干」，當亦淵源有自；而《裴韻》徑釋作「旌旗飾竿」，則是最接近文獻用例的，由此可知諸卷多脱一字，但由底二所存「旆」字透露出的信息又讓我們有理由懷疑其爲「竿」字訛變的正確性。今考「旆」字蓋「𣃘」字的訛變，《説文·丨部》「𣃘，旌旗杠皃。从丨、㫃，㫃亦聲」，段注：「以丨象杠形，加㫃爲偏旁，會意。」《箋五》（伯三六九三）、《王一》、《廣韻》上聲獮韻皆有「𣃘，旌旗柱」條，茲姑據校改。

〔三一〕此條底二僅殘存「反二聲」三字，附在前一字頭「牻」的注文後。以致於下一字「氄」的小韻反語没有著落，今參《箋七》、《箋二》、《裴韻》及《廣韻》上平江韻，知此處脱「聰，耳中聲。女江反。二」一條內容，底二雜糅之於「牻」字注文後，而造成混亂，茲據乙正，并擬補五個缺字符。又《箋七》載「聰」反語下字作「紅」，當爲『江』字誤寫。

〔三二〕『窓』字《箋七》、《王二》同；《箋二》作『窻』，《裴韻》作『窻』，《廣韻》作『窗』，皆『窻』字的篆文隸定形體，『窓』爲其後起俗字。

〔三三〕『椶』字《王二》、《廣韻》同，《箋七》、《裴韻》皆作『稯』，按『椶』、『稯』皆『堫』字的後起俗字，《廣雅·釋地》『椶，種也』王念孫疏證：『椶本作堫，《說文》「堫，種也；一曰内其中」。』『稯』與作『四十把』禾或『八十縷』布解的『子紅反』的『稯』爲同形字。

〔三四〕『樅』字《箋二》、《箋七》、《裴韻》皆作『摐』，《廣韻》表示打義的字亦從『扌』旁，義長。按敦煌寫本中『木』、『扌』二旁多混而不分，兹據校改。

〔三五〕底二脱小韻標數字，據其實際收字情況及《箋七》、《王二》，此數當爲『二』，兹據擬補一個脱字符。

〔三六〕釋義《箋七》、《王二》、《裴韻》、《廣韻》皆作『栙雙，帆』；按『栙雙』爲聯綿詞，底二當用注文與被注字連讀成訓例。

〔三七〕本小韻標數字作『四』而實録三字，檢《箋七》、《王二》皆實録四字，與底二比多『艭，帆』一條，《裴韻》作『四加一』而實録五字，也説明其所據以修訂的底本該小韻亦作『四』字；又《箋七》『艭，帆』録在本小韻末尾，而《王二》、《裴韻》皆接録在『雙』後，《廣韻》作第三字，亦在本小韻另二字之前，兹參衆本擬補兩個脱字符。

〔三八〕《說文》心部『愯』字注文引同。段玉裁注：『昭公十九年《左傳》文。今本作聳，後人所易也。』

〔三九〕字頭『胮』字底二僅存右側『夅』旁，兹據《箋七》、《王二》、《裴韻》録定。又注文缺字底二殘泐，各本皆作『胮肛，大脹皃』，可從補『肛』字。

〔四〇〕本小韻實收字數爲一，《箋七》亦作『一』，《裴韻》標數作『一加一』，兹據校改。

〔四一〕本小韻實收字數爲五，《箋七》、《箋二》、《王二》、《裴韻》該小韻標數皆作『五』，兹據校改。

〔四二〕注文缺字處底二殘泐，據空間，可抄三個大字，檢《箋七》、《王二》、《裴韻》，「幢」字注文皆作「旛幢。宅江反。三」，正居三個大字空間，兹據擬補六個缺字符。

〔四三〕標數字「十」《箋七》同，《箋二》、《周韻》據日大谷光瑞《西域考古圖譜》所録之「《切韻》斷片一」皆作「九」，蓋此本亦間有增字之内容，只是甚少罢了。

〔四四〕「卮」字《箋二》同，《王二》、《裴韻》作「巵」，《廣韻》作「巵」，皆其篆文隸定之異。《箋七》及《周韻》據日大谷光瑞《西域考古圖譜》所録之「《切韻》斷片一」作「卮」形，又「巵」字之俗變也。

〔四五〕注文《箋七》同，《周韻》據日大谷光瑞《西域考古圖譜》所録之「《切韻》斷片一」無注文。

〔四六〕注文「反」字底二脱，可據文例并參《箋七》補。

〔四七〕「肢」字釋義《箋七》、《裴韻》同，《王二》作「體肢」（按：當乙正），《廣韻》作「肢體」，底二蓋用注文與被注字連讀成訓例。

〔四八〕注文「木蘭」二字《裴韻》同，《箋七》、《王二》皆作「林蘭」，《廣韻》用《説文新附》「梔」字注文，作「梔子，木，實可染黄」，考《本草綱目》卷三六「卮子」條李時珍注云：「卮，酒器也。卮子象之，故名。俗作梔。司馬相如賦云「鮮支黄礫」，注云：鮮支即支子也。佛書稱其花爲薝蔔，謝靈運謂之林蘭，曾端伯呼爲禪友。」檢《宋書·謝靈運傳》所載《山居賦》作「水香送秋而擢蒨，林蘭近雪而揚猗」，謝氏自注云：「林蘭，支子」，《古今圖書集成》卷三百二「梔子」條引宋曾肇《梔子》詩亦作「林蘭」，然《證類本草》卷一二「木蘭」條云「一名林蘭」，宋羅願《爾雅翼》卷一二同，《通志》卷七六「昆蟲草木略」亦謂「木蘭曰林蘭」。按：梔子與木蘭異科，梔子屬茜草科，木蘭别爲一大科，二者於分類學上不應混淆，或俗稱「木蘭」、「林蘭」有相淆者，俟考。

〔四九〕「撳」字《裴韻》同，《箋七》作「㪗」，並爲「歋」後起俗字「擨」的俗寫，《王二》作「搋」，又爲「擨」字俗省，《集韻》支韻「歋」字注文云：「《説文》「人相笑相歋瘉」，或作擨，亦省。」

〔五〇〕注文「杮」字《王二》、《裴韻》皆作「桸」，《箋七》訛寫作「稀」，諸本支韻又收「桸，杓」也，底卷形訛，茲據校改；又《周韻》據日大谷光瑞《西域考古圖譜》所録之「《切韻》斷片一」本條注文作「杯㔶，似樿（桸）。又羊氏反」，有一又音，《箋七》同。

〔五一〕注文「架」《箋七》、《王二》、《裴韻》、《廣韻》皆作「加」，《廣雅·釋詁二》「拸，加也」，王念孫疏證：「拸之言移也，移加之也。」底二蓋承前「衣架」之「架」而訛，故據校改。

〔五二〕注文「託」爲透母字，與曉母的「麾」字發音部位迥别，《箋二》、《箋七》、《王二》、《裴韻》皆作「許」字，底二蓋形近而訛，茲據校改。

〔五三〕「撝」字注文《箋七》、《王二》、《裴韻》同，《廣韻》作「《説文》曰『裂也』，《易》曰『撝謙』，注：『謂指撝皆謙也』」，是此注文乃用注文與被注字連讀成訓例。

〔五四〕「麼」字《周韻》據日大谷光瑞《西域考古圖譜》所録之「《切韻》斷片一」及《箋二》、《王二》、《裴韻》皆作「䵆」形，合於《説文》「從黍、麻聲」之造字原理，底二形訛，茲據校改。

〔五五〕「𢊁」字《箋二》、《箋七》、《王二》、《裴韻》、《廣韻》皆作「𪎮」形，合於《説文》，底二俗省，又《字彙·麻部》云「𢊁，與糜同，𢊁爛也」，然本小韻前已收「糜」字，指粥顆粒散碎的樣子，而「𢊁（𪎮）」則是指煮熟爛而言的，故謂「𢊁（𪎮）」與「糜」字通假則可，若以爲異體字，則不確也。

〔五六〕字頭底二僅存少許漫漶的筆畫，《箋七》及《王二》皆作「𥜶」，茲據校補。

〔五七〕「觽」字《箋七》作「觽」，《王二》、《裴韻》、《廣韻》皆作「觿」，後者合於《説文》，是「觽」、「觽」皆爲「觿」字之俗寫。

〔五八〕「髾」字《箋七》、《王二》、《裴韻》、《廣韻》皆作「鬌」形，底二俗訛，茲據校改。

〔五九〕「昌」、「尺」皆爲「昌」紐字，若下字相同，則二反語同音，《箋七》、《王二》、《裴韻》又音皆作「尺僞反」，底二又音下字誤脱左旁「亻」，茲據校改。

〔六〇〕注文《箋二》、《王二》、《裴韻》、《廣韻》同，《箋七》作『魚名』，合《説文》，然『魚鮍』文獻有例，指剖开去掉腮、内臟及鱗的魚，如《新唐書·百官志三》：『饗宗廟，則供魚鮍；祀昊天上帝，有司攝事，則供腥魚。』

〔六一〕『随』字《箋七》、《王二》、《裴韻》、《廣韻》皆作『隨』，後者合於《説文》，底二俗省。

〔六二〕『隋』字《箋七》、《王二》、《裴韻》、《廣韻》皆作『隋』，底二俗省；又《裴韻》於『隋』字後又收一『㒑』字，爲諸韻書所無，注文作『案：碎肉』，此義訓亦未見於其他字書，蓋屬臆斷，其字實即『隋』字。

〔六三〕『闚』字《箋七》、《裴韻》同，《王二》、《廣韻》作『闚』，《龍龕·門部》：『闚，俗；闚，正。』檢《説文·門部》云：『闚，閃也。』而《箋七》注文有『《説文》「小視也」，作此窺』，『窺』又當爲『窺』的俗字，《説文·穴部》『窺，小視也』，從文字的構形理據上看，這裏的從門或從穴當無區別，故『闚』、『窺』二字本當爲異體字，而《説文》別作二義，蓋亦草創之疏也。又注文『隳』字《箋七》、《王二》、《裴韻》皆作『隨』字，二字同屬支韻。

〔六四〕字頭底二作『竒』形，《王二》作『奇』，而於注文中云『通俗作竒』，參《敦煌俗字研究》下編大部『奇』字條考釋，敦煌韻書中『奇』字多作『竒』形，今於録文中皆徑改作通用正字『奇』形，後不一一出校説明。又注文殘字底二存上部筆畫，《箋七》、《王二》、《裴韻》『奇』字的又音均作『居宜反』，兹據校補。

〔六五〕注文『皃』字《箋二》、《箋七》、《裴韻》、《廣韻》皆作『皃』，底二形訛，兹據校改。

〔六六〕注文『反』字底二漫滅，可從《箋七》、《王二》、《裴韻》補。

〔六七〕『祇』字條下底二殘泐約三個大字的空間，諸參校本『祇』、『郊』二條之間的收字情況是：《箋七》、《裴韻》有四個字頭：『祇』、『鞁』、『岐』、『歧』（《箋七》誤作『岥』形）；《王二》有兩個字頭：『祇』、『岐』；《廣韻》有三個字頭：『祇』、『岐』、『歧』。又本小韻所存的實收字數比其標數字缺三個，則此空間所殘的當是没有注文的三個字頭字，比較之下，可與《廣韻》收字情況合，兹據擬補三個缺字符。

〔六八〕注文底二殘泐約三個大字的空間，國家圖書館藏王重民所攝照片此處不殘，可辨其上有『吹欱，貪者見食』六字。

〔六九〕底二注文『新』字前衍一『名』字，兹據《箋七》、《王二》、《裴韻》及《廣韻》徑删。

〔七〇〕『濊』字條下底二殘泐約六個半大字的空間，《箋七》『濊』、『踦』二條之間作『○攱，不正。去奇反。五。○攲，攲器。○崎，崎嶇。○觭，角一府一仰』，《箋二》該小韻首字『攱』殘泐，其後則作『不正。去奇反。四。○崎，崎嶇。○觭，角一府一仰』，《王二》該小韻『踦』前三字頭與《箋二》同，以《箋二》的内容補於底二殘泐處，可相吻合，兹從擬補十六個缺字符。

〔七一〕『冝』字《箋二》、《箋七》、《王二》同，《敦煌俗字研究》下編宀部『宜』字條考釋云：『俗書「宀」旁「冖」旁不分，故「冝」即「宜」的换旁字。漢碑已見「冝」字。』

〔七二〕『鸏』字以下底二殘泐約半行强，據空間，可抄六七個大字，《箋七》相關内容作『○鸏，鵗鸏。○轙，車上環，轡所貫。按《説文》或作此钀。○皮，符羈反。三。○疲。○郫，郫氏，縣，在蜀』，《王二》字頭數與此同，且『皮』、『疲』皆有釋義，但其『轙』的釋義作『車上環』，没有按語，《周韻》據日大谷光瑞《西域考古圖譜》所録之『《切韻》斷片一』及《廣韻》亦皆作『車上環，轡所貫』，《裴韻》略同，僅『環』字作『繯』，或《王二》有脱文，除却《箋七》的按語，其内容所占空間與底二所殘可大致吻合。

〔七三〕注文『弟』字《箋七》、《王二》、《廣韻》同，《箋二》、《裴韻》作『苐』，按『苐』爲『弟』之俗字，俗寫『艹』、『竹』二旁或混，則又變而作『第』形，後以義别，表等第次序義時多用『第』字，《干禄字書·去聲》『苐、第，次第字上俗下正』。又缺字底二漫滅，從體例看，此字當爲標數字，考各本收字情況，《箋二》作『三』，《箋七》作『四加一』，《王二》作『八』，《裴韻》作『六加六』，則作爲諸本之原始的《切韻》該小韻的收字數當少於或等於『三』，據下條考證，蓋當以『三』爲是。

〔七四〕底二『匙』字以下殘泐約五分之三行，據空間，可抄八個左右大字，字頭『匙』字《箋二》、《箋七》均無注文，故據句斷。又『匙』、『罹』二字頭間，《箋二》多殘，《箋七》去掉按語作『○怟，愛。○葹，草桉也。○兒，汝移反，一。○離，吕移反，十三（二）加一。○籬，[□□。○□，]酒』，然以此代入底二所殘空間，仍有二個半大字不能相容，考《王二》『是支反』小韻無『怟』字，『匙』下一字作『堤』，此與《箋二》殘存情況合，底二該小韻當與《箋二》同，收三個字頭，而比《箋七》少『怟』、『[艹是]』二條文字。

〔七五〕底二『驪，馬』條以下殘泐約五分之三行，據空間，可抄八個左右大字，考『驪』『蘺』二條間，《箋七》存『○鸝，小兒(鼠)相銜行。○樆，山梨。○鸝，鳥(鸝)黄，鳥。○縭，婦人香纓』，《王二》略同(唯『鸝』字注文中多『又作鵹』三字)。此內容與底二所殘空間合。又《周韻》據日大谷光瑞《西域考古圖譜》所録之『《切韻》斷片一』此處殘存情況爲『鼠相銜行。○樆，山梨。○鸝，鸝黄，鳥』，亦可爲輔證，由此知底二『吕移反』小韻當收十二字。

〔七六〕本條底二作『茳蘺，蘺』，前『茳蘺』二字爲注文字體，且後字作代字符，後一『蘺』字爲字頭字體，考《箋七》、《王二》、《裴韻》等，本小韻除『蘺』字外，并無可與『茳』字組爲詞組的字頭，又參諸本字序，與『蘺』字有互訛之可能的『籬』字皆居本小韻第二字，依底卷所殘行款，『籬』字亦應出現於隔行之前行殘泐處，故此字頭『蘺』不可能是『籬』字形訛，《補正》已揭此爲『上下位置倒錯』，茲從乙正。

〔七七〕『茈』字以下底二約殘五分之三行，據空間，可抄八個左右大字，《箋七》『疾移反』小韻未收『茈』字，其『疵』、『鶿』二條間的收字情況是：『○骴，鳥鼠殘骨。○玼，玉病。○貲，貲則(財)。即移反。七。○髭，口上毛。按《説文》作此頿。』《王二》『疾移反』小韻『疵』後接録的字同《箋七》，亦未收『茈』字，《裴韻》該小韻收有『茈』字，但排在第五字，没有注文，《廣韻》略同《裴韻》，但排在第四字，如果除去《箋七》的按語，其內容可與底二所殘空間基本吻合，是底二『茈』下蓋無注文，姑爲句斷。

〔七八〕注文『水鳥』二字底二作『鳥水』，茲據《箋二》、《箋七》、《王一》、《裴韻》乙正。

〔七九〕從『鷛』字注文『鳥名』至『訾，思』條爲底二正面內容，以下殘斷，從後注文『反。又山尔[□]。二』以下至『隔』爲底二背面內容。『訾』字條下至行末底二殘泐約八個半大字的空間。校之於《箋二》及《箋七》，除去其加字增訓的情況，推知底二正背兩面約殘原行款的十行文字。考《箋七》相關內容存『○訾，思也，量也。○鯗，魚名。○鄁，城名，在北海。○羈，馬絡頭。居宜反。六。○畸，殘田。○羇，寄。○掎，掎取物。○皺』，其後原抄所據底本殘泐四行，而《周韻》據日大谷光瑞《西域考古圖譜》所録之『《切韻》斷片一』此處存『○▨(鯗)，魚名。○鄁，城名，在北海。○羈，馬』，可與《箋七》參證，唯二者合計亦僅存底二所殘部分的少許内容。

〔八〇〕注文『山尔』後底二脱『反』字，兹據《箋二》、《箋七》、《王二》、《裴韻》擬補一脱字符。又從諸本知此爲『釃』字注文，當隸『所宜反』小韻，又《箋二》有釋義『下酒』二字，疑底二亦當有之。

〔八一〕注文《箋二》、《箋七》、《王一》、《裴韻》同，《廣韻》作『下物竹器』，於義更爲明瞭。

〔八二〕缺字底二殘泐，前者《箋二》、《王二》、《裴韻》『韉(韉)』字注文中皆有『一曰垂皃』，可據補；後者據文例當爲標數字，《箋二》、《箋七》皆作『一』，亦可據補。

〔八三〕『韉』字條下至行末底二殘泐約半行，據空間，可抄六個半大字，《箋七》相關内容作『○痿，濕病；一曰兩足不能相及。人垂反；[又]於隹反。一。○㕒，㕒㕓，山巔狀。姊規反』，《箋二》略有殘泐，然其所存内容與此略同(唯『濕病』作『脛病』)，如果除去『痿』字注文中的釋義部分，則餘下的内容恰可與底二所殘空間吻合。

〔八四〕字頭『緉』字《箋二》下部『門』作『凹』形，皆爲『冏』形俗寫，《箋七》、《王二》、《裴韻》、《廣韻》該字頭皆作『䌙』形，合於《説文》。又注文『細』字《王二》、《廣韻》同，《箋二》、《箋七》、《王一》、《裴韻》作『紉』，按《説文》『䌙，維綱中繩』，龍宇純《校箋》、余迺永《新校》皆以爲『細』當作『綱』字，然『細』、『紉』與『綱』之俗字『䋂』有訛變之可能，而與『綱』字訛變之迹不明，清李光坡《禮記述註》卷十六『樂記』『以爲紀綱』條注云：『綱，維綱大繩。』『綱』即大繩，則『維綱中繩』似於義有扞格，姑存以俟考。

〔八五〕缺字底二殘泐，又『居』下殘字存右部筆畫，其下至行末殘泐約半行，據空間，可抄七個左右大字，考《箋二》相關部分作『○槻，木名，堪作弓。居隨反。四。○規，圓。○鬹，三足釜，有柄。○雉，鷶鴂別名。○

剤，券。觜随反。又在細反。一』，《箋七》略同，唯『雉』、『鴂』二字皆作『規』形，除『剤』字外，恰爲『槻』小韻的另三個字，且其内容亦恰與底二所殘空間吻合，兹據校補殘字作『隨』，并爲擬補十九個缺字符。

〔八六〕『腄』字下底二殘泐約五分之三行，據空間，可抄七八個大字，又『腄』字注文殘字存上部，《箋二》『腄』字注文作『瘢胝。竹垂反。一』，兹據校補殘字作『垂』，并爲此殘條擬補五個缺字符。『腄』字條下《箋二》有二條文字：『○騹，馬小皃。子垂反。又子累反。[□]。○闚，去垂反。又作窺。一』，《箋七》爲『○𦏧，戈（弋）[□□。□□□。□]。○騹，子垂反。馬小皃。又子累反。一』，而《王二》則只有一條文字『箠，涕』，因底二大韻字頭皆提行書寫，故此半行内不必寫滿文字，是以不能確知殘缺的詳情。

〔八七〕注文『夷』字底二俗寫作『夷』形，《箋七》略同，參《敦煌俗字研究》下編大部『夷』字條考釋，《箋二》、《王二》、《裴韻》皆徑作『夷』形，下從『夷』字旁皆徑改作正體字形。

〔八八〕『祗』字右部乃『氐』旁篆文的隸變形，亦或進而訛變作『丘』、『互』形。參《敦煌俗字研究》下编氏部『氐』字條考釋。下從此旁者同，不再出校説明。

〔八九〕字頭殘字底二僅存上部筆畫，《箋七》、《王二》、《裴韻》接續『姨』字條的字頭皆作『彝』，兹從校補。又『彝』字下底二殘泐約五分之三行，據空間，可抄八個大字，考《箋二》相關的内容爲『○寅。○彝，彝倫。○夷。○痍，瘢。○胰，臙胰。○荑，□□』，其中『寅』、『彝』二條的次序當據《箋七》、《王二》、《裴韻》乙正，然如此則本小韻的實際字數比標數字少一個，檢《箋七》本小韻收字十二個，《箋二》收字十一個，二者相同而上抄内容中所無者爲『恞，悦樂』條，此條《箋七》排在『胰』字前，而《箋二》排在本小韻的最後，《王二》及《裴韻》排序與《箋七》同，如此則當補在底二殘斷的部分中，亦知底二所録蓋未脱字。後一殘條爲『荑』字注文。

〔九〇〕『胂』字《箋二》同，《箋七》作『胂』形，《王二》及《裴韻》皆作『腴』形，《廣韻》作『胰』形，《集韻》則以『胰』爲『胂』的異體字，按《説文》有『胂』無『胰』，解形爲『從肉、申聲』，《廣韻》因以歸入上平真韻，考『臾』聲字當在『虞』韻，似不當入本大韻，從本小韻多『夷』聲字來看，此『胂』字或爲俗字『胰』回改本字所致，而《切韻》原本以其從『夷』聲而入此大韻，至箋注本《切韻》如《箋二》仍因而未改，然至《刊謬補缺切韻》如《王二》則於真韻補一『胂』字，但却未删去脂韻的『胰』（或作『胂』、『胰』形）字，至《廣韻》仍沿而未改，從而造成混亂。

〔九一〕注文殘字底二存上部筆畫，其下至行末底二殘泐約半行，據空間，可抄六個半大字，考《箋二》相關内容爲『○師，踈脂反。二。○鰤，老魚。○毗，房脂反。十二(三)。○比，又必履、婢四、扶必三反』，《箋七》與此略同，唯『房脂反』小韻標數字作『十三』，底二内容可據《箋二》補，而標數字當據《箋七》作『十三』，參下『仳』字注，又《周韻》據日大谷光瑞《西域考古圖譜》所録之『《切韻》斷片一』本小韻的標數字殘存後『二』字，是亦當作『十二』，則此中之誤蓋由來已久，兹據校補殘字作『踈』，并爲前一殘條擬補二個缺字符。

〔九二〕『棍』字《箋二》、《箋七》、《王二》、《裴韻》、《廣韻》皆作『榌』形，與《説文》木部所收字同，底二所録字形當爲『榌』之俗字，參張涌泉《漢語俗字叢考》女部『婫』字條考釋。下『胵，䐊胵』之『䐊』字亦是『膍』之俗字。

〔九三〕注文『䔧』爲『藜』的俗字，《箋二》、《箋七》、《王二》、《裴韻》即作『藜』形。又『番』字《箋二》、《箋七》、《裴韻》作『藩』，是，底二訛省，兹據校改；《王二》作『蕃』，爲『藩』之俗省。

〔九四〕『阰』字以下至此約半行底二右側大半殘泐。然據《箋二》、《箋七》及左側殘迹考驗，此處原文當作『○阰，水名，在楚。○貔，獸。○膍，牛百葉。○蚍，蚍蜉。○枇，枇杷。○仳，仳倠，醜女』，其中注文『楚』字殘存左部，字頭『蚍』字存左下角部分，注文『蜉』字存左半『虫』旁，字頭『枇』字存左旁『木』字一横的左半，注文『杷』字存左半『木』字旁，字頭『仳』字存左側『亻』旁，兹皆據以校補。又以『阰』爲水名，殊爲不類，且從補出的字頭數看，其實數又比小韻標數字少一條，檢《箋七》『沘，水名，在楚』前有一没有注文的『阰』字，可知底二及《箋二》脱録了『沘』字，兹據擬補一個脱字符。

〔九五〕「⿰飠凡」爲「飢」之俗作，《箋二》、《箋七》、《王二》、《裴韻》正作「飢」。又「飢」字不屬於上「即脂反」小韻，也不屬於下「處脂反」小韻，據韻書體例知此處必有脱文。考《箋二》作「〇飢，居脂反。二。〇肌，肥」，《箋七》作「〇飢，居指（脂）反，二，飢（餓）也。〇肌。」《裴韻》標數字作「二加二」，可知此小韻收二字當爲《切韻》早期的形態，又從《箋二》、《箋七》二字的釋義差異可知，《切韻》原本當没有釋義，兹據擬補五個缺字符。

〔九六〕注文「⿰月昆」字當爲「膍」字之俗作，參前校记〔九二〕。

〔九七〕「又〔□□〕反」底二本作「又反三」三字，語義扞格，考《箋二》、《箋七》、《王二》，「⿰目辰」字注文中皆收又音「又勑辰反」，知底二「又反」之間當脱「勑辰」二字，兹爲擬補二個脱字符；又此非小韻首字，其標數字「三」蓋承上文衍者，今删去。

〔九八〕字頭「⿱⺮⿸尸韋」字《箋二》、《箋七》同，《周韻》據日大谷光瑞《西域考古圖譜》所録之「《切韻》斷片一」亦略同，《王二》、《裴韻》、《廣韻》皆作「⿱⺮韋」形，合於《説文》，《集韻》「⿱⺮韋」下注云「或作⿱⺮⿸尸韋」。又《王二》及《説文》「邸階」作「抵堂」，是知底二之「階」當爲「堂階」，義略同也。

〔九九〕字頭「𡰥」字《箋二》同，爲「尼」的俗字，參《敦煌俗字研究》下編尸部「尼」字條考釋，《箋七》下部介於「匕」、「工」之間，是又俗寫之變形也。

〔一〇〇〕反語下字「屈」爲入聲物韻字，置此非類，考《箋二》、《箋七》、《王二》、《裴韻》皆作「尼」字，蓋以「尼」俗寫多作「𡰥」形而訛變作「屈」，兹爲校改。

〔一〇一〕注文「夘」字乃「卯」字的俗字，參《敦煌俗字研究》下編卩部「卯」字條考釋，其於本卷則當爲「卯」之俗字「夘」的訛變，兹據校改。

〔一〇二〕反語下字「兹」，《箋二》、《王二》、《裴韻》皆作「脂」，按《周韻》考釋一「《切韻》殘葉二」校記已指出「兹乃之韻字」，底二蓋因音近致訛，兹據校改，《箋七》作「指」，蓋又「脂」之形訛也。

〔一〇三〕注文「武」字非聲，茲據《箋二》、《箋七》、《王二》、《裴韻》校改作「式」，底二形訛。

〔一〇四〕本小韻實際字頭數比標數字少一個，考《箋二》、《箋七》、《王二》、《裴韻》本小韻皆收四字，其底二所無者爲介於「屍」「鬐」之間的「蓍」，而《箋二》注文最簡，作「蓍，草」，茲據擬補二個缺字符。

〔一〇五〕注文「鐵」即「鐵」之俗字，參《敦煌俗字研究》下編金部「鐵」字條考釋。下不再出校説明。

〔一〇六〕底二「魚」、「脊」之間有一「鰭」字，《箋二》、《箋七》、《王二》、《裴韻》、《廣韻》皆無，義長，茲從徑刪。

〔一〇七〕字頭「剎」字《箋二》、《箋七》皆作「刹」形，《王二》、《廣韻》、《集韻》、《玉篇》刀部皆作「剓」形，《字彙》刀部云：「剓，同劙。」則作「刹」形當爲「剓」字的俗省，底二之形又爲俗省字之訛變。

〔一〇八〕字頭「梨」字《箋二》、《箋七》同，《王二》作「黎」，《裴韻》作「犁」，《廣韻》作「犂」，「犁」、「犂」爲異體字，龍宇純《校箋》云：「『黎』當作『犂』。」從「牛」旁字與釋義合，底二形訛，茲據校改。

〔一〇九〕「跰」字《箋二》、《王二》、《裴韻》同，按「跰」爲「迸」的異體字，其字從「并」聲，不可入脂韻，今檢《廣韻》、《集韻》，字皆作「𨁈」形（《裴韻》於脂韻「渠追反」小韻中收有此字，解爲「曲肱」，不確），合於《説文》，則知其構字之「夕」形俗寫訛變作「丷」形，遂致此誤，茲據校改。

〔一一〇〕字頭「蕤」字《箋二》、《箋七》、《王二》、《裴韻》皆作「蕤」字，底二俗訛，茲據校改。

〔一一一〕注文「求子牛」底二作「求牛子」，茲據《箋二》、《箋七》、《王二》、《裴韻》乙改。

〔一一二〕「荽」字下至行末底二殘泐約二個大字的空間，檢《箋二》「荽（原卷作「荽」之正字「葰」）」字注文作「胡荽」，《周韻》據日大谷光瑞《西域考古圖譜》所録之「《切韻》斷片一」作「荾，胡菜」，《箋七》作「胡荽，香菜」，《王二》、《裴韻》同，然底卷此處注文縱如《箋七》作四字，似仍比其所殘空間少一個大字，俟考。

〔一一三〕注文缺字底二殘泐，可參《箋二》、《王二》補作「夔龍俗」三字。

〔一一四〕字頭「騤」字底二存左側「馬」旁，此參《箋二》、《箋七》、《王二》、《裴韻》録定。

〔一一五〕根據下「楣」字注文作「户楣」例，「湄」字注文似當作「水湄」，蓋底二脱代字符，《箋七》、《王二》、《裴韻》

皆作『水湄』，茲從擬補一個脱字符。

〔二六〕注文『右』《周韻》據日大谷光瑞《西域考古圖譜》所録之『《切韻》斷片一』、《箋二》、《箋七》皆作『石』，底二形訛，茲據校改。

〔二七〕注文《箋七》、《王二》、《裴韻》同（唯『菒』字或作『藜』形），《箋二》作『黴黧，垢黑皃』，檢諸文獻，『黴黧』一詞初見於《楚辭・王褒〈九懷・蓄英〉》『失志兮悠悠，蒶藴兮黴黧』，王逸注：『愁思蓄積，面垢黑也。』是當以《箋二》爲確，底二音訛，茲從校改。又『腐』亦疑爲『黑』字之訛，底二蓋因習語而致然。

〔二八〕『萑』字《箋二》、《箋七》、《王二》、《裴韻》同，《廣韻》作『雈』形，《集韻》作『椎』，注云『或作雈』，按《説文・艸部》『萑，艸多皃』，然《切韻》系韻書皆未收訓『艸多皃』的『萑』字，而作『木名』之字自當以從『木』旁爲合於構字理據，蓋俗寫二者通用。

〔二九〕注文『郡』字《王二》同，《箋二》、《箋七》、《裴韻》、《廣韻》皆作『縣』，按《周韻》考釋一『《切韻》殘葉二』校記引《通典》卷一八〇云：『下邳郡爲隋置，唐爲泗州，後改爲臨淮郡，領縣六，下邳即其一。箋一（即本書《箋二》）、箋二（即本書《箋七》）改「郡」爲「縣」，蓋從唐制。』頁八一四。

〔三〇〕注文『大鱗』《箋二》、《王二》同，《箋七》作『魾鱗』，《裴韻》作『大鱗魚』，蓋以『大鱗』之釋不妥而臆增『魚』字，《廣韻》作『大鱯也』，與《説文》同，疑底卷之『鱗』字當爲『鱯』字形訛。

〔三一〕注文『桃花馬色』《箋七》同，《箋二》作『馬桃花色』，似於義爲長。

〔三二〕字頭『碩』字《箋二》同，《箋七》、《王二》、《裴韻》、《廣韻》皆作『䫠』，而於平聲十五灰韻收作『曲頣』解之『碩』字，考《説文》頁部有『碩』無『䫠』，釋云『曲頣也』，而《集韻》平聲脂韻『䫠』字注文『大面謂之䫠』，與諸韻書略同，然於皆韻下又有『䫠碩』條，注文作『大面皃。或作碩』，於十五灰韻下又有『碩䫠頣』條，注文作『《説文》「曲頣也」，或從丕、從否』，究其實，『曲頣』多『大面』，後義蓋引申而得，而『䫠』字正『碩』之後起俗字也（因『丕』字有『大』義）。

〔二三〕注文『似倠』不辭，兹據《箋二》、《箋七》、《王二》、《裴韻》校改『似』作『仳』字，底二形訛。

〔二四〕底二以『穀始熟』爲字頭『秖』的注文，使得本小韻的反切、標數字等皆缺佚，考《箋二》、《王二》、《裴韻》皆作『○秖，皮厚。丁私反。二。○秖，穀始熟』，《補正》已揭此，兹從擬補七個脱字符。又《箋七》『秖』小韻反語作『涉（陟）夷反』，與諸本不同。

〔二五〕底二標數字作『二』而實收字僅一，考諸韻書若《箋二》、《箋七》、《王二》皆作『一』，《裴韻》作『一加二』，《周韻》考釋一『《切韻》殘葉二』校記云『作「二」蓋抄寫之誤』，兹據校改。

〔二六〕底二標數字作『三』而實收字僅二，考諸韻書若《箋二》、《箋七》、《王二》、《裴韻》皆作『二』，《周韻》考釋一『《切韻》殘葉二』校記云『作「三」蓋抄寫之誤』，兹據校改。

〔二七〕字頭『檇』《箋二》作『樢』形，《裴韻》作『攜』形，《箋七》作『擕』形，《王二》作『欈』形，《廣韻》作『橅』，後者合於《説文》，是『樢』、『攜』、『擕』、『欈』皆其俗字，而『檇』字又其俗字之變，兹據校改。

〔二八〕注文『丘追』後底二脱『反』字，《箋二》、《箋七》、《王二》、《裴韻》有之，兹從擬補一個脱字符。

〔二九〕注文『肥』字《裴韻》同，《箋二》、《箋七》、《王二》、《廣韻》皆作『肌』，按『肥』字爲『微』韻字，底二之『肥』字當爲『肌』之形訛，兹據校改。

〔三〇〕注文《箋二》、《裴韻》同，唯《裴韻》於注文中又補充云『無水有橋曰圯』，《王二》注文徑作『橋名』，《廣韻》作『土橋名，在泗州』，按《説文》土部『圯』字云『東楚謂橋』，似以《王二》注文不重出字頭爲是，其重出字頭『圯』者，蓋以此字當爲某一個被稱爲『圯橋』的橋名，《漢語大字典》土部以爲漢張良見黄石公的『下邳（按唐屬泗州，今隸江蘇徐州）圯上』之『圯』，『後相沿稱該橋爲圯』，蓋是，兹據以三字爲句，『圯』後不加逗頓。

〔三一〕『頤』字左旁『𦣞』諸底卷多俗寫作『叵』、『㠯』、『臣』諸形，下從此旁者同，今皆統一録作通用字形『𦣞』，後不一一出校説明。

〔二二〕字頭『姫』字《箋二》、《王二》、《裴韻》皆作『姫』字俗寫之形，唯從『臣』旁之『姫』字別有其字，《玉篇》女部云『姫，慎也』，與『姫』字俗寫之『姫』爲同形字，兹作校改。

〔二三〕字頭『嶷』字《箋二》、《箋七》、《王二》、《裴韻》皆作『嶷』，按《説文》作『嶷』，俗寫『山』、『止』二旁有時通用，如『歲』又作『嵗』，是其比，是則『嶷』、『嶷』二形皆爲『嶷』之俗字。

〔二四〕注文『慈』字《箋七》、《王一》、《王二》、《裴韻》、《廣韻》上平之韻皆作『兹』，『慈』、『兹』二字同在之韻。但從韻書的沿承習慣看，底二增旁訛寫的可能性較大。

〔二五〕底二本小韻實收字數比標數字少二條，考《箋二》、《箋七》所收九字，皆以『禗』爲尾字，而於『伺』、『篙』之間有『〇緦，緦麻。〇楒，相楒木』二條，《王一》同，《補正》已揭此，兹從擬補二條七個脱字符。

〔二六〕底二此處本作『禗，玉』，檢諸字書，『禗』釋爲『玉』不確，考諸韻書此處收字情況，疑底二脱録約一行字，如《箋二》『禗』、『綦』二字頭間的内容作：『〇禗，不安欲去意。〇輜，楚治反。又側治反。二。〇颸，風。〇其，渠之反。十八。〇期，至。〇旗，旌。〇萁，菜。〇騏，馬青黎色。〇蜞，蟛蜞，似蟹。〇琪，玉。』《箋七》字頭情況與《箋二》全同，注文則有個别文字不同，此二韻書『渠之反』小韻『琪』後所收字頭情況與底二全同，另外，《王二》『渠之反』小韻從首至『琪，玉』之間的收字情況與前二韻書亦同，但意外的是《裴韻》『其』小韻標目數作『十四加七』（實收十九字），此標數與《王二》所收廿一字的情況合，唯其所本的『十四』與《箋二》、《箋七》（作『十八加一』）的『十八』不合，故不能遽定底二所脱之數。

〔二七〕注文『編』字《箋二》、《箋七》、《廣韻》同，《裴韻》作『偏』，《王二》作『鯿』，余迺永引《玉篇》『鯿，魴魚也』，以爲當作『鯿』字，按《龍龕》卷一魚部：『鯕，音其，鯿魚名。』正作『鯿魚』，兹從校改。

〔二八〕注文『書』字《王二》、《裴韻》、《廣韻》同，《箋二》、《箋七》作『所』，按『書』爲正齒審母三等字，『所』爲正齒審母二等字，《周韻》考釋二以爲作『所之反』誤。

〔二九〕注文『粟』《箋二》、《箋七》、《王二》、《廣韻》皆作『粟』，底二形訛，兹據校改。又『緦』字《箋二》、《箋七》、

《王二》皆作『細』，《廣韻》作『小』，『細』、『小』在此義同，故亦據校改。

〔一四〇〕字頭『檽』《箋二》、《王一》、《裴韻》同，是爲『檽』之俗字，《王二》、《廣韻》正作『檽』。按：『需』爲『需』的聲符類化俗字，漢、唐俗寫多如此，參《敦煌俗字研究》下編雨部『需』字條考釋，後從『需』旁字同。

〔一四一〕底二至此終，《箋二》『如之反』小韻標數字亦作『十二』，其『隱』字後的内容爲：『地▨(名)。又▨(峻)坂。○臑，煮熟。○轜，車。○洏，漣流(洏)，涕流皃。○鮞，魚子。○耏，多毛。○咡，吻。○栭，丸之塾(熟)。○誀，誘』，可參。此下爲底三内容，考底二末尾與底三起首之間，殘之韻大半，微、魚、虞韻全部，模韻少半字。推想原本當爲一頁的正反兩面的文字容量。

〔一四二〕由此『反』字以下至結束爲底三，中間有一小殘片爲底四。據内容，其前一部分爲灰韻字。考《箋二》此『反』爲前『樸』字的注文，作『樸劓，縣，在武威。劓字户閑反』，《王一》略同。

〔一四三〕『壺』字以下三行文字的下部殘去，殘去部分今知即底四正面，其中包括『壺』(上部『士』旁在底三，下部在底四)、『狐』、『瓳』、『餬』、『瑚』、『頶』、『醐』、『麯』、『弧』、『湖』、『孤』、『罛』、『泒』、『酤』、『觚』字整條以及『沽』、『徒』字的部分内容，茲綴合後録文。

〔一四四〕注文缺字底三漫滅，可據《箋二》、《王一》補作『反』字。

〔一四五〕注文『黏』字《箋二》同，《王一》、《廣韻》作『鈷』，考《説文·黍部》有『黏』字，訓『黏也』，《廣韻》入魚部，音『户吴切』，『鈷』乃『黏』之俗字，是底卷之『黏』亦當爲『黏』之俗訛，茲據校改。

〔一四六〕注文『納』字《箋二》作『網』，即『網』字的俗寫體之一，底四『納』字又『網』之形訛也。

〔一四七〕注文『胡』字《箋二》、《王一》皆作『鴣』，『鴣』字是，底三形訛，茲據校改。

〔一四八〕『鮎』字《王一》、《唐韻》(伯二〇一八)同，《箋二》、《廣韻》、《集韻》作『鮎』形，中華書局《漢書·地理志第八上》左馮翊『雲陽有休屠、金人及徑路神祠三所，越巫鮎鄦祠三所』，亦作『鮎』形，余迺永《新校》以爲此並爲『辜』字古文之隸定訛變字，蓋是，按『卵』字俗寫作『夘』形，底三所作又其俗訛，茲爲校改。

〔一四九〕字頭「駼」字注文底三作「鳥名」，審其形義不符，又「度都反」小韻實際字數十五，較標數字「十七」少二字，考《箋二》，相關部分作：「駼，騊駼，獸名。○犊，黃牛。○鵌，鳥名，與鼠同穴。」（《箋二》「駼」字條下原有「酴，酒」一條文字，底三該條已置於「駼」字條前，不缺）《王一》殘存部分的內容亦與此同，底三此處有脫文，《補正》已揭之，兹從擬補八個脫字符。

〔一五〇〕底三以「㤼，怯」亦作上條「憮」字注文，兹據《箋二》及《王二》恢復「㤼」的字頭地位。

〔一五一〕《玉篇・艸部》：「蒜，葷菜也。俗作蒜。」

〔一五二〕注文「次」字《箋二》、《王一》皆作「似」，《玉篇・玉部》作「琝，石，次玉。與珸同」，考《尚書・禹貢》「瑤、琨、篠簜」孔穎達疏：「美石似玉者也。玉、石，其質相類，美惡別名也。王肅云：『瑤、琨，美石次玉者也。』」則作「似」者，其或因孔疏而改乎？

〔一五三〕「梧」字釋義《箋二》同，《王一》作「梧桐」，《廣韻》作「梧桐，木名；又姓」，底三當用注文與被注字連讀成訓例。

〔一五四〕注文「芧」字《箋二》、《王一》皆作「茅」，按《說文・艸部》「葙」字注文作：「茅藉也。从艸，租聲。《禮》曰：封諸侯以土，葙以白茅。」敦煌寫本「矛」字常省寫作「予」形，兹據校改。又「葙以茅」《王一》同，《箋二》作「葙以白茅」，疑底三及《王一》皆脫一「白」字。

〔一五五〕底三「落胡反」小韻標數字作「十五」，而實收字十四，《箋二》該小韻收字十六，與底三比，在「鱸」後多「○攎，斂取。○爐，火爐」二條，又其字頭排序「櫨」在「鱸」後，與底三亦不同，但其他則全相一致，考《王一》及《廣韻》該小韻的排序，其「鱸」、「櫨」之間爲「攎」，蓋是，兹據擬補三個脫字符。

〔一五六〕「穥」字《箋二》作「䅰」，皆爲「穌」的俗字；《王一》、《廣韻》正作「穌」，合於《說文》，兹據校改。後從「穥」或「䅰」旁的字皆不再出注。

〔一五七〕該條文字底三有殘泐，其中字頭略存上右部殘畫，注文空間可抄四個小字，檢《箋二》，該條作「烏，哀都反。九』，《王二》略同而有加訓，兹據校補字頭作『烏』，并爲擬補四個缺字符。

〔一五八〕注文『鰞鰞』不辭，《王一》及《廣韻》皆作『鰞鰂』，《補正》校後一『鰞』字作『鰂』，兹從之，《箋二》注文抄作『鰞鯎』，『鯎』亦當是『鰂』的形訛字。

〔一五九〕字頭底三存右側似『欠』形右部的筆畫，兹據《箋二》、《王一》校補作『歖』字。又注文缺字底三殘泐，可從《箋二》、《王一》補作『就』字。

〔一六〇〕字頭底三存右上角似『烏』旁右上角形筆畫，兹據《箋二》、《王一》校補作『鎢』字。又注文缺字底三殘泐，可從《箋二》、《王一》補作『鎢錥，温器』四字。

〔一六一〕『逋』字後的字頭《箋二》、《王一》、《廣韻》皆作『餔』，且《箋二》所收四個字頭亦無『鋪』字，故底三『鋪』必爲『餔』字之形訛，《周韻》考釋一『《切韻》殘葉二』校記云：『此作「鋪」蓋抄寫之誤。鋪音普胡反，不當列此紐。』然《廣韻》本紐雖未收『鋪』字，而《王一》、《王二》收之，龍宇純《校箋》本小韻『鋪』字條校記謂『此出王氏所增』，是，兹據校改。

〔一六二〕注文缺字底三殘泐，考《箋二》、《王一》注文皆作『屋上平』，可從補。

〔一六三〕『庯』條下底三殘泐約三分之一行，據空間，可抄五個半大字，檢《箋二》『庯』、『麤』二條之間的收字情況爲『○枯，苦胡反。三。○刳，剖破。○郀，地名。○麁，米不精。倉胡反。二』，比較底三所殘空間，當有二小字注文不能容納，取其完整者當即『刳』之『剖破』或『郀』之『地名』二者當有一無，依《切韻》常用詞多不收釋義之通例，或『剖破』當去，兹據擬補十個缺字符。

〔一六四〕注文殘字底三僅存『袁』旁的右部筆畫，兹據《箋二》、《王一》校補。又『路』字各本亦同，考《説文·麤部》作『麤，行超遠也』，段注：『鹿善驚躍，故从三鹿。引申之爲鹵莽之偁。』底卷及各本之『路』疑當爲『超』之形訛字。

〔一六五〕注文缺字處底三殘泐，殘字存上端的『十』形筆畫，此殘畫《潘書》未録，《周書》徑録作『都』，皆非是，檢

《箋二》、《王一》該條皆作『稌，稻。又他古反』，茲據校補殘字作『古』。

〔一六六〕『稌』字條下底三殘泐，據空間，可抄四個大字，考《箋二》『稌』、『⿰禾尃』二條之間的内容爲『○都，丁胡反。三。○⿱⺮都，竹名。○闍，又時遮反』，比較底三所殘空間，當有二小字注文不能容納，依《切韻》常用詞多不收釋義之通例，蓋『⿱⺮都』之『竹名』二字可去，茲據以擬補七個缺字符。

〔一六七〕注文『⿰禾尃』字右下部略殘，茲據《箋二》、《王一》録定。又注文缺字處底三殘泐，《箋二》、《王一》皆作『普』，茲據擬補一個缺字符。又小韻標數字底三殘泐，考《箋二》作『五』，《王一》作『六』，而底三本小韻存字頭數爲四，後殘，故不能斷。然可知其數必爲『四』或『五』之一也。

〔一六八〕『⿰禾尃』、『鯆』二條之間的一條文字底三殘泐，《箋二》、《王一》皆作『鋪，設』，茲據擬補二個缺字符。

〔一六九〕字頭底三存左側筆畫，茲據《箋二》校補作『鯆』字，《王一》作『鱄』，乃『鯆』之異體字。

〔一七〇〕注文缺字底三殘泐，可從《箋二》、《王一》補作『蹀』字。

〔一七一〕『⿰⻊甫』字條下至行末底三殘泐約五分之二行，然此爲模韻結尾處，故不能斷其所缺字之數，檢《箋二》尚有一條『痡，病』；《王一》有二條：『○痡，病。○陠，衺。』底三若有，當爲一條，參本小韻首字注。

〔一七二〕字頭『蠐』字左部底三有殘，此據《箋二》、《王一》録定。又缺字底三殘泐，可參《箋二》、《王一》補作『螬』字。

〔一七三〕『蠐』字條下至行末底三殘泐約半行，據空間，可抄六七個大字，《箋二》『蠐』、『藜』二條間的内容爲『○齎，好兒。○黎，落嵇反。十一。○犂，犂牛，雜毛不純。○驪，馬深黑色。○廲，廲廔，綺窻』，其中『犂』字《王一》作『犁』，而釋文作『耕具』，此不同説明《切韻》原本『犂』字當没有注文，又《王一》『落嵇反』小韻無『驪』字條，據《箋二》而除去『犂』字注文和『驪』字條，則可與底三所殘空間基本吻合。

〔一七四〕注文『軄荆』不辭，茲據《王一》、《廣韻》校改『軄』作『織』字，底三形訛。

〔一七五〕字頭『締』字《箋二》、《王一》同，爲『⿰糹虒』字之俗寫，《廣韻》正作『⿰糹虒』。又注文缺字底三殘泐，可從《箋二》、《王一》補作『繂繉』、『絮』三字。

〔一七六〕『綿』、『淒』二條間底三殘泐的情況爲一行的後半行及另一行的前約四分之一，據空間，約可抄九個左右大字，《箋二》相關内容作『○盠（盞），似（以）瓠（瓢）爲飲器。○邌，徐行。○⿱黎黽，亭名，在上黨。○妻，七稽反。五。○萋，草盛』，比較底三的殘缺空間，則當多半個大字（同於二個小字的空間），疑去掉『邌』的注文『徐行』或『萋』字的注文『草盛』二字，即可與底三吻合。

〔一七七〕字頭底三存左部少許筆畫，茲據《箋二》、《王一》校補作『淒』字。

〔一七八〕字頭『淒』字左旁『冫』底三漫漶不清，茲據《箋二》、《王一》録定，又『淒』字下至行末底三殘泐約半行，考《箋二》、《王一》所收『淒』字注文爲『寒，《詩》云淒其以風』，因二卷皆對《切韻》有所增字加訓，故不能斷底三的注文是否如此。

〔一七九〕從『模』韻『菩』字上一注文小字『反』以下至上『淒』條爲底三正面内容，以下爲底三反面的内容，正面與反面間殘缺的内容當有約三十餘行，以韻目計，有齊韻大半，佳、皆全部和灰韻約二行的内容。如果底三首行是一頁的開端，則可斷此頁殘斷位置當在中間一半處。

〔一八〇〕底三反面首行前殘泐約三分之一行，據空間，可抄五個左右大字，字頭『枚』字前條注文雙行小字的右行殘，左行存『虫』字及其上一字的下部（似『長』字下部）筆畫，檢《箋二》、《王一》『枚』前二字的内容爲『○瑰，玫瑰，火齊珠。○蚘，人腹中長蟲』，與底卷行首所殘空間吻合，茲據校補殘字作『長』，并爲擬補十個缺字符。據内容，底三前一部分應爲『灰』韻字。

〔一八一〕字頭『枚』字右上角底三略殘，此參《箋二》、《王一》録定。又注文缺字底三殘泐，《箋二》、《王一》『枚』字反語及標數字皆作『莫杯反』、『十一』，可從補。又『莫』字前底三衍抄一代字符，今徑删之。

〔一八二〕『枚』字條下至行末底三約殘半行，據空間，約可抄七個大字，《箋二》『枚』、『脢』二條間的内容爲『○媒，許。○玫，玫瑰。○梅，木。○煤，炱煤，火（灰）集屋上』，《王一》作『○媒，妁。○玫，玫瑰。○梅，似杏而酸。亦作楳。○煤，炱煤，灰集屋。炱字杜來反』，比較之下，《王一》雖訓釋有增加，但却没有訛誤，而其釋義的不同，也正可表明《切韻》原本『媒』、『梅』二字當没有注文，『炱字杜來反』五字能與底三所存『來反』銜接，疑《箋二》脱之，茲據擬補十五個缺字符。

〔一八三〕『晦』字《箋二》作『脢』，釋云『衣上白醭』；《王二》字頭同而注文不同，作『胎經二月。又苦（莫）背反』，按『晦』字《廣韻》僅列『荒内切』一音，爲去聲隊韻字，置此不類，又敦煌寫本中『日』、『月』二旁多混而不分，《説文·肉部》『脢』字釋義作『背肉也』，其淵源有自，似當收録，然本小韻下已收『脄，背肉』，則此字就引起了『切韻』系韻書的混亂，今考『脄』字當爲『脢』的異體字，《廣韻》正以二字爲異體，『脢』字始見於《周易·咸》『咸其脢，无悔』；『脄』字始見於《禮記·内則》『擣珍，取牛羊麋鹿麕之肉，必脄』，然異體字並列爲字頭，非《切韻》之體例也，《王一》未録此字，蓋已刊其謬矣，《王二》之存，或後抄者補之歟？

〔一八四〕『昧』字當爲『脄』之俗作，敦煌寫本中『月』、『日』二形每多混用，由釋義看，當與『月（肉）』有關，《箋二》、《王一》正作『脄』。

〔一八五〕注文殘字底三存上部筆畫，《箋二》、《王一》皆作『兆』，茲據校定，《周韻》、《潘韻》皆録作『也』，非是。

〔一八六〕『腜』字條下至行末底三殘泐約半行，據空間，可抄七個左右大字，《箋二》『腜』、『傀』二條間的内容爲『○禖，求子祭。○罞，雉網。○鋂，犬（大）環。○瓌，公回反。二』，《王一》略同，茲爲擬補十五個缺字符。

〔一八七〕注文缺字底卷殘泐，可從《箋二》、《王一》補作『偪』字。

〔一八八〕前一條字頭底三殘存左上角『田』字形，其下至行末殘泐約半行，據空間，約可抄七個左右大字，《箋二》相關内容作『○勖，勉。○穨，暴風。杜回反。六。○瘖，陰病。○墤，下墜』，《王一》略同，其内容與底三所缺空間相合，茲據校補殘字作『勖』并爲擬補十四個缺字符。

〔一八九〕注文『罷』字《箋二》、《王一》皆作『羆』，『罷』、『羆』古今字。又殘字底三存『而』字上端及右邊部分，缺字底三殘泐，《箋二》、《王一》『魋』字注文皆作『似羆而小；又人名』，茲據校補殘字作『而』。

〔一九〇〕本條底三有殘泐，僅存注文『膭』字及二小字的殘畫，考《箋二》、《王一》『魋』、『頹』二條之間有『膭，膗膭，屋破狀』一條，可與底三殘迹吻合，茲據校補二殘字并擬補三個缺字符。

〔一九一〕『頹』字蓋《説文》『穨』字俗書。參《箋二》校記〔三五三〕。

〔一九二〕『崔』字條下至行末底三殘泐約五分之二行，據空間，可抄五個半大字，《箋二》『此回反』小韻首字『崔』條與字頭『䭔』之間的文字爲：『○崔，此回反。三。○催。○縗，喪衣。○磓，落。都迴反。三。』《王一》與此略同（只多『催』的注文『促期』二字）。比較底三的殘泐空間，則多半個大字（雙行注文爲二小字）內容，是常用詞『縗』或『磓』的注文當去掉，纔可相合。

〔一九三〕注文『折』字底三僅存左側『扌』旁，茲據《箋二》、《王一》録定。又『反』前底三有一『昨』字，右側加有刪除符號三點，今徑爲刪去。

〔一九四〕注文缺字底三殘泐，考《箋二》、《王一》注文皆作『崔嵬。與人姓崔字同音别』，茲據校改後一『嵬』字作『崔』，缺字亦可從補。

〔一九五〕後條注文『反』字底三在行首，前行『崔嵬』之『崔』條下至行末底三殘泐約四分之一行，據空間，可抄三個半大字，《箋二》此條與『挼』條間的內容作『○慛，傷。○膗，膗膭。素迴反』，與底三所殘空間吻合，茲據擬補七個缺字符。又『素迴反』小韻實收字數爲二，《箋二》標數與收字皆爲二，底卷『三』當爲『二』字形訛，茲據校改。

〔一九六〕注文『繫』字《王一》同，《箋二》作『摲』，《集韻》敢韻『摲，擊也』，《王二》作『擊』，《玉篇·手部》亦作『挼，擊也』，底三形訛，茲據校改。

〔一九七〕『陪』字下至行末底三殘泐約五分之二行，據空間，可抄五個半大字，《箋二》相關部分作『陪，厠。○啚，鄉名，在河東聞喜。○杯，布回反。一。』《王一》略同，其所占空間與底三殘泐空間吻合，茲據擬補十四個缺字符。

〔一九八〕注文『几』當爲『瓦』之俗寫『凡』、『凡』的形訛字，《王一》正作『凡』形，《箋二》則徑作『瓦』字，兹據校改。

〔一九九〕注文殘字底三存左側『魚』旁，缺字殘泐，考《箋二》『鮠』字注文作『魚，似鮎。五回反。三』，與底三殘泐情況吻合，《王一》作『魚名，似鮎』，兹據校補殘字作『鮎』，缺字當亦可從《箋二》補。

〔二〇〇〕底三『鮠』字條下殘泐約一個半大字的空間，《箋二》、《王一》『鮠』字條後皆作『桅，舟上幢』，兹據《切韻》常用詞多不加釋義例，擬補一個缺字符。

〔二〇一〕『㥦』字《箋二》作『慢』形，《王一》作『慢』形，並『幔』字俗寫，《廣韻》正作『幔』形，與《說文·巾部》常見楷體字形同。又注文反語脱一『反』字，兹據《箋二》擬補一個脱字符。

〔二〇二〕字頭及注文《王一》、《廣韻》皆同，龍宇純《校箋》云：『《說文》攺、毅二字下並云「毅攺，大剛卯」，攺字俗書作攺，此文攺當是攺字之誤，訓作笑聲則誤攺爲欸耳，當云剛卯也。』

〔二〇三〕『攺』字當爲『攺』字之訛，參上條校記。

〔二〇四〕字頭『苔』字《箋二》、《王一》皆作『落』，合於《說文》，《廣韻》『落』字注文云『亦作苔』，是底三字頭用俗字。

〔二〇五〕字頭『狠』字《箋二》、《王一》皆作『豥』。按『犬』『豕』二旁例多通用，如『猪』又寫作『豬』，底三字頭蓋用俗字。

〔二〇六〕注文『毀』字《箋二》、《王一》、《廣韻》皆作『敗』，義長，疑底三形讹，姑據校改。

〔二〇七〕『木鎌』《箋二》、《王一》同，《廣韻》作『大鎌』，合於《說文》，『木』字當爲『大』字之形訛，姑據校改。

〔二〇八〕『陔』字注文底三本作『殿階之曰姟』，文意扞格，又檢知本小韻實際字數比標目字數少一，疑有脱文。考《箋二》、《王一》『古哀反』小韻此處皆作『〇陔，殿階之次序。〇姟，數，十冓曰姟』，是底三誤糅『陔』、『姟』二條爲一，而致此淆亂，兹據擬補六個脱字符。

〔二〇九〕注文『麸』字與字頭同形，不合文例，兹據《箋二》、《王一》校改作『麪』。

〔三〇〕注文「磑」字《箋二》、《王一》、《廣韻》皆作「嵦」，又底三後「嵦」字注文正作「崍嵦」，是此误作，兹據校改。

〔三一〕字頭「鰓」以下三行半文字的下部殘去，殘去部分即底四背面，其中包括字頭「鰓」（右部「思」旁及左部「魚」旁的右側部分在底三，「魚」旁的左側部分在底四）、「禛」字的部分文字及「揌」、「鼔」、「敱」、「能」、「春」、「脣」、「漘」、「蓴」、「倫」、「論」、「綸」、「輪」、「陯」的整條内容，兹綴合後録文。

〔三二〕注文「皃」字《箋二》作「白」，與《説文·白部》「皚，霜雪之白也」合，底三「皃」字當爲「白」字形訛，兹據校改。

〔三三〕字頭「蓴」字《箋二》、《王二》、《廣韻》上平諄韻皆作「蒪」形，又底三注文亦作「蒪」形，是此字頭抄寫時誤脱字下「月」形部分，兹據校改。

〔三四〕字頭「陯」字底四在行末，該字注文《箋二》注作「山名」，《王二》作「山阜」，二者的歧異似表明其所據的《切韻》原本蓋無注文，而後之箋注、修訂本各補其訓，然此字又似非常用字，故不能斷其有無注文。

切韻(三)(卷二)

斯六一八七

【題解】

底卷編號爲斯六一八七，存一殘紙，單面抄。内容爲平聲卌五幽、卌六侵、卌七鹽三韻殘字計十五行。大韻起始處提行，韻首標序字高出版心一格書寫。小韻首字注文的體例爲字頭—釋義—反切—小韻字頭數。字體樸拙，行款疏朗。以大字計，行抄約十七字左右。其收字及訓解皆少於《箋二》，然亦或有底卷有訓解(如侵韻『臨』字)而《箋二》無者，李國華《讀〈切韻〉殘卷》(《雲南民族學院學報》一九九〇第四期)亦謂此卷已有增訓現象，《周韻》以爲此『極似陸法言書傳本』(《周韻》考釋一，頁八一七)，《翟目》以爲與《切韻》相似，《索引》擬名爲『韻書』，《寶藏》、《索引新編》同。《英藏》定名作《切韻》，《提要》同。今定名爲《切韻》(三)，簡稱《切三》。

施安昌於《論漢字演變的分期——兼談敦煌古韻書的書寫時間》(《故宫博物院院刊》一九八七年第一期)中從書法角度加以歸類，謂底卷當爲初唐寫卷。

龍宇純《英倫藏敦煌切韻殘卷校記》(載臺灣《中央研究院歷史語言研究所集刊》外編第四種《慶祝董作賓先生六十五歲論文集》，一九六一)最早據膠片對底卷加以摹録和校勘，其後《補正》、《周韻》亦據膠片加以録文或校勘考釋，後潘重規《龍宇純英倫藏敦煌切韻殘卷校記拾遺》(《華岡文科學報》第十五期，一九八三)又據原卷做了進一步的校正。兹據《英藏》録文，并參考敦煌韻書中相關的卷子如《箋二》、《王一》及傳本韻書《王二》、《裴韻》、《廣韻》等校録於後。

（前缺）

45 幽 犙（犙）牛三歲。山幽反。諸家音皆糸（參）。［□］。〔一〕聱聱▨（耴），□□狀。語虯□。□。□〔二〕

46 侵 卌六侵漸進。七林反。二。〔三〕駸馬行。尋徐林反。七。鐔▨（劍）□。□▨（餘）針、徒南二反。〔四〕潯□深。〔五〕▨（鱏）□□。□餘針反。〔六〕▨（橝）□□。〔七〕鄩古姓。𡍬小堆𡶡。〔八〕林力尋反。八。琳王（玉）名。〔九〕淋以水沃。臨莅也。〔一〇〕痳病。箖竹名。瀶水出皃。霖霖雨。琛琛寶。丑林反。五。棽木板（枝）長。又所金反。〔一一〕彤船行。綝善。郴縣名，在桂陽。斟（斟）斟酌。軄深反。八。〔一二〕針。鷀鷀鷟，鳥名。［□］。鱵魚名。抍（抖）抍鄩，古國。〔一三〕葴（箴）規誡。〔一四〕滅酸將草。〔一五〕沉除深反。〔一六〕四。犱（犹）水牛。芃（芁）草名。霃（霃）久陰。碪擣衣石。知林反。一。諶誠。氏林反。三。忱（忱）信。煁行竈。任如休（林）反。〔一七〕四。鵀鳥名。恁信。壬。深式針反。二。蔘蒲蒻。淫久雨。餘針反。七。婬婬蕩。䇘竹名。蟫白魚蟲。鷣鷂（鷂）之別名。〔一八〕苂（芺）熱。〔一九〕冘行皃。心息林反。二。杺車鈞（鉤）杺。〔二〇〕愔靖也。於淫反。一。祲日傍氣。姉（姊）心反。又子禁反。三。梫木名。㾕㾕，鋭意。〔二一〕鮗大魚曰鮓，小魚曰鮗；一曰北方［□］鮓，南方曰鮗。昨淫反。〔二二〕三。䰼䰼哥。梣木名。誑誑諏，喉聲。女心反。一。琴渠金反。七。㩒急持。黔黑而黃；一曰黔首，衆也。〔二三〕禽鳥。芩黃芩。檎林檎。澟寒狀。又力朕反。〔二四〕欽去音反。四。衾被。嶔嶔崟。菳似蒿草名。吟魚今反。二。崟嶔崟。歆神食氣。許今反。三。廞陳車服。又虛▨（錦）反。〔二五〕焮火盛皃。金居音反。五。今。黅黃色。衿小帶。又琴禁反。襟袍襦前袂。音聲。於吟反。四。陰陰陽。霠雺（雲）覆日。〔二六〕瘖啞。森木長皃。所金反。［□］。〔二七〕蔘（蔘）本作蕿。人蔘，藥名。〔二八〕曑（參）曑辰。槮（槮）樹長。岑山小而高。鋤簪反。四。涔涔陽，地名。又土（士）監反。〔二九〕霠雨聲。梣青皮木。簪側岑反。二。瑨石，似玉。〔三〇〕嵾（嵾）嵾差，不齊皃。楚岑反。□。〔三一〕

47 鹽 卌七鹽全（余）廉反。〔三二〕五。櫩木名。閻里中門。阽璧（壁）危。〔三三〕簷屋前。廉力鹽反。溓（清）也。〔三四〕十。

鐮刀鐮。**霏**久雨。**㰄**㡔㰄。**簾**簾箔。**蘼**蘼薑。**蘞**白蘞，藥名。**奩**盛香▨（器）。[三五]**磏**礪。[三六]▨（獫）犬長喙；又虚□□，▨▨（獫狁）。[三七]**砭**以石剌病。▨▨▨（府廉反）。▨（一）。[三八]**籖**（籤）[三九]

（後缺）

【校記】

〔一〕據内容，底卷所存前一部分應爲『卌五幽』韻字。字頭『㸗』字《箋二》作『㸗』，《王二》、《廣韻》皆作『犙』，按『参』俗字或作『糸』，而『「糸」當是「糸」的增點繁化字』，參《敦煌俗字研究》下編厶部『参』字條考釋，是『㸗』、『㸗』皆爲『犙』的俗字，此下以『参』之俗字爲偏旁者不再一一出校。『音皆』二字龍宇純《校記》、《周韻》下編考釋一『《切韻》殘葉三』皆云當爲抄本誤倒。又《周韻》下編考釋一『《切韻》殘葉三』云：『《玉篇》「犙」音「山含切，又且含切」，《萬象名義》音且含反，徐鍇《説文篆韻譜》五卷本和徐鉉校定本《説文》音穌含反，並無「山幽反」一音。《廣韻》幽韻有此字，覃韻「蘇含切」下亦有此字。陸韻「山幽反」一音不知所據，或前代字書中有作「山函反」的，函誤寫爲「幽」，因而陸法言誤收入幽韻。這是一種疏失。不過，書中仍注明諸家音參，學者猶可考案。後來箋一和王韻都略去這一句話，而覃韻也不收「犙」字，就給讀者增加很多疑惑。此本保存了這一條，是很可寶貴的。』（頁八一七—八一八）這裏所説的『箋一』和『王韻』分别是我們所説的《箋二》和《王二》。又『山幽反』小韻標數字底卷脱，《箋二》、《王一》、《裴韻》皆作『二』字，兹據擬補一個脱字符。

〔二〕注文殘字底卷殘存左『耳』旁，兹據《箋二》、《王一》、《裴韻》校補作『聑』字，其下至行末底卷殘泐約三分之二行，據空間，約可抄十個大字，然此爲該大韻的結尾行，可不必抄滿，《箋二》相關内容作『〇聱，聱聑，魚鳥狀。語虯反。一。〇飍，風。香幽反。又風幽反。一。〇休（烋），許彪反。一。〇繆，綢繆。武彪反。又靡幼反。一。〇秠，禾生名。子幽反。一。』《王二》字頭『秠』在『犙』前，其『聱』字後亦收四條，作

『〇飍，香幽反。風。又風幽二(按：』二『當刪)反。一。〇休，許彪反。加火失。一。〇繆，武彪反。綢繆。又靡幼反。一。〇誰，千侯反。就。又于(千)隹反』，可參。茲爲前一殘條擬補四個缺字符。

〔三〕『冊』字右部底卷殘泐，茲據後大韻標序字『冊七』録定。

〔四〕注文殘字前者底卷存左上部，後者存左下部，茲據《箋二》、《王二》、《裴韻》校補作『劒』、『餘』二字。又缺字底卷殘泐，考《箋二》、《王二》、《裴韻》『鐔』字注文皆作『劒鼻』。又餘針、徒南二反』，底卷可從補。

〔五〕注文缺字底卷殘泐，可從《箋二》、《王二》、《廣韻》補作『傍』字。

〔六〕字頭底卷存左部『魚』旁，茲據《箋二》、《王二》校補作『鱏』字。又注文底卷作雙行小字，『餘針反』三字在左行，其右行殘泐，《箋二》、《王二》、《裴韻》『鱏』字注文皆作『魚名。又餘針反』，可從補。

〔七〕字頭底卷僅存左側『木』字旁的左半，茲據《箋二》、《王二》校補作『橝』字。注文缺字底卷殘泐，可從《箋二》、《王二》補作『木名』二字。

〔八〕注文『峊』字《箋二》作『嵲』，俗寫『止』、『山』多混，如『歲』亦作『嵗』等，土阜以從山爲上，『嵲』爲『堆』之俗字，『堆嵲』重遝，故《切韻》的修訂本如《王二》、《裴韻》皆改作『堆阜』，考《原本玉篇殘卷·阜部》(中華書局一九八五)『隯』字注文引《蒼頡篇》云『小阜，在三輔也』，則底卷之字，蓋本爲『阜』字因『山』而類化作『嵲』形，與『堆』之俗字暗合，俗書又訛作『止』旁也。

〔九〕注文『王』字《箋二》、《王二》皆作『玉』字，《補正》據校，茲從改，俗寫『王』、『玉』二形多混。

〔一〇〕釋義用『也』字不合文例，蓋抄者衍增，當刪。

〔一一〕注文『板』字《箋二》、《王一》、《裴韻》、《廣韻》皆作『枝』，底卷形訛，茲據校改。又底卷『長』、『又』之間有一字頭『斛』(當爲『斟』之俗字『斗』的俗寫)，側書一點以示刪除。『又所金反』原在衍抄字頭『斛』後，茲據《箋二》、《王一》接録於『木枝長』後，爲『棽』字的又音。

〔一二〕字頭『斟』字右旁『廾』爲『斗』之俗寫，與『升』字俗寫『廾』有一點之差，參《敦煌俗字研究》下編『丿』部

「升」字及「斗」部「斗」字條考釋。下文「斗」旁作「廾」形者，不再一一出校。又本小韻實際所收字頭數爲七，比標數字少一，《周韻》下編「考釋一・《切韻》殘葉三」校記云：「據裴本《切韻》及宋跋本王韻對勘，疑此紐脱「黬」字及注文。」其「宋跋本王韻」即我們所謂的《王二》，考《王二》與《裴韻》此小韻皆收九字，其與本小韻實收字數之不同者爲二字：「黬」和「箴」，其中「箴」字二書皆置於字頭「鷀」、「鱵」之間，爲第四字；而「黬」字則不同，裴在倒三，王在末尾，審《王二》之排字，往往《切韻》原收字在前，而其所增字在後，故疑本小韻所脱字爲「箴」，并且由於敦煌寫本之「⺮」、「艹」不分，則此字實當爲「葴」字，《切韻》原本并無注文，後增字加訓者以「規誡」之「箴」作「葴」，遂以此字作「箴」，并望文生訓作「竹名」，而實無文獻根據，姑據擬補一個脱字符。潘重規《龍宇純〈英倫藏敦煌切韻殘卷校記〉拾遺》認爲此卷上一小韻的衍文「斟」「當在斟字下，誤書於上，遂使琛紐五字多一文，斟紐八字小（少）一文矣」，此論非是，《唐韻》以前的《切韻》系韻書，其異文皆於注文中注出，無以字頭形式列出者。

〔一三〕「垪」字《集韻》云「通作斟」，蓋以「斟」爲地名用字而俗寫類化作「抖」形；《玉篇》土部作「圤」形，然「十」字亦非聲旁，是又當爲「抖」字之俗訛字；《周韻》下編考釋一「《切韻》殘葉三」校記以爲「此字當從「十」作「圤」」，不確。

〔一四〕字頭「箴」字底卷作「葴」形，《箋二》、《王一》、《王二》、《裴韻》同，按敦煌俗寫「⺮」、「艹」不分（潘重規主編《敦煌俗字譜》「序」，石門圖書公司一九七七），兹據《廣韻》校改，以合於字義引申之規律。

〔一五〕注文「將」字《箋二》、《王一》同，《王二》、《廣韻》皆因「草名」而類化作「蔣」，按字頭「濊」字《廣韻》作「葴」，《爾雅・釋草》云：「葴，寒漿。」郭璞注：「今酸漿草，江東呼曰苦葴。」其字蓋因有「酸漿」而後增從「水」旁，則敦煌諸本韻書作「將」，蓋當爲「漿」之省形字也。

〔一六〕字頭「沉」字《王二》同，《廣韻》作「沈」，又於其下收「沉」字，注云「俗」，是底卷字頭用俗字，按敦煌俗寫「冘」旁多作「冗」形，以下作此寫法者不一一出校。

〔一七〕注文「休」爲「尤」韻字，置此不類，兹據《王二》、《裴韻》、《廣韻》校改作「林」字，底卷形訛。

〔一八〕「鵿」字當爲「鷂」之俗作，古代寫本中䍃旁多有作「岳」、「缶」形（參潘重規主編《敦煌俗字譜》二一一八四號「遥」字所收異文及秦公《碑別字新編》「遥」字條所收異文），《王一》、《廣韻》正作「鷂」字，兹據校改。

〔一九〕字頭「炗」《王二》、《裴韻》同，《廣韻》作「芜」形，然又與前「除深反」小韻之「芜」重形，余廼永校作「羙」，并引《説文》云「小熱也」，兹從改，底卷俗讹。

〔二〇〕注文「釣」字置此不辭，兹據《裴韻》、《廣韻》校改作「鈎」字，底卷形訛。

〔二一〕注文「兟，鋭意」《王二》、《裴韻》同，《集韻》作「《説文》：兟兟，鋭意」，《説文》先部「兟」字段注：「先主入，故兩先爲鋭之意。殅殅（即兟之俗作）其言，所謂意内而言外也。凡俗用鐵尖字即兟字之俗。」則此注文中「兟」字重出當是用注文與被注字連讀成訓例，段注以爲此即「鐵」字之正，則當又可單獨使用，《廣韻》注文徑作「鋭意」，未重出字頭。

〔二二〕注文「北方」後依文例當有一「曰」字，底卷誤脱，兹據擬補一個脱字符。

〔二三〕「黔」字注文底卷作「黑而一曰黄黔首衆也」，文意扞格不通，考《王二》、《裴韻》皆作「黑而黄；一曰黔首，衆」，兹徑據乙正。

〔二四〕字頭「澟」爲「凜」字俗寫，《王二》、《裴韻》、《廣韻》正作「凜」字。

〔二五〕注文殘字底卷模糊，考《王二》、《裴韻》「廞」字又音皆作「虚錦反」，《廣韻》作「許錦切」，其「錦」字與底卷殘形合，兹從校補。

〔二六〕注文「⿱雨乇」字當爲「雲」之訛，《王二》、《裴韻》、《廣韻》正作「雲」字，兹據校改。

〔二七〕底卷脱標數字，此小韻實收字數爲四，可據補，兹爲擬補一個脱字符。

〔二八〕字頭「蔘」字爲「薓」字的後起俗字，或省作「葠」，俗亦作「蔘」，《王二》、《廣韻》皆作「蔘」，按《説文》日部：「曑，商星也。从晶，㐱聲。曑，曑或省。」段注：「今隸變爲參。」本卷後「曑」字作偏旁時出現類似變形不再一一出校。

〔一九〕注文「土」於音不和，《王二》、《裴韻》皆作「士」，《補正》據校，兹從改，敦煌俗寫「土」、「士」多混，故其「土」字又多加點作「圡」形。

〔二〇〕底卷「玉」後衍抄一「二」字，復用一墨點點去。

〔二一〕字頭「嵾」字《王二》、《廣韻》皆作「嵾」，爲通行字，按敦煌俗寫「參」多作「叅」形，作「叅」形者正「参」形的訛變。又缺字底卷漫滅，可據本小韻實收字數補作「一」字。

〔二二〕注文「全」字非聲，兹據《王二》、《裴韻》、《廣韻》校改作「佘」，底卷形訛。

〔二三〕注文「壁」字《王二》、《裴韻》皆作「璧」，《說文》「阜」部：「阽，壁危也。」底卷形訛，兹據校改。

〔二四〕「湇」字龍宇純《英倫藏敦煌切韻殘卷校記》録作「湔」，校云：「各韻書廉下或云儉，或云儉清，或云儉節；以湔釋廉，似未嘗見。疑是清或潔字涉上文簷下前字而誤。」上田正《補正》從之；潘重規《龍宇純〈英倫藏敦煌切韻殘卷校記〉拾遺》録作「湇」，按二録文皆近似而實不確，審此字正是「清」字的抄殘字（蓋底卷所據本殘，而抄者照録），《原本玉篇殘卷》广部「廉」字下引《廣雅》「廉，清也」（今傳本《廣雅》無此條），正可爲證。又注文「也」字依例當删。

〔二五〕注文殘字存右側上下二「口」形筆畫，兹據《裴韻》、《廣韻》校補作「器」。

〔二六〕字頭「磏」字左側底卷有些殘泐，此參《王二》、《裴韻》及《廣韻》録定。

〔二七〕字頭殘存右側「僉」旁的右部筆畫，兹據《廣韻》校補作「獫」字。注文二殘字前者存右側「僉」旁，後者存右側少許筆畫，兹亦同據《廣韻》校補。又注文「虛」下二字殘泐，《箋二》、《王二》（「反」作「又」，形之誤也）、《裴韻》「獫」字又音皆作「虛檢反」，可從補。

〔二八〕注文殘字底卷並存右側筆畫，兹據《王二》、《裴韻》及《廣韻》校補作「府廉反一」四字。

〔二九〕字頭「籤」字注文《王二》、《裴韻》皆作「七廉反。牒。六」，其中《裴韻》「牒」後多一「也」字。

切韻（四）（卷三）

斯二六八三（底一）　　伯四九一七（底二）

【題解】

底一編號爲斯二六八三，存三殘紙，可相銜接，單面抄。第一紙存上聲海、軫、吻、隱、阮諸韻殘字十六行，第二紙存阮、混、佷、旱諸韻殘字十六行；第三紙存旱、潸、産、銑諸韻殘字十三行。底二編號爲伯四九一七，存一殘紙。有感、敢、養三韻殘字十五行。底一、底二的字體、行款皆同，《姜韻》最早指出其爲『同卷之裂』，《潘韻》、《補正》、《周韻》皆同其説，兹從綴合録文。底卷大韻起始處提行，大韻代表字高出版心一格書寫，上加朱圈，無標序字；字頭多用通行俗體（如底卷『傴』《箋二》作『侃』，『散』《箋二》作『散』等）；小韻首字上加朱點，其注文體例爲字頭—釋義—反切—小韻字頭數。

底卷字體瘦拙，行款疏朗嚴整，以大字計，行抄約十三字左右。與《箋二》比較，底卷收字、訓解皆少，『當是法言原本』（王國維《書巴黎國民圖書館所藏唐寫本切韻後》，載《觀堂集林》，中華書局一九五九年，頁三五二），又《姜韻》於論部附兩篇考證文章，分别從收字少、注語少、不言字形、他卷批評陸書之内容仍見載於底卷等方面論證，『其爲陸氏原本，蓋無可疑矣』（《姜韻考釋》卷十一，頁三〇六）。《索引》二底卷皆定名作《切韻》，《索引新編》同。兹從諸家定名作《切韻》（四），簡稱《切四》。

王國維認爲底卷是初唐寫本，姜亮夫謂其行款『與諸唐初寫《尚書》、《詩經》卷子相仿佛』。《提要》以爲是『第八世紀初期寫本』。張涌泉認爲：卷中『治』、『顯』、『旦』、『恒』等唐代諱字皆不避；『純』字作『紼』，似亦與避諱無關；『民』字或避或不避（卷中『愍』字所從的『民』旁缺末二筆，『泯』右旁改寫作『氏』，當與避唐諱有關，但『筤』、『䟲』字則不避諱），亦可視爲唐代前期抄本之輔證；卷中『民』旁有的不避諱，或與當時避諱制度不太嚴格有關。又施安昌於《論漢字演變的分期——兼談敦煌古韻書的書寫時間》(《故宫博物院院刊》一九八七年第一期)中從書法角度加以歸類，亦謂底卷當爲初唐寫卷。

底一王國維最早據照片録文，於一九二一年發佈(《唐寫本〈切韻〉殘帙三卷》寫印本之第一種，多被稱作『切一』)，『但係間接所得，并誤爲巴黎所有』(《索引》語)，後《十韻彙編》據以收録。最早録全二卷者爲《姜韻》(其中伯四九一七《姜韻》標名爲『巴黎未列號諸卷之乙』)，其後《潘韻》又據原卷對《姜韻》有所勘正，後《補正》、《周韻》又據膠片録文并加以校勘、考釋，姜亮夫後又撰《王靜安所録切韻三種卷子校記》一文(載姜亮夫《敦煌學論文集》下，上海古籍出版社，一九八七)，對底一加以校勘；徐朝東撰《敦煌韻書S.2683校證》(載《敦煌學研究》，韓國首爾出版社二〇〇六年)亦對底一的前人校録問題有所刊正。今底一據《英藏》録文、底二據《法藏》録文，并參考敦煌韻書中相關的卷子如《箋二》、《王一》及傳本韻書《王二》、《裴韻》、《廣韻》等校録於後。底卷大韻前無標序字，兹參《箋二》、《王一》在天頭上擬定。

(前缺)〔一〕

15海 亥胡改[□]。〔二〕一。 啡出唾聲。迊(匹)愷反。〔三〕一。 採倉□反。〔四〕四。 □齊。多改反。又多肯反。〔五〕一。 秠禾傷雨。莫亥反。又莫代反。〔六〕一。 在□浪報反。〔七〕 挨擊。 倍倍多。薄亥反。二。 蓓黄□，草。〔八〕

16軫 軫(軫)之忍反。〔九〕八。 縝結。 胗(胗)癮胗，皮外小起。 畛(畛)田間道。 賑□蟲動。尺尹反。二。〔一〇〕 脪肌(肥)。〔一一〕 准古作準(準)。之君(尹)反。〔一二〕三。 埻射的。 紃(純)□馬毛逆(逆)。〔一三〕 筍思尹[□]。〔一四〕三。 隼。 簨簨簴。 愍悲。眉殞反。〔一五〕四。 憫□默。〔一六〕 閔□。〔一七〕 敏□。 □□□反。又扶履反。〔一八〕二。 臏脥(膝)骨。〔一九〕 殞没。于閔反。二。 隕墜。 窘急。渠殞反。四。 [illegible]玉名。 菌地菌。 箘竹名。 ▨(紖)牛紖。直引反。〔二〇〕二。 昛(朋)腫處。〔二一〕 䀼大笑(笑)。敕忍反。又敕私反。〔二二〕一。 引余軫反。二。 蚓蚯蚓。〔二三〕

忍而軫反。三。荵隱荵，草名。涊水名，在上黨郡。〔二四〕矧况。式忍反。二。哂咲。緊居忍反。二。昒（胗）脣

瘡。又之忍反。〔二五〕盡慈引反。一。泯（泯）水皃。武盡反。又弥鄰反。〔二六〕五。䟩細理。或作晚（脕）。〔二七〕僶

（僶）僶俛。〔二八〕笢竹膚。黽（黽）黽池，縣，在弘農。又亡善反。腎時忍反。三。蜃蛤。脤祭餘宍（肉）。䜣齊。

宜引反。一。盾干盾。食尹反。〔二九〕一。

17 吻

吻口吻。武粉反。三。刎刎頸。抆拭（拭）。〔三〇〕粉方吻反。二。▨（黺）。〔三一〕［　　］怒。敷粉反。又敷問反。

一。〔三二〕惲厚重。於粉反。三。蕴藏。［　　］〔三三〕

18 隱

隱於謹反。〔三四〕五。磤雷聲。轞車聲。癮癮昒（胗），□外小□。〔三五〕［　　］〔三六〕堇菜名。〔三七〕槿木槿。卺瓢，酒

器，婚禮用。斳·［　　］祈謹反。一。〔三八〕

19 阮

阮虞遠反。〔三九〕一。遠雲晚反。一。［　　］〔四〇〕鼴鼠。鰋魚名。湕水名，在南郡。居偃反。□。〔四一〕［　　］〔四二〕

岲岲礩，大脣皃。礩字處灼反。幰（幰）虚偃反。〔四三〕三。攇（攇）手［　　］引。〔四四〕反覆。府遠反。四。返還。

坂。播▨（木）［　　］〔四五〕菀此菀，藥。〔四六〕苑園苑。踠體屈。蜿蜿□，蚿□。〔四七〕［　　］蘆筍（筍）。〔四八〕晅日

氣。况晚反。又古鄧反。三。暖大目。暅▨（皃）□，□▨（鮮）□。［　　］〔四九〕

20 混

混〔□〕流；一曰混沌，陰陽未分。胡本反。〔五〇〕八。渾渾元。又户昆反。鯶▨（魚）名。〔五一〕▨（緷）□束。〔五二〕▨

（焜）□▨（光）。〔五三〕▨（倱）□□，▨▨（四凶）。〔五四〕▨（掍）□同。〔五五〕□□□。〔五六〕忖倉本反。二。刌細切。

本布忖反。三。畚草器。苯苯䔿。損蘇本反。四。痒痒痺，惡寒，痺字所莘（革）反。〔五七〕䐣䐣臅。膞切孰肉更煑。

剶剶減。兹損反。三。噂噂沓。〔五八〕䔿草聚生。〔五九〕穩治穀聚。烏本反。一。囤小廩。徒損反。四。肴

（盾）。〔六〇〕沌混沌。伅倱伅。鱒魚名。徂本反。一。鯀禹父。古本反。曰（四）。〔六一〕稾大束。衮衮衣。緄帶。

睡睡怨（怨），行無廉隅。他本反。〔六二〕二。黗黑狀。閫門限。▨（苦）本反。〔六三〕四。壼宫中道。〔六四〕裍（稛）成

就。〔六五〕悃至誠。猸守犬。盆本反。二。笨竹裹。

21 很 很很戾。痕墾反。一。墾耕。康很反。三。懇懇惻，誠至。□〔六六〕

22 旱 旱何滿反。二。峼山名，在南鄭。緩胡管反。二。□〔六七〕窾空。餪（餪）女嫁食。乃管反。二。暖或作暝。
▨（纂）□或作惌（盌）。烏管反。〔六八〕一。叛（粄）屑米餅。博管反。〔六九〕二。瓪（瓪）牝凡（瓦）。▨（又）布
綰▨（反）。〔七〇〕□〔七一〕琯玉。斷徒［□□。□］。〔七二〕疃鹿跡。他管反。一。伴▨（薄）□▨（反）。□。〔七三〕
□袒裼。又丈莧反。〔七四〕誕大。潬水中沙出。鞋馬帶。坦坦平。他但反。一。亶多旱反。一。嬾（嬾）落旱
反。〔七五〕一。滿莫旱反。一。笴箭。各旱反。四。皯面黑。稈禾莖。衦摩展衣。散（散）蘇旱反。〔七六〕二。饊
（饊）餅。〔七七〕瓚昨□反。□。□呼捍（稈）反。〔七八〕二。焊菜。侃空旱反。又空旦反。〔七九〕一。

23 潸 潸（潸）數板反。〔八〇〕一。綰繫。烏板反。一。板布綰反。一。酢酢酥，面皷（皺）。側板反。〔八一〕一。赧面赤。奴
板反。二。酥酢酥。僴武皃；一曰寬大。下赧反。又姑限反。〔八二〕一。睆大目。户板反。二。鯇魚名。阪扶板反。
又方晚反。一。轡視皃。武板反。一。齴齴齞，齒不正。士板反。一。齞五板反。一。𤹔齧。初板反。一。莧
（莞）莧（莞）尔，笑皃。胡板反。〔八三〕一。

24 産 産所簡反。四。嵼蹇嵼。汕魚浮。滻水名，在京兆。限胡簡反。四。硍石聲。眢䶒眢。𦍩牛佷不從牽。䶒䶒
眢，無畏視皃。武限反。一。簡札。古限反。四。柬分別；一曰縣名，在新寧。〔八四〕暕。揀擇。𠜂𠜂削。初限反。
三。鏟平木鐵（鐵）。又初鴈反。弗炙肉鐵（鐵）。棧棧閣。士限反。又士免、士晏二反。四。嵯山皃。轏車名，士所
乘。孱孱陵，縣，在武陵郡。又鍚（鋤）連反。〔八五〕眼五限反。一。醆側限反。又側輦反。一。

25 銑 銑金銑。蘇顯反。五。跣跣足。毨鳥獸秋毛。姺古國。▨（洗）□釜。〔八六〕琠玉琠。靦面慙。典多顯反。
二。蕇▨（葶）□。〔八七〕□□□，□□□。□□□。□。□□。□□□□。□□□□。□。□蝘蜓。〔八八〕蠒古典反。

五。 皺皮起。〔八九〕 㯪小束。 ▨（垷）　　〔九〇〕

（中缺）〔九一〕

33 感

□□□。□□□。□。〔九二〕 ▨（醓）□▨（醢）。〔九三〕 □□□。〔九四〕 ▨（噡）衆聲。〔九五〕 歜昌蒲葅。□感反。〔九六〕二。□□□▨（䐶）。〔九七〕 □□。□□□。□。□□。〔九八〕 黲（黲）䵘色。又倉敢反。〔九九〕 鎮□□，▨（摇）頭。五感反。〔一〇〇〕一。 昝（昝）人姓，子感反。〔一〇一〕三。 寁（寁）遠。〔一〇二〕 揝（揝）□動。〔一〇三〕 ▨（糂）□糂。□□糝。素感反。〔一〇四〕四。 糣糣糫，滓。 傪（傪）頷傪。〔一〇五〕 糁蜜藏木瓜。〔一〇六〕 坎苦感反。二。 歁食未飽。 頷胡感反。五。 嬒（嬒）嬒害，惡性。〔一〇七〕 撼動。 滔水和泥。 菡菡萏。 壈（壈）坎壈。盧感反。〔一〇八〕二。 燷黃焦色。 䵘（黕）滓垢。都感反。二。 眈（眈）虎視皃。

34 敢

敢古覽反。三。 橄橄欖，木名，出交阯。 澉澉䨻，無味。〔一〇九〕 覽視。盧敢反。三。 擥手耳（取）。〔一一〇〕 欖橄欖。〔一一一〕 菼荻。吐敢反。二。 緂青黃色。〔一一二〕 膽肝膽。都敢反。二。 紞（紞）▨（冕）垂飾。〔一一三〕 啖啖食。或作啖。徒敢反。三。 澹淡，水皃。〔一一四〕 䈭竹名。 黲（黲）日暗色。倉敢反。一。 始鄉名，在河東猗氏。謨敢反。〔一一五〕一。 䨻食無沫（味）。子敢反。〔一一六〕一。 槧削板牘。才敢反。又七廉反。一。 埯坈（坑）。安敢反。〔一一七〕一。

35 養

養餘兩反。〔一一八〕三。 痒皮痒。 瀁洸瀁，水。 像詳兩反。四。 象。 蟓桑上蠒。 橡木實。 奬（獎）即兩反。三。 篣剖竹未去節。又秦丈反。 槳檝屬。 兩良奬反。五。 魎魍（魍）魎。 脼膎脼。 柄松脂。〔一一九〕 勨勨強（㢡）。〔一二〇〕 㢡其兩反。一。 鞅於兩反。四。 柍木名。 秧秧穰（穰）。〔一二一〕 䬬飽皃。 仰魚兩反。一。 磢瓦石洗物。 測兩反。三。 剩皮傷。 搶頭搶地，出《史記》。 想息兩反。一。 掌職兩反。一。 爽踈兩反。三。 縔屬中絞繩。 鷞鷞鳩。 敞昌兩反。三。 惝惝怳。 鷩鷩鳥毛。 響聲。許兩反。四。 饗。 蠁蟲。 享又普庚反。 繈絲有節。居兩反。〔一二二〕三。 鏹錢。〔一二三〕 襁襁褓。 丈有（直）兩反。〔一二四〕二。 杖。 疸（袒）通。丑兩反。〔一二五〕一。 壤□。如兩□。□。〔一二六〕 ▨

（釀）蕪菁□。[一二七] ▨（䑋）▨（肥），蜀□□。[一二八] □□。[一二九] □▨（識）兩□。□。[一三〇] 餯日西食。髩髩鬃。古作□□。□□□。□。[一三一]

（後缺）

【校記】

〔一〕『亥』字以下至『銑』韻『桼』字條爲底一的内容。

〔二〕據内容，底一前一部分應爲上聲十五海韻字。『亥』字注文反語底一脱『反』字，可依文例及《箋二》、《王一》、《裴韻》補，兹爲擬補一個脱字符。

〔三〕注文『疋』爲『匹』字俗寫，《廣韻》正作『匹』字，又參《敦煌俗字研究》下編匚部『匹』字條考釋，本卷以下出現的『匹』字俗寫形體皆徑補正字，不再一一出校。

〔四〕注文缺字底一殘泐，可據《箋二》、《王二》補作『宰』字。

〔五〕『採』字條下至行末底一殘泐近五分之三行，據空間，約可抄七個半大字。考『採』、『䆘』二條間，《箋二》作『○採，倉宰反。五。○采，文采。○綵，綾綵。○寀，寮寀。○彩，光彩。○茝，香草。昌待[反]。一。○等，齊。多改反。又多肯反。一』，比底一所殘空間多約一個半大字，此當即『倉宰反』小韻比底一多一條所致，《王一》、《王二》該小韻情況與《箋二》略同而益多一條，爲六字。

〔六〕字頭『䆘』字《箋二》、《王一》、《裴韻》、《廣韻》皆作『穤』，『䆘』爲『穤』字俗省。

〔七〕字頭『在』字下至行末底一殘泐約半行，據空間，可抄七個大字，《箋二》『在』、『挨』二條間的内容作『○在，昨宰反。一。○俖，不肯。普乃反。一。○欸，相然辤。於改反。三。○毐，嫪毐。嫪字浪報反』，《王二》、《裴韻》略同（釋義、標數字或有小異），較諸底一殘泐處空間，約有一個大字（或三、四個注文）的内容不能容納，審諸小韻情況，知此非加字問題，而是增訓所致，遵《切韻》常用詞多不釋義例，蓋『欸』字釋義文字『相然辭』底一原無。

〔八〕注文缺字底一殘泐，可據《箋二》、《王一》、《裴韻》補作『蓓』字。

〔九〕字頭『𨋍』字《箋二》、《裴韻》同，乃『軫』之俗字，《王二》、《廣韻》正作『軫』。俗書『㐱』旁多作『尒』、『尔』形，參《敦煌俗字研究》下編人部『㐱』字條考釋，後從『尔』旁字同，不再一一出校。

〔一〇〕字頭『賑』字下至行末底一殘泐約半行，據空間，可抄七個大字，《箋二》相關内容作『○賑，縕賑。又之忍(刃)[反]。○鬒，鬒髮。○槇，木密。○紾，衣單。○眕，安也，《春秋》「憾而能眕」。○脪，肥。尺尹反。三。○蠢，虫動』，底一以『蠢』字爲『尺尹反』小韻的首字，而置『脪』爲該小韻的第二條，然《箋二》此段内容比底一所殘空間多約三個大字，考底一『之忍反』小韻有八個字頭，《箋二》有九個字頭，則其所多者除加訓文字外，尚有增加的字頭。

〔一一〕注文『肌』字《箋二》、《王二》、《裴韻》、《廣韻》上聲十七準韻皆作『肥』，《玉篇》肉部『脪』字注文同，茲據校改，底卷形訛。

〔一二〕注文『凖』字《箋二》作『準』形，底一蓋俗訛，《説文·水部》『準』字段注云：「按古書多用准，蓋魏晉時恐與淮字亂而別之耳。」則『準』字蓋初省作『准』，又變作『凖』，俗寫亦或因『準』而省作『凖』形，《王二》、《廣韻》『凖』皆作『準』，茲據校改。又『君』爲平聲文部字，置此非韻，茲據《箋二》、《王二》、《裴韻》及《廣韻》校改作『尹』字。

〔一三〕字頭『純』字下至行末底一殘泐近半行，據空間，約可抄六個半大字，考《箋二》相關的内容爲『○純，緣。○尹，余准反。四。○允，信。○狁，獫狁。○馻，馬毛逆』，與底一殘泐空間吻合，可據補。又『馻』字注文『逬』乃『逆』的形訛字，茲據《王二》、《裴韻》及《廣韻》校改作『逆』。

〔一四〕注文反語底一脱『反』字，可依文例及《箋二》、《王一》、《裴韻》補，茲爲擬補一個脱字符。

〔一五〕『愍』字中的『民』底一缺末二筆，蓋避唐太宗諱。

〔一六〕注文缺字底一殘泐，可參《箋二》、《王一》、《裴韻》補作『憫』字。

〔一七〕字頭『閔』的右側底一殘泐，茲據《箋二》、《王一》、《裴韻》録定。又諸本『閔』字注文皆作『傷』，茲爲擬補一個缺字符。

〔一八〕底一前行字頭『敏』存左部『每』旁，茲據《箋二》、《王一》、《裴韻》録定。又後條注文前一『反』字居次行行首，前行『敏』字下至行末底一殘泐約二個大字的空間，《箋二》相關内容作『○敏，聰。○牝，毗忍反。又扶履反』，《王一》、《裴韻》略同，與底一所殘空間吻合，茲據擬補四個缺字符。

〔一九〕注文『脒』爲『膝』字的俗寫，參《敦煌俗字研究》下編月部『膝』字條考釋，《王一》、《王二》正作『膝』字，茲據校改。

〔二〇〕字頭底一存左側『糹』旁，茲據《箋二》、《王一》校補作『紖』字。

〔二一〕『眲』字《箋二》、《王一》、《裴韻》及《廣韻》作『朋』，敦煌寫本中『月』、『日』二形每多混用，茲據校改。

〔二二〕注文『筊』字當爲『笑』之俗寫『咲』的訛變字，茲據《箋二》、《王一》、《裴韻》校改。

〔二三〕注文『蚯』字右旁『丘』底一所書字形介於行草的『玄』和『立』之間，茲據《箋二》、《王一》徑録作『蚯』形。

〔二四〕底一『在』、『黨』二字分居雙行注文右行和左行行首，其中『黨』字上端有一『郡』字，『黨』字下有一豎三角號，蓋以示此『郡』字當抄於『當』字下，因其下之空間較小而作如此，徐朝東《敦煌韻書S.2683校證》已揭此，茲徑録『郡』於『黨』字下。

〔二五〕『昸』字《箋二》、《王一》、《裴韻》及《廣韻》皆作『胏』或『脄』形，敦煌寫本中『月』、『日』二形每多混用，茲據校改。

〔二六〕字頭『泜』字《王一》、《王二》同，《箋二》、《裴韻》（有避諱缺筆）及《廣韻》皆作『泯』形，從聲旁音讀角度看，以後者爲是，《周韻》考釋一『《切韻》殘葉四』校記云：『此因避唐太宗諱，「民」作「氏」。』茲據校改。又本卷他字從『民』旁者多不諱，蓋尚不嚴苛也。注文『粦』字底一左上『米』部作『业』形，後於本行天頭處補書一『鄰』字，茲據改正者録文。

〔二七〕注文『晚』字《箋二》同，《王一》、《裴韻》皆作『脕』形，按敦煌寫本中『月』、『日』二形每多混用，考其義訓爲『細理』，自當與皮膚有關，則其俗字的形旁選擇亦當取與皮膚有關的『月（肉）』旁，而不是無關的『日』旁，茲據校改。

〔二八〕字頭『僶』字《箋二》作『僶』形，《王一》作『僶』形，然《箋二》、《王一》皆於注文中云『俗作僶』，按『黾』、『黽』、『黾』形皆爲『黽』字的俗寫，參《敦煌俗字研究》下編黽部『黽』字條考釋，茲據校改。本卷後從『黾』形字不再一一出校。

〔二九〕字頭『盾』字《王一》作『盾』形，皆爲『盾』字俗寫，《箋二》、《裴韻》正作『盾』，又參《敦煌俗字研究》下編目部『盾』字條考釋。

〔三〇〕注文『拭』字右旁『戎』乃『戒』的俗寫（參《敦煌俗字研究》下編戈部『戒』字條），《箋二》、《王一》、《裴韻》此字並作『拭』，合於《廣雅·釋詁二》，是底一『拭』字當爲『拭』字形訛，茲據校改。

〔三一〕字頭殘字底一僅存上『卄』形及下右部之『分』，《箋二》、《裴韻》作『黺』，《王一》、《廣韻》作『黺』，後者合於《説文》，『黺』形當爲『黺』之俗寫，茲據校補。又《箋二》『黺』字無注文，故據句斷。

〔三二〕『黺』條下至行末底一殘泐約半行，據空間，可抄七個大字。考《箋二》相關部分的内容作『○黺。○憤，房吻反。三。○鼢，鼠。○忿，怒。敷粉反。又敷問反。一』，與底一所殘空間吻合，可據補，茲爲後一殘條擬補一個缺字符。

〔三三〕『藴』字條下至行末底一殘泐約半行，據空間，可抄七個大字，然此行爲大韻結束換行處，故殘泐處依例不必寫滿文字，《箋二》『藴』字條後該大韻僅存『○韞，韞韇。○齳，無齒。魚吻反。一』二條，底一『武粉反』小韻缺一條，蓋可以《箋二》之『韞』字條補之。然因《箋二》爲《切韻》的增字加訓本，其小韻之加，亦爲可能，故底一『齳』字條之有無，尚難確定。

〔三四〕『隱』爲『隱』字俗省，後從『㥯』旁字仿此。

〔三五〕『⿰日尔』字《箋二》、《王一》皆作『⿰月尔』形，是爲『胗』之俗字，敦煌寫本中『月』、『日』二形每多混用。又注文缺字底一殘泐，可據《箋二》、《王一》及《廣韻》補作『皮』、『起』二字。

〔三六〕『癔』字條下至行末底一殘泐約半行，據空間，可抄七個大字，《箋二》『癔』、『堇』二條間的内容爲『○繶，縫衣相著。○謹，居隱反。六。○蓹，黏皃。○犢，牛馴』，與底一所殘空間吻合，可據補。

〔三七〕『堇』當爲『堇』字俗省。參《箋二》校記〔一三八〕。

〔三八〕『赾』字下至行末底一殘泐約半行，據空間，可抄七個大字，《箋二》隱部『赾』字後所存内容爲『○赾，跛行皃。丘謹反。一。○近，其謹反。一。○听，笑。牛謹反。一。○齔，毁齒。初隱反。一』，似與底一下存的『祈謹反』不能銜接，然檢《王一》，此四字條的排序爲『赾』、『听』、『齔』、『近』，以此代入底一所殘空間，正相吻合。又『近』字反切《王一》適殘上字，《王二》及《廣韻》皆作『其謹』，『其』、『祈』同在群紐。

〔三九〕字頭『阮』爲大韻代表字，但底一未如其他大韻代表字一樣提行書，而是與上一大韻的正文接抄，唯前加有特别符號，《潘韻》新校云：『原卷作「▲阮」，阮上朱筆符號，蓋表示韻目當提行。』從本卷韻書的通例看，潘所言甚是，今遵其他韻目例换行録之。又從正文的録字習慣看，字頭前未見有預留容納兩個符號大空位的現象，或其所據之底卷原本接抄，本卷照録，而發現與全書體例不合，故特作此符號提示。

〔四〇〕『遠』字條下底一殘泐約半行餘，據空間，可抄七個半大字，《箋二》相關的内容爲『○偃，偃仰。於幰反。八。○㫃，旌旗旒。○賑，物相賑當。○鶠，風(鳳)。○郾，縣名』，《王一》略同(唯其『雲晚反』小韻有二字，故在『偃』前還有『顩，面不正』一條)，比本卷所殘空間多出一個半大字的内容，考下頁結尾處與第三頁可以契合，則此第一頁結尾處亦應與下頁能相銜接。又底二大韻代表字『養』的接抄情形與此『阮』同，其後亦與下文相接抄，則此多出的一個半大字就不是下一行的内容，而是增字加訓本與原本《切韻》間的差異。審底一下接於幰反小韻的結束字頭爲『鰋』，而《箋二》『鰋』後復有『褗』字，《王一》結束字爲『蝘』

（但從其前『鰋』字訓『衣領』看來，蓋因録者雜糅『鰋』『褗』二字爲一，而後爲補足本小韻八個字的數目而加），《王一》小韻增加字多置於《切韻》原收字之後，其與《箋二》的字序如此協同，似不應與《切韻》原收字有出入，這就意味著底一本小韻標目數不是『八』，而是『七』，如此則所多的一個半大字（相當於雙行的六個小字）就是加訓的内容了。姑論之如上，存疑俟正。

〔四一〕底一標數字殘缺，《箋二》作『二』，兹據擬補一個缺字符。

〔四二〕『湕』字條下至行末底一殘泐約半行，據空間，可抄七個半或八個大字，《箋二》『湕』、『屵』二條間的内容作『○揵，難。○寒（蹇），女字。其偃反。一。○言，語偃反。一。○言，言言，脣急。去偃反。一』，此比底一所殘空間多一個大字或半個大字的内容，蓋因加訓所致。

〔四三〕字頭『幰』字《箋二》、《王一》同，是爲『𧕫』之俗字，《廣韻》正作『𧕫』。

〔四四〕『攇』字釋文僅存一『手』字，其下至行末底一殘泐約半行，據空間，可抄七個大字，考《箋二》『攇』、『反』二條間的内容爲『○攇，手約物。○𧕫，寒𧕫，丘蚓。○晚，無遠反。三。○娩，娩娩。○挽，引』，與底一所殘空間吻合，可據補。又底一『挽』字注文『引』前有一『則』字，復用墨點點去，今徑删之。

〔四五〕『橎』字注文殘字存上部筆畫，其下至行末底一殘泐約半行，據空間，可抄六個半或七個大字，考《箋二》『橎』、『菀』二條之間的内容爲『○橎，木名。○豋，黄豆。求晚反。二。○圈，獸闌。又其卷反。○婉，於阮反。八』，與底一所殘空間吻合，可據補，兹據校補殘字作『木』。

〔四六〕注文『此』字《箋二》、《王一》及《廣韻》皆作『紫』，按《説文》艸部『菀』字注文作『茈菀』，《廣雅》『茈莀，茈草也』條王念孫疏證：『茈與紫同。』蓋謂絲之紫色稱紫，草之紫色稱茈，『茈菀』字《神農本草經・中品》及《玉篇・艸部》皆作『紫菀』，底一作『此』，蓋俗省。

〔四七〕『蜿』字注文有二字底一殘泐，檢《箋二》、《王一》『蜿』字注文皆作『蜿蟮，蚯蚓』，可據補。

〔四八〕『蜿』字條下至行末底一殘泐約半行，據空間，可抄七個半或八個大字，考《箋二》『蜿』、『晅』二條間的内容作『○畹，田卌（卅）畝。○琬，玉名。○宛，宛然。○䅌，相近皃。去阮反。三。○綣，繾綣。○彏，蘆筍』，比底一所殘空間多約四個大字的内容，蓋以增字加訓故也，從其與底一所存内容的接續情況看，其增字的可能蓋只會出現在前面的『去阮反』小韻中，而加訓則皆有可能出現于本小韻中。又『彏』的注文『筍』字《箋二》、《王一》皆作『筍』，底卷形訛，茲據校改。

〔四九〕『咺』條注文殘字底卷皆存上部筆畫，其下至行末底卷殘泐半行多，據空間，約可抄七八個大字，《箋二》、《王一》『咺』字注文皆作『兒啼不止，朝鮮云』（《王一》脱末字『云』），其『兒』、『鮮』二字與底卷殘形合，茲據校補。又二書之注文與底一殘字排列的行款不合，若欲符合底一的行款，則此注文的内容應作『兒啼，朝鮮云』，故據爲此殘條擬補三個缺字符。又本行作爲大韻的末行字，依例不必寫滿，檢《箋二》『咺』字條後的内容作『○飯，扶遠反。二。○軬，車荃，軬。荃字薄紅反』，《王一》該大韻的結尾二字作『軬，扶遠反。車軬。二。飯，進餅』，與《箋二》略同，就二字頭爲常用字而言，底一當收之。

〔五〇〕注文『流』字前《箋二》、《王一》、《廣韻》皆有『混』字，底一蓋脱一代字符，茲據擬補一個脱字符。

〔五一〕注文殘字底一存上部筆畫，茲據《箋二》、《王一》校補作『魚』字。

〔五二〕字頭底一存左側『糸』旁，缺字殘泐，《箋二》、《王一》『鯶』字後有『緷，大束』條，茲據校補字頭作『緷』字。

〔五三〕字頭底一存左側『火』旁，注文殘字存似『光』字左半筆畫，缺字殘泐，檢《箋二》、《王一》『緷』字下一條皆作『焜，火光』，茲據校補二殘字作『焜』、『光』。

〔五四〕三殘字底一皆僅存左側筆畫，缺字殘泐，茲據《箋二》、《王一》校補殘字作『倱』、『四凶』，缺字可從二書補作『倱伅』二字。

〔五五〕字頭底一存左側筆畫，注文缺字殘泐，茲據《箋二》、《王一》校補字頭作『掍』，缺字亦可從二書補作『掍』。

〔五六〕『掍』字條下至『忖』字間底一殘泐約一個半大字的空間，《箋二》相關内容作『暉，視皃』，《王一》略同，茲據校補三個缺字符。

〔五七〕注文「苹」字《箋二》、《王一》皆作「革」，考《廣韻》入聲麥韻「痳」字作「山責切」，與「革」同部，是底一「苹」當爲「革」字之形訛，兹據校改

〔五八〕注文「沓」字《箋二》、《王一》皆作「噆」，按《説文》口部「噂」字注文云「噂，聚語也。从口，尊聲。《詩》曰「噂沓背憎」。」雖段注以爲《説文》收「噂」字是「淺人依《詩》增也」，但他却同意《詩經》原文作「噂沓」，檢阮刻《十三經注疏》本《詩經・小雅・十月之交》正作「噂沓」，則知底一所引亦有所據，而增字加訓本及刊謬補缺本之作「噆」，乃偏旁類化所致。

〔五九〕注文文字《王一》及《廣韻》略同，然上文「苯」字頭下注文作「苯蓴」，《箋二》「蓴」字注文作「苯蓴，草叢生」，遵《切韻》系韻書的聯綿詞注文通例，疑此脱抄「苯蓴」二字。

〔六〇〕此爲「盾」之俗字，參《敦煌俗字研究》下編目部「盾」字條考釋。

〔六一〕注文「曰」字所在的位置當爲標數字，考《箋二》正作「四」，底一本小韻亦實收四字，是「曰」當爲「四」字形訛，兹據校改。

〔六二〕注文「怨」字《箋二》、《王一》形同，且《王一》上聲廿混韻所收的「怨，盧本反。瞳怨」亦作此形，然《廣韻》上聲二十一混韻則均作「愍」形，從形聲字聲旁與讀音的關係看，當以《廣韻》爲是，「怨」乃「愍」的俗寫形訛字，兹據校改。

〔六三〕殘字底一模糊不清，只可辨上端「艹」旁，該字右下、壼字右上側後書一「𡔂」字，《姜韻》以之爲後改字而徑録作「固」（誤認「𡔂」字作「固」），《潘韻》未作新校，並誤，「固」爲見紐字，本大韻中前「緜，禹父。古本反」小韻已有見紐字，此不當重出，考《箋二》、《王一》、《廣韻》本小韻反語上字皆作「苦」，與底一殘迹吻合，兹據校補。

〔六四〕「壼」字《箋二》、《王一》同，底一右上側復書一「𡔂」字，《龍龕・雜部》云：「𡔂、壼，苦本反……二同。」蓋或注其異文於側也。

〔六五〕『裍』字《箋二》作『梱』，《王一》、《王二》作『稛』，《廣韻》誤分爲二字作『裍』、『稛』，檢《方言》卷三『稛，就也』，戴震《方言疏證》改標目字作『稛』，注云：『稛，各本訛作「梱」，注内同，今訂正。《説文》「稛，絭束也」，《玉篇》、《廣韻》竝云「成熟」，與郭注「成就貌」合，梱乃門橛，於義無取。』錢繹《方言箋疏》謂『《廣雅》及《淮南子》並从木作「梱」，與舊本正合，《墨子》則或作「綑」、「捆」，是古字並通，無煩改也』，然究底一之形，蓋當爲『稛』之形訛，茲據校改。

〔六六〕『墾』條下至行末底一殘泐半行多，然本大韻字少，不能抄滿一行，檢《箋二》與《王一》『墾』字條後皆有二條文字：『○齦，齧。○頣，頬後。古佷反。一。』二書雖體例不同，然所録内容實同，其中『齦』字條正可補底一『康佷反』小韻所缺的一字。

〔六七〕『緩』字條下至行末底一殘泐約半行多，據空間，可抄八個或八個半大字，《箋二》『緩』、『窾』二條間的内容作『○澣，濯。又作浣。○短，都管反。又作拉。一。○算，蘇管反。一。○欵，苦管反。三。○鍬，鍬縫字』，比底一所殘空間多三個半大字的内容，考《王一》『短』字注文無『又作拉』三字，且其『欵，苦管反。三』與『窾，空』之間無『鍬，鍬縫字』條，因《王一》的增字部分多排在《切韻》原字後面，故其字序大致可從，如此還原之後，則存『○澣，濯。又作浣。○短，都管反。一。○算，蘇管反。一。○欵，苦管反。二』四條，可與底一所殘空間吻合。

〔六八〕殘字底一僅存上部，茲參《箋二》校定，『纂』字下至行末底一殘泐約半行，據空間，可抄七個或七個半大字，《箋二》相關的内容作：『○纂，集。作管反。四。○纉，承（承）系。○儹，聚。○椀，或作盌。烏管反。一』，比底一所殘空間少一個大字或一個半大字，審《箋二》『作管反』小韻實收字數比標目字數少一字，而《王一》該小韻以『纂，作管反，集』爲首字，下接『纂，纂組』，之後纔是『纉』、『儹』字，從《王一》增字多排在《切韻》原字之後的體例看，可據補改，如此則底一所殘之空間得以充滿。底一『作管反』小韻首字的『纂』也應據《王一》校改作『纂』（俗寫『艹』、『⺮』二旁多混），可以無疑。又注文『恖』爲『怨』的俗字，以之爲『椀』的異體字，不確，檢《箋二》、《王一》該字皆作『盌』，茲據校改。

〔六九〕『叛』本爲去聲字，入此非類，且於釋義亦無文獻可稽，茲據《箋二》、《王一》校改作『粄』，底一形訛。

〔七〇〕字頭『瓪』字《王一》同，《箋二》作『瓪』形，皆爲『瓪』字的俗寫，敦煌卷子中，『瓦』字常作『凡』、『凡』、『瓦』等形，皆『瓦』字的隸定形體，參《敦煌俗字研究》下編瓦部『瓦』字條考釋。又注文所殘二字底一皆僅存頂端少許筆畫，審《箋二》、《王一》『瓪』字注文皆作『牝瓦。又布綰反』，茲據校補。

〔七一〕『脘』字條下至行末底一殘約半行，據空間，可抄七個大字，考《箋二》『瓪』、『琯』二條間的内容作『○管，古纂(纂)反。六。○脘，胃府。○輨，車轂(轂)鐵。○盥，洗』，與底一所殘空間吻合，可據補。

〔七二〕『斷』字注文底一僅作『徒』字，疑有脱文，檢《箋二》作『徒管反。又都亂反。二』，《王一》無又音，《廣韻》雖列又音，但亦同在『緩』韻，『亂』爲去聲『換』韻字，底一無由覆核，故姑存其一，茲據擬補三個缺字符。

〔七三〕注文殘字前者底一存上部『艹』形筆畫，後者存上部『丿』形筆畫，茲據《箋二》校補作『薄』、『反』二字。又缺字底一殘泐，可參《箋二》補作『旱』、『一』二字。

〔七四〕『伴』字條下至行末底一殘泐約半行，據空間，可抄七個大字，考《箋二》相關内容作『○卵，落管反。一。○滿，草(莫)旱反。一。○但，徒旱反。六。○蜑，南方夷人。○袒，袒裼。又大莧反』，比底一所殘空間多出二個大字的内容，審上數字之訓釋皆或無或簡略，蓋有所增字也。又『袒』字底一本作代字符，今回改爲原字。『丈』字《箋二》、《王一》皆作『大』字，檢《廣韻·襇韻》『袒』字隸『丈莧切』小韻，是底一不誤也。

〔七五〕『嬾』字《箋二》同，《王一》作『嬾』，并注云『通俗作嬾』。

〔七六〕『散』字《王一》作『散』，《箋二》作『㪚』，并注云『俗作「散」』，按『㪚』、『散』皆爲『散』字篆文隸定的形體，而『散』則當爲『散』字的俗訛，參《敦煌俗字研究》下編攴部『散』字條考釋。以下出現的『散』字或體不再一一出校。

〔七七〕注文『餅』字《箋二》、《王一》、《唐刊》(伯二〇一四)同，《王二》作『餅』，爲『飯』之俗字，《廣韻》徑寫作

『飯』，『餅』、『餅』二字有互訛之可能，然據《説文・食部》『饊，熬稻粻程也』，指把糯米煮熟後攤開煎乾，似當以稱餅爲允當，疑《王二》形訛。

〔七八〕底一注文『呼捍反』在行首，前行『瓚』字注文『昨』字下至行末底一殘泐一個半大字的空間，此可參《箋二》、《王一》補作『旱』、『一』及『罕』三字。又注文『捍』字《王一》同，而『捍』爲去聲字，於此作反語下字非類，兹據《箋二》校改作『稈』，蓋敦煌寫本中『扌』、『木』二旁不分，而『木』、『禾』又甚爲相似，因以致誤。

〔七九〕『偘』字《王一》同，但其注文云『正作侃』，《箋二》字頭作『侃』，而注文云『俗作偘』。

〔八〇〕『湝』字上部底一略殘，此參《箋二》、《王二》及底一前旱大韻『散』字字形録定。又『湝』字二書皆作『潸』形，俗寫『日』、『月』二形多混而不分，《集韻》去聲諫韻：『潸，《説文》「涕流皃」。或作潸。』（此字頭與或體蓋誤換，依《集韻》體例，其字頭正字當從《説文》作『潸』形，又《集韻》上聲『潸』韻字頭正作『潸』形），底卷字頭又爲『潛』之俗變。

〔八一〕注文『皷』字當爲『皺』字俗訛，後者爲『皺』的常見俗體（參《敦煌俗字研究》下編皮部『皺』字條考釋），《王一》正作『皺』形，兹據校改。

〔八二〕注文『大』字下底一有二『下』字，核《箋二》及《廣韻》，『僩』字注文『寬大』下皆徑作『下赧反』，此誤衍一『下』字，兹據徑删。

〔八三〕字頭『莧』字《箋二》、《王一》、《王二》同，當爲『莞』字的俗寫。《周韻》考釋一『《切韻》殘葉四』校記云：『《廣韻》作「莞」，歸入「皖」紐。此音「胡板反」，與「皖」字「户板反」同音。』按『完』字俗寫多或作『皃』形，或又訛作『見』形，參《敦煌俗字研究》下編宀部『完』字條考釋，以『莧』字與去聲襇韻表『莧菜』義的『莧』字暗合，兹爲校改作『莞』字。

〔八四〕底一『在』前衍抄一『縣』字，兹據《箋二》、《王一》徑删。

〔八五〕注文『鍚』字《箋二》、《王一》皆作『鋤』字，屬崇紐字，《廣韻》『孱』字又音反切上字作『士』，亦屬崇紐字，而『錫』爲心紐字，是底卷『錫』當爲『鋤』字形訛，兹據校改。

〔八六〕殘字底一存上端殘畫，兹據《箋二》校補作『洗』字。又『洗』字下至行末底一殘泐約半行，據空間，可抄七個或七個半大字，《箋二》相關内容爲『○洗，沽洗，律吕。○腆，厚。他典反。六。○淟，淟涊，熱風。○晱，晱曈，鹿跡。曈字他管反。○錪，釜小皃』，此較底一所殘空間多三大字的内容，但從此相鄰二小韻的存字情况看，底一當與《箋二》同，如此則所多者皆爲加訓的部分，又核《王一》，其『晱』字注文中無『曈字他管反』五字，此差異處蓋正《切韻》原本所無者。如此則尚多一注文空間，而遵《切韻》通例減去『腆』字的釋義文字『厚』，庶幾爲《切韻》之原貌矣。

〔八七〕注文殘字底一存上部少許筆畫，兹參《箋二》校補作『葶』字。又缺字底一殘泐，可參《箋二》補作『蘼』字。

〔八八〕『蕇』字條下至行末底一殘泐半行多，據空間，可抄八個或八個半大字，考《箋二》相關内容爲『○蝘，蝘蜓，守宫蟲。於殄反。二。○宴，安。又燕見反。○殄，徒顯反。二。○蜓，蝘蜓』，與底一所殘空間吻合，兹據擬補廿二個缺字符。

〔八九〕『鹼』字《箋二》同，《王一》、《廣韻》作『齴』，後者合於形聲構字理據，底一俗作。

〔九〇〕殘字底一存右旁『見』上部的三分之一，兹據《箋二》校補。又『垷』字下至行末底一殘泐約半行多，審『古典反』小韻的收字數與《箋二》同，其後殘的内容《箋二》作『○垷，塗。○筧，以竹通水』，可參。底一至此結束。

〔九一〕底一銑韻殘泐的末尾至底二起首的感韻殘泐處，其間計有獮、篠、小、巧、晧、哿、馬七大韻的内容。

〔九二〕此下爲底二。據内容，前一部分應爲『感』韻字。下條殘字『醓』所在爲底二首行，其前殘泐約四分之一行，據空間，可抄三個半或四個大字，檢《箋二》『醓』上一字爲該小韻首字，作『禫，衣大。他感反。四』，《王一》内容全同，此與底二殘缺空間吻合，兹據擬補七個缺字符。

〔九三〕殘字底二存左側『酉』旁，兹據《箋二》、《王一》校補作『醓』字。又注文殘字底二漫漶，缺字殘泐，《箋二》、

《王一》『醓』字注文皆作『醓醢』，故據校補殘字作『醢』。
〔九四〕『醓』字條下底二殘泐約一個半大字的空間，《箋二》、《王一》相關内容皆作『肬（肬），肉汁』，與底二所殘空間合，茲據擬補三個缺字符。
〔九五〕字頭底二僅殘存右下『貝』形筆畫，檢《箋二》、《王一》，以『衆聲』爲注文的字頭皆作『噴』，與底二殘迹合，茲據校補。又注文『聲』字底二有些漫壞，此亦據二书録定。
〔九六〕字頭『歠』字右上角底二略殘，此參《箋二》、《王一》録定。注文缺字底二殘泐，可參二書補作『徂』字。
〔九七〕『歠』下一條底二殘泐，注文殘字存左部似『弓』形筆畫，據空間及行款，此當有一個字頭和三或四個注文文字，檢《箋二》此條作『彈，弓弦彈』，可與底二殘迹合，茲據校補殘字作『彈』，并爲擬補三個缺字符。
〔九八〕『彈』字條下至行末底二殘泐約二個大字的空間，又次行行首至『黲』字間底二亦殘泐約二個或二個半大字的空間，《箋二》『彈』、『黲』之間的内容作『○憏，戚。七感反。三。○憯，痛。』，與底二所殘空間吻合，茲據擬補二條八個缺字符。
〔九九〕注文『瞋』字《箋二》、《王一》、《王二》同，《廣韻》作『暗』，按《説文·黑部》『黲，淺青黑也』，則諸本之所謂『瞋色』，蓋指人因惱怒而面呈淺青黑色也。
〔一〇〇〕注文『頭』上一字底二存『搖』字下部形筆畫，考《箋二》無與此殘迹相似者，而《王一》『七感反』小韻之後有『顉，五感反。顉傪，搖頭。二』一條文字，可與此殘迹吻合，《箋二》此條蓋脱，抑或被删去，茲據校定。
〔一〇一〕『昝』字《箋二》、《王一》、《廣韻》皆作『昝』，敦煌寫本中『日』、『目』多混而不分，茲據校改。
〔一〇二〕字頭『運』《箋二》、《王一》同，爲『連』字的俗寫，《王二》、《廣韻》正作『連』。
〔一〇三〕注文缺字底二殘泐，可參《箋二》、《王一》補作『手』字。
〔一〇四〕字頭底二存左部『米』旁，茲據《箋二》、《王一》擬補作『糂』字。注文缺字底二殘泐，『糂』字《箋二》無釋義，《王一》及《廣韻》作『羹糂』，又《箋二》、《王一》『糂』字注文中皆有『或作糝』三字，皆可據補。

〔一〇五〕『傢』字爲『傪』之俗字『傢』之俗訛，茲據校改。

〔一〇六〕字頭『粽』字《箋二》、《王一》及《廣韻》皆作『粖』形，按『粖』字當爲『糂』的後起分别文，其俗寫或作『粽』，《説文》米部『糂』字段玉裁注云：『按《廣韻》、《集韻》、《類篇》、《干禄字書》皆有「粖」字，云「蜜漬瓜食」也，桑感切，蓋「糝（糂的古文）」有零星之義，故今之小菜古謂之糝，别製其字作「粖」，……俗多改「粽」字，胡三省注《通鑑》曰「角黍也」，蓋誤認爲送韻之「粽」字。《齊民要術》引《廣州記》「益智子取外皮，蜜煮爲糝，味辛」，徑作糝字。』

〔一〇七〕慧琳《音義》卷三九《不空羂索經》第九卷『以嬒』條謂『嬒』字『昂感反』，『經作嬶，誤也』。『嬒』見《説文》，『嬶』當爲『嬒』的訛變俗字。

〔一〇八〕『壈』字《王一》、《王二》作『壈』，《裴韻》、《廣韻》作『壈』，後者合於形聲構字理據，底卷所作及『壈』字皆『壈』之俗寫。

〔一〇九〕『澉』字注文《廣韻》同，《箋二》、《王一》『無味』前有『食』字，底二下文『饕』字注文作『食無味』，亦有『食』字，疑底二此處脱『食』字。

〔一一〇〕注文『手耳』不辭，《箋二》、《王二》皆作『手取』，與《説文·手部》『撮持也』之訓略合，底二『耳』蓋『取』字誤脱右旁，茲據校改。

〔一一一〕底二『欖』、『橄』皆從『扌』旁，敦煌寫卷中『扌』與『木』多混用不分，茲據《箋二》、《王二》、《廣韻》徑改録作從『木』旁。

〔一一二〕底二『緂』前有一字頭『始』字，右側有墨點以示删除，其字在本大韻下文『謨敢反』小韻中有收録。

〔一一三〕注文殘字底二漫漶，《姜韻》作缺字處理，《潘韻》新校云：『原卷缺文處用朱筆書「覔」，似「冕」字。』按《箋二》及《廣韻》『絻』字注文皆作『冕』，茲從校補。

〔一一四〕注文《箋二》、《廣韻》皆作『澹淡，水皃』，底二蓋用注文與被注字連讀成訓例。

〔一二五〕『㚢』字《箋二》同，《王一》、《廣韻》、《玉篇·女部》皆作『媎』，後者合於形聲構字理據，『㚢』蓋其俗寫形訛字。

〔一二六〕注文『沫』字書未見有載，《箋二》作『味』，《玉篇·食部》『饡，無味也』，又本大韻前『古覽反』小韻『澉』字注文的『澉饡』之申訓亦作『無味』，是底二形訛，茲據校改。

〔一二七〕注文『坑』字《箋二》同，《王二》作『垸』，皆爲『坑』之俗字，《廣韻》正作『坑』，《敦煌俗字研究》下編亠部『亢』字條云：『「亠」旁手寫時往往連寫作「亠」形，故「亢」字俗寫作「亢」。「亢」旁亦或從之。』由『亢』形再進而作『冗』形，後蓋爲與『冘』字俗寫『冗』相別而多加贅點作『冗』形。

〔一二八〕大韻代表字『養』底二接前行『埯』字條下，然與普通注文、字頭之間的銜接不同，其間有三個大字的空間，且『養』字上還可辨有一朱筆的『▲』，此與前大韻代表字『阮』的情況甚似，唯『阮』字前作『□▲』形，蓋本韻前之『□』符號已漫滅不能辨，要之皆爲標識其當提行而未提行也，茲與他大韻代表字同換行録之。又『養』字《箋二》同，《王二》、《廣韻》作『養』，《字彙·食部》云：『養，俗作養。』

〔一二九〕注文『松』、『脂』前底二分別有『脥』、『膷』字，乃承前一字頭的注文衍，已用墨點刪去。

〔一三〇〕注文『強』字《箋二》及《廣韻》皆作『勥』，底二下一小韻的『勥』字雖未重複該聯綿詞，但《王一》作『勈勥』，雖通常情況下聯綿詞形無定體，然在此前後呼應的時候，還當以其專用字爲首選，茲據校改作『勥』字。

〔一三一〕注文『攘』字《箋二》及《廣韻》皆作『穰』。按『秧穰』爲表示禾苗稠密的聯綿詞，雖通常情況下聯綿詞形無定體，然字書取形義相關者爲上，茲據校改作『穰』字。

〔一三二〕注文『兩』字前底二衍抄一『反』字，《潘韻》新校云：『「兩」上「反」字，蓋衍。』《箋二》正作『居兩反』，茲據刪。

〔一三三〕注文『錢』下有一字之殘痕，蓋用雌黄塗去者，《箋二》釋義亦只作『錢』字。

〔二二四〕注文『有』字與『丈』字紐不合，《箋二》、《王二》皆作『直』字，底二形訛，兹據校改。

〔二二五〕字頭『疱』即『昶』字的俗寫，『昶』字左旁『永』在隸變後有一形作『氶』，參《敦煌俗字研究》下編水部『永』字條考釋，底二『昶』字的左旁當即由此變異而來。

〔二二六〕『壤』字注文底二殘泐四個小字的空間，《箋二》『壤』字注文作『土。如兩反。四』，兹據擬補三個缺字符。

〔二二七〕字頭底二存右部『襄』旁，兹據《箋二》校補作『釀』字。又缺字底二殘泐，可據《箋二》，補作『葅』字。

〔二二八〕字頭底二存右側少許筆畫，注文殘字存右部『巴』旁，『蜀』字僅左側略殘，其他殘泐，審《箋二》、《王一》『如兩反』小韻皆有『膿，肥，蜀人云』條，與底二所存殘迹吻合，兹從校補二殘字作『膿』、『肥』。

〔二二九〕此處底二殘泐，據空間及前後内容推斷，可容一個字頭字和一或二個注文文字，檢《箋二》、《王一》『膿』條後皆爲『穰，豐』條，與底二所殘空間合，兹據擬補二個缺字符。

〔二三〇〕本條字頭及注文缺字底二殘泐，又殘字存右半『敞』旁，考《箋二》『穰』、『餘』之間的字爲『賞，識兩反。三』，與底二殘存情況吻合，可據補。其中標數字，底二當從本小韻後所收實際字數作『二』字。

〔二三一〕『髣』字及注文在底二末行的行尾，其注文雙行小字左行及右行最後一字殘泐，考《箋二》『髣』字注文作『髣髴。古作仿佛。芳兩反。二』，《王二》格式不同，然内容同，其交待異體字的方式似與他處不同；又底二本小韻的標數字雖不能定，然《箋二》此小韻的另一字爲常用字『紡』，其被《切韻》原本收録的可能甚大，兹據擬補六個缺字符。

切韻（碎片）（序）

伯三六九六碎十（底一）　伯三六九六碎二（底二）

【題解】

底一編號爲伯三六九六碎十（伯三六九六的具體情況參《切二》題解），正面存『切韻序陸』四字及『法』字上部筆畫，『法』字下部及『言』字粘附在伯三六九六碎十二反面，遠藤光曉《P3696の第10、12、13片について》（《開篇》第六卷，東京・好文出版社一九八八）最早指出這一殘斷現象；反面殘迹不能辨。

底二編號爲伯三六九六碎二，正面存『山』及二殘字，鈴木慎吾最早指出此爲《切韻》序的内容（《〈切韻殘卷諸本補正〉未收の切韻殘卷諸本について》，《開篇》第二十三卷，東京・好文出版社二〇〇四）。反面除正面滲過之『口』形筆畫外，餘迹亦不能辨。

二底卷在書體上較爲一致，疑當出於同卷之斷，且其書體亦與《切二》相似，只因底一是從伯三六九六碎十二反面揭下的，故疑是被用來作爲補丁，而以同卷前面部分爲後面部分的補丁，似於情理不安，故此别爲校録。然其性質疑當與《切二》近似，且從底一所存文字内容看，在敦煌韻書卷子中唯《箋七》有之，是其所著或即早期《切韻》類韻書的卷首題名部分。兹爲擬名作『切韻（碎片）（序）』，簡稱『切碎』。

今從《法藏》録文，并參敦煌韻書如《箋七》及傳世本韻書《王序》、《王二》、《裴韻》、《唐箋序》、《廣韻》等校録於後。

（前缺）

切韻序　陸法言□〔一〕

（中缺）

□▨（名）山，▨（昔）□〔二〕

（後缺）

【校記】

〔一〕本行文字爲底一内容，其中『法』字下部和『言』字别粘於伯三六九六碎十二反面，蓋底一揭剥時斷裂所致，此從遠藤光曉文録全。又『言』字下《箋七》有『撰』字，《廣韻》所載舊序同，疑底卷本行下亦當有，姑從擬補一個缺字符。又此與《箋七》卷首所存的『切韻序　陸法言撰』並爲敦煌韻書殘卷之僅有者，然依著作之題名通例，『切韻序』非著作名，故其前仍當有書名殘去。

〔二〕底二僅存『山』字及其前後二殘字，前者存下部筆畫，其中『口』形部分可辨，後者存上部似二短竪形筆畫，鈴木慎吾於《〈切韻殘卷諸本補正〉未収の切韻殘卷諸本について》文中校二殘字爲『名』、『昔』，甚是，比較《箋七》、《王序》、《王二》、《裴韻》、《唐箋序》、《廣韻》知此爲此類韻書卷首所載陸法言序中的文字，其所在二句爲『藏之名山，昔恠馬遷之言大』。

切韻箋注

切韻箋注（一）（卷二）

斯一一三八三C（底一）　斯一一三八三A（底二）

【題解】　斯一一三八三號共收三個殘片。《榮目》擬名作『《切韻》』，《英藏》同。《榮目》以爲『三片應係同一抄本的不同部分』，徐朝東《英藏敦煌韻書S.11383A、B、C試釋》（載《古漢語研究》二〇〇二年第三期）亦作同卷處理。考斯一一三八三B漫滅較甚，然就其可辨者言之，實非韻書。其『抴』字注文作『以折』（此音《箋二》、《箋五》、《王一》、《王二》、《裴韻》皆未收，《蔣藏》、《廣韻》、《集韻》收之，皆音羊列反），『俓』字及上一殘字注文並作『去』，又以『俓』、『抴』、『倚』、『加』等非同韻字鄰接，皆非韻書例；另外，其『倚』、『俓』字左旁『亻』之上撇甚直，C片『儋』字等則作曲撇；其『抴』字及上一字頭之『扌』字旁皆作直竪，而A片『楊』字及『釋』、『揚』之左旁的竪皆有提筆，二者書法異趣，皆非同一寫卷之證，張涌泉、許建平認爲此是《文選音》內容，今歸其類。又A片存三行又半行殘字，其首行右側有少量殘泐；C片存三行又少半行殘字，鈴木慎吾指出二者爲一紙之斷裂，故綴合録文，且指出B片似非《切韻》系韻書（《〈切韻殘卷諸本補正〉未收の切韻殘卷諸本について》，《開篇》第二十三卷，東京·好文出版社二〇〇四年），其中C片的『又少半行』與A片首行右側的殘斷處文字完全吻合，綴合後，底卷存下平聲九覃、十談、十一陽三韻殘字六行半。

與《箋二》比較，知底卷文字大韻接排，韻首當有標序字；小韻首字上有朱筆點記（《榮目》），其注文體例爲字頭—釋義—反切—小韻字頭數。

底卷書法莊麗，行款疏朗。《榮目》擬名作《切韻》，徐朝東認爲底二可能是陸氏《切韻》傳寫本和長孫箋注本『這兩種韻書其中一系』，今與《箋二》比較，除個别因抄者不同而有增減文字（如注文作『木』或『木名』等）外，二者之别只有二處：『暘』字條注文《箋二》多『按《文》暘』和『聸』字條注文《箋二》多出對『聸耳』本身的訓釋文字『國名』，是二者性質甚近；又雖陸氏《切韻》傳寫殘卷中没有可與本件相比較的材料，但從本件殘存的內容看，其字頭除『三』字外，皆有訓釋，如『楊』、『淡』、『痰』等常用詞皆同，是其當爲早於《箋二》的一種增字加訓本『切韻』系韻書，故參考《箋二》擬名作『切韻箋注』（一），簡稱《箋一》。

箋注本韻書皆於陸法言《切韻》原書基礎上增字加訓，而不改變原書的韻目體系，此與王仁昫《刊謬補缺切韻》及《唐韻》系韻書不同。

鈴木慎吾最早據影本録文和校訂（載見前文）。今據《英藏》録文，并參考敦煌韻書中相關的卷子如《箋二》、《王一》及傳本韻書《王二》、《裴韻》、《廣韻》等校録於後。

（前缺）

9 覃

弇▨▨▨（古南反）。□□▨（有）耿弇。又那含反。［□］。〔一〕▨（齡）▭〔二〕

10 談

□□□□□。［□］。□□□，□□□。□□。□長鉾。〔三〕淡水皃。又徒監反。〔四〕痰胷□水病。〔五〕▭人名，《漢書》田儋。〔六〕聸聸耳。三蘫甘反。［□］。〔七〕▨（彡）□▨（破）。〔八〕▭〔九〕坩坩甀，苦甘反，甀無甫反。［□］。〔一〇〕甜吐舌。他酣反。［□］。〔一一〕聃耳▨（漫）□輪，老□［□］。〔一二〕▭〔一三〕甝（虪）白虎（虎）。蓝（葉）上蟲。㚲老女稱。武酣反。［□］。〔一四〕蹔長□。□□□。［□］。□□□，□□□。□□□。［□］。□□。〔一五〕

11 陽

□□□□□反。［□□］。〔一六〕暘日出暘谷。煬釋金。鍚兵名。楊木名。揚▭□▨（審），▨▨（似羊）▭〔一七〕

（後缺）

【校記】

〔一〕 自『弇』字至『坩』字之前的内容爲底一，然底一後面殘存的少半行殘字正與底二首行文字所殘部分吻合。『弇』字底一居行首，其前殘泐，據文例及《箋二》、《王二》等知此大韻代表字及其標序字當作『九覃』（復原殘泐處的内容知此後二大韻接排處的空間祇能容納一、二個大字，而此下平聲字如果與上平聲序號相接則大韻標數字和大韻代表字即需占三個大字的空間，故疑底卷下平聲大韻序號當仍從一計起，不與上平聲通計）。注文雙行小字之右側多殘，殘字除第一個存左部大略外，皆僅餘殘畫，檢《箋二》作『古南反。後漢有耿弇。又那含反。三』，《廣韻》略同而增訓解，《王二》僅作『古南反。五』，《裴韻》作『古南反。又那含反。五』，兹據校補殘字分别作『古』、『南』、『反』、『有』，又缺字亦可據補作『後漢』二字。又小韻標數字底一、二皆無，從二底卷字迹及其小韻首字注文所留空間看，此蓋先用墨字抄正文，欲後用朱筆補抄標數字，但後蓋未能竟其事，故至有脱遺，兹於每一小韻首字注文末擬補小韻脱字符，本小韻據後之考證知其實收三字，故爲擬補一個脱字符。

〔二〕 殘字底一存左上部分，兹據《箋二》、《王二》、《裴韻》及《廣韻》校補作『䶂』字，又其注文除《廣韻》作『鼠名』外，諸本皆作『䶂鼠』。『䶂』字下至行末底一殘泐近四分之三行，據空間，約可抄十二個大字，《箋二》相關内容作『○䶂，䶂鼠。○淦，水入船。又古暗反。或省作汵。○十談，徒甘反。六。○郯，國名，在東海。○惔，憂。○錟，長鉟』，與底一所殘空間吻合，當可據補。

〔三〕 『長鉟』《箋二》、《王二》（『鉟』字訛作『鏠』形）、《裴韻》、《廣韻》（『鉟』字作『矛』）皆爲『錟』字的注文，是爲下平聲談韻字。『長鉟』二字底一居行首，其前行下部殘泐，參前條校記，兹據擬補十四個缺字符及一個小韻標數字的脱字符。

〔四〕 『監』字《箋二》、《王二》、《裴韻》、《廣韻》皆作『濫』字，按『監』之常音有平、去二讀，用此易致誤解，疑底一俗改。

〔五〕缺字底一殘泐，《箋二》、《王二》、《裴韻》、《廣韻》皆作「上」字，可據補。

〔六〕「痰」字條下至行末底一殘泐近四分之三行，據空間，約可抄十一、二個大字，檢《箋二》相關内容作「○甘，古三反。五。○笘，笘竹。○柑，橘。○苷，苷草，藥名。○泔，米瀋。○擔，擔負。都甘反。三。○儋，人名，《漢書》田儋」，與底一所殘空間吻合，當可據補。注文「人名」等居底一次行行首。

〔七〕標數字底一脱抄，據後之考證知此當作「二」字，兹爲擬補一個脱字符。

〔八〕字頭殘字底一存上端少許筆畫，兹據《箋二》、《王二》、《裴韻》并參《廣韻》校補作「帎」字。注文殘字底一存左側似「石」字左半之形，缺字殘泐，檢諸本除《廣韻》外，「帎」字注文皆作「衣破」，《廣韻》作「衣破襤帎」，兹據校補殘字作「破」。又缺字底二殘泐，亦可據諸本補作「衣」字。

〔九〕「帎」字條下至行末底一殘泐約三分之二行，據空間，約可抄十個左右大字，檢《箋二》「帎」、「坩」二條之間的内容作「○藍，染草。盧甘反。六。○𩯭，鬢髮疎皃。○襤，襤褸。○擥，持。○籃，籠屬。○灆，爪（瓜）葅」，與底一所殘空間吻合，當可據補。

〔一〇〕「坩」字以下爲底二内容，其首行文字右側之殘泐處正可據底一尾處殘存部分補足。「坩」字條下小韻標數字底二脱抄，可據其實收字數補作「一」字，兹爲擬補一個脱字符。

〔一一〕小韻標數字底二脱抄，可據其實收字數補作「三」字（參後缺文處校記），兹爲擬補一個脱字符。

〔一二〕殘字底二存左側少許筆畫，兹據《箋二》、《王二》、《裴韻》、《廣韻》校補作「漫」字；又「老」字下部底二有殘泐，亦參諸本録定。缺字底二殘泐，檢《箋二》「聃」字注文作「耳漫無輪，老子名」，他本略同，與底二殘存情況吻合，可據補。又據底二注文雙行行款推測，其「老」字下當衹存一字之位，蓋本作「老子」而脱「名」字，兹别爲擬補一個脱字符。

〔一三〕「聃」字條下至行末底二殘泐約半行（不計「聃」條注文所殘空間），據空間，約可抄八個左右大字，檢《箋二》『耼』、『甝』二條間的內容爲『○坩，水衝岸壞。○慙，昨甘反。二。○鏨，鏨。○酣，酣飲。胡▨(甘)反。三』，與底二所殘空間吻合，當可據補。

〔一四〕小韻標數字底二脱抄，可據其實收字數補作『一』字，兹爲擬補一個脱字符。

〔一五〕『蹔』注文底二存一『長』字，其下至行末殘泐半行略強，據空間，約可抄九個左右大字，檢《箋二》『坩』、『暘』二條間的內容爲『○蚶，蚌屬，出會稽。火談反。三(二)。○憨，癡。○蹔，長面。作三反。一。十一陽，与章反。十三』，此字序與底二不合，考《王二》、《裴韻》、《廣韻》『蹔』字條皆在『蚶』字條前，與底二合，如此換序後，《箋二》的存字情況與底二吻合，當可據補，兹爲本大韻末擬補十五個缺字符及二個小韻標數字脱字符。

〔一六〕『反』字居底二行首，兹參前條校記擬補五個缺字符和二個小韻標數字脱字符。

〔一七〕前行『揚』字下至行末底二殘泐半行略強，次行上部殘泐，行中存三個注文殘字的右部筆畫，檢《箋二》，此殘字蓋是『詳』字注文『審似羊』三字，兹並據校補。又『揚』、『詳』二條間《箋二》所存內容作『○揚，舉。○楊，木。○禓，道上祭；一曰道神。又舒羊反。○昜，飛也；曲昜，縣，在交阯。○羊。○瘍，頭瘡。○蛘，虫名。○徉，儴徉，徙倚。○鍚，馬頭(額)曰鍚。○詳，審，似羊反。又詳狂，以章反。五』，其『楊，木』條在『揚』字條下，除此外，其內容與底二所殘空間亦大致吻合，可參。又『詳』字殘條下至行末底一亦殘泐。

切韻箋注（二）（卷一至三、五）

斯二〇七一（底卷）　俄敦三一〇九（甲卷）

【題解】

底卷編號爲斯二〇七一，存三十四紙，單面書，每頁行數在二十四至二十六之間，其中第一頁存後十二殘行（前當缺十二行），第二頁存二十三行（前當缺一行），其中前十二行下半殘，第七頁殘存二十二行（後當缺二行），第十六頁殘存二十四行（前當缺二行），第十七頁殘存二十二行（後當缺四行）（此參《姜韻》論部六、《周韻》考釋二的相關説明），全卷總計存八百二十一行。底卷原爲散頁，大英博物館在早期整理時將之粘爲長卷，其中有些散頁的順序排放有誤，如第十六、十七兩紙（有平聲下清韻殘字、青、尤、侯、幽韻全部及侵韻殘字）置於第二十紙第四行（上聲紙韻的撕裂處）後，清韻殘字下徑與鹽韻殘字拼接，從而造成混亂。從内容上看，底卷平聲分上下卷（下卷標序號也從一計起，不與上卷通計），其中上平聲東、冬二韻全缺，鍾、江、支皆殘缺一半左右；下平、上聲二卷略全；去聲全卷殘缺；入聲存一屋至廿七藥韻，其中藥韻殘半，後鐸、職、德、業、乏五韻全缺。卷首換行書，不另起頁；大韻起始處空一個大字後接書，大韻代表字所在行行首上加墨圈，以爲標識。從體例上看，本卷多用《説文》正字爲字頭，而於注文中指明俗作某；又注文中有案語（其中引《説文》多省稱爲《文》），計有卌二處；小韻增字直接計入總數，不用幾加幾字樣，少數增字在注文中注明『新加』，計有十三處十五字，然此二項皆見於第二、三、五卷，第一卷全無。小韻首字注文體例爲字頭—釋義—反切—小韻字頭數。

王國維曾於《書巴黎國民圖書館所藏唐寫本切韻後》考定本卷爲《切韻》長孫納言注節本（《觀堂集林》，中華書局一九五九，頁三五四—三五五），董作賓《跋唐寫本切韻殘卷》（《中央研究院历史語言研究所集刊》一集一分册，一九二八）已辨其非，然董氏又據《廣韻》敘首之郭知玄『更以朱箋三百字』和底卷所加之約略字數，論此當爲郭知玄朱箋補正本《切韻》，方國瑜《敦煌唐寫本切韻殘卷跋》（《女師大學術季刊》二卷第二期，一九三一）又辨此非郭氏之作。今以《周韻》及劉國忠《〈唐五代韻書集存·輯逸〉補遺》（葛兆光主編《清華漢學研究》第三輯，清華大學出版社二〇〇〇）中所輯之郭知玄本《切韻》較之，幾無合者，故此必非郭氏之作。其後姜亮夫作《S二〇七一爲隋末唐初增字加注本陸韻證》，考訂此爲長孫納言《切韻》增字本之前的一種增字加訓本，以其所增字數約計不足長孫序所提到的『又加六百字』，姜氏還通過注中全存《切韻》原本真像、不爲唐帝諱、無唐以來新置地名三方面輔論此爲『隋唐人依陸氏舊本而略有增字訂形之作也』（《姜韻考釋》卷十二，頁一八一）。《周韻》則對王國維的結論有所駁訂，認爲斯二〇五五的訓解和反切與本卷不完全相同，而且斯二〇五五在本書之外又有增加字，時代當比本卷晚，『因此，我們不能説本書是斯二〇五五的節本，而只能説這與斯二〇五五箋注本《切韻》是同一類書』（《周韻》『考釋二』）。《向目》擬名作《切韻》，《索引》、《索引新編》、《提要》同，不確。《周韻》承《大宋重修廣韻》序所載『陸法言撰本，長孫訥言箋注』而擬之爲《箋注本切韻一》。然既稱『箋注』，依傳箋注疏通例，其於卷首題名似當作『切韻箋注』，審底卷正文各卷卷首皆直名『切韻』，其例蓋與《裴韻》略同，《裴韻》卷首名『刊謬補缺切韻』，下署『朝議郎衢州信安縣尉王仁昫撰，前德州司户參軍長孫訥言注，承奉郎行江夏縣主薄裴務齊正字』，而正文各卷卷首則或省名，或徑稱『切韻』。今姑擬名作『切韻箋注』（二），簡稱『箋二』。

底卷字形草率，似爲硬筆所書，不甚拘行款，當爲敦煌陷蕃後抄本，《翟目》以爲係八世紀時寫本，《提要》從之，蓋失之早。王國維定爲唐中葉寫本（《觀堂集林》頁三五五）。考其唐諱中唯太宗『民』有二處缺筆（上聲『愍』、平聲『矜』字釋義之『愍』字中的『民』旁亦諱缺末二筆），他處不缺；其他帝王諱字則唯憲宗之『純』有缺筆，『凡從「屯」的字多作「屯」或作「乇」』形，《周韻》因而斷其蓋爲元和以後九世紀人所書。蓋以陷蕃故，其抄寫時間雖晚而唐諱或有不避者。又施安昌於《論漢字演變的分期——兼談敦煌古韻書的書寫時間》（《故宮博物院院刊》一九八七年第一期）一文中從書法角度加以歸類，亦謂底卷當爲中唐後期至晚唐間的寫卷。

俄敦三一〇九號殘卷蓋是被裁來粘補他書的補丁，正反各存一行文字，上全下殘，計收去聲虞韻『數』、『矩』、『踽』、『棋』、『枸』、『陋』、『僂』、『褄』、『簍』九個字頭及部分注文共計四十字，《俄藏》以『數』、『矩』、『踽』、『棋』、『枸』所在面爲反面，餘字所在面爲正面，非是，此當據其内容而定前者爲正面末行内容，後者爲反面首行内容。此殘卷書體較工，行款尚疏，《俄藏》擬名爲《刊謬補缺切韻》，亦不確，今檢其内容與底卷全合，故以之爲参校本（甲卷）。

本卷最早的録文爲王國維一九二一年據膠片寫印的《唐寫本〈切韻〉殘帙三卷》之第三種（多被稱作『切三』），其後《姜韻》據原卷重加録文，《潘韻》又據原卷對姜氏録文有所勘正，後《補正》、《周韻》及姜亮夫（《王靜安所録切韻三種卷子校記》，載姜亮夫《敦煌學論文集》下，上海古籍出版社一九八七）又對底卷進行了校勘和考釋。兹據《英藏》録文，并参考敦煌韻書中相關的卷子如《切韻》諸本、《箋七》、《箋五》、《王一》及傳本韻書《王二》、《裴韻》、《蔣藏》、《廣韻》等校録於後。

（前缺）

3 鍾 □□□。□□容反。三。〔一〕縫（縫）紩。〔二〕漨（漨）水。峯（峯）敷□反。□□□□，□曳。甹□□□反。〔三〕烽（烽）火。縱縱横。即容反。又子用反。三。蹤□□□。渠□反。〔四〕六。邛臨邛，縣。〔五〕艂小舡。笻笻竹。軵軸，所以支官（棺）。〔六〕茾□〔七〕

4 江 □□□雙▨（反）。〔八〕五。扛舉鼎。杠旌旗餙；一曰於（牀）前横。〔九〕茳茳離。〔一〇〕釭燈。又古紅反。□□▨（耳）中聲。女江反。〔一一〕二。氋髮多。窻楚江反。〔一二〕三。樬（樬）樬（樬）種。〔一三〕摐打□〔一四〕▨（胮）胮脹。匹江反。〔一五〕二。䚩鼓聲。瀧南人名湍。吕江反。〔一六〕一。雙所江反。□。〔一七〕□〔一八〕腔羊腔。苦江反。五。控打（打）。悾信皃。跫踏地聲。〔一九〕▨（涳）□目不用（明）。〔二〇〕樁橛。都江反。一。

五支章移反。九。巵□▨(器)。〔二一〕▭弋支反。〔二二〕十。暆東暆，縣，在樂浪。迤逶迤。䝖獸名，似犬，現則有大兵。〔二三〕移▨(扶)□，木名。〔二四〕▨(攡)▭衣架。〔二五〕爲薳支反。又于僞反。〔二六〕二。溈水名，出新陽。媯姓。居爲反。一。麾許爲反。〔二七〕三。噅口不□。〔二八〕▭〔二九〕覣好視。糜糜粥。靡爲反。四。穈穄。縻縻爵。▨(𪎭)𪎭▨(爛)。〔三〇〕▨(隮)▭反。〔三一〕二。錘八銖。又馳僞反。垂是爲反。三。陲邊。倕重。羸▭〔三二〕鮍魚鮍。披散。𤱶耕(耕)。陂彼爲反。四。詖辯辭。碑▭〔三三〕琦玉名。〔三四〕騎跨馬。又奇寄反。鵸似烏，三首六尾。魌小兒鬼。碕▭式(我)疧(疷)兮。〔三五〕𩊚𩉬。犧許羈反。八。羲氣。焱▭不正。去奇反。〔三六〕四。崎崎嶇。觭角一俯一仰。踦脚跛。宜魚▨(羈)反。〔三七〕□。〔三八〕▭〔三九〕郫郫氏，縣，在蜀。提飛。是支反。又苐泥反。三。匙。堤堤封頃畝。〔四〇〕▨(兒)▭〔四一〕驪馬。䶑小鼠相銜行。樆山梨。鸝鸝黃，鳥。縭▭移反。〔四二〕七。髭口上毛。鴜水鳥；又病(疾)移[□]。〔四三〕䶒鼠，似鷄。呰▨(思)。〔四四〕▨(鴜)▭〔四五〕竒(奇)不耦。又渠羈反。〔四六〕羈寄。卑府移反。五。椑木名，似柹。▨(箄)▭〔四七〕埤附。絁繒，似布。式支反。三。施。葹草名，拔心不死。斯息□反。□。▭凌澌。〔四八〕磃館名。𤸬瘦𤸬，疼痛。又斯齊反。傂傂祁，地名，在平陽。〔四九〕差▭〔五〇〕鸍鳩(鳩)鳥。〔五一〕檷檷枸，山名。〔五二〕㺏(狝)㺏(狝)猴。〔五三〕麊縣名，在交止。〔五四〕罙深入。婺□□呼母。〔五五〕▨(鍪)▭作蜘蛛。〔五六〕漪於離反。五。猗。椅木名。禕美。陭陭氏，縣，在河東。馳直知反。▨(五)。〔五七〕池。簃連閣。篪樂器。踟□□。□□□□。□。〔五八〕▨(危)▨(魚)爲反。〔五九〕三。巇厜巇。洈洈，水名，在南郡。〔六〇〕謕自多皃。香支反。一。眵目汁[□]。▨(叱)支反。〔六一〕一。釃下酒。所宜反。又山尒反。二。簁下物。韉(韉)鞍鞴。一曰垂皃。山垂反。一。痿脛病；一[□]兩□不能相▨(及)。人垂反。[□]於隹反。〔六二〕一。厜厜巇，山巔狀。姊(姊)規反。〔六三〕三。觜星名。纗(纗)紉繩。〔六四〕槻木名，堪作弓。居隨反。〔六五〕四。規圓。〔六六〕鬹三足釜，有柄。䳏鸋鳺別名。〔六七〕劑券。

觜隨反。又在細反。一。衰楚危反。一。腄瘢胝(胝)。竹垂反。〔六八〕一。騷馬小皃。子垂反。又子累反。[□]。〔六九〕闚去隨反。又作窺。〔七〇〕一。

6 脂

六脂旨夷反。三。〔七一〕祇敬。砥石。姨以脂反。十一。寅。彝彝倫。夷。痍瘢。陝陝陝。荑□□。〔七二〕桋木名。蛦蛭蛦。胂▨(夾)脊骨[□]。〔七三〕恞悦樂。師踈脂反。二。鰤老魚。毗房脂反。十二(三)。〔七四〕比又必履、婢四、扶必三反。琵琵琶。槐膂(楣)。又方奚反。〔七五〕芘蔾芘,荊藩。阰。[□]水名,在楚。〔七六〕貔豹蜀(屬)。省作豼。〔七七〕膍牛百葉(葉)。〔七八〕蚍蚍蜉。枇枇杷。仳仳倠,醜皃。〔七九〕魮魾魮。咨即脂反。八。資財。粢祭飯。齋(齋)喪衣。〔八〇〕諮問。姿儀。齍黍稷在器。〔八一〕澬水名,在邵陵。飢居脂反。二。肌肥。〔八二〕鴟(鴟)鳥。處脂反。〔八三〕三。脛膍脛(脛)。〔八四〕觝(觝)魚名。〔八五〕絺丑脂反。三。䪼笑皃。又勑辰反。郗。郪縣名,在廣陵。取私反。三。趑趑趄。䩦却車邸階。〔八六〕茨疾脂反。七。薋蒺藜。餈餅餅。〔八七〕垐以土增道。穦積。螧螧螧(螬)。〔八八〕瓷瓷瓦。层(尼)女脂反。三。柅木名。怩忸怩。墀直尼反。六。坻小渚。泜水名,陳餘死▨(處)。〔八九〕遲又直吏反。〔九〇〕蚳蟻卵。岻山名。私息脂反。二。鋖平木器。尸式脂反。四。鳲鳲鳩,獲穀。〔九一〕屍。蓍草。鬐馬項上鬐。渠脂反。六。耆▨。〔九二〕鰭衛軸鐵。鰭魚脊上骨。鮨鮓。祁盛皃;又縣名,在太原。又市支反。伊於脂反。三。蛜蛜蝛。咿喔咿。梨力脂反。七。剓直破。〔九三〕穧禾二把,長沙▨(云)。〔九四〕秜稻死來年更生。蜊蛤蜊。蔾蒺蔾。棃(犁)牛駮。〔九五〕葵渠隹反。四。郲郲丘,地名,在陳留;又地名,在河東,漢祭后土處。楑柊楑。鰗▨(魚)名。〔九六〕追陟隹反。二。䨟雷,出《韓詩》。龜居追反。二。跰(踦)脚曲。〔九七〕蕤儒隹反。三。緌纓。楼白楼,木名。〔九八〕衰微。所追反。三。榱屋橑。瘯病。惟以隹反。八。獚(旟)旌。〔九九〕壝埒。維。琟石,似玉。遺失。潍水名,在琅耶。〔一〇〇〕唯獨。瀿水名。力追反。七。纍索。又作縲。虆蔓。嫘嫘祖,黄帝妻也。欙山行栾(乘)欙。〔一〇一〕犪求子牛。藟崼藟。又力罪反。綏安。息遺反。六。葰胡葰。睢辟。浽微,小雨。〔一〇二〕睢水名，在梁。又許葵反。〔一〇三〕稯禾四把，長沙云。逵渠追反。〔一〇四〕五。蘷蘷龍。俗作蘷。〔一〇五〕騤馬行皃。馗神名。戣兵名。眉又作眉(眉)。武悲反。九。湄(湄)水名(湄)。〔一〇六〕[□□]□[□□]。〔一〇七〕瑂(瑂)石，似玉。䁿伺視。薇竹名。又無非反。黴黴黧，垢腐皃。又莫背反。麋鹿屬。蘪蘪蕪。悲府眉反。一。錐職追反。六。隹。𪊨鹿一歲。鵻鳥。萑木名，似桂。〔一〇八〕騅馬倉白雜。誰視隹反。二。脽坐□。〔一〇九〕帷洧悲反。一。邳下邳，縣。苻悲反。〔一一〇〕三。岯山。魾大鱗。〔一一一〕丕敷悲反。五。伾有力。秠黑黍。碩大面。駓馬桃花色。倠仳倠。許維反。一。▨(鎚)直追反。〔一一二〕三。搥。頧頭亞。推尺隹反。一。胝皮厚。丁私反。二。秖穀始熟。紕繒欲壞。疋(匹)夷反。一。嶉高皃。醉綏反。二。檇以木有所擣；《春秋》『越[□]吴於檇▨(李)』。〔一一三〕□小山而衆。丘追反。又丘誄反。〔一一四〕一。狋犬怒皃。牛飢反。又巨員反。[□]。〔一一五〕

7 之

七之止而反。二。芝瑞草。飴与之反。十二。怡悅。圯圯橋名。貽貺遺。頤年。〔一一六〕詒詒言。▨(珋)玉名。〔一一七〕宧室東北隅。洍水名。胒豕息肉。鮔魚名。姬王妻別名。〔一一八〕時市之反。三。塒鑿垣西(栖)[□]。〔一一九〕鼭鼠。疑語基反。二。嶷(嶷)九嶷。〔一二〇〕思息▨(兹)□。□。□。〔一二一〕罳罘罳。絲。伺候。緦緦麻。楒相楒木。𥱼竹有毒，傷人即死。禗不安欲去意。〔一二二〕輜楚治反。又側治反。二。颸風。其渠之反。十八。期至。旗旌。萁菜。騏馬青黎色。蜞蟛蜞，似蟹。琪玉。綦履飾。麒獸。淇水。鶀鳥名。藄紫藄，似蕨。錤□□。〔一二三〕棊卒(弈)。〔一二四〕璂弁飾。鯕編(鯿)魚。〔一二五〕祺福祥。綨白倉色。詩所之反。〔一二六〕二。邿地名。而如之反。十二。栭木名，子似栗而細；一曰梁上柱。檽(檽)木耳。隭(隭)地▨(名)。又▨(峻)坂。〔一二七〕臑(臑)煮熟。轜(轜)車。洏漣流(洏)，涕流皃。〔一二八〕鮞魚子。耏多毛。咡吻。𦓝丸之埶(熟)。〔一二九〕誀誘。欺詐。去其反。五。娸姓；一曰醜。魌▨(頭)□。〔一三〇〕䫏[□]作魌。〔一三一〕僛。姬居之反。七。朞(朞)。基。箕。萁菜，似蕨。筐(筐)可以取蟣。諆謀，《詩》云『周爰諮謀(諆)』。〔一三二〕詞似兹反。四。祠祭。柌鐮

［□］。〔一三三〕辭又作辤。釐理；一曰福。理之反。〔一三四〕七。貍似貓。〔一三五〕氂十毫。剺剥。嫠[illegible]（無夫）。〔一三六〕
梩徒（徙）士（土）與（舉），字出《六韜》。又都皆反。〔一三七〕犛牛。又莫交反。甾側持反。八。淄水名。輜車。又楚治
反。錙錙銖。緇黑繒。鶅。［□□□□］。〔一三八〕鯔魚名。僖樂。許其反。十二。歖[illegible]喜。〔一三九〕熙和。嬉美；
一曰遊。禧福。譆痛聲。熹（熹）盛。〔一四〇〕𢻨坼。瞦目精。焕火盛。嘻噫嘻。歖（歖）喜笑。〔一四一〕醫於其
反。二。噫恨聲。癡丑之反。三。齝牛吐食。笞朾（打）。治直之反。二。持▨（執）□。〔一四二〕蚩蟲名。赤之反。
二。嗤笑。〔一四三〕慈疾之反。三。磁石。鶿鸕鶿，鳥名。兹子之反。九。孳息。嵫崦嵫。〔一四四〕孜蔦（篤）
愛。〔一四五〕滋多。嗞嗞▨（嗟），憂聲。〔一四六〕㶾染黑。鎡鋤之别名。鼒（鼐）小鼎。〔一四七〕茌（茬）茌平，縣名。土
（士）之反。〔一四八〕一。漦涎沫。俟淄反。一。

8 微

八微無非反。四。溦溦溦，小雨。薇菜。𦲷竹名。又武悲反。輝許歸反。七。暉日色。揮張。徽美。翬飛皃。
褘（褘）后祭服。𩹉魚有力。幃香囊。王非反。七。闈門内。圍繞。韋姓。韎束。違遲。湋水名。霏芳非
反。六。妃美女。菲又芳尾、芳未二反。〔一四九〕𣯶細毛皃。婓婓，往來皃；一曰醜。〔一五〇〕騑驂馬。斐斐豹，見《左
傳》。匪肥反。八。飛。扉户扉。〔一五一〕緋絲。非不。犤以（似）牛，一曰（目）曰（白）頭。〔一五二〕鯡魚。騛騛兔，馬
而兔足。肥（肥）苻非反。〔一五三〕五。腓脚腨腸。筂竹。淝水。痱風病。或作㾋（痱）。威於非反。五。葳葳蕤。
㟪㟪𡾰。又於鬼、於罪［□］反。〔一五四〕隇隇䧟（陝），艱危。〔一五五〕蝛蛜蝛，蟲。祈求。渠希反。九。頎長好。旂旛槊。
鐖鬼俗。畿王畿。崎山傍曲岸。又作圻。〔一五六〕刏（刉）以血塗門。〔一五七〕𡸣危。又公哀反。䤒頰肉。機居希反。
十一。譏誹。蘄縣名，在譙郡。嘰小食。璣珠。幾數。蘶茹（茹）蘶，草。〔一五八〕磯大石激［□］。〔一五九〕鞿繫馬。
饑穀不孰。禨祥。希虚機反。六。晞日氣乾。莃兔葵。〔一六〇〕鵗比（北）方名雉。稀稀穊。睎視。依於機反。
五。衣。譩痛▨（聲）。〔一六一〕㕵天㕵，縣，在酒泉。㥍念痛。沂水名。魚機反。一。巍語韋反。一。蘬馬蓼，似蓼

而大。丘韋反。[□]。〔一六二〕 歸俱韋反。[□]。〔一六三〕

9魚

九奧語居反。〔一六四〕六。 漁▨(水)□，□□陽。〔一六五〕 𢿳捕魚。 齬齒不相值。又魚舉反。〔一六六〕 鋙鉏𨚗(鋤)。〔一六七〕 䁕馬目白。 初楚魚反。[□]。〔一六八〕 書傷魚反。六。 鵨(鵨)鳥名，似梟。〔一六九〕 瑹玉。 舒開。 紓▨(緩)。〔一七〇〕 ▨(郤)地名，在廬江。〔一七一〕 居舉魚反。六。 据手病，《詩》云『[□]手措(拮)据』。〔一七二〕 裾衣衿。 琚玉。 腒貯(貯)。〔一七三〕 鶋鶢鶋，鳥。 渠強魚反。十三。 𨏥(轆)鞩(輞)。〔一七四〕 𦅈履緑(緣)。〔一七五〕 璖(璩)玉。 磲▨(硨)□，次▨(玉)。〔一七六〕 蕖芙蕖。 籧(籧)籧篨。 醵(醵)合錢飲酒。 簴(籧)牛匡。 淭小(淭)絮(挐)之淭。〔一七七〕 腒鳥腊。 鶢鶢鶋，鳥。 蠡獸。〔一七八〕 余与魚反。十九。 蜍鼁鼀。 餘殘。〔一七九〕 □又与庶反。〔一八〇〕 旟旌旛。 鵨同穴鳥。 璵璵璠，魯寶玉。 艅艅艎。 畬田二歲。 澦水名。 譽又以據反。〔一八一〕 嬩女子(字)。〔一八二〕 舁對舉。 妤婕妤。 𪋻山驢。 □又餘佇反。〔一八三〕 㺞。 𩦺馬行皃。 歟。 胥息魚反。七。 䱬魚名。 䈝竹器。〔一八四〕 湑沉。 稰落。 楈木名。 蝑蜙蝑，蟲。 疽癰。七余反。十一。 岨石山戴土。 趄趑趄。 苴履中藉。 沮水名，在北地。又慈与反。 狙猨。 胆蟲在肉中。 葙苞葙。 䢸鄉名，在鄠縣。 雎鳩。 蛆蟲。 鋤助魚反。一。 攄舒。 勑居反。〔一八五〕二。 樗惡木。又作樗。 疎色魚反。四。 綀綀葛。 蔬菜。 梳櫛。〔一八六〕 虛許魚反。五。 驉駏驉。 歔歔欷。 噓。 魖秏鬼。〔一八七〕 徐似魚反。三。 𨛭地▨(名)。〔一八八〕 捈□□。〔一八九〕 於央(央)魚反。〔一九〇〕五。 箊箖箊，竹名。 淤淤泥。又於據反。 菸菸邑，茹熟皃。 唹笑皃。 猪陟魚反。又作豬。三。 潴水所停。〔一九一〕 櫫揭櫫，有所表識。〔一九二〕 臚皮臚；又鴻臚。力魚反。十。 鬛毛。 閭門。 蘆漏蘆，藥名。 廬小屋。〔一九三〕 櫚栟櫚。 驢。 蘆(藘)蘆(藘)蒘。〔一九四〕 蕳菴蕳。 爈火燒山景(冢)。〔一九五〕 諸章魚反。五。 櫧木名。 𣹸水名，在北岳。 藷藷蔗，甘蔗。 䃴礛䃴，青礪。 除直魚反。七。 躇躊躇。 儲。 涂水名，[□]堂邑。又直胡反，亦水名，在建寧。〔一九六〕 篨籧篨。 藸蕎藸，葱名。〔一九七〕 宁門屏間。又直吕反。 如汝魚反。〔一九八〕四。 蒘藘蒘。 洳水名，在南郡；又人慮反，在晉。 鴽鴾(鴽)。〔一九九〕 且子魚反。三。 砠山。 蛆蝍蛆，食蚍蟲。蝍字子結反。墟去魚反。五。筌飯器。袪（袪）袖。阹依山谷爲牛馬圈。椐木名。菹側魚反。三（二）。〔二〇〇〕狙姓。〔二〇一〕蜍署魚反。二。稌署預，藥名。衪《易》曰『衣有衪』。女余反。〔二〇二〕三。帤幡巾。挐犬多毛。〔二〇三〕

10 虞

十虞語俱反。十二。愚癡。娛樂。湡齊藪名；又水名，在襄國。堣堣夷，日所入（出）。〔二〇四〕鶚鳥，現☐（則）大旱。〔二〇五〕嵎山名，在吳。禺番禺，縣，在南海。〔二〇六〕髃骨名。隅角。鸆鳥，似鳧鶖（鶩）。鰅魚名，有文，出樂浪。芻測隅反。一。無有。武夫反。〔二〇七〕十一。毋止。瞴瞴瞜。膴無骨腊。又荒烏反。蕪草。誣誑。莁莁荑。璑三采玉。𨻶地名，在弘農。䉑黑皮竹。巫在女曰巫。亐（于）明（羽）俱反。〔二〇八〕七。迃（迂）曲。又憶俱反。盓（盂）縣名。邘（邘）地名，在河內。雩（雩）祭名，又况于反。竽（竽）笙。玗（玗）玉名。訏（訏）大。况于反。七。吁（吁）歎。肟（肟）肟胎，郡名。〔二〇九〕欨炊欨，貪者見食皃。疞（疞）病。盱（盱）舉目。〔二一〇〕衧（衧）大袥（袑）衣。〔二一一〕劬其俱反。十六。衢巷衢。軥車軥。氍氍毹。胊脯；一曰屈；又地名，在東海。𨸼地名，在河東。癯少肉。屨履頭飾。鴝鴝鵒。灈水名，在汝南。躣行皃。䮶馬右足白。〔二一二〕鼩鼱鼩，小鼠。〔二一三〕鑺兵器，《書》云『執鑺於西垂』。〔二一四〕蘧（蘧）蘧麥。又巨居反。斪鋤屬。〔二一五〕儒（儒）日朱反。七。濡（濡）水名。獳（獳）朱獳，獸名。襦（襦）襖。懦（懦）弱。又力（乃）乱反。〔二一六〕嚅（嚅）囁嚅，多言。鱬朱鱬，魚名，魚身人面。鬚古作須。相俞反。八。顉待。湏（須）。〔二一七〕繻繻傳。〔二一八〕顬頭顬。嬃女嬃，屈原姉（姊）。需疑。麔鹿子。株陟輸反。四（五）。〔二一九〕誅責；伐。邾地名。鼄鼅鼄。跦行皃。貙獸名。勑俱反。一。銖☐。市朱反。〔二二〇〕六。殊別。洙水名，在魯。茱茱萸。𤭢小罌。殳《詩》云『伯也執殳』。逾越。羊朱反。廿五。窬門邊小竇。史（臾）。〔二二一〕楰木名。〔二二二〕腴肥腴。隃隃麋，縣名，在扶風。覦窺覦。俞然；又恥呪反，人姓。諛諂諛。愉悅。踰。歈巴歈，歌。揄擨揄，舉手相弄。或作邪揄。褕衣。瑜玉。崳崳次山，在鴈門。悇喜。〔二二三〕羭黑羝。蝓蝛蝓，蠃。又神朱反。〔二二四〕萸茱萸。堬冢。榆木。牏築垣短板。鄃地名，在涿郡。渝變。區氣俱反。六。嶇

崎嶇。　鰸魚名，出遼東。　軀身。　驅馳。　摳褰裳。　又苦侯反。　朱止俱反。　六。　珠玉。　侏侏儒。　袾（袾）詛。　咮譬
咮，多言皃。　鴸似鵄人首。　趨疾行。　七朱反。　一。　慺敬。　力朱反。〔二二五〕九。　蔞蔞蒿。　氀毛布。〔二二六〕　瞜瞴瞜。　寠
山頂。　鱫魚。　鸚鵝鸚，野鵝。　摟曳。　貗豬求子。〔二二七〕　扶持。　附夫反。　十。　芙芙蓉。　颫風。　符牒（牒）。　鳧
（鳬）野鴨。〔二二八〕　榑海外大桑，日所出。　蒪（蒪）蒪芘。　苻鬼目草名。　蚨青蚨，青色小蟲，子母不相離。　夫若夫。
𥝩▨▨（稷穰）。　▨（士）于反。〔二二九〕二。　雛鵷雛。　敷撫夫反。　十六。　麩麥皮。　孚信。　郛郭。　橵木名。〔二三〇〕　鄜縣
名，在馮翊。　俗誤作敷州。　鋪又普胡反。　筟織緯者。　俘囚。　痡病。　殍餓死曰殍。　怤思。　䴸翮下羽。　蒰▨
（花）。〔二三一〕　孵卵化。　紨鹿（麁）細（紬）。〔二三二〕　諏謀。　子于反。　又子侯反。　四。　啾嚖取（啾），不廉。〔二三三〕　㞗㞗
隅。〔二三四〕　娵娵訾，星。　跗甫于反。　十。　膚（膚）體。〔二三五〕　郙縣名，在琅邪。　鈇鈇鉞。　袄袍襦之類前衿。　玞珷玞，
美石，次玉。　鵂鶹鵂，魚（鳥）名，三首六足六目三翼。〔二三六〕　蒫（蒫）地蒫，藥名。　簠簠簋，祭器。　又方羽反。　夫夫人。
紆（紆）縈。　憶俱反。　四。　陓陽陓，澤，在冀州。　靬般革。〔二三七〕　迃（迂）。　輸式朱反。　一。　摳（樞）昌朱反。　二。
姝。　廚（厨）直誅反。　二。　蹰踟蹰。　拘舉隅反。　九。　駒馬二歲。　㖃㖃嶁，衡山別名。　眗在（左）又視。〔二三八〕　鄜
挹。　株（拺）盛士（土），《詩》云『株（拺）之隮[□]』。〔二三九〕　跔手足寒。　鮈鯸（鮽）鮈，魚名。〔二四〇〕　俱皆俱。　毹氍毹。
山虞反。　三。　愉裂繒。　楅（樔）車轂內孔。〔二四一〕

11 模

十一模法。　莫胡反。　七。　摸以手摸；又毛博反，摸㨆。　嫫嫫母，黃帝妻。　醽醽酺，榆子猶（醬）。　酺字大胡反。〔二四二〕
帑車衡上衣。　墲規英（莫）地曰墲。〔二四三〕　謨謀。　匍匍匐。　薄胡反。　匐字傍北反。　七。　荹荹𧄍，收亂草。　酺大飲酒。
樸（樸）樸劃，縣，在武威。　劃字户開反。〔二四四〕　菩。　蒲餺魚。　蒲水草。　胡户吴反。　十四。　壺酒器。　狐狐狸。〔二四五〕
瓳瓳瓳。　餬寄食。　瑚瑚璉。　湖江湖。　頶牛項下垂。　鶘鵜鶘，鳥名。　猢獑猢，獸名，似猨。　獑字士咸反。　醐醍醐。
𪍑黏。　或作黏（黏）。〔二四六〕　弧弓。　乎（乎）何。　孤古胡反。　十五。　苽雕胡。　姑。　辜罪。　呱啼聲。　罛蚣（舩）上納

（網）。〔二四七〕泒水名，在鴈門。酤又苦暮反。〔二四八〕觚酒器。蛄螻蛄。箛竹。鴣鷓鴣，鳥名。橰（槔）木名。〔二四九〕⿰舟古《漢書》『越巫⿰舟古祠，在雲陽』。〔二五〇〕沽水名，在高密。⿰亻走（徒）度都反。十七。屠煞。瘏病。塗泥。〔二五一〕途道。峹峹山。〔二五二〕駼騊駼，獸名。酴酒。⿰牛余黃牛。鵌鳥名，與鼠同穴。涂水名，在益州。〔二五三〕梌木名。荼苦菜。又宅加反。酴（⿰酉俞）莤（醬）酴（⿰酉俞）。〔二五四〕啚思度。圖畫。廜廜⿸广穌，草庵。奴乃胡反。六。砮礪。帑戮。駑馬。孥子。笯鳥籠。〔二五五〕吁（呼）荒烏反。五。幠大。葫蒜。〔二五六〕膴無骨腊。又武夫反。恗怯。吾五胡反。十。齬似鼠。浯水名。䓊草名。⿰犭吾猨屬。⿰王吳琨⿰王吳，美石，似玉。吳。〔二五七〕蜈蜈蚣。郚鄉名，在東莞。梧桐。租則吾反。二。蒩茅藉，封諸〔□〕，蒩以白茅。〔二五八〕盧落胡反。十六。鑪。壚黑土。籚竹。蘆葦。顱頭顱。鱸魚名。攎斂取。爐火爐。轤轆轤，圓轉木。櫨柱。〔二五九〕黸黑甚。獹韓獹。鸕鸕鷀。〔二六〇〕艫舟後。纑希（布）縷。〔二六一〕蘇思吾反。三。穌更生。⿸广穌廜⿸广穌。徂往。昨姑反。二。殂死。烏哀都反。九。嗚嗚呼。杇泥漫。漫字莫寒反。〔二六二〕洿水不流。鰞鰞鯎（鰂）。〔二六三〕釫鏝。歍口相就。鎢鎢錥，温器。弙滿弓有所向。逋博孤反。四。餔食。晡日晚。庯屋上平。枯苦胡反。三。刳剖破。郀地名。麁米不精。倉胡反。二。麤行路遠。〔二六四〕⿰王余美玉。他胡反。二。稌稻。又他古反。都丁胡反。三。⿱竹都竹名。闍又時遮反。⿰禾尃豆⿰禾尃。普胡反。五。鋪設。鯆魚名。⿰⻊甫馬蹀。痡病。

12 齊

十二齊俱（徂）嵆反。五。〔二六五〕臍膍臍。麡麡狼，獸名，似麋。蠐蠐螬。〔二六六〕⿱齊女好兒。黎落嵆反。十一。犂犂牛，雜毛不純。驪馬深黑色。〔二六七〕廲廲廔，綺窻。〔二六八〕藜落葉草。莉莉芘，域（織）荊。〔二六九〕黧黑而黃。⿰糸帚（⿰糸虒）絳⿰糸帚，惡絮。盠（蠡）似（以）瓠（瓢）爲飲器。〔二七〇〕⿺辶黍（邌）徐行。⿱黎邑亭名，在上黨。妻七嵆反。五。萋草盛。淒雲兒。凄寒，《詩》云『凄其以風』。悽慟。低低即（昂）。當嵆反。〔二七一〕七。氐氐羌。秖（袛）短衣。〔二七二〕磾《漢書》金日磾。鞮革履。腣腣胵，胅腹。胵字胡稽反。羝羊。啼度嵆反。廿二。蹄足。⿱竹遆竹名。提舉。詆訶。又丁礼反。堤玉。椣木名。媞美好。踶視。▨（隄）封。〔二七三〕綈厚繒，色緑而深。〔二七四〕罤兔網（網）。涬研米槌。締結。又徒帝反。稊稊子，草。或作▨（苐）。〔二七五〕銻鐪銻。▨（膏）糜。〔二七六〕堤防。醍酒。又天礼反。亦醍醐。騠駃▨（騠）。▨（馬）□。又子（丁）奚反。〔二七七〕禔（褆）衣服好。鵜鵜鶘，鳥名。〔二七八〕荑秀。〔二七九〕豍豍豆。方[□]反。〔二八〇〕十。𢄼車簾。〔二八一〕螕牛▨（蝨）。〔二八二〕椑椑櫇，小[□]；又樹栽。〔二八三〕蓖蓖麻。紕謬。又芳脂反。篦眉篦。〔二八四〕▨（狴）狴牢。〔二八五〕梐門外行馬。又訪啓反。婢婢妣，短皃。奚胡雞反。十二。嵇。兮何。鼷小鼠。貕▨▨（豕生）三月。〔二八六〕傒▨（有）所▨（望），又胡礼反。〔二八七〕𡝝女好。〔二八八〕蹊▨（徑）□。〔二八九〕□□，似檀（蟬）。〔二九〇〕騱馬前足白；又驒騱，野馬。榽榽[□]，木名，似檀。〔二九一〕胿腣胿。雞吉嵇反。五。稽。枅承衡木。笄□▨。▨（蛢）□□。□□□□。□□▨（鷖）。烏嵇反。〔二九二〕五。翳。𧫷相然應辭。䃜□色。〔二九三〕嫛□婗。〔二九四〕倪▨（五）嵇反。〔二九五〕九。蜺虹。〔二九六〕郳郳城，在東海。〔二九七〕霓雌虹。又五結、五擊二反。齯老人齒更生。婗嫛婗，婗（小）兒。〔二九八〕輗車轅端持衡者。鯢雌鯨。猊狻猊。醯俗作醓。呼雞反。三。𢘆痛聲。𪒠黃病色。西素嵇反。九。棲或[□]栖。〔二九九〕甈瓦破聲。屖（犀）牛。嘶馬鳴。撕提撕。㾷瘦㾷，病。〔三〇〇〕榹椑榹，小樹。屖瓠屖。梯湯嵇反。五。睇視皃。又特計反。鷈鸊鷈，似鳧。虒（𠪚）遍（匾）虒，薄。遍（匾）字方顯反。〔三〇一〕㼨卧。鼙薄迷反。三。椑（椑）圓盖（榼）。〔三〇二〕膍膍臍。臡醢有骨。人兮[□]。又奴兮反。〔三〇三〕一。批擊。普雞反。二。鈚鈚箭。〔三〇四〕齎持。即嵇反。五。齏擣薑菻（蒜）。又作韲。〔三〇五〕躋登。又祖細[□]。〔三〇六〕櫅櫅榆，木，堪作車轂。妣婢妣。迷莫奚反。四。㜷齊人呼母。麛鹿兒。醚醭醚，醬酢上白。醭字怖僕反。〔三〇七〕泥奴低反。一。谿苦嵇反。一。圭十圭□一合。□攜反。〔三〇八〕五。珪剡（剡）上玉。〔三〇九〕邽下邽，縣，在馮翊；上邽，在隴西。俗誤爲下封縣。閨内門。袿婦人上衣。睽異。苦圭反。又苦（古）攜反。〔三一〇〕五。奎星名。湀泉出通川。又古比反。刲割刺。▨（茥）缺瓮草。〔三一一〕攜（攜）户圭反。〔三一二〕九。蠵（蠵）大龜。鑴（鑴）大錐。蜀人姓。畦甑下孔。畦菜畦。嶲（巂）似馬而一角。〔三一三〕鄗（酅）地名，在東平。〔三一四〕擕（攜）離心。榶棣，木名。成栖反。又今（佘）氏、以支二反。〔三一五〕一。

13 佳

十三佳古膎反。二。街道。膎脯。户佳反。三。鞵屬。㥩㥩（睘）㥩，心不平。〔三一六〕牌牓。薄佳反。四。䱝魚名。簰大桴曰簰。郫縣▨（名），在蜀。又符羈反。〔三一七〕媧女媧氏。姑柴反。三。緺青緺綬。諣闒隨。〔三一八〕哇（蛙）蝦蟇屬。烏緺反。〔三一九〕一。咼口戾。苦哇反。［□］。〔三二〇〕絓惡絲。柴薪。士佳反。四。祡祭天。齜齜齸（齸），齒不正。〔三二一〕茈茈胡，藥名；又茈草，茲佘（尒）反。〔三二二〕釵楚佳反。二。靫鞴（韛）靫。韛（韛）字薄布反。〔三二三〕竵物不正。火咼反。〔三二四〕一。䍲䍲羺（羺），胡羊。妳佳反。一。崖岸。五佳反。四。啀犬鬪。涯水際。齸齜齸。娃美女皃。於佳反。三。洼水名。又烏加反。哇淫聲。崽呼彼之稱。山佳反。又山皆反。一。呰笑。火佳反。二。吹欬（欸）吹，氣逆。〔三二五〕扠以拳加人。亦作搋（搋）字。廾（丑）佳反。〔三二六〕一。睘（睘）視皃。莫佳反。〔三二七〕一。▨（諰）□。〔三二八〕

14 皆

十四皆古諧反。〔三二九〕十。偕俱。䔠麻稈。喈鳥聲。階級。腊瘦。薢薢茩，藥名，決明子是。荄痎（草根）。〔三三〇〕痎（痎）瘧。〔三三一〕堦砌。諧户皆反。五。湝風□不止。〔三三二〕骸骨。瑎黑石。𩣡馬性和。排推。步皆反。四。輫車箱。俳俳優（優）。〔三三三〕牌牓。乖古懷反。一。懷户乖反。七。褱褱夾。櫰木。▨（鱌）戎狄鹽。〔三三四〕褱葳（崴）褱。〔三三五〕懷似牛四角。淮水。匯澤名。苦淮反。一。豺狼屬。士諧反。二。儕等。差簡。楚皆反。〔三三六〕一。虺虺隤，馬疾（病）。呼懷反。〔三三七〕一。埋□▨（皆）反。〔三三八〕三。霾風而雨［□］。〔三三九〕貍慧。齋齋潔。側皆反。一。崴崴褱，不平狀。乙乖反。〔三四〇〕一。𪗬齧。卓皆反。一。揩揩摒，摩拭。客皆反。〔三四一〕一。摒諾皆反。一。

15 灰

十五灰（灰）呼恢反。〔三四二〕三。豗豕掘地。㾯馬病。恢大。苦回反。五。詼詼調。悝病；一曰悲。魁師；一曰北斗星。〔三四三〕篏（箴）箭竹。〔三四四〕隈水曲。烏回反。三。煨煻煨火。緭▨（五）色絲飾。〔三四五〕回户恢反。

七。〔三四六〕洄逆流。佪徘佪。迴還。槐[□]宮槐，木名。〔三四七〕瑰玫瑰，火齊珠。蛕人腹中長蟲。枚莫杯反。十一。媒許。〔三四八〕玫玫瑰。梅木。煤炱煤，火（灰）集屋上。〔三四九〕脢衣上白醭。〔三五〇〕脥背肉。又亡代反。腜孕始兆。禖求子祭。罞雉納（網）。鋂犬（大）環。〔三五一〕瓌公回反。二。傀（傀）大皃。〔三五二〕雷路迴反。四。罍酒器。儡儡同。勵勉。穨暴風。杜回反。六。癀陰病。墤下墜。魋似羆而小；又人名。隤𡾋隤，屋破狀。頹禿。〔三五三〕崔此回反。三。催。縗喪衣。磓落。都迴反。三。䭔餅。堆聚土。摧折。昨恢反。三。崔崔嵬。与人姓崔字同音別。〔三五四〕慛傷。𡾋𡾋隤。素迴反。二。挼摧。裴薄恢反。五。徘徘佪。培益。陪厠。䣂鄉名，在河東聞喜。杯布回反。一。胚懷胎一月。芳杯反。四。坏瓦未燒。痦病。醅酒未漉。〔三五五〕鮠魚，似鮎。五回反。三。桅舟上幢。嵬崔嵬。輴車盛皃。他回反。二。蓷草名。㟴古之善塗者。乃回反。〔三五六〕二。捼摩。

16

咍

十六咍笑。呼來反。二。咍欸咍，笑聲。〔三五七〕哀烏開反。三。埃塵。唉慢膺。又於其反。臺徒來反。六。擡舉。菭魚衣涇（濕）曰濡（濡）落。〔三五八〕炱炱煤。嬯鈍劣。薹蕓薹。該古哀反。七（九）。〔三五九〕豥豕四蹄白。垓八極；又垓下，堤名，在沛郡，項羽敗處。荄▨（草）根。又古諧反。〔三六〇〕郂鄉名，在陳留。殪羊胎。剴木（大）鐮；一曰磨。又五哀反。〔三六一〕陔殿堦之次序。姟數，十秭曰姟。裁昨來反。六。纔僅。或作裁。財資。才學。材調。豺麪。來落哀反。六。萊藜；又東萊，郡，在青州。郲地名，在蜀。〔三六二〕騋馬高七尺。崍崍嵦。㯮鄉名，在扶風。又力之反。災祖才反。三。栽種。烖（哉）痛。猜疑。倉才反。二。偲才。胎湯來反。四。鮐魚名。台三台，星名。邰地名，在始平。或作㯮。孩小兒。胡來反。二。咳小兒笑。鰓魚頰。蘇才反。四。揌擡揌。粞碎米。鰓角中骨。皚霜雪白。五來反。三。嵦崍嵦，山。敳有所治。熊（能）獸名。年來[□]；又奴代、奴登二反。〔三六三〕一。開康來反。一。

17

眞

十七眞職鄰反。俗作真。四。甄姓。又居然反。振又之刃反。禛以貢（眞）受福。〔三六四〕春昌脣反。一。漘水際。食倫反。三。脣。蓐牛蓐，草名，似蘭，青黑色。勻遍。羊倫反。一。淪没。力屯反。十。倫等。論又盧昆反。綸舡。輪。崘山名。錀魚名。蜦神虵，能興雲雨。〔三六五〕棆木名。綸絲綸。屯陟倫反。〔三六六〕二。窀窀穸，下棺。
純常倫反。八。蒪蒲秀。蒓水葵菜。醇醲酒。鶉鵪鶉，鵪字烏合（含）反。〔三六七〕忳憂。錞所以和鼓。淳清。犉
牛[□]脣。如均反。〔三六八〕二。瞤目動。或作眴。因於鄰（鄰）反。〔三六九〕十一。茵褥。禋祭六宗。闉闉闍，城上重
門。〔三七〇〕駰馬。又於巾反。〔三七一〕烟烟煴，天地氣。湮沉。氤氤氲。堙寒（塞）。〔三七二〕諲敬。姻婚。珎（珍）陟
鄰反。三。填壓。又徒賢反。鎮戍。又陟刃反。新息▨（鄰）反。〔三七三〕三。▨（辛）苦。〔三七四〕薪柴。辰慎鄰反。
六。晨旦。宸屋宇，天子所居。鷐鷐風，鸇。麎牝麋。臣君臣。仁如鄰反。二。人。申書鄰反。六。伸展。娠
娠孕。又指刃反。紳大帶。呻呻吟。身。神食鄰反。二。晨平旦。〔三七五〕獜犬走草狀。丑珍反。二。縝縝紛。
鄰（鄰）力珍反。〔三七六〕九。轔車聲。嶙嶙峋，深崖狀。粼木（水）在石間。〔三七七〕驎馬色。〔三七八〕疄田壟。驎騏驎。
麟麟鳳。鱗魚皮。㨷（槿）予（矛）柄，賈誼曰『鋤耰棘矜』，作矜。臣（巨）巾反。〔三七九〕二。茥（堇）黏土。陳直珍
反。三。辣獸名，似羊，目在耳後。塵埃。津將鄰反。三。璡美石，似玉。濜氣之液。瞋怒。昌鄰反。二。䐜肉脹
起。秦匠鄰反。三。螓蜻蟲。榛牛。親七鄰反。一。礥鞭（鞕）。下珍反。又下怜反。〔三八〇〕一。夤敬。余真反。
四。寅又以之（脂）反。〔三八一〕䏨膂䏨。黄兔爪草。銀語巾反。八。狺火（犬）聲。〔三八二〕虤（虤）兩虎争。〔三八三〕根
木名，色白。鄞縣名，在會稽。又魚斤反。圁圁陽，縣，在西河。誾和。嚚過（愚）；又言不忠信曰嚚。〔三八四〕紉單繩。
女人反。一。巾居鄰反。一。民弥鄰反。三。閩低目視。泯没。又武忍反。賓必鄰反。三。濱水際。或作瀕。
檳檳榔。荀相倫反。十。郇地名，在河東解縣。詢諮詢。眴眩。珣玉。峋嶙峋。栒木名。〔三八五〕栒栒邑，縣，在扶
風。洵水名。又詳遵反。恂言（信）心。〔三八六〕遵將倫反。二。跧蹙。又阻圓反。逡逡巡。七旬反。五。竣止；一
曰改。皴皮細起。㕙東郭㕙，古之狻（狡）兔。〔三八七〕墫舞皃。旬詳遵反。七。巡巡行。馴擾習。揗手相安慰。杶
牛行遲。偱善。〔三八八〕紃圜綵絛。[□]食倫反。〔三八九〕頻符鄰反。九。蘋大萍。嬪九嬪；一曰妻死曰嬪。櫇木名。

玭珠。〔三九〇〕 獱獺別名。 蠙朱（珠）母。〔三九一〕 嚬。 矉（顰）戚（蹙）眉。〔三九二〕 繽繽紛，飛。 敷賓反。 一。 均居春反。
二。 鈞卅斤。 鷆西方名雉。 昨荀反。 一。 椿木名。 勑屯反。 二。 輴載柩車。 醇純美。 丈倫反。〔三九三〕 一。 諄至。
之純反。 一。 鼘（鼘）皷聲。 於巾反。 二。 駰又▨▨□。〔三九四〕 贇美好。 於倫反。 二。 奫（淪）水皃。 困廩。 去倫
反。 三。 篔箭竹。 箘桂。 又渠隕反。 斌文質。 ▨（府）□□。 □。〔三九五〕 ▨（邠）▨ □〔三九六〕 彪虎文。 又方閑
反。 珉美石，次玉。 武巾反。 十一。 岷山名，江水所出。 閩閩越。 又▨（武）□▨（反）。〔三九七〕 罠㲋□。〔三九八〕 ▨
（緡）□□；□▨（絲）□，□□▨（綸）。〔三九九〕 ▨ □ ▨ □〔四〇〇〕

18 臻 □〔四〇一〕 詵衆人言。〔四〇二〕 榛木叢。 士臻反。 一。

19 文 十九文武分反。 十一。 聞聽。 蚊蟲。 彣▨（青）与赤雜。〔四〇三〕 紋綾。 駁馬赤驎（鬣）縞身，目如黃金，文王以獻於紂
者。〔四〇四〕 鴍鳥。 閿閿鄉，□□，在□□。〔四〇五〕 汶黏唾。 鼤斑鼠。 闅闅越。 又武巾［□］。〔四〇六〕 雲户分反。〔四〇七〕 十
一。 芸。 蕓蕓薹。 耘薅。〔四〇八〕 鄖國名。 妘女字。 紜紛紜。 涓水名，在美陽。 澐江水大波。 篔篔簹，竹名。 云
言。 熅煙氣。 於云反。 六。 氳氛氳。 縕亂麻。 又於粉反。 馧香。 轀轒轀，兵車。 又於粉反。 蘊蘊積，束草。 又於粉
反。 汾水名，在太原。 符分反。 十六。 墳墳籍。 氛氛氳。〔四〇九〕 鼖大鼓。〔四一〇〕 轒轒轀。 濆水際；又水名。 焚燒。
羒羊。 豶豶豕。 頒魚大頭。 又布還反。 羵土中恠（怪）羊。〔四一一〕 鶓似鵠，白身赤尾六足。 枌木名。 蕡草木多實。
黂麻實。 棼屋棟。 分府文反。 三。 坌掃棄。 饙一蒸飰。 羣渠云□。 □。〔四一二〕 裠衣。 薰許云反。 九。 曛日入。
▨（纁）▨（三）染絳。〔四一三〕 勳力（功）。〔四一四〕 熏火氣。 獯獯鬻，北方胡名。 勛放勛。 醺著酒。 葷臭菜。 君舉云
反。 四。 ▨（軍）□□。〔四一五〕 皸足▨（坼）。 □居運反。 坼字□▨（格）反。〔四一六〕 桾桾櫏，木名。 芬無（撫）云
反。〔四一七〕 六。 雰霧。 紛紛紜。 帉巾。 毰毛落。 翁繽翁，飛。 或作紛。

20 殷 □𣪘（殷）於斤反。〔四一八〕 三。 慇（慇）□懃。〔四一九〕 ▨（濦）水名，在潁川。〔四二〇〕 懃勞。 巨斤反。〔四二一〕 三。 芹菜

名，生水中。勤。斤舉欣反。三。肵肵骨。〔四二二〕筋竹名。〔四二三〕欣許斤反。又忻。〔四二四〕二。昕日欲出。㕲□□。
語斤反。〔四二五〕四。狀犬相咋。〔四二六〕齗齒根肉。圻或作垠。又語斤（巾）反。〔四二七〕

21 元

廿一元愚袁反。十三。原根原。〔四二八〕源水。杬木名，一曰藏卵。〔四二九〕嫄姜嫄。沅水名，在牂牁。騵赤馬白腹。
羱羱羊。黿似鼈。又五丸反。蚖蠑蚖，蜥蜴別名。又五丸反。蝒晚蠶。芫芫花，藥名。邧地名。袁韋元反。九。
爰於。垣垣牆。園圃。援引。檈絡絲籆。〔四三〇〕轅車轅。猨猨猴。〔四三一〕鶢鶢居，鳥。〔四三二〕䋣孚袁反。〔四三三〕六。
旛旗。畨（番）番數。又匹柈反。〔四三四〕幡帑。潘大波。又疋（匹）柈反。瀿汏米汁。暄或作煖。況袁反。八。喧
喧譁，大語。或作諠。萱忘憂草。暖詐（大目）。〔四三五〕諼詐。塤塤箎（篪）。〔四三六〕鶢鶢鵷，鳥名。▨（吅）喚聲。又
□全反。〔四三七〕煩附袁反。廿（廿一）。〔四三八〕繁多。蘋似莎而大。㯕㯕𣚐。樊籠樊。繙繙帑，亂取。帑字於元反。
燔炙。膰[□□□。□]羊黃腹。〔四三九〕瀿水。蹯熊掌。▨（䙵）□□▨（蒜）。〔四四〇〕蘩皤蒿。鷭鷭鶓，鳥，似鶂而
斑頸。蟠蟧（蟒）蛽。又扶干反。〔四四一〕蠜𧉧螽。鄱鄉名，在京兆杜陵。鼲鼲鼠。鐇廣刃斧。璠璵璠，魯之寶
玉。〔四四二〕▨（礬）□□，□名。〔四四三〕鴛於袁反。八。宛（冤）屈；又寃句，縣名，在濟陰。句字具俱反。〔四四四〕帑繙
帑。鵷鵷鶵。涴水名。惌惌枉。鋺鋤頭。宛屈草自覆；又宛縣，在南陽。言語軒反。三。琂石，似玉。甗無底
甑。又語戰反。攑舉。丘言反。[□]。〔四四五〕軒虛言反。五。掀高舉。騫飛舉皃。輼（輪）車前輕。〔四四六〕蓒蓒芋，
草。▨（攑）▨（攄）蒲，采名。▨（居）言反。〔四四七〕六。靬乾革；又下旦反，驪靬，縣，在張掖。鞬馬上盛失（矢）器。
騝騮馬黃脊。腱筋（筋）肉；一曰筋（筋）頭。劇以刀去牛勢。蔫蔫菸。▨（謁）言□。〔四四八〕一。蕃屏。甫煩反。三。
藩籬。轓車箱。

22 魂

廿二魂户昆反。九。棞大木未剖。驒驒騱（騱），野馬。〔四四九〕獂似犬人面。餛餛飩。䅙不破。鼲鼠名，出丁零。
梱三爪犂；一曰犂上曲木。渾濁。又胡本反。昆古渾反。八。菎香草。裩裩衣。崐崐崘，山名。琨琨珸，玉名。

鵾鵾鷄。鯤北溟大魚。〔四五〇〕蜫蜫蟲。温於渾反。四。轀轀輬，車。薀薀藻，節中生細菜（葉）。騉騉驪，駿馬。〔四五一〕
門莫奔反。五。捫以手撫持。樠。虋赤粱粟。璊玉赤色。孫思渾反。三。蓀香草。飱飱餅。尊字書作罇。即
昆反。〔四五二〕二。罇又樽。酒器。存徂尊反。二。蹲坐存。〔四五三〕敦都昆反。二。惇厚。暾日出皃。他昆反。五。
焞火色。涒涒灘，歲在申名。灘字他丹反。黗黃黑色。豮豘（豚）子豮之喪。乇（屯）聚。徒渾反。〔四五四〕八。肫
（豘）豕子。窀（窀）火見空中。〔四五五〕臋坐處。軘（軘）兵車。飩（飩）餛飩。籧榜。忳（忳）忳悶。村此尊
反。一。倱女字。牛昆反。又户昆反。一。盆蒲奔反。三。葐覆葐子，草。湓水名，在潯陽；一曰水涌出。奔博昆
反。二。賁勇人；又姓。又方寄、扶非二反。論説。盧昆反。又力旬、盧鈍二反。二。崘崐崘，山名。坤苦昆反。三。
髡去髮。頓（頵）頓（頵）顛，禿髮皃。〔四五六〕昏呼昆反。五。惛不明。婚嫁。棔木名，朝舒暮卷。閽守門人。
23 痕
廿三痕瘢。户恩反。四。拫急（急）引。〔四五七〕韌車革前。橍所以平量。根古痕反。二。跟足後。恩烏痕反。一。
吞咽。吐根反。又吐蓮反。一。垠垠㔬。五根反。或作圻㔬。〔□〕語巾、語斤二反。〔四五八〕一。
24 寒
廿四▨（寒）▨（胡）安□。□。〔四五九〕韓井垣；一曰國名。蔊蔊菥，草。翰又胡旦反。邯邯鄲，縣名。桓胡官反。
十五。完令（全）。〔四六〇〕麑鹿一歲。鳩鳩鴭，鳥。丸。瓛圭名。□▨（素）。〔四六一〕雚□葦（葦）。〔四六二〕萑木兔。
洹水名，在鄴。汍汍瀾，泣皃。絙綬。芄芄蘭，草。獂豕屬；又獂道，縣，在天水。梡木名，出蒼梧，子可食。▨
（剜）□□□。□。〔四六三〕眢井無水；一曰目無精。〔四六四〕豌豆。鑾落官反。八。鸞鳥。巒山小而鋭。欒木名；又
姓。䜌南䜌，縣名，在鉅鹿。俗作▨（欒）。〔四六五〕㜻迷或▨▨（不解）理；一曰欠皃。〔四六六〕䍦□□。〔四六七〕▨（䜌）臱
葵；一曰茆，《詩》云『言採其茆』。茆字力欠（久）反。〔四六八〕岏巑岏。五丸反。二。刓圓削。欑（欑）木聚（叢）。在丸
反。〔四六九〕二。巑巑岏，小山。寬苦官反。二。髖兩髂間。歡呼官反。七。驩馬名。貆貆貉。鸛鸛鷒，爪（似）鵲短
尾，射之，銜矢射人。〔四七〇〕鴅鳥名，人面鳥啄（喙）。〔四七一〕酄邑名，在魯郡。獾野獸。湍急（急）瀨。他端反。四。貒

貒豚，似豕而肥。又吐亂反。〔四七二〕煓漢太上皇名。黇黃色。酸醋。素官反。四。狻狻猊，師子，西域猛獸。痠痠疼，
痛。〔四七三〕䨘小雨。端多官反。四。褍衣長；又▨（衣）正幅。〔四七四〕剬齊。𩸞魚（角）𩸞，獸名。〔四七五〕鑽鑽刺。借官
反。又借玩反。一。官古丸反。七。莞草名，可爲薦。棺棺槨。觀視。又古玩反。貫又古玩反。冠首飾。□古玩
反。〔四七六〕涫樂涫，縣名，在酒泉。團度官反。七。蓴（篿）圓竹器。剸截。摶摶風。慱《詩》云『勞心慱慱』。漙
《詩》云『零露漙兮』。鄟邾鄟之邑。單都寒反。又常演反。又市連反。六。禪（襌）禪（襌）衣。鄲邯鄲，縣名，在趙
郡。丹赤色。殫盡。簞小筐。安烏寒反。四。盦盦盞，大盂。鞌馬鞌。郊地名，在富（當）陽。〔四七七〕干古寒反。
八。乾燥。古作漧。竿竹梃。肝肝心。奸以淫犯。鳱鳱鵲，鳥名，知來事。鵲或作鵠，吉沃反。玕美石，次玉。邗
越別名；又胡干反，江名。壇葑（封）土社處。徒干反。〔四七八〕八。檀木名。鷤鸇鷤。癉風在手足。又都彈反。撣觸，
《大玄經》云『撣其名』。〔四七九〕彈又徒旦反。貚貚貙屬。驒連錢驄；一曰青驪白文。又丁年反，驒騱（騱），匈奴畜，似馬而
小。〔四八〇〕盤盂。又作柈、盤（槃）。薄官反。〔四八一〕十。瘢胡瘡處。〔四八二〕磐大石。幋大巾。磻磻磎。鬆鬆頭，屈髮爲
之。又防滿反，卧髮曰[□]。〔四八三〕般樂。蹣蹣跚。鞶。搫搫拔，婉轉。看苦寒反。三。靬弓衣。刊削。瞞目不
明。武安反。九。瀬瀬頇。〔四八四〕謾謾，欺慢言。〔四八五〕蹣蹣牆。〔四八六〕槾槾頼（頭），餅。〔四八七〕慲忘。鏝所以泥壁。
蔄無穿孔狀。鞔覆。湌食（倉）干反。〔四八八〕一。蘭草。落干反。七。瀾大波。闌階際木句闌；一曰闌，晚。讕逸
言。又力誕反，誣讕。闌妄入宮門。籣盛弩矢，人所負。欄木名。殘昨干反。四。殘獸食餘。戔《易》曰『束（束）帛
戔戔』。〔四八九〕盞盦盞。嘽馬喘。他單反。六。嘆。攤攤蒱（蒲）。〔四九〇〕灘水灘；一曰歲在申曰涒灘。譠譠謾，欺慢
言。㾷力極；又馬病。[□]託何反。〔四九一〕潘普官反。二。甂甂胡（瓳），大瓶。〔四九二〕難乃干反。一。刪肪脂。蘇干
反。〔四九三〕三。跚蹣跚，伏行皃。〔四九四〕珊珊瑚。又先曷反。頇瀬頇，大面皃。許安反。一。黗部黨。北潘反。一。

25 删

廿五刪除。所姦反。二。訕謗。關古還反。二。瘝病。彎烏關反。二。灣水曲。還胡關反。九。環玉名。劗

㯴劃，縣，在武威。㯴字薄姑反。〔四九五〕鬘髻。寰王者封畿內縣。又玄見反。闤闤闠，市門。䍿膏䍿，粔女。〔四九六〕鍰六兩曰鍰。鐶指鐶。班巾(布)還反。〔四九七〕六。頒巾(布)。又符文反。〔四九八〕鳻大鳩。〔四九九〕肦分瑞。盤盤盉(盠)，有毒蟲。斑駁文。又方關反。蠻莫還反。三。𪇆似凫，一曰(目)一足一翼，相得乃飛。〔五〇〇〕獌狼屬，又武願反。姦古顏反。二。菅草名；又姓。或作蕑。顏五姦反。一。攀引。普班反。二。眅目多皃(白)。〔五〇一〕奻訟。女還反。一。㿸㿸痹。五還反。一。斕斒斕。力鑾反。又力閑反。一。

26 山

廿六山所間反。三。疝疝痂，腹病。潸潸然，出淚。〔五〇二〕鰥鰥寡；又魚名。古頑反。一。間古閑反。二。艱難。閑胡山反。八。嫺雅。癇小兒癲病。瞯馬[□]目皃(白)。〔五〇三〕蛝蟲名。瞯人目多皃(白)。〔五〇四〕鷳白鷳，鳥。藖莖餘。又侯辨反。慳悋。苦間反。二。覸人名。出《孟子》。虥虎淺文皃。昨閑反。[□]。〔五〇五〕羴羊臭。許閑反。又失然反。一。訮爭。五閑反。二。猏犬鬪(鬭)聲。頑愚。吴鰥反。一。黰染黑。烏閑反。二。羥黑羊。斒斒斕，色不純。方閑反。又方蠻反。二。虨虎文。又甫巾反。斕斒斕。力閑反。一。嘫語聲。女閑反。▨(二)。〔五〇六〕䶏喝䶏，媛(煖)狀。〔五〇七〕

切韻卷第二平聲下廿八韻

一先蘇前　二仙相然　三蕭蘇彫　四宵相焦
五肴胡茅　六豪胡刀　七歌古俄　八麻莫霞
九覃徒含　十談徒甘　十一陽与章　十二唐徒郎
十三庚古行　十四耕古莖　十五清七精　十六青倉經

十七尤雨求　十八侯胡溝(溝)　十九幽於虬　廿侵七林
廿一鹽余廉　廿二添他兼　廿三蒸諸膺　廿四登都滕
廿五咸句(胡)讒[五〇八]　廿六銜户監　廿七嚴語驗　廿八凡苻芝

1先

一先蘇前反。又蘇見反。二。躩蹁躩，旋行。前昨先反。一。千倉先反。五。阡阡陌。汘水名。仟千人長。芊草盛皃。㸃㸃表。則前反。或作箋。四。濺水名。又于(才)廌(薦)反。[五〇九]㥿小兒藉。韀韋韀。[五一〇]天他前反。二。誔誔嘽，語不正。堅固。古賢反。十。鋻剛。𣖙縣名，在東萊。又下堅反。帴布名。幵羌列(別)種。[五一一]肩。䳋鳥名。又五革反。豣大豕；一曰豕三歲。菺蜀葵。麉鹿有力。賢胡千反。六。弦弓弦。胘肝(肚)胘。[五一二]舷舡邊。絃琴瑟絃。蚿馬蚿，蟲。煙烏前反。四。燕又於見反。咽(咽)咽喉。[五一三]橪橪支，香草。蓮路賢反。五。憐愛。俗作怜。嗹嗹嘍，煩拏皃。縺縺縷，寒皃。[五一四]䗴䗴䗴，餅。䗴字勒走反。田徒賢反。九。佃作田。畋取禽獸。又徒見反，畋畋，平皃。畇(畇)地名，在降(絳)。[五一五]塡塞。又陟陳反，厭。闐轟闐。跙蹁地聲。𪗰誔嘽。鈿金花。年奴賢反。二。邘鄉名，在馮翊。顚傾。都賢反。[五一六]七。齻牙。瘨病。又巓(癲)。槙木上。驙馬項(頂)白。[五一七]滇滇池，在建寧。趚走。牽牽引。苦賢反。四。縴縴縲(縲)，惡絮。縲字落嵇反。邢地名，在河內。又音刑。汧水名，在安定。又苦見反。姸姸浄。五賢反。三。鳽鵁鶄。研磨。眠莫賢反。一。蹁蹁躩(躩)。蒲田反。[五一八]七。蠙蠙珠。骿併肋。軿四面屏蔽婦人車。又防丁反。駢駕三(二)馬。[五一九]瓟黃爪(瓜)。[五二〇]胼胼胝(胝)。淵(淵)淶(深)水。烏玄反。[五二一]五。痟骨節疼。弲弓勢。剈曲剪。鼘(鼘)鼓聲。涓水流。古玄反。六。睊視皃。蠲除。菺草名。稍麥莖。鵑杜鵑。鋗銅銚。火玄反。二。駽青驪馬。邊布玄反。八。籩竹器。甂小瓮。蝙蝙蝠，仙鼠。編次。又甫連、方顯[□]反。[五二二]猵獺屬。稹籬上豆。又北顯反。〔五二三〕萹萹竹，菜。又方顯反。玄胡涓反。五。懸。眩眩亂。駭馬一歲。玹漢有趙玹。

二仙胡（相）然反。〔五二四〕六。鲜竹名。苮草名，似莞。蹮（躚）舞皃。〔五二五〕秈秈（秔）稻。〔五二六〕鮮生魚。按《文》爲鱻。〔五二七〕錢昨仙反。一。遷（遷）七然反。二。橏（櫏）桾櫏，木名。煎熟煮。子仙反。〔五二八〕二。湔洗；一曰水名，在蜀玉壘山。又子先反。然如延反。四。燃燒。獙猓獙，獸名，質黑文。〔五二九〕嫐姓。延以然反。〔五三〇〕七。埏墓道。筵席。郔地名，在鄭。綖冠上覆（覆）。蜒蚰蜒。䘰䘰䘰，牛項上衣。饘粥。諸延反。饘同。六。旃（旃）之。旜旜旌。又襢。栴（栴）栴檀，香木。〔五三一〕〔□〕。〔五三二〕鸇晨風，鳥。甄察；一曰克（免）。居延反。又職隣反。〔五三三〕一。邅迍邅。張連反。又直連、治戰二反。三。鱣黃魚。驙馬戴（載）重行難。又徒安反，白馬黑脊。〔五三四〕潺潺湲，水流皃。士連反。一。羶羊臭。式連反。三。埏打瓦。挻柔挻。脠魚醢。丑延反。三。梴木長。鏈鈆朴。又力延反。鋋小矛。市連反。又以然反。六。單單于。蟬。嬋嬋媛，牽。儃態（態）。〔五三五〕禪靜。纏（纏）繞。直連反。〔五三六〕四。躔（躔）日月行。瀍（瀍）水名，在河南。廛（廛）与厘（廛）同。一畝半；〔□〕曰城市內空地。〔五三七〕嘕笑。許延反。四。嫣長好皃。又於建、於遠二反。翾飛。仚輕舉皃。連乃（及）。力延反。〔五三八〕五。聯聯緜，不絕。漣漣漪，風動水。獮獮翻，飛▨（相）及皃。〔五三九〕鰱魚，似鱅。篇芳連反。五。偏不正。翩飛。媥身輕便皃。㾫身枯。便房連反。二。緶縫。綿武連反。五。棉屋聯棉。謾欺。出《漢書》。矊瞳子黑。蝒馬蜩。全聚緣反。〔五四〇〕三。泉。牷（牷）牲全色。宣須緣反。三。揎手撥（發）衣。〔五四一〕愃快。吳人云。鐫（鑴）鑽斵。子泉反。〔五四二〕一。翾（翾）小飛。許緣反。〔五四三〕三。儇知。弲角弓。壖（壖）江河邊地；又廟垣。而緣反。又而充（兖）、奴玩二反。〔□〕。〔五四四〕穿昌緣反。三。川。灥二（三）泉。〔五四五〕沿從流而下。俗沿。与專反。〔五四六〕七。鉛錫。或作鈆。〔五四七〕櫞枸櫞，可作粽。鳶鴟（鴟）。蝝蝗子；一曰蟻子。緣。捐弃。旋還。似宣反。五。檈圓案。璿玉名。漩回淵。又辝選反。琁美石，似玉。娟一曰好皃。於緣反。〔五四八〕三。嬛身輕便。悁悁邑，憂。舩食川反。一。鞭卑連反。四。鯾魚名。編次。又布千、方顯〔□〕反。〔五四九〕篗竹與（輿）。〔五五〇〕涎口液。敘連反。一。詮平。此緣反。十二。痊痊瘳。佺偓佺，仙人。悛改。銓銓衡。駩（駩）白馬黑脣。荃（荃）香草。〔五五一〕筌取魚竹。〔五五二〕絟細布。譔善言。謜言語和悅。〔□□〕。〔五五三〕專職緣反。四。甎亦作塼。顓顓頊。篿《楚辭》『索藑茅（茅）以廷（筳）篿兮』。〔五五四〕遄市延反。四。圌倉。或作篅。輲無輪車。椯木名。負玉（王）權反。〔五五五〕三。圓。湲潺湲。跧（跧）曲卷。瘔（莊）緣反。〔五五六〕一。栓（栓）木釘。山員反。一。鐉所以鉤門樞者。丑專反。二。剶去枝。乹古作乾。渠焉反。六。虔▨（敬）。〔五五七〕揵（犍）揵（犍）爲，郡，在益州。〔五五八〕鰬魚名。鄡聚名，在河東聞喜縣。騝騮馬黃脊。愆罪。去乹反。五。褰褰衣。騫虧少；一曰馬腹縶。又許言反。攐齊魯言袴。又己偃反。攓蹇足根。〔五五九〕攉（權）反常合道。巨員反。〔五六〇〕十二。拳屈手。觠曲角。㹈（狋）狋（狋）氏，縣，在代郡，氏字即盈反。〔五六一〕顴頰骨。婘〔□□〕。〔□〕跧踘，不行。〔五六二〕瘥手屈病。躍曲脊行。牶牛黑耳。又居万反。蠸食瓜菜（葉）蟲。齤齒曲。椽屋椽。直緣反。二。傳又持戀、直戀〔□〕反。〔五六三〕攣攣綴狗。吕員反。〔五六四〕三。蠻南蠻，縣，在鉅鹿。又力丸反。癵癵病。勬強健。居員反。〔五六五〕一。卷小幘。〔五六六〕弮縣名，在滎（滎）陽。去員反。〔五六七〕四。〔五六八〕棬器，似廾（升），屈木爲。鬈鬈（髮）好。新加。〔五六九〕焉於乹反。一。辿緩步。丑連反。一。嬛（嬛）娥眉皃。於權反。〔五七〇〕一。襦襦（繻）衣絨（縫）。又（人）全（全）反。〔五七一〕一。

3 蕭

三蕭草名；又縣名，在沛郡。蘇彫反。〔□〕。〔五七二〕簫簫管。蟰弓弭。瀟水名。飂涼風。蠨蠨蛸，蟲。橚橚槮，樹長皃。祧遠祖廟。吐彫反。五。佻輕佻。挑挑撥。朓月見西方。恌輕薄。貂似鼠。都聊反。〔五七三〕十。髫小兒髮。彫刻。或作雕。刁姓。琱治琢。凋落。鯛魚名。貂短尾狗。鵰鶚鳥別名。蛁蛁蟟，茅中小虫。迢迢遰，徒聊反。十一。條。髫小兒髮。跳躍。鋚緺頭銅飾。鯈似蚍魚翼，現則大旱。蜩大蟬。佻獨行，《詩》云『佻佻公子』。〔五七四〕苕菜。芀葦花。調。驍驍武皃。古堯反。〔五七五〕八。梟鳥名。県到懸首。〔五七六〕澆沃。徼徼幸。又作獥(儌)倖。〔五七七〕 邀遮。 釗弩機；又周康玉(王)名。〔□〕指遥反。〔五七八〕 蟂似虵四足，食人。 聊落蕭反。廿四。 ⿰耳翏耳中聲。 膋腸間脂。 飂風。 撩取物。 遼遠；又水名。 憀無憀賴。 寥空。 寮穿。 料料理。 橑盖骨。 又力道反。 擽擊。 獠周垣。 廖《左氏》辛伯廖；力(又)姓，力救反，廖湛、廖立是。〔五七九〕 僚周(同)官爲僚。 字或作寮。〔五八〇〕 鐐有孔鑪。 䜍空谷。 嶚嶚巢，山皃。 簝宗廟盛肉方竹器。〔五八一〕 篽竹名。 璙玉名。 嫽相戲。 又力弔反，嫽戾，性自是。 漻水清。 鷯鷦鷯，鳥。 堯五聊反。四。 嶢山。〔五八二〕 僥僬(僬)僥，短人。〔五八三〕 垚土高皃。 膮豕美(羹)。 許幺反。〔五八四〕二。 曉聲。 幺小。 於堯反。 一。 鄡鄡陽，縣名，在都(鄱)陽。 苦聊反。〔五八五〕二。 郥縣名，在鉅鹿。

4 宵

四宵夜。 相焦反。 十。 消滅。 霄近天赤色。〔五八六〕 捎摇捎，動。〔五八七〕 逍逍遥。 痟痟渴，病。 綃生絲絹。 又蘇彫反。 銷鑠。〔五八八〕 硝矿硝，藥名。 蛸蟏蛸，虫。 超(超)勑宵反。 二。 怊怊悵。 朝知遥反。 一。 鼂人姓。 直遥反。〔□〕。〔五八九〕 潮潮水；又水名。 囂喧。 許喬反。 七。 枵玄枵，星名。 歊氣。 鼘大磬。 獢猲獢，▨(短)喙。〔五九〇〕 ⿰犭囂犬黄白色。 蘍白芷別名。 蕉柴。 昨焦反。〔五九一〕八。 劁刈草。 僬僬僥，南方短人。 聴(聴)耳中聲。 憔憔悴(悴)。或作顦顇(顇)。 譙國名。 嶕嶕嶢，山。 巢嶚巢，山高皃。 驕馬高六尺。 舉喬反。 六。 嬌女字。 憍矜。 穚禾秀。 簥大管。 鷮似雉而小。 焦火▨(焦)。 即遥反。〔五九二〕九。 蕉芭蕉。 髟兜鍪上毛飾。 膲人之三膲。 鷦鷦鷯，鳥。 椒又子蕭反。 鵻鵻鵬，似鳳，南方神鳥。〔五九三〕 噍嘀噍，鳥聲。 鐎温氣(器)，三足有柄。〔五九四〕 饒如招反。 六。 襓劒衣。 橈檝。 又女校反。〔五九五〕 犪牛馴伏。 又女紹反。〔五九六〕 蟯人腹中虫。 蕘蕘蕘。 燒火燃。 式招反。 一。 遥餘招反。 十八(九)。〔五九七〕 媱美好。 傜傜役。 繇由。 飖飄飖。 歊▨(氣)出皃。〔五九八〕 窰燒瓦竈。 蘨蒲菜(葉)；草名。〔五九九〕 䔄䔄芑，萇楚。〔六〇〇〕 珧玉珧，蜃甲。 鰩魚名，鳥翼能飛。 銚燒器。 又徒弔反。 姚姚娧，美好皃。 摇動。 瑶美石，次玉。 ▨(謡)歌謡。〔六〇一〕 軺軺車名。 又似焦反。 愮憂。 陶。 韶舜樂；一曰美。 市招反。 二。 佋廟佋穆。 或作昭。又市沼反。 昭心(止)遥反。〔六〇二〕五。 鴾鶻鴾，鳥名，〔□〕斑鳩。〔六〇三〕 招呼。 鉊淮南人呼鐮。 釗又古堯反。 飇風。

甫遥反。七。摽舉。或作敷。猋羣犬走。杓北斗柄星。又撫招反。瘭瘭疽，病名。慓(幖)頭上幟。〔六〇四〕熛飛火。鑣馬銜。甫喬反。四。儦行皃。瀌雪皃。穮除田薉。〔六〇五〕瓢瓠。符霄反。二。飄風。〔六〇六〕蜱虫名。無遥反。四。蛸蠶初生。篻竹。藨江東人呼萍。苗武儦反。二。貓獸名，食鼠。又莫交反。腰腰脊。於霄反。七。要又約笑反。〔六〇七〕葽秀葽，草名。𧍢蚰名。䙅䙅襻。〔六〇八〕喓虫聲。邀遮。䳂于驕反。二。鄂鄉名，在清(涓)河(陽)。〔六〇九〕喬木高。巨朝反。七。橋。趫(趫)美(善)走。又去遥反，懸足。〔六一〇〕嶠山鋭而高。又其廟反。僑寄。鐈似鼎，長足。鷮雉。鍫臿。七遥反。三。幧(幓)斂髮謂之幧(幓)頭。〔六一一〕䌭生麻。妖於喬反。三。訞言。祅亦作妖。灾。蹻舉足高。法蹻反。又其略反。〔六一二〕二。繑禹所乘。怊(帊)奢。尺招反。又勑朝反。〔六一三〕二。弨彨(彤)弓弨兮。〔六一四〕漂浮。撫昭反。〔六一五〕十。杓北斗柄。飃(飄)飃(飄)飄，風吹皃。〔六一六〕嫖身輕便。〔六一七〕旚(旚)旌旗動。〔六一八〕犥牛色。〔六一九〕鏢刀劍鞘下飾。僄輕。翲鳥飛。飃飃飅。𦑺(翹)鳥尾。渠遥[□]。〔六二〇〕二。荍草名，荊蔡(葵)。〔六二一〕燎庭火。力昭反。又力照反。一。

5 肴

□肴与餚通。胡茅(茅)反。〔六二二〕十。崤山名，在弘農。又下高反。蔎茅根。殽溷雜。洨水名；又縣名，在沛縣。笅竹索。姣姣婬。猇虎聲；又縣名，在濟南。又吾加反。又直支反。𣐈𣐈桃，梔。爻《易》卦。交古肴反。八。蛟蛟龍。茭乾草。鮫魚名，皮有文，可飾刀劍。鵁鵁鶄。膠。郊邑外。咬鳥聲。巢鳥巢；又居巢，縣，在廬江。鋤肴反。三。轈兵車，若巢以望敵。勦輕捷。又子小反。鐃鐃鼓。女交反。五。呶喧。譊爭。怓心乱。鵃鳭鵃，鳥名。鳭字知交反。梢船上梢木。所交反。十一。捎蒲捎，良馬名；又芟。〔六二三〕髾髮尾。輎兵車。旓旌旗旒。弰弓上。筲飰帚。筲斗筲。鞘鞭鞘。蛸蠨蛸，虫名，喜子。鮹魚名。茅莫交反。四。蝥盤蝥，虫。貓又武儦反。犛(犛)牛名。又力之[□]。〔六二四〕虓虎聲。許交反。七。髇髇箭。藃藃(禾)傷肥。〔六二五〕窙高氣。嗃嗃謈，恚。颵颵風。哮哮闞。包包裹。布交反。□。〔六二六〕胞胞胎。疋(匹)交反。又伯茅反。六。𨚔邑名。脬腹中水府。罞(𦉘)納

(網)。抛抛擲。泡水上浮漚;又扶交反,水名,在陽平。敲擊頭。口交反。五。跤脛骨近足細處。又作骹。膠面不平。或作䩍。㤍㤍伢,伏態皃。磽石地。聱不聽。五交反。又五勞反。二。謷不肖。又五勞[□]。〔六二七〕𦗼耳中聲。側交反。三。罺抄冈(网)。抓搯(掐)。〔六二八〕嘲張交反。三。𧽍𧽍趟,躍,趟字竹盲反。鳭鳭鷯,黃鳥。𧩙代人説。楚交反。三。抄略。又初教反。或作鈔。𢹂𢹂耳(取)。〔六二九〕庖食厨。薄交反。七。咆熊虎聲。匏瓠。炮合毛炙肉;一曰裹物燒。爮(瓟)以(似)瓠,爲飲器。〔六三〇〕麃似鹿。掊手掊。䫜頭凹。於交反。二。𠯑𠯑咋,多聲。𢼛五交反。又苦調反。〔六三一〕一。

6 豪

六豪豪狹(俠)。胡刀反。〔六三二〕五。號(號)哭。又作唬。毫毛。嗥熊虎聲。又作嚁。濠城濠。高古勞反。十二(十三)。〔六三三〕膏脂。羔羊。臯九臯。𨨗(餻)𨨗(餻)糜。〔六三四〕𡼏𡼏峷,古亭。櫜弢;一曰車上大櫜(囊)。〔六三五〕咎咎繇。鼛役事鼓;一曰大鼓,長丈二尺。鶮鶮鷎,鳥名。槹枯(桔)槹。〔六三六〕篙棹竿。麐新加。勞盧刀反。七。澇水名,在京兆。牢養牛馬。簩竹名,一枝百葉(葉),有毒。營野豆。醪酒。撈取。蒿蓬蒿。呼高反。四。撓擾。薨死人里。薅耘。毛莫袍反。四(六)。〔六三七〕髦髮;又髦儁。芼菜。瀌水名。旄旄鉞。犛犛牛。又莫交反。饕(饕)貪。吐高反。十三。洮水名,在安定。韜藏。謟疑。滔水流皃。叨濫。弢弓衣。〔六三八〕䮷馬行皃。㹻牛羊無子。又昌來、充牢二反。逃(逃)牛行。〔六三九〕稻(搯)稻(搯)掐,《周書》云『師乃稻(搯)掐』。掐字烏活反。〔六四〇〕慆悦樂。絛編繩。刀都勞反。五。魛魚名。忉憂心皃。裯襌被。又逐抽反。舠小船。騷蘇遭反。八。搔爬刮。縿繅繭取絲。又七聊反,染色紺;又所銜反,旗垂皃。〔六四一〕臊腥臊。鱢魚名。〔六四二〕慅愁恐狀。溞折(淅)米。〔六四三〕艘船數。袍薄褒反。一。褒博毛反。〔六四四〕一。陶徒刀反。十三。詾多言。咷號咷。桃。綯似帳;又草繩。燾覆燾。逃。鼗鼓。掏搯出。濤大波。檮檮杌。騊騊駼,似馬。萄蒲萄。或作陶。糟作曹反。四。遭遇。𤎒火餘木。槽果華實相半。敖俗作遨,非,然行之已久,亦可通。五勞反。十三。翱翱翔。聱不聽。又五交反。謷不省語。又五交反。〔六四五〕驁駿馬。獒犬。熬煎。嶅山多小石。滶水名。鷔鳥,白身赤口。鼇海中大鱉也。螯蟹屬。

薂繁継(縷)，蔓生細草。〔六四六〕 爊(熝)埋灰火令熟。於刀反。〔六四七〕二。 鑣(鏕)同(銅)瓫。〔六四八〕 曹昨勞反。七。 槽。 螬蠐螬。 嘈喧(喧)。〔六四九〕 鏁鐵剗折。 褿祭豕生(先)。〔六五〇〕 艚舡艚。 猱猴。奴刀反。三。 獶多毛犬。 巙山名。 尻臀。苦勞反。 [□]。〔六五一〕 操持。七刀反。又千到反。二。 懆(幧)所以理髮。又七搖反。〔六五二〕

7 歌

七歌或單作，[□]並樂。古娥反。〔六五三〕七。 柯枝。 哿女師。 㚥法。 菏澤名，在山陽。 戕所以繫舟；牂戕，郡名。或作牁。 渮多汁。 和胡過反。四。 咊棺頭。 禾。 龢諧合。或作和。 過古和反。五。 渦水名，在淮陽。 戈匀(句)子(孑)戟。〔六五四〕 鍋温器。 輠車盛膏器。 鸁魚身鳥翼。落過反。十。 摞理。 騾騾馬。或作驘(贏)。〔六五五〕 螺水虫。或作蠃。 蠃木名，堪▨(作)爲箭笴。〔六五六〕 蘿(蘿)草名，生水中。〔六五七〕 蠃穀積。或作稞。 鑹銼鑹(鑹)，小釜。或作罱。〔六五八〕 覼覼縷，委曲。 腡手裏文。 莎草名。蘇禾反。七。〔六五九〕 魦魚名。 莏挼莏。 䃎䃎題，縣名，在涿郡。〔六六〇〕 趖趖病。 蓑可以爲雨衣，与莎別。〔六六一〕 梭織梭。 痤痤癤。昨和反。三。 矬短。 銼小釜。 訛謬。五和反。三。 鈋鈋角。 囮網(網)鳥者媒。 科科段。苦和反。七。 窠窠窟。 薖草名。 稞青稞。 ▨(麥)。〔六六二〕 ▨(萪)萪藤，生海邊，莱(葉)肋(肕)，可爲篋。〔六六三〕 蝌蝌斗，蟲。 牠牛無角。 倭東海中女王国。烏和反。二。 過水迴。 蹉跌。七何反。四。 瑳玉名(色)。〔六六四〕 搓搓碎。 磋治象牙。 多得何反。一。 娑溹(婆)娑。素何反。〔六六五〕三。 抄摩抄。 傞舞不止。 婆薄波反。三。 鄱鄱陽，郡名。 皤曰(白)頭白(皃)。或作皤。〔六六六〕 摩研。莫波反。石(五)。〔六六七〕 麼尼。 魔鬼。 䃺㾊(偏)病。〔六六八〕 磨磨挼，此是研；從手者是手摩，多脱錯。 駞駱駞。徒何反。〔六六九〕八。 鼉鼉類。又徒寒反。 𣮳𣮳負。 紽絲縷(數)。又式支(支)反。〔六七〇〕 鮀魚名。〔六七一〕 陁。〔六七二〕 沲滂沲。〔六七三〕 羓似羊，四耳九足(尾)。〔六七四〕 醝白酒。作(昨)何反。〔六七五〕八。 嵯殘蕆田。 瘥病。 酇縣名，在沛郡。 瘥小疫；病。〔六七六〕 鹺鹹別名。 嵯嵯峨。 蒫薺實。 莪草名，似蔛蒿。五哥反。八。 哦吟。〔六七七〕 娥美好。 峨嵳峨。 鵞鵞鴨。 蛾蚕蛾。 俄俄頃。 𩓐齊。 他託何反。三。 拖曳。 痑馬病；又力極，他單反。 羅盧何反。三。 蘿蘿葛。 籮籮篩。 郍(那)何；又朝郱，縣，在安定。諸何反。五。䑅獸名。挪（挪）搓挪。犗似牛，白尾。儺逐疫。何胡歌反。四。河。苛。苛煩政。訶責。虎何乂（反）。或作呵。〔六七八〕二。㖶傾頭。波博河反。四。皤老人色白皃。又薄何反。紴錦類；又絛屬。嶓嶓冢，山名，在隴西。頗滂河反。二。坡坂。珂苦何反。二。軻又苦賀反。阿烏何反。三。婀婀娿，不決。娿字烏含反。痾病。〔六七九〕詑欺。吐何反。二。沱水名，在西河。挼挼莎。奴和反。一。牠牛無角。徒和反。一。鞾鞾鞋。無反語。一。𠊅小堆。丁弋（戈）反。〔六八〇〕一。伽無反語。噱之平聲。一。

8 麻

八麻莫霞反。三。𦬹𦬹牛。蟇蝦蟇。車昌遮反。二。硨硨磲，寶石。奢奢侈。式車反。二。賒不交。邪琅邪，郡名。以遮反。六。釾鏌釾。斜衺（衺）中谷名。又似嗟反。〔六八一〕梛木名，在交州。箏竹名，生臨海。擨（擨）擨歈，舉手相弄，歈字以朱反。〔六八二〕遮斷。止奢反。二。奓吴人呼父。嗟子邪反。二。〔六八三〕罝冈（网）。虵毒虫。食遮反。案《文》作蛇。一。華户化（花）反。〔六八四〕五。驊驊騮，周穆王馬。䳸鳥名，似雉。〔□□□，□□。〕〔六八五〕鏵鏵鍫。又作鋘（鋘）。〔六八六〕爪（瓜）古華反。〔六八七〕四。騧馬名。〔□□□〕。〔六八八〕蝸蝸牛，小螺。花呼爪（瓜）反。〔□〕。〔六八九〕譁諠。誇大言。苦爪（瓜）反。二。舿舿䑩，以體予（柔）人。〔六九〇〕拏牽。女加反。三。詉譇詉，語不正，譇字張家反。〔六九一〕挐絲絮相牽。又女余反。嘉古牙反。十五。家。加。葭葭蘆。笳笳簫，卷蘆棻（葉）吹。麚鹿。豭土（牡）豕。〔六九二〕痂瘡痂。駕鴐鵞。枷枷鎖；又連枷，杙（打）穀▨（具）。〔六九三〕袈袈裟。𥻘米中黑虫。茄荷莖。迦釋迦。珈婦人首飾。遐遠。胡加反。九。蝦水中虫；又蝦蟇。鍜鋜鍜。霞赤氣。瑕玉病。騢馬色。鰕大鯢。蝦脚下。頢傾頢，言語不莭（節）。葩草花白。普巴反。一。鴉烏別名。烏加反。三。鋜鋜鍜。窊窊窊，作姿態，窊字宅加反。巴伯加反。五。鈀兵車。笆有刺竹。豝豕。芭芭蕉。叉交。初牙反。一。砂砂石。竹（所）加反。〔六九四〕六。鯊魚名。裟袈裟。桬木名，在崑崙。紗紗綃；一曰盧（纑）。〔六九五〕沙沙大（汏）。〔六九六〕牙五加反。四。衙縣名，在馮翊；一曰衙府。芽萌芽。齖齖齵，齒不止（正）。〔六九七〕樝似梨而醋。側加反。四。楂芹，楚葵，生水中。

䖒（齇）䖒（齇）鼻。〔六九八〕䖒以指按。〔六九九〕宊宊宊。宅加反。五。躇躇跱，行難皃。荼苦菜。又度麻反。〔七〇〇〕鄌亭名，在郚陽。樣春藏草菜（葉），可爲飲，西南人曰葭荼（樣）。〔七〇一〕窊（衺）不正。或作斜。似嗟反。〔七〇二〕一。蒩蒩蒿。闍闉闍，城上重門。視奢反。又德胡反。一。窊凹。烏爪（瓜）反。〔七〇三〕二。洼深。又於佳反。髽婦人喪冠。庄華反。［□］。〔七〇四〕撾打。陟爪（瓜）反。〔七〇五〕一。爬搔。或作把。蒲巴反。三。琶樂器。杷枇杷。楂水中木。或作槎。鋤加反。二。齇齇牙。侘侘傺，失志皃。勑加反。一。奓張。陟加反。三。謯謯謯，語不止（正）。〔七〇六〕觰角廣。〔七〇七〕煆火氣猛。許加反。又呼嫁反。二。呀啥呀。啥字呼含反。𪘂齾。容（客）加反。〔七〇八〕一。

9 覃

九覃徒含反。十三（二）。〔七〇九〕鄿鄿城，在潭（濟）南。〔七一〇〕潭深水。曇雲布。藫水衣，或作薄。橝木名，灰可染。蟫衣中皃（白）魚。〔七一一〕譚大。驔驂驔，趂皃。燂大（火）熱。〔七一二〕墰甒屬。〔七一三〕糫糫粽（糝）。〔七一四〕叅（參）倉含反。〔七一五〕四。驂驂駕。毿（毶）毿驔。傪好皃。〔七一六〕南郍含反。三。男。枏水（木）枏。〔七一七〕諳記憶。烏含反。六。鷂（鷂）鷂鶉。馣香。〔七一八〕媕（媕）媕婴，不決。〔七一九〕庵小草舍。腤煮魚、肉。含胡男反。六。涵涵泳。篋竹名。梒梒桃，櫻桃。阾（硷）排囊柄。〔七二〇〕鋡鎧別名。婪貪。或作惏。盧含反。四。爦烏色。嵐地名。葻草得風皃。貪貪婪。他含反。二。探取。簪作含反。又側岑反。三。篸所以篸衣。又作憾反。〔七二一〕䐶腤（腤）䐶。〔七二二〕蠶昨含反。二。撏取。䑙丁含反。五。眈視近而志遠。妉妉樂。耽耽耳。酖酖酒。龕塔；一曰龍皃。口含反。五。戡殺。頷醜皃。堪任。戡戡剪。峆大谷。火含反。三。酓面紅。〔七二三〕䤰小香。毿毛長。蘇含反。一。弇（弇）古南反。後漢有耿弇（弇）。又郍含反。〔七二四〕三。鼢鼢鼠。淦水入船。又古暗反。或省作洤。

10 談

十談徒甘反。六。郯國名，在東海。惔憂。錟長鉟。淡水皃。又徒濫反。痰胷上水病。甘古三反。五。笘笘竹。柑橘。苷苷草，藥名。泔米瀋。擔（擔）擔負。都甘反。三。儋（儋）人名，《漢書》田儋。〔七二五〕瞻（瞻）瞻耳，國名。三蘇甘反。二。衫衣破。藍染草。盧甘反。六。鬑鬑髮疎皃。〔七二六〕襤襤縷。擥持。籃籠屬。濫爪

(瓜)葅。〔七二七〕坩坩甋(甒)，苦[□]反。甋(甒)字無甫反。〔七二八〕一。舑吐舌。他酣反。〔七二九〕三。聃耳漫無輪，老子名。坍水衝岸壞。慙昨甘反。二。鏨鑿。酣酣飲。胡▨(甘)反。〔七三〇〕三。甝白虎。𧍧菜菜(葉)上虫。〔七三一〕姏老女稱。武酣反。一。蚶蚌屬，出會稽。火談反。三(二)。〔七三二〕憨癡。𩈣長面。作三反。〔七三三〕一。

11 陽

十一陽与章反。十三。暘▨(日)出暘谷。按《文》▨(作)㫰。〔七三四〕煬釋金。錫兵名。揚舉。楊木。禓道上祭；一曰道神。又舒羊反。昜飛也；曲昜，縣，在交阯。羊。瘍頭瘡。蛘虫名。徉儴(儴)徉，徙倚。〔七三五〕𩋾馬頭(額)曰𩋾。〔七三六〕詳審，似羊反。又詳狂，以章反。五。翔。洋水流皃。祥。庠養老宮。良呂張反。十。梁。涼(涼)。粱粱米。蜋蛘蜋；螳蜋(蜋)。〔七三七〕颹北風。又力向反。量。粮人(食)粮。〔七三八〕踉跳踉。輬輼輬，車。香許良反。三。薌穀氣。鄉。商書羊反。九。賫賫賈。〔七三九〕殤死。傷。蔏蔏陸。觴酒器。禓道上祭。鷸鷸庚，鳥。塲耕塲。房苻方反。〔七四〇〕三。防。魴魚。章諸良□。□。〔七四一〕漳水名，在鄴。樟豫樟。璋半圭。彰彰明。墇。麞。鄣▨(邑)▨(名)，在紀。〔七四二〕慞懼。昌處良反。五。裮衣被不帶。倡優。猖猖狂。閶閶闔，門。羌發語端。去良反。三。蜣蜣蜋。羌西戎。薑菜名。居良反。十。▨(犅)牛長脊；一曰白脊牛。〔七四三〕韁馬組。壃壃界。殭死不枯(朽)。〔七四四〕礓礓石。橿[□]名檍，万年木；一曰鉏橿。〔七四五〕姜。𧓍蚕白死。僵僵仆。又巨羊反。長直良反。五。萇▨(萇)▨(楚)。似桃，蔓生。按《文》『羊桃』。〔七四六〕䠆䠆跪。腸腹腸。塲祭神處；又治穀處。張陟良反。三。餦餦餭，餳。粻食米。穰禾莖。汝陽反。九。穰(攘)以于(手)禦。又而亮反。〔七四七〕𨞰▨(縣)名，在南陽。〔七四八〕躟疾行。瀼露濃白(皃)。〔七四九〕蘘蘘荷。禳除殃祭。勷劻勷，迫皃。獽戎屬。方府良反。八。坊。肪肪脂。蚄虸蚄。〔七五〇〕邡十(什)仿(邡)，▨(縣)，在廣漢。〔七五一〕鴋鶭鴋，鳥。枋木名；又屬(蜀)以木偃魚爲枋。〔七五二〕鈁鑊屬。襄息良反。九。相。廂廂廊。湘水名，在零(零)陵。箱竹器。緗淺黃。儴儴徉。纕馬▨(腹)帶。《圓(國)器(語)》『懷挾纓纕』。〔七五三〕驤馬騰(騰)躍。〔七五四〕將即良反。五。漿。〔七五五〕鱂鱋鱂，魚名。蔣菰

蔣。醬寒醬。瘡痍。楚良反。一。亡武方反。十。望看。又武訪反。朢弦朢。忘又武放反。莣草［□。□□］
端。〔七五六〕鋩刃端。硭硭硝。宗屋梁。邙縣名，在沛郡；一曰洛北邙山。孃女良反。二。瓤爪（瓜）少（内）實。又如
羊反。〔七五七〕床簀。古作牀。士庄（莊）反。一。庄按《文》作莊。側羊反。三。粧（糚）粧粉。裝治。又側亮反。常
時羊反。六。裳。甞。尚又時亮反。鋿車輪繞鐵。鯧魚名。霜所良反。四。孀寡婦。驦馬。鸘鳥。牆垣牆。
疾良反。五。嬙婦官。檣舡上柱。薔薔薇。戕他國臣來殺君。鏘鏗鏘。七將反。七。瑲玉聲。搶拒。蹌和鳴蹌
蹌。又病（疾）羊反。〔七五八〕蹡行皃。斨斧斨。鶬鳥名。〔七五九〕匡（匡）去王反〔七六〇〕八。筐籠。蛀海中大蝦。邼邑
名。框棺，《禮記》曰『土（士）不虞框』。〔七六一〕洭水名，在始興。恇怯（怯）。〔七六二〕劻劻勷，迫皃。王雨方反。一。央
於良反。六。鴦鴛▨（鴦）。又烏郎反。〔七六三〕殃。鉠鈴聲。秧秧稻。又於丈反。泱水流皃。強巨良反。四。僵横
身。又己羊反。鱷鯨魚別名。彊弓有力。薑草名。褚羊反。三。倀失道▨（皃），出《礼記》。〔七六四〕鼚鼓聲。芳敷方
反。二。妨害。狂病。渠王反。［□］。〔七六五〕軖紡絲車。

12 唐

十一唐徒郎反。十五。煻煻煨火。煨字烏回反。糖飴；又糉糖。堂。鼱鼱鼠，一日三易腸。〔七六六〕棠。搪搪揬，
觸。蓎蓎蒙，女蘿。瑭玉。餹餹餅，黍膏。餅字杜嵇反。篖篣篖，竹［□］。〔七六七〕犝犝牛。螳螳蜋。塘陂。蝳蝳蝐。
郎魯當反。廿。稂似莠。桹桄榔（桹），句桹，並木名。〔七六八〕廊步廊。榔檳榔。鋃鋃鐺，鎖頭；一曰鐘聲。硠硠磕。
鶶鶶鷞，鳥。浪滄浪。又盧宕反。䡙䡘䡙，股肉。䡘字苦光反。蜋螳蜋。鯛魚脂。琅琅玕，石，似玉。㝗㝗（㝗）㝗，
空皃。狼狼虎。欴欴欶，貪皃。〔七六九〕莨莨毒，藥名。踉踉蹡。莨童梁。〔七七〇〕崀峻崀，山，冬日所入。當都郎反。
六。鐺鋃鐺。簹竹名。襠裲襠。璫珠。檔車檔。倉七崗反。四。蒼。鶬鳥名。滄。剛（剛）強。古郎
反。〔七七一〕九。崗（崗）。掆（掆）舉。笐樂器，以竹爲之，有弦。鋼（鋼）鋼（鋼）鐵。綱（綱）綱（綱）紀。亢星
名；一曰亢父，縣名。犅（犅）。堈（堈）甖。桑息郎反。二。桒（桒）亡。〔七七二〕康苦崗（崗）反。四。糠米皮。

歀瞉不升謂之歀。〔七七三〕 㡆㡆宦。 荒呼光反。四。 肓心上鬲。〔七七四〕 衁血。 穅䔷䕯不熟。 黃胡光反。廿一。 皇。璜璧。 遑㤂(急)。 惶悚。 潢積水。 堭堂。 煌火狀。 餭餦餭，餳。 蝗虫。又胡盲、户孟二反。 騜馬色。 艎艅艎，吴舡。 簧笙簧。 隍城隍。 癀病。 鄭古國名。 徨徬徨。 湟水名，在安定。 鱑。 篁□▨(篁)。〔七七五〕 葟草木盛。 洸(光)古皇反。〔七七六〕七。 洸水名。又烏光反。 垙陌。 桄桄榔，木。 胱膀胱。 輄車下横木。 横長安門名。 湯吐郎反。三。 鏜鼓聲。 簜水名，在鄰。 滂滂[□]。▨(普)郎反。〔七七七〕三。 鎊削。 雱雱霈。 汪烏光反。三。 䳺雉鳴。 尪弱。 鴦鴛鴦。烏郎反。二。 佒體不申。 炕煮肱。呼郎反。二。 㰠欱㰠。 航(航)舡。胡郎反。〔七七八〕九。 筕筕篖，竹[□]。〔七七九〕 桁械。 行位。〔七八〇〕 迒獸迹。 頏頡(頡)頏。〔七八一〕 魧魚名。又古郎反。 胻脛。 邟餘邟，縣名，在吴興。 茫滄茫。莫郎反。六。 盳目不明。〔七八二〕 汒谷名。 恾怖。〔七八三〕 萠遽。 吂不知。 臧則郎反。三。 牂牂牁。 贓贓貨。 囊袋。奴當反。一。 傍步光反。五。 彷彷徨。 膀膀胱。 蹡踉蹡，㤂(急)行。 趽脚脛曲。 卬高。□崗(崗)▨(反)。〔七八四〕五。 䭰千里馬。 枊係馬柱，劉備縛督郵者。又五浪反。 昂舉。 茚昌蒲草。 藏昨郎反。一。 骯骯骨(骯)。苦光反。〔七八五〕一。

13 庚

十三庚古行反。六。 鶊鶬鶊。 更又古孟反。〔七八六〕 𨒟兄(兔)徑。〔七八七〕 秔(秔)稻。或作粳。〔七八八〕 羹。 坑(坑)坎。或作硎。客行反。〔七八九〕一。 盲武庚反。六。 蝱虫。 鄳縣名，在江夏。 䁅䁅盯，直視。 莔貝母。 盟(盟)縣名，在義昌。 横胡盲反。十。 黌學。 蝗虫。又尸(户)光反。〔七九〇〕 鐄大鐮。 瑝玉聲。 喤泣聲。 䫴颶䫴，風兒。〔七九一〕 潢方舟；一曰荊州人呼渡津舫爲潢。 鍠鐘聲。 𥚃祊𥚃，祭名。 閍宮中門；一曰巷門。甫盲反。〔七九二〕二。 祊廟門傍祭。 諻語聲。虎横反。一。 觥(觵)兕角爲酒器。古横反。一。 彭薄庚反。九。 澎地名。 膨膨[□，□□。□□] 蟛，似蟹而小。〔七九三〕 鬡鬡鬤，髮亂。鬤字乃庚反。 棚棚閣。又步崩反。 搒笞打。又甫孟反，引舡。 祊祊𥚃，祭。 榜輔。 脝膨脝。許庚反。二。 亨通。 瞠(瞠)直視。丑庚反。〔七九四〕二。 撐撐撥。 鎗鎗鼎。楚庚反。二。 搶(槍)欃搶(槍)，妖星。〔七九五〕 傖傖林(楚)。助庚反。〔七九六〕三。 衡角長兒。 䰿(鬇)䰿鬤，髮亂兒。〔七九七〕 霙雨雪雜。於驚反。六。鈌鈴聲。䪾六䪾，高陽氏樂名。渶水名，出青丘山。英英俊。又於香反，稻初生移英。瑛玉名。〔七九八〕磅小石落聲。蕪(撫)庚反。〔七九九〕四。怦滿。亨煮。又許兩反。〔八〇〇〕軯使。〔八〇一〕平符兵反。四。評評量。苹蒆；一曰蒲白。枰碁局。驚九卿反。四。京(京)。荊。麖獸名。明武兵反。又作明。〔八〇二〕四。盟約。䳟鷦䳟，似風(鳳)。〔八〇三〕鳴。棖門傍木。直庚反。四。振觸。盯䁝盯。澄水清。趟趙趟，跳躍。竹盲反。趙字聚交反。一。榮[□□□。]四。[□]祭名。〔八〇四〕蠑蠑蚖，蚚(蜥)蜴別名。〔八〇五〕瑩玉色，《詩》云『琉耳秀瑩』。又烏定反。兵甫榮反。〔八〇六〕一。卿去京反。一。兄許榮反。〔八〇七〕一。生所京反。六。笙。牲。猩猩猩，獸名。鉎鐵鉎。甥。擎舉。渠□□。□。〔八〇八〕勍強力。鯨魚名。黥墨刑。檠所以正弓。摬鑿柄。葝山薤。頏頸。迎語京反。一。行户庚反。又户孟反。六。衡。筕筕篖，竹笪。珩佩□玉。〔八〇九〕蘅杜蘅。䑺熟肉。鬤乃庚反。二。㲰犬多毛。

14 耕

十四耕黎(犁)。古莖反。〔八一〇〕一。鏗鏗鏘。口莖反。五。䡰車鞭(鞕)。〔八一一〕鵛鶋渠鳥。誙《庄(莊)子》曰『誙誙如』。牼牛骨，宋有司空牼。〔八一二〕甍(甍)屋棟。莫耕反。〔八一三〕五。筦(䈍)竹。〔八一四〕萌萌牙。氓民。嫇嫈嫇。宏大。户氓反。八。紘冠卷。〔八一五〕紭冈(网)綱(綱)。〔八一六〕閎巷門。嶸崢嶸。谹谷中響；一曰谷名。耾耳語。翃虫飛。莖草木幹。▨(户)耕反。〔八一七〕二。誙樂名。朾伐木聲。中莖反。二。玎玎玲，玉。〔八一八〕罌瓦器。或作▨(罃)；又甖。烏莖反。〔八一九〕七。嚶鳥聲。鶯鳥羽文。櫻含桃。嫈嫈嫇，新婦皃。又乙諍反，裯幃；心嫈。〔八二〇〕鸚鸚鴞。〔八二一〕譻小聲。崢崢嶸，山峻。士耕反。三。䈦□▨(䈦)，草乱。〔八二二〕鬇鬇鬡，毛髮乱。琤玉聲。楚莖反。二。錚金聲。儜困。女耕反。四。薴䔘薴。𧬈譻𧬈，小聲。鬡鬇鬡。怦心急。普耕反。六。姘齊与女交罰金四兩曰姘。閛門扉聲。𤙖牛色駮如星。抨撣。砰□磕，如雷。〔八二三〕轟車聲。呼宏反。五。䎕羣鳥弄翅。〔八二四〕揈擊聲。訇言響。渹(潂)水名(石)聲。〔八二五〕綳束兒衣，《墨子》曰『葛以綳之』。甫萌反。二。絣振繩墨。橙柚屬。直耕反。三。橕(撐)撞。〔八二六〕湞水，出南海。泓水深。烏宏反。三。謍謍譻。弦室響。輣兵車。扶萌反。二。棚棚棧。

又薄崩反。婬身長皃，漢武帝夫人名婬娥。五莖反。〔□〕。〔八二七〕爭側莖反。四。箏。綒縈綒。猙獸名，似豹。

15 清

十五清七精反。二。圊厠。情疾盈反。三。晴。請又在性、七井二反。精子情反。九。氏狋氏，縣名。菁蕪菁。旌旌旗。鶄鵁鶄，鳥。蜻蜻蛪，虫。晶光。鼱鼱鼩，小鼠。婧竦立。又慈性反。盈以成反。八。嬴姓。嬴美好皃。瀛大海。籯籯籠。贏財長。楹柱。猛似猿，黄色。〔八二八〕營余傾反。三。鎣采鐵（鐵）。塋墓域。嬰嬰兒。於盈反。三。瓔瓔□。〔八二九〕纓冠□。〔八三〇〕貞陟盈□。□。〔八三一〕▨（楨）女楨陵，□□。〔八三二〕禎▨（祥）。〔八三三〕▨（郎）地名。又直▨▨（貞反）。〔八三四〕檉〔八三五〕

（中缺）

□□□□。三。〔八三六〕▨（栟）栟櫚，木名。〔八三七〕箳箳箵（篂），車轓。〔八三八〕傾▨（去）榮□。□。〔八三九〕▨（煢）▨（獨）；一曰迴飛。〔八四〇〕瞏驚視。惸無兄弟。撓愽撓子，一曰投。〔八四一〕嬛好。蔓□□，□□。□□□□。□□□。□。〔八四二〕▨（垶）□土。〔八四三〕觲角弓。頸項。臣（巨）成反。又居郢反。〔八四四〕三。鯨魚名。葝鼠尾草。

16 青

十六青倉經反。一。經古靈反。〔八四五〕二。涇水名。形户經反。八。刑法。邢地名，在鄭。桯床前長机。鉶祭器。型鑄鐵（鐵）。陘連山中絶。〔八四六〕侀成。庭特丁反。〔八四七〕十一。停。鼮似鼠，豹文。莛莖。葶歷（藶）。〔八四八〕筳竹筳。亭。聤目（耳）出汁。〔八四九〕霆雷霆。挺縣名，在膠東。楟木名。丁當經反。二。釘。馨呼刑反。二。䏌（䏌）語尔聲。〔八五〇〕星桒經反。八。腥豕息肉。又克（先）定反。〔八五一〕胜犬膏臭。鯹魚鯹。猩稀。醒醒酒。又息定反。鉎鐵鉎。又所庚反。箵箳箵，別駕車。〔八五二〕竮竛竮，行不止（正）。或作俜（俜）。普丁反。〔八五三〕二。甹（甹）甹夆，製（掣）曳。〔八五四〕霝（靈）神霝。郎丁反。廿八。柃柃檻，階際闌。舲舟有窓。齡齡年。囹囹圄。零零落。䨩䨩羊。鴒鶺鴒，鳥名。笭竹名。蛉螟蛉，小青虫。又作蠕。鈴似鍾（鐘）而小。〔八五五〕醽淥酒。〔八五六〕苓茯苓。 𥕐窓𥕐。 伶樂人。 泠清泠水。 瓴瓴甋；一曰似罌有耳。 玲玉聲。 䣢地名，在湘東。 又力鼎反。 鐳似瓴（瓶）有耳。〔八五七〕 䨩瘦。 聆以耳▨（取）聲。〔八五八〕 竛竛竮，行不止（正）。〔八五九〕 鼢鼩（鼱）鼢，鼠。〔八六〇〕 䕸菜名，似葵，可茹。 笭笭青，小籠。〔八六一〕 軨。 鶺鶺鳥。 寧奴丁反。 二。 寍按《文》『安』。 新加。 汀水際平。 ▨（他）丁反。 ▨（七）。〔八六二〕 □。 □□□。〔八六三〕 綎絲綬帶綎。 亦作䩠。 聽（聽）。 廳屋。 町田處。 又徒頂反。 鯖魚青色，頭有枕骨。 於刑反。〔八六四〕 一。 冥暗。 莫經反。 九。 榠榠樝。〔八六五〕 銘。 鄍晉邑。 溟□▨（濛）。〔八六六〕 顛眉目間。 螟螟蛉。 猽小豘。 蓂蓂英（莢），瑞草。〔八六七〕 瓶汲水器。 薄經反。 十一。 蛢以翼鳴虫。 鼣鼠子。 屛屛風。 又▨（必）郢反。〔八六八〕 蓱蓱翳，雨師名。 竮▨（竹）。〔八六九〕 ▨（軿）輜軿，車。〔八七〇〕 萍水上浮萍。 或作蓱。 竮竮（竛）竮。〔八七一〕 蓱（蓱）馬帚草，似蓍。〔八七二〕 郱郱城，在東莞。 熒光。 胡丁反。 四。 褮衣開孔。 螢虫。 滎小水。 扃户外閉▨（關）。 古螢反。〔八七三〕 六。 駉俊（駿）馬。〔八七四〕 駫馬肥。 坰郊外林外。〔八七五〕 熲光。 又古鼎反。 鼩鼩鼢，鼠。

17 尤

十七九雨求反。 七。 枕木名。 按《説文》九無點。 𦚰縣名，在東萊。 疣疣結，病。 沈水名，在高密。 郵境上舍。 訧過。 憂於求反。 十。 優優倡。 麀麀鹿。 𨗨𨗨遊。 櫌朾（打）塊槌。 瀀瀀渥。 鄾邑名，在鄧。 幽微小。 怮含怒不言。 嚘畋（欧）嚘，歎。〔八七六〕 劉力求又（反）。〔八七七〕 十八。 留。 蕾蕾荑，藥名。 勠并力，《左傳》『勠力同心』。 又力逐反。〔八七八〕 摎縛殺，秦有摎毒（毐），毒（毐）字哀亥反。〔八七九〕 鶹鶹離，鳥，少美長魍（醜）。 駵馬白腹。 騮驊騮，周穆王馬。 飂田不耕而火種。 䊁粰䊁，饊。 流。 旒旒旗。〔八八〇〕 飀高風。 瘤肉起病。 榴。 鎏（鎏）美金。〔八八一〕 瑠瑠璃。 鼦食竹根鼠。 又力欠（久）反。〔八八二〕 秋七遊反。 六。 鞧車鞧。 鶖鶖鶖。 鰍魚名。 萩蕭，似蒿。 楸木名。 猷以周反。 廿。 悠遠。 油。 由。 猶。 攸所。 蕕水中細草。 浟水流皃。 遊。 逌古字，与攸同。 㢏（㢏）撤㢏，手相弄。〔八八三〕 冘（冘）冘（冘）豫，不［□］。〔八八四〕 遊行。 輶輕車。 又易受、易授二反。 繇草盛。 秞禾盛。 蚰蚰蜒。 蝣蜉蝣。 櫾木名，出崑崙山。 莸董（薰）莸。〔八八五〕 牛語求反。 一。 遒盡。 即由反。 又字秋反。 四。 鮂烏化爲魚。 項上有細骨如鳥毛。瞅耳鳴。蝤蝤蛑，似蟹而大，生海邊。酋長。字秋反。二。煪傲。脩補（脯）。息流反。〔八八六〕四。
羞。滫（修）治。餈餈饙。饙字甫文反。抽勑鳩反。三。惆惆悵。瘳病差。犨白色牛。赤周反。一。周職鳩
反。六。州。洲洲渚。賙賙贍。喌▨（呼）雞聲。〔八八七〕舟。讎疋（匹）。市流反。四。酬酬酢。或作醻。詶以言
荅。又之又反。雔雙鳥。柔耳由反。七。㽥良田。鍒柔鐵。騥馬青驪。葇香柔（菜）。〔八八八〕鞣柔皮。蹂踐穀。
收式周反。一。丘去求反。三。蓲烏蓲，草名。又央富反。〔八八九〕蚯蚯蚓，虫。飆風吹皃。疋（匹）九反。〔八九〇〕二。
秠一穀二米。又芳鄙反。啾子由反。一。鳩居求反。三。艽秦艽，藥。或作樛。［□］居由反。〔八九一〕牞（劬）大
力。〔八九二〕不甫鳩反。又甫救、甫反（友）二反。〔八九三〕一。捘索。俗作搜。所鳩反。十。餿飰壞。颼颼飀，風皃。溲
小便。鎪鎪馬皃。〔八九四〕廋《論語》『人焉廋哉』。蒐春畋。鱐乾魚。郰北方国。螋蛷螋，虫。掫手掫。楚九反。二。
篘篘酒。或作醔。鄒地名。側鳩反。三（五）。〔八九五〕騶廐御；一曰騶虞。齱齱齵，齒偏。陬鄉名；一曰隅。緅青赤
色。愁士求反。一。休許九反。三。貅貔貅。鵂鵂鶹，鳥。惆戾。去愁反。〔八九六〕一。囚似由反。二。泅孚
（浮）。〔八九七〕儔直由□。□□。〔八九八〕▨（躊）躊▨（躇）。〔八九九〕幬帳。〔九〇〇〕裯單被。〔九〇一〕疇田疇。紬紬綾。綢綢
繆。稠穊。薵薵藸，菸。〔九〇二〕檮木名。籌筭。鯈魚子。𠷎（咢）▨（咨）。〔九〇三〕▨（輈）□□。□□□。
□。〔九〇四〕□盩厔，縣，在扶風。〔九〇五〕啁啁噍，鳥聲。譸譸張。裘按《文》『求』無點。巨鳩反。十二。求。銶鑿屬。
仇。厹地名，在臨淮。頄頯。蛷蛷螋。〔九〇六〕逑逑疋（匹）。球玉磬。賕賕財。〔九〇七〕艽地名，《詩》云『至於艽野』。
鼽《月令》曰『民多鼽嚏』。按《文》『病寒鼻塞』。浮薄謀反。十七。呼吹氣。又拂謀反。捊（桴）齊人云屋棟。〔九〇八〕
抱（枹）鼓槌。筟竹有文。罦車上網（網）。琈玉名。涪水名，在巴而（西）。〔九〇九〕粰粰梳。䳕䳕鳩。罘罝。䱐
魚名。烰火氣。裒。鋢鋢鏂。芣芣苢（苢）。〔九一〇〕蜉蚍。〔九一一〕謀莫侯反。〔九一二〕十二。雺天氣降，地氣不應。又莫
貢反。眸目瞳子。牟牛聲。侔等。矛戈。鍪兜鍪。麰麰麥。鮇魚名。堥堆堥，小壠。蝥食穀虫。蛑蝤

蚌，似蟹。

18侯 十八侯胡溝（溝）反。十二。猴猨。鶔鳥羽。喉咽喉。篌箜篌。帿射張布。傾傾顡（顒），言大。〔九一三〕鍭大箭。

鯸鯸鮐，魚名。餱乾食。糇粮。銗鏂銗，所以鉗頭（頸）。〔九一四〕謳烏侯反。八。褔小兒延（涎）衣。〔九一五〕鏂鉗鏂，

丁；又鏂銗。甌器。膒久脂。鷗水鳥。藲刺榆。歐歐陽，姓。羺（羺）胡羊。女溝（溝）反。三。䨲（䨲）兔子。

獳（獳）犬怒。樓落侯反。〔九一六〕十五。婁星名。〔九一七〕耬種具。髏髑髏。摟探取。膢祭名。又力亐（于）反。𤬏

𤬏𤬏，壺盧別名。廔麗廔，綺窓。剅小穿。〔九一八〕嘍嘍唳，鳥聲。瞜視皃。㺏土㺏，似羊。螻螻蛄。簍籠。慺慺心。

涑浣。速侯反。一。彄弓褔（彄）。烙（恪）侯反。〔九一九〕六。褔（摳）褔（摳）衣。〔九二〇〕剾斫裏。又乙侯反。〔九二一〕韝

射韝。㖃指㖃。滱水名，在北地。又口侯反。齁齁鮐，鼻息。呼侯反。一。〔九二二〕緅麻幹。子侯反。一。偷託侯反。

四。鍮鍮石。媮女巧黠；又苟且。緰紫。〔九二三〕頭度侯反。三。𠟩剾𠟩，足蘍（筋）。〔九二四〕投擲。䶏齱䶏。五侯反。

一。鉤古侯反。十四。㓡鐮。句句龍。溝（溝）。褠（褠）單衣。〔九二五〕▨（韝）□□。〔九二六〕緱緱氏，縣；又刀劍

頭纏絲。篝（篝）籠。筍桃枝竹。鼅鼅鼊，似黿。〔九二七〕㗕（㗕）唱㗕。𤬪𤬪𤬏。冓（冓）數名，十秭（秭）曰

冓。〔九二八〕䑦䑦䑨，舡名。兜兜鍪，當侯反。〔九二九〕五。侸佔侸，垂下皃。吺輕出言。篼食馬籠。脰（脰）脰（脰）眵，

目汁凝。〔九三〇〕剅細斲。徂鉤反。一。

19幽 十九幽於虯反。三。泑澤名，在崑崙山下。呦鹿鳴。虯虯龍。渠幽反。又居幽反。四。觩觩（匕）名（曲）。〔九三一〕

璆玉名。觓角爵皃。彪虎文。甫休反。〔九三二〕三。髟髮垂。又所銜反。驫馬走。樛木下垂。居虯反。一。鏐紫磨

金。力幽反。〔九三三〕一。滮水流。扶彪反。一。犙牛三歲。山幽反。〔九三四〕一。𩣡（聱）𩣡（聱）耴，魚鳥狀。語虯

反。〔九三五〕一。飍風。香幽反。又風幽反。一。休（烋）許彪反。〔九三六〕一。繆綢繆。武彪反。又靡幼反。一。稵禾

生名。子幽反。一。〔九三七〕

20侵 廿侵漸進。七林反。二。駸馬行。尋徐林反。七。鐔劍鼻。又餘針、徒南二反。〔九三八〕潯傍深。鱏魚名。又餘針

反。橝木名。鄩古姓。隟小堆崲。〔九三九〕林力尋反。八。琳玉名。淋以水流（沃）。〔九四〇〕痳病。臨。箖竹名。
▨（瀶）▭□▨（枝）長。又□金反。〔九四一〕彤舡行。綝善。郴縣名，在桂陽。睬睬責（賷）。〔九四二〕斟斟酌。職
深反。八。針案《文》作鍼。▭□□▨（鄩），□□。〔九四三〕箴規誡。葴酸將草。〔九四四〕沉（沈）除深反。四。犺
（牨）水牛。芫（芜）草名。霃（霃）久陰。碪擣衣石。［□］林反。〔九四五〕一。諶▭〔九四六〕▨（鴆）鳥
名。〔九四七〕恁信。壬。深式針反。二。蒁蒲蒻。滛（淫）久雨。餘針反。〔九四八〕七。▨（婬）婬□。〔九四九〕▭
▭□息林反。二。〔九五〇〕杺車鉤心（杺）。〔九五一〕愔靖。於淫反。〔九五二〕一。浸日傍氣。姊心□；又子禁反。〔九五三〕
三。▭〔九五四〕▨（梣）木□。〔九五五〕▨（誑）誑諏，喉聲。□□□。□。〔九五六〕▭〔九五七〕
（中缺）

21 鹽

□□□▭〔九五八〕▨（簷）□□。〔九五九〕▨（廉）▨（力）□反。〔九六〇〕十。簾□簾。〔九六一〕鐮刀鐮。䨨久雨。
㡘帨㡘。〔九六二〕薕薕薑。蘞白蘞，藥。奩盛香器。磏礪。獫犬長喙；又虛檢反，獫狁。砭以石刾病。府廉反。
［□］。〔九六三〕⿱艹韱（籤）七廉反。〔九六四〕六。臉臉臛。鹼水和鹽。槧削板。又才敢反。憸憸詖。僉咸。詹（詹）詹
有（省）。職廉反。〔九六五〕四。占視兆。瞻（瞻）視。〔九六六〕蟾（蟾）蟾蠩，蝦蟆。銛銛利。息廉反。〔九六七〕八。暹人
名。枯木名。綅白經黑緯。韱似韭而細，出五原。襳小襦（襦）。纖細。思疾利口，《尚書》曰『相時思民』。新加。
棎菓，似柰而酸。視詹反。一。苫草覆。失廉反。二。痁病。又都念反。韂（韂）屏。處詹反。六。姑姑姼，輕薄
皃。幨（幨）帷。襜（襜）襜褕，蔽膝（膝）。〔九六八〕裧衣動皃。⿸疒冉皮剝。髯頷毛。汝鹽反。五。呥噍皃。蚦虵名。
枏梅。⿰言冉多言。粘粘麴。女廉反。〔九六九〕一。炎炎熱。于廉反。又餘念反。一。霑霑濕。張廉反。二。沾沾預
（預）字。〔九七〇〕覘闚視。丑廉反。〔九七一〕一。淹英廉反。三。菴菴䕡。崦崦嵫。⿰忄咸⿰忄咸⿰忄奇，意▨（不）女（安）。〔九七二〕丘
廉反。一。䶑齒差。語廉反。一。尖子廉反。六。熸（熸）火滅。殲盡。瀸泉水出。〔九七三〕鑯鑯嘬，不廉。嘬字子

俱反。〔九七四〕 幟帒。 潛作(昨)鹽反。〔九七五〕五。 晳縣名，出吴興。 鬵(鬵)甑。 箈漂絮箐(簀)。〔九七六〕 灊縣名，在廬江。 箝鏁頭。或作鉗。巨淹反。五。 柃絹柃。 鉆持鑯。 黚淺黑；又黚陽，縣，在武陽(陵)。〔九七七〕 拑持。 猒安。於鹽反。三。 猒飽。 嬱和静。〔九七八〕 燖徐廉反。湯瀹肉。或作燂。一(二)。〔九七九〕 薟山菜。〔九八〇〕

22 添

廿二添益。 ▨▨(他兼)反。□。〔九八一〕 髺髺髮。丁廉(兼)反。〔九八二〕四。 䎎耳小垂。 䀡目垂。又丁念反。 敁稱量。 甜甘。 徒(徒)廉(兼)反。〔九八三〕四。 恬靖。 湉水靖。 菾菜名。 鬑鬑髮疎。 勒簾(兼)反。〔九八四〕二。 濂薄。 ▨(兼)古恬反。〔九八五〕六。 縑絹。 鶼比翼鳥。 糠青稻白米。 蒹荻未秀。 罣網(網)。〔九八六〕 嫌心不平。 户兼反。二。 稴稻不黏。 鲇魚名。 奴兼反。二。 拈指取物。 馦香氣。 許兼反。一。 謙苦兼反。一。

23 蒸

廿三蒸(蒸)衆。語(諸)膺反。〔九八七〕二。 烝冬祭；又熱氣上。〔九八八〕 丞次；一曰奉。 署陵反。〔九八九〕二。 丞佐。 澄清。直陵反。三。 憕平。又竹萌反。 懲戒。 陵力膺反。七。 淩歷；又水名。 凌氷。 蔆芰。 倰憐。 鯪魚名。 綾綾綿(錦)。〔九九〇〕 膺胷。於陵反。三。 應當。 鷹鳥名。 凴凴託。 扶氷反。二。 凭依几。 氷氷凍。 筆凌反。〔九九一〕。二。 棚盛箭器。又薄登反，棧閣。〔九九二〕 繩索。 食凌反。〔九九三〕七。 譝稱。 鱦魚名。 乘駕。 澠水名，在齊。 溗波前後相凌(淩)。〔九九四〕 塍畦。 蠅虫。 余陵反。一。 升十合。 識丞反。四。 陞登。 勝任。又書證反。又作務。 昇日上。 仍如丞反。一。 兢居陵反。二。 矜慜。〔九九五〕 徵召。 陟陵反。二。 癥腹病。 繒帛。 疾陵反。〔九九六〕五。 鄫(鄫)国名，在瑯瑘。〔九九七〕 驓馬名。 橧豕所寝(寑)。〔九九八〕 竲高皃。 凝水結。 魚陵反。一。 稱和(知)輕重。 處陵反。 ▨▨▨(稱)▨，從禾；又作此爯、秤，同。〔九九九〕二。 偁宣揚義事。〔一〇〇〇〕 殑殑殑，欲死狀。 其矜反。二。 蕂根可緣竹器。〔一〇〇一〕 僜醉行皃。 丑升反。一。 興起。 按《文》作興。 虚陵反。一。

24 登

廿四登都滕反。〔一〇〇二〕六。 璒石，似玉。 燈燈火。 簦長柄笠。 㲪毾㲪。 豋金豋，草。 楞(楞)四方木。字或作稜。 盧登反。〔一〇〇三〕三。 輘車聲。 倰長皃。 僧蘓曾反。一。 崩北滕反。一。 增作滕反。七。 憎惡。 曾又昨稜反。

矰弋(弋)躲矢。罾魚網(網)。磳山皃。熷蜀人取生肉竹中炙。瞢目不明。武登反。一。層重屋。昨稜反。又作滕反。一。朋步崩反。四。堋射堋。鵬大鳥。棚棚閣。又薄庚、筆陵二反。弘胡肱反。二。莖藤莖,胡麻。肱古弘反。一。薨呼弘反。一。能奴登反。又奴代、奴來二反。〔一〇〇四〕一。滕國名。徒登反。七。騰躍。縢行縢。螣囊,可帶香。〔一〇〇五〕螣螣虵,或食禾虫。〔一〇〇六〕藤藤莖;又草名。謄移書。恒胡登反。二。峘峘山,北岳山名。栢(揯)急(急)。《淮南子》曰『大絃栢(揯)則小絶』。古恒反。〔一〇〇七〕二。縆□索。〔一〇〇八〕

25 咸

廿五咸皆。胡讒反。五。鹹不淡。字或作醎。凾(函)凾谷,關名;又凾書。䮊䮊驢,縣名。諴至咸(誠)感神。〔一〇〇九〕緘緘封。古咸反。〔一〇一〇〕四。瑊美石,次玉。䌠慳怯。〔一〇一一〕趝趝尬,行不止(正)。〔一〇一二〕攕女手皃。所咸反。三。櫼木名。縿旌旗旒。猎犬吠。乙咸反。又乙陷反。一。嵒嶃嵒,山高;又地名。五咸反。四。䫡長面皃。又丘檻反。揻山名(羊)。〔一〇一三〕黬釜底黑。欦笑皃。許咸反。三。蝛以(似)蛤,出海中。妗喜皃。詀詀諵,語聲,竹咸反。又尺▨(涉)反,詀讘,耳語。〔一〇一四〕一。諵詀諵。女咸反。一。讒士咸反。又士銜反。六。獑獑猢。鏨鏨鑿。饞不廉。毚狡兔。又士銜反。巉高鼻皃。鵮(鵮)▨(鳥)鵮(鵮)物。或作㪟。苦咸反。〔一〇一五〕一。

26 銜

廿六銜户監反。一。巉險。鋤銜反。六。嶃嶃嵒。劖刺。艬合木舡。鑱犁鐵,吴人云。又士懺反。獑獑猢,獸名。又七(士)咸反。〔一〇一六〕巖五銜反。一。攙(欃)攙(欃)搶(槍),妖星。楚銜反。又初咸反。〔一〇一七〕一。衫衫衣。所銜反。六。纔帛青色。又昨來反。彡毛長。▨(髟)□□。〔一〇一八〕縿旗旒。〔一〇一九〕芟伐草。監古銜反。又古懺[□]。〔一〇二〇〕三。鑑鑑明(諸),以取月水。〔一〇二一〕礛礛礹,青礪。

27 嚴

廿七嚴毅。語𩈣反。二。䕾(𥷂)射翳。〔一〇二二〕二。𩈣胡被。虚嚴反。〔一〇二三〕二。杴杴鑁。古作檶。〔一〇二四〕醃鹽漬魚。於嚴反。一。𢦤𢦤欿,不齊。丘嚴反。又丘凡反。〔一〇二五〕一。

28 凡

廿八凡常。苻芝反。二。帆舡上帆。又扶汎反。芝草浮水上皃。疋(匹)凡反。一。

切韻卷第三上聲五十一韻

一董多動　二腫之隴　三講(講)古項　四紙諸氏
五旨職雉　六止諸市　七尾(尾)無匪　八語魚舉
九麌麌(虞)矩[一〇二六]　十姥莫補　十一薺徂礼　十二蟹鞋買
十三駭諧揩(楷)　十四賄呼猥　十五海呼改　十六軫之忍
十七吻武粉　十八隱於謹　十九阮虞遠[一〇二七]　廿混胡本
廿一佷痕墾　廿二旱河滿[一〇二八]　廿三潸[□□][一〇二九]　廿四産所簡[一〇三〇]
廿五銑蘇顯　廿六獮息淺　廿七篠蘇鳥　廿八小私兆
廿九巧苦絞　卅晧胡老　卅一哿古我　卅二馬莫下
卅三感古禫　卅四敢古覽　卅五養餘兩　卅六蕩堂朗
▨(卅)七梗古杏　卅八耿古幸　卅九静疾郢　卌迥户鼎
卌一有云久　卌二厚胡口　卌三黝於糺　卌四寑七稔
卌五琰以冉　卌六忝他玷　卌七拯無反語，取蒸上[一〇三一]　卌八等多肯
卌九豏下斬　五十檻胡黤　五十一范無反[□]，取凡之上聲[一〇三二]

1 **董**

一董多動反。二。[一〇三三] 啾(蝀)螮蝀謂之虹。[一〇三四] **蠓**蠛蠓，虫。莫孔反。[一〇三五]二。 鸏水鳥。 **孔**康董反。一。 **敵**搏擊。先揔反。一。 **侗**直，一曰長大。他孔反。三。 桐(桶)木桐(桶)。[一〇三六] 曈曈曨，欲曙。 **揔**作孔反。六。

樅巃樅，山白（皃）。〔一〇三七〕傱衆立。〔一〇三八〕髮髮角。菶菶。緫聚束。澒水銀滓。胡孔反。一。蓊蓊鬱。阿孔反。四。滃大水皃。嗡氣盛皃。勜（㢙）勜𧡶，多。又於容反。〔一〇三九〕琫佩刀飾。方孔反。三。菶草盛。䋽（䋽）小兒履。〔一〇四〇〕曨曈。力董反。〔一〇四一〕五。襱袴。又直隴反。巃巃樅。竉孔竉。籠竹器。又盧紅反。動徒揔反。四。酮酒壞。侗項直皃。眮瞋目。𧡶奴動反。又女容反。一。

2 腫

二腫病。之隴反。四。種又之用反。踵足後。鍾相跡。寵寵愛。丑隴反。一。隴大阪。力奉反。二。壟丘壟。擁手擁。於隴反。二。壅壅堨。又於龍反。宂（宂）宂散。又作冗。而隴反。又以久反。四。㝉不肖；一曰傝㝉，劣，或作搑茸。〔一〇四二〕䩸稻稍。氄鳥毛。重直隴反。又直龍、直用二反。三。襱又力董反。鮦魚名。又直柳反。冢大。知隴反。二。塚墓。奉扶隴反。一。捧敷隴反。一。勇餘隴反。八。甬草花欲發。涌涌泉。踴跳。溶水皃。又餘封反。蛹老蠶。搈搖。俑栢人。〔一〇四三〕恐墟隴反。一。尰足病腫。時宂反。一。拱手抱。居悚反。九。栱《迯（疋）》云『樹（檝）大者』。〔一〇四四〕拲兩手共械。砉水邊石。鞏以皮束物；又縣名，在河南。蛬蟋蟀。珙璧。又巨恭反。拜兩手。〔一〇四五〕舉（㒶）姓。〔一〇四六〕悚怖。息拱反。六。竦敬，《國語》『竦善抑惡』。聳高。縙絆前足。〔一〇四七〕㩳執（埶）。〔一〇四八〕洶洶溶，水激勢。許拱反。又許容反。〔一〇四九〕

3 講

三講古項反。四。港水流。耩（耩）耩地。傋（傋）傋儶。棒（棒）打。或作捧（棒）。步項反。〔一〇五〇〕四。玤周邑地名。棓大杖。蚌蛤。或作蜯。㦎很戾。烏項反。一。項胡講反。〔一〇五一〕二。缿受錢器。傋傋儶，不媚皃。武項反。〔□〕。〔一〇五二〕鳩鳩鶝。

4 紙

四紙与帋同。諸氏反。〔一〇五三〕八。只。坻隴坂。又都礼反。軹縣名，在河內；軹道，王子嬰降處。枳。咫咫尺。抵抵掌。汦水名，出拘扶山。拘字舉隅反。〔一〇五四〕是丞（承）紙反。〔一〇五五〕三。氏。媞江淮間呼母。靡文彼反。一。彼彼此。甫委反。二。碑（髀）相分解。〔一〇五六〕被被衾。皮彼反。又皮義反。二。罷遣有罪；又平陂、薄解反。毀許委反。二。燬火。委於詭反。三。骫(骪)骨曲。〔一〇五七〕𠙗(𡰴)鷙鳥食吐毛。〔一〇五八〕跪拜。去委反。〔一〇五九〕二。硊(𡏅)刖一足。〔一〇六〇〕詭詐。居委反。八。垝垝垣。攱抁(抗)。又九僞反。〔一〇六一〕𨥖戾鋸齒。觤獸角不齊皃。恑變。蛫蟹。祪毀廟之祖。髓息委反。三。嶲越嶲，郡。䨱靃靡，草弱皃。累力委反。二。樏似盤，中有隔。技(技)藝。渠綺反。或作伎(伎)。三。妓(妓)女樂。徛立。倚依。於綺反。三。椅椅柅。猗猗狔，從風皃。掎牽一脚。居綺反。三。剞曲力(刀)。庋(庋)食閣。綺綾。墟彼反。四。婍皃好。碕碕礒。跂(跂)行皃。蟻蚍蜉。魚倚反。五。錡三足鼎；一曰蘭錡，兵藏。又其宜、奇綺二反。礒碕礒，石巖皃。齮齧。檥整舟向岸。又作艤。蔿姓。爲委反。六。鄬地名。蘤花。𤸷口咼。闟闢。薳。䇑即委反。或作䇑。〔一〇六二〕一。蘂而髓反。一。此俗作此。雌氏反。五。跐蹈。玼色鮮。佌舞皃。泚水清。又千礼反。豸蟲豸。池尔反。四。陊山崩。褫奪(奪)衣。〔一〇六三〕䊢黏。徙斯氏反。二。璽印。酏酏酒。移尔反。七。迆邐迆。迤(匜)杯迤(匜)。〔一〇六四〕袘中衣袖。〔一〇六五〕胣引腸，《莊子》曰『長洪胣』。〔一〇六六〕崺峛崺，沙丘狀。〔□□。□□□□〕。〔一〇六七〕邐邐迆。力氏反。二。峛峛崺。躧躧步。所綺反。六。纚韜髮者。灑灑掃。〔一〇六八〕屣履不▨(躡)〔□〕。〔一〇六九〕矖(矖)視。或作覼。〔一〇七〇〕簁羅。〔一〇七一〕俾使。卑婢反。六。鞞刀鞞。箄竹器。稗黍屬。髀髀股。崥山足。爾爾汝。或作尒。皃氏反。〔一〇七二〕二。邇近。或作迩。渳渳水。民婢反。五。弭弓末。瀰水流皃。芈(羋)羊鳴；一曰楚姓。〔一〇七三〕敉。侈奢。尺氏反。四。眵䬳。姼姑姼，輕薄皃。姑字叱涉反。〔一〇七四〕誃《疋》『斯、誃，離也』。婢便俾反。二。庳下。或作埤。弛式氏反。〔一〇七五〕二。豕豬。紫茲尔反。五。訿訿毀。或呰。呰又市而反。〔一〇七六〕茈生薑。泚水名，▨▨(在長)沙。〔一〇七七〕棰(捶)擊。之累反。〔一〇七八〕二。箠筞(策)。𤢜牸肫。隨婢反。〔一〇七九〕一。揣度。初委反。又丁果反。一。舓舌取物。倉(食)氏反。或作舓(舓)。〔一〇八〇〕二。狏獸名，似狐，現則兵起。輢車輢。於綺反。〔一〇八一〕一。破被(披)析。匹靡反。〔一〇八二〕一。諀諀訾。𨑨(匹)婢反。三。疕瘡上甲。庀具。又𨑨

(匹)几反。葰雞頭。羊捶反。二。⿱艹陏花(草)木花初出。〔一〇八三〕惢疑。▨(才)捶反。〔一〇八四〕一。跬舉一足。去弭反。二。頍弁皃。〔一〇八五〕狔猗狔，從風皃。女氏反。二。抳(柅)掎(椅)抳(柅)。〔一〇八六〕硊磈硊，石。魚毀反。二。頠閑習。又五罪反。趡踉趡。或作跪。求累反。踉字直良反。一。

5 旨

五百(旨)美。職雉反。五。〔一〇八七〕指手。恉意。砥砥礪。厎平。〔一〇八八〕視承旨反。一。美(美)無鄙反。二。⿱敏牛獸，似牛。鄙方美反。一。兕古作兕。按《文》『如野牛而青』。徐姊反。四。羠犍羊。薙燒草。又直履、他計二反。芵蒿。几几杖。居履反。四。机木。麂獸名。屼女屼，山，弱水所出。姉(姊)將几反。〔一〇八九〕二。秭(秭)万億。〔一〇九〇〕匕匕匙。卑履反。六。妣又甫至反。秕穅秕。比又婢四、房之(脂)、扶必三反。〔一〇九一〕⿰礻比以豚(豚)祀司命。〔一〇九二〕沘水名，出廬江灊縣，入⿱艹万(芍)陂，今謂之渒水。〔一〇九三〕軌居(居)洧反。六。簋簠簋，方器。晷(晷)日。〔一〇九四〕厬(厬)厬泉。或作⿰氵軌。宄內盜。匭包匭。〔一〇九五〕洧水名，在鄭。榮美反。四。鮪魚名。痏瘡。⿱艹鮪黃白。〔一〇九六〕夭(矢)陳。式視反。〔一〇九七〕三。笶箭。屎。死息姉(姊)反。一。雉直几反。二。滍水名，在魯陽。牝扶履反。又毗忍反。一。履力几反。一。水式宂(宄)反。〔一〇九八〕一。壘塹。力宄反。八。礧磈礧。猚狖。或作蜼。鸓飛生鳥名，飛且乳。藟葛藟。櫐藤。誄□作讄。〔一〇九九〕耒田器。又虛(盧)猥反。〔一一〇〇〕揆蔡(葵)癸反。〔一一〇一〕二。楑水(木)名。〔一一〇二〕趡千水反。〔一一〇三〕二。踓蹩。柅絡絲柎。女履反。《易》曰『金柎(柅)』。[□]。〔一一〇四〕癸居誄反。一。否塞。符鄙反。又方久反。五。痞腹內結病。或[□]痞。〔一一〇五〕圮岸毀。仳離。又芳匕反。又房脂反，仳倠，醜女。殍草木枯落。⿱山非⿱山累⿱山非。徂累反。一。嚭大。迗(匹)鄙反。〔一一〇六〕一。蕊草木實莭生。如蘂反。一。唯諾。以▨(水)反。四(五)。〔一一〇七〕蓶似馬韭(韭)而黃，可食。〔一一〇八〕鮨(鮪)蟹子。〔一一〇九〕壝垺(埒)。又以隹反。〔一一一〇〕濻魚盛皃。歖歖[□]，驢鳴。於几反。〔一一一一〕一。濢(濢)汁漬。遵誄反。三。噿鳥噿。嶉山皃，《甘泉賦》曰『波詭摧嶉而成觀』。巋羌軌反。又丘追反。一。薾(黹)鍼縷所紩，《礼》有『薾(黹)冕』。

眡几反。〔一一一二〕一。**䏁**（䏁）蠶就寬。絺履反。〔一一一三〕一。**跽**長跽。暨几反。一。

6 止

六止諸市反。八。畤祭地。又時止反。洔小渚。或作沚。茝香草。又昌待反。趾足。址基。阯交阯，郡。庢（底）庢柱。〔一一一四〕**市**時止反。二。恃依。**徵**陟里反，宮徵。又陟陵反，召。一。**喜**喜欣。虚里反。一。**以**古作目。羊止反。三。已。苡薏苡；芣苡。**似**詳理反。六。祀年；一曰祭祀。姒夏姓；一曰娣姒。巳辰巳。耜耒耜。汜江有汜；又水名，在河南城皋縣，一曰潁川襄城縣，一曰在榮（滎）陽中牟縣，流入河。又符巖、敷劒反。〔一一一五〕**紀**經紀。居似反。二。己身。**史**踈士反。三。使又踈事反。駛香之美者。**耳**而止反。三。洱水名，出罷谷山。又而志反。駬騄耳，周穆王馬。**里**良士反。九。裏。理。鯉魚名。李。㾖病。娌妯娌。俚南人，蠻屬。郢亭名，在西鄂；一曰邑名。**始**詩止反。一。**枲**麻。胥里反。五。葸竹篋（篋）；一曰怠（葸）。〔一一一六〕葈胡葈。〔一一一七〕葸質慤皃。諰言且思之。**峙**直里反。五。痔病。跱躇跱，行難進皃。〔一一一八〕庤諸（儲）置舍。〔一一一九〕偫看所望而往。**起**墟里反。五。杞木名；又苟杞。屺山無草木。玘佩玉。芑白粱（粱）粟。**士**鋤里反。三。仕。柹木名。**俟**待。漦史反。二。涘水岸。**子**即里反。四。虸虸蚄，虫。耔檋（擁）苗。〔一一二〇〕梓木名。或杍。**矣**于紀反。一。**擬**度。魚紀反。三。儗僭（僭）。薿草盛皃。又魚力反。**齒**昌里反。〔一一二一〕一。**恥**勑里反。二。祉福。**剩**割聲。初紀反。〔一一二二〕一。**滓**側李反。四。茡草。或作莘。笫版（板）；又牀。側几反。〔一一二三〕胏脯，《易》曰『食乾胏』。

7 尾

七尾俗作尾。無匪反。三。亹又作斖。美皃。〔一一二四〕浘水流皃。**豈**氣豨反。二。豈菜。**扆**户牖間。依豈反。〔一一二五〕五。悠痛。偯哭餘聲。扆藏。僾僾豨（俙），見不了皃。〔一一二六〕**蟣**蟣虱（蝨）。居豨反。四。幾幾何。又既希反。機禾機。鬾鬼俗。案《淮南》傳曰：『吴人曰鬼，越人曰鬾。』**斐**文。妃尾反。四。朏月。悱口悱悱。菲薄。**匪**非尾反。五。棐輔。篚竹器。餥餱；〔□〕曰相請食。〔一一二七〕榧木名，子可食。**韙**是。韋鬼反。九。愇恨。煒火。暐暐曄（曄）。〔一一二八〕瑋玉。偉大。葦蘆。楎木名，可屈爲器。韡盛皃。**鬼**居偉反。一。**虺**虫虺。許偉反。

二。焜齊人云火。顓靖。魚豈反。一。狶楚人呼睹。希豈反。三。俙僾俙。豨豨鼻。又虛几反。磈磈硊，石出皃。
於鬼反。〔一一二九〕一。膭臛多汁。浮鬼反。一。

8 語

八語魚舉反。八。蘌苑。〔一一三〇〕圉養馬人。敔柷敔。圄令(囹)圄。〔一一三一〕衙行皃，《楚辝》『導飛廉之衙衙』。又五
加反，衙府。齬齟齬。禦禁。呂力舉反。九。旅師旅。挔(祣)祭。亦羇挔。〔一一三二〕膂脊膂。簇筥器。穭自生。
梠梮端木。儢(慮)心不力。〔一一三三〕侶伴。佇或作竚。除呂反。五。苧草。紵布。〔一一三四〕杼機杼。羜五月生羔。
與余莒反。四。歟歎。与賜。予又与諸反。煑諸与反。三。陼丘。渚沚。汝知(如)與反。〔一一三五〕五。肱魚不
鮮。茹又而恕反，飯。瓬(瓬)乾菜。〔一一三六〕𥪡楚人呼寐。〔一一三七〕暑舒莒反。五。鼠。黍。蠡蠡蝜，虫。癙《迈
(疋)》云『病』。杵昌与反。二。𪘂(處)又作處。〔一一三八〕貯居。丁呂反。四。杼楮衣。褚裝衣。衧弊衣。諝智。
私呂反。四。稰熟穫。醑籭酒。湑露皃。女尼与反。二。籹粔籹。楮木。丑呂反。二。褚姓。許虛呂反。一。
巨其呂反。十一。拒。秬黑黍。〔一一三九〕距雞爪。炬炬炬(火)。〔一一四〇〕篪枸篪。又作虡。粔粔籹。〔一一四一〕鉅澤
名；又鉅鹿，郡名。苣藕，麻麻。藕字書證反。〔一一四二〕駏駏驉。蘧苦蘧，菜名。所踈舉反。案《文》户斤爲正。又所。
二。稰祭神米。又先呂反。或作糈。楚初舉反。三。礎柱下石。齼齒齼。或作齭。阻側呂反。二。俎俎豆。齟
齟齬。鋤呂反。二。怚憍怚。咀咀嚼。慈呂反。二。沮止。又七余反。淤(捈)擊。於許反。〔一一四三〕一。舉居許
反。四。莒草名；一曰國名。欅木名。筥筐。敍徐呂反。七。序述。漵水浦。緒次。抒渫水。嶼海中洲。鱮
魚名。去羌舉反。又丘據〔□〕。〔一一四四〕二。麩麥粥汁。野田。俗作埜(墅)。署與反。又與者反。〔一一四五〕一。紓緩。
神與反。又式余反。二。杼《莊子》『徂(狙)公賦杼』。〔一一四六〕皻皺皻，皮裂。七与反。〔□〕。〔一一四七〕苴履中草。子与
反。又子余反。〔一一四八〕一。

9 麌

九麌牝鹿。虞巨(矩)反。〔一一四九〕二。俁大。羽于矩反。十二。禹。雨水。宇。瑀玉。栩栩栩，縣名，在馮翊。

祋字都會反。栩栩陽，地名。鄅国名，在瑯瑘。㼌孔子頭反㼌。楀水（木）。〔一一五〇〕萬萬餘粮，藥名。寓屋。〔一一五一〕聚慈庾反。一。甫方主反。九。脯乾脯。斧斤。俯仰。〔一一五二〕府官府。黼（黼）白黑文，如斧。〔一一五三〕簠簠簋。又甫于反。蜅小蟹。莆蓮莆，堯時瑞〔□〕。蓮字山輒反。〔一一五四〕武無主反。十一。舞歌。又儛。〔一一五五〕嫵嫵媚。侮欺。䍢惪（窻）中冈（网）。〔一一五六〕憮失意皃。字或作僬。又荒烏反。廡堂下。珷玉名。甒甖。或作珷。潕水名，在南陽。鵡鸚鵡。父扶雨反。六。輔毗。〔一一五七〕䩉頬䩉。腐心。〔一一五八〕釜竈。䳇䳇䳇，越鳥。撫安。字（孚）武反。〔一一五九〕七。俌輔。弣弓把中。拊拍。殕食上生白。綒綒綿。㥆愛也；足。〔一一六〇〕柱直主反。一。詡詡和。况羽反。三。㕽殷冠。㚅漢高后字娥㚅。豎殊主反。二。裋襲布襦。庾倉。以主反。八。瘐囚以飢寒死，《漢》曰囚『瘐死獄中』。〔一一六一〕窳器病。貐獸名，似嫗（貙）龍首，能食又（人）。〔一一六二〕瘉病。〔一一六三〕楰鼠梓，似山楸而黑。㼌本不勝末。愈若勝。〔一一六四〕主之庾反。四。麈鹿屬。枓㪷衣（水）器。又作斗。〔一一六五〕宔廟宔。傴不申。於武反。一。齲齒病。軀主反。或作蝺。一。黈黈點。智主反。二。拄從傍指。乳而主反。二。醹（醹）厚酒。寠貧無礼。其縷反。一。數所矩反。一。矩或作榘。俱羽反。五。踽獨行。椇枳椇。枸木名，出蜀。蒟蒟醬，出蜀。又求于、俱付二反。取七庾反。一。縷縷絲。力主反。六。䝏䝏䝏，縣名，在交趾。䝏字落戈（千）反。〔一一六六〕僂傴僂。褸襤褸。簍小筐。嶁岣嶁，衡山別名。

10 姥

十姥老母。莫補反。三。莽宿草。又摸朗反。蟒鈷蟒，燒器。又摸朗反。土地（他）古反。〔一一六七〕四。吐。稌稻。又他胡反。芏似莧（莞），生海邊。〔一一六八〕杜棠樹。徒古反。三。敳塞。肚腹肚。又當古反。魯郎古反。十。櫓城上守禦。滷鹹滷。虜掠。擄摇動。艣進舟。樐彭排。〔一一六九〕鐪釜屬。蓾草名。鹵鹵薄（簿）。〔一一七〇〕睹見。俗作覩。當古反。〔□〕。〔一一七一〕睹詁曰（旦）欲明。〔一一七二〕肚腹。又徒古反。賭戲賭。又作䁗。堵垣堵。古姑户反。十四。皷（鼓）動。〔一一七三〕皷鍾。〔一一七四〕瞽無目。股髀。罟冈（网）。又古胡反。〔一一七五〕蠱蠱。估市稅。鹽河東鹽。鈷鈷蟒。羖羖羱，羊。詁詁訓。牯牡牛。賈賣。蘆草死。采古反。一。五吾古反。四。午日中。旿明。

伍囮。簿簿藉(籍)。裴古反。〔一一七六〕一。粗徂古反。二。麆大。祖則古反。三。珇珪上起。組組綬。虎呼古
反。案《文》『山獸之君,足似人足』,故足下安人,此几是即古人字,音人。四。琥發兵符,爲琥(虎)文。〔一一七七〕戽渫舟中
水。滸水岸。又作汻。塢村塢。烏古反。三。鄔縣名,在太原。瑦石,似玉。苦康杜反。二。筈竹。怒奴古反。
三。弩弓。砮石,可作矢。又乃胡反。〔一一七八〕户胡古反。十三(二)。〔一一七九〕楛楛矢。扈跋扈。怙恃。鄠縣名,在
扶風。帍巾。祜福。昈文彩狀。嶇山卑而大。岵山多草木。鳸鳥名。苄地黃。普滂古反。三。溥大。与普同。
浦汊。補博户反。三。譜。圃又博故反。

11 薺

十一薺菜。徂禮反。二。鮆(鮆)魚名,飯(飲)不食。〔一一八〇〕禮古作礼。盧啓反。七。簋竹名。蠡蠡吾,縣名,在
涿郡;亦越有范蠡。〔一一八一〕艬小舡。澧水名,在武陵。醴醴酒。鱧魚名。體他礼反。三。醍醍酒。又徒嵇反。涕
目汁。頍傾頭。疋(匹)米反。一。濟水名。或作泲。子礼反。又子計反。〔一一八二〕三。霽手搦酒。癠生而不
長。〔一一八三〕邸邸店。都礼反。七。底下;一曰止。詆詆詞(訶)。〔一一八四〕聜耳聵(聵)。〔一一八五〕坻隴坂。又支氏反。
牴角觸。抵擲。禰祖禰。又作祢。乃礼反。四。嬭[illegible](楚)人呼母。〔一一八六〕闟智少力劣。苨薺苨。弟徒礼反。
五。悌愷悌。娣娣似(姒)。〔一一八七〕遞更代。俗作递。又亭細反。㼵小瓫。洗洗浴。或洒。先礼〔□〕;又蘇顯
反。〔一一八八〕一。洮水流清。千礼反。又此氏反。二。緀帛文。啓康礼反。六。綮戟支;一曰戟衣。棨兵欄
(欄)。〔一一八九〕䭲首至地。卟卜問。稽稽首。傒有所望。胡礼反。〔一一九〇〕▨(三)。〔一一九一〕謑耻辱。篹▨▨(所以)
安重舡者。〔一一九二〕米莫礼反。四。眯物入目。絑繡文如聚米。洣水名,在茶陵。陛階陛。傍礼反。三。梐梐枑,行
馬。髀髀服(股)。又卑婢反。〔一一九三〕吟可;尔。□弟反。〔一一九四〕一。怟(低)《[illegible](疋)》怟(低)愛。徒啓
反。〔一一九五〕一。

12 蟹

十二蟹水虫。[illegible](鞵)買反。〔一一九六〕五。解曉。又佳買、佳賣〔□〕反。〔一一九七〕澥渤澥。嶰山澗間。獬獬豸,獸名。

豖或作豭。宅買反。〔一一九八〕一。妳乳。奴解反。一。抧擊。側解反。一。買莫解反。四。嘪莫（羊）聲。〔一一九九〕蕒吴人呼苦苣。濆水名，在豫章。芓（芐）戻。口解反。〔一二〇〇〕二。嫛意難。罷薄解反。又皮彼反。遣有罪。四。矲矲犤，不長皃。犤大（犬）短項。一曰案下徇（狗）。〔一二〇一〕鑼大鐵（鐵）杖。擺擺撥。北買反。一。徶徶獬（獬）。都買反。〔一二〇二〕一。矮短皃。烏解反。一。

13 駭 十三駭駭驚。諧楷反。一。楷楷莫（模）。苦駭反。〔一二〇三〕三。犤矲犤。鍇鐵（鐵）。騃癡。五駭反。一。挨打。於駭反。二。唉飽聲也。〔一二〇四〕獬徶獬。孤楷反。〔一二〇五〕一。

14 賄 十四賄呼猥反。四。脂腲（腲）脂，大腫▨（皃），腲（腲）字都罪反。〔一二〇六〕潤（熌）爛皃。又亡罪反。〔一二〇七〕嗳哀。猥犬聲。烏賄反。四。腲腲腇（腇），肥弱病，腇（腇）字吐猥反。〔一二〇八〕鍡鍡鑸，不平。媿（娞）媿（娞）婑，好皃。〔一二〇九〕礧衆石。或作磊。落猥反。九。藟痱藟，皮外小起。痱字蒲罪反。藟藟嵔，山狀。嵔字五罪反。礧礧硌，大石皃，又勒潰反，硌字盧各反。耒耒陽，縣名，在桂陽。頛頭不正皃。鑸鍡鑸。灅水名，在北平。郲磈郲，不平皃。磈字胡罪反。〔一二一〇〕鐓矛戟下。徒猥反。一。浼水流皃。武罪反。二。每。罪徂賄反。一。骽骽股。吐猥反。五。瘣重。聉聉頽，癡頭皃。頽字五罪反。〔一二一一〕腇腲腇。儽長好皃。瘣木病無枝。胡罪反。四。瀤瀤溾（浽），穢濁。〔一二一二〕磈磈郲。〔一二一三〕滙陸。〔一二一四〕顀大頭。口猥反。〔□〕。〔一二一五〕腲（脂）腲脂。都罪反。〔一二一六〕二。〔淳〕木實垂皃。餧餓。奴罪反。五。婑媿（娞）婑。〔一二一七〕颾風動。鮾魚敗。或作腇。浽溾浽。頠頭；一曰閑習。五罪反。又五毁反。四。頽聉頽。隗。嵔畾（藟）嵔。〔一二一八〕皠雪霜白狀。七罪反。四。漼水深。璀玉名。粺物粗。琲珠五百枝（枚）。蒲罪反。〔一二一九〕二。痱痱藟。侑痛而叫。羽罪反。一。

15 海 十五海呼改反。二。醢肉醬。愷樂。苦亥反。五。颽南風。塏地高。闓美也；明。〔一二二〇〕凱凱樂。宰冢宰。作亥反。二。睟半聾。駘疲。徒亥反。六。殆危。待。迨及。怠懈。紿言不實。乃古作迺。奴亥反。一。改古亥反。三。 頦頦頦。 緉張兩手解繩。 亥胡改反。一。 啡吐唾聲。匹愷反。一。 採倉宰反。五。 采文采。 綵綾綵。 寀寮寀。 彩光彩。 茝香草。昌待〔□〕。〔一二二一〕一。 等齊。多改反。又多肯（肯）反。一。 穤禾傷雨。莫亥反。又莫代反。一。 在昨宰反。一。 佸不肯。普乃反。一。 欸相然辞。於改反。三。 毐嫪毐。嫪字浪報反。 挨擊。 倍（倍）倍（倍）多。薄亥反。〔一二二二〕二。 蓓（蓓）黄蓓（蓓）草。

16 軫

十六軫（軫）此類合從㐱。之忍反。九。 縝結。 胗（胗）癮（癮）胗，皮外小起。〔一二二三〕 畛（畛）田間道。 賑縕（縕）賑。又之忍（刃）〔□〕。〔一二二四〕 鬒鬒髮。 槙木密。 紾（紾）衣單。 眕安也，《春秋》『憾而能眕』。〔一二二五〕 脪肥。尺尹反。三。 蠢虫動。 踳踳駮。亦作舛。 准古作準。之尹反。〔一二二六〕三。 埻䠶的。 純緣。 尹余准反。四。 允信。狁獫狁。 駗馬毛逆。 笋思尹反。三。 準（隼）鳥。〔一二二七〕 簨簨簴。 愍悲。眉殞反。〔一二二八〕四。 閔傷。 憫憫默。敏聰（聰）。 牝毗忍反。又扶履反。二。 臏髁（髁）骨。〔一二二九〕 殞没。于閔反。二。 隕墜。 窘悥（急）。渠殞反。四。箘竹名。 琨玉名。 菌地名（菌）。〔一二三〇〕 紖牛紖。直引〔□〕。〔一二三一〕二。 𦙶腫處。 辴大笑。勑忍反。又勑私反。一。 引余軫（軫）反。三。 蚓蚯蚓。 釗錫。 忍而軫（軫）反。三。 葱隱（隱）葱，草名。 涊水名，在上黨。 矧況。式忍反。二。 哂笑。 緊居忍反。二。 胗（胗）脣瘡。又之忍反。 盡慈引反。一。 泯水皃。武盡反。又弥鄰反。五。 跛細理。或作晚（脕）。〔一二三二〕 僶僶俛，俗作僶。 笢竹膚。 黽（黽）黽池，縣，在弘農。又亡善反。俗作黽字。〔一二三三〕 腎時忍反。三。 蜃蛤。 脤祭餘肉。 釿齊。宜引反。一。 盾干盾。食允反。一。

17 吻

十七吻口吻。武粉反。三。 刎刎頭（頸）。〔一二三四〕 抆拭。 粉方吻反。二。 黺。〔一二三五〕 憤房吻反。三。 𤺋病悶。鼢鼠。 忿怒。敷粉反。又敷問反。一。 惲厚重。於粉反。三。 蘊藏。 韞韞韇。 齳無齒。魚吻反。一。

18 隱

十八隱（隱）於謹反。〔一二三六〕五。 磤雷聲。 轀雷（車）聲。〔一二三七〕 癮癮胗（胗），皮外小起。 縕縫衣相著。 謹居隱反。六。 靳黏皃。 㹐牛馴。 堇菜堇（名）。〔一二三八〕 巹（巹）瓢，酒器，婚禮用。 槿木槿。 赾跛行皃。丘謹反。一。

近其謹反。一。听笑。牛謹反。一。齔毁齒。初隱反。一。

19阮 十九阮魚遠反。一。遠雲晚反。一。偃（偃）偃仰。於傷（幰）反。〔一二三九〕八。㫃旌旗旒。䞁（䞁）物相䞁當。
鶠（鶠）風（鳳）。〔一二四〇〕郾（郾）縣名。鼴（鼴）鼠。鰋（鰋）魚名。褗（褗）衣領。湕水名，在南郡。居偃反。
二。揵難。寋（寋）女字。其偃反。〔一二四一〕一。言語偃反。一。〔一二四二〕言言言，脣急。去偃反。一。屵屵礲，大脣
皃。礲字處灼反。一。〔一二四三〕憾（幰）虛偃反。〔一二四四〕三。攑（攑）手約物。蝘（蝘）寒蝘，丘蚓。〔一二四五〕晚無遠
反。三。娩婉娩。挽引。反覆。府遠反。四。返還。坂高。旛木名。豢黃豆。求晚反。二。圈獸闌。又其卷
反。婉於阮反。八。苑紫苑，藥。苑園內。〔一二四六〕踠體屈。蜿蜿蟮，蚯蚓。畹田卌（卅）畝。〔一二四七〕琬玉名。宛宛
然。稀相近皃。去阮反。三。綣繾綣。蘿（蘿）蘆笥。〔一二四八〕晅日氣。況晚反。又古鄧反。三。暖大目。咺皃啼
不止，朝鮮云。飯扶遠反。二。畚車荃（荃），畚。荃（荃）字薄紅反。

20混 廿混混流；一曰混沌，陰陽未分。胡本反。〔一二四九〕八。渾渾元。又户昆反。鯶魚名。緷大束。焜火光。倱倱伅，四
凶。掍掍同。睴視皃。忖倉本反。二。刌細切。〔一二五〇〕本布忖反。俗作夲。三。畚草器。苯苯蓴。損蘇本反。
四。瘁瘁瘀（瘀），惡寒。瘀（瘀）字所革反。〔一二五一〕膭膭屬。膭切孰肉更煑。刌刌減。茲損反。四。噂噂㖩。蓴苯
蓴，草叢生。僔。穩（穩）治穀聚。烏本反。一。囤小廩。徒損反。四。盾（盾）。〔一二五二〕沌混沌。伅倱伅。鱒
魚名。徂本反。一。鮌禹父。古本反。〔一二五三〕四。橐大束。衮衮衣。緄帶。畽畽怨（怨），行無廉隅。他本
反。〔一二五四〕二。黗（黗）黑狀。〔一二五五〕閫門限。古（苦）本反。四。壼宮中道。梱成就。〔一二五六〕悃至誠。猑守犬。
盆本反。三。笨竹裏。体麁名（皃）。〔一二五七〕

21佷 廿一佷佷戾。痕墾反。〔一二五八〕一。墾耕。康佷反。〔一二五九〕三。豤豤則（惻），誠至。〔一二六〇〕齦齧。頣頫後。古佷
反。一。

22旱 廿二旱何滿反。二。垾山名，在南鄭。緩胡管反。二。澣濯。又作浣。短都管反。又作㨃。一。算蘇管反。一。

欵苦管反。三。鍁鍁縫字。窾空。餪(餪)女嫁食。乃管反。二。暖或作暝(暝)、煖。篹(纂)集。作管反。四。[□□□。]〔一二六一〕纘承(承)系。儹聚。椀或作盌。烏管反。一。粄屑米餅。博管反。二。瓪牝瓦。又布綰反。

管古篹(纂)反。六。脘胃府。輨車轂(轂)鐵。〔一二六二〕盥洗。琯玉琯。痯病。斷徒管反。又都亂反。〔一二六三〕一。曈晪曈，鹿跡。地(他)管反。晪字他典反。〔一二六四〕一。伴薄旱反。一。卵落管反。一。滿草(莫)旱反。〔一二六五〕一。

但徒旱反。六。蜑南方夷人。袒袒裼。又大莧反。〔一二六六〕誕大。鞬馬帶。澶水中沙出。〔一二六七〕坦坦平。他但反。一。亶多旱反。二。癉病。嬾(嬾)落旱反。一。笴箭笴。各旱反。四。皯面黑。稈禾莖。衦摩展衣。散蘇旱反。俗作散。三。饊餅。〔一二六八〕繖繖絲綾；今作繖扇。瓚昨旱反。一。罕呼稈反。三。蔊菜。罕單罕。〔一二六九〕

侃俗作偘。空旱反。又空旦反。一。懣亡伴反。又亡本反。一。

23 潸

廿三潸數板反。一。綰擊。烏板反。一。板布綰反。二。版按《文》『判』。酢酢皽，面皺(皺)。側板反。〔一二七〇〕一。赧面赤。怒板反。二。皽酢皽。僩武皃；一曰寬大。下赧反。又姑限反。一。睆大目。户板反。二。鯇魚名。

阪扶板反。又方晚反。一。矕視皃。武板反。一。䶢[□□，□□□。□□□。□。□]齹。初板[□]。一。〔一二七一〕莧(莞)莧(莞)尔，笑皃。胡板[□]。〔一二七二〕二。僴介然不平之意。齗五板反。一。

24 產

廿四產所簡反。四。嵼蹇嵼。汕魚浮。滻水名，在京兆。限胡筒(簡)反。〔一二七三〕四。硍石聲。瞖䰩瞖。掔牛掔不從牽。〔一二七四〕䰩䰩瞖，無畏視皃。武限反。一。簡札。古限反。四。柬分別；一曰縣名，在新寧。暕。揀擇。

剗剗削。初限反。三。鏟平木鐵(鐵)。丳炙肉鐵。棧棧閣。士限反。又士免、士晏二反。〔一二七五〕四。嶘山皃。轏車名，士所㾊(乘)。〔一二七六〕孱孱陵，縣，在武陵郡。又鋤連反，至。眼五限反。一。醆側限反。又側輦反。与盞同。一。

25 銑

廿五銑金銑。蘇顯反。五。跣跣足。毨鳥獸秋毛。姺古國。洗沽洗，律吕。〔一二七七〕腆厚。他典反。六。淟淟涊，熱風。晪晪曈，鹿跡。曈字他管反。錪釜小兒(皃)。〔一二七八〕琠玉。〔一二七九〕靦面慙。典多顯反。二。蕇葶藶。蝘

（蝘）蝘蜓，守宮虫。於弥（殄）反。二。宴（宴）安。又燕見反。弥（殄）徒顯反。二。蜓蝘蜓。薾俗作璽。古典
反。〔一二八〇〕五。皾皮起。棄小束。垷塗。筧以竹通水。峴峻嶺。胡顯反。三。晛歐亂（乳）。〔一二八一〕臔肉䏝
（急）。〔一二八二〕顯呼典反。三。韅在背曰韅。蜆小蛤。撚以指按。奴典反。一。搷塗。亡弥（殄）反。一。編編絹，
方顯反。一曰次苐，又卑連反。〔一二八三〕五。遍（匾）遍（匾）遞（匾），薄。遞（匾）字陽䅲反。〔一二八四〕緶褰常。〔一二八五〕萹
萹似（竹），草。又布玄反。〔一二八六〕稹（穆）稹（穆）豆。〔一二八七〕又布玄反。泫露光。胡犬反。五。贙獸名，似犬多力；
一曰對争皃。鉉鼎耳。琄玉皃。畇田。〔一二八八〕辮編髮。薄顯反。三。艑吴舡。鯿蜀人呼［□］。〔一二八九〕畎田上
渠；一曰引水。古泫反。四（三）。〔一二九〇〕詃誘。罥桂（挂）。〔一二九一〕犬狗。苦泫反。［□］。〔一二九二〕

26 獮

廿六獮秋獵。息淺反。四。尠少。廯廩。癬疥癬。演廣。以淺反。三。衍達。縯長。踐疾演反。三。諓諂
（諂）。〔一二九三〕餞酒食送。又疾箭反。〔一二九四〕瞎耳聞（門）。旨善反。〔一二九五〕三。剶以槌去牛勢。樿木名。展知演
反。五。搌束縛。皾皮寬。輾輾轉。趈（珏）極巧視之。又視戰反。〔一二九六〕迩（趁）踐。尼展反。三。軗（輾）
車轢物。或作碾。〔一二九七〕㞡柔弱。淺七演反。一。闡大。昌善反。二。燀（燀）燒。〔一二九八〕遣去演反。三。繾繾
綣。饘乾麵（麪）餅。〔一二九九〕善常演反。五。墠壇墠。鱓魚名。蟮蚯蚓。單人姓。又都寒反。蹇跛。居輂反。三。
謇吃。搴取。又攐。〔一三〇〇〕翦即踐反。又剪。三。攕攕搣。戩福祥。蹨踐。人善反。三。橪橪棗，樹名。㦟懼。
輂力演反。四。璉瑚璉。鄻地名，在周。僆雙生子。件其輂反。三。𨫼（巘）𨫼（巘）巘。〔一三〇一〕鍵管鑰。〔一三〇二〕
縒綫（緩）。徐輂反。〔一三〇三〕一。齴齒露。魚蹇反。三。巘山峯。甗玉甑。〔一三〇四〕辯符蹇反。一。緬遠。無兖反。
六。沔漢水別名。〔一三〇五〕愐思。勔自強。湎酖酒。黽（黽）黽池，縣名，在弘農。又亡忍反。又作黽。〔一三〇六〕褊衣
䏝（急）。方緬反。〔一三〇七〕一。吮嗽。徐兖反。又徂兖反。三。雋鳥肉肥。古作雋。蕮蕮蕮。臇臛少汁。姊（姊）兖
反。〔一三〇八〕一。辡罪人相訟。方免反。一。兖以轉反。二。沇濟水別名。臠力兖反。二。孌美好。轉陟兖反。

一。卷古轉反。一。圈圈獸。渠篆反。又求晚反。一。輭柔。俗作軟。而兖反。六。蠕虫動。檽紅藍；一曰棗名。薷木名(耳)。〔一三〇九〕瑌石，似玉。〔一三一〇〕愞(懦)懦弱。又奴乱反。舛舛剥。或作踳。昌兖反。〔一三一一〕三。喘息。荈茗草。膊切肉。視兖反。三。腨膞(腨)腸。〔一三一二〕鄟地名。篆篆書。治兖反。三。瑑璧(璧)上文。〔一三一三〕沌水名，在江夏。又徒混反。剬細割。旨兖反。二。孨孤露可怜。又莊卷反。〔一三一四〕選擇。思兖反。又思絹反。一。撰士兑(免)反。〔一三一五〕三。僎具。鱄魚名。蜎蜎蠉，井中虫。狂兖反。一。蠉香兖反。一。楩木名。符善反。一。兑(免)黜。亡辯反。〔一三一六〕七。俛府(俯)。〔一三一七〕冕冠(冠)。〔一三一八〕鮸魚名。娩生子免身。勉勗。娩宛娩。一。撍撍搌，長。基善反。一。鱣(鱣)長。丑善反。〔一三一九〕三(四)。〔一三二〇〕旃(旃)旌旗柱。〔一三二一〕蕆(蕆)備；一曰去貨。〔一三二二〕搌擶(撍)搌。〔一三二三〕

27 篠

廿七篠細竹。蘇鳥反。三。魡魚▨(名)。〔一三二四〕謏善談。皎光。古了反。七。璬珮玉。憿(憿)行幐憿(憿)脛。〔一三二五〕皎月光白，《詩》云『月出皎兮』。鐃(鐃)鐵交(文)。〔一三二六〕皛白。又匹白反。皦珠玉白皃。鳥都了反。五。帊絹布頭。杓垂。〔一三二七〕𠄌懸皃。〔一三二八〕蔦樹上寄生。了盧鳥反。四。蓼菜。瞭目精朗。蟟蟟鬌，長皃。朓月見西方。吐鳥反。二。窱窈窕(窱)，深遠皃。〔一三二九〕曉呼鳥反。一。杳烏皎反。六。窅▨(深)皃(目)。〔一三三〇〕窈窈窱；又窈窕，美皃。㑮㑮僥，身弱好皃。騕騕褭，神馬。㚑㚑騄(騄)，長而[□]勁。〔一三三一〕嫐戲相擾。乃鳥反。〔一三三二〕四。嬲長皃。騄(騄)㚑(㚑)。〔一三三三〕褭騕褭。皛顯。胡了反。二。葯鳧茈(茈)，草。〔一三三四〕窕窈窕。徒了反。二。誂弄。俗作挑。磽山田。苦皎反。又口交反。古或作硗。一。湫隘。子己(了)反。又子攸、在久二反。隘字烏懈反。〔一三三五〕二。愀變色皃。

28 小

廿八小私兆反。一。肇始。治小反。六。兆(兆)卦。〔一三三六〕趙燕。旐旗。狣犬有力。䍜羊子。沼之少反。一。少書沼反。一。夭(夭)屈。於兆反。〔一三三七〕二。殀殁。擾而沼反。三。繞纒。遶圍。摽落。符小反。二。

鰾魚膠(膠)。趥(𪍑)糗。或作𪍑(麨)。尺紹反。〔一三三八〕三。弨弓。槱木名。縹青黃色。〔□〕沼反。〔一三三九〕六。醥清酒。犥(犥)牛黃白色。〔一三四〇〕顠(顠)髮白。〔一三四一〕𪇆(𪇆)鳥變色。〔一三四二〕篻竹名。眇亡沼反。四。淼水大。杪不名(木末)。〔一三四三〕秒禾芒。紹繼。市沼反。三。佋介。袑袴上。矯或作撟。居沼反。三。蟜女字。一本作嬌。𥃩目重瞼。表方小反。又方矯反。二。褾袖端。藨草名，可爲蓆。或作苞。平表反。〔一三四四〕二。莩餓死。鷕雉聲。以沼反。三。溔浩溔，大水。舀抒臼。或作㧾。〔一三四五〕悄憂心。七小反。一。勦絕。子小反。〔一三四六〕二。勦勞。又鋤交反。蹻長皃。在(巨)小反。〔一三四七〕一。繑(繚)繑(繚)遶。力小反。或作繚。一。〔一三四八〕

29 巧

廿九巧苦絞反。又巧僞，苦教反。一。巢(巢)動聲。下巧反。〔一三四九〕一。飽愽巧反。一。獿擾乱，奴〔□〕反。又作撓。一曰事露，下巧反。〔一三五〇〕一。夘古作夘(卯)。莫飽反。〔一三五一〕三。昴星。茆鳧葵。又力有反。絞絞縛。古巧反。四。狡狂狡。佼女字。攪手動。爪側絞反。三。𧳜俗作獥。𧳜獠。瑵玉。拗手撥。於絞反。一。鮑薄巧反。一。齩五巧反。一。煼熬。楚巧反。〔□〕。〔一三五二〕

30 皓

卅皓光。胡老反。八。昊天。皞皞旰。浩大。鎬京。〔一三五三〕滈水，在京兆。鰝大蝦。顥大。抱薄浩反。一。老盧浩反。六。獠狐獠，西南夷。俗作獠。轑車軸。橑屋橑，檐前；一曰蓋骨；一曰欄。〔一三五四〕潦雨水。橑乾梅。討他浩反。三。套長。稻山楸木。又地(他)刀反。〔一三五五〕道〔□〕作此衜。徒浩反。〔一三五六〕三。稻穀。〔一三五七〕駣馬四歲。腦奴皓反。古作匘；又腦。〔一三五八〕四。惱懊惱。古作惱(惱)。〔一三五九〕駣長皃。磝碼磝，寶石。倒都浩反。五。擣舂。禱禱請。島海中山。禂馬祭。嫂俗作嫂。藾浩反。三。燥乾。埽灑。草七嫂反。三。懆憂心。騲化(牝)。〔一三六〇〕早子浩反。八。澡洗。藻文。薻水菜。〔一三六一〕蚤狗蚤。鱢(鱢)魚名。〔一三六二〕璪玉飾。棗菓。皁昨早反。三。草草斗，櫟實。造作。暠古老反。五。杲日出。槀草。縞縞素。又古到反。槀槀簳也；槀本夜干字。〔一三六三〕好呼浩反。又呼到反。一。務毒草，武道反。又地名，亡毒反。一。寶古作珤。愽抱反。六。保押。

堢墇。褓繦褓。鴇鳥名。〔一三六四〕葆草盛；又羽[□]，皷吹飾。〔一三六五〕襖襖袍。烏浩反。六。跃跃跳；一曰卑長。
懊惱。媪母。芺苦菜。䐿藏内(肉)。又烏到反。〔一三六六〕考苦浩反。四。栲木名。槁枯。祰禱。

31 哿

▨(卅)一哿嘉。古我反。〔一三六七〕三。舸輕舟。笴筵(筌)。〔一三六八〕火呼果反。一。果古火反。六。猓猓然，獸。
輠車脂角。裹束。蜾蜾蠃，虫。菓菓實。埵丁果反。六。▨(綵)冕前▨(垂)。〔一三六九〕鬌小兒前髮。〔一三七〇〕挅稱量。朵木上垂。揣搖。又初委反。〔一三七一〕鎖鐵鎖。俗作鏁。蘓果反。五。瑣青瑣。溑水名。葰葰人，縣，在上黨。又蘓寡反。䈗竹名。墮落，徒果反。又倭墮，髻，他果反。六。垜聚土。瓾長沙人呼甌。棰小積。筞竹名。鞖履跟緣。〔一三七二〕妥安。他果反。一。叵普可反。二。頗頗能字。本音滂何反。跛跛足。布火反。三。簸簸揚。又布箇反。駊駊䮽，馬行惡。躶赤體。郎果反。四。瘰瘰癧，筋結病。蓏菓蓏。蠃蜾蠃，虫也；蜾蠃，蒲盧，蒲盧，細土蜂，天地之反性，細無子，《詩》云『螟蛉有子，蜾蠃負之』。又盧過。〔一三七三〕禍胡果反。〔一三七四〕二。〔一三七五〕夥楚[□□]夕(多)。〔一三七六〕坐徂果反。又坐。一。爹北方人呼父。徒可反。三。柮正舟木。〔一三七七〕陊▨▨(下坂)皃。〔一三七八〕可枯我反。一。我五可反。二。䮽駊䮽。左作可反。一。麽么麽，細小。莫可反。一。歌大笑。或作閜(㘎)。呼可反。〔一三七九〕二。哎擊。婐婐姽(妮)，身弱好。与(烏)果反。〔一三八〇〕一。閜欲傾。烏可反。〔一三八一〕三。椏楄椏。橠橠欀(橠)，木茂盛。〔一三八二〕橠乃可反。一。楄楄椏，樹斜。勒可反。二。攞裂。姽(妮)好皃。五果反。〔一三八三〕一。縒鮮潔皃。蘓可反。一。瑳玉色鮮。千可反。一。䩞垂皃。丁可反。一。顆小頭。枯果反。一。

32 馬

卅二馬莫下反。按《文》有四點，象四足。三。碼碼碯。罵詈。又莫覇反。者之野▨(反)。〔一三八四〕二。赭赤土。野以者反。又古作壄(壄)。〔一三八五〕三。也。冶鑪。雅楚烏。五下反。五。疋(疋)正。〔一三八六〕庌廳。厊厏厊，不合。盄(盄)酒器。俗作雅。檟古雅反。五。嘏大；一曰福。賈商。〔一三八七〕假又加訝反。斝(斚)玉爵。〔一三八八〕啞不能言。烏雅反。一。炧燭餘。徐野反。一。丅(下)胡雅反。二。夏又胡駕反。寫(寫)悉野反。二。瀉瀉水。嘀大笑。許下反。一(二)。〔一三八九〕閜大□。〔一三九〇〕且七野反。一。跒跁跒，行皃。苦夏反。一。跁傍下反。二。䇝短人立。社市者反。一。捨書者反。一。姐羌人呼母；一曰慢。慈(兹)野反。〔一三九一〕一。把愽下反。一。踝足骨。胡瓦反。二。稞浄穀。寡赤寡。古瓦反。二。□剐肉▨(置)骨。〔一三九二〕瓦五寡反。一。若乾草。人者反。〔一三九三〕二。惹亂。鮓側下反。一。觰牛角横。都下反。一。搓(槎)逆斫木。士下反。又士加反。〔一三九四〕二。厏厏厊。奲寬大。車者反。四。撦裂壞。䰩醜䰩。▨(哆)脣垂。〔一三九五〕𦀚𦀚綮，相著皃。竹下反。一。絮奴下反。一。髁胥骨。口瓦反。一。

33

感

卅三感古禫反。七。贛竹名。鱤魚名。贛酒味。灨豆汁。〔一三九六〕贛水名，在南康。〔一三九七〕▨(匴)箱類。或作篢。〔一三九八〕禫祭名。徒感反。八。䊤糣䊤，滓。糣字素感反。黮黲黮，雲。又他感反。霮霮䨴，雲。窞(窞)坎傍人(入)，《易》曰『入於坎窞(窞)』。〔一三九九〕髧(髧)髮垂。〔一四〇〇〕萏(萏)菡萏(萏)，荷花。按《文》作蕳(蔄)。〔一四〇一〕▨(贉)市先入直。〔一四〇二〕晻暗。烏感反。六。黭黭黮。揞(揞)或作陪字。牛(手)覆。〔一四〇三〕唵手進食。罯魚網(網)。澹大水。〔一四〇四〕腩煑肉。奴感反。三。湳水名，在西河。䈒竹弱。襑衣夫(大)。他感反。〔一四〇五〕四。醓醓醢。〔一四〇六〕肒(肬)肉汁。〔一四〇七〕嗿衆聲。歜昌蒲葅。徂感反。二。𢏉(𢏉)弓弦𢏉。慘慼。七感反。三。憯(憯)痛。黲瞋色。又倉敢反。〔一四〇八〕昝人姓。子感反。三。寁逮(速)。〔一四〇九〕揝(揝)手動。糂或作糝。素感反。四。糣(糣)糣䊤，滓。傪頷傪。〔一四一〇〕粽蜜藏木爪(瓜)。〔一四一一〕坎苦感反。二。歁食未飽。頷胡感反。五。㜝(㜝)㜝害，惡性。〔一四一二〕撼動。淊(淊)水和泥。菡菡萏(萏)。〔一四一三〕壈(壈)坎壈。盧感反。三。燣黄焦色。浨藏梨汁。或作醶。黕(黕)滓垢。都感反。二。眈(眈)虎視皃。

34

敢

卅四敢古覽反。三。橄橄欖，木名，山(出)交趾。〔一四一四〕澉澉䣷，食無味。覽視。盧敢反。三。擥手取。欖橄欖。菼荻。吐敢反。二。緂青黄色。膽(膽)肝膽。都敢反。二。紞(紞)冕垂飾。噉噉食。或作啖。徒敢反。三。

澹（澹）澹淡，水皃。菼竹名。始鄉名，在河東猗氏。謨敢反。〔一四一五〕一。饕食無味。子敢反。一。槧削板牘。才敢反。又七廉反。一。埯坑（坑）。安敢反。〔一四一六〕一。黲日暗色。倉敢反。又七感反。〔一四一七〕一。

35 養

卅五養（養）餘兩反。三。痒皮痒。瀁（瀁）滉瀁。像俗作像。詳兩反。四。爲。〔一四一八〕蟡桒上蔺（繭）。〔一四一九〕橡木實。奬勸。即兩反。〔一四二〇〕三。蔣剖竹木（末）去節。又秦丈反。〔一四二一〕槳楫屬。兩良奬反。按《文》『廿四銖爲兩』。六。魎魍（魍）魎。脼膎。〔一四二二〕㭈松脂。𠡣𠡣甥。倆伎倆。甥其兩反。一。鞅於兩反。四。柍木名。秧秧穰。鉠飽皃。仰魚兩反。一。磢瓦石洗物。則（測）兩反。〔一四二三〕三。剩皮傷。搶頭搶地，出《史記》。想息兩反。一。掌職兩反。一。爽踈兩反。三。縔屬中絞繩。鷞八（鷞）鳩。〔一四二四〕敞（敞）昌兩反。三。惝惝怳（怳）。〔一四二五〕鶭（鶭）鶭鳥［□］。〔一四二六〕響聲。許兩反。五。饗食祭。蠁虫。或蚼。〔一四二七〕享又普庚反。鄉不久。繦絲有節。居兩反。三。鏹錢。襁襁褓。丈直兩反。二。杖。昶通。丑兩反。一。壤土。如兩反。四。釀蕪菁葅。〔一四二八〕纕肥，蜀人云。穰豐。賞識兩反。三。餉（饟）日西食。饟周人名餉。髣髴。古作仿佛。芳兩反。二。紡紡績。罔無。文兩反。六。網網罟。輞車輞。菵菵草。魍魍魎。惘惝惘。昉方兩反。二。倣學。枉紆往反。二。汪汪陶，縣名，在鴈門。又烏光反。往王兩反。一。怳狂。許昉反。一。上時掌反。又時亮反。一。

36 蕩

卅六蕩大。堂朗反。七。愓（愓）放愓（愓）。〔一四二九〕愓不憂。盪滌。璗玉名。暘治水（米）精。〔一四三〇〕簜大竹。廣古晃反。一。顙額。蘇朗反。三。鞢鼓匡木。磉柱下石。榜木片。薄朗反。〔一四三一〕三。牓題。毤毛毤。駔會馬市人。子朗反。一。曩奴朗反。〔一四三二〕一。沆（沆）沆瀣，氣。胡朗反。〔一四三三〕一。曭日不明。他朗反。七。儻倜儻。又他朗（浪）反。〔一四三四〕偒長皃。戃戃慌，失意。矘矘䁣（䁣），目無精。簜木器。〔一四三五〕帑金白（帛）舍。〔一四三六〕莽草。古作茻（茻）。模朗反。又莫古反。〔一四三七〕七。䁣無䁣（二）目。〔一四三八〕䁣日無光。䒎䒎䒎，無色狀。鏻鈷鏻。又莫補反。蟒大虵。漭漭沆（沆）。黨德朗反。三。欓木名。讜直言。朗盧黨反。一。坱塵埃，吴人云。烏朗反。四。映映𣈶，不明。泱滃泱，水皃。醠濁酒。〔一四三九〕慷慷慨。苦朗反。一。汪大水。烏晃反。一。晃胡廣反。六。幌帷幌。〔一四四〇〕櫎兵欄。榥讀書狀（牀）。〔一四四一〕滉滉瀁。攩挡打。又黃浪反。髈髀，吴人云。𧻓（匹）朗反。二。㿠㿠𣁽。慌㦗慌。虎晃反。二。爣開朗。骯骯髒澤。或作䀔。各朗反。〔一四四二〕一。奘徂朗反。秦晉間謂爲大奘。〔一四四三〕一。

37 梗

卅七梗枯（桔）梗，藥。古杏反。〔一四四四〕八。挭大略。哽噎。郠邑名，在莒。鯁刺在喉。綆井索。埂堤封。吴人云。莄芋莄。丙兵永反。五。昞光。怲憂。邴邑，在泰山。秉持。警几影反。五。景。境界。璥玉名。撖抗。〔一四四五〕影於丙反。一。省所景反。又息井反。三。眚眚災。瘄瘦瘄。永榮昞反。一。血（皿）器。武永反。〔一四四六〕二。盌盌户，土穴。憬遠。舉永反。三。囧（冏）光。炅火。杏何梗反。三（二）。〔一四四七〕荇荇菜。猛莫杏反。五。䵆䵆盯，視皃。蜢蚱蜢，虫名。黽鼃屬。艋舴艋，小舟。舴字陟格反。礦金𤥭（璞）。古猛反。〔一四四八〕四。𪍿𪍿麥。獷犬；又居往反，獷平，縣名，在漁陽。穬穀芒；一曰稻未舂（舂）。〔一四四九〕盯䵆盯。張梗反。一。瑒玉名。徒杏反。一。䁝清潔。烏猛反。一。打德冷反。又都定反。一。冷魯打反。又魯定反。一。

38 耿

卅八耿古㚔（幸）反。二。瞥瞥䁝，視皃。䁝武㚔（幸）反。二。䵂（黽）哇（蛙）。〔一四五〇〕㚔寵。胡耿反。〔一四五一〕二。倖儌倖。併且。或作併。蒲㚔（幸）反。二。鮩蛤鮩。

39 静

卅九静疾郢反。五。睜䀡（略）睜，不悅皃。〔一四五二〕彭飾，出《説文》。〔一四五三〕靖出《説文》。新加三。〔一四五四〕竫亭安。整俗作整。之郢反。一。逞疾。丑郢反。二。騁馳騁。郢楚地。以整反。二。梬梬棗名。〔一四五五〕痙風強病。其郢反。一。潁水名，在汝南。餘頃反。三。穎禾末。頴峯（峯）頴。領李郢反。［□］。〔一四五六〕嶺。柃木名，灰可染。衿衣衿。今作領。頸項。居郢反。又巨成反。一。〔一四五七〕餅必郢反。二。屏又薄經反。頃去潁反。一。井子郢反。二。邢邢邢（邢），地名。〔一四五八〕癭病。於郢反。二。廮廮安；一曰廮陶，縣名，在鉅鹿。請七静反。又疾盈、疾▨（姓）反。〔一四五九〕一。浧（淫）初井反。《廣倉》云『寒泉』。一。

40 迥

卌迥遠。户鼎反。三。同空。炯光。泂古鼎反。三。熲火光。〔一四六〇〕炅光。又古惠反。茗茗草。莫迥反。四。
嫇嫇奵，自持皃。酩酩酊，酒▨▨（醉）。〔一四六一〕溟溟涬，大水。〔一四六二〕頂頂顈，頭上。丁茗反。七。奵嫇奵。酊酩
酊。耵耵聹，耳垢。〔一四六三〕鼎。蒻草名。靪補履。挺挺出。徒鼎反。〔一四六四〕五。艇小舟。鋌金鋌。梃木片。
娗長好皃。珽玉名。他鼎反。四（五）。〔一四六五〕坪（圢）平。〔一四六六〕脡脯朐。侹長直。頲頭挾（狹）足長。〔一四六七〕
洴徂醒反。一。濴蚌（洴）濴，小水。烏迥反。〔一四六八〕一。謦謦▨（欬）。去挺〔□〕。〔一四六九〕一。顈頂顈。乃挺反。
二。聹町（耵）聹。婞佷。下挺反。四。涬瀴涬。又逢孔反。〔一四七〇〕鯹魚名。鋞似鍾而長。醒蘏挺反。一。鞞力
（刀）室。補鼎反。〔一四七一〕一。褩▨（衣）。▨（口）□□。□。□草名，▨（枲）屬。〔一四七二〕烓（炷）行竈。〔一四七三〕剄斷
首。古挺反。一。頩斂容。疋（匹）迥反。《楚辞》曰：『玉色頩以晚（脕）顏兮』。〔一四七四〕一。笭箵（篣）笭，籠。力鼎反。
篣字〔□□〕反。〔一四七五〕二。冷寒。竝比。苹▨▨（迥反）。〔一四七六〕□。□□□。〔一四七七〕

41 有

□□□云久反。〔一四七八〕四。右又於救反。鴧鳥名，似雉。友朋。柳（栁）力久反。六。瀏水清。綹廿絲爲綹。
䡂（䡂）載柩車。茆（茆）水草，《詩》云『▨（言）□□茆』。又莫飽□。〔一四七九〕□□□。〔一四八〇〕□□久□。▨
（二）。〔一四八一〕杻杻械。紐結。女久反。四。狃相狎。鈕印鈕。杻木名。肘陟柳反。二。疛腸痛。〔一四八二〕朽爛。
許久反。三。疞病。□□。□□□□。□。□。〔一四八三〕玖。灸灼。韭（韭）菜。〔一四八四〕首古作眥。書久反。
四。手。守。䪻人初産。醜處久反。一。湫泄水潰。在久□。□□了反，湫隘。□。□□□□。□。
□□□。〔一四八五〕▨（負）欠。〔一四八六〕蒷王蒷。蝜蝂。〔一四八七〕阜陵阜。鴀鷄别名。缶（缶）瓦器。俗作缻。方久
反。〔一四八八〕三。缹（缹）烝缹。俗作缹。否又符鄙反。□□□□。□。□。□□□。〔一四八九〕▨（糗）乾餅屑。去
久反。〔一四九〇〕一。舅巨久反。六。麔牡麋。咎罪。臼。鴭鳥名。齨齒齨。紂直柳反。三。𥳓竹易□而
死。〔一四九一〕□□□，□□，□□□。□□□□。□。▨（牖）。〔一四九二〕誘詃。卣中形樽。楢積木燎。〔一四九三〕莠草。

羑水名，在蕩陰。按《文》從久。䣛輕。〔一四九四〕滫（𣸈）浚麪。息有反。〔一四九五〕一。受□□反。□。□。□□，□□。□。〔一四九六〕飀飀瀏。於柳反。二。鮂魚名。酒子酉反。一。浚浚麪。踈有反。一。帚之久反。一。

42 厚

卌二厚胡口反。四。後前後。后妃。郈□□，□□□。〔一四九七〕□□□□。六。〔一四九八〕▨（牡）▨（牝）牡。〔一四九九〕某。〔一五〇〇〕[　　]〔一五〇一〕峿峿嶁。犃犃牯，〔□〕高；又牛短頭。〔一五〇二〕瓿瓿甊，甖。䎣（䍌）小壬（缶）。䵖□□，▨（餅）。〔一五〇三〕篰牘。蔀障光物。□普厚反。〔一五〇四〕□□□。□□□。□。□□□□。□□□。□□。〔一五〇五〕蚪蝌蚪。黈䵖黈。他后反。三。姤人名，《傳》有莑（華）姤。〔一五〇六〕黈冕垂纊。苟且。古厚反。〔一五〇七〕八。玽石，似玉。狗犬。垢惡。□□□，□□，□□□。□□□。□恥。又古候反。〔一五〇八〕笱（笱）取魚〔□〕。〔一五〇九〕藕五口反。三。偶合。耦耕耦。㨢▨（衣）□擊。□垢反。〔一五一〇〕二。掊擊。㲄老（乳）。乃后反。〔一五一一〕一。安老。□□□。□□□。□。□□□□。□□□。□□▨（訹），□▨（辞）。又蘇了反。訹字辛聿反。〔一五一二〕擻斗擻，舉物。籔漉米〔□〕。〔一五一三〕藪藪澤。吼牛鳴。呼后反。一。剖普厚反。三。婄□□皃。□□。□□。□□□。□。□擊。〔一五一四〕犃特牛。塿峿塿。盧斗反。五。嘍嗹嘍，煩皃。嗹字路賢反。甊瓿甊。䉤䉤䉤，糫餅。䉤字路賢反。簍籠。䢔□□反。□。□□□□。□。〔一五一五〕扣擊。〔□□□〕。〔一五一六〕釦金飾。叩叩頭。訌先相訌。䔰圓草褥。徒口反。三。鋀酒器。〔一五一七〕揄引揄。鯫魚名；一曰人姓，漢有鯫生。土（士）垢反。又土（士）溝反。一。〔一五一八〕

43 黝

卌三黝黑。於糺反。又益夷反。二。怮憂皃。愀變色。玆糺反。又在由、子了二反。〔一五一九〕一。糺居黝反。二。剫（赳）武皃。

44 寑

卌四寑室。七稔反。三。寑臥。梫木名。朕古作朕。直稔反。一。玪坎。丘甚反。一。廩倉。力稔反。四。澟（澟）寒狀。又渠金反。〔一五二〇〕懍敬。菻蒿。罧積柴取魚。斯甚反。□。〔一五二一〕▨（醋）□甜。子朕反。〔一五二二〕一。踸踸踔，行無常皃。褚甚反。一。荏菜。如甚反。六。飪熟食。稔歲熟。栠木弱皃。恁信。又如林反。衽衣衿。或作袛。**枕**之稔反。二。煩頭骨。**沈**▨▨（古作）邥。式稔反。〔一五二三〕五。棯木名。審。瞫（瞫）視。〔一五二四〕諗告;又謀。**甚**損（植）枕反。〔一五二五〕一。**椹**食稔反。一。**▨**（瀋）汁。尺甚反。〔一五二六〕一。**墋**土。初朕反。二。醦酢甚。**栣**栣栩。尼甚反。一。**噤**寒。渠飲反。口噤。二。顉切齒怒。**錦**居飲反。一。**僸**仰頭皃。牛錦反。一。**蕈**菌生木上。慈錦反。一。**□**▨（寒）皃。踈□反。〔一五二七〕一。**廩**（稟）供穀。筆錦反。〔一五二八〕一。**飲**於錦反。一。〔一五二九〕**品**於錦（不飲）反。〔一五三〇〕一。**廞**虚錦反。又虚金反,陳車服。〔一五三一〕一。

45 **琰**

卌五琰玉。以冉反。四。剡削;又縣名,在會稽。棪疾行。棪□□。〔一五三二〕**□**力冉反。〔一五三三〕一（二）。〔一五三四〕蘞白蘞,藥。又力瞻反。**險**險狙（阻）。虚檢反。〔一五三五〕四。獫獫狁。姭姭姱,性不端良;又棄菍（葉）反,少氣。譣。**貶**方冉反。一。**䫇**（頗）䫇（頗）顲（顩）,不平。立（丘）檢反。〔一五三六〕二。嵰山高。**儼**敬。魚□□。□。〔一五三七〕顩（顩）頊（頗）顩（顩）。〔一五三八〕广胡（因）巖爲室。〔一五三九〕隒山形似重甑。礹嶄礹。嬐嬐然,齊。**儉**巨險反。二。芡鷄頭。**撿**撿挍。居儼反。三。檢書檢。瞼目瞼。**黶**面有黑子。於琰反。三。襝襝（襜）。〔一五四〇〕檿山桒。**冄**（冉）而琰反。〔一五四一〕四。姌長好皃;又奴簟反。染染色。苒草盛。**陝**縣名,在弘農。失冉反。分陝於此。〔一五四二〕二。睒暫見。**諂**（諂）丑琰反。〔一五四三〕一。**奄**應儉反。五。罨雲▨（狀）。〔一五四四〕郁國。掩掩取。弇同。〔一五四五〕閹宦官。**漸**自染反。二。嶄嶄礹。〔一五四六〕

46 **忝**

卌六忝他玷反。二。㮇（㮇）鄉名,在濟北虵丘。〔一五四七〕**淰**水流皃。乃簟反。三。嬋弱。㻞亭□,在□。〔一五四八〕**點**點畫。多忝反。四。玷玉瑕。耆（耆）老人面有黑子。〔一五四九〕刮斫。**簟**席。徒玷反。三。扂閇户。或作串。〔一五五〇〕驔黄脊。〔一五五一〕**嗛**猨藏食處。苦蕈（簟）反。三。歉食▨（不）飽。〔一五五二〕□恨切。〔一五五三〕**稴**禾稀。盧忝反。一。**鼸**鼠名。下忝反。一。

47 **拯**

卌七拯救佲（休）。無反語,取蒸之上聲。〔一五五四〕一。

48 等 卌八等齊。多肯反。又多改反。〔一五五五〕一。 倗不肯。普等反。一。 肯可也。苦等反。一。

49 豏 卌九豏豆半生。下斬反。四。 減秏。又苦(古)斬反。〔一五五六〕 濫濫泉；又盧暫反，汎濫。 㺝犬豬物聲。 湛水皃。徒減反。又徒感反。又直心反。二。 偡偡然，齊整(整)。 床牖；一曰小户。苦減反。一。 鹻鹹。苦(古)斬反。〔一五五七〕二。 減損。又下斬反。〔一五五八〕 瀺瀺灂。士減反。一。 斬阻減反。一。 𦢊(膱)臉𦢊，羹。初減反。一。 臉力減反。一。 闞虎聲。火斬反。又火檻、苦暫[□]反。二。〔一五五九〕 欿笑。 摻執袂。所斬反。又沙檻反。一。

50 檻 五十檻欄。胡黤反。五。 艦舡。 轞力(囚)車。〔一五六〇〕 轞車聲。 獫惡。 顩長面皃。丘檻反。又五[□、□]減[□]反。〔一五六一〕一。 摲斬取。山檻反。二。 㣤(㺑)㺝㣤(㺑)，火(犬)聲。〔一五六二〕 黤青黑。於檻反。二。 黬董黬，出《孝子傳》。 醶酢漿。初檻反。一。 㺖小犬吠。荒檻反。一。

51 范 五十一范姓。無反語，取凡之上聲。四。 範模。 犯干。 范蜂。

(中缺)

切韻卷[第]五入聲卅二韻〔一五六三〕

一屋烏谷　二沃烏酷　三燭之欲　四覺古嶽
五質之日　六物無弗　▨(七)櫛阻瑟　八迄許訖
九月魚厥　十没莫勃　十一末莫割　十二黠胡八
十三鎋胡瞎　十四屑先結　十五薛私列　□□錫先擊〔一五六四〕
十七昔私積　十八麥莫獲　十九陌莫白　廿合胡閤
廿一盍胡臘〔一五六五〕　廿二洽侯夾　廿三狎胡甲　廿四葉与涉

廿五□□□〔一五六六〕　□六緝七入〔一五六七〕　廿七藥以灼　廿八鐸徒落

廿九職之翼　卅德多則　卅一業魚怯　卅二乏房法

1屋

□□□□□。□。〔一五六八〕□徙谷□。〔一五六九〕十六。黷垢黑。譃謗譃。髑髑髏。殰〔□□。□〕讀書。〔一五七〇〕櫝棺。牘簡。〔一五七一〕韣弓衣。又之蜀反。瓄珪。瀆溝瀆。韇箭箙。匵（匱）匵（匱）。犢□□。□□，□□。〔一五七二〕▨（嬻）媾（媟）。〔一五七三〕穀古鹿反。六。轂車轂。榖。瀫水名。谷山谷。瑴玉名。又古學反。縠羅縠。胡谷反。五。斛斛㪷。槲木名。螜螻蛄。蔛水草名。哭空谷反。三。□□□。□□□□。〔一五七四〕禿他谷反。又他毒反。〔一五七五〕四。誎詆誎。捔杖指。鵚鵚鶖，鳥名。速送谷反。六。蔌菜。餗鼎實。螏蝶螏，虫。樕木名。觳觳觳。觳觳觳，動物。丁木反。〔一五七六〕一。□□□□。□□。□。□□□。〔一五七七〕鱳鱳得，縣名，在張掖。又盧各反。睩視皃。䁖笑聲。〔一五七八〕錄東方音。或作角。轒轒轤，團轉木。瓻瓻塼。琭玉名。簏箱簏。螰螇螰，虫名。〔一五七九〕□□□。□□□。□□石▨（皃）。〔一五八〇〕盝去水。或作漉。騼野馬。艫舟名。〔一五八一〕殻歐聲。呼木反。二。觳獸名，似豹。又丁木反。〔一五八二〕族昨木反。二。鏃鏃鑛。鑛字勒過反。鏃矢（矢）末。作木反。一。瘯□□，□。□□□。□。□▨（碌）礁，石皃。〔一五八三〕蔟蔟蠶。又倉候反。〔一五八四〕曝日乾。蒲木反。四。瀑瀑布，水。蝶蝶螏。毷毷毷，不理。〔一五八五〕扑朾（打）。普木反。三。醭白醭。穙草生穊。卜博木反。六。濮水名。䗱□□，□□□□。〔一五八六〕▨（轐）車伏兔。〔一五八七〕嫸昌意妻。樸樸樕。木莫卜反。四（六）。〔一五八八〕沐洗。杒杒桑。〔一五八九〕鶩鳧。霂霡（霢）霂。〔一五九〇〕罞罠（思）皃；一曰毛湬（湮）。〔一五九一〕福方六反。九。腹腹肚。複絮衣。幅絹幅。▨（輻）▨（車）輻。〔一五九二〕复優复。葍葍蒢（蒿），菜。〔一五九三〕蝠蝙蝠。箙竹實。〔一五九四〕伏房六反。十二。復趍。虙虙羲。服衣服。茯茯苓。馥香。又扶福反。鞴（鞴）箭箙。〔一五九五〕鵩鳥名。栿□欅。〔一五九六〕鞴韋囊；步鞁。**復**菀（蔙）復，藥。〔一五九七〕**輹**車伏兔。**縮**短；或莤酒，作莤字。所六反。七。**飀**風聲。**趀**（趚）趜趀
（趚），體不申。趜字渠六反。〔一五九八〕**㜊**馬櫪。**䛌**起。**翻**鳥飛。**㩳**擊聲。**六**力竹反。十一。**陸**。**戮**刑。**勠**併力。
又力抽反。**稑**種稑。〔一五九九〕**鵱**鵱鷜，野鵝。**蓼**蓼莪。**騄**騄良，逸健馬。〔一六〇〇〕**鯥**魚名。**蔍**蔏蔍，藥名。**磟**磟碡。
逐直六反。七。**軸**。**碡**磟碡。**妯**妯娌。**舳**舳艫。**鱁**鱁鮧。**蝷**蚿蝷。**菊**舉竹反。八。**鞠**又渠竹反。**掬**取。**匊**
物在手。**鞫**窮罪。或作究。**𤞚**獸名。〔一六〇一〕**阮**曲崖。**鶪**（鵴）鳲鳩鳥。〔一六〇二〕**𪎊**䵷竹反。一。**熟**煑。殊六反。
五。**孰**誰。**淑**。**塾**門側堂。**璹**玉名。〔一六〇三〕**俶**始。昌六反。三。**柷**柷梧。**琡**大章玉。〔一六〇四〕**育**與逐反。又与下
字同。十。**毓**稚。**鬻**賣。**淯**水名。**綪**青經白緯，綪陽所織。〔一六〇五〕**賣**賈。〔一六〇六〕**棤**車覆欄。**錥**鴿錥，温器。**煜**火
光。**昱**日光。**騊**馬跳躍。渠竹反。六。**趜**趜趀（趚）。〔一六〇七〕**鮈**魚名。〔一六〇八〕**鵴**鵴鳩，鳥名。〔一六〇九〕**鞠**蹋鞠。**蜩**蜩
鼁（竈），蟾蜍別名也。〔一六一〇〕**鼁**（竈）取育反。〔一六一一〕二。**蹴**蹋。**粥**粥糜。之六反。三。**喌**呼鷄聲。又職鳩反。**祝**
巫祝。**肉**如竹反。三。**衄**鼻出血。**鰤**魚子；一曰魚名。**叔**式竹反。俗作𠙚。六。**儵**（儵）青黑繒。〔一六一二〕**倏**
（倏）大（犬）走疾。〔一六一三〕**菽**豆。**透**驚。又他豆反。**𪏭**（𪏭）黑虎。〔一六一四〕**蓄**冬菜。字或作稸。許竹反。五。**畜**
養。又丑救、許救、丑六三反。**嫪**媚。**鄐**晉刑（邢）侯邑。〔一六一五〕**莧**羊蹄菜。**竹**陟六反。四。**築**擣。石（古）作筊
（筊）。〔一六一六〕**筑**箏筑。**竺**天竺，國。〔一六一七〕**踧**齊。初六反。六（三）。〔一六一八〕**矗**直皃。**躖**廉謹狀。**蹙**迫。子六反。
二。**踧**踧踖，行而謹敬▨（皃）。〔一六一九〕**朒**月朔見東方。女六反。三。**恧**慙。**忸**忸怩。**緎**文。側六反。一。**蝮**蝮虵。
芳伏反。三。**蕌**草名。**覆**反。**郁**文；又郁〔□〕，縣，在北地。於六反。〔一六二〇〕十。**彧**文章。或作棫。**燠**熱。**栯**栯
李。**噢**噢咿，悲皃。**墺**墺壞（壞）。**膜**胃。**薁**䕷薁，草名。**澳**隈。**篽**可漉米。**肅**息逐反。八。**宿**又息救反。**蓿**苜
蓿。**夙**早。**玊**朽玉；又人姓。**鸕**鸕鷀，西方神鳥。**蟰**蟰▨（蛸），虫。〔一六二一〕**驌**驌驦，馬名。**目**莫六反。六。**睦**親
睦。**穆**（穆）和。〔一六二二〕**苜**苜蓿。**牧**養。**坶**坶野，殷地名。**囿**園。于目反。又于救反。一。**稸**稸積。丑六反。一。

2 沃

一沃灌。烏酷反。三。鋈白金。鱟魚名。毒徒沃反。三。薄篇筑草。蝳蝳蛛。篤厚。冬毒反。三。督(督)攣。〔一六二三〕裻(褶)衣背縫。〔一六二四〕酷虐。苦沃反。四。焅熱氣。梏禾熟。嚳帝嚳。鵠鳥。胡沃反。三。睢鳥名。〔一六二五〕寉高。〔一六二六〕僕蒲沃反。三。鏷鏷辜,矢(矢)石(名)。〔一六二七〕蠂蠂贏。〔一六二八〕洬雨聲。先篤反。二。裻新衣聲。捁(梏)手械。古沃反。〔一六二九〕五。牿牛馬牿。〔一六三〇〕䧼鴨(鳿)鵠(䧼),似鵠,鳥名。〔一六三一〕䅵地名。告又古号反。瑁瑇瑁。莫沃反。又莫佩(代)反。〔一六三二〕二。楣門樞橫梁。熇熱。火酷反。二。臛羹。又呵各反。〔一六三三〕褥小兒愛。內沃反。〔一六三四〕一。傶邑名;一曰姓。將▨(毒)反。〔一六三五〕一。

3 燭

三燭之欲反。七。屬付。又市玉反。俗作屬。矚視。䌲綴帶。噣託。鸀鸀鳿,鳥。躅小兒行皃。玉語欲反。三。獄囚屋。鳿鸀鳿。旭旦。許玉反。三。頊顓頊。勗(勗)勉。輂禹所椉。居玉反。五。絭纏臂繩。鋙(鋦)以鐵縛物。捂(挶)持。臼斂手。局(局)渠玉反。又作局。[□]。〔一六三六〕跼(跼)跧跼。蜀市玉反。五。韣弓衣。[□]徒谷反。〔一六三七〕蠋虫。㑁㑁倲,動皃;又短皃。襡長襦。觸突。尺圡(玉)反。〔一六三八〕二。歜怒氣。辱而蜀反。六。蓐草蓐。褥氈褥。鄏郟鄏,地名,在河南。縟文綵。溽(溽)溽(溽)暑。〔一六三九〕束書蜀反。二。倲㑁倲。欲余蜀反。五。浴洗浴。鵒鸜鵒。鋊炭鉤。輍車枕前。躅躑躅。直録反。一。録力玉反。十一。淥水名,在相(湘)東。〔一六四〇〕䚄眼曲。緑色。醁美酒名。騄騄駬,馬名。娽隨從。菉菉蓐,草。逯逯,謹;又姓。〔一六四一〕鯥魚名。籙圖。曲起玉反。三。䱡魚名。筁蠶薄(簿)。瘃寒瘡。陟玉反。〔一六四二〕二。斸斫。贖神燭反。一。足即玉反。一。幞帊。房玉反。一。促七玉反。一。續似玉反。三。俗時俗。藚澤瀉,藥名。〔一六四三〕粟相玉反。三。憟憟斯。涑水名,在河東。又速侯反。轐落牛頭。封曲反。〔一六四四〕一。梀梀槅(樗),木。丑録[□。□]。〔一六四五〕

4 覺

四覺古獄反。又古孝反。八。斠平斗斛。角牛角。桷椽桷。〔一六四六〕較。瑴雙玉。鷽馬腹下聲。觷飾杖頭骨。又胡歷反。獄或作岳。五角反。三。樂又盧各、五教二反。鸑鸑鷟,鳥。浞水涇。士角反。五。莘(丵)藂生。〔一六四七〕鋜鎖足。濁㵪濁。鷟鸑鷟。捉側角反。三。穛早熟穀。穱稻處種麥。朔所角反。四。敕口嗽。字或作嗽。槊刃（刀）槊。〔一六四八〕蒴蒴擢，草。〔一六四九〕斵治。俗作斲。丁角反。八。涿郡名。諑許（訴）。〔一六五〇〕㧻（椓）擊。〔一六五一〕斀斀謹。卓高。琢治玉。啄鳥啄。又丁木反。剥落。北角反。五。駮六駮，獸。㰁指聲。駮馬色。爆皮破。邈遠。莫角反。二。藐柴（紫）草。〔一六五二〕雹雨水（氷）。蒲角反。〔一六五三〕十。撲相撲。跑秦人言蹴。騂獸名，似馬。〔一六五四〕鮑鮑箭。鰒魚名。［□□□］。〔一六五五〕㸃（㸃）爪（瓜）㸃。〔一六五六〕犦犎（犎）牛。又甫教反。〔一六五七〕礐嗃（嗃）礐。〔一六五八〕璞璞玉。疋（匹）角反。五。𢷾擊聲。又疋（匹）革反。犦牛未治。樸木素。或作朴。攴楚。㱿（㱿）皮甲。苦角反。〔一六五九〕七。愨謹。搉（榷）擊。又苦學反。皵𤿿皵，皮乾。確鞕（鞕）。或作碻。〔一六六〇〕㲉鳥卵。㱿𢦏（盛）鯌（鱭）器。〔一六六一〕濁直角反。六。擢拔。濯瀚。鸐日（白）鸐，鳥。〔一六六二〕嬥直好皃。藋蒴藋。渥霑濡（濡）。於角反。八。握持。偓偓佺，仙人。箹小籥。幄大帳。喔鷄聲。鷽小（山）鵲。〔一六六三〕葯白芷。搦持。女角反。二。嫋屋角。逴遠；一曰警（驚）夜（走）。勑角反。〔一六六四〕三。晫明。踔跛。犖牛雜色。吕角反。一。學户角反。四。确磽。嶨山多大石。𤿿𤿿皵。〔一六六五〕吒怒聲。許角反。四。豿（豿）豕聲。〔一六六六〕韇（韇）㬎（急）。〔一六六七〕鷽鳥肥。娖鏩（辨）。測角反。〔一六六八〕四。磢磢礫。齪齒相近。竦恭謹皃。

5 質

五質之日反。七。晊大。郅郁郅，縣，在北地。桎桎梏。櫍啓（砧），行刑用斧櫍。〔一六六九〕蛭水虫。騭騭馬，後漢有郅騭。日人質反。二。馹驛。實神質反。一。秩直質反。三。紩縫。帙或作袠（袠）。〔一六七〇〕悉又作悉。息七反。二。膝（膝）按《文》作厀。〔一六七一〕一數名。憶質反。二。壹專。〔一六七二〕七親悉反。五。漆水名，在岐。鶔鳥名。郪地名，在齊。桼膠桼。今作漆。疋（匹）譬吉反。〔一六七三〕一。吉居質反。二。趌趌趨，走皃。暱近。尼質反。又作昵。二。衵近身衣。逸失。夷質反。六。佚佚樂。佾舞佾。〔一六七四〕軼車過。又同結反。溢滿。鎰廿兩。詰去吉反。二。蛣蛣蜣，蟲。欯笑。許吉反。一。桔（抶）朾（打）。丑栗反。〔一六七五〕一。栗力質反。六。慄戰慄。溧水名，在丹陽。颸溧颸，風聲。鷅鶹鷅，流離鳥別名。剽細削。窒寒（塞）。陟栗［□］。又丁結反。[一六七六] 四。挃撞。厔盩厔，縣，在扶風。銍刈；又縣名，在譙郡。熜火燒。翠恤反。一。疾秦悉反。三。嫉妬。又秦四反。蒺蒺蔾。刹割聲。或作剢。初栗反。一。失識質反。二。室房室。堲堲周，燒土葬。資悉反。四。嘁鼠聲。唧啾唧，多聲。沏灒水。蜜蜂。民必反。[一六七七] 四。謐静謐。醓飲盡。樒大（木）樒，樹名。[一六七八] 必卑吉反。十。畢竟。篳織荊門。韠胡服蔽脒（膝）。珌刀上飾。蹕警蹕。滭滭沸，水皃。罼兔内（网）。鷝鷝鴓，鳥名。觱觱栗，胡樂。聿餘律反。七。鴥飛駛皃。燏火光。遹述；一曰遵。鷸鳥名。驈黑馬白髀。繘汲綆。卒子聿反。又則骨反。一。卹分賑。辛聿反。四。恤憂。戌戌亥。訹謏訹，誇（誘）。謏字蘇后反。[一六七九] 崒山高。聚卹反。一（二）。[一六八〇] 踤。姞［□］，一曰字。巨乙反。[一六八一] 二。佶正。術食聿反。四。述。秫穀名。古作朮。沭木（水）名，在琅耶。橘居蜜反。三。蕎草蕎。繘汲綆。又餘律反。邲地名，在鄭。毗必反。八。比比次。或作坒。又鼻脂、必履、婢四三反。柲偶。[一六八二] 馝香。䩛車束。佖有威儀。[一六八三] 鮅魚名。[一六八四] 駜馬肥。出尺聿反。又尺季反。一。趫狂走。其聿反。三。僪無頭鬼。趉赱白（皃）。[一六八五] 颰小風白（皃）。許聿反。[一六八六] 四。眓（眓）高視。[一六八七] 狘飛皃。㾈狂赱。律呂恤反。四。寽捋取，今予（寽）尒（禾）是。[一六八八] 繂繩。膟腹脂。怵憂心皃。竹律反。二。窋在穴皃。又丁滑反。朮藥名。或作苿。直律反。二。炪烟出。黜丑律反。三。怵怵惕（惕）。[一六八九] 訹赱。䬘風。于筆反。二。汩水流。又古沒反。[一六九〇] 率領。所律反。三。帥師。[一六九一] 蟀蟋蟀。筆鄙蜜反。二。潷去滓。密（密）美筆反。[一六九二] 三。峚（峚）山刑（形）如堂。[一六九三] 蔤（蔤）荷本下曰（白）。[一六九四] 弼俗作弼、弻字。房律反。二。秭秭稷，禾重生。乙於筆反。二。鳦鷾。耴聲（聱）耴，魚鳥狀。魚乙反。[一六九五] 一。

6 物

六物無弗反。三。勿。芴土爪（瓜）。[一六九六] 弗分物反。六。紱綬。韍［□□。□□。□□□□。□］蔽脒。[一六九七] 欝古作鬱、欎。迂物反。［□］。[一六九八] 灪灪滃，大水。爩烟氣。孓無左臂。九物反。又九月反。[一六九九]

二。緄翟衣。屈區物反。又居物反。〔一七〇〇〕二。詘辝謇。〔一七〇一〕倔倔強。衢物反。六。𨃩足力。掘掘地。崛山短而高。䘿衣短。屈尾短曰屈。〔一七〇二〕佛符弗反。四。佛佛欝。坲塵起。岪山曲。颰疾風。許物反。二。欻暴起。䬍風聲。玉（王）物反。〔一七〇三〕二。搰擲。〔一七〇四〕拂敷物反。六。帗韜髮。〔一七〇五〕崫崩聲。茀草色（多）。〔一七〇六〕艴淺色。秡（祓）除。又孚物（吠）反。〔一七〇七〕

7 櫛

七櫛梳。阻瑟反。〔一七〇八〕三。瀄瀄汨，水流。𥟍秭。〔一七〇九〕瑟▨（所）櫛反。〔一七一〇〕五。飋飋颶，風皃。蟋蟋蟀。虱蟣虱。璱玉鮮潔皃。

8 迄

八迄至。許訖反。四。仡壯皃。釳乗輿馬上揷。〔一七一一〕肸肸響。又許乙反。訖居乞反。二。吃語難。疙癡皃。魚乞反。一。𧺝行皃。其迄反。一。圪高皃。于乞反。又魚迄反。一。乞去訖反。又去餼反。二。芞香草。

9 月

九月魚厥反。三。刖絶。軏車。〔一七一二〕伐征。房越反。八。筏乗桴渡水。罰罪。閥閥閱，自序。垡耕垡。撥（橃）木撥（橃）。〔一七一三〕𤽺（𤽺）舂米。厌（厰）盾。新加。〔一七一四〕越户伐反。〔一七一五〕五。粤辝。鉞斧鉞。𢧵紵布。〔一七一六〕樾樹陰。厥居月反。八。蹶失腳。𠢸強力。瘚氣逆。〔一七一七〕劂刻刀。蕨菜。蟨獸名，走則蹎（顛），常爲蛩蛩取食，蛩蛩負之而走。𧾸跳𧾸。噦居（乙）劣反。此字亦入薛部。〔一七一八〕一。嫳嬳嫳，婦人皃。於月反。二。餮飴安豆。觼以角發物。其月反。六。鷢白鷢，鳥。撅株撅。〔一七一九〕橜杙橜。蹷倒。𦢊尾本。闕去月反。二。𣿔水名，在義陽。髮方伐反。二。發遣發。韈（韤）屬韤。望發反。亦從韋。〔一七二〇〕一。䫼小風。許月反。三。歇氣泄。許謁反。三。猲獸走。泧水皃。謁於歇反。四。閼歲在夘名。又於葛、於連二反。暍傷熱。黦色壞。蠍蠆。猲獢，犬。〔一七二一〕訐面斥以言。居謁反。〔□〕居例反。〔一七二二〕三。𧼑走皃。羯羯羊。揭擔（擔）物。其謁反。一。𢗧（怫）恨怒。疋（匹）伐反。一。

10 沒

十沒莫勃反。三。歿死。𤤶玉名。骨古忽反。四。縎縎結。鶻鶻鳴（鳩）。又胡八、胡骨二反。〔一七二三〕榾狗（枸）

骨（榾），木。〔一七二四〕勃蒲没反。〔一七二五〕六。渤渤澥，海名；又水皃。䮝馬，牛尾一角。〔一七二六〕餑茗餑。垺塵起。馞大香。咄河（訶）。當没反。〔一七二七〕一。宊宊出。他骨反。〔一七二八〕三。棁大杖。踈蹂。突觸。陁骨反。六。揬搪。〔一七二九〕腯（腯）肥腯。〔一七三〇〕鼵鼠名。鶟鳥名。堗竈堗。頞内頭水中。烏没反。四。膃膃肭，肥。殟心悶。嗢咽。忽呼骨反。五。惚恍惚。寣睡一覺。笏。乾㤂（急）𢥞（擷）。𢥞（擷）字呼結反。〔一七三一〕兀高皃。五忽反。四。扤動摇。屼山皃。杌樹無枝。𡋯按物聲。普没反。一。窟穴。苦角（骨）反。〔一七三二〕五。泏温（漚）池。〔一七三三〕頢日（白）禿。〔一七三四〕矻用力。或作左。〔一七三五〕顝大頭皃。訥諾骨反。三。肭膃肭。抐内物水中。窣勃窣。蘓骨反。二。䴛磨麥。猝倉猝。麁没反。一。捽手捽。昨没反。三。椊椊杌，以柄（柄）内孔。𪘦𪘦。麧麧糈（糈）頭。下没反。〔一七三六〕五。齕齧。又胡結反。紇又胡結［□］。〔一七三七〕淈淈泥。又古忽反。搰掘地。卒則没反。又子出反。二。倅百人爲長（倅）。〔一七三八〕歆一骨反。咽中息不利。新加。一。

11 末

十一末木止（上）。莫割反。〔一七三九〕十二。秣秣馬。昧星，《易》曰『日中見昧』。䫌䫌顒，健。抹抹摋，手摩。佅佅達（倢），肥皃。〔一七四〇〕妺妺嬉，桀妻。怽忘。坺壤土。沬水沬；一曰水名，在蜀。［□］武泰反。〔一七四一〕瀎塗拭。䳮鳥名。枂去樹皮。五活反。一。橃（撥）慱末反。〔一七四二〕九。癶足癶剌。〔一七四三〕祓蠻夷蔽膝衣。〔一七四四〕茇根茇。鉢。䳊鳥名。鱍魚掉尾皃。速（迊）㤂（急）走。䯽䯽鬢，多鬢皃。䰊姊末反。〔一七四五〕二。拶逼拶。括檢。古活反。六。㶎水流。鬠結髮。檜木名。聒聲擾。苦苦蔞。闊苦括反。二。筈箭筈。活户括反。二。祮祠。奪徒括反。〔一七四六〕三。敓（敚）强取。〔一七四七〕脱肉去骨。又土活反。豁豁達。俗作豁。呼活反。四。濊水聲。或作濊。奯大開目。泧（泧）瀎泧（泧）。〔一七四八〕斡（斡）轉。烏活反。〔一七四九〕四。焥火烟出。睕目開皃。枓枓取物。或作捾。繓繓結。子括反。二。撮手把。鏺兩刃，刈草木。普括反。五。撥（撥）芟。〔一七五〇〕蹳蹋草聲。拺（拂）推。䤀（䤀）酒色。侻侻可；一曰輕。他活反。二。捝解落。或作脱。捋手捋。盧活反。二。𠜾削𠜾。掇拾。多活反。

三。鵽鵽雀。腏挑取骨間肉。撮手取。七活反。[□]。〔一七五一〕䟦䟦足(躠)，行皃。蒲活反。〔一七五二〕十。跡(跡)行皃。魃旱魃。疺(废)舍。〔一七五三〕酦酒氣。軷將行祭名。馛香氣。炦火氣。颰風皃。癹除草。躠䟦躠。桑割反。三。薩。〔一七五四〕撥挂(抹)撥。〔一七五五〕怛悲。當割反。六。𢡆驚。妲妲己，紂妃。呾相呵。炟火起。靼莫靼，縣，在五原。闥他達反。七。㒓侏㒓。撻打。躂足跌。澾泥滑。獺(獺)水狗。鰨(鰨)魚名。遏遮。烏葛反。四。齃鼻齃。堨擁堨。閼止。又於連[□]。〔一七五六〕剌僻。盧達反。六。揧破斫。〔一七五七〕辢辛辢。莿莿蒿。㾦㾦瘌，不調皃。攋撥攋，手披。渴苦割反。古作潵。一。逹陁割反。〔一七五八〕一。巀巀嶭，山名，在扶風。才割反。又才結反。〔一七五九〕一。嶭五割反。又五結反。四。轍車載高。屵高山狀。枿伐木餘。葛葛蘁。古達反。五。篕篕(篕)，桃枝竹名。獦獦狚，獸名，似狼。割分割。䮎馬走疾。〔一七六〇〕褐衣褐。胡葛反。六。鶡鳥名。毼毛布。曷何。蝎虫。餲餅名。䫘頼䫘。許葛反。四。猲恐。〔一七六一〕暍白色。嗽訶。捺手按。奴曷反。一。擦足動草聲。七曷反。一。

12 黠

十二黠胡八反。二。䯤齧聲。札側八反。三。𣧄癘疾。〔一七六二〕蚻小蟬。拔蒲八反。又蒲撥反。二。菝菝𧦝(𧦝)，根可作飯(飲)。〔一七六三〕𧦝恪八反。六。劼用力。〔一七六四〕鬝禿鬝。扴巧扴。〔一七六五〕刮剹刮。硈石狀。滑户八反。五。猾狡猾。䱻魚名。鶻鶻鳩。又吉没反。〔一七六六〕螖蟛螖，似蟹而小。八博拔反。二。𩡧馬八歲。窡(窨)口滿。丁滑[□]。〔一七六七〕二。娺婠娺，好皃。豽獸名，似貍。女滑反。《說文》作貀。[□]。〔一七六八〕嗗飲聲。馬(烏)八反。〔一七六九〕二。婠婠娺。齺齒利。切(初)八反。〔一七七〇〕四。蔡草蔡。察鑒。檫木名。割去惡內(肉)。古骨(滑)反。〔一七七一〕二。鱊魚名。戛指(楷)。古黠反。七。扴指扴(扴)物。〔一七七二〕玠垢玠。稭祭天席。〔一七七三〕鴶鴶鵴(鵴)，鳩名。〔一七七四〕楔(楔)櫻桃。又先結反。鞂草鞂。軋車輾。烏黠反。五。圠山曲。揠拔草心。嫼嫉怒。猰(猰)猰貐，獸。殺殺命。所八反。二。鎩鳥羽病。傄傄㑻(㑻)，健皃。莫八反。二。䀣惡視。㑻(㑻)呼八反。〔一七七五〕一。痆瘡痛。女黠反。一。黜屈。女(五)滑反。〔一七七六〕一。䯣力作。口滑反。一。

13 鎋

十三鎋車軸頭鐵。古作舝。胡瞎反。四。 䶗齧聲。 鶷鶷鸖，鳥名。 砎礣砎，鞕。礣字慕鎋反。 鸖乙鎋反。三。 閜門扉聲。 圔駱駞鳴。 齾器缺。五鎋反。二。 髺秃髺。 刹（刹）柱。初鎋反。〔一七七七〕一。 瞎瞎眼。許鎋反。一。 鶡（鶡）木虎，樂器。枯鎋反。二。 磍剥磍。 獺獸名。他鎋反。又他達反。一。 痆痛。女鎋反。[□]。〔一七七八〕 刮削。古頒反。三。 鴰鶬鴰，鳥名。 祮襪祠名。 頒頒頢，𩕄（強）可白（皃）。丑刮反。〔一七七九〕一。 頢短面。下刮反。五。 餂繒細。 敌盡皃。 舌塞口。 婠面浄。 鵽鳥名，似雉。丁刮反。又多活反。二。 窡（窡）穴中出。 刖去足。五刮反。又魚越反。二。 刞獸食草殘。 妠婠妠，小肥。女刮反。婠字烏八反。[□]〔一七八〇〕 纂黑。初刮反。一。 礣小（礣）砎。慕鎋反。〔一七八一〕二。 帓帓帶。 捌捌杷。百鎋反。一。 鶛鶷（鶷）鶛，鳥。古鎋反。二。 擖刮聲。

14 屑

十四屑先結反。六。 楔（楔）木名。 揳（揳）擭揳，不方正。 躃蹩躃，旋行。 糏米麥破。 偰動草聲。 切千結反。四。 嘹小語。 齸齸齒。 竊盜竊。〔一七八二〕 結古屑反。八。 絜麻一耑。 潔清。 鍥（鍥）鎌别名。 桔桔梗。 楔（楔）楔槔，汲水。 趯（趯）走皃。 鶪（鶪）鶪鶛，鳥名。 節子結反。七。 卪瑞信。〔一七八三〕 癤（癤）瘡癤（癤）。〔一七八四〕 瀐小灑。 蝍蝍蛆，虫。又子力反。 爑燭餘。 楶屋梁上木。 血呼玦反。五。 䀏瞠䀏，惡皃。 窬穿皃。 泬泬寥，空皃。 疢瘡裹空。 闋古（苦）穴反。〔一七八五〕一。 玦佩。古穴反。十一。 潏泉出皃；又水名，在京兆。 映目患。 譎譎諌。 訣别。 觼環有舌。 駃駃騠，良馬。 芵芵明，藥名。 鴂鶗鴂，鳥名，春分鳴。 决。 赽馬疾行。 穴胡玦反。一。 抉抉出。於决反。三。 穾穿皃。 瞲目深皃。 姪曰（姪）娣。徒昃（結）反。〔一七八六〕十六。 昳日昃。 眣目出。 胅骨胅。 亞（凸）高起。〔一七八七〕 垤蟻封。 耊老。 迭遆（遞）。 跌跌踼。 絰縗絰。 驖馬黑。 嵽嵽嵲，高皃。〔一七八八〕 軼車相過。又以賢（質）反。〔一七八九〕 閲閶閲，鄭城門。 駃馬行。 瓞（瓞）爪（瓜）瓞（瓞）。〔一七九〇〕 鐵古作鐵（銕）。俗作鐵。他結反。〔一七九一〕三。 僣僣倪。 餮貪食。 纈錦纈。胡結反。九。 閶閶閲。 擷捋取。又虎結反。 擷縛。 頡頡頏（頏）。〔一七九二〕 頁頸（頭）。〔一七九三〕 齕齧。 紇。 襭以衣衽盛物。 涅水中黑土。奴結反。三。 捏捺。 莄菜，似蘒。〔一七九四〕截作（昨）結反。案《文》作截。〔一七九五〕三。蠘傍出道（前）。〔一七九六〕岊（岊）山峯。又子切反。齧噬。五結反。五。霓虹霓。蜺寒蜩。嵲嵽嵲。案《文》作𡾓。〔一七九七〕槷（槷）危槷（槷）。〔一七九八〕蔑無。莫結反。九。懱輕。穖禾穊。矆目赤。擜擜拼（揳），不方正。〔一七九九〕蠛蠛蠓。篾竹皮。幭帊襥（䙚）。〔一八〇〇〕鸔工雀。彇（弽）弓戾。方結反。〔一八〇二〕二（三）。〔一八〇二〕𥿻輓。又普蔑反。閉闔。又博計〔□〕。〔一八〇三〕噎食塞。烏結反。四。䊦稯䊦。窫靜。蠮蠮螉。㹤（猰）猰犺（犺），不仁。苦結反。犺（犺）字苦浪反。〔一八〇四〕六。顃（顃）瀕顃，短皃。挈提。又苦計〔□〕。〔一八〇五〕𤭛𤭛鉼。受一斗（斗）。〔一八〇六〕𡗝奊𡗝，多節目。奊字練結反。羿（契）羿闊。又苦計〔□〕。〔一八〇七〕昚肥牡（壯）。虎結反。〔一八〇八〕二。覕。撇小擊。普篾反。二。蟞江南人呼鐅刃。蹩蹩躠，旋行。蒲結反。五。撆反手擊。潎潎顃。癟戾癟，不正。䬩香。窒塞。丁結反。又陟栗反。三。㗌㗌咄。䁩䁩䀎。奊奊𡗝，多節目。練結反。案《文》從圭作𡗝（奊）。〔一八〇九〕一。綟盧結反。麻綟。一。

15 薛

十五薛私列反。〔一八一〇〕九。緤繫。又紲同。媟狎。疶利病。〔一八一一〕褻裏衣。鏊田器。泄漏。渫治井。卨殷祖。或作偰。列呂薛反。十二。迾遏。蛚蜻蛚，蟋蟀。鮤魚名。烈光。洌（洌）清（清）。〔一八一二〕冽寒。裂破。茢桃茢，除不詳（祥）。〔一八一三〕颲風雨暴至。鴷啄木鳥。鴷次弟馳。新加。蜇（悊）陟列反。從心；又作嚞。〔一八一四〕二。蜇虫蜇（螫）。或作蛆。〔一八一五〕傑（傑）渠列反。〔一八一六〕六。桀（桀）。〔一八一七〕竭《説文》作渴。碣碣石山。楬有所表識。搩（榤）雞栖杙上。〔一八一八〕熱如列反。一。哲光。旨熱反。又旨例反。四。浙江名，在東陽；一曰浙江。折又常列反。靻柔皮。舌食烈反。二。揲數。又尸列反。按《文》思頰反，『閱持』。〔一八一九〕孽庶。魚列反。案《文》孼。〔一八二〇〕八。蘖蘖餘。櫱麴櫱。讞正獄。孽妖孽。蠥虫禽妖恠。闑門中礙。嶭山高危。又藝哲反。朅朅來。去竭反。又去謁反。一（二）。〔一八二一〕揭高舉。滅亡別反。二。搣手拔。鷩雉屬，《礼》有鷩冕。并列反。三。鼈魚名。虌蕨菜。絶情雪反。一。蕝束茅表位。子悦反。又子芮反。〔□〕。〔一八二二〕雪相絶反。一。𤿭皮破。丑劣反。一。悅翼雪反。五。閲蔄(簡)閲。蜕蟬去皮。又他臥反。蔄草名，似芹。娧姚娧，美好。又他會反。缺少。傾雪反。一。爇放火。如雪反。二。蜹蚊蜹。説失爇反。又翼雪、失鋭反。一。拙職雪反。三。棁梁上短柱。蝃鼅鼄。歠大飲。昌雪反。一。輟止。陟劣反。四。啜田間道。惙疲。㔍按《文》『刊』。新加。劣力惙反。四。埒馬埒。脟脇肉。踍踍蹶，蚝(跳)皃。〔一八二三〕覕暫見。芳滅反。三。瀎漂。憋怒。別憑列反。一。莂分莂。或詶。方列反。一。轍(轍)車轍迹。直列反。〔一八二四〕四。徹(徹)通。撤發撤。澈(澈)水澄。刷掃。所劣反。二。唰鳥理毛。孑單。居列反。三。釨句子(孑)戟。〔一八二五〕趌趌蹷，跳皃。設識列反。二。蔎香草。昗(旻)舉[□□□。□□□。□]。〔一八二六〕烕烕滅。翋(翝)小鳥飛。〔一八二七〕吶嗗吶，聲不出。女劣反。又女欝反。一。妜於悅反。一。蹶有所犯突。紀劣反。又其月、居衛二反。二。豩豕發土。〔一八二八〕嫳八(嫳)妜，輕薄易怒皃。扶列反。〔一八二九〕一。茁草生。側劣反。又側滑反。二。䵣(䵣)短尾(黑)皃。〔一八三〇〕膬臑而易破。七絶反。〔一八三一〕一。蠽茅蠽(蠽)，似蟬。子列反。〔一八三二〕三。䴏小鷃。屮(屮)小屮。椴茱萸。山列反。一。焆烟氣。於列反。一。屮草初生皃。丑列反。一。娎喜皃。許列反。一。啜嘗。樹雪反。一。劕割斷聲。厠滑反。〔一八三三〕一。

16 錫

十六錫先擊反。七。析分。俗作析(枂)，亦通。〔一八三四〕裼祖裼。晳(晳)日(白)色。〔一八三五〕緆細布。蜥蜥蜴，虫名。淅釋米。激古歷反。又古竅反。四。擊打。〔一八三六〕墼土墼。鶪鳥名。霹霹靂。普激反。二。劈破。歷(歷)間激反。〔一八三七〕十七。曆(曆)數。靂霹靂。𧾊𧾊趚(趚)，行皃。趚(趚)字七昔反。〔一八三八〕酈縣名，在南陽。又力知反。癧(癧)瘰癧。〔一八三九〕轢車踐。又盧各反。瓅珠瓅。鬲鐺鬲。瀝滴瀝。礫砂礫。秝稀疎。櫪馬槽。攊殺攊。櫟木名。鱳魚名。蒚山蒜。〔一八四〇〕的指的。都歷反。[□]三。〔一八四一〕艗艗舟。𡰯石地。新加。荻徒歷反。十一。狄夷狄。敵陣敵。翟翟雉。〔一八四二〕籊竹竿皃。迪進。覿見。笛樂[□]。〔一八四三〕滌洗。糴衆(粜)糴。〔一八四四〕郿鄉名，在高陵。逖他歷反。六。倜倜儻。訵訵誘。趯跳皃。剔解骨。惕怵惕。績則歷反。二。

勣功。燩乾燥。去激反。二(三)。〔一八四五〕擊傍擊。㲉攻,《漢書》曰『攻書(苦)㲉淡』。〔一八四六〕惄飢憂。奴歷反。二。㲻㲻[□]。俗作溺。〔一八四七〕寂或作家。昨歷反。一。覓莫歷反。八。幦車覆軨。幎覆。䮶馬多惡。糸。𦆈(鼏)鼎蓋。〔一八四八〕冪覆食巾。汨水名,在豫章郡。甓瓴甋。扶歷反。本二字從鳥。二。鷿鳥名。壁北激反。二。鼊鼅鼊,龜類。闃苦鶪反。〔一八四九〕一。郹邑名,在蔡。古闃反。〔一八五〇〕五。鶪伯勞。〔一八五一〕狊張目。湨水名,在河內。鼳鼠名,在木上。戚倉歷反。四。慼。鼜守夜鼓。〔一八五二〕鏚干鏚。赦笑聲。許狄反。二。閲(閱)鬩(鬩)。

17 昔

十七昔古作𥅊。私積反。六。惜恡。〔一八五三〕腊脯。瀉(潟)鹹土。〔一八五四〕磶柱下石。舄履舄。積資昔反。又資賜反。八。脊背。蹐蹐地。跡足跡。又作迹、積(蹟)。〔一八五五〕借假。又資夜反。踖踧踖,敬皃;又秦昔反,踐。鶺鶺鴒,鳥。鰿魚鰿(名)。〔一八五六〕益伊昔反。三。謚笑皃。嗌喉上。繹理。羊益反。廿。襗重祭名。亦。弈博弈。奕大。帟幕。譯傳語。懌悦懌。斁厭食。又徒故反。驛驛馬。醳苦酒。腋胛腋。嶧山名。掖持臂。液津液。⿰衤夜縫⿰衤夜。易又盈義反。⿸疒易病相染。蜴蜥蜴。埸壃埸。釋漬。施[□]反。〔一八五七〕十一。釋解釋。檡梬棗。適樂。又之名(石)、都歷[□]反。〔一八五八〕奭邵公名。郝人姓。又呼各反。睗急視。暘日無光。嫡嫁。釋耕皃。螫(螫)虫螫(螫)。〔一八五九〕尺昌石反。四。赤絳色。斥逐。〔一八六〇〕蚇蚇蠖。石常尺反。六。碩大。祏廟祏。鉐鍮鉐。鼫鼠。䄷按《文》『百廿斤』。隻之石反。六。適又作這。往。〔一八六一〕▨(炙)火。〔一八六二〕墌基。摭拾。或作拓。跖足。或作蹠。擲投。直炙反。古作擿。三。⿰麥啇麩⿰麥啇。躑躑躅。或作踊(蹢)。〔一八六三〕皵皮細起。七跡[□]。〔一八六四〕五。磧沙磧。刺穿。又七四反。又作刺(刺)。〔一八六五〕趚(趚)趚趚(趚),行皃。洓(洓)水名,在北地。〔一八六六〕席詳亦反。五。夕朝夕。穸窀穸。汐潮汐。郋鄉名,在臨邛。籍籍薄(簿)。秦昔反。七。[□□□]。〔一八六七〕踖踐。藉狼藉。又慈夜反。塉薄土。厝縣名,在清河。又七削反。瘠病。擗撫心。房益反。四。椑棺。又蒲擊反。躃倒。闢啓。役營隻反。案《文》作役。六。⿱艹役燕人呼芡。疫病。⿰魚役魚名。炈喪家竈。

鎩排。〔一八六八〕辟居（君）。必益反。〔一八六九〕五。鐴鐴土，犁耳。躄跛躄。璧玉。襞襞衣。僻誤。芳辟反。二。癖腹病。瞁驚視。許役反。一。麝（麝）麝香。食亦反。又食夜反。二。躲又食夜反。碧方彳反。新加。〔□〕。〔一八七〇〕彳丑亦□。□。〔一八七一〕

18 麥

十八麥莫獲反。案《文》從來作麥。〔一八七二〕三。脉血脉。霢霢霂（霂）。〔一八七三〕獲胡麥反。六。畫又胡卦反。〔一八七四〕嫿分眪好皃。劃錐刀刺。〔一八七五〕鱯魚名。擭度。蟈螻蟈，哇（蛙）別名。古獲反。〔一八七六〕四。馘割耳。幗婦人喪冠。膕曲脚中。蘗黃蘗。愽厄反。二。擘分擘。繴織絲爲帶。蒲革反。一。賾士革反。一。責側革反。四。䪱䪱▨，不正。〔一八七七〕簀牀簀。幘冠（冠）幘。〔一八七八〕筞馬棰。惻革反。五。笧簡。或作冊。嫧徤㥛（急）皃。〔一八七九〕皟浄。齰齒相值。䞍破聲。呼麥反。四。繣徽繣，乖違。㵼飛聲。㦤裂帛聲。礊鞕（鞕）聲。口革反。〔一八八〇〕一。覈實。下革反。五。繳衣繳。又音酌。碣石地。翮羽。核菓實。隔阻。古核反。五。膈胷膈。鬲縣名，在平原。又落激反。槅車槅。革皮。摘手取。陟革反。四。謫責。又丈厄反。猲大（犬）怒張耳。〔一八八一〕枿蠶枿。厄災。烏革反。五。搤持。又作扼。軛車軛。阸限礙。呃呃喔，鳥聲。栜（栜）木名。所責反。〔一八八二〕六。溹（溹）小雨。〔一八八三〕霡霢。瘃（瘃）瘆瘃（瘃），寒。〔一八八四〕槭殞落皃。愬懼皃。俗作愬。揊躲中聲。普麥反。〔□〕。〔一八八五〕

19 陌

十九陌莫白反。九。貊北方人。帞頭巾。袹袹複。〔一八八六〕蓦静。貘食鐵獸。蛨蚚蛨，虫。貃蠻貃。驀騎驀。磔（磔）張。防（陟）格反。〔一八八七〕三。蚚蚚蛨。舴舴艋，舟。艋字莫杏反。伯愽白反。四。迫近。百。栢木。白傍陌反。三。帛絹帛。舶海中大舡。劇憎（增）。奇逆反。▨（四）。〔一八八八〕屐（屐）屐（屧）屐。〔一八八九〕䡊（䡊）車䡊。𠃷倦𠃷。〔一八九〇〕戟刀戟。几劇反。案《文》作戟（乾）。〔一八九一〕三。撠持。蕺大蕺草。索求。所戟反。又蘓各反。三。蹥僵卧皃。溹水名，在滎（滎）陽。〔一八九二〕三。栅村栅。測戟反。三。簎《國語》『簎魚鼈』。嚄嚄嘖，大喚。胡伯反。嘖側陌反。三。〔一八九三〕迮狹。笮屋上板。齚齧。鋤陌反。四。咋呹咋，多聲。呹字烏交反。溠瀺溠，水落地。

茽(峼)茽(峼)峉，山皃。〔一八九四〕隟壁孔。綺戟反。又作此隟(隙)。〔一八九五〕三。郤人姓。〔一八九六〕綌絺綌。〔一八九七〕額
五陌反。三。鮩(鯕)鰏(鰏)鮩，魚名。〔一八九八〕峉峼峉。逆宜戟反。一。客苦陌反。二。喀吐聲。啞笑聲。烏陌
反。二。䬶飢。虩(虩)懼皃。許郄(郄)反。〔一八九九〕一。坼裂。丑格反。二。趚半步。韄佩刀飾。乙白反。一。
拍(拍)打。普伯反。〔一九〇〇〕五。魄魂魄。怕憺怕，静。珀虎珀。皛亦朾，又胡了反，出《蜀都〔□〕》。〔一九〇一〕赫赤。
呼格反。三。嚇怒。爀火色。垎土乾。胡格反。三。趦趦𧻓。挌(格)搴挌(格)。格式。古陌反。七。佫至。
鰝鰝鮩。茖山葱(葱)。骼骨骼。觡鹿角。鵅鳥名。謋謋然。虎伯反。二。溹水名，在東海。宅場陌反。〔一九〇二〕
三。擇(擇)選。澤(澤)陂澤。虢(虢)國名。古陌反。〔一九〇三〕一。擭手取。〔□〕虢(虢)反。〔□〕。〔一九〇四〕踖
踐。女白反。一。搦奴格▨(反)。□。〔一九〇五〕

20合

廿合胡閤反。又古沓反。三。迨迨遝，行相及。郃郃陽，縣，在馮翊。閤古沓反。六。鴿鳥。合又胡閤反。鉿鉿
(二)尺鋌(鋌)。〔一九〇六〕魼(鮯)魚名。〔一九〇七〕蛤蜂蛤。荅都合反。二。踏踏跛(趿)，行惡皃。〔一九〇八〕趿蘇合反。
四。颯風聲。靸小兒履。馺馬疾行。沓重。徒合反。十一。誻譶誻。遝迨遝。𢱢指𢱢。榙柱上木。涾沸溢。
𩣬𩣬駁，馬行。龖龍飛狀。〔一九〇九〕蹹𦐂蹹。〔一九一〇〕譶疾語。〔□□〕。〔一九一一〕錔器物錔頭。他合反。十一。嚃歠。
荅菜生水中。嗒安。踏著地。幍帳上覆。鞜革履。𦑣𦑣𦑣，飛皃。漯水名，在平原。佮合，出《說文》。謦案
《文》『鼓聲』。新加。雜徂合反。四。師斷聲。磼磼礏，山高；又磖礏，壞皃。雥羣鳥。帀徧。子答反。又作迊。
二。呷入口。拉折。虛(盧)合反。〔一九一二〕四。搚敗。磖磖礏。翋翋沓，飛皃。〔一九一三〕納奴答反。四。靹腝皃。
蒳子似檳榔。〔一九一四〕軜驂馬内轡係(係)軾前者。〔一九一五〕溘(溘)至。口答反。〔一九一六〕三。廅閇户聲。〔一九一七〕峆山
左右有岑(岸)。〔一九一八〕姶美好。烏合反。四。𤸷(𤸷)短氣。罨內(网)。罯覆(覆)盖。欱小歠。呼合反。〔一九一九〕
二。㽺病劣皃。嚁衆聲。五合反。二。礏礏礏。哈魚多皃。一。

21 盍

廿一盇(盍)河(何)不。胡臈反。〔一九二〇〕四。闔(闔)閶闔;[□]曰閉。〔一九二一〕嗑(嗑)筮(噬)嗑,《易》卦。〔一九二二〕蓋(蓋)苫蓋。臘臘蜡。俗作臈。盧盇反。六。𪘹齧聲。鑞[□□。□]蜜蠟。〔一九二三〕擸折。⿰鼠皮⿰鼠皮⿰韋皮,□□。〔一九二四〕皶都盇反。〔一九二五〕五。奃大耳。搨手打。砙鄭(擲)地。〔一九二六〕剔相著聲;一曰剔鉤。榻牀。吐盇反。十三。艙兩槽大舡。▨(毾)毾毲。〔一九二七〕鰈比目魚別名。案《文》作魼。鰨魚名,似鮎四足。⿱艹𦐇⿱艹𦐇布。傝□▨(隸),亦傝䃎,儜劣。〔一九二八〕狧犬食。謵謵諸,▨▨(多言)。〔一九二九〕𦐇飛皃。鞳鏜鞳,鍾鼓聲。又他合反。塔[□□。□]搭摸,摸字莫胡[□]。〔一九三〇〕歃大唻。呼盇反。一。魶魚名。奴盇反。一。蹋踐。徒盇反。一(二)。〔一九三一〕闒門□上▨。〔一九三二〕□□□,□□□。□□□。□。□▨(傝)傝,不著□。五盇[□]。〔一九三三〕一。奜惡。才盇反。一(二)。〔一九三四〕⿰扌奜搨⿰扌奜,和雜。〔一九三五〕⿰盇頁(⿰盍頁)⿰盍頁車。古盇反。〔一九三六〕三。⿰言盇(⿰言盍)多言。盖姓,漢有盖寬饒。字書作鄯。榼酒器。苦盇反。二。磕(磕)□聲。〔一九三七〕□□□,□□。□□□。□。□覆。新加。〔一九三八〕

22 洽

廿二洽和。侯夾反。五。狹隘。古作陿(陜)。〔一九三九〕袷祭名。峽三峽,山。硤硤石,縣名。恰用心。苦洽反。五。慆(⿰巾臽)巾慆(⿰巾臽)。〔一九四〇〕搯(掐)爪搯(掐)。䁍目⿰阝舀(陷)。剳□。〔一九四一〕□□□□。□。□郟鄏,地名,在潁川。〔一九四二〕筴箸。又古協反。鞈鞈鞈,韋蔽膝(膝)。跲礩礙。裌未絮衣。䀫眼細諳(暗)。〔一九四三〕餄餄餅。⿸疒逹⿸疒逹蹄,足病。筐□□。□□□。□。□□□。□馬聚(驟)。〔一九四四〕眨目動。阻洽反。三。⿸尸臿薄揳(楔)。偛偛偒,小人皃。插刺(刺)。楚洽反。四。臿舂去皮。鍤鍫。扱取。⿰鼻合⿰鼻合齁,鼻息。呼洽反。三。欱小嘗。⿰夾欠氣逆。⿴囗丑手取物。女洽反。一。霎小雨。山洽反。二。歃歃血。又山輒反。劄著。竹洽反。一。⿰足奄跛行皃。烏洽反。二。凹下。或作容(容)。〔一九四五〕

23 狎

廿三狎習。胡甲反。五。匣箱匣。翈翈上短羽。霅衆聲。又狀(杜)甲反,霅陽,郡,在樂浪。〔一九四六〕浹浹渫,水相著。〔一九四七〕渫丈甲反。〔一九四八〕二。喋啑喋,鳴(鳥)食。啑字所甲反。〔一九四九〕甲去(古)狎反。〔一九五〇〕五。胛背胛。

梜木理乱。押押籬，壁。砷山側。鴨水鳥。烏狎反。四。厭鎮。庘屋壞。窋人（入）神脉刺穴。〔一九五一〕奞（奞）春去麥皮。初甲反。〔一九五二〕一。翣飾棺。所甲反。三。貏豕母。唓唓喋，鳥食。呷喤呷，衆聲。呼甲反。二。譀誇誕。又下瞰反。《東觀記》『雖誇譀猶令人熱』。〔一九五三〕

24 葉

廿四葉與陟（涉）反。又縣名，在南陽，式陟（涉）反。〔一九五四〕四。楪楪榆，縣名，在雲中。揲揲度。鍱鐵鍱。接交。紫葉反。五。椄續木。睫目睫。檝（楫）舟檝（楫）。〔一九五五〕婕婕妤。攝書涉反。四。灄水名，在西陽。葉縣名。歙縣名。涉時攝反。一。獵取禽。良涉反。四。鬣鬚鬣。躐踐。曬日暗。捷獲。疾葉反。一。牒細切肉。直輒反。二。堞下入。又直立反。敏敏敏。於輒反。二。裛又於及反。敵尼輒反。五。聶姓。躡陷（蹈）。〔一九五六〕鑷鑷子。庻（疌）機庻。〔一九五七〕謵小言。七（叱）涉反。〔一九五八〕四。櫐樹茱（葉）動皃。姑輕薄。〔一九五九〕詀詀讘，細語。讘詀讘；又泒（泒）讘，縣名，[□]靖河。而涉反。〔一九六〇〕二。顳顳顬，鬢[□]。〔一九六一〕讋多言。之涉反。五。囁口動皃。又而涉反。懾布（怖）皃。〔一九六二〕摺摺疊。慴又作讋。〔一九六三〕妾七輒反。三（二）。鍱（鍱）灰（炙）鐵。〔一九六四〕錘（鍤）綴衣針。丑輒反。〔一九六五〕一。极驢上負，极。其輒反。〔一九六六〕二。笈負書。輒專。陟葉反。〔一九六七〕三。耴耴耳，國名，出《山海經》。〔一九六八〕襵衣襵。又之涉反。曄光。筠輒反。又爲立[□]。按《文》作此燁。〔一九六九〕二。饁（饁）餉田。痰（瘱）少氣。去涉反。〔一九七〇〕一。萐萐莆，瑞草。山輒反。三。箑廁（扇）。〔一九七一〕歃歃血。又所洽反。紃縫。居輒反。一。厭惡夢。於葉反。一。

25 怗

廿五怗他協反。八。帖券（券）帖。〔一九七二〕鞊鼓無聲。鉆鉆著物。黏奞黏。貼以物徵錢。跕跕屣。又丁協反。碟小䠥（踏）。〔一九七三〕惵（協）和。胡頰反。或作叶。〔一九七四〕四。勰（勰）思。挾持。俠任。〔一九七五〕頰頰面。古怗反。六。鋏長鋏，劒。筴箸。又古洽反。莢蓂莢。蛺蛺蝶。唊多言。愜心服。[□]作悘。苦協反。〔一九七六〕二。篋箱篋。牒徒協反。十二。喋便語。蹀小疋（走）聲。〔一九七七〕蹀躞蹀。諜反問（間）。〔一九七八〕堞城上垣。轞車聲。氎細毛布。褺（褻）里衣。〔一九七九〕疊重疊。蝶蛺蝶。鰈鰈簸。擪指按。於協反。二。靨靨子。苶病劣皃。乃協反。七。惗（埝）暗（暗）聲。〔一九八〇〕 㫼晦冥。諗聲絶。捻。［□□□］。〔一九八一〕 㪧寒（塞）。〔一九八二〕 □□反。〔一九八三〕五。屧（屧）屧屐（屐）。〔一九八四〕 躞躞蹀。韘韝韘，躲具。瓋石，似玉。甈蹈瓦聲。盧協反。〔一九八五〕一。䀴丁篋反。〔一九八六〕三。㖿多言。㧙。蕺草簾。在協反。一。浹洽。子▨（協）反。〔一九八七〕一。弽弓弽張。呼協反。〔一九八八〕二。㵝閇一目。

26緝

廿六緝續。七入反。〔一九八九〕二。葺修葺。十是執反。三。拾取。什篇什。執側什反。〔一九九〇〕三。汁瀋。瓡縣名，在北海。習學。似入反。三。襲重。隰原隰。褶袴褶。神執反。一。集聚。秦入反。三。輯和。檝舟檝。［□□□□。□。］〔一九九一〕揖讓。伊入反。二。挹酌。溼水霑。俗作濕。失入反。二。㬎牛耳皃。㗱㗱嘸，嘸皃。姊（姊）入反。嘸字補各反。三。潗泉出。緁緁合。及其立反。二。菰冬爪（瓜）。縶縶馬。陟立反。三。霵小濕。㬫馬絆。蟄蟄虫。直立反。二。䐶肉生熟半。立力急（急）反。六。䶐齒（齧）聲。〔一九九二〕粒米粒。笠雨笠。鴗水狗。苙白苙。又其立反。〔一九九三〕急（急）居立反。［□］急。〔一九九四〕六。給供給。汲引。伋子思名。級階。芨烏頭別名。岌高皃。▨（魚）及反。□。〔一九九五〕泣去急（急）反。二。㬤欲燥。〔一九九六〕㪳小兒履。先立反。一。吸許及反。五。歙後漢有米（來）歙；又縣名，在新安，舒涉反。〔一九九七〕翕火炙；［□］曰起。〔一九九八〕諗諗評（評），語聲。〔一九九九〕濈水流皃。澀色立反。又作澁。〔二〇〇〇〕三。▨（鈒）戟。〔二〇〇一〕霅雨聲。戢止。阻立反。五。㵫淚出皃。䩞角多。咠衆咠（口）。〔二〇〇二〕蕺菜名。邑英及反。六。悒。裛裛香。浥溼。菖菖共（菸）。〔二〇〇三〕餘食餘。湁湁潗，沸。丑入反。一。熠火皃。爲立反。二。曄暐曄。又筠輒反。

27藥

廿七藥以▨（灼）反。〔二〇〇四〕八。躍跳。禴祭名。［□□□］。〔二〇〇五〕蘥燕麥，草名。鑰開鑰。〔二〇〇六〕瀹煑。爚熠爚。略離灼反。二。䂮鉄。腳居灼反。二。屩（屩）鞋屩。〔二〇〇七〕灼燒。之爍反。十。斫刀斫。彴横木渡水。犳《山海經》曰：『隄山有獸，豹而文首，名犳。』〔二〇〇八〕灼痛。勺周公樂名。酌酌酒。繳繒（矰）繳。〔二〇〇九〕焯火氣。

穛五穀皮。又公酷反。爍灼爍。書藥反。四。鑠銷鑠。獡犬驚。𡡞美好皃。若而灼▨(反)。▨(七)。〔二〇一〇〕若杜若。□。〔二〇一一〕▨(弱)▨(愞)。〔二〇一二〕□□，□□□。□□□。〔二〇一三〕楉楉榴。蒻荷莖入渠(遲)；又菜名，出蜀。〔二〇一四〕綽處約反。□。〔二〇一五〕礴▨▨(屵礴)，▨▨(屵字)□□□。□〔二〇一六〕

(後缺)

【校記】

〔一〕以下内容據《箋七》、《王二》及底卷『五支』的體例，知爲三鍾大韻字。行首至『容』字間底卷殘泐約二個半大字的空間，考《切二》相關内容作『〇傭，均直。〇逄(逢)，苻容反。三』，《箋七》同(唯『逄』之小韻標數字作『四』)，與底卷所殘空間合，茲據擬補五個缺字符。又按：因底卷抄寫之行款不甚嚴整，且同爲大字的所占空間也常有些差異(但一行約可抄二十至二十三個大字)，一個大字的空間又小於兩個小字所占的空間，故在殘泐空間的擬估字數時不能很確切，衹是一個大致的參考。

〔二〕『縫』字《切二》、《裴韻》同，《箋七》作『縫』形，《王二》、《廣韻》作『縫』形，按此『夆』、『夆』二形皆爲『夆』字俗寫，參《敦煌俗字研究》下編夂部『夆』字條考釋，然因與『洚』、『降』等字所從之『夆』旁重形，故本録文因其來源而別補正字，後不一一出校説明。

〔三〕底卷前行『峯』字條下至行末殘約五分之三行，據空間，可抄十三個左右大字，又次行行首亦殘約二個大字的空間，《切二》相關内容作『〇峯，敷容反。九。〇鋒。〇丰，丰茸。又伏風反。〇妦，好。〇蜂。〇蘴，菜。又敷隆反。〇桻，木上。〇夆，甹夆，掣曳，甹字普經反。〇烽，烽火』，與底卷所殘空間略合，《箋七》字頭數及排序與此同，唯注文有所增益，可參，茲爲前、後二殘條各擬補一個和七個缺字符。

〔四〕底卷前行『蹤』字下至行末殘泐約五分之三行，據空間，可抄十三個左右大字，又次行行首亦殘約近兩個大字的空間，《切二》相關内容作『〇蹤，迹。〇䡨，車迹。〇茸，草生皃。而容反。五。〇䡆，毳飾。〇髶，髮多。〇筸，竹頭有文。〇穠，花皃。〇蛩，蛩距。渠容反。六』，與底卷所殘空間略合，《箋七》字頭及排序與《切二》全同，唯『䩭』字注文作『䩭毛也』，『蛩』字注文標數字作『六加一』，其他注文亦同，似可參補，茲爲後一殘條擬補四個缺字符。

[五] 底卷注文『縣』下有一『名』字，上有刪除墨點，檢《切二》、《箋七》皆無『名』字。

[六] 注文『官』字《切二》、《箋七》皆作『棺』，《説文·木部》『棺，關也，所以掩尸（段注改作「屍」）』，底卷誤脱左部『木』旁，茲爲校改。

[七] 底卷『茾』字下至行末殘泐約半行，據空間，可抄十一個左右大字。然次行首字當爲另一大韻『四江』，依後面所提行書寫的大韻首字『十五灰』、『廿殷』、『廿二魂』、上聲『一董』、『卌迥』等的抄寫體例看，此末行可以不抄滿。《切二》相關内容作『〇茾，蕢莢實。〇鱅，魚名。蜀容反。二。〇慵，嬾』，《箋七》『茾』字條下另有『䂬，小島石也，出《説文》』一條，餘全同，可參。

[八] 行首底卷殘泐約二個大字的空間，考《切二》及《箋七》，此當爲大韻序號及代表字『四江』二字所在，可據補。又注文殘字底卷存左側筆畫，缺字殘泐，檢《切二》、《箋七》皆作『古雙反』，茲據校補殘字作『反』。

[九] 注文『旌旗』底卷作『旗旌』，『旌』字右上角有一乙正符號『√』。『飭』字當爲『飾』的通假字，疑其後脱『於』字，參《切二》校記[三〇]。又『於』字《切二》、《箋七》皆作『牀』，底卷誤書，茲據校改。

[一〇] 『離』字《切二》、《箋七》皆作『蘺』，古今字也。

[一一] 底卷前行『釭』字條下至行末殘泐約半行，據空間，可抄十二個左右大字，次行行首殘泐一個大字的空間，《切二》相關内容作『〇釭，燈。又古紅反。〇厖，厚大。莫江反。六。〇駹，黑馬白面。〇狵，犬。〇浝，水名。〇哤，語雜亂曰哤。〇牻，牛白黑雜。〇[□，□□]聲。[□□]反。二』，《箋七》字頭及排序全同，唯注文在此之外多引《説文》，又其最後一條作『聽，耳中聲。女紅（江）反。二』，可參。又注文殘字底卷存『耳』字中下部分，茲據校補，并為後一殘條擬補一個缺字符。

〔一二〕字頭『𥦗』爲『窻』字的篆文隸定形體之一，參《切二》校記〔三二〕。

〔一三〕『椶』字當爲『稯』之俗寫，皆『堫』之俗字，參《切二》校記〔三三〕。

〔一四〕『摐』字條注文底卷僅存『打』字，其下至行末殘泐約半行多，據空間，可抄十二個左右大字。《切二》相關內容作『〇樅（摐），打鍾鼓。〇邦，博江反。〔一〕。〇栙，雙，帆。下江反。四。〇跭，跭䨔，胡豆。〇降，降伏。又古巷反。〇缸，甖類』，與底卷所殘空間略合，《箋七》除『摐』字下多『窗』一條外，其他字頭及排序同，釋義除引《説文》部分外，亦與《切二》同，（唯『栙』字作『栙雙，帆』），可參。

〔一五〕字頭殘字底卷存右側『月』旁，茲據《切二》、《箋七》校補作『胮』字。

〔一六〕注文『南人名湍』底卷作『南人湍名』，語義扞格，茲據《切二》、《箋七》、《王二》、《裴韻》、《廣韻》乙正。

〔一七〕『所江反』小韻標數字底卷殘泐，《切二》、《箋七》皆作『四』，當可據補。

〔一八〕『雙』字條下至行末底卷殘泐約五分之三行，據空間，可抄十三個左右大字，《切二》『雙』、『腔』二條間的內容作『〇［䉶，帆］』。〇䨔，豆。〇愯，《左傳》曰「駟氏愯」。〇龐，薄江反。二。〇胮，胮□（肛），大脹皃。〇肛，許江反。二（一）』，《箋七》略同，唯『䉶』字條在『愯』（《箋七》作『㒖』）字條後，且注文或有脱誤，此比底卷所殘空間約少一個大字。可參。

〔一九〕『跫』字《箋七》作『跫』，《切二》、《王二》、《廣韻》皆作『跫』，『跫』、『跫』皆『跫』字之俗寫。

〔二〇〕殘字底卷存上部左側『丶』及右側『穴』形筆畫，茲據《切二》及《箋七》校作『涳』字。又『涳』字下至行末底卷殘泐約五分之三行，據空間，可抄十四個左右大字，《切二》相關內容作『〇涳，直流。〇幢，□□（幡幢）。□□□（宅江反）。〔三〕。〇撞，撞突。〇橦，木名，又徒東反，花可爲布。〇惷，愚。丑江反。又丑龍、丑用二反。二。〇靚，直視；目不明』，《箋七》除『撞』、『橦』二條互乙外，全同，此與底卷所殘空間略合，可參。又『靚』字注文『明』底卷作『用』形，當爲『明』字俗寫之訛變，茲據校改。

〔二一〕注文殘字存右側筆畫，茲據《切二》、《王二》及《廣韻》校補作『器』字。又缺字底卷殘泐，可從諸本補作

『酒』字。

〔三二〕『卮』字條下至行末底卷殘泐近三分之二行，據空間，可抄十五個左右大字，《切二》相關内容作『○枝，樹枝。○疻，病。○衹，適。又巨支[反]。○衼，衹衼。○肢，體。○駮，馬彊。○梔，梔子，木蘭。○禔，福。○移，弋支反。十』，《箋七》有『觶』、『鳷』二字頭而無『衼』、『駮』二字頭，且字頭排序、注文也略有不同，但章移反小韻的字頭數却同爲十個，底卷本小韻標數字『九』與《周韻》據日大谷光瑞《西域考古圖譜》所録之《切韻》斷片一』同。

〔三三〕此句底卷作『現則有兵大』，『大』字右側有一乙正符號『√』。

〔三四〕注文殘字存左側『扌』旁，兹據《切二》、《箋七》、《王二》、《廣韻》校補作『扶』字。又缺字底卷殘泐，可參諸本補作『栘』字。

〔三五〕殘字底卷存左部筆畫，其中『扌』旁可辨，兹據《切二》、《箋七》及《廣韻》等校補作『擨』字；『擨』字《説文》作『歋』，諸家韻書多作不同的俗寫之形，詳參《切二》校記〔四九〕。又『擨』字下至行末底卷殘泐近半行，據空間，約可抄十個大字，《切二》相關内容作『○擨，擨歋，手相弄。又以遮反。歋字以周反。○酏，酒。○匜，杯，似柹（桸）。○椸，衣架』，與底卷所殘空間相合，《箋七》字頭及排序同，唯注文略有增加，可參。

〔三六〕『于』字《切二》、《裴韻》皆作『薳』，《廣韻》作『王』，皆爲喻紐三等字；《王二》作『滎』，爲匣紐字，二者中古有相合之勢；《箋七》『爲』字的又音有改寫和錯亂之迹，詳該卷校記〔二〇四〕。

〔三七〕『許』字左下『口』形部分底卷漫滅，此據《箋七》、《王二》、《裴韻》録定。

〔三八〕注文『不』字左側底卷略殘，兹據《切二》、《箋七》録定。又缺字底卷殘泐，可據《切二》、《箋七》補作『正』字。

〔三九〕『嗎』字條下至行末底卷殘泐近半行，約可抄十個大字，《切二》『嗎』、『覣』二條間的内容作『○撝，謙。○逶，於爲反。五。○𣨙，枯死。○萎。○㮃，田器』，比底卷所殘空間少兩個半左右大字。《箋七》字頭與此略同（唯『撝』條在『嗚』條前），可參。

〔三〇〕字頭殘字底卷存右部筆畫，兹據《切二》、《箋七》校補作『麜』字。注文殘字底卷存『闌』旁右半，亦據二書校補作『爛』字。

〔三一〕字頭殘字存右上角筆畫，檢《切二》、《箋七》、《王二》靡爲反小韻下一小韻皆爲許規反，其代表字皆作『隳』（或省作『隳』），兹據校補作『隳』字。又『隳』字下至行末底卷殘泐半行多，據空間，可抄十二個左右大字，《切二》相關内容作『○▨（隳），毁。許規反。三。○眭，眭盱，健皃。盱字旭俱反。○觿，角錐，童子佩觿。○鬌（鬌），髮落。直垂反。二』，比底卷所殘空間少約一個大字，《箋七》『許規反』小韻爲『三加一』個字頭，比《切二》多『睢，仰目，出《説文》』一條，餘字頭及排序與《切二》同，可參。

〔三二〕『羸』字下至行末底卷殘泐約半行，據空間，可抄十三個左右大字，《切二》『羸』、『鈹』之間的内容作『○羸，力爲反。一。○吹，昌爲反。又尺爲（僞）反。二。○炊。○鈹，敷羈反。五。○帔，又芳髲反』，比底卷所殘空間少約三個大字。《箋七》昌爲反小韻字頭數爲『二加一』，比《切二》多『龡』一條，又敷羈反小韻反切上字之『敷』及『帔』字又音反切上字之『芳』皆改作重脣音『普』，底卷有無此等改動，尚不能知。

〔三三〕『碑』字下至行末底卷殘泐近五分之三行，據空間，約可抄十四個大字，《切二》『碑』、『琦』之間的内容作『○碑。○羆。○随，旬爲反。二。○隋。○虧，去爲反。一。○闚，去隳反。一。○奇，渠羈反。又居▨（宜）反。六』，比底卷所殘空間少約四個大字。《箋七》字頭及排序與此同，又『碑』、『羆』、『隋』（《箋七》作『隋』）三字皆加有訓解，底卷『闚』字條補抄於本大韻末，則原殘泐處當無此條。

〔三四〕『琦』字所從之『奇』旁底卷多俗寫作『竒』形，參《敦煌俗字研究》下編大部『奇』字條考釋，今録文中除『竒』作字頭外，皆徑改作通用字『奇』形。

〔三五〕『碕』字下至行末底卷殘泐近五分之三行，據空間，約可抄十四個大字，《切二》『碕』、『軝』間的内容作『○碕，曲岸。又巨機□（反）。○祇，地神。巨支反。八。○□（祇）。○□（岐）。○□（歧），歧路。○郊，邑。○駁，勁。○疷，病，《詩》云「俾我疷兮」』，與底卷所殘空間略合。《箋七》巨支反小韻收字數爲『九加二』個。又由是知，底卷『戎』字當是『我』字俗訛，茲據校改。又底卷注文『疷』字《切二》、《箋七》、《王二》、《裴韻》、《廣韻》皆作『疧』，『疧』當入脂部，爲『胝』的俗字，底卷俗訛，亦並據校改。

〔三六〕『啖』字下至行末底卷殘泐約五分之三行，據空間，可抄十四個左右大字，檢去奇反小韻首字《箋七》、《廣韻》作『攱』。《切二》『攱』字殘泐，其前至『啖』字之間的内容作『○啖，□□，□□□□皃。○㭒，杓。○巇，險巇。○羛，地名，在魏。○灖，水名，在新豐』，比底卷所殘空間少約三個左右大字，《箋七》略同，唯『巇』字注文訛作『僉』，又其『啖』字注文作『啖欹，貪者見食皃』，可補《切二》之缺。

〔三七〕『宜』爲『宜』之俗字，參《敦煌俗字研究》下編宀部『宜』字條考釋。又殘字底卷存頂端一横畫，茲據《切二》、《箋七》校補作『羈』字。

〔三八〕魚羈反小韻的標數字《切二》作『五』，《箋七》脱標數字，然其實收字數亦爲五個，當可據補。

〔三九〕『宜』字條下至行末底卷殘泐約五分之三行，據空間，可抄十四個左右大字。《箋七》『宜』、『郼』之間的内容作『○儀，容儀。○鄯，地名，在徐。○鸃，鵕鸃。○轙，車上環，轡所貫。按《説文》或作此钀。○皮，符羈反。三。○疲』，《切二》相關部分有殘泐，僅存前三條，作『○儀。○鄯，地名，在徐。○鸃』，可參。

〔四〇〕注文語出《漢書·東方朔傳》，或作『提封頃畝』，《廣雅疏證·釋訓》王念孫疏證引此謂『亦爲舉籍其頃畝之大數』也，其中『提封』同『堤封』，『猶今人言通共也』。

〔四一〕殘字底卷存左上角一短撇，檢《箋七》、《王二》、《裴韻》、《廣韻》是支反小韻下一小韻汝移反（《王二》作如移反）的首字皆作『兒』字，茲據校補。又『兒』字下至行末底卷殘泐半行多，據空間，約可抄十三個大字，《箋七》『兒』、『驪』之間的内容作『○兒，汝移反。一。桉《説文》作此兒。○離，吕移反。十三（二）加一。○籬[□□。○□]，酒。○罹，心憂。○璃，琉璃。○䍦（䍦），陳。○羅，冪羅』，《切二》吕移反小韻收字數當爲十二，比《箋七》少『羅』字條。

〔四二〕『縭』字下至行末底卷殘泐約五分之三行，據空間，可抄十四個左右大字，《箋七》相關内容作『○縭，婦人香纓。○蘺，茳蘺。校《説文》即蘪蕪。○麓，草木附地生皃。○疵，疾移反。二(三)。○骴，鳥鼠殘骨。○玼，玉病。○貲，貲則(財)。即移反。七』，此與《切二》殘存情況略同，唯《切二》『疾移反』小韻標數字作『四』，《箋七》作『二』而實收三字，與《切二》比少『玼』字。

〔四三〕『病』字《切二》、《箋七》、《王一》、《廣韻》皆作『疾』，《王二》、《裴韻》作『即』，按『疾』、『即』不同紐，蓋有所改也，《補正》謂此『病』字當校作『疾』，兹從改，底卷形訛。又注文脱一『反』字，亦並參諸本擬補一個脱字符。

〔四四〕殘字存右上角筆畫，兹據《切二》、《箋七》、《王一》校補作『思』。

〔四五〕殘字僅存上端少許筆畫，考《箋七》、《王一》、《裴韻》『訾』下一字頭皆作『鮆』，兹據校補。又『鮆』字下至行末底卷殘泐約半行多，據空間，可抄十三個左右大字，《箋七》『鮆』、『奇』之間的内容作『○鮆，魚名。○鄁，城名，在北海。○羈，馬絡頭。居宜反。六。○畸，殘田。○羇，寄。○掎，掎(攲)取物。○攲(原注下「四行全無」)』，『掎』、『攲』二條内容有誤倒者，參《箋七》相關校記〔三五四〕，《王一》『攲』字有注文『攲取物』(《廣韻》作『箸取物』)，又『攲』字條下一字《王一》、《廣韻》皆作『奇』，正可補《箋七》『居宜反』小韻的最後一條，又可與底卷相呼應。

〔四六〕『竒』字爲『奇』之俗字，參前校記〔三四〕。

〔四七〕殘字存上端『⺮』旁，兹據《王二》、《裴韻》及《廣韻》校補作『箄』字，又其注文《王二》作『取魚』，《裴韻》作『取魚具』，《廣韻》作『取魚竹器』，可參。『箄』字下至行末底卷殘泐半行多，據空間，約可抄十三個大字，然與底卷性質相近的卷子此處皆有殘泐，其詳不能比知，今考《王二》府移反小韻下一小韻的首字作『陴，符支反。城上女牆。六』(此條《王一》存)，《廣韻》略同；《裴韻》作『裨，頻移反。五加二。副將也；助也』，底卷下行所存之『埤，附』正在此小韻中。

〔四八〕『斯』字條下至行末底卷殘泐半行多，據空間約可抄十三個大字，因與底卷性質相近的卷子此處皆有殘泐，其詳不能比知，考『磃』字亦爲息移反小韻的字，則此處所殘的內容無其他小韻在其中，又考『斯』字注文《王二》作『息移反。此。廿二』（此條《王一》存，唯標數字漫滅），《裴韻》作『息移反。十二加十三。按《說文》此也；析也』，《廣韻》反切同，其標數字則作『二十六』，然從底卷的殘泐情況推測，其小韻所收字數當不超過十個，故爲『斯』字殘條擬補二個缺字符。又檢《王二》、《裴韻》、《廣韻》皆以『凌澌』爲字頭『澌』的注文，底卷『澌』本作代字符，今回改作『澌』字。

〔四九〕注文『在平陽』《王二》、《裴韻》同，《廣韻》作『在絳西，臨汾水』，按『絳』爲今山西省平陽市的一個屬縣。

〔五〇〕『差』字下底卷殘泐半行多，據空間，約可抄十三個大字，因與底卷性質相近的卷子此處皆有殘泐，其詳不能比知。『差』字注文《王二》作『楚宜反。不齊。二』，《王一》同，唯標數字漫滅，又《裴韻》略同而增益三個又音。又檢《王二》『楚宜反』小韻下相接的二個小韻爲『樆，丑知反。布。七』和『弥，武移反。甚。十』；《裴韻》作『樆，丑知反。五加二。文也；舒也』和『彌，武移反。八加四。益也。又弥』。按《玉篇·木部》『樆，山梨也』，與此諸釋義不合，《廣韻》作『摛』，是。至於《集韻·支韻》『抽知切』小韻作『樆，布也』，當是『摛，布也』之誤。又底卷下行存字『鸍』等正爲武移反小韻的屬字。

〔五一〕『䳑』字《裴韻》作『鴪』，皆『䳑』之俗字，《王二》及《廣韻》正作『䳑』，敦煌俗寫中，『宂』多作『冗』、『穴』之形，參《敦煌俗字研究》下編宀部『宂』字條考釋。

〔五二〕注文『欐枸』《王二》、《裴韻》、《廣韻》、《集韻》同，余迺永《新校》引《山海經》『句欐之山』乙正作『枸欐』，袁珂《山海經校注》中山經中次九經作『勾欐之山』，『句』、『勾』正俗字，可參。

〔五三〕『㺯』字《王二》作『猕』形，《裴韻》作『㹸』形，《廣韻》作『獼』形，《集韻》以『獼』字爲正體，而收『㹸』字爲其或體，按《玉篇·八部》『尒』字注文云『亦作爾』，『尒』字俗寫或作『尓』形，宋以後多作『尔』形，《集韻》紙韻『尒』字注云：『亦書作尔。』故『㹸』亦或作『猕』形，今則作『猕』形，《裴韻》字形又因而俗訛，底卷蓋因『㐱』旁俗多書作『尒』形，遂回改『犾』之右旁作『㐱』形，非是，兹據《王二》校改。

〔五四〕注文『止』字《王二》、《裴韻》作『阯』，《廣韻》作『趾』，『止』、『阯』當皆爲『趾』之借字。

〔五五〕注文所缺二字底卷殘泐，可據《王一》、《裴韻》、《廣韻》補作『齊人』。

〔五六〕字頭殘字底卷存『弥』旁的左及右上部筆畫，兹據《王一》校補作『鍌』字。『鍌』字下至行末底卷殘泐約五分之二行，據空間，可抄九個左右大字。《王一》『鍌』字注文作『鐮，青州云』，可參；又考以『作蜘蛛』爲注文的字頭爲『蜘』，《王一》該條作『蜘，蜘蛛。或作鼅鼄』，疑底卷字頭當作『鼅』，注文作『鼅鼄。或作蜘蛛』。又『蜘』字《王一》、《裴韻》、《廣韻》皆排作陟離反（《王二》、《裴韻》作陟移反）小韻的第二字，其前爲該小韻首字『知』，《王一》作『知，陟離反。悉。四』，《裴韻》作『知，陟移反。二加二』。底卷殘泐空間補此二條，則所餘空間約能抄二條帶注文的內容，檢《王二》及《裴韻》、《廣韻》，『武移反』小韻與『陟離反』小韻間還有一『七移反』（《廣韻》作『此移切』）小韻，《王二》收五字：『○雌，七移反。牝。五。○鴜，小鵩。○鍌，鍌錍。○髊，婦人皃。又子皃反。○羊，羊蹄皮』，《裴韻》作『雌，七移反。二加二。雄雌。○鴜，小鵩。○羊，蹄皮羊（當作『羊蹄皮』）。○鍌，錍。又子離反』，疑底卷所缺當即七移反小韻的前二條，如此則底卷武移反小韻的字數當爲八個，與《裴韻》『八加四』的底本『八』同。

〔五七〕『知』字底卷裂爲二半，《潘韻》已指出『原卷「直」下有「知」字，裝裱時位置移動』，《王二》、《裴韻》本反語下字亦皆作『知』字，兹從録定。又殘字底卷存上部『一』形筆畫，據下校録後所得實際字數，知本小韻實收五字，故據校補作『五』字，此比《裴韻》『六加六』所據增補的原本少一字。

〔五八〕『踟』下至殘字『危』間底卷殘泐約二個半大字的空間，『踟』字注文《王一》、《裴韻》、《廣韻》皆作『踟蹰』，又諸本直知反（《廣韻》作直離切）與魚爲反小韻間皆有一息爲反小韻，《王一》作『眭，息爲反。姓。今作眭。又下圭反，一』，審底卷空間，若補上『眭』字頭後，僅可再容四個小字的抄寫，故爲擬補七個缺字符。

〔五九〕字頭殘字底卷僅存左上角少許筆畫，兹據《王一》、《裴韻》及《廣韻》校補作『危』字。此字各本皆有釋義

「不安」二字，而「危」字底卷原抄在行末，其下似已無空間可以抄字。注文殘字存右側筆畫，茲據諸本校補作「魚」字。

〔六〇〕注文「漇」字底卷作代字符形，《王二》、《裴韻》、《廣韻》皆無，疑底卷衍抄。

〔六一〕注文殘字底卷存右側少許筆畫，茲據《王二》、《裴韻》、《廣韻》校補作「叱」字。又「眵」字釋義各本均作「目汁凝」，與《說文》「眵」字又義「蔑兜也」（段注「今人謂之眼眵是也」）合，茲據擬補一個脱字符。

〔六二〕「脛病」《箋七》、《王二》、《裴韻》、《廣韻》皆作「濕病」，《說文》「痿，痹也」，段注引《素問》云「有漸於濕，肌肉濡潰，痹而不仁，發爲肉痿」，謂由風濕而生，「脛」字《說文》收二義「鳥胃」和「五臟總名」，然以「痿」爲「胃病」云云似與《說文》之訓有些隔閡，故疑底卷之「脛」爲「脛」字俗作，「脛病」與後之「兩足不能相及」義似。又殘字底卷存漫漶似「及」或「反」形筆畫，茲參諸本校補作「及」字。又缺字底卷殘泐，可從諸本補作「足」字。又依韻書體例，底卷又義當脱「曰」字、又音當脱「又」字，茲據擬補二個脱字符。

〔六三〕「䂓」字《箋七》、《王一》、《裴韻》皆同，《廣韻》作「宜」，余迺永《新校》云「厜，合口字，宜乃開口」，此《切韻》系韻書的「䂓」正是合口字。

〔六四〕「紉」字或作「細」，參《切二》校記〔八四〕。

〔六五〕「槻」字底卷俗訛作「槻」形，參下條校記。

〔六六〕「䂓」字底卷訛作「䂓」形，按《正字通・矢部》「䂓，規本字」，戰國文字此字正作「從矢，從見」形，秦系文字「矢」旁訛作「夫」形，漢代文字左旁猶從「矢」形（參何琳儀《戰國古文字典——戰國文字聲系》，中華書局一九九八，頁七三八—七三九），《箋七》作「䂓」形不誤，今徑改録底卷字形作正字「䂓」形，後從「䂓」形字同，不再一一出校説明。

〔六七〕注文「鳺」字《箋七》作「規」，《王二》作「鳺」，《裴韻》作「䳏」（即「鳺」字隸變形體之一），《廣韻》注文作「䳏鳺，鳥名」（「䳏」字余迺永校作「䳜」，然此爲聯綿詞記音用字，「䳏」、「䳜」皆隸定紐，不煩改字），按

《切韻》系韻書的釋義似謂『雉』字可以單獨使用，其實此字頭『雉』字正當爲『鳺』字的異文，《集韻》『雉』字注文即云『或作鴙』（從『夫』旁並爲『矢』旁俗訛），則《廣韻》之改作『鳥名』，似於義爲長，又依韻書文例，底卷注文中當用字頭的形體『雉』而不是『鴙』。又『鴙』字構形似不應有牙音字，底卷『雉』、『鴙』二字蓋皆『䂓』字因借表鳥名而類化作從『隹』或『鳥』旁，俗以其字無聲旁，故又改從『夬』爲聲。

〔六八〕『舐』字《箋七》有涂改，不可辨識，《王二》作『眂』；《裴韻》、《廣韻》作『胝』，合於《説文》，按敦煌寫卷中『目』、『月』二旁多相混淆，是《王二》之『眂』正當爲『胝』之訛，底卷之『舐』亦『胝』之俗訛，兹據校改。

〔六九〕『累』字中間底卷略有漫滅，兹據《箋七》、《裴韻》録定。又小韻標數字底卷脱，可據實收字數補作『一』字，兹爲擬補一個脱字符。

〔七〇〕本條《切二》、《箋七》、《王二》、《裴韻》皆置於去爲反與渠羈反二小韻間，底卷蓋初脱抄而後補録於此大韻之末。

〔七一〕『脂』字底卷作『脂』形，按底卷『旨』字及從『旨』旁字皆作『盲』形，今於録文中除『盲』作字頭外，皆徑改録作通用字形『旨』。

〔七二〕『萈』字注文底卷漫滅，《切二》作『菦萈』，《箋七》、《裴韻》作『茎萈』，『茎』當爲『菦』字之訛，兹據擬補二個缺字符。

〔七三〕殘字因底卷斷裂而中間有殘泐，存左右兩側部分，兹據《切二》、《箋七》校補作『夾』字。又字頭『胂』字字形及釋義諸本分歧較多，參《切二》校記〔九〇〕，底卷釋義據《切二》及《説文》『骨』後當有一『肉』字，兹爲擬補一個脱字符。

〔七四〕本小韻因後誤脱字頭『泚』而致少計一字，兹據校改小韻標數字『十二』作『十三』。

〔七五〕『𦞦』字《切二》、《箋七》、《王二》、《裴韻》、《廣韻》皆作『楣』形，是底卷之形蓋『楣』字隸變的形體之一『楣』字之俗訛，兹據校改。

〔七六〕底卷以『水名，在楚』爲『阰』之注文，非是，其誤與《切二》同，當從《箋七》補一字頭脱文『沘』字，詳參《切二》校記〔九四〕。

〔七七〕『貔』字釋義《切二》、《箋七》、《王二》皆作『獸』，《裴韻》、《廣韻》作『獸名』，檢《説文·豸部》『貔』字條作『豹屬，出貉國，从豸，毘聲。《詩》曰「獻其貔皮」，《周書》曰「如虎如貔」，貔，猛獸。豼，或从比』，知底卷『蜀』蓋正『屬』之俗省，兹據校改。

〔七八〕『茉』字《切二》、《箋七》、《裴韻》皆作『茉』形，爲『葉』之諱改俗字，底卷形訛，兹據校改。

〔七九〕『皃』字《切二》、《箋七》、《王二》、《裴韻》、《廣韻》皆作『女』，然《説文》人部『倠』字釋義作『仳倠，醜面』，《廣雅·釋詁二》有『仳倠，醜也』，則底卷作『醜皃』，雖與諸韻書異，但亦不爲非。

〔八〇〕『齋』字《切二》、《箋七》、《王二》、《裴韻》、《廣韻》皆作『齍』形，與釋義合，底卷形訛，兹據校改。

〔八一〕『齍』字《箋七》作『盞』，《裴韻》作『齍』，皆爲『齍』之俗寫，《切二》、《王二》、《廣韻》正作『齍』字形。

〔八二〕『肌』字《箋七》無釋義，《王二》作『膚肉』，《裴韻》、《廣韻》及《玉篇·肉部》皆作『肌膚』，並與底卷不同。

〔八三〕『鴟』字《切二》、《王二》、《裴韻》、《廣韻》皆從『氐』爲聲旁，合於《説文》，底卷形訛，葉鍵得《十韻彙編研究·切三校勘記》已揭此，兹從校改。

〔八四〕『脛』字《王二》同，《切二》、《箋七》、《廣韻》作『胵』，《裴韻》作『陘』，同，按底卷所書可爲『胵』及『脛』二字之俗寫，參秦公《碑别字新編》『至』、『涇』二條，從注文看，『膍』爲『牛百葉』，而『胵』爲『鳥胃』，二字同義連文，而『膍』與『脛』則義不相屬，故底卷之『脛』當爲『胵』之俗作。

〔八五〕『衹』字《切二》、《王二》、《裴韻》、《廣韻》皆從『氐』爲聲旁，與底卷本小韻他從『氐』聲字合，底卷形訛，葉鍵得《十韻彙編研究·切三校勘記》已揭此，兹從校改。

〔八六〕字頭『䈞』爲『篚』之俗字，參《切二》校記〔九八〕。

〔八七〕『飳餅』二字底卷作『餅飳』，《切二》、《箋七》、《王二》、《裴韻》、《廣韻》皆作『飯餅』（『飯』或作俗字『飳』、

「餠」形）於義爲長，茲據乙正。

〔八八〕注文後一「𧓘」字《切二》、《箋七》、《王二》、《裴韻》、《廣韻》皆作「螬」，底卷誤作，茲據校改。

〔八九〕殘字底卷僅存頂端「⺊」形筆畫，茲據《切二》、《箋七》、《王二》、《裴韻》校補作「處」字。

〔九〇〕「吏」字《切二》、《箋七》、《王二》、《裴韻》皆作「利」，《廣韻》作「又音秝」，按「秝」、「利」同隸《廣韻》「至」部，而「吏」則隸《廣韻》「志」部，因底卷去聲全佚，不能驗其有無，抑或是音訛字，姑存俟考。

〔九一〕注文《切二》無，《箋七》、《王二》皆作「鳲鳩」，《裴韻》作「鳲鳩，穫穀」，按《爾雅·釋鳥》「鳲鳩，鴶鵴」郭璞注：「今之布穀，江東呼爲穫穀。」底卷之「獲」乃「穫」之借也。

〔九二〕殘字存上部略有漫漶的筆畫，檢「耆」字注文，《切二》無，《箋七》作「耆老」，《王二》、《裴韻》皆作「老」，《廣韻》作「《方言》云「長也」，《説文》云「老也」……」，《姜韻》録作「長」，《補正》録作「老」，審之殘形，似與「長」字上部相近，俟考。

〔九三〕「刹」當爲「剓」字俗省，《王二》、《廣韻》正作「剓」。《玉篇·刀部》：「剓，力之切，直破也。」音義亦合。但「剓」字後起，《箋七》謂「剓」同「鋫」，而「鋫」又同「鑗」，則「剓」或即「鑗」的换旁俗字。《字彙·刀部》又以「剓」字同「劙」，亦可備一説。參看《箋七》校記〔三九〇〕。

〔九四〕殘字存上端一横，茲據《切二》、《箋七》、《王二》、《裴韻》校補作「云」字。

〔九五〕「犁」當爲「犂」字的形訛，參《切二》校記〔一〇八〕，茲爲校改。

〔九六〕「鮧」字注文底卷作「名▨」，殘字存頂端兩殘點形筆畫，檢《切二》、《箋七》、《王二》、《裴韻》、《廣韻》皆作「魚名」，底卷蓋「魚名」二字誤倒，茲據乙正並校補殘字作「魚」字。

〔九七〕「跰」字當爲「𨃻」字俗訛，參《切二》校記〔一〇九〕，茲據校改。

〔九八〕「𣕲」字《王二》、《裴韻》同，《切二》、《箋七》、《廣韻》皆作「桵」形，考《集韻》脂部「桵𣕲」注文云：「木名，《説文》「白桵，棫」，或从委。」是「𣕲」乃「桵」之俗字。

〔九九〕『⿰犭匱』字《切二》、《箋七》、《王二》、《裴韻》、《廣韻》皆作『𣄴』形，同於《説文·㫃部》『旞』字的或體。按敦煌寫本中『匚』多作『辶』形，參《敦煌俗字研究》下編匚部『匱』字條考釋，而從『辶』旁字却不作『匚』形，底卷『⿰犭匱』字當爲『𣄴』字的俗訛，茲據校改。

〔一〇〇〕『耶』字《切二》、《箋七》、《王二》、《裴韻》皆作『琊』，《廣韻》作『邪』，『耶』爲『邪』的俗字，『琊』字又爲因『琅』而作之類化字。

〔一〇一〕『椉』字《切二》、《箋七》、《裴韻》、《廣韻》皆作『乘』，考乘字《説文·桀部》作『椉』形，底卷之形蓋正『椉』之俗訛字，茲據校改。

〔一〇二〕注文《切二》、《王二》作『浽微，小雨』，《箋七》、《裴韻》、《廣韻》略同，唯『微』字作『溦』形，底卷後微韻『無非反』小韻作『⿰氵微』形，按『⿰氵微』即『微』之因表小雨義而别造之類化字，『溦』又『⿰氵微』之俗省，底卷本條蓋用注文與被注字連讀成訓例。

〔一〇三〕注文『在梁』《裴韻》同，《切二》、《箋七》、《王二》、《廣韻》皆作『在梁郡』，唐中前期『郡』、『州』二名迭更，不知諸本之異是否與此有關。

〔一〇四〕『追』字底卷右下角殘泐，此據《切二》、《箋七》録定。

〔一〇五〕『蘷』即『夔』之俗寫，參《敦煌俗字研究》下編夊部『夔』字條考釋。

〔一〇六〕『湄』字訓解《切二》、《箋七》、《王二》、《裴韻》皆作『水湄』，《説文·水部》『湄，水草交爲湄』，是底卷『名』字當爲代字符之形訛，茲據校改作『湄』字。

〔一〇七〕本小韻實收字比標數字少一，《切二》、《箋七》、《裴韻》『湄』、『瑂』二條間皆有『楣』字條，《切二》訓作『户楣』，底卷脱録，茲據擬補三個脱字符。

〔一〇八〕『萑』字或作『雈』形，參《切二》校記〔二八〕。

〔一〇九〕注文缺字底卷殘泐，《切二》、《箋七》、《王二》、《裴韻》皆作『處』，可據補。

〔一一〇〕注文『縣』字《箋二》、《箋七》、《裴韻》、《廣韻》同，《切二》、《王二》作『郡』字，參《切二》校記〔三二〕。

〔一一一〕『鱗』字疑當爲『鱴』字形訛，參《切二》校記〔三〇〕。

〔一一二〕殘字底卷存上部少許筆畫，茲據《切二》、《箋七》、《王二》、《裴韻》校補作『鎚』字。

〔一一三〕字頭當爲『槜』之俗字，參《切二》校記〔三七〕。又殘字存上部『十』字形，茲據《切二》、《箋七》、《王二》、《裴韻》校補作『李』字。又底卷『越吴』連文，於義扞格，檢《切二》、《箋七》、《王二》、《廣韻》皆作『越敗吴』，茲於二字間擬補一個脱字符。

〔一一四〕字頭底卷殘泐，《切二》、《箋七》、《王二》、《廣韻》皆作『鴂』，可據補。

〔一一五〕注文依文例當有小韻標數字『一』，茲爲擬補一個脱字符。

〔一一六〕『頤』字左旁底卷多作『𦣝』、『臣』、『臣』、『匝』諸形，今皆統一録作通用字形『臣』，後不一一出校説明。又『年』字底卷作『秊』形，王國維未録，《姜韻》録作『年』，《潘韻》未作『新校』，蓋同，考『年』字俗寫與底卷之形甚似（參《敦煌俗字研究》下編丿部『年』字條），茲據録文。又『頤』字釋義《切二》無，《箋七》辨字形後引《説文》云『頷也』，《王一》作『頰』，《裴韻》作『面下；又養』，《廣韻》作『頤養也』，訓『年』者未聞，疑底卷此用注文與被注字連讀成訓例。

〔一一七〕殘字底卷存右上角『口』形部分，茲據《切二》、《箋七》、《王一》、《裴韻》、《廣韻》校補作『瑕』字。

〔一一八〕注文『名』字《廣韻》同，《切二》、《箋七》、《王二》、《裴韻》皆作『稱』。

〔一一九〕注文『西』字《切二》、《箋七》皆作『栖』，茲據校改，底卷蓋『栖』之俗省。又『塒』字釋義《王二》、《裴韻》皆作『鑿垣栖鷄』，《廣韻》作『穿垣棲鷄』，是底卷又脱『鷄』字，茲爲擬補一個脱字符。

〔一二〇〕注文『嶷』字下《切二》、《箋七》、《裴韻》、《廣韻》皆有『山』字，《王二》有『山名』二字。

〔一二一〕注文殘字底卷僅存右部筆畫，茲參《切二》校記〔三四〕校補作『兹』字，『息兹』爲反語，居底卷雙行小字的右行，其左行殘泐，當容二小字，據《切二》及《箋七》，前一小字當爲該小韻反語的『反』字；後一小字當爲該小韻的標數字，檢《切二》、《箋七》皆作『九』，核其實收字數已有八字，則『思』條下所殘泐的一個大字空間可據《切二》及《箋七》補出『司』字，兹爲擬補二個注文和一個字頭缺字符。

〔二二〕注文『不安欲去意』底卷原作『不安意欲去』，檢《箋七》作『不安欲去意』，《王二》、《裴韻》皆作『神不安欲去意』，《廣韻》作『不安欲去』，《玉篇·示部》『禗』字注作『不安也；欲去意也』，兹據乙正。

〔二三〕字頭『錤』字下底卷殘泐，據空間，可抄二個小字，檢《切二》、《箋七》、《王二》，『錤』字的釋義皆作『鎡錤』，兹據擬補二個缺字符。

〔二四〕『棊』字注文《切二》、《箋七》、《王一》、《裴韻》皆作『弈』，《説文·木部》『棊』字下作『博棊』，則作『弈』當用注文與被注字連讀成訓例。又底卷『卒』字當爲『弈』字俗訛，兹據校改。

〔二五〕『編』字當爲『鯿』字俗訛，參《切二》校記〔三七〕，兹據校改。

〔二六〕注文『所』字《切二》、《箋七》、《王二》、《裴韻》、《廣韻》皆作『書』，按『書』爲正齒審母三等字，『所』爲正齒審母二等字，《周韻》考釋二云：『寫者可能讀審母二、三等相同，所以誤寫作「所之反」。』

〔二七〕注文二殘字前者存上部『夕』，後者存左上角殘畫，兹據《箋七》、《王一》、《裴韻》校補作『名』、『峻』二字。

〔二八〕注文前一『流』字《箋七》、《王一》、《廣韻》皆作『湎』，底卷蓋蒙後一『流』字而訛，兹據校改。

〔二九〕『丸之塾』不辭，『塾』字《切二》之參校本、《箋七》、《王二》、《廣韻》皆作『熟』字，底卷形訛，兹據校改。

〔三〇〕注文殘字底卷存右部筆畫，缺字殘泐，檢《箋七》、《王一》、《廣韻》，『魌』字注文皆作『大頭』，然『大』字與底卷殘字所存殘畫不合，而『頭』字却與其殘畫略似，疑底卷本作『頭大』，兹姑校補殘字作『頭』。

〔三一〕據底卷通例，異文標識皆用『或作』，兹爲擬補一個脱字符。

〔三二〕注文引《詩》『謀』字《王二》同，《箋七》作『諆』，合於文例，兹據校改，今本《詩經·小雅·皇皇者華》亦作『謀』，龍宇純《校箋》以爲作『諆』蓋三家《詩》，而作『謀』則或後人從毛《詩》改之。

〔三三〕『柯』字釋義《箋七》、《王一》、《廣韻》皆作『鐮柄』，是底卷『鐮』字後脱一『柄』字，兹據擬補一個脱字符。

〔三四〕反語『理之反』之『理』字《王二》同，《箋七》、《廣韻》皆作『里之反』，『理』、『里』二字同紐。

〔三五〕『貍』字釋義《爾雅·釋獸》及《説文·豸部》皆作『伏獸，似貙』，疑底卷脱抄『伏獸』二字。

〔三六〕『[illegible]』字《姜韻》録作『叜』，不確，王國維、《潘韻》皆録作似『叜』形，《箋七》、《王二》、《廣韻》皆作『無夫』二字，審底卷之形，似當爲『無』字的俗寫與『夫』字雜糅而成的字，兹爲校改作『無夫』二字。

〔三七〕注文『徒土與』三字《箋七》、《王二》、《廣韻》皆作『從土轝』，余迺永《新校》云：『段改「從」作「徙」，合《説文》。』按《説文·木部》『梠』字下云：『梠，臿也；一曰徙土輂，齊人語也。梩，或从里。』則底卷前二字皆爲形訛，而後一字當爲俗省，兹並據校改。又底卷皆韻卓皆反小韻未收『梩』字，《廣韻》同。

〔三八〕本小韻標數字爲『八』而實收七字，檢《箋七》作『九』而收九字，則底卷當脱一條內容，然《箋七》比底卷多出的二條爲『菑，樹不死爲菑，又音哉』和『椔，木立死』，前一條《王二》未收，審其字當爲『葘』字之或體，依《切韻》體例不當獨立字頭，故《刊謬補缺切韻》已正其誤，是底卷所脱蓋爲『椔，木立死』條，兹據擬補四個脱字符。

〔三九〕『[illegible]』字王國維、《姜韻》皆録作『牛』，《潘韻》未作新校，當同。審原字似與『牛』不能盡同，檢《箋七》作『卆』，《王二》、《廣韻》皆作『卒』，按『卆』爲『卒』的俗字，則底卷『[illegible]』當爲『卆』之俗作。

〔四〇〕『憙』字《箋七》、《王二》、《廣韻》皆作『熹』，按『熹』字《説文·火部》訓『炙也』，引申有熾、盛義，而『憙』字《説文·心部》訓『説也』，段注謂與嗜好義略同，與盛無涉，底卷形訛，兹據校改。

〔四一〕『歖』字《箋七》、《王二》同，《廣韻》、《集韻》作『欪』形，合於《説文》，底卷俗訛，兹據校改。

〔四二〕殘字底卷存上部筆畫，檢《箋七》『持』字釋義作『携持』，《王二》作『執』，《廣韻》作『執持』，底卷殘形與『執』字略合，兹從校補。又注文左行底卷殘泐，疑當與諸本同有一代字符，兹爲擬補一個缺字符。

〔四三〕字頭『嗤』前底卷有一誤書之『嗤』，側有四點以示删除。

〔四四〕『嵫』字《箋七》、《王二》、《廣韻》皆作『嵫』，底卷之『嵫』當爲『嵫』的增旁俗字。

〔一四五〕『蔦』字《箋七》同，《王二》、《廣韻》皆作『篤』，按敦煌寫卷中『艹』、『⺮』多通用，兹據校改。

〔一四六〕殘字存『差』的右側部分，兹據《箋七》、《王二》、《廣韻》校補作『嗟』字。

〔一四七〕『鼒』字《王二》、《廣韻》皆作『鼒』形，合於《説文》，按『才』字篆文隸變作『扌』形，底卷上部的『土』形當爲其俗訛，是『鼒』字當爲『鼒』字的訛俗字，兹據校改。

〔一四八〕『茬』字《箋七》、《王二》、《廣韻》皆作『茬』，是，又《集韻》『茬茬』注云『仕之切。《説文》「艸皃」；齊北有茬平縣。或从仕』。則底卷之『茬』形當爲『茬』字俗寫。又反語上字『士』諸本皆作『士』，底卷誤作，兹據校改。

〔一四九〕『苻』字《箋七》配抄之《刊謬補缺切韻》與《王一》皆作『符』，《廣韻》未收『符未反』又音，按敦煌寫本中『艹』、『⺮』二旁多通用，而二字又同爲奉紐字，故照録之。本卷其他以『苻』爲反切上字而他卷作『符』者不再一一出校。

〔一五〇〕『斐』字注文《箋七》配抄之《刊謬補缺切韻》與《王一》同，《廣韻》作『斐斐，往來皃；一曰醜』，《説文·女部》『斐』字注云：『往來斐斐也；一曰醜皃。』則知『醜』義爲『斐』字的單字義項，而『往來皃』爲『斐斐』的疊字聯綿詞的義項，是底卷等《切韻》系韻書所釋，其前一義項乃用注文與被注字連讀成訓例。

〔一五一〕字頭『扉』字左側及下部底卷略有殘泐，兹據《箋七》、《王一》及《廣韻》録定。

〔一五二〕『犤』字注文《箋七》配抄之《刊謬補缺切韻》、《王一》皆作『似羊，一曰白首』，《廣韻》作『獸如牛，白首一目』，又檢《玉篇·牛部》作『獸似牛，一目』。按敦煌寫本中『目』、『白』、『曰』多相混用，兹據校改二『曰』字爲『目』、『白』二字。又『犤』字從『牛』旁，當以『似牛』爲是。

〔一五三〕字頭『肥』與『肥』字爲同一篆文隸定之或體，且當以前者爲確，但後世通行『肥』字，遂以『肥』爲其或體俗字，參《敦煌俗字研究》下編月部『肥』字條考釋，本卷後從『肥』作『肥』形者不再一一出校。

〔一五四〕字頭『崥』字下部殘泐，此據《箋七》、《王一》及《廣韻》録定。又注文又音『反』字前依底卷體例當有一

「二」字，兹爲擬補一個脱字符。

〔一五五〕「蝛」字《箋七》、《王一》及《廣韻》皆作「陝」，合於《廣雅·釋丘》，《補正》以此「蝛」字當作「陝」，底卷「從下字誤寫」，兹從校改。

〔一五六〕「崎」字釋義《箋七》配抄之《刊謬補缺切韻》、《王一》皆作「水傍曲岸」，《廣韻》作「曲岸」，可參。

〔一五七〕「𠣾」字《箋七》、《王一》皆作「𠣾」形，底卷俗作。

〔一五八〕「菹」字《箋七》、《王一》皆作「菹」形，《廣韻》作「菹」，按「菹」字《説文》已收，《玉篇·艸部》云「菹，同菹」，是底卷之形當爲「菹」字俗訛，兹據校改。

〔一五九〕「磯」字釋義《箋七》配抄之《刊謬補缺切韻》、《王一》、《廣韻》皆作「大石激水」，兹據擬補一個脱字符。

〔一六〇〕「兔」字《箋七》配抄之《刊謬補缺切韻》、《王一》、《廣韻》皆作「菟」，按「兔葵」之「兔」本即爲借音字，後加「艹」旁類化作「菟」。

〔一六一〕殘字底卷存上部少許筆畫，《箋七》配抄之《刊謬補缺切韻》、《王一》、《廣韻》皆作「聲」字，兹從校補。

〔一六二〕依底卷體例，注文後當有一小韻標數字，可從《箋七》配抄之《刊謬補缺切韻》補作「一」，兹爲擬補一個脱字符。

〔一六三〕依底卷體例，注文後當有一小韻標數字「一」，兹爲擬補一個脱字符。

〔一六四〕「奂」爲「魚」字篆文隸定或體之「奂」字俗寫，參《敦煌俗字研究》下編魚部魚字條考釋。

〔一六五〕注文殘字存頂端筆畫，其後三字殘泐，檢《箋七》配抄之《刊謬補缺切韻》、《王一》「漁」字注文皆作「水名，在漁陽」（《箋七》「漁」字略作「魚」），《廣韻》也收有此一義項，兹據校補殘字作「水」。

〔一六六〕「魚舉反」底卷作「舉魚反」，檢《箋七》、《王一》、《廣韻》皆作「魚舉反」，且底卷語韻「魚舉反」小韻亦收其字，此誤倒，兹據乙正。

〔一六七〕「鋙」字注文《箋七》作「鉏鋙」，《王一》作「鉏鋙」，《王二》作「鉏鋙，可以止樂」，《廣韻》把「鋙」字别作二音，其魚韻作『鋤屬。又音語』，語韻則作『鉏鋙，不相當也』，按『鋤』、『鉏』同音，在聯緜詞用字中例得通用，又《説文·金部》『⿰金御』字注云『鉏⿰金御，从金，御聲。鋙，⿰金御或从吾』，則底卷之『⿰月御』當爲『⿰金御』字之形訛（『月』旁於卷子中多作『肉』形，與『金』旁相似）。又段注『⿰金御音魚巨切』，亦入之於語韻，檢《王一》語韻有『⿰金御，鉏⿰金御』條，亦未注又音，底卷語韻無此條，從『齬』字亦見於語韻而義同的情況看，此數字蓋因方言之異在唐時平上二調並存，如此其釋義則不必有别，段氏以爲『鉏⿰金御，蓋亦器之能相抵拒錯摩者』，《玉篇·金部》『⿰金御，樂器也。鋙，同⿰金御』，《王二》則以爲『鉏鋙，可以止樂』，是以之爲『柷敔』之固化異形詞，而《集韻》謂『鉏⿰金御，機具也；一曰釜屬。或从吾』，亦可爲參考。

〔一六八〕底卷依例脱小韻標數字『二』，茲據《箋七》、《王一》擬補一個脱字符。

〔一六九〕『鴿』字《箋七》、《王一》、《廣韻》皆作『鵨』，從形聲字的構字規律來看，從『舍』是，底卷形訛，茲據校改。

〔一七〇〕殘字底卷存上兩邊少許筆畫，茲據《箋七》、《王二》、《廣韻》校補作『緩』字。

〔一七一〕殘字底卷僅存上端少許筆畫，茲據《箋七》、《王一》、《廣韻》校補作『部』字。

〔一七二〕注文所引《詩》《箋七》、《王一》、《廣韻》皆作『予手拮据』，合於阮刻《十三經注疏》本《詩經·豳風·鴟鴞》原文，茲據校改『措』作『拮』字，并爲擬補一個脱字符。

〔一七三〕『⿰貝寺』字王國維録同，檢《箋七》、《王一》、《廣韻》皆作『貯』，『⿰貝寺』當爲『貯』之俗訛，《姜韻》徑録作『貯』，茲據校改。

〔一七四〕『⿰車虗』字《箋七》、《王一》、《廣韻》皆作『⿰車豦』，右旁『虗』爲『豦』之俗寫，參《敦煌俗字研究》下編豖部『豦』字條考釋，茲據校改。後從『豦』而作『虗』形者不再一一出校説明。又『⿰車冈』字當爲『輞』之俗變字，此據諸本校改。

〔一七五〕字頭《王一》、《王二》同，《箋七》、《廣韻》作『緤』形，《集韻》以二形爲或體字。又『緑』字王國維録同；《姜韻》録作『緣』，《潘韻》未作新校，蓋同，非原形。檢《箋七》、《王一》、《王二》皆作『履緣』，茲據校改。

〔一七六〕殘字底卷前者存上端殘畫，後者存左側殘畫，缺字殘泐，檢《箋七》、《王一》『磲』字注文皆作『硨磲，次玉』，兹據校補二殘字作『硨』、『玉』。

〔一七七〕『小絮』二字《箋七》、《王一》皆作『淚挐』（其中『淚』作代字符），《廣韻》『淚』字釋義作『淚挐，《方言》云：「杷（杷），宋魏之閒謂之淚挐。」』今《方言》卷五『杷』條『淚』字作『渠』，余迺永《新校》云『淚乃渠字俗寫』，兹從校改『小絮』二字爲『淚挐』，底卷『小』字爲代字符之形訛。

〔一七八〕字頭《箋七》、《王一》、《王二》、《廣韻》作『疊』，合於《説文》，底卷蓋爲俗寫增繁字。

〔一七九〕『餘』字注文雙行小字左行底卷殘泐，故其有字與否不可斷，檢《箋七》『餘』字注文作『殘餘』，《王一》作『殘』，《廣韻》作『殘也……』，如此，據底卷體例，『殘』字下當無字，故爲句斷。

〔一八〇〕字頭底卷殘泐，可據《箋七》、《王一》補作『輿』字。

〔一八一〕『以據反』《王一》同，《箋七》作『与據反』，按『以』、『与』同爲喻紐四等字。

〔一八二〕『子』《箋七》、《王一》、《廣韻》皆作『字』字，合於《説文》，底卷訛省，兹據校改。

〔一八三〕字頭底卷殘泐，可從《箋七》、《王一》、《廣韻》補作『予』字。

〔一八四〕字頭『笁』字《箋七》、《王一》、《廣韻》皆作『箐』，《説文·疋部》『疋，足也。……古文以爲《詩》大疋字，亦以爲足字，或曰胥字，一曰疋記也』，是底卷所作蓋『箐』之或體『笁』之俗作，唯『笁』字諸字書未見所載，俟考。又注文各本皆作『竹名』，考《玉篇·竹部》作『箐，竹也』，蓋指『竹名』而言，然《集韻》作『竹名：一曰箕屬』，則底卷『竹器』之説，亦當淵源有自。

〔一八五〕『居』字右下角底卷殘泐，兹據《箋七》、《王一》録定。

〔一八六〕『櫛』前底卷承上誤録一『菜』字，右側有三點删除符號。

〔一八七〕『魖』字注文《箋七》作『税鬼』，《王二》作『魖秏』，《廣韻》作『魖秏鬼；又夔魖、罔象，木石之怪也』，考《説文·鬼部》作『秏神也』，段注：『秏舊作耗，今正。』《廣韻》号韻：『秏，減也。俗作耗。』是底卷注文爲長也。

〔一八八〕殘字底卷存右下『口』部殘畫，兹據《箋七》、《王一》、《廣韻》校補作『名』字。

〔一八九〕字頭『羭』的右旁下部底卷有殘泐，兹據《箋七》、《王二》、《廣韻》録定。又注文缺字底卷殘泐，可從諸本補作『野羊』二字。

〔一九〇〕『夾』爲『夾』字俗寫，然『於』爲『影』紐字，而『夾』爲見紐字，非是，檢《箋七》、《王二》、《廣韻》，『於』字反語上字皆作『央』，『夾』當爲『央』字形訛，《補正》已揭此，兹從校改。

〔一九一〕注文『水所停』後底卷有『作賭三』三字，於義扞格，檢《箋七》祇作『水所停』，《王一》作『水所停曰瀦』，《廣韻》作『水所停也』，則底卷『作賭三』三字蓋承上條注文而衍，兹徑刪之。

〔一九二〕『揭』字《王二》、《廣韻》同，《箋七》作『楬』，合於《説文》，俗寫『扌』、『木』二旁多淆混不分，作『揭』於義亦有相涉，姑存之。

〔一九三〕『小』字底卷爲側書後補字，原位承下書作『櫊』，已用墨點去。

〔一九四〕字頭『蘆』字《王二》同，此與本小韻前表『漏蘆，藥名』義的『蘆』字字形重複，非是，兹據《箋七》、《廣韻》校改作『藘』。又『蘆（藘）』字釋義《箋七》、《王二》同，《廣韻》作『蒘藘，草』，其後『蒘』字下亦作『蒘藘，草也』，合於《爾雅·釋草》『茹藘，茅蒐』之意；然底卷本大韻後『女魚反』小韻之『蒘』字下亦作『藘蒘』，《箋七》、《王二》作『蘆（藘）蒘』，其詞序同，檢《爾雅》之説，有《詩經·鄭風·東門之墠》的文例，龍宇純《校箋》云『蓋陸氏《切韻》誤如此』，至《廣韻》始正之。

〔一九五〕『冡』字爲『界』字草寫，《箋七》、《廣韻》皆作『界』形，《王一》、《王二》皆作『火燒山冡』，余迺永《新校》以爲『「界」或「衆」（余氏以《王一》之『冡』作『衆』，非）俱《全王》冡字訛寫』，龍宇純《校箋》亦謂『「界」字無義，當是「冡」字之誤』，底卷形訛，兹從校改。

〔一九六〕『涂』字釋義《箋七》、《王二》、《廣韻》皆有『水名，在堂邑』項，底卷『堂邑』前當脱一『在』字，兹據擬補一個脱字符。

〔一九七〕『藸』字《箋七》、《王二》、《廣韻》皆作『藷』，《集韻》兩收之，前者訓作『艸名，《説文》「茥藸也。通作著」』，後者訓作『薵藸（藷），菜名，葱也』，按『茥藸』、『薵藸（藷）』皆爲澄（定）澄（定）族聯綿詞，其記音字用『茥』、『薵』本無別，而『藷』字蓋亦爲『藸』字的後起換旁字。

〔一九八〕『汝』字王國維、《姜韻》皆録作『女』，《潘韻》未作新校，蓋同，審底卷字形，其右側有淡墨『氵』旁，且此反語上字作『汝』亦與《箋七》、《王二》同，諸家所録不確。

〔一九九〕注文『鴿』字《王二》、《廣韻》同，《箋七》作『鵮』，合於《爾雅·釋鳥》郭注及《廣雅·釋鳥》。又《大戴禮記·夏小正》云『鴽，鵪也』，『鵪』爲『鵮』之俗字，底卷『鴿』字當爲『鵮』字之形訛，兹據校改。

〔二〇〇〕小韻標數字『三』《箋七》作『二』，審本小韻實收字數亦爲二，兹據校改。

〔二〇一〕『爼』字《箋七》、《廣韻》作『沮』，按『爼』當爲『沮』之俗寫，如《集韻》本大韻臻魚切小韻『菹』字下云或作『葅』，是其比，非別有姓『尊爼』之『爼』姓者，《漢語大字典·人部》『爼』字下引《字彙·人部》『爼，姓』條，當亦是『沮』字俗寫，其置爲『爼』字義項而未作説明，非是。

〔二〇二〕注文引《易》『衣有袽』三字《箋七》、《王二》同，《廣韻》作『繻有衣袽』，後者與阮刻《十三經注疏》本《周易》合，蓋《切韻》系韻書皆誤倒『有衣袽』中的『有衣』二字也。

〔二〇三〕『挐』字《王二》同，《箋七》、《廣韻》皆作『拏』形，與釋義合，然《箋七》注文謂『又作挐』，則『拏』字俗寫或作『挐』形，與表示『牽引』義的『挐』字重形，《唐刊》（伯二〇一四）、《廣韻》、《集韻》皆於本小韻別收表示牽引義的『挐』字條。

〔二〇四〕『日所入』《唐刊》（伯二〇一四）同，《王二》、《廣韻》皆作『日所出』，考《説文·土部》『堣，堣夷，在冀州陽谷，立春日，日值之而出。《尚書》曰：「宅堣夷。」』檢《尚書·堯典》云：『宅堣夷，曰暘谷。』兹據校改『入』作『出』字。

〔三〇五〕殘字左部漫滅，存右側『刂』旁，玆據《王二》、《唐刊》（伯二〇一四）、《廣韻》校補作『則』字。

〔三〇六〕『在南海』原卷作『南在海』，『在』字右側有乙正符號『√』。

〔三〇七〕釋義《王二》作『有無』，底卷當用注文與被注字連讀成訓例。

〔三〇八〕字頭『亐』字《王二》、《唐刊》（伯二〇一四）、《廣韻》皆作『于』，按『亐』與『于』爲同一篆文的不同隸定形體，後多作『于』形，參《敦煌俗字研究》下編一部『于』字條考釋。又『亐』爲喻紐三等字，『明』爲明紐字，二者不可爲切，檢《王二》、《廣韻》皆作『羽』，《補正》已校『明』作『羽』，底卷形訛，玆從改。

〔三〇九〕本條《唐刊》（伯二〇一四）作『肝，肝胎，縣名』，《王二》作『肝，肝胎，鄉名』，皆別收訓『舉目』（或『舉目使人』）之『盱』字，又《玉篇·肉部》訓『鄉名』義者亦作『肝』形，《廣韻》併此字義於『盱』，注云『舉目；又盱眙，縣，在楚州』，《集韻》亦『盱』、『肝』二字別訓，按《説文》有『盱』無『肝』，訓『張目也』，『一曰朝鮮謂盧童子曰盱』，龍宇純《校箋》：『案《史》、《漢》皆作「盱眙」，蓋唐宋間「盱」字亦作「肝」（「眙」字恐不作「胎」，之韻各韻書無「胎」字，《集韻》「肝」下注文仍是「眙」字。）故有此差異。』敦煌寫本中『目』、『月』多有混用，底卷俗作，唯『胎』字與咍韻訓『懷妊未生』之『胎』字重形耳。

〔三一〇〕底卷字頭『盱』字前衍抄一『盱，明俱反。七』條，後用墨綫圈去。

〔三一一〕『衹』字《王二》同，《唐刊》（伯二〇一四）作『袛』形，《廣韻》、《集韻》作『𧙁』形（其中《集韻》『衤』旁作『礻』旁），皆爲『𧙁』字之俗寫，底卷與《王二》從『爪』旁，非聲，俗寫『瓜』字或省作『爪』形，是『衹』可視爲『𧙁』之俗字。又『袥』字各本皆作『袑』，葉鍵得《十韻彙編研究·切三校勘記》引《漢書·朱博傳》謂『大袑衣即大襠衣』，玆從校改，底卷形訛。

〔三一二〕『獁』字注文《王二》作『右馬足白』，《廣韻》作『馬左足白，《爾雅》云「馬後足皆白」』，《玉篇·馬部》作『馬後足皆白』，今本《爾雅》無此文，則左、右之説亦不能斷也。

〔三一三〕『鼱鼩』底卷作『鼩鼱』，『鼱』右側有乙正符號『√』。

〔二四〕引文蓋本於《尚書·顧命》「一人冕，執瞿，立于西垂」句，「钁」蓋「瞿」字之後起分別文。

〔二五〕「斵」字底卷作「斵」形，《王二》、《廣韻》皆作「斵」字，王國維、《姜韻》皆徑録作「斵」，茲從之。

〔二六〕「力」爲來紐字，「懦」爲泥紐字，二者異類，《王二》、《廣韻》皆作「乃亂反」，「乃」爲泥紐字，與「懦」聲合，底卷形訛，茲據校改。

〔二七〕「湏」爲「須」的俗字，參《敦煌俗字研究》下編頁部「須」字條考釋，底卷其他「湏」字或從「湏」旁字皆徑改録作「須」形，不再一一出校説明。

〔二八〕注文《王二》同，《廣韻》作「傳符帛」，即指出使時起符信作用的帛書。

〔二九〕「反」字前底卷蒙下注文衍抄一「伐」字，檢《王二》、《廣韻》皆作陟輸反，今徑删之。又本小韻實收五字，標數字「四」蓋誤計，茲據校改。

〔三〇〕殘字右上部底卷漫滅，王國維未録，《姜韻》録作左側爲「耳」旁的殘字，疑非是，檢他書「銖」字的釋義文字，未見可與此殘形合者；今審其字，疑爲一衍抄的「市」字，右側尚可見一墨點，當爲删除符，姑識以俟考。

〔三一〕「臾」爲「臾」的俗字，參《敦煌俗字研究》下編臼部「臾」字條考釋，後從「臾」（或作「臾」形，同）旁字皆徑改作「臾」形，不再一一出校説明。

〔三二〕底卷以「楰木名」三字爲「臾」字的注文文字，使得本小韻實收字數比標數「廿五」少一字，又《王二》、《廣韻》本小韻皆有「楰，木名」條，茲據恢復該條的獨立地位。

〔三三〕注文《王二》作「喜懙」，蓋誤增代字符所致；《廣韻》、《集韻》皆作「憂也」，未知孰爲是非，龍宇純《校箋》：「字又見虞韻，《王一》、《王二》（按：指《裴韻》）、《廣韻》並云『懼』，本書同。『憂』、『懼』義近。」可參。

〔三四〕「又神朱反」《王二》同，《廣韻》無又音，底卷本大韻亦未收「船」紐小韻字。

〔三五〕「慺」字右旁「婁」底卷皆抄作或體「婁」形，參《敦煌俗字研究》下編女部「婁」字條考釋，茲爲便於排印，除

「婁」字作字頭外，皆徑改作今通用字形「婁」，後不一一出校説明。

〔二六〕字頭「氀」字右旁「毛」上部三分之二殘泐，茲據《王一》、《廣韻》録定。

〔二七〕字頭「貗」字左旁下部漫滅，茲據《王一》、《廣韻》録定。又注文《王一》同，《廣韻》作「求子豬也」，阮刻《十三經注疏》本《左傳》定公十四年「既定爾婁豬」杜注：「婁豬，求子豬也。」二者蓋有名詞與動詞的畸重之別。

〔二八〕「臱」字爲「臱」之俗字，《干禄字書・平聲》即收「臱」之俗字作「臱」形，《廣韻》正作「臱」。

〔二九〕前二殘字底卷存左、右兩側部分，中間被擠合不能辨，最後一殘字存下部「工」形部分，檢《王二》「穆」字反切與釋義分別作「士于［反］。稷穰」（《廣韻》略同，唯「士」作「仕」），其中「稷穰」、「士」三字可與底卷殘字所存部分吻合，茲據校補。

〔三〇〕「木」字底卷因粘貼時之皺摺從字中縱下而呈「大」字形，茲參《廣韻》録定。

〔三一〕殘字底卷存右側少許筆畫，茲參《王一》、《廣韻》校補作「花」字，又《廣韻》注文作「花葉布也」，則底卷所作蓋用注文與被注字連讀成訓例。

〔三二〕「鹿細」《王一》作「麁紉」，《王二》作「麁紐」，《廣韻》作「細（余迺永校作「麁」）紬」，考《説文・糸部》「紨，布也；一曰粗紬」，「麁」爲「麤」之俗字，「麤」、「粗」義通，底卷「鹿細」當爲「麁紬」之形訛，茲據校改。

〔三三〕「取」字《王一》、《廣韻》皆作「諏」，合於底卷文例，此脱抄左部「口」旁，茲據校改。

〔三四〕「隅」字《王一》、《廣韻》皆作「嵎」，按聯綿詞多形無定體，「隅」、「嵎」同音，且其構形皆與山阜有關，故此可通用。

〔三五〕「膚」字《王一》作「膚」，皆爲「膚」字俗寫，《廣韻》正作「膚」字，茲據校改，下從「膚」旁字同，不再一一出校。又注文當用注文與被注字連讀成訓例。

〔三六〕「魚」字《王一》、《王二》、《廣韻》皆作「鳥」字，與字頭從「鳥」旁之構形合，底卷形訛，茲據校改。

〔二三七〕『革』字中間底卷略有漫滅，兹據《王一》録定。

〔二三八〕『在又』，《王一》、《廣韻》皆作『左右』，按『在』當爲『左』字俗訛，兹據校改；『又』爲『右』的古本字。

〔二三九〕『株』字《王一》作『梂』，《廣韻》作『捄』，合於《説文》，俗寫『扌』、『木』二旁多混而不分，底卷形訛，兹據校改。又注文底卷作『盛詩士云株之隭』，文意扞格，《王一》作『盛土，《詩》云「捄之陾陾」』，《廣韻》略同，唯『隭』字作『陾』，合於阮刻《十三經注疏》本《詩經·大雅·緜》，按『隭』當爲『陾』字的俗寫通用字，《廣韻》之韻正以『陾』字爲『隭』字或體，兹據乙正校改并爲擬補一個脱字符。

〔二四〇〕『⿰糹吳』字《王一》、《廣韻》皆作『鯃』，底卷形訛，兹據校改。

〔二四一〕『榀』字《王一》作『操』，《廣韻》作『橾』，合於《説文》，俗寫『扌』、『木』二旁多混而不分，底卷蓋俗訛省，兹據校改。

〔二四二〕『猶』字《王一》、《廣韻》皆作『醬』，《説文·酉部》『醬』字下作『⿰爿酋』（爲『醬』之本字），底卷蓋其形訛，兹據校改。

〔二四三〕『英』字《王一》、《廣韻》皆作『墓』，是『英』當爲『墓』之古借字『莫』的俗訛字，兹據校改。又《王一》『規』、『墓』之間增一『度』字，於義更明。

〔二四四〕『檏』爲『樸』之俗字；又『閞』此處當爲『關』的俗字，底卷後刪韻胡關反小韻收有『劗』字。

〔二四五〕『狐』字右旁『瓜』字底卷多作『爪』形，又參《敦煌俗字研究》下編瓜部『瓜』字條考釋，今除單用外，凡從『瓜』旁而作『爪』形者皆徑改作『瓜』，後不一一出校説明。

〔二四六〕底卷後一『黏』字當爲『黏』之俗訛，參《切二》校記〔一四五〕。

〔二四七〕『蚣』字《王一》同，《切二》作『舩』，爲『船』之俗字，『蚣』字乃『舩』之形訛，兹據校改。

〔二四八〕又音『苦暮反』爲溪紐暮部字，《王一》作『古護反』、《廣韻》作『昆互切』，皆爲見紐暮部字，後二書皆收一匣紐姥韻又音，底卷去聲韻字全部殘缺，不能斷其是否有誤。

〔二四九〕注文『木名』前底卷衍抄一『㯲』字，兹據《切二》、《王一》删之。

〔二五〇〕『䑛』字蓋『㚔』之古文隸定訛變字，參《切二》校記〔一四八〕。

〔二五一〕『塗』字王國維作缺字，《姜韻》作僅存『余』旁的殘字，審底卷雖左半中下有漫滅，但三個組成部件皆明確可知，故徑録作『塗』字，《切二》、《王一》同。

〔二五二〕注文底卷作『酒酴山』，檢《切二》、《王一》皆作『酴山』，則底卷當蒙下『酴』字注文衍『酒』字，兹徑爲删去。

〔二五三〕『水名』底卷作『名水』，『水』字右側有一小竪，蓋爲殘存的乙正符號，又《切二》、《王一》皆作『水名』，兹徑據乙正。

〔二五四〕字頭『酴』字與本小韻前表示『酒』義的『酴』字字形重複，不合文例，檢《切二》、《王一》、《廣韻》皆作『䤛』形，又注文『茜』字各本皆作『醬』，合於《説文》，是底卷二字皆形訛，兹並據校改。

〔二五五〕『烏籠』底卷作『籠烏』，《王一》、《王二》、《廣韻》同，《切二》作『烏籠』，合於《説文》，兹徑據乙正。

〔二五六〕『䔷』爲『蒜』字的訛變俗字，參《敦煌俗字研究》下編艸部『蒜』字條考釋。

〔二五七〕『吴』字底卷俗寫作『呉』形，他從『吴』字同，今皆徑改作『吴』形，不一一出校説明。

〔二五八〕注文『諸』後《切二》、《王一》、《廣韻》皆有一『侯』字，底卷脱，兹據擬補一個脱字符。

〔二五九〕注文底卷作『黑柱』，《切二》、《王一》皆作『柱』，又檢諸字書、韻書，『櫨』字皆未載作『黑柱』義者，底卷蓋蒙下條注文『黑甚』衍『黑』字，今徑删之。

〔二六〇〕『鸕鷀』底卷作『鷀鸕』，兹據《切二》、《王一》乙正。

〔二六一〕注文『希』字《切二》、《王一》、《廣韻》皆作『布』，底卷形訛，兹據校改。

〔二六二〕『漫』字《切二》作『槾』，《王一》俗寫作『楊』，《王二》作『墁』之俗寫『塲』，《廣韻》作『鏝』，按《説文·木部》：『杇，所以涂也。秦謂之杇，關東謂之槾。』段注：『此器今江浙以鐵爲之，或以木，……故杇、槾古字也，釫、鏝今字也。』《爾雅·釋宮》『鏝謂之杇』陸德明釋文：『鏝又作墁。』此蓋與『槃』又作『鎜』、『盤』同，先以質料爲義旁，後因質料複雜化後即取通義之偏旁造字，底卷「漫」字當爲「槾」、「鏝」、「墁」三字的通假字，《廣雅·釋詁二》「槾，貪也」王念孫疏證：「《呂氏春秋·離俗覽》云『不漫於利』，漫與槾通。」《字彙補·水部》「漫，與墁同，塗也」，蓋不確。

〔二六三〕注文「鯎」字字書未見，《王一》、《廣韻》皆作「鰞鰂」，《玉篇·魚部》「鰞」字條訓同，「鯎」當爲「鰂」字形訛，茲據校改。

〔二六四〕「路」字疑當爲「超」字形訛，參《切二》校記〔一六四〕。

〔二六五〕「俱」字《箋七》卷首韻目反語同，《切二》、《王一》、《王二》、《廣韻》正文及《裴韻》、《箋二》卷首韻目皆作「徂」，按「俱」隸群紐，而「徂」隸「從」紐，底卷形訛，《補正》即校「俱」作「徂」，茲從之。又「嵆」爲「嵇」之俗字。

〔二六六〕「蠐螬」底卷作「螬蠐」，茲據《切二》、《王一》、《廣韻》乙正。

〔二六七〕字頭又見於支大韻呂私反小韻，《王一》、《廣韻》同，但《王一》齊大韻落嵆反小韻未收此條，《廣韻》則支大韻「驪」字注文有「馬深黑色」一義，而齊大韻則作「穆天子駿馬名盜驪，又力知反」，疑底卷原作有誤。

〔二六八〕「廔」、「綺」二字間底卷衍一代字符，茲據《王一》、《廣韻》徑删。

〔二六九〕「域荆」不辭，茲據《王一》、《廣韻》校改「域」作「織」字，底卷形訛。

〔二七〇〕《王一》、《廣韻》、《集韻》字頭作「盠」形，與「蠡」等從「彖」聲字諧，底卷蓋俗省。又「似」字《王一》同，《王二》、《廣韻》作「以」，《集韻》首義訓作「瓢也」，底卷俗寫「以」、「似」二字多互訛，茲姑從校。又「⿰鬲瓜」字《王一》、《王二》、《廣韻》皆作「瓢」，底卷當是俗寫訛變字，亦據校改。

〔二七一〕「低即」不辭，《王一》、《廣韻》作「低昂」，底卷「即」字形訛，茲據校改。

〔二七二〕「秪」字《王一》、《廣韻》皆作「衹」，與《説文》合，底卷形訛，茲據校改。

〔二七三〕字頭底卷殘存右側及左上角部分筆畫，茲參《廣韻》校補作「隄」字，《王一》以「隄」與「堤」合爲一條，釋作

「防」，并以後者爲前者之或體。

〔二七四〕底卷「緑」字下誤置一「緑」或「綈」字，後又以墨涂去，檢《王一》亦作「色緑而深」，兹徑删之。

〔二七五〕殘字底卷漫漶，兹據《王一》校補作「苐」字。

〔二七六〕殘字底卷蓋因紙頁縐折而致兩側擠向中間，僅可辨部分筆畫，兹參《王一》校補作「膏」字。

〔二七七〕前一殘字底卷存右上角「日」形部分，兹據《王一》、《廣韻》校補作「騠」字；後一殘字僅存左上角少許筆畫，檢《王一》「騠」字注文作「駃騠，馬名。又丁奚反」，《廣韻》略同；又「又子」底卷作「子又」，其「又」字右側有一乙正符號「√」，兹徑乙正録文，又參前二書知此「子」字當爲「丁」字形訛，故據校改，并從二書校補前一殘字作「馬」字。

〔二七八〕注文「鵜」字前底卷有一「鴂」字，其右側有一「卜」形符號以示删除。

〔二七九〕注文「秀」字《王一》作「蒡」，《廣韻》作「荑秀」，龍宇純《校箋》：「《孟子》『五穀不熟，不如荑稗』，荑與蕛同，與蒡字義合，當以作蒡字爲是。」然從「荑」之通義指草初生看來，其訓作表示「出」義的「秀」字似亦不誤。

〔二八〇〕「方」後底卷脱反切下字，可據《王一》、《王二》補作「奚」字，兹爲擬補一個脱字符。

〔二八一〕「簾」字右上角略有漫滅，此據《王二》録定。

〔二八二〕殘字因底卷碎片粘貼錯位而衹能辨其殘畫，兹據《王二》、《廣韻》校補作「蝨」字。

〔二八三〕「小」字後《王二》、《廣韻》皆有一「樹」字，字書「㯅㯕」多指小樹枝，而無徑指「小」義者，底卷本大韻後素嵇反小韻「㯕」字下亦正釋作「㯅㯕，小樹」，故據擬補一個脱字符。

〔二八四〕「眉」字左部長撇底卷漫滅，兹據《王二》、《唐刊》（伯二〇一五）、《廣韻》録定。

〔二八五〕殘字底卷存上部殘畫，略可辨爲「犭」及「比」的上部，兹據《王二》、《廣韻》校補作「狴」字。

〔二八六〕殘字底卷漫滅，僅存殘畫，兹據《王二》、《唐刊》（伯二〇一五）、《廣韻》校補作「豕生」二字。

〔二八七〕字頭『傒』字右下角底卷有殘滅，兹據《王二》、《唐刊》（伯二〇一五）、《廣韻》録定。又底卷本行字自注文『礼反』起至行末裂爲一碎片（原行文字靠右側處竪裂爲二），英藏粘爲長卷時將它上移一個大字的位置貼在下行末處，致二行末處的文字皆漫漶難辨，王國維缺而未録，《姜韻》則把殘片文字徑録在下行末處，致一些可綴合的文字及詞條不可讀，《潘韻》亦未對《姜韻》有所新校，今移正斷片録文。『傒』字注文殘字前者存兩側部分，後者存右側部分，檢《王二》、《唐刊》（伯二〇一五）、《廣韻》『傒』字釋義皆作『有所望』，兹據校補二字。又『傒』字《王二》同，《廣韻》、《集韻》作『徯』形，《玉篇·人部》『傒』字注文云：『待也。本作徯。』

〔二八八〕『好』字《王二》同，《唐刊》（伯二〇一五）、《廣韻》皆作『奴』，與《説文·女部》『媄，女隸也』義同，龍宇純《校箋》云『蓋陸書或本如此』，可參。

〔二八九〕殘字底卷漫滅，存右側部分，兹據《王二》、《廣韻》校補作『徑』字。又『蹊』字釋義《王二》作『徑蹊』、《廣韻》作『徑路』，《唐刊》（伯二〇一五）作『逕蹊』，從底卷漫滅無痕的情況看，以其爲代字符爲是，《補正》正擬録作代字符形。

〔二九〇〕殘缺三字底卷在行末，《王二》、《廣韻》『蹊』字條下皆作『螇，螇螰，似蟬』，《唐刊》（伯二〇一五）唯『似』作『小』字，當可據補，《補正》擬前三缺字符字作『螇，螇螰』，又於其下擬一字頭缺字符，是不足據。又『檀』字蓋蒙後『榽』字條的『似檀』而誤，兹據諸本校改。

〔二九一〕『榽』字注文底卷作『榽木名，似檀』，語義扞格，檢《王二》、《廣韻》皆作『榽蘇，木名，似檀』，《唐刊》（伯二〇一五）作『蘇，木，似檀』，蓋取注文與被注字連讀成訓例，兹據擬補一個脱字符。

〔二九二〕底卷本行從『笄』字注文到『烏稽反』間被上行行末斷片誤貼而覆蓋，據殘迹及空間并參《王二》、《廣韻》的相關文字，兹爲擬補十個缺字符。其中第一個殘字存左側筆畫，似與《唐刊》（伯二〇一五）所注的第二個義項『笄冠』的『冠』字相合，《王二》作『簪』，《廣韻》作『女十有五而笄也』，皆與其殘迹不合，疑此注文或即爲『笄冠』二字，第二個殘字僅存左側一短竪，兹據《王二》、《廣韻》校補作『蛢』字，第三個殘字存下部『鳥』旁，亦據前二書校補作『鷖』字。又『蛢』字注文《王二》作『螢火。又口妍反』，《廣韻》作『螢火』，無又音，底卷蓋可據《王二》補；『烏嵇反』小韻的代表字《王二》、《廣韻》皆作『鷖』，其注文缺字可據二書補作『鳧』字。

〔二九三〕注文缺字底卷漫滅，可據《王二》、《廣韻》補作『黑』字。

〔二九四〕缺字底卷漫滅，可參《王二》、《廣韻》補作『嫛』字。

〔二九五〕殘字底卷存右部筆畫，兹據《王二》、《廣韻》校補作『五』字。

〔二九六〕『蜺』字《説文·虫部》釋作『寒蜩也』，《爾雅·釋蟲》『蜺，寒蜩』郭璞注：『蜺，寒螿也，似蟬而小，青赤。』《唐刊》（伯二〇一五）釋作『蜩蜺』，《廣韻》釋作『似蟬而小』，《王二》釋作『雌虹』，而以底本後之『霓』爲『蜺』字的亦體，合『蜺』、『霓』二條爲一。

〔二九七〕『郳』之代字符和『城』字的右側底卷有些漫滅，王國維和《姜韻》皆録作『□名』，非是，考《王二》、《廣韻》皆作『郳城』，與底本殘迹合，兹據録定。

〔二九八〕『婗兒』語晦，其中『婗』字底卷作代字符形，《説文》『嫛，嫛婗也』段注引《釋名》：『人始生曰嬰兒，或曰嫛婗。』《唐刊》（伯二〇一五）『婗』字注文正作『嫛婗，小兒女』，底卷之代字符當爲『小』字形訛，兹據校改。

〔二九九〕注文依文例當脱一『作』字，《王二》正作『或作栖』，兹據擬補一個脱字符。

〔三〇〇〕注文『瘦』、『瘯之間底卷有一代字符，與文例不合，蓋抄者誤衍之，兹據《廣韻》徑删。

〔三〇一〕字頭《王二》、《廣韻》、《玉篇·匚部》皆作『匾』，底卷蓋俗省。注文『遍』字諸本並作『匾』，按敦煌俗寫『匚』多作『辶』形，參《敦煌俗字研究》下編匚部『匹』、『匝』、『匱』各條考釋，底卷『遍』正當爲『匾』之俗作。又『薄』字底卷録在後一『遍』字後，側有一乙正符號『√』，王國維録而別加墨圈删之，《姜韻》徑删而未録，《潘韻》未作新校，並誤。

〔三〇二〕字頭字形《王二》、《唐刊》（伯二〇一五）並同，皆爲『椑』之俗寫，《廣韻》正作『椑』。又注文《唐刊》（伯二〇一五）作『員盖』、《王二》作『圓盖』，《廣韻》作『圓榼，《漢書》云「美酒一椑」』，與《説文·木部》『椑，圜榼也』義合，『盖』當爲『榼』字之訛省，茲據校改，龍宇純《校箋》云：『蓋《切韻》或本誤如此。』

〔三〇三〕前一『兮』字下底卷依文例脱抄一『反』字，茲爲擬補一個脱字符。

〔三〇四〕『鈚』字《唐刊》（伯二〇一五）同，注云『亦作錍』，唯其本小韻又出『鎞』字，注云『斧。鎞箭同』；《王二》作『錍』；《廣韻》作『鈚』，孫詒讓《札迻》卷二『《方言》郭璞注』條云：『錍與鈀廣長而薄，則即古薄匕之鏃也。』（中華書局一九八九，頁五二）斯六三二九號《韻書字義抄》『錍，錍箭』條張涌泉校記云：『「錍」字見《説文》，指短斧，其用作箭鏃義，蓋借用作「鈚」字（其初文作「匕」），而這一意義的「鈚」、「鎞」蓋又「鈚」之繁化俗字也。』

〔三〇五〕『菻』爲『蒜』之訛變俗字，參前校記〔三五六〕。

〔三〇六〕又音反語脱『反』字，檢《王二》『躋』字條全脱，《王一》霽韻子計反小韻收有『躋，登。又即黎反』，即黎反與即稽反同，子計反與祖細反亦同，茲爲擬補一個脱字符。

〔三〇七〕『牆』字《説文·酉部》形如此，段注：『今俗作醬。』

〔三〇八〕缺字底卷殘泐，可據《王二》、《唐刊》（伯二〇一五）、《廣韻》補『爲』、『古』二字。

〔三〇九〕『刾上玉』不辭，檢『刾』字《王二》作『郯』，《唐刊》（伯二〇一五）作『剡』，『剡上玉』指上端尖鋭的玉，與史載玉珪之形合，如《白虎通義·文質》『珪者，兑上』，又《莊子·馬蹄》『孰爲珪璋』陸德明釋文：『李云鋭上方下曰珪。』則『刾』、『郯』皆『剡』字之形訛，茲據校改。

〔三一〇〕『苦攜反』與『苦圭反』同音，檢《王二》、《唐刊》（伯二〇一五）又音皆作『古攜反』，底卷作『苦』蓋承前一反語而訛，茲據校改。

〔三一一〕字頭下部底卷殘泐，茲據《王二》、《唐刊》（伯二〇一五）及《廣韻》校補作『茥』字。又注文『缺』字前底卷衍抄一「菫」字，兹據各本删去。又「瓫」字各本作「盆」，合於《説文》，《廣韻》魂韻「盆」字注文云「亦作瓫」。

〔三二〕「擕」字《唐刊》（伯二〇一五）同（今字體作「擕」形），唯《唐刊》（伯二〇一五）注文云「亦作携」（今字體作「携」形），《王二》、《廣韻》、《集韻》字頭皆作「攜」形，其中《廣韻》别收俗字作「携」形，底卷字形當爲「攜」字俗省，進而俗寫作「携」形。

〔三三〕「巂」爲「嶲」之俗字，「嶲」字見於《説文》。

〔三四〕「在東平」三字《唐刊》（伯二〇一五）、《廣韻》同，《春秋·莊公三年》「紀季以酅入于齊」杜預注：「酅，紀邑，在齊國東安平縣。」又《玉篇·邑部》：「酅，紀邑，在安平縣。」底卷「東平」似當作「安平」，或《切韻》增補本原書有誤也。

〔三五〕「今」字《王二》、《廣韻》皆作「余」字，《集韻》紙韻演爾切小韻亦收「栘」字，「今」當爲「余」字形訛，《補正》已揭此，兹從校改。

〔三六〕注文第一個「𢡟」字下有一小代字符，王國維、《姜韻》皆未録，今檢「𢡟」字注文《王二》作「䐈𢡟，心不平」，《唐刊》（伯二〇一五）作「䁱𢡟，▨（不）▨（平）」。龍宇純《校箋》云：「《集韻》『傒』下云：『慣傒，心不平』（案分傒、𢡟爲二字），莫佳切『慣』下亦云『慣傒，心不平』。案本書無『慣』字，《廣韻》同。『䁱』字見『莫佳反』，注云『視皃』，爲『䁱』字之誤，此『䐈』字蓋即『䁱』字之誤，《集韻》『慣』又爲『䁱』之後起字耳。」此論蓋是，又依底卷文例，其字頭字重見於注文中時皆作代字符形，是底卷前一「𢡟」字當爲「䁱」之形訛，兹據校改。

〔三七〕殘字底卷存左上一「丿」，兹據《王二》、《裴韻》、《廣韻》校補作「名」字。

〔三八〕「譎」字當爲「譮」字之俗寫，《唐刊》（伯二〇一五）、《廣韻》正作「譮」形，後者爲「諣」之俗字，《集韻》佳韻：「諣，惰也；黠也。或作譮。」又注文《王二》作「讕惰」，《裴韻》作「讕墮」，《唐刊》（伯二〇一五）作「譮爛』，《廣韻》作『譎惰』，疑《廣韻》注文之『譎』當爲『讕』字形訛，而《唐刊》（伯二〇一五）則錯亂益甚，『讕』字當爲『闌』字之增旁類化字，而與表示『抵讕』義的『讕』字合形，『闌墮』爲一聯綿詞，與『釪錦』、『碌碡』等『來—定』族詞同源，表示連續不解義，此與《説文・言部》『謅，疾言也』義合，《集韻》作『惰也』，蓋誤奪一『闌』或『讕』字。

〔二九〕字頭『哇』字《王二》、《裴韻》、《唐刊》（伯二〇一五）、《廣韻》皆作『蛙』，與《説文》合，底卷本大韻後『於佳反』小韻收有『哇』字，注爲『淫聲』，與諸本合，則此處之『哇』當爲形訛字，茲據校改。

〔三〇〕小韻標數字依文例底卷脱，可據實收字數補作『二』字，茲爲擬補一個脱字符。

〔三一〕『齟』字《王二》、《裴韻》、《廣韻》皆作『䶩』，『齹䶩』又作『齹䶪』（《集韻》卦韻『齹』條），皆爲『祟—疑』族聯綿詞『齟齬』的一聲之轉，又底卷本大韻後『五佳反』小韻『䶩』字下亦作『齹䶩』，此處形訛，茲據校改。

〔三二〕『余』字《王二》、《裴韻》、《唐刊》（伯二〇一五）皆作『尔』，《廣韻》『芘』字下雖未注又音，然其紙韻『將此切』小韻下實收有『芘』字，是底卷之『余』當爲『尔』之俗寫『尒』的形訛字，茲據校改。

〔三三〕『䩉』字《王二》、《廣韻》作『鞴』字，《裴韻》、《唐刊》（伯二〇一五）簡省作『鞈』字，指在器物上覆蓋皮革，『鞴鞁』指覆蓋皮革或用皮革制成的盛箭室，而『䩉』則指皮靴，底卷『䩉』字當爲『鞴』字的形訛，又後之『鞧』字亦『鞴』字之形訛，茲並據校改。

〔三四〕『竵』爲『竵』的俗字，參《敦煌俗字研究》下編立部『竵』字條考釋。

〔三五〕『欬』字未見他書所載，《王二》作『欸』，亦不成字，《裴韻》、《唐刊》（伯二〇一五）、《廣韻》皆作『欸』，《廣雅・釋詁二》、《玉篇・欠部》亦並以『欸歀』爲詞，底卷形訛，茲據校改。

〔三六〕『摅』字《唐刊》（伯二〇一五）作俗字『掳』形，《王二》、《裴韻》、《廣韻》皆作『搋』形，後者合於形聲字通例，底卷俗省，茲據校改。又底本『摅』字下衍一代字符，茲參諸本徑刪。反語上字『廿』《王二》、《裴韻》、《唐刊》（伯二〇一五）、《廣韻》皆作『丑』，底卷形訛，亦據校改。

〔三二七〕『瞶』字《王二》、《唐刊》(伯二〇一五)同，《裴韻》、《廣韻》作『瞶』，合於《説文》，底卷俗訛，兹據校改。

〔三二八〕殘字底卷存右部『思』旁，檢《王二》、《裴韻》本大韻的末字皆爲『諰』字，兹據校補。又此殘字居行末，其下似有可容二注文小字的空間，而前二書皆作『所柴反，語，一』(《裴韻》『語』後多一『也』字)，因此小韻與前『崽』字所在的『山佳反』小韻音同，故《唐刊》(伯二〇一五)、《廣韻》把此條歸入『山佳反』小韻，蓋底卷抄寫本大韻後檢知『山佳反』小韻之『諰』字脱，遂補抄於大韻末，兹參二書擬録一個缺字符。

〔三二九〕『皆』爲『皆』字俗省，參《敦煌俗字研究》下編白部『皆』字條考釋，爲便於排印，後之『皆』字或從『皆』旁字皆徑改作『皆』形，不再一一出校説明。

〔三三〇〕『荄』字釋義《王二》、《唐刊》(伯二〇一五)、《廣韻》皆作『草根』，合於《説文》，底卷『蘆』字乃蒙下『痓』字注文而誤，兹據校改。

〔三三一〕字頭『痓』字《王二》、《唐刊》(伯二〇一五)、《廣韻》、《集韻》皆作『痎』形，合於《説文》，葉鍵得《十韻彙編研究·切三校勘記》引《説文》二字釋義之别而論云：『此本正文蓋「痎」字誤。』兹從改，底卷蓋形訛也。

〔三三二〕缺字底卷殘泐，可據《王二》、《唐刊》(伯二〇一五)、《廣韻》補作『雨』字。

〔三三三〕『憂』《王二》、《廣韻》皆作『優』字，《説文·人部》『俳，戲也』段注：『以其戲言之謂之俳，以其音樂言之謂之倡，亦謂之優，其實一物也。』底卷脱抄『亻』旁，兹據校改。

〔三三四〕殘字底卷存右側『褱』旁大部，兹據《王二》、《唐刊》(伯二〇一五)、《廣韻》校補作『𩏓』字。

〔三三五〕『歳』字《王二》、《廣韻》皆作『崴』，底卷本大韻後『乙乖反』小韻亦作『崴』形，是此處『歳』字當爲『崴』字形訛，兹據校改。

〔三三六〕『羗』爲『差』的俗字，參《敦煌俗字研究》下編工部『差』字條考釋。底卷他處『羗』字或從『羗』旁字皆徑録作正字形，不再一一出校説明。

〔三三七〕『疥』爲『疥』之俗字，然『虺𤸰』訓『馬疥』未見其他字書有載，《王二》、《廣韻》、《集韻》皆作『馬病』，《唐

〔三八〕刊》(伯二〇一五)作「馬疾」，並與《爾雅・釋詁下》「虺頽，病也」、《詩經・周南・卷耳》毛傳「虺隤，病也」一致，底卷形訛，兹據校改。

〔三九〕「埋」字下部底卷略殘，兹據《王二》、《唐刊》(伯二〇一五)、《廣韻》録定。殘字存「皆」字右部形筆畫，亦據前諸本校補作「皆」字。又缺字底卷殘泐，可據各本補作「莫」字。

〔四〇〕注文《王二》作「風而雨土」，《廣韻》注文亦引《爾雅》而收有此義，與《説文・雨部》「霾，風雨土也」合，底卷當脱「土」字，兹據擬補一個脱字符。

〔四一〕「不平」底卷作「平不」，其中「不」字右上角有一乙正符號「√」。

〔四二〕「搱」爲「摒」的俗字，敦煌寫本中「犀」字多俗寫作「犀」形，參《敦煌俗字研究》下編牛部「犀」字條考釋。

〔四三〕「灰」字爲「灰」的俗字，參《敦煌俗字研究》下編火部「灰」字條考釋。爲便於排印，後之「灰」字及「灰」旁皆徑改作「灰」形，不再一一出校説明。

〔四四〕「師」《王一》、《廣韻》同，《玉篇・鬼部》亦作「魁，師也」，清鈕樹玉《説文解字校録・鬼部》：「魁，《玉篇》收鬼部，訓「師也」，「師」當是「帥」。」《尚書・胤征》「殲厥渠魁，脅從罔治」孔傳：「魁，帥也。」

〔四五〕「簸」字《王一》、《廣韻》作「簸」形，當爲「簸」之俗字，《王二》正作「簸」形，底卷俗訛，兹據校改。

〔四六〕殘字左下角漫滅，兹據《王一》、《廣韻》校補。

〔四七〕底卷右行衹有「户」一字，「七」字倒書在「户」字下，左行有「恢反」二字，此爲抄本初抄因計字失誤而後以末字補配前行以使注文雙行整齊的一種慣例。

〔四八〕注文《王一》作「守宫槐，樹名」(「樹」字《王二》作「木」)，合於《爾雅・釋木》「守宫槐，葉晝聶宵炕」，兹據擬補一個脱字符。

〔四八〕「許」字《王一》作「妁」，《廣韻》作「媒衒」。《説文》曰：「謀也，謀合二姓也」」，檢諸字書，未見以「媒」訓「許」者，疑底卷「許」乃「謀」之形訛字也。

〔三四九〕『火』字《王一》、《廣韻》皆作『灰』，於義爲長，底卷訛省，兹據校改。又各本注文末有『㑦字杜來反』五字，疑底卷脱之。

〔三五〇〕釋義《王二》作『胎經二月』，《王一》未收『脢』字條，『脢』本是『胨』字的異體字，參《切二》校記〔一八三〕，疑《王二》釋義乃其假借義，其本字即後之『腜』字；又底卷釋義疑當爲『醭』字假借義，《説文·酉部》：『醭，鞠生衣也。』蓋皆因《切韻》原本誤立『脢』字爲字頭而强爲解義所致也。

〔三五一〕『犬』字《王一》、《廣韻》皆作『大』字，合於《説文》，底卷誤作，兹據校改。

〔三五二〕『俀』字《切二》、《王一》、《廣韻》作『俀』，『俀』爲俗寫。

〔三五三〕本條《切二》、《王一》、《廣韻》同，龍宇純《校箋》云：『案此即上文「穨」字俗書，《説文》「穨，秃皃」，《廣韻》「頹」下云「同穨」。』

〔三五四〕底卷後一『崔』字下有一似用筆涂去的『同』字，此乃提前誤書下文『同』字，王國維、《姜韻》皆未録之，《補正》録之作『同』，當删，《王一》、《王二》此處録有一『者』字，然加『者』字則於義不暢。

〔三五五〕注文底卷作『酒漉未』，不辭，兹據《切二》、《王一》、《廣韻》乙正。

〔三五六〕字頭當爲『㰦』字的俗寫，參《切二》校記〔三〇二〕。

〔三五七〕字頭及注文當作『𣪊，𣪊𣪊，剛卯』，參《切二》校記〔三〇三〕。

〔三五八〕『淫』字爲『滛』的俗字，參《敦煌俗字研究》下編工部『巠』字條考釋，然底卷『淫』字《切二》、《王一》、《廣韻》皆作『濕』，底卷形訛，兹據校改。

〔三五九〕本小韻實收九字，《切二》同而小韻韻標數字亦作『九』，是底卷『七』當爲『九』字形訛，兹據校改。

〔三六〇〕殘字下部底卷殘泐，兹據《切二》、《王一》、《廣韻》校作『草』字。

〔三六一〕『木』字當爲『大』字形訛，參《切二》校記〔三〇七〕。

〔三六二〕底卷『地名』二字前有一代字符，《王一》同（但脱一『地』字，《王二》不脱），於義扞格，兹據《切二》及《廣韻》删之。

〔三六三〕『熊』字《切二》、《王二》、《廣韻》皆作『能』，合於《爾雅・釋魚》『三足鼈，能』之形，底卷蓋俗因『三足』而加綴筆三點繁化作『㷱』(《集韻・代韻》)而致訛，茲據校改。又注文『來』後依文例脱『反』字，《切二》、《王二》有之，茲爲擬補一個脱字符。

〔三六四〕『貢』字《切二》、《王二》、《廣韻》皆作『真』，合於《説文》，底卷形訛，茲據校改。

〔三六五〕『神』前底卷有一『魚』字，右側有數墨點以示删除。

〔三六六〕『屯』字底卷作『屯』形，有缺筆，本大韻從『屯』旁字亦皆作此形，後不一一出校；又後『魂』韻從『屯』旁字則皆作『乇』形，似有意分別其形，然二形實爲同一篆文隸書形成的變體，古人在實際使用中并没有什么區別。此並參《敦煌俗字研究》下編一部『屯』字條考釋。

〔三六七〕『䳺』字底卷前後二字形體不一，左上角的『今』字前者作『含』，後者作『合』。今規範作『䳺』形。又注文『䳺』字反語下字作『合』不確，檢底卷覃韻『䳺』字在『烏含反』小韻，《廣韻》同，唯『反』字作『切』，『合』乃『含』字形訛，茲據校改。

〔三六八〕注文《廣韻》作『黄牛黑脣』，《玉篇・牛部》同，與《説文》合，《爾雅・釋畜》『黑脣，犉』郭璞注：『此宜通謂黑脣牛。』疑底卷『脣』字前脱『黑』字，茲爲擬補一個脱字符。

〔三六九〕『於鄰反』《王一》同，《廣韻》作『於真切』，亦同音，按此小韻與後於巾反小韻同音，然本小韻後之『駰』字條下注『又於巾反』(《廣韻》亦同)，則又明示二小韻之異也，姑誌以俟考。

〔三七〇〕字頭中間的下部有些殘泐，茲據《王二》、《廣韻》録定。

〔三七一〕釋義《王二》作『馬文』，《廣韻》作『白馬黑陰』，與《説文》『馬陰白雜毛黑』合，然《爾雅・釋畜》『陰白雜毛駰』郭璞注：『駰，今之泥驄。』《玉篇・馬部》因云：『駰，泥驄馬也。』是底卷訓爲類名之『馬』似亦不爲非是。

〔三七二〕「亜」字釋義《王二》、《廣韻》皆作「塞」，合於《説文》，底卷形訛，兹據校改。

〔三七三〕殘字底卷存左上角少許筆畫，兹據《王二》、《廣韻》校補作「鄰」字。

〔三七四〕字頭底卷殘存下部「十」字形筆畫，兹據《王二》、《廣韻》校補作「辛」字。

〔三七五〕注文「平」前底卷有一代字符，於義扞格，當爲衍文，兹據《王二》删之。又該字頭形與前慎鄰反小韻的「晨」不同（《説文》「晨」、「晨」字别），《王二》注文云：「又時真反。通俗作晨。」《廣韻》二字頭皆作「晨」形。

〔三七六〕「鄰」字《王二》、《廣韻》作「鄰」，底卷之形合於篆文結構，後通行的隸定形體皆作「鄰」，《龍龕·邑部》「鄰，通；鄰，正」，底卷聲旁「粦」、「粦」互作，後從「粦」旁字不再一一出校。

〔三七七〕「粼」字《王二》同，《廣韻》作「粼」，爲《説文》「粼」字之俗變，「粼」當爲「粼」的俗字。又注文「木」字《王二》、《廣韻》皆作「水」，與《説文·巜部》「粼，水生厓石間粼粼也」義合，底卷「木」當爲「水」字形訛，兹據校改。

〔三七八〕「駖」字《王二》、《廣韻》皆作「駗」形，《集韻》「駗」字注云「馬載重難也」，不云「馬色」，龍宇純《校箋》：「《集韻》别有「驎」字，云「馬斑文」，見《詩》傳及《爾雅》，此「駗」字蓋與《集韻》「驎」字同，當從《切三》（長龍按：即《箋二》）作「駖」，從令爲聲。「驎」又作「駖」，與「鱗」或作「魿」（見《集韻》），「憐」或作「怜」同。《集韻》不從「駗」字「馬色」之義，而仍「駗」字「力珍反」之音，亦誤也。」

〔三七九〕「㨷」字《王二》作「槿」，《玉篇·木部》「槿，柄也」，按敦煌寫本中「扌」、「木」旁多混用，此字義爲「木柄」，當以從「木」爲是，兹據校改，又該義字形《廣韻》作「𥎊」，與《説文·矛部》「矜」字義合，則當以從「矛」旁爲是，「槿」當爲「𥎊」之俗字，而與「木槿」之「槿」同形矣。注文「予」諸本作「矛」，俗寫二形亦多混，兹據校改。又「臣」字非聲，兹據諸本校改作「巨」，底卷形訛。又「矜」爲「矜」之俗字。

〔三八〇〕釋義《王二》未收，《廣韻》作「鞕也」，與字形義合，亦與《廣韻》先韻胡田切小韻「鞕險；又剛強也」之訓相闕，底卷形訛，兹據校改。

〔三八一〕又音《廣韻》同，然底卷與《廣韻》實皆在脂韻以脂切下收有『寅』字，《王二》又音徑作以脂反，底卷蓋音訛，兹據校改。

〔三八二〕從『犬』旁字而釋作『火聲』，非通義，《王二》、《廣韻》皆作『犬聲』，底卷『火』當是『犬』之形訛，兹據校改。

〔三八三〕『虤』字《王二》、《廣韻》作『䖈』形，而於山韻收有『虤』字，從《説文》釋作『虎怒』（『怒』字《王二》訛作『奴』），底卷山韻則未收『虤』字，按《説文·虎部》『䖈，兩虎爭聲』，其文獻用例皆用重文，與『㹞㹞』（通常寫作『狺狺』）同爲聯綿詞，是當以『䖈』音爲是，疑底卷誤脱下部『曰』旁，兹據校改。

〔三八四〕『嚚』字訓『過』未聞，《王二》、《廣韻》皆祇收一訓作『愚』，合於《廣雅·釋詁一》，葉鍵得《十韻彙編研究·切三校勘記》云：『此本「過」蓋「愚」字之誤。』兹從校改，底卷形訛。

〔三八五〕『𣝫』字《王二》作『桴』，《廣韻》作『梬』，後者與《説文》合，『𣝫』、『桴』皆當爲『梬』字俗寫。

〔三八六〕『言心』《王二》作『信心』，與《説文》合；《廣韻》作『信也』，與《方言》合，底卷誤省『亻』旁，兹據校『言』作『信』字。

〔三八七〕『㹈』字字書未見所載，《王二》、《廣韻》皆作『狡』字，《玉篇·兔部》同，底卷因『兔』字而誤書，兹據校改。

〔三八八〕『偱』字《王二》、《廣韻》皆作『循』，按：敦煌俗寫『亻』、『彳』多混用，『偱』當爲『循』之俗字。

〔三八九〕『食』前《王二》、《廣韻》皆有『又』字，合於《切韻》系韻書通例，兹據擬補一個脱字符。

〔三九〇〕《説文·玉部》：『玭，珠也。从王，比聲。宋弘云：淮水中出玭珠。玭，珠之有聲。蠙，夏書玭从虫、賓。』龍宇純《校箋》：『朱駿聲分「玭」、「蠙」二字，謂玭者蠙之珠，蠙者玭之母。陸氏此似故爲之區分，然《切三》（長龍按：指《箋二》）及本書先韻「蒲田反」「蠙」下云「蠙珠」，則又以爲一字。』蓋其本有所別，而母或可代子也。

〔三九一〕『朱』據《王二》、《廣韻》校改作『珠』字。又參前條校記。

〔三九二〕「戚」字置此不辭，兹據《王二》、《廣韻》校改作「蹙」，底卷誤脱「足」旁。

〔三九三〕釋義《王二》同，《廣韻》作「純美酒也」，於義爲長。

〔三九四〕殘字前者存「乚」形右側部分，後者存「又」形右側部分，檢《王二》本小韻未收「駰」字條，《廣韻》又音用直音作「因」，然底卷本大韻「於鄰反」小韻收有「駰」字，并注又音「於巾反」，與本小韻合，惜底卷殘字與「於鄰」二字不能吻合，故不能確知此處所用究爲何字。　又缺字底卷漫滅，可依文例補作「反」字。

〔三九五〕殘字底卷存右側筆畫，《王二》此小韻反語亦殘泐，《廣韻》作「府巾切」，兹據校補殘字作「府」。　又缺字底卷殘泐，此依行款及文例擬補三個缺字符。

〔三九六〕殘字前者底卷殘存似「阝」的右側部分，檢《廣韻》本小韻收有「邠」字，可與此合；後者存右部一撇或一點形，其字不可斷，又因「邠」、「豳」是異體字，《王二》收「豳」而未收「邠」，故此小韻也不應收「豳」作字頭，如果收録，也應是在「邠」的注文中作爲異體提到，姑據《廣韻》校補前一殘字作「邠」。　殘字以下至行末底卷漫滅，據空間，約可抄六個大字，考《王二》該小韻收字九個，而「彬」、「虨」之間的内容爲「○玢，文采狀。○豳，地名，美陽亭即邠。　○彬，文彬(長龍按：「彬」字當删)」，約爲六個大字的空間，可參。

〔三九七〕殘字底卷皆存右側筆畫，兹據《王二》、《廣韻》校補作「武」、「反」二字。　又缺字《王二》作「云」字，檢底卷文韻「閩」字在武分反小韻，并注明「又武巾反」，疑此缺字當是「分」字。

〔三九八〕「罠」字左下角殘泐，兹據《王二》、《廣韻》録定。　又缺字底卷漫滅，《王二》作「納(網)」，《廣韻》作「網」，可從《王二》字形補。

〔三九九〕殘字存右上角「民」字右上部分和底端一短横，兹據《王二》、《廣韻》校補作「緡」字。　又注文《王二》作「錢貫；又曰絲緒，釣魚綸」，「又曰」二字《廣韻》作「亦」一字，比較底卷空間殘迹，此處當同《廣韻》衹有一字，又二殘字可據此校補作「絲」、「綸」。　缺字底卷殘泐。

〔四〇〇〕前行字頭殘字底卷存左上角殘畫和右側「乚」形右部筆畫，檢《王二》此小韻無右部作「乚」形者，故疑不能斷，其下至行末殘泐，據空間，約可抄七個半大字。又次行行首殘存一個字頭的右側殘畫，據空間推測，也應是本小韻的字，疑此爲本大韻的末條文字，故於其下擬補一注文多字缺字符。

〔四〇一〕以下內容爲『十八臻』韻字，其大韻標序字和韻部代表字所在行與前眞韻末行殘字居底卷同行，在距行下端約四五個大字處有二注文殘畫，當爲『十八臻』大韻下的內容，具體爲何字則不可辨，故不爲具録。

〔四〇二〕『詵』所在的小韻《王二》作『臻，側詵反』，爲該大韻的第二個小韻。該大韻的第一個小韻《王二》作『臻，側詵反，至，五』，可參。

〔四〇三〕殘字底卷漫滅，僅存少許筆畫，茲據《王二》及《廣韻》校補作『青』字。

〔四〇四〕『驨』字當即『驪』之俗字，《龍龕·馬部》以『騶』爲『驪』字或體，其『騶』字亦『驪』之俗作，《王二》、《廣韻》該字皆作『鬣』形，張涌泉審讀本條時指出：『巤』旁作『葛』爲俗書通例（《顔氏家訓·書證》稱俗書『獵化爲獦』，即其例），而『驪』又即『鬣』的訛變俗字（『鬣』字俗書往往寫作『鬛』形，進而又或省寫作『鬛』，『镸』旁形與『馬』近，『鬣』字義又與馬相關，於是『鬛』字遂進而訛變作『驪』）。又『目』字下底卷有一上塗一豎墨條删除符的『多』字，茲徑删去。

〔四〇五〕『閿』字《王二》同，《廣韻》作『閺』，注文云：『俗作閿。』缺字底卷殘泐，考『閿』字釋義《王二》作『閿鄉，縣名，在弘農』，與《廣韻》『弘農湖縣有閿鄉』合，唯行政區劃略異（有『鄉』、『縣』之別），然其地理位置相同，底卷可從參補。

〔四〇六〕底卷又音反語脱『反』字，茲據《王二》擬補一個脱字符。

〔四〇七〕反語『户分』，《王二》、《廣韻》皆作『王分』，『户』爲匣紐字，『王』爲喻紐三等字。

〔四〇八〕注文《王二》作『除草』，《廣韻》引《説文》云：『除苗間穢草。』檢『蓐』字釋義《説文·艸部》作『陳草復生也』，後多引申指草薦，非有『除草』義也，底卷『蓐』字當爲『耨』之俗訛，《玉篇·耒部》：『耨，耘也。』

〔四〇九〕『氲』字《王二》同，《廣韻》作『氛』，而以『氲』爲『氛』之俗字。本大韻前『氲』字注文正用『氛』字。

〔四〇〕『大』前底卷衍一『薣』字，兹據《王二》、《廣韻》删之。

〔四一〕『恡』字《王二》同，《廣韻》作『怪』，『恡』即『怪』字異寫。

〔四二〕缺字底卷在行首，殘泐，《王二》『羣』字注文作『渠云反。衆。五』，底卷本小韻實缺二字，是二缺字可據補作『反』、『二』二字。

〔四三〕字頭殘字底卷存上部筆畫，注文殘字存下部『一』形筆畫，兹據《王二》、《廣韻》校補作『縕』、『三』二字；又『絳』字右上角底卷略殘，亦據《王二》、《廣韻》録定。

〔四四〕『勳』字注文《王二》作『功』，《廣韻》作『功勳也』，檢諸字書皆作『功』，無作『力』者，底卷當爲訛省字，兹據校改。

〔四五〕殘字底卷存中上部筆畫，兹據《王二》、《廣韻》校補作『軍』字。又『軍』字注文《王二》作『戎伍』，《廣韻》所列首義項作『軍旅也』，底卷『軍』字注文在次行行首，而次行行首則恰殘泐約半大字的空間，兹從擬補兩個缺字符。

〔四六〕殘字前者存右上角一『丿』形筆畫，後者存右下角『口』形右側部分，缺字底卷漫滅，檢《王二》『皸』字注文作『足坼。又居運反。坼字丑格反』，與底卷殘迹及缺字情況吻合，兹據校補殘字作『坼』、『格』二字。

〔四七〕『無』爲『微』母字，與『芬』字異紐，檢《王二》此反語上字作『撫』，《周韻》考釋二『箋注本《切韻》一』云：『「無」當作「撫」。』又《廣韻》此小韻作『府文切』，余迺永《新校》：『《全王》（長龍按：即《王二》）及元明各本「府」字作「撫」，合《説文》及韻圖。「府」與「撫」有幫滂之分也。』兹據校改。

〔四八〕大韻標序字底卷殘泐，可參底卷前後大韻序號補作『廿』字。又『殷』字《王二》、《廣韻》皆作『殷』（《廣韻》因避宋太祖趙匡胤父趙弘殷諱而缺末筆），底卷所書爲俗寫，參《敦煌俗字研究》下編殳部『殷』字條考釋。

〔四九〕缺字底卷漫滅，《王二》、《廣韻》並作『慇懃』（《王二》原文誤倒），可據補。又『懃』字右下角底卷略有漫漶，此參上二書録定。

〔四二〇〕殘字底卷僅存左上角和右下角少許筆畫，檢《王二》、《廣韻》以「水名，在潁川」爲注文的字頭皆作「漘」，茲據校補。

〔四二一〕「懃」字當爲「勤」的後起俗字，《説文》「勤，勞也」，《王二》即以「勤」爲字頭，而收「懃」爲「亦」體。《廣韻》又分立字頭，而以「懃」爲「慇懃」的類化字。

〔四二二〕「莇」字乃「筋」之俗字，《王二》、《廣韻》皆作正字「筋」，合於《説文》，敦煌俗寫「艹」、「⺮」二旁多混用。

〔四二三〕「筋」《玉篇·竹部》注文云「俗筋字」，又《經典釋文·老子五十五章》「骨弱筋柔而握固」釋文：「筋，䈥者俗。」以故《王二》删「筋」字條，其「舉忻反」小韻祇收二字，《廣韻》以「筋」爲「筋」之俗體。

〔四二四〕「又」字下依文意當有一「作」字，底卷多省，後不一一出校。

〔四二五〕「虓」字右下「几」形部分底卷漫滅，茲據《王二》、《廣韻》録定。又缺字底卷亦漫滅，可從《王二》、《廣韻》補作「虎聲」二字。

〔四二六〕注文《王二》作「犬相咋。亦作犷。」

〔四二七〕「語斤反」與本小韻反語同，當有誤，檢底卷痕韻「五根反」小韻收有「垠」字，注文有「别語巾、語斤二反」，然真韻「語巾反」下未收「垠」字，不過此亦不違《切韻》系韻書通例，底卷音訛，茲據校改「斤」字作「巾」。

〔四二八〕注文「原」字底卷作「一」形，王國維照録作「一」，《姜韻》改録作代字符，檢《王二》「原」字注文作「本根」。按：「一」字與底卷他處所書代字符之形差異較大，疑是蒙上標數字「十三」之「十」字書而後覺其誤，遂棄而未續，又因此處當有一代字符，遂又未作塗删所致，茲從《姜韻》所録并回改作本字。

〔四二九〕注文《王二》同，《廣韻》作「木名，出豫章，煎汁藏果及卵不壞」，則底卷注文之「藏卵」乃「杬木」的别一名，非「杬」字的别一義，故據標作逗號，以與表示二義的分號有異。

〔四三〇〕「籆」字《王二》、《廣韻》作「篗」，《説文·竹部》「篗，收絲者也」，段注：「字亦作籆。」《廣韻·藥韻》「籆，

《説文》曰：「收絲者也。」」

〔四三一〕「猨」字《王二》作「猿」形，《廣韻》作「猨」，而别收「猿」爲其俗字。

〔四三二〕「鶢居」爲聯綿詞，「居」字《王二》、《廣韻》皆作類化字「鶋」，底卷魚大韻「鶋」字注文亦作「鶋」形，疑此俗省。

〔四三三〕「飜」、「翻」二字爲並存的一對異體字，《説文新附・羽部》：「翻，飛也。从羽，番聲。或从飛。」《王二》：「飜，孚袁反。亦作翻。」今通用「翻」字。

〔四三四〕「畨」、「番」爲同一篆文隸定的不同形體，底卷凡從「番」旁字皆作從「畨」，今皆徑改録作通行體「番」，不再一一出校。

〔四三五〕「暖」字注文《王二》、《廣韻》皆作「大目」，合於《説文》，底卷作「許」當是蒙下「諼」字注文而訛，茲據校改。

〔四三六〕「箎」當爲「篪」的俗字「箎」的訛省，《王二》徑作「篪」字，茲據校改。

〔四三七〕字頭殘字底卷存右側「口」旁的右部，《王二》、《廣韻》皆作「叩」字，茲據校補。又注文「喚」字左部「口」旁底卷殘泐，亦據二書録定。缺字《王二》作「和」，《廣韻》作「私」，敦煌寫本中「口」形多作「厶」形，龍宇純《校箋》云「三等韻例無匣母，和字誤」，底卷可據補「私」字。

〔四三八〕底卷因誤合「膰」、「羳」二條爲一而致脱計一條，故據校勘後本小韻之實收字數校改小韻標數字作「廿一」。

〔四三九〕「膰」字《王二》訓作「祭餘肉」，其下有「羳」字，訓作「羊黄腹」，《廣韻》前者訓作「祭餘熟肉」，間一字後出「羳」字，訓作「羊黄腹也」，其「羳」字之訓與《説文・羊部》「羳，黄腹羊」和《爾雅・釋畜》「羳，羊黄腹」合，葉鍵得《十韻彙編研究・切三校勘記》云：「此本脱「膰」之注文及正文「羳」。」茲從擬補四個脱字符。

〔四四〇〕字頭殘存右上部分，可辨「畨」右上角及「非」字形，茲據《王二》、《廣韻》校補作「⿰番非」字。又注文《王二》作

「百合蒜」，「蒜」乃「蒜」之訛變俗字，參《敦煌俗字研究》下編艸部「蒜」字條考釋，《廣韻》正作「蒜」，底卷注文殘字存左下角筆畫，檢他例字亦皆作俗體，如齊韻「齏，擣薑蒜」，茲據校補。

〔四一〕「蟟」字《王二》、《廣韻》皆作「蟟」，與《説文·虫部》「蟠，鼠婦也」音合，「蟟」當爲「蟟」之形訛字，茲據校改。

〔四二〕「璵璠」《王二》同，《廣韻》作「璠璵」，《説文·玉部》「璠，璵璠，魯之寶玉」條段注：「又各本作璵璠，今依《太平御覽》所引作璠璵，《法言》亦作璠璵。」

〔四三〕殘字存上部「樊」形部分，茲據《王二》校補作「礬」字。又缺字底卷殘泐，《王二》注文作「礬石，藥」，底卷比此多一「名」字，《廣韻》衹作「礬石」。

〔四四〕「宂」爲「寃」的俗寫，「寃」又「冤」俗字「寃」的俗省，敦煌寫卷中「免」、「兔」多作「兑」、「兊」之形，參《敦煌俗字研究》下編儿部「免」字條考釋，本小韻後從「免」、「兔」而作「兑」、「兊」形者皆徑録作「免」或「兔」形，不再一一出校。

〔四五〕小韻標數字「一」底卷脱，茲爲擬補一個脱字符。

〔四六〕「輝」字《王二》、《廣韻》同，周祖謨《廣韻校勘記》：「當作「輴」，《玉篇》爲「軒」字重文。《集韻》亦作「輴」，注云：「通作軒。」案「輴」即「軒輊」之「軒」。若作「輝」則與魂韻之「輝」溷爲一字。」是底卷俗訛，《補正》亦據校，茲從之。

〔四七〕字頭殘字存右側「梟」旁及左側上端一小竪，茲據《王二》、《廣韻》校補作「橾」字。注文殘字前者存右部「虖」旁，後者存「居」字左下部分，亦據二書分別校補作「摢」和「居」，其中「摢」字《廣韻》作「攎」，二者當爲異體字，如底卷魚韻「樗，惡木。又作樗」之比。

〔四八〕殘字底卷存右上部分，茲據《王二》、《廣韻》校補作「謁」字。又缺字底卷殘泐，可據各本及文例補「反」字。

〔四四九〕『駃』字《王二》、《廣韻》皆作『騠』，底卷齊韻有『騠，馬前足白；又驒騠，野馬』，又寒韻有『驒，……驒騠，匈奴畜，似馬而小』，合於《説文》，是此『駃』字當爲『騠』字形訛。又龍宇纯以爲《王二》本條注文乃因『驒』、『驒』形近，『誤以「驒騠，野馬」爲「驒騠。野馬」』。《集韻・微韻》『吁韋切』小韻收有『驒』字。余迺永《新校》則徑云此字頭爲『訛字，當删』，姑誌以俟考。

〔四五〇〕『鴘』字《王二》、《廣韻》作『鯤』，底卷字形當是『鯤』之後起的會意俗字。

〔四五一〕注文『驪』字前《王二》、《廣韻》皆重出字頭『驅』字，雖底卷注文體例有用注文與被注字連讀成訓例的，但聯綿詞亦或不用此例，如前『輻輬』、『琨珸』、『崐崘』等，故疑此脱抄一代字符。

〔四五二〕『尊』字下部筆畫底卷略淡，王國維、《姜韻》皆録作『尊』形，審其字形，似『寸』形的上部與字頭『寸』以上部分無殊，此不應於『酋』形下别録一長『一』，其與字頭的差異之關鍵乃是下部似『寸』形的左下實爲『丿』而非『丶』，檢《説文・酋部》，其篆文『尊』字下從『廾』不從『寸』，底卷注文所謂的字書，或即指《説文》。

〔四五三〕注文《王二》、《廣韻》皆無『存』字，檢《續一切經音義》卷七『蹲踞』注引《釋名》：『蹲，存也，謂存其後不著於席也。』此條今傳本《釋名》佚，然可證底卷『坐存』之説或有所據也。

〔四五四〕『乇』爲『屯』的隸變俗字，又參前文校記〔三六六〕。以下從『乇』旁字不再一一出校。

〔四五五〕注文《王二》、《集韻》皆作『犬見穴中』，《廣韻》作『火見穴中』，未知孰是，俟考。

〔四五六〕『頓』字《廣韻》作『顒』，《王二》作『暊』，龍宇純《校箋》云：『「暊」字當從《廣韻》作「顒」，慁韻「苦悶反」下未誤，《切三》（長龍按：即《箋二》）此誤作「頓」。』兹據校改。

〔四五七〕『㤂』爲『急』之俗字，參《敦煌俗字研究》下編心部『急』字條考釋。

〔四五八〕『語巾』前據文例當有表示又音的標識字『又』，《王二》作『又語巾反』，兹據擬補一個脱字符。

〔四五九〕字頭底卷殘存上端『宀』旁及下部部分筆畫，兹據《王二》、《廣韻》校補作『寒』字。又注文殘字存下端殘畫，與上二書切語之『胡』字下端合，亦據校補。又缺字底卷殘泐，前者據文例及諸本可補作『反』字，後者爲標數字，據文例及實收字數可補作『五』字。

〔四六〇〕『令』當爲『全』俗字『仝』的俗訛，《王二》、《廣韻》皆作『全』，兹據校改。

〔四六一〕缺字底卷殘泐，《王一》、《廣韻》皆作『紈』，可據補。又注文底卷殘存底端殘畫，《王一》作『生綃』，《廣韻》作『紈素』，從行款及殘迹看，當以『素』字爲是，兹據校補。

〔四六二〕『韋』字底卷右下略殘，兹參《王一》、《廣韻》録定，唯二書『韋』字皆作『葦』，底卷蓋誤脱上部『艹』旁，兹據校改。又『韋』前缺字底卷殘泐，可據二書補作『萑』字。

〔四六三〕殘字存『宛』旁左側及上部筆畫，兹據《王一》、《廣韻》校補作『剜』字。注文缺字底卷殘泐，據空間，可容四個小字，檢《王一》、《廣韻》知『剜』字爲小韻首字，據底卷文例，其注文當爲反語三字及一個標數字，『剜』字反語《王一》、《廣韻》皆作一丸反，標數字據底卷本小韻實收字數可補作『三』字。

〔四六四〕『精』字《王一》同，《廣韻》作『睛』，『精』、『睛』古今字。

〔四六五〕殘字存左部筆畫及下部『木』旁，兹據《王一》校補作『欒』字。

〔四六六〕殘字前者存左上角一短『一』形筆畫，後者存下部殘畫，兹據《王一》校補作『不解』二字。

〔四六七〕缺字底卷殘泐，檢『⿱罒絲』字注文《王一》作『毚納(網)』，《廣韻》作『毚罟』，義同，底卷缺字可據《王一》補。

〔四六八〕殘字存右部筆畫，上似『十』形，下爲『糸』形，兹據《王一》、《廣韻》校補作『𦄂』字。又注文『欠』字《王一》、《廣韻》皆作『久』，合於『卯』旁字的常見聲系，底卷形訛，兹據校改。

〔四六九〕字頭《王一》、《王二》、《廣韻》皆作『欑』，『穳』字《廣韻》本小韻亦有收録，注文作『穳也；又刈禾積也』，敦煌俗寫『禾』、『木』二旁多混，如『棱』又作『稜』，『權』亦或從禾，皆其比，參《敦煌俗字研究》下編木部『棱』、『權』條考釋，兹據校改。又『聚』字諸本皆作『叢』，《玉篇·木部》同，與《說文》『欑，……一曰叢木』合，底卷形訛，兹據校改。

〔四七〇〕『爪』字《王一》、《廣韻》皆作『如』，底卷當爲『似』字形訛，茲據校改。

〔四七一〕『鴅』字《王二》、《集韻》同，《王一》、《廣韻》作『⿰月鳥』，未詳孰是，龍宇純《校箋》：『案《山海經·大荒南經》：「大荒之中，有人名曰驩兜，人面鳥喙，有翼，食海中魚，杖翼而行。」「⿰月鳥」即「驩」字。』按聯綿詞形無定體，『鴅（或作『⿰月鳥』）吺』當爲『驩兜』的後起同源詞用字。又『啄』字《王一》同，《廣韻》、《集韻》作『喙』，於義爲長，底卷形訛，茲據校改。

〔四七二〕注文底卷重出『貒豚，似豕』四字，茲據《王一》、《王二》、《廣韻》删其一。

〔四七三〕注文《王一》、《王二》同，《廣韻》作『瘊疼』，『痛』當爲解釋『瘊疼』而設，茲據爲逗斷。

〔四七四〕殘字底卷存下部筆畫，茲參《王一》、《王二》、《廣韻》校補作『衣』字。

〔四七五〕『魚』字《王一》、《廣韻》皆作『角』，合於《説文》，底卷形訛，茲據校改。

〔四七六〕『古』字上部、『玩』字右上角底卷皆略有殘泐，此並參《王一》、《王二》録定。又缺字底卷殘泐，可從二書補作『又』字。

〔四七七〕『冨』字《廣韻》、《集韻》皆作『當』，《王一》去聲翰韻『⿰安阝』字注文亦作『當陽』，《王二》同；《玉篇·邑部》亦作『當陽』，考湖北當陽與安州（亦多改稱安陸）古或有隸屬關繫，而山東或浙江之富陽皆與『安』（『安』字因表地名而或類化作『⿰安阝』）地無關，底卷形訛，茲據校改。

〔四七八〕『⿱艹討土社處』《王一》、《廣韻》皆作『封土祭處』，『⿱艹討』爲『對』的俗字，『⿱艹討土』不辭，『⿱艹討』當爲『封』之形訛字，茲據校改。

〔四七九〕『撣其名』《王一》同，《廣韻》作『撣繫其名』，今傳四部丛刊本《太玄·數》作『捭繫其名』，三者異文。又『大』字《王一》、《廣韻》皆作『太』，『大』、『太』古今字。

〔四八〇〕『駃』字底卷齊韻『騱』字注文同，皆爲『騱』字形訛，《王一》、《王二》皆正作『騱』字，茲據校改。

〔四八一〕『⿱亐皿』字《王一》、《王二》略同（唯字形作『⿱壬皿』），龍宇純《校箋》：『（⿱壬皿）當是「⿱壬皿」字之誤。上文「⿱壬皿」下云

「盤也」，《廣雅・釋器》「盂謂之盤」疏證云：「郭忠恕《佩觽》云盂，盤也。字從干禄之干」。」按《廣韻》虞韻『盂』字訓作『盤盂』，又《集韻》月韻『盂』字注云『齊人謂盤曰盂』，是底卷『盤』訓作『盂』或別有所據，非必誤也。又注文『盤』與字頭同，《廣韻》以『槃』字爲字頭，除收『柈』爲其俗字外，還收有『盤』、『鎜』爲其籀文和古文，《王一》亦以『盤』爲字頭，而僅收『柈』字爲其『亦』體，『槃』字則別爲一條，釋作『槃曲』。底卷本小韻未收『槃』字，疑注文『盤』字當是『槃』字之訛，姑從校改。

〔四八二〕『胡瘡處』不辭，《王一》、《廣韻》皆作『瘡痕』，《說文・疒部》：『瘢，痍也』，徐鍇《繫傳》：『痍傷處已愈，有痕曰瘢。』疑底卷『胡』字爲『痍』之訛。

〔四八三〕『卧髮曰』三字不辭，《王一》作『卧髮曰鬆』，兹據擬補一個脱字符。

〔四八四〕『灦』字《王一》、《廣韻》皆作『顢』，《廣韻》并注云：『顢頇，大面皃。』然底卷本大韻『許安反』小韻『頇』字下亦作『灦頇，大面皃』，則『灦』『顢』當爲異體字，且從造字規律看，後者當爲前者之省形字，至於《集韻》換韻『灦』字注『灦湏，水貌』，則又當是『灦』字的後起用法。

〔四八五〕注文『謾』字底卷作代字符形，《王一》、《王二》同，考本大韻後『譠』字訓云『譠謾，欺慢言』，《箋二》、《王二》亦同，故疑本條注文衍抄一代字符。

〔四八六〕『蹣牆』《王一》作『踰牆』，似於義更長。

〔四八七〕『頪』字《王一》、《廣韻》皆作『頭』，《玉篇・米部》亦作『𥻦，𥻦頭』，底卷『頪』字蓋爲『頭』字誤因『𥻦』字而類化所致，兹據校改。

〔四八八〕反語上字《王一》作『倉』，底卷形訛，兹據校改。

〔四八九〕『東』字《王一》、《廣韻》皆作『束』，與阮刻《十三經注疏》本《周易》賁卦六五爻辭合，底卷形訛，兹據校改。

〔四九〇〕注文《王一》作『蒲攤之攤』，《廣韻》作『擹蒱，賭博』（《廣韻》別收『攤，開也，亦緩也』，余迺永《新校》以爲『擹』當爲『攤』之後起俗字。則《廣韻》分訓非是），南宋洪邁《容齋隨筆・五筆》卷一：『今人意錢賭博，皆以四數之，謂之『攤』。案《廣韻》『攤』字下云：「攤蒲，四數也。」』（據余迺永《新校》引黎刻本《廣韻》作如此），疑底卷『莔』字爲『蒲』字形訛，姑據校改。

〔四九一〕依文例，又音前當有標識字『又』，《王一》正作『又託何反』，茲據擬補一個脱字符。

〔四九二〕『胡』字《王一》同，《廣韻》作『坬』，檢《廣雅·釋宮》『𤮊瓳，甗甎也』條王念孫疏證：『《衆經音義》卷十三引《埤蒼》云：「𤮊瓳，大甎也。」卷四引《通俗文》云：「甎方大謂之𤮊瓳。」』底卷『胡』字、《廣韻》『坬』字皆當爲『瓳』字之形訛，茲據校改。

〔四九三〕『肪脂』《王一》同，《廣韻》作『脂肪』，於義爲長。

〔四九四〕『蹣跚』的釋義《王一》同，《廣韻》作『跛行皃』，《集韻》作『行不進皃』，於義爲長。

〔四九五〕『樸』字《王二》作『撲』，《廣韻》作『樸』，俗寫『扌』、『木』二旁多混而不分，《字彙·木部》：『樸，同樸。』

〔四九六〕『女』字《王二》、《廣韻》皆類化作『籹』字。

〔四九七〕『班』、『巾』聲紐異類，茲據《王二》、《廣韻》校改『巾』作『布』字，底卷蓋俗省致訛。

〔四九八〕『頒』無『巾』義，其誤當與前『班』字條的『巾』同爲俗訛省，茲據《王二》、《廣韻》校改。

〔四九九〕底卷『大』字前衍抄一代字符，茲據《廣韻》删去。

〔五〇〇〕『日』字置此不辭，茲據《王二》、《廣韻》校改作『目』字，底卷形訛。

〔五〇一〕注文《王二》、《廣韻》皆作『目多白皃』，與《説文·目部》『眅，多白眼也』合，底卷『皃』字當爲『白』字形訛，又參下校記〔五〇三〕，茲據校改。

〔五〇二〕『潸』字條《王二》、《廣韻》本小韻無，二書皆歸之於删大韻所姦反小韻。

〔五〇三〕注文《王二》作『馬目白皃』，《廣韻》作『馬一目白』，考《説文·馬部》作『䮫，馬一目白曰䮫，二目白曰魚』，則當以《廣韻》爲是，然則底卷『皃』當爲『白』字形訛，而『一』字或爲原書之脱，茲姑據擬補一個脱字符。

〔五〇四〕注文《王二》作『人目白瞯』，《廣韻》作『人目多白；又姓』，則底卷此條與前『䮫』字條、删韻『眅』字條注文

〔五〇五〕「皃」皆當爲「白」字之訛，茲據校改。

〔五〇六〕小韻標數字「一」依文例底卷脱，茲據擬補一個脱字符。

〔五〇七〕小韻標數字底卷漫漶，衹存殘畫，茲據實收字數校補作「二」字。

〔五〇八〕「媛」字《王二》、《廣韻》皆作「煖」，與《説文·日部》「㬉，安㬉，温也」義合，底卷「媛」當爲「煖」字形訛，茲據校改。

〔五〇九〕「句」字底卷咸韻胡讒反小韻作「胡」，與《王二》、《廣韻》同，王國維、《姜韻》皆徑録作「胡」，底卷「句」乃「胡」字形訛，茲據校改。

〔五一〇〕「濿」字《王二》同，《廣韻》作「濻」，《集韻》「濻」字注文云「或作濿」，按《集韻》「濻」字右旁所從「廌」形當爲「廌」字俗作。又注文又音《王二》無，《廣韻》作「又才薦切」，其霰韻「在甸切」小韻下收有此字，則底卷又音之「于」字當爲「才」字形訛，「廌」字又承字頭之俗省而訛，茲並據校改。

〔五一一〕「韉」字《王二》同，《廣韻》作「韉」形，底卷俗省。

〔五一二〕「幵」《王二》同，《廣韻》作「幵」，「开」爲「幵」字簡俗，猶下文「鳽」、「豜」、「靡」諸字本亦皆從「幵」得聲也。又「列」字《王二》作「別」，《漢書·趙充國傳》「先零、罕、开乃解仇作約」颜師古注：「罕、开，羌之別種也。」茲據校改。

〔五一三〕注文《王二》同，《廣韻》作「肚胘，牛百葉也」，《集韻》作「《説文》『牛百葉也』，服虔説：有角曰胘，無角曰肚；一曰胃之厚肉爲胘」，是「肚胘」爲同義並列複合詞，底卷「肝」乃「肚」字形訛，茲據校改。

〔五一四〕「咽」爲「咽」的俗字，《王二》「咽，咽喉。亦作咽」。

〔五一五〕「寒皃」《王二》、《廣韻》作「寒具」，《集韻》先韻未收「縺」字，然於「粦」字下注云「粦䊶，寒具。干寶曰《司徒儀》「吏死，祭用粦䊶」」，余迺永《新校》引宋吴坰《五總志》：「干寶《司徒儀》曰：「祭用粦䊶。」晉制呼爲䉂（䊶）餅，又曰寒具，今曰饊子。」按以「䊶餅」爲「寒具」之説蓋出於方言，而「縺縷」之指稱「寒具」，當指破弊連綴的衣服，亦因著此衣服者多會顯得瑟瑟發抖，因稱之爲寒皃，此從『縺縷』所在的『來—來』紐同源聯綿詞如『襤褸』、『凜冽』等的比較中可以得到證明。

〔五一五〕『昀』字《王二》、《廣韻》、《集韻》皆作『畇』，《廣韻》或本亦有作『昀』者，《集韻》本小韻别收『昀』字，訓『目皃』，疑地名用字當以從『田』之『畇』爲是，底卷形訛，兹據校改。又注文『降』字各本皆作『絳』，《集韻·絳韻》：『絳，地名。』《國語·晉語二》『歸福於絳』三國吳韋昭注：『絳，晉所都也，今平陽絳邑縣。』底卷形訛，兹據校改。

〔五一六〕『顛』字《王二》、《廣韻》皆作『顛』，『顛』爲『顛』之聲旁類化俗字，參《敦煌俗字研究》下編頁部『顛』字條考釋。

〔五一七〕『項』字《王二》、《唐刊》（伯二〇一四）同，《廣韻》作『頟』，並申云『今戴星馬』，《集韻》釋義作『馬顙戴星謂之駽』，此訓與從『真』旁字多有頂、頭義合，《校箋》云：『案《爾雅·釋畜》「駒顙白顛」，注云「戴星馬也」，「顙」、「頟」同義，「項」當是「頂」字之誤。』兹從校改。

〔五一八〕『蹁躚』底卷作『躚蹁』，兹據本大韻『蘇前反』小韻『躚，蹁躚，旋行』條乙正。

〔五一九〕『三』字《王一》同，《王二》、《廣韻》皆作『二』，合於《説文》，底卷形訛，兹據校改。

〔五二〇〕『瓝』字底卷作『瓝』形，《王一》、《廣韻》皆作『瓝』，按敦煌俗寫中『瓜』、『爪』不分，參《敦煌俗字研究》下編瓜部瓜字條考釋，底卷俗作。後『瓜』或從『瓜』旁字作『爪』形者，若非出現歧解，則皆徑録作『瓜』形。

〔五二一〕『渆』爲『淵』的俗寫，參《敦煌俗字研究》下編水部『淵』字條考釋，《廣韻》正作『淵』字。

〔五二二〕依文例又音『反』字前當有一『二』字，兹據擬補一個脱字符。

〔五二三〕『稹』字《王一》、《王二》同，《廣韻》作『穆』形，龍宇純《校箋》：『《説文》「稹，種概也」，字見軫韻之忍反及真韻職鄰反，「籬上豆」非其義，且真聲之字，例不讀唇音。《廣韻》此字作「穆」，《集韻》或作「稨」，當从之。……其誤蓋自陸氏而已然。《集韻》又云「或作稹」，積誤既深，遂不能諟正耳。』

〔五二四〕「胡」字《王一》、《廣韻》皆作「相」；「胡」爲匣紐字，「相」爲「心」紐字，檢「仙」字所從之聲旁「山」爲齒音生紐字，其異體「僊」所從之聲旁「䙴」乃「遷」之古字，爲齒音清紐字，是「仙」之聲紐當以「相」之「心」紐爲確，底卷「胡」當是「相」字形訛，底卷本卷卷首韻目「仙」字亦正音「相然」反，茲據校改。

〔五二五〕「⿰足⿱覀令」字《王一》同，《王二》作「蹮」（《説文》新附字收之），《廣韻》作「躚」，「蹮」當爲「躚」之省形字，而底卷「⿰足⿱覀令」又爲「蹮」之俗字，《龍龕·足部》收有「蹮」之俗字作「⿰足⿱覀令」形，然其辵部「遷」、人部「僊」字皆收有右旁作「⿱覀令」形的俗字。

〔五二六〕「𥝦」字《王一》、《廣韻》皆作「秔」，《玉篇·禾部》「秈」字下同，底卷「𥝦」字當是「秔」字俗寫「𥝦」之形訛，茲據校改。

〔五二七〕底卷「按」語所引《説文》多省稱《文》，後不再一一出校説明。又考今本《説文》，其以「鮮」爲「魚名」，而以「鱻」爲「新魚精也」，段注：「謂以新魚爲肴也……凡鮮明、鮮新字皆當作鱻，自漢人始以鮮代鱻……今則鮮行而鱻廢矣。」

〔五二八〕「熟」字前底卷蒙下「湔」字注文衍抄一「洗」字，茲據《王一》、《廣韻》删之。

〔五二九〕「質黑文」《王二》同，《王一》、《廣韻》作「白質黑文」，檢《文選·左思〈吴都賦〉》「狖鼯猓然」李善注引劉逵曰：「猓然，猿狖之類，居樹，色青赤，有文。日南、九真有之。」亦謂其質黑赤有文，是《王一》、《廣韻》所述蓋别一説。

〔五三〇〕本大韻「延」字右旁諸字所從底卷所録字形不一，多作「⿸𠂉止」、「⿱丿壬」、「⿸𠂉正」、「氏」等形，今皆徑録作通用字形，後不一一出校説明。

〔五三一〕注文「檀香」二字居底卷左行，「木」字倒抄於右行「梴」字下，此雙行抄本因誤計右行字數而又求兩行整齊所作的補救措施。

〔五三二〕底卷本小韻標數字爲「六」而實收五字，檢《王一》標數字作「六」亦實收六字，其「梴」、「鸇」二條間有「氈，毛席』一條，疑此常用字底卷本無注文，而又以其字形與下一字似而脱，兹姑據擬補一個脱字符。

〔五三三〕『克』字《王一》、《廣韻》皆作『免』，《漢語大字典·瓦部》引二用例以證之，可從，底卷之『克』當爲『免』字形訛，兹據校改。

〔五三四〕『戴』字《王一》、《廣韻》皆作『載』，於義爲長，《補正》據校，兹從改。

〔五三五〕注文《王一》作『能』，《廣韻》、《集韻》皆作『態也』；龍宇純《校箋》引《莊子·田子方》『儃儃然不趨』成玄英疏『儃儃，寬閑之皃』，謂『蓋即所謂態字之義』，可參。『儃』字從人旁而底卷釋作『熊』，當非是，兹姑據《廣韻》、《集韻》校作『態』字。

〔五三六〕『纒』爲『纏』字俗寫，敦煌寫卷中，『廛』字多俗寫作『厘』、『黑』之形，參《敦煌俗字研究》下編广部『廛』字條考釋。後從『廛』旁字而俗寫作『厘』、『黑』形者不再一一出校。

〔五三七〕『城』左下角的提畫底卷漫滅，王國維、《姜韻》皆因不能辨其爲何字而未録，兹據《王一》及慧琳《音義》卷八『市廛』條釋義録定，又依文例及《王一》，『曰』字前當有一『二』字，兹據擬補一個脱字符。

〔五三八〕『連』字無『乃』義，《王一》、《集韻·線韻》及《玉篇·辵部》皆作『及』，底卷形訛，兹據校改。

〔五三九〕殘字底卷存上部筆畫，與《王一》、《廣韻》所作的『相』字上部合，兹據校補。

〔五四〇〕『仝』爲『全』的俗字，參《敦煌俗字研究》下編人部『全』字條考釋，後從『仝』旁字不再一一出校。

〔五四一〕『撥』字《王一》、《廣韻》皆作『發』，《玉篇·手部》『揎，捋也』，與『手發衣』義合，底卷蓋誤增『扌』旁，兹據校改。

〔五四二〕『斵』爲『斲』俗字『斵』之俗訛，參《敦煌俗字研究》下編斤部『斲』字條考釋。

〔五四三〕『翦』字《王一》、《王二》、《廣韻》、《集韻》皆作『翢』，其右旁從『羽』，合於形聲構字理據，底卷訛省，兹據校改。

〔五四四〕『充』字底卷有塗改，但於注文末又補抄一『充』字以示改正，王國維、《姜韻》皆録作『元』，《潘韻》校録作

『充』，當是，兹從録定。又『充』爲東韻字，與『𤅢』韻隔遠，《王一》作『宂』字，《補正》蓋參以録二『充』字並作『宂』，兹從《王一》校改作『宂』字。又依文例，小韻標數字『一』底卷脱抄，兹爲擬補一個脱字符。

〔五四五〕『二』字《王一》、《廣韻》皆作『三』，合於《説文》，兹據校改。

〔五四六〕字頭底卷有所塗改，故於注文末又重書一個字頭，兹參以録定字頭。又『俗』字後依文例當有一『作』字，此蓋省之。

〔五四七〕釋義《王一》同，《王二》作『錫鉛』，《廣韻》作『一曰錫之類也』，《玉篇·金部》作『黑錫也』，似底卷及《王一》當用注文與被注字連讀成訓例。

〔五四八〕釋義《王一》同，『一曰』後爲又義，其前依文例當有另一義項，《王二》删『一曰』二字，《廣韻》作『便娟，舞皃；嬋娟，好姿態皃』，可參。

〔五四九〕『反』前依文例當有一『二』字，兹據擬補一個脱字符。

〔五五〇〕『竹與』《王一》同，不辭，《王二》作『竹篗（篗字衍）輿』，《廣韻》作『竹輿』，又《王一》仙韻房連反小韻所收『篗』字亦釋作『竹輿』，兹據校改。

〔五五一〕『苓』爲『荃』俗體『荃』的俗訛字。

〔五五二〕注文《王一》同，《廣韻》作『取魚竹器』，於義爲長。

〔五五三〕本小韻底卷標數字作『十二』，而實收十一字，《王一》本小韻收十六字，其前十一字與底卷同（『痊』、『銓』二字排序有所不同），第十二字作『悛，謹』，與《説文》合，疑底卷脱此一條，姑據擬補二個脱字符。

〔五五四〕『芧』字據《廣韻》及傳本《楚辭·離騷》校改作『茅』；又『㞷』字乃『匡』之俗字，參《敦煌俗字研究》下編匚部『匡』字條考釋，《王一》該字作『筐』形，傳本《楚辭·離騷》作『筳』，『筐』當爲『筳』字之俗寫，底卷『㞷』又是『筳』字俗寫之訛省，兹據校改。

〔五五五〕『貟』字及底卷從『貟』旁字皆作此形，爲『員』之俗寫，今爲便於排印，他處之『貟』字及從『貟』旁字皆徑改録作『員』形，不再一一出校説明。又反語上字『玉』《王一》、《王二》、《廣韻》皆作『王』，底卷形訛，茲據校改。

〔五五六〕『疰』爲『莊』之俗字，參《敦煌俗字研究》下編艸部『莊』字條考釋。

〔五五七〕殘字底卷存上部少許筆畫，茲參《王二》校補作『敬』字。

〔五五八〕『揵』字《王一》、《廣韻》皆作『犍』，與今四川省樂山市犍爲縣用字同，底卷形訛，茲據校改。

〔五五九〕『根』字《王一》同，《廣韻》作『跟』，義爲蹇足而追隨他人，似於義爲長，底卷用借字。

〔五六〇〕『擢』爲『權』之俗字，參《敦煌俗字研究》下編木部『權』字條考釋。

〔五六一〕『犿』字《唐刊》（伯二〇一四）同，《王一》、《廣韻》皆作『狝』，合於《説文》，底卷俗作，茲據校改。

〔五六二〕『踡』字底卷作代字符，然『婘』字注文《王一》作『美好』，《王二》、《廣韻》皆作『美皃』，而以代字符加『踻，不行』爲注文的字頭是『踡』，又檢底卷本小韻標數字作『十二』，而實收十一字，是此處有脱文，茲據擬補三個脱字符。

〔五六三〕依文例又音『反』字前當有『二』字，茲據擬補一個脱字符。

〔五六四〕釋義《王一》作『攣綴鷹狗』，《説文·手部》『攣』字段注：『攣者，係而引之。』

〔五六五〕《正字通·人部》：『健，俗作健。』

〔五六六〕『卷』字《王一》、《唐刊》（伯二〇一四）、《廣韻》皆作『㬰』，《廣雅·釋器》『纗帉幘也』條王念孫疏證：『《士冠禮》注云：「緇布冠無笄者著頍，圍髮際，結項中，隅爲四綴以固冠，今未冠笄者著卷幘，頍象之所生也。」《釋文》：「卷，去員反。」《輿服志》云：未入學小童幘句卷屋者，示尚幼少，未遠冒也。」卷、㬰、纗竝通。』王氏云『通』似不確，『卷』、『㬰』當爲古今字。又『卷』字於小韻無所屬，檢《王一》、《唐刊》（伯二〇一四）、《廣韻》皆隸於『劵』字所在之小韻，而底卷『劵（卷）』小韻標數字作『四』而實收三字，是此字當移至『劵（卷）』字條後，蓋抄者録下一小韻時先抄第二條而致訛。

〔五六七〕『𢍏』字《王一》、《唐刊》(伯二〇一四)、《廣韻》皆作『𢍏』，底卷之形當爲俗訛字。又注『榮』字《王一》作『熒』，《廣韻》作『滎』，按：『滎陽』當指河南滎澤之北，從『木』、『火』皆非是，兹據校改。

〔五六八〕本小韻當并前『卷』字而計之，參前校記〔五六七〕。

〔五六九〕釋義《王一》、《廣韻》皆作『髮好』(《廣韻》後有『皃』字)，《唐刊》(伯二〇一四)作『鬈髮』，底卷注文『鬈』字未用通例的代字符，疑其字當爲『髮』字之形訛，姑據校改。

〔五七〇〕『嬛』字《王一》、《廣韻》作『嬽』，合於《説文》，底卷俗訛，兹據校改。

〔五七一〕『䙲』字《王一》同，《唐刊》(伯二〇一四)作『襦』(襦)，《廣韻》作『𧛱』，按『而』、『需』皆與仙韻隔遠，當以『𧛱』字爲是；又『䙲』字《廣韻》不載，其見於字書以《集韻·之韻》爲始，故又疑『𧛱』、『䙲』爲古今字。『緛』字當據各本校改作『縺』。又反語《王一》、《廣韻》皆作『而緣反/切』，《唐刊》(伯二〇一四)作『而厶(負)反』，皆爲日紐字，底卷『又』字當爲『人』字形訛，《王一》本大韻補抄之『𧛱』字條音『人全反』，反語上字正作『人』，兹據校改。

〔五七二〕『蕭』字注文末依文例當有本小韻的標數字『七』，底卷脱抄，兹據擬補一個脱字符。

〔五七三〕注文『似』前底卷誤衍一代字符，兹據《王一》、《廣韻》删去。

〔五七四〕『徙』字《王二》同，《廣韻》作『佻』，與阮刻《十三經注疏》本《詩經·小雅·大東》文字合，《集韻》『佻』字注文云『或作徙』。

〔五七五〕釋義《王一》、《廣韻》無『皃』字，於義爲長。

〔五七六〕『県』字即《説文·県部》『県』字之俗作。『到』字《廣韻》同，《王二》作『倒』，在表示反轉義上二字通用，古多用『到』，今多用『倒』。

〔五七七〕『又』字底卷作代字符形，檢《王二》、《廣韻》此處皆作『或』字，疑此代字符當爲『又』字之漫壞訛變，姑據校改。又『徼』字當據前揭二書校改作『儌』字，底卷形訛。

〔五七八〕『周康玉名』不辭，茲據《説文・金部》『釗』字注文校改『玉』作『王』字，底卷形訛。又音前依文例當有標識字『又』，《王二》、《廣韻》有之，茲據擬補一個脱字符。

〔五七九〕『力姓』不辭，茲據《王一》校改『力』作『又』字。

〔五八〇〕『周官爲僚』不辭，《王二》、《廣韻》『周』字皆作『同』，茲據校改。

〔五八一〕『簝』字條後底卷衍抄一字頭『尞』，側有三墨點以示删除。

〔五八二〕注文《王一》、《廣韻》皆作『嶕嶢，山危』，與《説文》『嶢，焦嶢，山高皃』合，又從底卷下一字『僥』注文之『僬』抄作『嶕』看，疑底卷此注文有脱誤。

〔五八三〕『嶕』字《王一》、《廣韻》皆作『僬』，合於聯綿詞類化通例，《補正》謂『嶕』字乃『從上字「嶢」訓誤之』，當是，茲從校改。

〔五八四〕『羙』爲『美』之俗字，《王二》、《廣韻》皆作『羹』，與《説文・肉部》『膮，豕肉羹也』合，底卷形訛，茲據校改。

〔五八五〕『都』字《王二》、《廣韻》皆作『鄡』，與《漢書・地理志》『鄡陽，莽曰豫章』説合，又《玉篇・邑部》『鄡，豫章郡有鄡陽縣』，底卷形訛，茲據校改。

〔五八六〕『色』字《王二》、《廣韻》皆作『氣』，於義爲長。

〔五八七〕注文《王二》、《廣韻》同，《方言》卷三『撟捎，選也……』，《廣雅疏證・釋詁》『撟捎，擇也』，疑底卷注文有誤，俟考。

〔五八八〕『鑠』字《王二》、《廣韻》皆作『鑠』，『鑠』爲『鑠』之俗字，參《漢語大字典・金部》『鑠』字條考證。

〔五八九〕注文末依文例當有本小韻的標數字『二』，茲據擬補一個脱字符。

〔五九〇〕殘字底卷因紙張縐褶而左右搭接，致中間殘缺，存左下部小撇和右上部『𠮛』，王國維、《姜韻》皆録作『短』，可從。又注文《王二》作『猲獢，犬短啄（喙）』，《廣韻》作『猲獢，短喙犬』，按《説文・犬部》：『猲，短喙犬也。从犬，曷聲。《詩》曰：「載獫猲獢。」』又《爾雅・釋畜》：『長喙，獫；短喙，猲獢。』相參而義明。

〔五九一〕『藮』字《王二》同，注文云『亦作樵』，『藮』字正『樵』之俗字『蕉』的變體（『灬』變異作『木』形）。

〔五九二〕殘字底卷存右上角筆畫，王國維、《姜韻》皆録作『焦』，略似，亦與《王二》合，姑據校補。

〔五九三〕『鵻』字《王二》、《廣韻》皆未收，二書表示『似鳳，南方神鳥』意的聯綿詞皆作『鷦䳟』（『䳟』字《王二》訛作『鵰』，《廣韻》訛作『鵬』），置於前『鷦』字條下，《集韻》表小鳥意之聯綿詞的字頭作『鷦』，合於《説文》，而以表神鳥意之聯綿詞的字頭作『鷦』，然聯綿詞本即形無定體，而『鷦』、『鷦』二字在構形義上亦無區別，當以《廣韻》合爲一字爲是。

〔五九四〕『氣』字《王二》、《廣韻》皆作『器』，與後之釋義合，底卷所録爲音訛字，兹據校改。

〔五九五〕『橈』字左下部底卷殘泐，《王二》作『撓』，《廣韻》作『橈』，『扌』、『木』二旁俗寫不分，依釋義當從『木』旁，《姜韻》録作『僥』，《潘韻》未作新校，非是，王國維録作『橈』，是，兹從録定。

〔五九六〕『𤛓』字《王二》、《廣韻》、《集韻》皆作『犪』形，合於《説文》，《玉篇・牛部》『犪』字注文云：『𤛓，同犪。』

〔五九七〕本小韻實收字數爲十九字，標數字中的『八』當爲『九』字之形訛，兹據校改。

〔五九八〕殘字存右部『气』之右側部分，兹據《王二》、《廣韻》校補作『氣』字。

〔五九九〕注文《王二》同，《廣韻》作『蒲葉也；又草也』，則知底卷『草名』二字非釋前『蒱菜（葉）』之義，而是爲『菩』之別一義，兹據標點。底卷『蒱』當通『蒲』，《王二・模韻》『蒱』字條下即收『蒲』爲其或體。

〔六〇〇〕『銚』字所從之『兆』形部分底卷俗寫作『乢』形，爲便於排印，後從『乢』形字皆徑改作從『兆』形，不再一一出校説明。

〔六〇一〕殘字底卷存左上角和右下角筆畫，兹據《王二》、《廣韻》校補。

〔六〇二〕『心』、『昭』聲紐隔遠，檢《王二》、《廣韻》反語上字皆作『止』，底卷『心』字當爲『止』字草書之形訛，兹據校改。

〔六〇三〕『名』字下《王二》有一『似』字，《爾雅·釋鳥》『鶌鳩，鶻鵃』郭璞注：『似山鵲而小，短尾，青黑色，多聲。今江東亦呼爲鶻鵃。』是『鶻鵃』非即『斑鳩』之别名，底卷蓋脱抄『似』字，兹爲擬補一個脱字符。

〔六〇四〕『慓』字《王二》、《廣韻》皆作『幖』，按敦煌寫卷中『巾』旁多俗寫作『忄』形，參《敦煌俗字研究》下編巾部巾字條考釋，兹據釋義及諸本校改作『幖』字。

〔六〇五〕『穮』字條下底卷抄有『飄，風』一條，而此條在下面『瓢』字條後又重出（但側有誤加的删除符號），檢本小韻標數字作『四』，而加『飄』字條則實收五字，其下『符霄反』小韻標數字作『二』，如去『飄』字條則實收一字，又《王二》、《廣韻》『飄』字條皆在『符霄反』（『霄』字《王二》作『遥』）小韻，從後一『飄』字條側有誤加的删除符號及接書的半個『瓢』字（後亦加删除符號）看，蓋底卷所據抄之底本已誤把『飄』字條抄在『瓢』字條前（衹是是否有乙正符號，今已不得而知了），兹據删去『飄，風』一條。

〔六〇六〕本條字頭『飄』字右側有誤加的删除符號三點，兹爲還原保留之，詳參前條校記。

〔六〇七〕注文《王二》作『勒。又於笑反，約』，以『約』爲其又一釋義，然『約』、『於』皆爲影紐字，則底卷之又音亦不誤也。

〔六〇八〕『襷』字《王二》、《廣韻》皆作『襻』，按『襷』字今一般視爲日本和字，意爲吊住和服的衣帶，漢語字典未見所載，然《大漢和辭典》卷十引《倭名類聚鈔》及《續齊諧記》皆載有此字，又『襻』字意爲裙子及褲子上的吊帶，從構形上看，二者當爲異體字。

〔六〇九〕『清河』《王二》、《廣韻》皆作『淯陽』（『淯』字《王二》作『育』，不確），合於《説文》，考清河位於今河北境内，而淯陽則在今河南新野東北，二者非同地異名，底卷二字當爲『淯陽』俗寫之形訛，兹據校改。

〔六一〇〕『美走』不辭，《廣韻》作『善走』，與《説文·走部》『趫，善缘木走之才』義略合，底卷形訛，兹據校改。

〔六一一〕『⿰忄條』字《王二》作『幓』，《廣韻》正作『幧』，云『亦作幓』，按敦煌寫卷中『巾』旁多俗寫作『忄』，參《敦煌俗字研究》下編巾部巾字條考釋，茲據釋義及各本校改作『幓』字。

〔六二〕『法』字王國維、《姜韻》皆録作『去』，《潘韻》未作新校；《王二》、《廣韻》亦皆作『去』。然《廣韻》本大韻前『巨嬌切』小韻亦收『蹻』字，并收又音『巨虐切』，『略』、『虐』皆爲藥韻字，底卷藥韻字祇存四殘行，其後全缺，不能驗其所收『蹻』字的又音情況，疑此『法』字正『巨』字俗訛，至刊謬本《切韻》以後遂改作『去』，從而造成混亂。

〔六三〕『怊』字《王二》、《廣韻》皆作『帊』，按敦煌寫卷中『巾』旁多俗寫作『忄』，參《敦煌俗字研究》下編巾部巾字條考釋，茲據釋義及各本校改作『帊』字。又注文『招』、『反』之間底卷衍抄『又怊』二字，茲據《王二》、《廣韻》刪去。

〔六四〕『⿰舟彡』字《王二》、《廣韻》及阮刻《十三經注疏》本《詩經·小雅·彤弓》皆作『彤』字，按『丹』字俗寫有作『舟』、『舟』之形，參《碑别字新編》『丹』字條，敦煌寫卷則或作『舟』形，如《箋十》『臒』字作『艧』形，則『⿰舟彡』正當爲『彤』字的俗寫。

〔六五〕本小韻從『票』旁或作『票』、『票』、『票』之形，今皆徑録作『票』形，不再一一出校説明。

〔六六〕『飃』字《王二》、《廣韻》皆作『飄』，合於形聲構字之通例，底卷俗訛省，茲據校改。

〔六七〕『嫖』字右下角底卷殘泐，茲據《王二》、《廣韻》録定。又注文『身』字右側底卷録有似二三個刪除墨點形筆畫，不詳何故，此姑參《王二》、《廣韻》録定，俟考。

〔六八〕『膘』字《王二》、《廣韻》皆作『臕』形，與《説文》略合，亦合於形聲構字之通例，底卷俗省。

〔六九〕注文《王二》同，《廣韻》作『牛黄白色也』，合於《説文》，且於義更爲明了。

〔七〇〕『翘』字《王二》、《廣韻》皆作『翹』形，合於《説文》，按『堯』字俗寫或作『尭』形，參《敦煌俗字研究》下編土部『堯』字條考釋，與『走』形近，而『夵』又爲『走』之古體，其訛變之迹了然，茲據校改。又反語標識字『反』字底卷脱，茲爲擬補一個脱字符。

〔六二一〕『蔡』字當爲『蔡』字俗訛，《王二》、《廣韻》皆作『蔡』，兹據校改。

〔六二二〕『茅』字底卷多作『茅』形，如仙韻『蕁』字注文之『茅』亦作『茅』，本小韻反語《王二》、《廣韻》皆作胡茅反，兹據校改。

〔六二三〕『又芟』間底卷有一『作』字，檢『捎』字或體字書未見作『芟』者，《廣韻》『捎』字注文作『蒲捎，良馬名也；亦芟也。又音宵』，『芟』乃釋義，兹依文例删『作』字。

〔六二四〕『犛』字未見其他字書有載，《王二》、《廣韻》皆作『犛』形，底卷俗訛，兹據校改。注文又音脱一標識字『反』，《王二》有之，兹爲擬補一個脱字符。

〔六二五〕注文『蔽』字底卷本作代字符，《王二》、《廣韻》皆作『禾』，所謂『禾傷肥』乃指禾苗因施肥太多而致枯萎意，蓋底卷所據本之『禾』字有漫滅而抄者誤作代字符，兹據校改。

〔六二六〕小韻標數字『一』底卷漫滅，兹爲擬補一個缺字符。

〔六二七〕底卷又音依文例脱一標識字『反』，《王二》有之，兹爲擬補一個脱字符。

〔六二八〕『搯』字《王一》、《裴韻》同，《廣韻》作『掐』，考『搯』爲『掏』義，與『抓』之常見義不同，而『掐』字《説文新附》云『爪刺也』，與『抓』字常用義合，敦煌寫本中『舀』、『臽』二旁多混而不分，如《王一》平聲尤韻之『舀』字即作『臽』形，《箋五》(伯三六九四)『五十四陷』韻之『陷』即作『陷』形，兹據校改。

〔六二九〕『耳』字《王二》、《廣韻》皆作『取』，是，底卷抄録時脱右側部分，兹據校改。

〔六三〇〕『爮』字《王一》、《裴韻》、《廣韻》皆作『爮』，按『爮』義爲用指甲刮搔，本字頭依釋義當從『爪』，俗寫『爪』旁多作『爪』形，兹據校改。

〔六三一〕『五交反』小韻本大韻二出，《王一》、《裴韻》亦在本大韻末出一『五交反』，其前雖殘而未存另一『五交反』小韻，但知其當有也，是『勦』字當爲前『聱』字所在小韻的脱録或新加字，後補於此，《王二》已移録於『聱』字小韻下，《廣韻》同。又又音『苦調反』，《王二》作『又口彫、口的二反』，《廣韻·蕭韻》苦幺切小韻收有此字，則底卷之『調』在此當取其平聲『徒聊反』之讀音。

〔六三二〕『狹』字《王一》、《王二》、《唐刊》（伯二〇一四）、《廣韻》皆作『俠』，底卷形訛，茲據校改。

〔六三三〕底卷附有『新加』字條者，皆直接計入小韻標數字中，如此則本小韻實收十三字，底卷『二』當爲『三』之形訛，茲據校改。

〔六三四〕『⿰金羔』字《王一》、《裴韻》、《廣韻》皆作『餻』，與釋義合，底卷形訛，茲據校改。

〔六三五〕『槖』字《王二》、《裴韻》、《廣韻》皆作『橐』，合於《說文》，底卷俗省。『弢』爲『弢』之俗字，參《龍龕·弓部》。又注文『槖』字底卷未用通例的代字符，而是直書本字，考各本該字皆作『囊』，《說文·橐部》『橐』字注文作『車上大橐』，『囊』、『槖』皆與『橐』形近，然皆未用本字爲釋，故疑底卷此字形訛，姑據校改。

〔六三六〕『枯槹』《王一》同，不辭，茲據《王二》、《裴韻》、《廣韻》校改『枯』作『桔』字，底卷形訛。

〔六三七〕本小韻實收六字，此作『四』蓋誤計，茲據校改小韻標數字作『六』。

〔六三八〕『弢』字《王一》同，《王二》、《裴韻》、《廣韻》皆作『弢』形，『弢』爲『弢』之俗字，參《龍龕·弓部》。

〔六三九〕『遚』字未見其他字書有載，《王一》、《王二》、《裴韻》、《廣韻》皆作『牧』形，合於《說文》，是底卷字形當爲『遚』形俗訛，而『遚』又爲『牧』字因行走義而別增意旁『辶』所造之新字。又注文『行』字下諸本有『遲』字，與《說文》『牛徐行也』義合，然牛之行也，本即舒遲，段注云『俗謂舒遲曰牧牧』，則底卷所作，或亦不爲非是。

〔六四〇〕『槄』字《王二》同，《王一》、《裴韻》、《廣韻》皆作『搯』，合於《說文》，亦與注文表示挖掘義的『掐』同義，《廣雅·釋詁二》『搯，抒也』條王念孫疏證：『搯、掏一字也。』俗寫『扌』、『木』二旁多混而不分，茲據校補正字。又注文引《周書》語『師』後有『子』字，《王一》、《廣韻》皆無，《說文·手部》云：『搯，掐也。《周書》曰「師乃搯」，搯者，拔兵刃以習擊刺，《詩》曰「左旋右搯」。』亦無『子』字，茲據徑刪。

〔六四一〕『緣（縿）』字《王一》同，《王二》作『縿』，《裴韻》作『繰』，《廣韻》作『繅』，又收異體字『繰』，『繰』字合於

《説文》，按敦煌寫卷中「口」形多作「厶」形，疑表示「繅繭取絲」義的「綠(縿)」字本作「繰」形，後訛變作「繰(縿)」，再訛變作「綠(縿)」形，底卷已將此訛字與表示旌旗旒飾及紺色繒的「縿」混爲一字。

〔六四二〕「名」後底卷原有「子」字，茲據《王一》、《王二》、《裴韻》、《廣韻》删之。

〔六四三〕「折」字《王一》、《王二》、《裴韻》、《廣韻》皆作「淅」，底卷訛省，茲據校改。

〔六四四〕「裒」字《王一》、《廣韻》作「褎」，二者爲同一篆文的不同隸定形體，《廣韻》又收「褎」字，注云「俗」。

〔六四五〕「省」字《王一》、《王二》、《裴韻》、《廣韻》同，《唐刊》(伯二〇一四)作「肖」，合於《説文》，然段注本據《韻會》改之作「省」，是底卷所作，或有所據，姑存其舊。

〔六四六〕「継」字《王一》、《裴韻》、《廣韻》皆作「縷」，合於《爾雅·釋草》「蔜」字敦璞注，底卷形訛，茲據校改。

〔六四七〕「爊」字《王一》、《王二》、《裴韻》、《集韻》同，《廣韻》作「熝」，龍宇純《校箋》：「案《廣雅·釋詁四》「熝，煴也。」曹憲音「烏高反」，字當是從「鹿」爲聲，「麃」、「鹿」聲絕異也。」茲從校改。

〔六四八〕「鑣」字《王二》、《裴韻》、《集韻》同，《王一》作「鑪」形，《廣韻》作「鏕」，合於《説文》，底卷形訛，茲據校改。又「同」字《王一》、《裴韻》、《廣韻》皆作「銅」，底卷誤脱「金」旁，並據校改。

〔六四九〕「暄」指陽光，非干音聲，茲據《王一》、《廣韻》校改作「喧」。

〔六五〇〕「生」字《王一》、《王二》、《裴韻》、《廣韻》皆作「先」，《漢語大字典》「禮」字釋義作「祭猪神」，於猪之槽櫪而祭猪神，合於其形聲造字原理，底卷形訛，茲據校改。

〔六五一〕本小韻標數字底卷脱，其實收字數及《王二》、《裴韻》皆作「一」，茲據擬補一個脱字符。

〔六五二〕「懆」字《王二》同，《王一》訛作「幓(慘)」字，敦煌俗寫「巾」旁多作「忄」形，參《敦煌俗字研究》下編巾部「巾」字條考釋，底卷「懆」字正「幧」字之俗寫也，茲據釋義及《裴韻》、《廣韻》校改作「幧」字。

〔六五三〕注文依語氣及文法，疑「並」字前脱抄一「或」字，《初學記》樂部上「歌」下引《爾雅》云「聲比於琴瑟曰歌，徒歌曰謡」(今本《爾雅》無此文)，《説文·欠部》「歌，詠也」，是徒歌亦云歌也，茲姑爲擬補一個脱字符。

〔六五四〕『勾子戟』不辭，疑其當爲『句孑戟』之形訛，底卷入聲薛韻『釨』字注文作『句孑戟』，姑據校改。又疑此中『孑』字當爲『矛』字之形誤，檢本條《王一》即作『句矛戟』，其意謂『戈』是一種像彎曲的矛一樣的戟。《説文·戈部》『戈，平頭戟』段注：『戈、戟皆句兵，戈者兼句與殸者也。……』俗寫『矛』多作『予』形，遂進而訛作『孑』，文獻多因『孑』字篆文隸定之形回改作楷體，遂多誤作『孑』（或加金字旁作『鉤釨』），而尤以『句孑』一詞幾爲定論，推究其淵源，蓋受《方言》之影響。《方言》卷九：『戟，楚謂之孑；凡戟而無刃，秦晉之間謂之釨，或謂之鏔；吴、揚之間謂之戈，東齊、秦、晉之間謂其大者曰鏝胡，其曲者謂之鉤釨曼胡。』郭璞注謂『取名於鉤釨也』，『即今鷄鳴，句孑戟也』，『孑』蓋『戟』的一聲之轉，或加金旁作『釨』，而『句孑』（或作『鉤釨』）正謂句戟，但戟本即爲曲兵器，再稱『戈』爲『句戟』之戟，似乎表義不明；又《周禮·夏官·序官》『司戈盾』鄭注『戈，今時句孑戟』，又《周禮·冬官·冶氏》『戈廣二寸』鄭注『今句孑戟也，或謂之鷄鳴，或謂之擁頸』，慧琳《音義》卷六『兵戈』注引鄭注《周禮》云『戈，勾矛戟也』。《裴韻》亦誤作『勾子戟』，《小爾雅·廣器》『戈，句孑戟也』當亦同誤。

〔六五五〕『驘』字《王二》或體同，《裴韻》正字作『驘』，《廣韻》或體作『驘』，合於《説文》，按『驘』字爲『騾』、『驘』二字的聲旁拼合字，非是正體，當爲『驘』字的俗變，而『驘』字又當是『驘』字形訛，兹據校改。

〔六五六〕注文《王一》、《廣韻》皆作『木名，堪爲箭笴』，《裴韻》作『木名，堪作箭笴』，底卷殘字略有漫滅，但約可與『作』字合，兹據校補。然『爲作』連用有累贅之嫌，似可删『作』也。

〔六五七〕『蠃』《裴韻》、《廣韻》皆作『蘽』，《王二》作『蘽』，當爲『蘽』字之形訛，底卷之形蓋因據抄之底本殘泐，而照摹所致，兹據校補作『蘽』字。

〔六五八〕『鐵』字《王二》、《裴韻》、《廣韻》皆作『鑹』（《裴韻》該字與字頭同訛作『鑹』形），合於《説文》，兹據校改。又或體『鬲』字，《王二》作『鬲』形，蓋皆『鬲』字之俗寫，《廣雅·釋器》『鬲，釜也』，王念孫疏證謂『鬲，即今鍋字』，《説文·鬲部》作『融』形，段注云『今俗作鍋』。

〔六五九〕『莎』字條下底卷衍抄一字頭『窠』字，右側有删除符號四點，故據删。

〔六六〇〕本條《王一》、《裴韻》、《廣韻》皆同，《説文·艸部》『莎』字條段注：『籀文作「莾」，《漢書·地理志》「芯題」省「水」，從「㣺」，「㣺」與「少」同也，俗誤作「芯」。』按『芯』篆文隸定或作『𢘃』，俗進而訛作『㤝』形，然其俗成既久，以之爲俗字可也。又注文『涿郡』《集韻》作『清河郡』，與傳本《漢書·地理志》同。

〔六六一〕『可』字前《王一》、《廣韻》有『草名』二字，於義爲明。

〔六六二〕殘字底卷存左側部分，茲據《王一》、《裴韻》及《廣韻》校補作『麥』字。

〔六六三〕字頭底卷殘存左右筆畫，中間漫滅，茲據《王一》、《裴韻》、《廣韻》校作『萪』字。又『葉肋』不辭，『肋』字《王二》、《廣韻》皆作『朸』，底卷形訛，茲據校改。

〔六六四〕『名』字《王一》、《裴韻》、《廣韻》皆作『色』字，合於《説文》，底卷形訛，茲據校改。

〔六六五〕『逶』字《王一》、《裴韻》、《廣韻》皆作『婆』，『婆娑』爲習語，『逶娑』不辭，底卷形訛，茲據校改。

〔六六六〕釋義《王二》、《裴韻》皆作『白頭皃』，《王一》訛作『白頭白』，底卷『曰』字當爲『白』之形訛，而『白』字當爲『皃』之形訛，茲據校改。

〔六六七〕『石』字置此不辭，當爲小韻標數字『五』之形訛，《補正》已揭此，茲從校改。

〔六六八〕『編病』不辭，茲據《王一》、《裴韻》、《廣韻》校改『編』作『偏』字。

〔六六九〕『駞』字《王一》、《裴韻》同，《廣韻》作『駝』，而以『駞』爲『駝』之俗字，按：『它』的篆文隸定亦或作『㐌』、『也』形，故『駞』、『駝』二字爲異體字。

〔六七〇〕『絁』字《王一》同，《裴韻》、《廣韻》作『紽』形，《裴韻》以『紽』字爲正字，而注云『亦「作」絁』。又『縷』字《裴韻》同，《王一》、《王二》、《廣韻》皆作『數』，與《廣雅·釋詁四》『紽，數也』、《玉篇·糸部》『紽，絲數也』合，底卷形訛，茲據校改；又『攴』爲『支』之俗寫，參《敦煌俗字研究》下編手部『技』字條考釋，底卷支韻『式支反』小韻正收有『絁』字，故同據校改。

〔六七一〕「鮀」字《王一》、《裴韻》、《廣韻》皆作「鮀」形，二者爲異體字，參前文校記〔六六九〕又「髈」字諸本皆作「滂」，於義爲長。

〔六七二〕「陁」字《裴韻》同，《王一》、《廣韻》皆作「陀」形，二者爲異體字，參前文校記〔六六九〕。

〔六七三〕「沲」《王一》同，《裴韻》、《廣韻》皆作「沱」形，二者爲異體字，參前文校記〔六六九〕。又「髈」字諸本皆作「滂」，於義為長。

〔六七四〕「九足」似不能行之怪胎，檢「足」字《王一》、《王二》、《裴韻》、《廣韻》皆作「尾」，於義爲長，底卷形訛，兹據校改。

〔六七五〕「作」字《王一》、《王二》、《裴韻》、《廣韻》皆作「昨」，《集韻》作「才」，與「昨」同隸「從」紐，疑底卷「作」字當爲「昨」字形訛，兹姑據校改。

〔六七六〕「瘥」字《王一》同，《王二》俗寫作「瘥」形，龍宇純《校箋》：「此即上文訓「病」之「瘥」字，《左・昭十九年傳》「札瘥夭昏」賈注：「小疫曰瘥。」《周語》「無夭昬扎瘥之憂」韋注云：「病。」《集韻》收爲一字。」

〔六七七〕「吟」字前底卷有一「美」字，側可辨有一點，當爲删除符號，蓋蒙下條注文之「美」字而衍抄，《王一》、《裴韻》、《廣韻》皆無「美」字，兹徑爲删去。

〔六七八〕「乂」字當爲「反」之漫滅，兹依文例校正。

〔六七九〕底卷「病」字右上角漫滅，兹據《王一》、《裴韻》及《廣韻》録定。

〔六八〇〕「弋」字《王一》、《裴韻》、《廣韻》皆作「戈」，按敦煌寫本中「弋」、「戈」二形多混用，如「代」、「伐」不分，亦其例也，「弋」在入聲職韻，置此非類，兹據各本校改作「戈」字。

〔六八一〕「裒」字《王二》同，《裴韻》作「裒」，傳世文獻多用異體字「褒」，底卷豪韻「褒」字正作「裒」形，是此「裒」字當爲「裒」字形訛，兹據校改。

〔六八二〕「撳」字《王一》作「撇」，《裴韻》作「撇」，《廣韻》、《集韻》作「摝」，《玉篇・手部》作「撇」，後者爲正體，他形皆其俗作。

〔六八三〕『邪反』二字居底卷注文雙行之左行，右行上字爲『子』，『二』字倒書於『子』下，此雙行抄寫因計字失誤而補救以求整齊之通例。

〔六八四〕『華』字底卷作『蕐』形，爲『華』的俗字之一，參《敦煌俗字研究》下編艸部『華』字條考釋，以下凡從『華』旁字皆作此形，今皆徑改作『華』形，後不再一一出校。又『化』字《王一》、《裴韻》、《廣韻》皆作『花』，『花』爲『華』之俗字，『化』字的通常讀音爲去聲禡韻，底卷作『化』蓋爲『花』之訛省字，此字見於本大韻後『呼爪(瓜)反』小韻，兹據校改。又本小韻標數字作『五』而實收四字，考《王一》本小韻收七字，其第四字爲『𧒭，蟲名，似虵』，《裴韻》收六字，其第四字亦作『𧒭』，唯訓省作『似虵』，如底卷加此條則與前揭二書本小韻之前五條收字同，疑底卷脱抄，當據補。

〔六八五〕此據《王一》擬補五個脱字符，詳參前條校記。

〔六八六〕『鈠』字《敦煌俗字研究》下編據慧琳《音義》卷七三《立世阿曇論》第二卷音義『鏵，古文奇字作鋘』以爲即『鋘』字之訛，按：『鏵』、『鋘』二字《王一》分爲二條釋之，《廣韻》、《集韻》合爲異體字（『鋘』字《集韻》作『鋘』形），底卷形訛，兹據校改。

〔六八七〕俗寫『爪』、『瓜』不分，參《敦煌俗字研究》下編瓜部『瓜』字條考釋。

〔六八八〕本小韻標數字作『四』而實收三字，考《王二》此小韻收五字，其底卷所無者爲『蝸』前的『緺，青綬』和最後的『抓，引』二條，權其輕重，則以前者爲常用字，故姑據以擬補三個脱字符。

〔六八九〕反語下依文例當有一標數字『二』，兹據擬補一個脱字符。

〔六九〇〕『予』字《王一》、《裴韻》皆作『柔』，《玉篇·身部》『骻』字條下同，此與《廣韻》的『體柔也』釋義合，底卷誤省，兹據校改。

〔六九一〕『譇』字底卷似作『誻』形，王國維、《姜韻》皆録作『譇』字，然本大韻後收有『譇，譇譤，語不止（正）』條，其中的『尸』字旁的下横與上作連筆而致甚短，若字寫得小些則難以辨認，又《王二》、《裴韻》、《廣韻》皆作『謯』形，兹徑據録作『謯』。

〔六九二〕『土』字當爲『牡』之訛省，《説文・豕部》『豭，牡豕也』，兹據校改。

〔六九三〕殘字底卷存『目』字形上部筆畫，兹據《裴韻》、《廣韻》校補作『具』字。

〔六九四〕『竹』字王國維、《姜韻》皆徑録作『所』字，不確，然『竹』、『砂』聲隔，《王二》、《裴韻》、《廣韻》皆作『所』，底卷形訛，兹據校改。

〔六九五〕注文『綃』字《王二》、《裴韻》、《廣韻》皆作『絹』字，疑底卷『綃』爲『絹』之形訛字。又『盧』字各本皆作『纑』，是，底卷誤脱左部『糸』旁，兹據校改。

〔六九六〕『沙大』不辭，『大』字《裴韻》作『汏』，《廣韻》作『汰』，『汏』爲『汰』之古正字，於義爲長，兹據校改。

〔六九七〕注文『止』字《王二》、《裴韻》皆作『正』，《廣韻》注文作『䶝齖，齒不平正』，底卷形訛，兹據校改。

〔六九八〕本字頭與下一字頭同形，不合文例，兹據《王一》、《裴韻》及《廣韻》校改作『戲』字。

〔六九九〕『戲』字底卷作『戱』形，俗寫『攴』、『支』二形多混，兹據《王一》、《裴韻》及《廣韻》徑改録作『戲』形。

〔七〇〇〕本大韻無『度麻反』小韻，檢《王二》、《裴韻》『荼』字又音皆作『度胡反』，爲模韻字，底卷模韻該小韻作『度都反』，收有『荼，苦菜。又宅加反』一條，此作『麻』字疑訛。

〔七〇一〕『荼』字《廣韻》作『𣘻』，合於文例，兹據校改。

〔七〇二〕『㝔』字《王一》、《裴韻》、《廣韻》皆作『𡨉』形，底卷俗訛，兹據校改。

〔七〇三〕俗寫『爪』、『瓜』不分，參前校記〔六八七〕，兹據《王二》、《裴韻》、《廣韻》校改。

〔七〇四〕依文例底卷脱小韻標數字『一』，兹據擬補一個脱字符。

〔七〇五〕俗寫『爪』、『瓜』不分，參前校記〔六八七〕，兹據《王一》、《裴韻》、《廣韻》校改。

〔七〇六〕『止』字《王一》、《裴韻》、《廣韻》皆作『正』，底卷本大韻前『謯』字條亦作『謯諏，語不正』，此處形訛，兹據校改。

〔七〇七〕『廣』字前《王一》、《王二》、《裴韻》、《廣韻》皆有『上』字，疑底卷脱之。

〔七〇八〕『容』字《王二》、《裴韻》、《廣韻》皆作『客』，與字頭聲旁諧，底卷形訛，兹據校改。

〔七〇九〕本小韻實收字數爲『十二』個，檢《王二》收字十四，『壜』字以前所收字的排序與底卷同，『壜』字後三字爲『○鐔，劍鼻。又徐林、余針二反。○曋，長味。又徒紺反。○⿰甚几，⿰甚几室，邃』，《裴韻》收字十五，較《王二》多『⿰米覃』字，然其排序以『壜』字爲本小韻的末字，疑底卷本即收十二字，兹姑校改小韻標數字作『十二』。

〔七一〇〕『潭』字《王二》、《裴韻》皆作『濟』，《玉篇・邑部》『鄿，地在濟南平陵縣南』，底卷蒙字頭之形旁而致訛，兹據校改。

〔七一一〕『皃』字置此不辭，兹參《王二》、《裴韻》、《廣韻》校改作『白』字。

〔七一二〕『大』字《王二》同，《廣韻》作『火』，合於《説文》，底卷形訛，兹據校改。

〔七一三〕『甒』字左部底卷草書似『舟』形，《王二》、《裴韻》、《廣韻》該字皆作『甒』，《補正》據録，《玉篇・瓦部》：『甒，盛五升小甖也。』兹從之。

〔七一四〕注文《裴韻》作『⿰米覃糁』，《廣韻・感韻》『⿰米覃』下作『糝⿰米覃，滓也』，『糝』、『⿰米覃』爲同義詞，皆指糜粥，底卷感韻『糣』、『⿰米覃』下皆作『糣⿰米覃』而釋義作『滓』，『糣』字《説文・米部》『糂』字注文以爲即『糂』字的籀文，而『糝』字爲『糂』字的古文，然底卷感韻以『糣』與『糂（或作糝）』爲二字，疑底卷『粽』字乃『糁』字形訛，兹姑據校改。

〔七一五〕『叅』爲『參』之俗字，參《敦煌俗字研究》下編厶部『參』字條考釋，後『叅』字及從『叅』旁者皆徑改録作『參』形，不再一一出校。

〔七一六〕『好』字前底卷衍一代字符，其後衍一『趯』字，已用墨涂去，蓋底卷先承前誤抄二字，後覺其誤遂棄而接抄『好皃』二字，然『趯』字雖涂去，而代字符却未涂去，遂使成爲衍文，兹據《王二》、《裴韻》及《廣韻》徑删。

〔七一七〕「水」字《王一》、《裴韻》、《廣韻》皆作「木」，與字頭構形義合，兹據校改。

〔七一八〕「馣」字條後底卷抄有字頭「⿰女奄」，右側書有删除符號三點。

〔七一九〕「⿰女弁」字《王二》同，《裴韻》、《廣韻》皆作「⿰女弁」，按「⿰女弁」當爲「⿰女弁」字之俗寫。

〔七二〇〕字頭「肣」前底卷有一字頭「胳」，此字《王二》作「⿸尸侖」，《廣韻》作「⿰石侖」，檢《説文·瓦部》「砱」字段注：「或譌作肣」，「他書譌作⿰石侖」。又本小韻標數字爲六而實收七字，疑底卷所據本初作「胳」形，或校改作「肣（肣）」形，而後抄者不辨，遂誤録爲正文，兹據《説文》校改作「砱」字，并删該字頭前之「胳」字。

〔七二一〕注文「篸」字未依通例用代字符，《王二》同，《裴韻》用代字符，《廣韻》作「綴」字，於義爲長。

〔七二二〕「⿰月者」字《王二》、《廣韻》皆作「腤」字，《玉篇·肉部》「⿰月晉」（爲「腤」之正字）字注亦作「腤⿰月晉」，底卷形訛，兹據校改。

〔七二三〕「⿰酉令」字《王二》、《裴韻》、《廣韻》皆作「⿰酉合」形，底卷當爲「⿰酉合」之俗字。

〔七二四〕「⿱亼廾」字《王二》、《裴韻》、《廣韻》皆作「弇」形，按俗寫「口」形多作「マ」形，底本上部又進而脱去「マ」形下部的點畫，循致此形，兹據校改。

〔七二五〕「田」字前《王二》有一「有」字，於義爲長。

〔七二六〕「⿱镸監」字《王一》、《王二》、《裴韻》、《廣韻》皆作「⿱髟監」，合於《説文》，然據趙平安《〈説文〉小篆研究》考證：「現有資料表明，髟的寫法是東漢時代出現的。……在東漢以前，髟都不從彡。它本象人長髮猋猋之形，隸變以後，失去了原有的象形意味，漢人已不識其廬山真面目，故在原字旁加彡。」（廣西教育出版社一九九九，頁十二），依此，則「髟」當爲「镸」之後起字形，謂之俗通可也。

〔七二七〕「爪菹」不辭，考「爪」字《王一》、《廣韻》皆作「瓜」，當是，俗寫「爪」、「瓜」不分，參《敦煌俗字研究》下編瓜部「瓜」字條考釋，兹據校改。

〔七二八〕「⿰舟瓜」字《箋一》、《王二》、《裴韻》、《廣韻》皆作「⿰無瓜」形，底卷形訛，兹據校改，又參前文校記〔七一三〕。注文反語下字底卷脱，《王二》、《裴韻》、《箋二》、《廣韻》皆作「甘」字，兹據擬補一個脱字符。

〔七二九〕「舑」字右旁底卷俗作「舟」、「冄」等形，又參《敦煌俗字研究》下編冂部「冉」字條考釋，爲便於排印，後從此旁者皆徑改作通用字形「冉」，不再一一出校説明。

〔七三〇〕殘字底卷存下部筆畫，兹據《王二》、《裴韻》、《廣韻》校補作「甘」字。

〔七三一〕注文底卷作「菜上菜虫」，不辭，兹據《王二》、《裴韻》及《箋二》乙正。

〔七三二〕本小韻標數字作「三」而實收字數爲二，《裴韻》收三字，較底卷多「婪，貪姿（妄）」，底卷通常收字多少於或等於《裴韻》未加字的字數，此處疑不能定，兹姑據其實收字數校改其標數字「三」作「二」。

〔七三三〕《王二》、《裴韻》、《廣韻》「蹔」字條皆在「蚶」字條前，底卷蓋脱抄後補録於大韻末尾。

〔七三四〕前一殘字底卷存底部「一」畫，兹據《王二》、《裴韻》、《廣韻》校補作「日」字；後一殘字底卷存左上角一「丿」，兹依文例擬補作「作」字。

〔七三五〕「襛」字字書未見有載，考本大韻後有「息良反」小韻「纕」字注文作「纕徉」，是此「襛」字當即「纕」字形訛，兹據校改。

〔七三六〕「頭」字《王一》作「額」，龍宇純《校箋》：「《詩·韓奕》『鉤膺鏤鍚』箋云：『眉上曰鍚』，疏云『風有子之清揚，抑若揚兮』，是『揚』者人面眉上之名，故云眉上曰鍚。『鞨』即《詩》『鍚』字。」底卷「頭」字當爲「額」字形訛，兹據校改。

〔七三七〕「螳蜆」不辭，底卷「蜆」字當爲「蜋」字之形訛，《王一》正作「蜋」字，兹據校改。

〔七三八〕注文《王一》作「食。亦作糧」，《裴韻》作「粮食。又作糧」，《廣韻》作「粮食」，疑底卷所據抄之本「食」字下部有漫壞，故照録作「人」字，「人粮」不辭，兹據校改。

〔七三九〕「賣」字《王二》同，《王一》、《廣韻》作「𧷸」形，合於《説文》，按段注：「𧷸俗作賣，經傳皆作商，商行而𧷸廢矣。」

〔七四〇〕注文『苻』字前底卷有一『前』字，然檢諸本『房』字無有作此釋義者，文獻訓釋亦未見有作『前』者，疑『前』字乃反語上字『苻』之訛寫，後隨書正字而未即刪除者，兹徑刪去。

〔七四一〕缺字底卷漫滅，前字依文例及諸本可補『反』字，後字爲小韻標數字，可依本小韻實收字數補作『九』字。

〔七四二〕殘字前者底卷存上部『口』旁，兹據《王一》、《裴韻》、《廣韻》校補作『邑』字；後者底卷存上『夕』旁，兹據諸本校補作『名』字。

〔七四三〕殘字底卷存左上角一『丿』和右上角殘畫，兹據《王二》、《裴韻》、《廣韻》校補作『橿』字。

〔七四四〕『枯』字《王二》、《裴韻》、《廣韻》皆作『朽』，與《爾雅·釋木》『棧木，干木』郭璞注『棧木，殭木也』義合，干木即枯木，然可不朽爛矣，底卷枯字當爲『朽』字之形訛，兹據校改。

〔七四五〕『名檍』不辭，檢《王二》、《裴韻》、《廣韻》皆作『一名檍』，兹據擬補一個脱字符。

〔七四六〕殘字前者底卷存上部點形筆畫，檢《王二》、《裴韻》、《廣韻》皆作『莨』，可知此當爲代字符的上部，兹據回改作本字『莨』；後者底卷存左上角『木』字形筆畫，兹據諸本校補作『楚』字。

〔七四七〕字頭『穰』字承前訛，兹據《王一》、《裴韻》及《廣韻》校改作『攘』。又注文『于』字當爲『手』字形訛，亦據諸本校改。

〔七四八〕殘字存上部筆畫，王國維、《姜韻》皆録作『邑』字，《潘韻》未作新校，非是。審此字殘存部分與本大韻『郋』字注文的『邑』字形不合，而與後面唐韻『邟』字注文的『縣』字上部合，又《王一》、《裴韻》、《廣韻》皆作『縣』字，合於《説文》，兹據校補。

〔七四九〕『白』字《王一》、《裴韻》、《廣韻》皆作『皃』字，《説文》新附字同，底卷誤脱下部筆畫，兹據校改。

〔七五〇〕『蚜蚄』底卷作『蚄蚜』，兹據底卷止韻『蚜』字注文及《王二》、《裴韻》、《廣韻》、《集韻》和文獻用例乙正。

〔七五一〕『十仿』依文例及《王一》、《裴韻》、《廣韻》、《説文·邑部》『邡』字注文校改作『什邡』。又殘字存左側及上部筆畫，兹據諸本校補作『縣』字。

〔七五二〕『屬』字置此不辭，兹據《王一》、《廣韻》校改作『蜀』字。

〔七五三〕殘字僅存左上角一短『一』，兹據《王一》、《裴韻》、《廣韻》校補作『腹』字。又『圓器』各本皆作『國語』，後之引文合於傳本《國語·晉語二》文字，底卷形訛，兹據校改。

〔七五四〕『縢』字《王一》、《廣韻》皆作『騰』，底卷形訛，兹據校改。

〔七五五〕『渘』字乃《説文·水部》『漿』字俗寫，《王一》、《裴韻》、《廣韻》皆作通用字『漿』。

〔七五六〕『芿』字注文《王一》、《裴韻》皆作『草名』，而該字下有『芒』字，注文作『草端』，審底卷標數字作『十』而實收九字，則『芿』字注文的訛誤正昭示了其誤合『芿』、『芒』二條爲一的踪迹，葉鍵得《十韻彙編研究·切三校勘記》已揭此，兹據擬補三個脱字符。

〔七五七〕『爪少實』不辭，考《王一》、《裴韻》皆作『瓜内實』，當是，俗寫『爪』、『瓜』不分；又底卷『少』字當爲『内』字形訛，兹並據校改。

〔七五八〕『病』與『跄』字異紐，《姜韻》徑録作『疾』，不確；《王一》作『疾』字，《補正》校『病』作『疾』，是，兹從改。

〔七五九〕『鳥名』未聞，《王一》作『鳥獸來食』，與《説文》『鳥獸來食聲也』之訓似，疑底卷『名』字爲『鳴』之聲誤字。

〔七六〇〕『𨳝』爲『匡』之俗字，參前校記〔五五四〕，後從『𨳝』旁者皆徑改作『匡』形，不再一一出校。

〔七六一〕『土』字《王一》、《王二》同，《裴韻》作『亡』，檢阮刻《十三經注疏》本《禮記·喪大記》云：『君裏椁虞筐，大夫不裏椁，士不虞筐。』則知『筐』、『框』二字爲文本異文，而『土』、『亡』皆『士』之形訛，兹據校改。

〔七六二〕『佉』字《王一》、《裴韻》、《廣韻》皆作『怯』，合於《説文》，底卷形訛，兹據校改。

〔七六三〕殘字底卷存上部『央』旁，兹據《王一》、《裴韻》、《廣韻》校補作『鴦』字。又『郎』字下部略殘，兹據各本録定。

〔七六四〕殘字存上部『白』旁部分，兹據《王一》、《裴韻》、《廣韻》校補作『皃』字。

〔七六五〕注文末依文例底卷脱小韻標數字『二』，兹爲擬補一個脱字符。

〔七六六〕「日」字《王一》、《裴韻》同，《廣韻》、《集韻》作「月」，《藝文類聚》卷九十五獸部下「鼠」條載：「《梁州記》曰：『壻水北壻鄉山，有仙人唐公房祠，……公房舉宅登仙，故爲坑焉。山有易腸鼠，一月三吐易其腸，束廣微（即束晳，二六一～三〇〇）所謂唐鼠者也。』」《博物志》曰：「唐房升仙，雞狗並去，唯以鼠惡，不將去。鼠悔，一月三出腸也。」」雖俗寫「日」、「月」二字多混，然志怪之事多方，姑存其異以備考。

〔七六七〕注文《王一》、《王二》、《裴韻》（末加「也」字）同，《廣韻》作「笴簜，竹笪」，底卷庚韻「笴」字下同，《方言》卷五「笴簜」郭璞注：「似籧篨，直文而粗，江東呼笪。」底卷「竹」下脱「笪」字，兹爲擬補一個脱字符。

〔七六八〕注文底卷本作「桄榔句並桹木名」，《王一》作「桄桹句桹普木名」，《裴韻》作「桄桹句桹並木」，則知《王一》之「普」當爲「並」字之誤，兹據二書乙正。又「榔」字依文例當作「桹」字，前舉二書亦皆作「桹」字，兹據校改。

〔七六九〕「欬」字《王一》、《裴韻》、《廣韻》皆作「欣」，《玉篇·欠部》「畂」字注同，今北方方言中猶存此聯綿詞，考「畂欬」與「畂欣」同爲「來溪」族聯綿詞，從聯綿詞形無定體的角度説，本詞中「欣」字作「欬」不爲非是。

〔七七〇〕本條字頭及釋義《王一》、《裴韻》同，《爾雅·釋艸》「稂，童粱」，《説文·艸部》「蓈，禾粟之采生而不成者謂之童蓈。从艸，郎聲。稂，蓈或从禾」，然《説文·艸部》以「莨，艸也」與「蓈」爲二字，蓋後世省而通之，然則「童粱」、「童粱」、「童蓈」形無定體，當爲用字略異的同一聯綿詞。

〔七七一〕「剛」字左旁「罔」爲「岡」之俗訛形，兹校補正體，本大韻後從「岡」旁者同，不再一一出校説明。

〔七七二〕「丧」字《王一》、《裴韻》作「丧」形，後者與《説文》篆字隸定字形合，前者蓋其俗變，《字彙·口部》：「丧，喪本字。从哭，从亡。」《王二》、《廣韻》皆作「喪」字。

〔七七三〕「升」字底卷左下角略殘，王國維未録，《姜韻》録作「化」，《潘韻》校云「不可識辨，似升字」，按此「升」字俗寫之大體在焉，兹據《王一》、《廣韻》録定。又注文「歑」字右下角殘泐，亦據前二書録定。

〔七七四〕注文《王二》同，《裴韻》作「心隔上」，《廣韻》作「心上鬲下」，合於《説文》，底卷所用蓋是當時的一種有些含糊的説法。

〔七七五〕缺字底卷殘泐，其下殘字存上部筆畫，檢『篁』字注文《王一》作『竹叢』，《裴韻》作『竹藂』，《廣韻》作『竹名』，其中『藂』字與底卷殘字所存部分合，兹據校補。

〔七七六〕『洸』字蓋蒙下一條『洸』字而訛抄，本小韻首字《王一》、《裴韻》、《廣韻》皆作『光』字，兹據校改。

〔七七七〕注文『滂』字底卷作代字符，其下似不能再容納他字，考《王一》、《裴韻》、《廣韻》『滂』字釋義皆作『滂沱』，是底卷當脱一『沱』字，兹據擬補一個脱字符。又殘字底卷存上部『並』字形部分，兹據前諸書校補作『普』字。

〔七七八〕『航』字爲『航』之俗寫，敦煌寫本中『亢』旁多作『允』形，進而訛作『冗』形，兹據《廣韻》校改作通用字形。

〔七七九〕『竹』字下底卷脱抄一『筐』字，參前文校記〔七六七〕，兹爲擬補一個脱字符。

〔七八〇〕『位』字《王一》同，蓋指位次而言，然《王二》、《裴韻》、《廣韻》皆作『伍』，於義爲長，疑『位』或當爲『伍』之形訛。

〔七八一〕『頡』字《王一》、《裴韻》、《廣韻》皆作『頡』，《補正》據校，『頡頏』爲一常見聯綿詞，底卷形訛，兹從改。

〔七八二〕『䀮』字左旁『目』有墨漬湮滅，兹據《王一》、《裴韻》、《廣韻》録定。

〔七八三〕『怖』字左下角底卷有殘泐，兹據《王一》、《裴韻》、《廣韻》録定。

〔七八四〕缺字底卷殘泐，殘字存上部筆畫，王國維、《姜韻》皆録此小韻作『五崗反』，合於《王一》、《裴韻》（唯反語下字作『剛』字）及《廣韻》，兹據校補殘字作『反』。

〔七八五〕釋義《王一》、《裴韻》、《廣韻》皆作『骯髒』，底卷本大韻前『髒』字下亦注云：『骯髒，股肉。骯字苦光反。』『骨』字當爲『髒』字訛省所致，兹據校改。

〔七八六〕注文底卷作『古又孟反』，『又』字右側有乙正符號『√』。

〔七八七〕『兄』字《王一》作『逸』，《王二》脱此字，《裴韻》作『菟』，《廣韻》作兔，按《玉篇·辵部》『迒』字注文云：

「迹也，長道也。逦同迒。」《爾雅·釋獸》「兔子嬎，其跡迒」，是「逦」字注文以「兔迹」爲是，底卷「兄」形當是「兔」之俗字「兑」之訛省，兹據校改作「兔」字。

〔七八八〕「秔」字《王一》同，當爲「秔」字之俗寫，敦煌寫本中「亢」旁多作「允」形，進而訛作「冗」形，兹據《王二》、《裴韻》及《廣韻》校録作通用字形。

〔七八九〕「坑」即「坑」字之俗字，參《敦煌俗字研究》下編亠部「亢」字條考釋。

〔七九〇〕「尸」字《王一》、《王二》、《裴韻》皆作「户」，合於「蝗」字形聲的一般音理，底卷形訛，兹據校改。

〔七九一〕「颮飈」《王一》同，《王二》、《裴韻》、《廣韻》皆作「飈颮」，此蓋爲同義並列複合詞而組構的聯綿詞，故其字序或有不穩之時。

〔七九二〕「盲」字左下角底卷殘泐，兹據《王一》、《裴韻》及《廣韻》録定。

〔七九三〕「膨，膨蜎，似蟹而小」，《王一》、《王二》作「○膨，膨脝，脹皃。○蟚，蟚蜎，似蟹而小」，《廣韻》略同，唯「脝」字作「脝」、「蟚」字作「蟚」，「膨脝」合於該族聯綿詞的共同特徵，如「憉悙」、「彭亨」等，又底卷本大韻「許庚反」小韻「脝」字條下亦作「膨脝」，今審底卷本小韻標數字作「九」而實收八字，中脱一條文字，「膨蜎」二字合詞正表明其雜糅二條爲一的踪迹，兹據擬補五個脱字符。

〔七九四〕「瞠」字《王二》、《裴韻》、《廣韻》皆作「瞠」形，字形與釋義合，俗寫「目」、「耳」二形多混，兹據校改。

〔七九五〕「搶」字乃「槍」字之俗寫，敦煌寫本中「木」、「扌」二旁混用不分，兹據《廣韻》及傳本《爾雅·釋天》「欃槍」條校改。

〔七九六〕「林」字《王一》、《裴韻》、《廣韻》皆作「楚」，是，底卷蓋所抄之底本有滅裂，抄者未作考校而照録致訛，兹據校改。

〔七九七〕「髶」字《玉篇·髟部》字同，《王一》作「髼」，《裴韻》作「髶」，《廣韻》作「髶」，而以「髼」爲其或體，又《龍龕·髟部》作「髶」形，除「髼」字外，諸字形或當以從「帀」會意，餘並其俗變，俟考。

〔七九八〕『名』字《王一》、《王二》、《裴韻》、《廣韻》皆作『光』，合於《説文》，然《玉篇・玉部》則云『瑛，美石，似玉……』，則以之爲玉名，似亦非誤。

〔七九九〕『蕪』、『磅』異紐，檢《王一》、《裴韻》、《廣韻》反語上字皆作『撫』字，底卷形訛，兹據校改。

〔八〇〇〕『亨』字《王一》、《王二》、《裴韻》同，《廣韻》作『亨』，并注云『俗作烹』，按『亨』、『享』古今字。

〔八〇一〕『⿰革平』字不詳，《王一》、《王二》、《裴韻》、《廣韻》、《集韻》本小韻皆未收此字，亦未有以『使』爲釋義的字，俟考。

〔八〇二〕『明』字左旁底卷有些模糊，王國維、《姜韻》皆録作『明』，與字頭同形，恐不確，張涌泉《敦煌俗字研究》下編日部『明』條引述云『疑爲「明」字之誤』，今徑從録作『明』字，又《裴韻》字頭作『明』，注文云『亦朙、明』。

〔八〇三〕『風』字《王一》、《王二》、《裴韻》、《廣韻》皆作『鳳』，底卷形訛，兹據校改。

〔八〇四〕『榮』字注文底卷作『祭名。四』，然此小韻既脱反語，且實收字數爲三，較標數字少一，考《王一》、《裴韻》、《廣韻》皆以本小韻的代表字爲『榮』，其反語爲『永兵反』，而《裴韻》、《廣韻》皆以『禜』字次於『榮』字條，《王二》、《廣韻》『禜』字釋義皆作『祭名』，是知底卷誤合『榮』、『禜』二條爲一，遂致脱文，兹據擬補三個注文脱字符和一個字頭脱字符，並移小韻標數字『四』至『祭名』條前。

〔八〇五〕『蚚』字《王二》、《裴韻》、《廣韻》皆作『蜥』，是，底卷訛省，兹據校改。

〔八〇六〕『榮』字下部底卷略有些模糊，《姜韻》録作『縈』，《潘韻》未作新校，當同，不確；王國維録作『榮』，是。

〔八〇七〕『許』字王國維、《姜韻》皆録作『詩』，非是。

〔八〇八〕『擧』字左部底卷殘泐，兹據《王二》、《裴韻》及《廣韻》録定。缺字底卷殘泐，『擎』字反語諸本皆作『渠京反』，可據補；又小韻標數字可據實收字數補作『八』。

〔八〇九〕缺字底卷殘泐，《王二》、《裴韻》、《廣韻》皆作『上』字，可據補。

〔八一〇〕「黎」字《王二》、《裴韻》、《廣韻》皆作「犂」，合於《説文》，底卷形訛，兹據校改。

〔八一一〕「鞕」字《王二》、《裴韻》、《廣韻》皆作「鞕」，與《説文・車部》「鞕，車堅也」之訓合，底卷誤增「亻」旁，兹據校改。

〔八一二〕「空」字《王二》、《裴韻》同，《廣韻》作「馬」，按史載司馬牼即《論語・顔淵》所載之司馬牛宋牼（牛其名牼其字也），司空牼未聞，疑《切韻》系韻書所作並誤，故《廣韻》改之。

〔八一三〕「莞」當爲「甍」字之俗寫，敦煌寫本中「瓦」字多作「凡」、「凡」、「凡」等形，「几」乃其訛省，《王二》、《裴韻》皆作「甍」形，兹據《廣韻》校改作正體「甍」。

〔八一四〕「筦」字下的「几」乃「瓦」字俗訛，參上條校記，兹據《廣韻》校改。

〔八一五〕「卷」字上部底卷略有漫滅，兹據《王二》、《廣韻》録定。

〔八一六〕「冈」字底卷略有些變形，王國維、《姜韻》皆録作「田」，非是，按「冈」爲「网」之俗字，「綱」爲「網」之俗字，參《敦煌俗字研究》下編冂部「网」字條及糸部「網」字條考釋。

〔八一七〕殘字底卷存下部「尸」形筆畫，其上部殘泐，兹據《裴韻》、《廣韻》校補作「户」字，《王二》此字訛作「尸」。

〔八一八〕「玲」字右旁底卷有所塗改，其形介於「余」、「令」之際，兹據《王二》、《裴韻》、《廣韻》録作「玲」字。又「玉」後《廣韻》有「聲」字，於義爲長。

〔八一九〕殘字底卷存下部似「山」形筆畫，兹據《王二》、《裴韻》校補作「罃」字，又《廣韻》以「罃」字别作一條，注文云：「《説文》曰：『備火長頸缾也。』」

〔八二〇〕「禂」字左上角殘泐，兹據《王二・静韻》「嫈」字條録定，又「帬」字下部略有些模糊，王國維、《姜韻》皆録作「羣」，不確，此亦據《王二・静韻》録定。

〔八二一〕「鶡」條後底卷復抄一字頭「鶡」，其上塗一墨點，審本小韻標數字「七」而其實收字如加此「鶡」則爲八字，是此「鶡」字蓋爲衍抄，故於其上涂一墨點以示删去，兹不録。

〔八二二〕缺字底卷漫滅，殘字存下部筆畫，檢《王二》『𦱊』字注文作『𦱊薴，草亂』，《裴韻》、《廣韻》略同，又底卷本大韻下『女耕反』小韻『薴』字釋文作『𦱊薴』，茲據校補殘字作『薴』。

〔八二三〕缺字底卷漫滅，《王二》、《裴韻》皆作代字符，可據補。又『磓』字中間略有漫滅，茲據各本録定。

〔八二四〕『翅』字亦隸作『趐』，《龍龕·走部》云：『趐，俗，音翅。』於《龍龕》之文例，此謂其爲『翅』之俗字也。

〔八二五〕『濴』字即『瀯』之俗寫，參前文校記〔八一三〕，然此字他書未載，《廣韻》同釋義者字形作『洺』，合於《説文》，底卷之形蓋其形聲俗字。又注文『水名聲』不辭，茲從《廣韻》校改『名』字作『石』，底卷形訛。

〔八二六〕字頭《王二》作『揨』，《裴韻》、《廣韻》皆作『揨』，《集韻》以『揨』、『揨』皆爲《説文》『朾』字的異體字，《廣韻》以『朾』、『揨』爲二字，非是。敦煌寫本中『扌』、『木』二旁多混用不分，茲據校改作『揨』形。

〔八二七〕注文末依文例脱小韻標數字『一』，茲爲擬補一個脱字符。

〔八二八〕注文《王二》、《裴韻》、《廣韻》、《集韻》及《玉篇·犬部》皆以爲似狐動物，底卷所訓未詳。

〔八二九〕缺字底卷漫滅，《王二》、《裴韻》、《廣韻》皆作『珞』字，可據補。

〔八三〇〕缺字底卷殘泐，可據《王二》、《裴韻》、《廣韻》補作『纓』字。

〔八三一〕缺字底卷殘泐，前者可據文例補作『反』字，後者爲標數字，可據本小韻實收字數補作『四』字。

〔八三二〕殘字底卷存右側『貞』旁，茲據《王二》、《裴韻》、《廣韻》校補作『楨』字。注文《王二》作『楨陵，冬木』，《裴韻》作『楨榦；又女楨陵，冬樹』，底卷『女楨陵』三字在雙行注文的右側，則左側當容二或三個小字，茲據擬補二個缺字符。

〔八三三〕『禎』字左上角有殘泐，茲據《王二》、《裴韻》及《廣韻》録定。注文殘字存中間筆畫，茲據各本校補作『祥』字。

〔八三四〕字頭殘字存右上角筆畫，茲據《王二》、《裴韻》及《廣韻》校補作『郎』字。注文殘字前者存右側筆畫，後者存模糊的殘迹，茲據各本校補作『貞』、『反』二字。

〔八三五〕『橸』字居底卷行末，其後至下一殘行間底卷當殘泐約二行文字。又『橸』字注文《裴韻》作『勑貞反。木名。七』，《王二》『名』字訛作『六』，標數字亦作『六』，可參。

〔八三六〕行首至『三』字間底卷殘泐約三分之二行，據空間，約可抄十五個左右大字。《王二》、《裴韻》及《廣韻》『栟』字皆隸該小韻的第二字，其小韻代表字皆爲『并』字，注文《王二》作『補盈反。三』，《裴韻》作『府盈反。三』，兹爲後一殘條擬補四個缺字符。

〔八三七〕殘字底卷存左部『木』旁及右部少許筆畫，兹據《王二》、《裴韻》及《廣韻》校補作『栟』字。又注文『栟』字的代字符右側及『櫚』字的右側皆有殘泐，並據諸本録定。

〔八三八〕『篁』字《王二》、《裴韻》、《廣韻》同，《集韻》作『篁』，底卷後青韻『篁』字注文：『箳篁，别駕車。』合於《廣雅·釋器》『箳篁，蔽篭也』，與『並心』族聯綿詞『罘罳』同源，底卷形訛，兹據校改。

〔八三九〕『傾』下殘字底卷僅存殘畫，兹據《王二》、《裴韻》、《廣韻》校補作『去』字，『去榮』二字在行末，次行上部殘泐約半行，據空間，約可抄十個左右大字。又檢《王二》、《裴韻》、《廣韻》，下文『煢』字皆爲其所在小韻的第二字，其首字諸本皆作『瓊』字，反語作『渠營反』，釋義爲『玉名』，小韻標數字《王二》作『十一』，《裴韻》作『十二』，然檢本小韻實收字數爲七個，當可參補。兹依文例爲前一殘條擬補二個缺字符。

〔八四〇〕字頭殘字底卷存左側部分，兹據《王二》、《裴韻》及《廣韻》校補作『煢』字。注文殘字底卷存左側『犭』旁，亦據諸本校補作『獨』字。

〔八四一〕『一曰投』《王二》同，《裴韻》作『一名投』，《廣韻》作『一名投子』，於義爲明。

〔八四二〕『薋』字在前行末，次行行首至殘字『垶』間底卷殘泐約四個大字的空間，檢『薋』字注文《王二》、《裴韻》皆作『薋茅，草名』，《廣韻》『名』作『也』字，不合《切韻》系韻書通例；又下文殘字『垶』諸本皆爲『息營反』小韻的第二字，其首字及釋義皆作『騂，馬赤色』；又該小韻標數字可據其實收字數作『三』字，以上内容與底卷所殘空間吻合，兹據擬補二條十二個缺字符。

〔八四三〕殘字存左側『土』旁，兹據《王二》、《裴韻》及《廣韻》校補作『埣』字。又缺字底卷殘泐，可據諸本校補作『赤』字。

〔八四四〕『臣』字《王二》、《裴韻》、《廣韻》皆作『巨』，底卷形訛，兹據校改。

〔八四五〕『經』字底卷作似『経』形，其右旁後用雌黄改過，然今已模糊，今參《王二》、《裴韻》及《廣韻》并從底卷通例，録之作『經』。

〔八四六〕『山』字左部底卷有漫滅，兹據《王二》、《裴韻》及《廣韻》録定。

〔八四七〕底卷『廷』旁的『壬』形構件皆從俗寫作『手』形，今並録作通用字形，後不再一一出校説明。

〔八四八〕注文《裴韻》、《廣韻》皆作『葶藶』，《王二》更作『葶藶，薺菜』，底卷蓋用注文與被注字連讀成訓例。又『藶』字當爲『歷』字借音表此植物名所衍生的類化字，然於字書中表聯綿詞時當用後起專用字。

〔八四九〕『聤』字從『耳』而釋義作『目出汁』，非是，兹據《王二》、《裴韻》、《廣韻》校改『目』字作『耳』。

〔八五〇〕『⿰甹只』字《王二》同，其左旁爲『甹』之俗字，參《敦煌俗字研究》下編田部『甹』字條考釋，《裴韻》、《廣韻》字頭皆作『⿰甹只』形。

〔八五一〕『克』字《王二》、《裴韻》及《廣韻》皆作『先』，又《王二》去聲徑韻息定反小韻收有『腥』字，『息』、『先』皆心紐字，底卷形訛，兹據校改。

〔八五二〕注文《王二》、《裴韻》同，《廣韻》末多一『轓』字，龍宇純《校箋》引《續漢書·輿服志》注云『别駕車前有屏星，故云别駕車轓』，又前清韻『箳』字注文亦云『車轓』，以爲此處當有『轓』字，可從。蓋《切韻》系韻書本即脱此字。

〔八五三〕『止』字《王二》、《裴韻》、《廣韻》皆作『正』，檢『來幫』、『來滂』、『來並』族聯綿詞，如『⿺尣必⿱敝大，行不正』（《集韻·屑韻》）、『⿰足賴䟺，行不正』（《集韻·泰韻》），『狼狽，猝遽也』（《集韻·泰韻》），皆有相同或相近的語象（或稱核心義素），底卷形訛，兹據校改。

〔八五四〕「㽞」爲「甹」之俗字，參《敦煌俗字研究》下編田部「甹」字條考釋。又「製曳」不辭，茲據《王二》、《裴韻》及《廣韻》校改「製」字作「掣」。

〔八五五〕「鍾」字《王二》、《裴韻》同，《廣韻》作「鐘」，是，底卷形訛，茲據校改。

〔八五六〕注文《裴韻》、《廣韻》同，《王二》作「醁醽，酒名」，「渌酒」蓋其簡省之稱，「渌」、「醁」皆當爲「緑」之偏旁類化字。

〔八五七〕「缻」字《王二》、《裴韻》、《廣韻》皆作「瓶」，《玉篇·缶部》亦作「瓶」，底卷形訛，茲據校改。

〔八五八〕殘字底卷存右部筆畫，茲據《王二》、《裴韻》、《廣韻》校補作「取」字。

〔八五九〕「止」字《王二》、《裴韻》皆作「正」，又參前文校記〔八五三〕，底卷形訛，茲據校改。

〔八六〇〕「鼩」字《王二》、《裴韻》同，《廣韻》作「⿰鼠冋」，與本大韻後「古螢反」小韻「⿰鼠冋」字注文合，茲據校改。

〔八六一〕「青」字《王二》、《裴韻》、《廣韻》皆類化作「箐」。

〔八六二〕注文殘字前者底卷僅存右上角一點畫，其餘漫滅，茲據《王二》、《裴韻》及《廣韻》校補作「他」字；後者底卷存上部「十」字形筆畫，茲據實收字數校補作「七」。

〔八六三〕「汀」字條下至行末底卷殘泐約二個半大字的空間，考《王二》、《裴韻》、《廣韻》「汀」、「綎」二條間皆祇有二字：「訂」（《裴韻》字形作「評」，於注文中云「又訂」）與「桯」，其中注釋最簡明者爲《王二》，分別作「○訂，平。○桯，碓桯」，比底卷所殘空間多半個大字，從底卷常用字多不加訓釋的通例看，「訂」字的注文蓋無，茲姑據擬補二條四個缺字符。

〔八六四〕「於刑反」《王二》、《裴韻》同，《廣韻》無該小韻，「鯖」字條歸入倉經反小韻，似更合於形聲字音理。

〔八六五〕「樝」字左旁「木」底卷大部漫滅，茲據《王二》、《裴韻》、《廣韻》録定。

〔八六六〕缺字底卷殘泐，殘字存右上「艹」形筆畫，茲據《裴韻》、《廣韻》校補作「濛」字。

〔八六七〕「英」字《王二》、《裴韻》、《廣韻》皆作「莢」字，底卷形訛，茲據校改。

〔八六八〕殘字底卷存左部筆畫，茲據《王二》、《裴韻》、《廣韻》校補作『必』字。

〔八六九〕殘字底卷存上部筆畫，茲據《王二》、《廣韻》校補。

〔八七〇〕殘字底卷存左上角筆畫，茲據《王二》、《裴韻》、《廣韻》校補作『軿』字。

〔八七一〕底卷後一『竮』字爲代字符，『竮竮』不辭，檢《王二》、《裴韻》、《廣韻》皆作『竛竮』，又底卷本大韻前『竛』字釋文亦作『竛竮』，此處抄誤，茲據校改。

〔八七二〕『蓱』字《王二》、《裴韻》同，《廣韻》作『荓』，合於《說文》，疑底卷所作爲『蓱』字俗省，《廣韻》以『蓱』爲『萍』之或體，俟考。

〔八七三〕殘字底卷存左部筆畫，茲據《王二》、《廣韻》校補作『闢』字。

〔八七四〕『俊』字《王二》、《裴韻》、《廣韻》皆作『駿』，底卷音訛，茲據校改。

〔八七五〕釋義《王二》同，《裴韻》無後一『外』字，誤，《廣韻》作『野外曰林，林外曰坰』，合於《說文》及《爾雅·釋地》（二書『曰』字作『謂之』），是底卷之意爲『郊外之林外』也。

〔八七六〕『畋』字《王二》、《裴韻》、《廣韻》皆作『歐』，考《說文》『歐，嚘也』段注：『歐嚘爲雙聲，《王風》「中心如噎」傳曰：「噎謂噎憂不能息也。」噎憂即歐嚘之假借字。』底卷形訛，茲據校改。

〔八七七〕『又』字當爲『反』之形訛，茲依文例校改。

〔八七八〕『勠』字條下底卷有一字頭『樛』字，檢《王一》、《王二》、《裴韻》、《廣韻》該小韻皆無此字，考『樛』字《集韻》收有四個反切（憐蕭切（蕭韻）、居尤切（尤韻）、居虯切（幽韻）、亡幽切（幽韻）），無與本小韻同者，底卷蓋因下『摎』字而衍，此亦因致本小韻末字『鄮』的歸屬難題，底卷在沒有反語的情況下爲之別加一標數字『一』，以滿足本小韻『十八』字之數，茲據刪『樛』字。

〔八七九〕『毒』字《王一》、《王二》作『毐』，合於《說文·毋部》『毐』字條所釋，底卷形訛，茲據校改。

〔八八〇〕釋義《王一》、《王二》同，《廣韻》作『旗旒』，於義爲長。

〔八八一〕『塗』字《王一》、《裴韻》、《廣韻》皆作『塗』形，《玉篇·玉部》同，考『塗』字未見載於他書，底卷蓋形訛，茲據校改。

〔八八二〕『欠』字《王一》作『久』，《裴韻》作『九』，『久』、『九』同隸上聲有部，與《廣韻》又音『柳』合，底卷當爲『久』字形訛，茲據校改。注文末底卷加有一標數字『一』，茲據《王一》、《裴韻》、《廣韻》删之，又參前文校記〔八七八〕。

〔八八三〕底卷麻韻『揿（撳）』字注文作『揿歈，舉手相弄，歈字以朱反』，檢『廠』字《王一》、《裴韻》、《廣韻》皆作『廠』，底卷俗省。

〔八八四〕『宂』字《王一》、《王二》、《裴韻》、《廣韻》皆作『宂』，合於《説文》字形，底卷形訛，茲據校改。又注文『不』字後各本有『定』字，是，茲據擬補一個脱字符。

〔八八五〕『董』字《王一》、《裴韻》皆作『薰』字，考《左傳·僖公四年》『一薰一蕕，十年尚猶有臭』杜預注：『薰，香草；蕕，臭草。』『蕕』、『莤』異體字，底卷『董』字當爲『薰』字形訛，茲據校改。

〔八八六〕『補』字《王一》、《裴韻》、《廣韻》皆作『脯』，合於《説文》，底卷形訛，茲據校改。

〔八八七〕殘字底卷存左及上部筆畫，其中左部之『口』旁可辨，茲參《王二》、《裴韻》、《廣韻》校補作『呼』字。

〔八八八〕『柔』字《王二》、《裴韻》、《廣韻》皆作『葇』，其下諸本有『草』或『菜』字，底卷誤脱『艹』旁，茲據校改。

〔八八九〕『畐』字《王一》、《王二》同，《裴韻》作『留』字，考『蕌』字底卷又見侯韻『烏侯反』小韻，『富』隸『宥』韻，『留』隸『尤』韻，『尤』、『侯』之别蓋因方音淆之，而『宥』、『侯』則隔遠，疑底卷『富』爲『留』字形訛。

〔八九〇〕『九』字底卷右下角漫滅，茲據《王一》、《裴韻》及《廣韻》録定。

〔八九一〕又音前依文例當有標識語『又』字，《裴韻》、《廣韻》不缺，茲據擬補一個脱字符。又『居由反』《王一》、《王二》、《裴韻》、《廣韻》皆同，按此又音與正音『居求反』同音，龍宇純《校箋》：『「由」疑「幽」字之誤，字又見幽韻，音居虯反。』

〔八九二〕『物』字《王一》、《王二》、《裴韻》同，《廣韻》作『㔓』形，合於形聲構字理據，底卷蓋其俗變。

〔八九三〕「二」前之「反」字《王一》作「友」,《裴韻》作「九」,《廣韻》亦收有「甫九切」又音,「友」、「九」皆隸上聲有韻,是底卷「反」字當爲「友」字形訛,兹據校改。

〔八九四〕注文《王一》、《裴韻》皆作「鏤馬耳」,《王二》蓋依《爾雅·釋器》改作「鏤也;鍬鉎也」(參龍宇純《校箋》該條),《廣韻》作「馬金耳飾」,周祖謨《廣韻校勘記》認爲此乃誤「錽」、「鍐」爲一字,《廣韻·范韻》亡范切小韻「錽,馬首飾」,《集韻》作「鏤也;一曰馬耳也」,似也隱示了此一訛誤的痕迹,又疑「馬耳」爲彫刻加工業的一種式樣名稱,則底卷「皃」當爲「耳」之形訛,姑誌以俟考。

〔八九五〕小韻標數字「三」不確,兹據實收字數校改作「五」,底卷形訛。

〔八九六〕「惆」字《王一》、《王二》、《裴韻》同,《廣韻》作「⿰山周」,爲「⿰忄休」之或體,底卷蓋其俗寫之變。

〔八九七〕注文「孚」字《王一》、《王二》、《裴韻》、《廣韻》皆作「浮」,底卷誤脱「氵」旁,兹據校改。

〔八九八〕「直」字左側底卷殘泐,兹據《王一》、《裴韻》、《廣韻》録定。又缺字底卷殘泐,可據本小韻實收字數補作「反十三」三字。

〔八九九〕此條左側底卷殘斷,字頭殘字存右部「壽」形右側部分,兹據《王一》、《裴韻》、《廣韻》校補作「躊」字。注文殘字存右下角「日」形右部,亦據諸本校補作「躇」字。

〔九〇〇〕「幬」字左旁「巾」底卷殘泐,兹據《王一》、《裴韻》、《廣韻》録定。

〔九〇一〕「單」字《裴韻》同,《王一》、《廣韻》皆作「襌」,按《説文·衣部》「襌,衣不重」,則「單被」之「單」類化作「襌」字,與表「衣不重」之「襌」字當爲同形字。

〔九〇二〕「藷」字右下角「者」底卷作「青」形,韻書各本多訛,兹據《廣雅·釋草》「薵藷,葱也」及《玉篇·艸部》「薵,藷,葱也」(此當爲用注文與被注字連讀成訓例)録定。

〔九〇三〕字頭《裴韻》、《廣韻》皆作「𠷎」形,按:「疇」之古字隸定作「𠃬」或「𠷎」形,加「口」作形聲字表示「咨詢」,底卷俗寫。注文殘字底卷僅存右上角少許筆畫,兹據《王一》、《裴韻》、《廣韻》校補作「咨」字。

〔九〇四〕殘字存左旁「車」字左側及上部筆畫，兹據《王一》、《裴韻》、《廣韻》校補作「輈」字。缺字底卷殘泐，考「輈」字各韻書皆爲小韻首字，其注文《王一》作「張流反，車轅」，《廣韻》略同，《裴韻》「流」字作「留」，二字同韻，兹據擬補五個缺字符。又小韻標數字當據實收字數補作「四」字。

〔九〇五〕缺字底卷殘泐（注文首字本作代字符），依注文覈校《王一》、《廣韻》，知其字頭當作「盩」，可據補。

〔九〇六〕字頭「蛷」字「虫」旁左下角底卷殘泐，兹據《王一》、《裴韻》、《廣韻》録定。又「蛟」字左右兩旁底卷蓋因粘貼皺折故而有些擠疊，兹據諸本及底卷本大韻前「所鳩反」小韻「蛟」字注文録定。

〔九〇七〕「財」字右下角底卷有殘泐，兹據《王一》、《廣韻》録定。

〔九〇八〕「捊」字《王一》、《裴韻》、《廣韻》皆作「桴」，合於《説文》，按寫本中「扌」、「木」旁多混用不分，兹又參注文校改作「桴」字。

〔九〇九〕「巴而」不辭，「而」字《王一》、《廣韻》皆作「西」，底卷形訛，兹據校改。

〔九一〇〕「茱苢」不辭，兹據《王一》、《裴韻》及《廣韻》校改作「芣苢」。

〔九一一〕釋義《王一》作「蚍蜉」，《廣韻》作「蚍蜉，大螘」，底卷當用注文與被注字連讀成訓例。

〔九一二〕《周韻》考釋二：『「侯」爲「侯」韻字，王韻作「莫浮反」，則與「謀」字歸韻相合，此作「莫侯反」，表明寫者讀「謀」字韻母與「侯」相同。』頁八三四。

〔九一三〕『顭』字字書未見所載，兹據《王一》、《王二》、《廣韻》校改作『顋』字，底卷形訛，『傾顋』與麻韻『顖』注文之『傾顖』爲一聲之轉的聯綿詞。

〔九一四〕『頭』字《裴韻》同，《王一》、《王二》作『頸』，《廣雅·釋器》『鋻鍜謂之鏂錏』王念孫疏證：『《説文》：「鋻鍜，頸鎧也。」鏂錏即鋻鍜之轉。』底卷形訛，兹據校改。

〔九一五〕『延』字《王一》同，《裴韻》無此字，《王二》、《廣韻》作『涎』，與《説文》『一曰次裹衣』合（《玉篇·次部》『次，亦作涎』），兹據校改。

〔九一六〕「樓」字右旁「婁」底卷皆作「婁」形，二者爲隸定之或體，爲便於排印，今除「婁」字單獨用作字頭外，其用於注文及作偏旁者，皆徑改作「婁」形，不再一一出校說明。

〔九一七〕字頭「婁」字與「婁」爲隸定或體字，參《敦煌俗字研究》下編女部「婁」字條考釋，又參前條校記。

〔九一八〕「剅」字《王一》、《王二》、《裴韻》、《廣韻》皆同，《集韻》作「剫」形，《廣韻》本小韻另有「剫，剅剫，小穿」條。又「剅」字《廣韻》復有又音「兜」，此或即帶「來」紐復輔音之遺迹所致也。

〔九一九〕「⿰衤區」字《王二》、《裴韻》、《廣韻》皆作「彄」，合於文例，底卷蒙下「⿰衤區」字條訛，茲據校改。又「烙」爲「來」紐字，與「彄」音異類，檢諸本皆作「恪」字，底卷形訛，亦據校改。

〔九二〇〕「⿰衤區」字《王二》、《裴韻》、《廣韻》皆作「摳」，合於《說文》，底卷涉注文「衣」字類化偏旁而致形訛，茲據校改。

〔九二一〕「斵」爲「斲」之俗字，參《敦煌俗字研究》下編斤部「斲」字條考釋。

〔九二二〕「呼侯反一」底卷作「呼侯一反」，「反」字右側有乙正符號「√」。

〔九二三〕「紫」字《王一》、《王二》同，《裴韻》作「紫布」，《集韻》作「布名」，龍宇純《校箋》云：「《說文》『緰，貲布也』，《急就篇》『服瑣緰𦈡與繒連』，『緰』、『𦈡』皆布名，『紫』當作『貲』若『𦈡』。」疑底卷之「紫」爲「貲」字形訛。

〔九二四〕「⿱艹肋」當爲「筋」字俗字「⿱竹觔」之訛變，《裴韻》正作「⿱竹觔」形，《王一》、《王二》徑作「筋」，茲據《裴韻》校改。

〔九二五〕「單」字《裴韻》同，《王一》、《王二》、《廣韻》皆作「襌」字，《釋名·釋衣服》「褠」字條下亦作「襌」，按「襌」爲「單」之後起類化字。

〔九二六〕殘字底卷存上部筆畫，可據《王一》、《王二》、《裴韻》、《廣韻》校作「鞲（韝）」字。又缺字底卷殘泐，可從諸本補作「臂捍」二字。

〔九二七〕「黿」字《王一》、《裴韻》、《廣韻》皆作「龜」。

〔九二八〕『稀』字《廣韻》作『秭』，《王二》俗寫作『秭』，《説文·禾部》：『秭，五稷爲秭。从禾，𠂔聲。一曰數億至萬曰秭。』按『秭』字不同時代所表示的數目有異，然其爲表數字無疑，底卷形訛，兹據校改。

〔九二九〕『侯反』二字蓋因粘貼移位而有所變形，兹據《王二》、《裴韻》及《廣韻》録定。

〔九三〇〕『脰』字《王二》、《廣韻》皆作『晅』形，《玉篇·目部》『晅』字同，與釋義合，按敦煌寫本中『目』、『月』二旁多淆，兹據校改。

〔九三一〕注文『觩』字底卷作代字符，當爲『匕』字形訛，又『名』字蓋蒙下『璆』之注文『玉名』而訛；『觩』字《王一》釋『匕曲』，《裴韻》釋『匕角』（同小韻後又重出『觩』字訓『匕曲』），《廣韻》釋『匕曲皃』，可證，兹據校改。

〔九三二〕此『休』字即本大韻後許彪反小韻之『烋』字的正體，與表示『息止也』之『休』字音義皆異。

〔九三三〕『力幽』二字底卷均有些漫壞，兹據《王二》、《裴韻》及《廣韻》録定。

〔九三四〕『幽』字或爲『函』字之訛，參《切三》校記〔一〕。

〔九三五〕『聱』字《王一》、《王二》、《裴韻》、《廣韻》皆作『聱』形，又底卷入聲『耴』（俗寫多作『耴』形）字下所收聯綿詞作『聱』形，此蓋蒙注文之聯綿詞下字『耴』而訛，兹據校改。

〔九三六〕『休』爲『烋』之變體，而『烋』又爲『休』之俗字。

〔九三七〕『子』後底卷衍增一代字符，兹據《王二》、《裴韻》及《廣韻》删之。反語下字『幽』底卷略有漫壞，亦據諸本録定。

〔九三八〕『鐔』字中部底卷有漫壞，兹據《王二》、《裴韻》、《廣韻》録定。

〔九三九〕『堆峊』重選，參《切三》校記〔八〕。

〔九四〇〕『流』字《切三》、《王二》、《裴韻》、《廣韻》皆作『沃』，合於《説文》，底卷形訛，兹據校改。

〔九四一〕字頭殘字底卷存右側筆畫，其中右下角之『口』形可辨，兹據《切三》、《王二》、《裴韻》及《廣韻》校補作『灆』字；又注文殘字底卷存下部筆畫，亦參諸本校補作『枝』字。又『灆』字下至『枝』字間底卷殘泐約七個左右大字的空間，考『力尋反』小韻與《切三》收字數目相同，《切三》相關部分的内容爲『○瀶，水出皃。○霖，霖雨。○琛，琛寶。丑林反。五。○棽，木板(枝)長。又所金反』，與底卷所殘空間基本吻合，當可參補，兹據爲後一殘條擬補三個缺字符。

〔九四二〕『賝責』不辭，『責』字《王二》、《裴韻》、《廣韻》皆作『賫』，底卷形訛，兹據校改。

〔九四三〕『針』字條底卷在行末，次行行首殘泐，據空間，約可抄七個大字，考『職深反』小韻與《切三》收字數目相同，其相關部分的内容爲『○針。○鷊，鷊鴜，鳥名。○鱵，魚名。○丼(㪷)，丼鄩，古國。○葴(箴)，規誡』，與底卷空間比較，當少一個半大字的空間，蓋以《切三》脱『箴，竹名』故，參《切三》校記〔三〕，底卷可據以補足。又殘字存右下角部分殘畫，其中竪畫可辨，兹據《切三》校補作『鄩』字，並爲此殘條擬補四個缺字符。

〔九四四〕『將』字蓋『漿』字之省形，參《切三》校記〔一五〕。

〔九四五〕反語上字底卷脱，《切三》、《王二》、《裴韻》、《廣韻》皆作『知』，可據補，兹爲擬補一個脱字符。

〔九四六〕『諶』字底卷在行末，次行行首殘泐，據空間，約可抄六個大字，《切三》相關部分的内容爲『○諶，誠。氏林反。三。○忱(忱)，信。○煁，行竈。○任，如休(林)反。四』，與底卷空間基本吻合，可據補。

〔九四七〕殘字底卷存左下角部分筆畫，兹據《切三》校補作『鵀』字，該字《王二》、《裴韻》及《廣韻》作『鵀』形。

〔九四八〕『滛』爲『淫』之俗作，後作此形字皆徑録作通用字形『淫』，不再一一出校説明。

〔九四九〕殘字底卷存右側『䍃』旁，兹據《裴韻》校補作『媱』字，《切三》、《王二》、《廣韻》該字作『淫』形，按『媱』爲『婬』字俗作，後作此形字皆徑録作通用字形『婬』。又注文除《裴韻》作『媱奸』外，諸本皆作『淫蕩』，兹據擬補一個缺字符。

〔九五〇〕『婬』字條所在的行尾與下一行行首底卷皆有殘泐，合計約可抄十個大字，考《切三》相關部分的内容爲『○婬，婬蕩。○筀，竹名。○蟫，白魚蟲。○鷣，鷂(鷂)之別名。○苂(芺)，熱。○冘，行皃。○心，息林反。二」，與底卷所殘空間吻合，可據補。

〔九五一〕注文「心」《切三》、《王二》、《裴韻》皆作「杺」，合於文例，底卷此脱抄「木」旁，茲據校改。

〔九五二〕「淫」字右下角和「一」字右半底卷皆有漫壞，茲據《切三》録定。

〔九五三〕缺字底卷殘泐，可依文例補作「反」字。

〔九五四〕「梫」字條下至行末以及次行行首底卷殘泐，據空間，合計約可抄十二個大字，然在下行中部，底卷殘存的字參《切三》約可辨（其中缺字補作缺字符）作如下樣式：「○莶，似▨（蒿）□□。○□，□□□。□。▨（崟）」，然因此是誤抄下一行的內容，故底卷已用筆圈起並涂抹或側加墨點删除，考《切三》「梫」、「梣」二條間的内容爲「○梫，木名。○兓，兓，鋭意。○鮗，大魚曰鮓，小魚曰鮗；一曰北方［□］鮓，南方曰鮗。昨淫反。三。○瞖，瞖嵒」，與底卷所殘空間吻合，當可據補。

〔九五五〕殘字底卷存右下角「一」形筆畫，茲據《切三》、《王二》、《裴韻》、《廣韻》校補作「梣」字。又注文缺字底卷殘泐，諸本作「名」字，可據補。

〔九五六〕殘字底卷存右部「壬」形，茲據《切三》、《王二》、《裴韻》校補作「絍」字，又各本此字皆爲小韻首字，其反語作「女心反」，其中《切三》、《王二》該小韻皆僅一字，底卷可參補，茲據擬補四個缺字符。

〔九五七〕「絍」字條下至行末底卷約殘五個大字的空間，其後當殘四行，其中第四行約半行略强處爲「廿一鹽」韻的文字。

〔九五八〕缺字及大韻序號、代表字「廿一鹽」皆在底卷前所缺行的後半，考《切三》知此部分祇有一個小韻的内容，即「○鹽，全（余）廉反。五。○櫩，木名。○閻，里中門。○阽，壁（壁）危。○簷，屋前」，從底卷鹽韻所存首行行首殘字「簷」推測，該小韻的收字情況當與《切三》同。

〔九五九〕殘字底卷存左上角部分，其中「⺮」旁的左側部分可辨，茲據《切三》、《裴韻》及《廣韻》校補作「簷」字，《王二》該字訛作「蒼」形。又注文《切三》、《王二》皆作「屋前」，《裴韻》釋義同，茲據擬補兩個缺字符。

〔九六〇〕『廉』字右部底卷有殘泐，兹據《切三》、《王二》、《裴韻》及《廣韻》擬補。殘字底卷漫壞，缺字底卷殘泐，檢諸本本小韻反語皆作『力鹽反』，兹據校補殘字作『力』。

〔九六一〕缺字底卷殘泐，《切三》、《王二》、《裴韻》、《廣韻》『簾』字釋義皆作『簾箔』（《王二》『箔』字作『簙』），底卷所缺字蓋是『箔』字，然似當據諸本乙正作『簾箔』。

〔九六二〕注文末有一近似『八』字形的二筆（字頭『嵰』字『巾』旁底卷作『忄』形，此二筆與『忄』的左右二筆略同），檢《切三》、《王二》、《裴韻》『嵰』字注文皆祇作『幰嵰』（《裴韻》『幰』字訛作『恨』），《廣韻》則作『幰嵰，帷也』，疑此殘形當爲承前衍抄，後覺而中輟，今不具録。

〔九六三〕小韻標數字依文例底卷脱『一』字，兹據擬補一個脱字符。

〔九六四〕字頭《王二》作『籖』形，《裴韻》略同，《廣韻》作『籤』，合於《説文》，《王二》所作爲其俗字，從底卷本大韻後從『韱』旁字所書字形看，此字當爲『籤』字形訛，兹據改。

〔九六五〕『詹』字爲『詹』字的俗寫『詹』字之變，參《敦煌俗字研究》下編言部『詹』字條考釋，下文作此形狀者徑録作正字，不再出校説明。又『有』字《王二》、《裴韻》皆作『省』，『詹省』爲秦時官府名，内設詹事，底卷『有』字形訛，兹據校改。

〔九六六〕『瞻』字右下角底卷殘泐，兹據《王二》、《裴韻》、《廣韻》并參底卷他字從『詹』旁者録定。

〔九六七〕字頭『銛』字下底卷衍抄半個『蟾』字，後覺而中輟，并在右側加三點以示删除。

〔九六八〕『脥』爲『膝』之俗字，參《敦煌俗字研究》下編月部『膝』字條考釋。

〔九六九〕『粘』字《王二》、《裴韻》、《廣韻》皆作『黏』，按『黏』字俗字或作『黏』、『粘』，參《敦煌俗字研究》下編黍部『黏』字條考釋，『粘』字則又爲此二形之俗變。

〔九七〇〕『預』字《王二》、《裴韻》皆作『預』，《王一》訛作『頏』形，按敦煌俗寫『矛』、『予』多淆，底卷『預』當爲『預』字之訛，兹據校改。『沾預』義蓋與『沾逮』、『沾染』等略似，龍宇純《校箋》『疑預是漬字之誤』，則與『霑』

無別，俟考。

〔九七一〕『視』字左旁『礻』底卷殘泐，兹據《王一》、《裴韻》及《廣韻》録定。

〔九七二〕殘字底卷存左部筆畫，兹據《王二》、《裴韻》、《廣韻》校補作『不』字。又『女』字當爲『安』字俗寫之訛，亦據諸本校改。

〔九七三〕『水出』底卷作『出水』，『水』字右側有一乙正符號『√』。

〔九七四〕『鐵』字《王二》、《裴韻》、《廣韻》皆作『𪪺』形，是爲後起類化字。

〔九七五〕『作鹽反』與本大韻前『子廉反』同音，『作』字《王一》、《王二》、《裴韻》、《廣韻》皆作『昨』字，底卷形訛，兹據校改。

〔九七六〕『箐』字《王二》、《裴韻》、《廣韻》皆作『簣』，合於《説文》，底卷形訛，兹據校改。

〔九七七〕『武陽』《王一》、《裴韻》、《廣韻》皆作『武陵』，底卷當是承前『黚陽』字而訛，兹據校改。

〔九七八〕『嬱』字《王二》、《裴韻》、《廣韻》皆作『㶣』形，合於《説文》，底卷俗省。

〔九七九〕『燂』字左旁『火』大部殘泐，兹據《王二》、《裴韻》、《廣韻》録定。又本小韻實收二字，兹據校改小韻標數字『一』作『二』字，底卷誤作。

〔九八〇〕『蘝』字《王一》、《王二》、《玉篇·艸部》同，《裴韻》、《廣韻》、《集韻》皆作『薟』形，按『蔹』字見載於《説文》，而『蘝』則非字，是『蘝』蓋爲『蘝』字之俗寫。

〔九八一〕殘字前者底卷存右部『也』旁，後者存右部似『兼』右側之形，兹據《王二》、《裴韻》、《廣韻》校補作『他兼』二字。又小韻標數字底卷殘泐，可據實收字數補作『一』字。

〔九八二〕『廉』字《王二》同，《裴韻》、《廣韻》皆作『兼』，按『廉』爲『鹽』韻字，底卷形訛，兹據校改。

〔九八三〕『廉』字《王二》、《裴韻》、《廣韻》皆作『兼』，按『廉』爲『鹽』韻字，底卷形訛，兹據校改。

〔九八四〕『簾』字《王二》、《裴韻》、《廣韻》皆作『兼』，按『簾』爲『鹽』韻字，底卷形訛，兹據校改。

〔九八五〕殘字底卷存左上角及左下角殘畫，《王一》、《裴韻》、《廣韻》皆作『兼』字，茲據校補。

〔九八六〕『絅』字《王二》同，爲『網』之俗字，《廣韻》正作『網』字。

〔九八七〕『語』字《王二》、《裴韻》、《廣韻》皆作『諸』，底卷上文下平聲韻目亦作『諸膺』反，按『語』、『蒸』異紐，底卷形訛，茲據校改。

〔九八八〕注文『冬』字前底卷蒙下衍抄『次一曰奉』四字，側有連點删除符號。

〔九八九〕『氶』字《王一》、《裴韻》、《廣韻》皆作『承』，『氶』爲『承』之俗省，參《敦煌俗字研究》下編乙部『承』字條考釋。

〔九九〇〕注文『綾綿』字《王一》、《裴韻》皆作『綾錦』，《廣韻》作『綾紈』，按『綿』本義指絲綿，而『錦』本義指綵帛，底卷形訛，茲據校改。

〔九九一〕注文『氷』《王一》作『水』，與《説文·仌部》『冰，水堅也』義合，又《文選·謝惠連〈雪賦〉》『焦溪涸，暘谷凝，火井滅，温泉氷』張銑注：『涸、凝、冰，皆水凍也。』疑底卷注文『氷』字承前字頭而訛，然『氷凍』之訓於底卷文例亦通，故存其舊。

〔九九二〕『棧』字前底卷承前衍抄一『又』字，茲據文例及《王二》删之。

〔九九三〕本大韻從『黽』旁字多俗寫作『黾』、『黾』、『黾』之形，又參《敦煌俗字研究》下編黽部『黽』字條考釋，今皆徑録作正體『黽』形。

〔九九四〕『淩』字《裴韻》同，《王二》、《廣韻》作『凌』，《王一》作『陵』，考底卷本大韻前力膺反小韻，表示淩越義當用『淩』字，底卷形訛，茲據校改。

〔九九五〕『愍』字中的『民』旁底卷諱缺末二筆。又『矜』乃『矜』之俗字，參《敦煌俗字研究》下編矛部『矜』字條考釋。

〔九九六〕『疾』字前底卷承前衍抄一『病』字，茲據《王一》、《裴韻》删之。

〔九九七〕『鄁』字《王一》、《裴韻》、《廣韻》皆作『鄐』字，合於《説文》，底卷形訛，兹據校改。

〔九九八〕『寖』乃『寢』之俗字『寑』的俗寫，參《敦煌俗字研究》下編宀部『寢』字條，《王一》作『寑』。

〔九九九〕『和輕重』不辭，『和』字《王一》、《裴韻》、《廣韻》皆作『知』，底卷形訛，兹據校改。殘字所在行左側底卷從上至下傾斜殘泐，第一字存左側『古』旁和右側部分筆畫，第二字存左側『言』旁和右側似『寺』形殘畫，第三字存左側『禾』旁及右側上部『𠂊』形部分，可以判斷爲『稱』字，第四字存左側部分似『角』字殘畫，因他卷無可參稽，故不能斷另三字爲何字，疑其爲『故詩稱觴』四字之殘。

〔一〇〇〇〕『義』字《王一》、《裴韻》、《廣韻》皆作『美』。

〔一〇〇一〕『根』字前《廣韻》有『草名』（《王一》無），於義爲長。

〔一〇〇二〕『都』字左下角底卷有些漫滅，兹據《王一》、《廣韻》録定。又『縢』字諸本皆作『滕』，二字同在『登』韻。

〔一〇〇三〕『槾』字《王一》作『槾』，《廣韻》作『楞』，按『槾』字乃『楞』字之訛變字，又是『槾』之俗字，《王一》之編者誤爲回改正字，遂别收『稜』、『棱』爲獨立字條，而益增其謬，參《敦煌俗字研究》下編木部『棱』字條考釋。又注文『稜』爲『棱』之俗字。

〔一〇〇四〕又音底卷誤倒作『奴代又奴來二反』，兹依文例乙正。

〔一〇〇五〕『香』字《廣韻》作『者』，《説文·巾部》『幐，囊也』段注：『《離騷》「蘇糞壤以充幃」王注：「幃謂幐，幐，香囊也。」按凡囊皆曰幐，王望文爲説耳。《玉篇》曰「兩頭有物謂之幐擔」，《廣韻》曰「囊可帶者」，或借縢爲之。』是底卷『香』字蓋『者』字形訛。

〔一〇〇六〕『或食禾虫』《王一》、《王二》同，《廣韻》『或』下有一『曰』字，於義爲長。

〔一〇〇七〕『桓』字《王一》同，《王二》、《廣韻》作『拒』，合於《説文》，俗寫『扌』、『木』二旁多混而不分，兹據校改。又注文『淮南子曰』底卷作『淮南曰子』，『子』右上角有乙正符號『√』。又『小』字後《王一》、《王二》、《廣韻》有『絃』字，與傳本《淮南子·繆稱訓》合。

〔一〇〇八〕缺字底卷漫滅，《王一》、《王二》、《廣韻》皆作「大」字，合於《説文》，可據補，王國維、《姜韻》皆録之作代字符，《潘韻》未作新校，未知是否諸先生所覩之舊卷尚存其跡而今已漫滅，茲姑爲擬補一個缺字符。

〔一〇〇九〕注文「咸」字《王一》、《王二》、《裴韻》皆作「諴」，合於《尚書·大禹謨》文，底卷誤脱「言」旁，茲據校改。

〔一〇一〇〕小韻前底卷衍抄一「又」字，茲依文例删之。

〔一〇一一〕「忲」字《王一》同，《王二》、《裴韻》作「怪」，《廣韻》作「恪」，按「怪」爲「恪」之俗字，參《敦煌俗字研究》下編口部「各」字條考釋，而「忲」當是「怪」字俗省。

〔一〇一二〕「止」《裴韻》、《廣韻》皆作「正」字，底卷「行不正」多訛作「行不止」，茲據校改。

〔一〇一三〕「名」字《王一》、《裴韻》、《廣韻》皆作「羊」，與《爾雅·釋獸》「羊六尺爲羬」義合，底卷誤作，茲據校改。

〔一〇一四〕殘字底卷存上部筆畫，茲據《王一》、《裴韻》及《廣韻》校補作「涉」字。

〔一〇一五〕「⿰舀鳥」字《王一》、《裴韻》、《廣韻》皆作「鵮」形，合於形聲構字理據，俗寫「舀」、「臽」二形多混而不分，茲據校改。又殘字底卷存左側少許筆畫，茲據諸本校補作「鳥」字。

〔一〇一六〕「七」字《王一》、《裴韻》、《廣韻》皆作「士」，底卷咸韻「士咸反」小韻收有「㺌」字，是底卷「七」當爲「士」字形訛，茲據校改。

〔一〇一七〕「攙搶」《王一》、《王二》、《裴韻》、《廣韻》同，《集韻》作「欃」，按俗寫「扌」、「木」二旁多混用不分，《爾雅·釋天》「彗星爲欃槍」從「木」旁，文獻多承之，《經義述聞》卷二七「彗星爲欃槍」條據《彗星占篇》引《荆州占》曰：「歲星逆行過度宿者則生彗星：一曰天棓，二曰天槍，三曰天欃，四曰茀星，此四者皆爲彗。」其取義若「天棓」、「天槍」，固不可以「天掊」、「天搶」代之也，又參前文校記〔七九五〕，茲據校改作從「木」旁字。

〔一〇一八〕殘字僅存左下部一小短「一」形筆畫，茲參《王一》、《裴韻》、《廣韻》校補作「髟」字。又注文《王一》作「長髮髟髟。又比遥反」，《裴韻》作「屋翼；又長髮皃。又比遥反、甫休二反」（前一「反」字衍），《廣韻》作「屋翼也；又長髮皃」，底卷注文所殘空間可容兩個小字，疑其祇作「長髮」二字，茲姑據擬補兩個缺字符。

〔一〇九〕「縿」字右上角底卷殘泐，茲據《王一》、《王二》、《廣韻》録定。

〔一一〇〕又音依文例脱一「反」字，茲爲擬補一個脱字符。

〔一一一〕「明」字《王一》、《裴韻》、《廣韻》、《集韻》皆作「諸」，「諸」字是，《説文·金部》「鑑」字注文有「一曰監（鑑）諸，可以取明水於月」，《周禮·秋官·司烜氏》有「以鑒取明水於月」語，此蓋底卷致訛之由，茲據校改。

〔一一二〕「蘺」字《王一》、《王二》同，《集韻》作「籭」，合於《説文》，寫本「艹」、「竹」二旁多混用不分，茲據校改。

〔一一三〕「被」字下部底卷殘泐，茲據《王一》、《裴韻》、《廣韻》録定。

〔一一四〕「榼」字《王一》、《裴韻》同，《廣韻》、《集韻》作「榼」，底卷俗字。

〔一一五〕注文「欹」字《王二》、《廣韻》、《集韻》同，《裴韻》誤作「歆」字，《王一》作「敧」，《集韻·紙韻》「敧」字下云：「攱敧，多少不齊皃。」按二字蓋皆爲「敧」之俗字或類化字。

〔一一六〕反語不當用本字「麌」，此蓋承前字頭而訛，茲據正文「九麌」字下反語校改作「虞」字。

〔一一七〕「十九」二字底卷存左右殘畫，中間漫滅，茲依文例録定。又切語上字「虞」正文「十九阮」字下作「魚」，二字皆隸疑紐。

〔一一八〕切語上字「河」正文「廿二旱」字下作「何」，二字皆隸匣紐一等。

〔一一九〕「潸」字反語底卷脱，可據正文「廿三潸」字下反語補作「數板」二字，茲爲擬補二個脱字符。

〔一二〇〕「簡」字左側底卷漫滅，茲據正文「廿四産」字下反語録定。

〔一二一〕「取蒸上」正文「卌七拯」下作「取蒸之上聲」，與後第五十一「范」韻注文例合，疑此有脱文。

〔一二二〕「反」字後脱一「語」字，當據正文「五十一范」補，茲爲擬補一個脱字符。

〔一二三〕「二」字底卷倒書於雙行注文之右行行末，此抄本於雙行文字因計數失誤而又求左右整齊所做的挽救

書例。

〔一〇三四〕『㖦』字《王二》、《裴韻》、《廣韻》皆作『蝀』，與底卷注文文字合，此處形訛，茲據校改。

〔一〇三五〕『蟣』即『蠘』之俗字，參《漢語大字典・艸部》『蕺』字條考釋，《廣韻》作『蠘』字。

〔一〇三六〕『桐』字《王二》、《裴韻》、《廣韻》皆作『桶』，且未收『桐』字，《集韻》本小韻收有二字，然作盛器義者作『桶』，而以『水名』釋『桐』，底卷蓋爲聲訛字，茲據校改。

〔一〇三七〕『白』字《王二》、《裴韻》、《廣韻》皆作『皃』，是，底卷形訛，茲據校改。

〔一〇三八〕『立』字《王二》、《廣韻》同，《裴韻》、《玉篇・广部》『⿸广竝』字下皆作『皃』，蓋各有所取也。

〔一〇三九〕字頭『⿰多丐』前底卷復有一字頭『⿰多色』字，右側有刪除符號三墨點，蓋底卷多用俗體作字頭，而抄者先抄一正體，後覺而刪之，『⿰多丐』字《王二》、《廣韻》皆作正字『⿰多色』。

〔一〇四〇〕『⿱封糸』字《裴韻》、《廣韻》皆作『⿱封糸』，《王二》作『⿰糸封』，底卷爲增筆訛俗字，茲據校改。

〔一〇四一〕『曈』字下《王二》、《裴韻》皆有一代字符，《王一》、《廣韻》則徑作『曈曨』，底卷本大韻前『他孔反』小韻『曈』字條下亦作『曈曨』，底卷蓋用注文與被注字連讀成訓例

〔一〇四二〕『⿰丙辱』字《王二》、《裴韻》同，《廣韻》作『⿰内辱』形，《集韻》作『⿰宂辱』形，從『宂』合於形聲構字理據，『宂』字或作『内』形（《廣韻・腫韻》），故『⿰宂辱』字或作『⿰内辱』，底卷乃其俗變字。又『揄』字《王二》、《廣韻》同，《集韻・盍韻》『搨，打也，或作揄』。

〔一〇四三〕注文《王二》、《裴韻》作『木人送葬』，葉鍵得《十韻彙編研究・切三校勘記》據《說文・人部》『俑』字段注及《孟子・梁惠王》『始作俑者』注『俑，偶人也，用之送死』，謂『此本「栢」蓋「偶」字之誤』，可參，亦疑注文意爲以柏木製偶人，俟考。

〔一〇四四〕『乏』字即『疋』之俗寫，『疋』於文中用同『雅』；《說文・疋部》『疋，足也，……古文以爲《詩・大疋》字』，檢《爾雅・釋宮》『樴謂之杙，……大者謂之栱』，與底卷略合，《廣韻》『栱』字注文正作『《爾雅》云杙大者

謂之栱』」，底卷「樹」字當爲「樴」字形訛，茲據校改。

〔一〇四五〕釋義《王二》、《裴韻》同，《説文·廾部》：「廾，竦手也。揚雄説廾從兩手。」龍宇純《校箋》：「『兩手』非其義，當云『竦手』。」

〔一〇四六〕「舉」字《廣韻》作「擧」，《集韻》作「舉」，後者合於《説文·舁部》字形，底卷俗訛，茲據校改。

〔一〇四七〕「頒」字《王一》、《王二》、《裴韻》同，《廣韻》作「頒」，與《説文·糸部》「頒」字構形略同，底卷俗省。

〔一〇四八〕「執」字《王一》、《裴韻》、《廣韻》皆作「執」，《玉篇·手部》「摉」字注文同，底卷形訛，茲據校改。

〔一〇四九〕「容」字《王二》、《裴韻》皆作「恭」，二字皆隸鍾韻。

〔一〇五〇〕「拄」、「捧」二字《王二》、《廣韻》作「柈」、「棒」二形，《裴韻》作「拄」、「棒」二形，「打」字《王二》作「朾」，《廣韻》則收二訓「杖也；打也」，《集韻》則誤增「拄」字訓「打也」，而釋「柈」字爲「《説文》『梲也』」，謂木杖」，按俗寫「扌」、「木」多混而不分，是底卷「拄」當爲「柈」字俗作，而「捧」因別有訓「兩手承也」（《廣韻》腫韻）之義，故不當與「棒」字混，底卷之「捧」當視爲俗訛字，茲據校改。又檢慧琳《音義》卷十四「棒打」條注引《説文》云：「棒，擊也」，則訓「打」者自不誤。

〔一〇五一〕底卷「項」字寫作「項」形，他處多如是，茲並録作「項」形，別不一一出校。

〔一〇五二〕小韻標數字「二」底卷脱，茲依文例擬補一個脱字符。

〔一〇五三〕韻目序數「四」字後底卷誤抄「講古項反四港」（其中「港」字的右下部未抄，蓋已覺其非）數字，已用長綫劃去。

〔一〇五四〕「拘扶」二字《王二》、《廣韻》、《集韻》同，《裴韻》「拘」字右部略殘，「扶」字與底卷同，《山海經·東山經》作「栒狀」（袁珂《山海經校注》，上海古籍出版社一九八〇年），然底卷「舉隅反」爲「拘」音無誤，則亦不能決「拘」、「栒」二字之是非，俟考。

〔一〇五五〕「永」乃「承」之俗字，參《敦煌俗字研究》下編乙部「承」字條考釋，《廣韻》正作「承」字，《王二》、《裴韻》則別作『丞』字，『承』、『丞』同隸禪紐。

〔一〇五六〕『骿』字《裴韻》同，《王二》、《廣韻》、《集韻》皆作『髀』形，按《説文·冎部》『髀，别也，从冎，卑聲』，則『髀』當是『髀』形隸變之訛，而底卷之形又當爲『髀』形俗訛，茲爲校改。

〔一〇五七〕『骪』字《王二》、《裴韻》同，《廣韻》作『骫』，合於《説文》，底卷俗訛。

〔一〇五八〕『膼』字《王二》、《裴韻》同，《廣韻》作『嫋』，合於《説文》，底卷俗訛。又注文《説文》作『鷙食已吐其皮毛如丸』，於義爲長。

〔一〇五九〕注文底卷作『去拜委反』，『拜』右上角有乙正符號『√』。

〔一〇六〇〕『尯』字《王二》、《裴韻》同，《廣韻》作『尯』，按《龍龕·尢部》『尯，刖足也』，《説文·尢部》『尢，尳，曲脛也』，又《旡部》『旡，飲食氣屰不得息曰旡』，則當以從前者形旁爲是，底卷俗訛，茲據校改。

〔一〇六一〕注文『抗』字《王二》同，《裴韻》作『抗』，按『抗』通常爲『扰』之俗字，然《説文·手部》『扰，深擊也』，較之『攱』字的構形，似當以『抗』義爲是，底卷『抗』字當爲『抗』之俗寫『抗』形的訛變，茲姑據校改。

〔一〇六二〕『桊』當爲『桊』之俗字，參《王一》校記〔一五三八〕。

〔一〇六三〕『奪』爲『奪』之俗字『奪』的增繁俗字，參《敦煌俗字研究》下編大部『奪』字條考釋。

〔一〇六四〕『匜』字《裴韻》、《唐刊》（伯二〇一四）同，《王二》、《廣韻》作『匜』，按敦煌寫本『匚』旁多作『辶』形，參《敦煌俗字研究》下編匚部『匹』、『匠』、『匝』、『匱』諸字條考釋，底卷『匜』字蓋『匜』字俗寫又受『拖』、『迤』、『施』諸字右旁影響而增繁訛變作如此。

〔一〇六五〕『中衣袖』《王一》、《王二》、《裴韻》同，《唐刊》（伯二〇一四）作『衣中袘袖』，《廣韻》作『衣中袖』，龍宇純《校箋》云：『《論語·鄉黨》「加朝服，拖紳」，《説文》引作「袘紳」。《説文》「拕，曳也」，「中」字或爲「曳」字之誤。』可參。

〔一〇六六〕『長洪』《王一》、《王二》、《裴韻》同，《廣韻》作『萇弘』，與傳本《莊子》同。

〔一〇六七〕本小韻標數字爲「七」而實收六字，檢《王二》、《裴韻》本小韻皆收八字，「胣」下二字皆爲「⿰木㐌」、「⿰忄虒」，其釋義《王二》作「〇⿰木㐌，架；又離。又弋支反。〇⿰忄虒，不憂事。又餘支反」，「架」字《裴韻》作「加」，從「木」旁字當以訓「架」爲是，據取近原則及底卷文例，此小韻所脱蓋當爲「⿰木㐌，架。又弋支反」，茲姑爲擬補六個脱字符。

〔一〇六八〕「掃」字右旁「扌」上部底卷殘泐，茲據《王二》、《裴韻》、《廣韻》録定。

〔一〇六九〕殘字底卷存下部筆畫，釋義《裴韻》作「履不懾（攝）根」，《王二》作「屣（履）不攝根」，遼釋希麟《續一切經音義》卷九「革屣」注引《切韻》「屣，履不躡跟也」，其「躡」字下部筆畫與底卷殘形合，茲據校補；又底卷蓋脱一「根」或「跟」字，茲並擬補一個脱字符。

〔一〇七〇〕「⿰耳麗」字《王一》、《裴韻》、《廣韻》皆作「矖」，與釋義合，寫本「目」、「耳」二旁多淆，茲據校改。

〔一〇七一〕「羅」字《王二》、《裴韻》、《廣韻》皆作「籮」，按二字當爲古今字。

〔一〇七二〕前行「爾」字與次行「誃」字所在行的下部底卷斷裂，《英藏》在整理時誤把下平聲十五清、十六青、十七尤、十八侯、十九幽、廿侵的内容插粘其間，造成隔斷，今爲移正接録。

〔一〇七三〕「芊」字《王一》同，《王二》、《裴韻》、《廣韻》作「芈」；按《說文·羊部》作「羋」，「芈」當爲其俗字，而「芊」又當爲「芈」之俗訛，茲據校改。

〔一〇七四〕注文「姑字叱陟反」左側縱向撕裂并被隔斷，參前文校記〔一〇七二〕，茲爲拼接録文。又「涉」字王國維、《姜韻》皆録作「陟」，審底卷其字左側爲曲形的「丨」，當據《廣韻》録作「涉」字，王、姜二氏蓋誤以其下「反」字的左側部分爲「涉」字的左旁，而録作「陟」。

〔一〇七五〕「㢮」字《王二》、《裴韻》同，《廣韻》作「弛」，合於《說文》，《集韻》「弛」字注文「或作弛（㢮）」，是「㢮」字爲「弛」的增繁俗字。

〔一〇七六〕「呰」前底卷承前注文衍抄一字頭「訾」，其右側書有三點删除符號。

〔一〇七七〕殘字前者底卷存上部筆畫，後者存下部筆畫，茲據《王二》、《裴韻》、《廣韻》校補作『在長』二字。

〔一〇七八〕『棰』字《王二》、《裴韻》、《廣韻》皆作『捶』，合於《説文》，底卷左旁形訛，茲據校改。

〔一〇七九〕『⿰犭隨』字《裴韻》同，《王二》作『⿰犭隋』，《王一》、《廣韻》作『⿰犭遀』，然《廣韻》『⿰犭遀』字注文云『或作⿰犭隋』，《集韻》『⿰犭隋』字注文云『或不省』，審諸字之變化軌迹，則當以『⿰犭隨』爲正字。

〔一〇八〇〕反語《王一》、《王二》、《裴韻》作『食紙反』，《廣韻》作『神帋切』，按『氏』、『紙』皆爲紙韻字，『食』、『神』皆隸船紐，而底卷之『倉』則爲『清』紐字，『倉』字當爲『食』字形訛，葉鍵得《十韻彙編研究・切三校勘記》已揭此，茲從校改。又或體字《王二》、《裴韻》、《廣韻》、《集韻》皆從『舌』旁，底卷形訛，茲據校改。

〔一〇八一〕『於綺反』小韻前已收，此重出。

〔一〇八二〕『被』字《王一》、《裴韻》作『披』，《王二》、《廣韻》作『枝』，作『披』字是，底卷形訛，茲據校改。

〔一〇八三〕注文前一『花』字《王二》、《裴韻》、《廣韻》皆作『草』字，底卷蓋蒙後一『花』字而訛，茲據校改。

〔一〇八四〕殘字下部底卷缺泐，茲據《王一》、《裴韻》、《廣韻》校補作『才』字。

〔一〇八五〕『弁』字前底卷衍抄一『弁』字，其下部誤書作『井』形，故重書一字加以改正，茲據《王二》、《裴韻》及《廣韻》删之。

〔一〇八六〕『掜，掎掜』《廣韻》同，《王二》、《裴韻》及底卷本大韻前『椅』字條下均作『椅柅』，寫本『扌』、『木』二旁多淆而不分，茲據校改作從『木』旁字。

〔一〇八七〕『旨』字及從『旨』旁字底卷多俗寫作『百』形，爲便於排印，他處從作『百』形者皆徑録作『旨』形字，不再一一出校説明。

〔一〇八八〕『底』字《廣韻》、《玉篇・广部》皆作『底』，合於《説文》，底卷所作當爲『底』字之增繁俗寫。

〔一〇八九〕『姉』爲『姊』的俗字，參《敦煌俗字研究》下編女部『姊』字條考釋。

〔一〇九〇〕『秭』爲『秭』的俗字，參《敦煌俗字研究》下編禾部『秭』字條考釋。

〔一〇九一〕注文『之』字《王二》、《裴韻》作『脂』，『比』字見於底卷脂韻『房脂反』小韻，而未見於之韻，此處音訛，兹據校改。

〔一〇九二〕『腞』字《王二》同，《王一》、《裴韻》、《廣韻》皆作『豚』，合於《説文》，底卷形訛，兹據校改。

〔一〇九三〕注文『盧江』底卷作『江盧』，『盧』字右上角有乙正符號『√』。又『芍』字《王一》、《裴韻》同，《王二》、《廣韻》作『芍』，合於傳本《漢書·地理志上》『(盧江郡)沘山，沘水所出，北至壽春入芍陂』文，俗寫『勹』形多作『ク』形，『芍』當爲『芍』的俗字，參《碑别字新編》『芍』字條。

〔一〇九四〕『晷』字《裴韻》作『晷』，《王一》作『晷』形，皆爲『晷』字俗寫，又參《敦煌俗字研究》下編口部『咎』字條俗寫變化的軌迹考釋，《王二》、《廣韻》皆作『晷』，下文『屠』字中所從『晷』形亦是『晷』字俗寫。又注文《王一》、《王二》、《裴韻》同，《廣韻》作『日影也；又規也』，龍宇純《校箋》：『疑諸書「日」下奪重文。』底卷蓋用注文與被注字連讀成訓例。

〔一〇九五〕《王二》、《裴韻》、《廣韻》皆釋作『匭』，無『包』字，阮刻《十三經注疏》本《尚書·禹貢》有『包匭菁茅』語，孔安國傳『匭，匣也』，底卷注文乃因詞釋義。

〔一〇九六〕釋義《王一》、《王二》作『黄皃』，《裴韻》作『黄白色』，《廣韻》作『黄色』，《説文·黄部》『䵍，青黄色也』，可參。

〔一〇九七〕『夭』字《王一》、《裴韻》同，《廣韻》作『矢』，按『夭』乃『矢』之俗字，參《敦煌俗字研究》下編矢部『矢』字條考釋。

〔一〇九八〕注文『宂』字《潘韻》新校云：『「宂」蓋「宄」字。』《補正》亦校之作『宄』。按《王一》、《裴韻》、《廣韻》該小韻反語下字皆作『軌』，又底卷下一字『壘』音『力宄反』，是底卷此亦當爲『宄』字俗訛，兹據校改。

〔一〇九九〕缺字底卷殘泐，依文例當是『又』或『或』字，王國維、《姜韻》皆補録一『或』字，可參。

〔一一〇〇〕注文『虛』字《王一》、《裴韻》、《廣韻》皆作『盧』字，底卷形訛，兹據校改。

〔一〇一〕注文「蔡」字《王一》、《王二》、《裴韻》皆作「葵」，《廣韻》作「求」字，按「蔡」爲清紐字，「葵」、「求」皆爲「群」紐字，底卷「蔡」字當爲「葵」字形訛，兹據校改。
〔一〇二〕注文「水」字《王一》、《王二》、《裴韻》、《廣韻》皆作「木」，與字形合，底卷形訛，兹據校改。
〔一〇三〕注文「千」字前底卷有一似「迫」形字，上塗墨點删去。
〔一〇四〕注文後一「柎」字《王一》、《裴韻》、《廣韻》皆作「柅」，合於《周易·姤》文，底卷承前訛，兹據校改；又依例此引文當置於反語前，接於釋義下。又小韻標數字底卷脱抄，兹爲擬補一個脱字符。
〔一〇五〕「或」字下依文例當脱一「作」字，兹爲擬補一個脱字符。
〔一〇六〕「⿰壴舌」字《王二》、《裴韻》同，《廣韻》作「⿰鼓舌」，合於《説文》，底卷俗省。
〔一〇七〕殘字存中上一「丨」形筆畫，兹據《王一》、《裴韻》、《廣韻》校補作「水」字。又本小韻實收五字，疑或有側補之字而爲抄者録入正文，兹姑依實收字數校改小韻標數字作「五」。
〔一〇八〕「悲」字《裴韻》、《廣韻》皆作「韭」，《王一》作「韮」，底卷之形當爲「韭」字俗訛。
〔一〇九〕字頭《王一》、《王二》、《裴韻》、《廣韻》皆作「鰌」形，合於《説文》，底卷俗訛，兹據校改。
〔一一〇〕「埒」字《王一》、《裴韻》同，《王二》、《廣韻》作「埒」，疑底卷形訛，兹姑據校改。又又音下底卷衍抄一個「二」字，兹依文例徑删。
〔一一一〕「歖」字釋義《王一》、《王二》、《廣韻》皆作「歖弞，驢鳴」，底卷當脱「弞」字，兹據擬補一個脱字符。
〔一一二〕「薾」字《裴韻》同，《王二》、《廣韻》作「𦬒」，合於《説文》，底卷俗作。
〔一一三〕「騋」字《王一》作「騋」，《廣韻》作「騋」，與《玉篇·叒部》「䮼」字形略合，《王一》乃俗訛省，底卷「尸」旁下之「口」當爲「匕」形俗寫之訛，兹據校改。又注文《廣韻》作「移蠶就寬」，於義爲長。
〔一一四〕「厎」字爲「底」的俗字，參《敦煌俗字研究》下編氏部「氏」字條考釋。
〔一一五〕「滎」字《裴韻》同，按《通典》卷一七七載滎陽郡下轄七縣，其中一爲中牟，底卷「滎」乃「滎」之形訛，兹據校改。

〔二二六〕『篾』字《王一》、《裴韻》同，爲『蔑』之俗字，《王二》正作『蔑』。又『怠』字諸本皆作『簄』，底卷誤脱上部『竹』旁，兹據校改。

〔二二七〕『革』字《裴韻》同，《王一》、《王二》作『茾』，各本注文皆云『亦作莫』（《裴韻》無『作』字）。

〔二二八〕『躍』字《王一》作『躇』，《廣韻》、《集韻》作『躍』，蓋皆爲聯綿詞以音擇字後的類化造字，今多用『躇』字。

〔二二九〕『諸置舍』不辭，『諸』字《王一》、《王二》、《裴韻》作『儲』，底卷誤脱左旁『亻』，兹據校改。

〔二三〇〕『檵』字《王一》、《裴韻》、《廣韻》皆作『擁』，是，底卷俗訛，兹據校改。

〔二三一〕字頭『齒』字底卷缺末筆，他處亦然，《王一》、《王二》、《裴韻》、《廣韻》不缺，蓋俗省，今皆録作通用字形，不一一出校説明。

〔二三二〕『剌』字《裴韻》同，《廣韻》作『剢』，合於《説文》，『剌』爲『剢』之俗字。

〔二三三〕『版』字爲『板』之俗字，如『析』字又作『浙』字之例，參《敦煌俗字研究》下編木部『析』字條考釋。

〔二三四〕『稟』字《廣韻》作『亶』，『奋』字《廣韻》作『亹』，又參《敦煌俗字研究》下編亠部『亹』字條考釋，底卷皆俗作。

〔二三五〕『依』字右下部底卷略殘，兹據《王一》、《王二》録定。

〔二三六〕『狶』字《王二》、《裴韻》同，《王一》、《廣韻》作『俙』，又底卷本大韻後希豈反小韻『俙』字下亦作『俙』，底卷形訛，兹據校改。

〔二三七〕『曰』字前依文例及《王一》、《裴韻》、《廣韻》當有一『一』字，兹據擬補一個脱字符。

〔二三八〕注文『暐』字前底卷有一『玉』字，檢《王一》、《王二》、《裴韻》、《廣韻》『暐』字注文皆作『暐曄』，底卷蓋蒙下『瑋』字注文衍抄『玉』字，兹據删之。又《潘韻》新校：『「暐」蓋「曄」字。』是，底卷俗寫，本小韻後『韡』字右旁亦略似『荸』形。

〔二二九〕『石出皃』《王一》、《裴韻》、《廣韻》皆作『石山皃』，《集韻》作『石皃』，從影疑紐同源聯綿詞來看，若嫛婗(人始生)、饐饚(飽也)、磥砨(石皃)等，可知其基本義素當爲圓混而小義，則『磈硊』之釋義，或以『石出皃』爲長。

〔二三〇〕『蘻』字《王一》、《王二》同，《裴韻》、《廣韻》作『繫』，合於《說文》，然《廣韻》復收或體作『簚』，按俗寫『⺮』、『艹』二旁多混而不分，底卷俗寫。

〔二三一〕『令』字《王一》、《裴韻》、《廣韻》及底卷下平十六青韻『囹』字條下皆作『囹』，底卷音訛，茲據校改。

〔二三二〕『⿰扌衣』字《王一》、《裴韻》、《廣韻》皆作『⿰衤衣』形，按『⿰衤衣』爲『旅』的後起字，而『⿰扌衣』又爲『旅』之俗字，然依《切韻》異體字不分立字頭例，本條字頭當作『⿰衤衣』形，底卷形訛，茲據校改。又注文『亦羈⿰扌衣』疑底卷誤抄於此，當乙正至前『旅』字條下。

〔二三三〕『⿰亻盧』字《王二》同，《王一》、《裴韻》、《廣韻》皆作『儢』，形聲兼會意，於造字理據爲長，茲據校改。

〔二三四〕『布』字右下角底卷殘泐，茲據《王一》、《王二》、《裴韻》録定。王國維、《姜韻》皆録作『麻』，蓋參《廣韻》而定，非是，《補正》已改録作『布』字。

〔二三五〕『知』、『汝』異紐，注文『知』字《王一》、《裴韻》、《廣韻》皆作『如』，底卷形訛，茲據校改。

〔二三六〕『⿰角爪』字《廣韻》作『觚』，合於形聲構字原理，底卷從『瓜』旁字多俗寫作『爪』形，茲據校改。

〔二三七〕『楚』字下部底卷有些漫滅，茲據《王一》、《裴韻》、《廣韻》録定。

〔二三八〕『䖏』字即『處』字之俗寫，參《敦煌俗字研究》下編虍部『處』字條下考釋。

〔二三九〕『秬』字《王一》、《裴韻》、《廣韻》皆作『秬』形，合於《說文》，底卷爲增繁俗字。

〔二四〇〕『炬』字注文底卷作二代字符，《王一》、《王二》、《裴韻》皆作『炬火』，《廣韻》作『火炬』，疑底卷後一代字符爲『火』字形訛，茲據校改。

〔二四一〕『粔』字右下部底卷殘泐，茲據《王一》、《裴韻》、《廣韻》録定。

〔二四二〕『苣』字注文《王一》、《王二》皆作『苣藉，胡麻。藉字書證反』，《裴韻》作『苣藉，胡麻』，《廣韻》作『苣藤，胡麻』，底卷當用注文與被注字連讀成訓例。又『歷』字字書未見有載，依形聲字之讀法當與『止』音略同，而『胡麻』又稱『芝麻』，疑『歷』即『芝』之類化俗變字，俟考。

〔二四三〕『棜』字《王一》、《王二》、《裴韻》、《廣韻》皆作『扵』，與釋義契合，按寫本『扌』、『木』二旁多混淆不分，兹據校改。

〔二四四〕又音依文例脱抄『反』字，兹爲擬補一個脱字符。

〔二四五〕『埜』字字書未見所載，考底卷字頭《王一》同，《王二》、《裴韻》皆作『墅』，《集韻》以『墅』爲首字，注文云『或省』作『野』，底卷『埜』字當即『墅』字俗訛，兹據校改。

〔二四六〕引文『徂』字《裴韻》同，《王一》、《王二》作『狙』，與傳本《莊子·齊物論》合，底卷形訛，兹據校改；又『杼』字諸本同，傳本《莊子·齊物論》作『芧』。

〔二四七〕小韻標数字底卷脱抄，可據實收字数補作『一』字，兹为擬補一個脱字符。

〔二四八〕又音反語上字《王一》、《王二》、《裴韻》、《廣韻》同，然底卷魚韻七余反小韻收有『苴』字，《箋七》同，疑此『子』爲『七』字形訛。

〔二四九〕『巨』字置此非韻，《王二》、《裴韻》、《廣韻》皆作『矩』字，《王一》訛作『知』，底卷誤脱左旁『矢』，兹據校改。

〔二五〇〕釋義作『水』與字頭構形不合，兹據《王一》、《裴韻》、《廣韻》校改作『木』字，底卷形訛。

〔二五一〕字頭《王一》、《王二》、《裴韻》、《廣韻》皆作『宇』，其中《裴韻》、《廣韻》皆收或體（《裴韻》以爲籀文）『寓』字，《王一》、《王二》同收籀文異體，然其形誤作『禹』、『寓』形。

〔二五二〕底卷當用注文與被注字連讀成訓例，《裴韻》注文正作『俯仰』。

〔二五三〕『黼』字《裴韻》略同，《廣韻》作『黼』，《王一》略同，按『黼』字爲『黼』之俗寫，又參《敦煌俗字研究》下編

「黹」部「黼」字條考釋。

〔二五四〕「瑞」字下《王二》、《裴韻》、《廣韻》皆有「草」字，底卷誤脱，兹爲擬補一個脱字符。

〔二五五〕底卷釋義當用注文與被注字連讀成訓例，《廣韻》正釋作「歌舞」。

〔二五六〕「⿱宀悤」字當爲「窻」之俗寫，乃「囱」之俗字，參《敦煌俗字研究》下編穴部「囱」字條考釋，《廣韻》作「牕」字，「牕」亦「囱」之俗字也。

〔二五七〕「輔」字條下底卷有「醎，毗」一條内容，此蓋抄者録「醎」字時誤加前訓，後覺而重抄「醎」字條，唯前所衍抄者未加删除符號，兹徑删去，以合本小韻「六」字之數。

〔二五八〕底卷釋義蓋用注文與被注字連讀成訓例，檢《王一》、《王二》、《裴韻》注文皆作「朽肉」，《廣韻》作「朽也；敗也；《説文》「爛也」」，又疑底卷「心」字乃「肉」字之訛。

〔二五九〕「字」、「撫」異紐，檢《王一》、《王二》皆作「孚」，《補正》據校，兹從改，底卷形訛。

〔二六〇〕「足」義各本不載，亦未見文獻用例，考《字彙·心部》「惎，愛也；思也」，疑底卷之「足」或爲「思」字形訛。

〔二六一〕引文蓋節自《漢書·宣帝紀第八》「今繫者或以掠辜若飢寒瘐死獄中」一語。

〔二六二〕「嫗」字《裴韻》、《廣韻》皆作「貙」，合於《説文》，底卷形訛，兹據校改。又「又」當爲「人」字形訛，兹據諸本校改。

〔二六三〕注文《王二》、《裴韻》、《廣韻》同，然《廣韻》又引《説文》云「病瘳也」，是底卷當用注文與被注字連讀成訓例。

〔二六四〕「若勝」字書未見用例，檢《王二》、《裴韻》「愈」字注文皆作「差」，《廣韻》作「差也；賢也；勝也」，疑底卷「若」字爲「差」字形訛。

〔二六五〕「斟衣器」不辭，檢《王二》、《裴韻》、《廣韻》「衣」字皆作「水」，底卷形訛，兹據校改。

〔二六六〕注文「戈」字甲本、《裴韻》作「于」形，《王一》、《王二》作「千」形，《碎二》作「禾」形，考《漢書·地理志下》

「交趾郡，縣十：羸𨻻」顔師古注引孟康曰：「羸音蓮」，是反語下字當以「千」字爲是，「戈」、「于」、「禾」皆「千」之形訛，兹據校改。

〔二六七〕「圡」字爲「土」之俗寫，以别於「士」，參《敦煌俗字研究》下編土部「土」字條考釋，底卷「土」字及從「土」旁字多作「圡」形，今除此字頭外皆徑改作「土」形，不再一一出校。又「地」字《王二》、《裴韻》、《廣韻》皆作「他」，《補正》據校，兹從改。

〔二六八〕注文「莧」字《王一》、《王二》、《裴韻》同，《廣韻》、《集韻》作「莞」，與《爾雅·釋草》「芏，夫王」郭璞注「芏草生海邊，似莞蘭，今南方越人采以爲席」之説合，諸本俗訛，兹據校改。

〔二六九〕「樐」字《説文·木部》「櫓」字注文以爲即「櫓」之或體。注文「彭排」《裴韻》、《廣韻》同，《王二》、《玉篇·木部》「樐」字下皆作「彭棑」，「排」、「棑」可通，皆指木筏類浮具，「彭排（棑）」蓋指有邊欄的木筏。

〔二七〇〕「卤」字下部口旁内的構件底卷作「必」形，上下文作「卤」旁者同，俗寫，兹徑録正。注文「薄」字《王一》、《裴韻》同，《廣韻》作「簿」，是，寫本「艹」、「⺮」二旁多混淆不分，兹爲校正。

〔二七一〕小韻標數字底卷脱，可據本小韻實收字數補作「五」字，兹爲擬補一個脱字符。

〔二七二〕「𡆧」字爲「旦」之諱改字，當爲避睿宗李旦之諱，參《敦煌俗字研究》下編日部「旦」字條考釋。

〔二七三〕「皷」字《王二》同，與下字重複，《裴韻》、《廣韻》皆作「鼓」形，與《説文》合，兹據校改；又按段氏力辨此字當「讀若蜀」（之欲切），其「公户切」之音乃延自孫强所增謬音，然究「鼓」、「鼔」二字之音義，則似造字初期之名、動異字所致，若從多數名、動同詞（字）之例，則二字本可以異體視之，《説文》似亦不必别之爲二也。

〔二七四〕「皷」字《裴韻》、《廣韻》同，《王二》作「鼔」形，與《説文》同，段注：「夢英所書，郭氏《佩觽》皆作鼔，是也，凡作鼓、作皷、作鼓者，皆誤也。」按段氏蓋過求嚴苛，「鼓」字實爲「鼔」字之隸變形體，而「皷」又其俗字。又釋義底卷蓋用注文與被注字連讀成訓例。

〔二七五〕『冈』爲『網』之俗字，參《敦煌俗字研究》下編网部『网』字條考釋。

〔二七六〕『簿藉』不辭，檢《王一》、《裴韻》、《廣韻》『藉』皆作『籍』，底卷形訛，兹據校改。

〔二七七〕注文『琥』字蓋承字頭而訛，兹據《王一》、《裴韻》及《廣韻》校改作『虎』字。

〔二七八〕釋義《王一》、《裴韻》同，《廣韻》作『石，可爲矢鏃』，於義爲明。

〔二七九〕本小韻標數字『十三』而實收十二字，疑『三』爲『二』之形訛；又檢《王二》本小韻實收十七字（當爲十八，『岵』字脱），他字排序皆與底卷同，其『苄』下有『酟，一宿酒。又古胡、古慕二反』，《裴韻》『岵』字前與底卷字序全同，『岵』下接録『酟，一宿酒。又古胡反。又古暮反』，『鴮』、『苄』二條録於最後，蓋初脱書而後補於末，故亦疑底卷脱『酟』字全條，俟考，兹姑從簡而校『三』作『二』。

〔二八〇〕『魮』字《王二》、《廣韻》皆作『鮆』，其聲旁與『徂礼反』之音更切，《說文·魚部》『鮆，飲而不食，刀魚也，九江有之』，則底卷之『飯』亦誤，兹並據校改。

〔二八一〕『蠡』字《王二》、《裴韻》、《廣韻》皆作『蠡』，底卷俗省。注文『亦越有范蠡』《裴韻》同，依文例『亦』字後當有『人名』二字，疑底卷脱之。

〔二八二〕或體『沛』字《王二》、《裴韻》作『泲』形，二者皆爲『泲』之俗字，參《敦煌俗字研究》下編女部『姊』字條考釋。

〔二八三〕『癠』字《裴韻》同，《王二》、《廣韻》皆作『癠』形，合於《方言》卷十『凡物生而不長大亦謂之鮆，又曰癠』之形，底卷俗省。

〔二八四〕『詆詞』不經見，『詞』字《王二》、《裴韻》皆作『訶』，合於《説文》，底卷形訛，兹據校改。

〔二八五〕注文『膿』字《王二》、《裴韻》同，《廣韻》作『聙』，《玉篇·耳部》：『聙，《淮南子》曰：「听雷者聙。」注云：「耳中聙聙然。」《埤蒼》云：「耳中聲也。」』按耳鳴之事常見，底卷『膿』字當爲『聙』之形訛，兹據校改。

〔二八六〕『夷』字王國維、《姜韻》皆録作『夷』，《潘韻》：『原卷「夷」字不可辨識，乃劉（指劉復主編的《十韻彙編》

本，實其所用乃王國維録文）、姜肊定。《王二》（長龍按：即《裴韻》）、德刊、《廣韻》皆作「楚」。」疑底卷之形乃其所據抄之本的「楚」字漫壞而照録所致，《補正》校作「楚」字，茲從之。

〔二八七〕「似」字《王二》、《廣韻》作「姒」，《補正》據校，茲從之，底卷形訛。

〔二八八〕反語「先礼」後依文例當脱一「反」字，茲爲擬補一脱字符。

〔二八九〕「攔」字《裴韻》同，《廣韻》「桀」字下作「欄」，是，寫本「扌」、「木」二旁多淆混不分，茲據校改。

〔二九〇〕字頭「傒」字《王二》、《裴韻》同，《廣韻》作「徯」，《玉篇·人部》「傒，待也。本作徯」。又「胡」字左下角底卷漫滅，茲據《王二》、《裴韻》、《廣韻》録定。

〔二九一〕小韻標數字底卷存上部「一」畫，茲據實收字數校補作「三」字。

〔二九二〕二殘字底卷皆存左部筆畫，茲據《王二》、《裴韻》、《廣韻》校補作「所以」二字。

〔二九三〕注文「服」字《王二》、《裴韻》、《廣韻》皆作「股」，又底卷紙韻「卑婢反」小韻「髀」字釋義亦作「髀股」，「服」字形訛，茲據校改。

〔二九四〕反語上字底卷蓋因粘貼疊合而被掩蓋，茲爲擬補一個缺字符，檢《王二》、《裴韻》皆作「一」，《廣韻》作「烏」，同隸影紐，底卷蓋可從補作「一」字。

〔二九五〕字頭「怟」字《集韻》本小韻作「忯」，注文云「忯忯，愛也，郭璞説」，其去聲霽韻下收有「怟，悶也」一條，《玉篇·心部》同，似與底卷音義皆別，則底卷「怟」字當爲「忯」之形訛，茲據校改。《王二》、《裴韻》、《廣韻》本大韻皆未收「忯」、「怟」二字，或有所修訂。注文「[illegible]」字王國維録作「迩」，《姜韻》録作「近」，《潘韻》新校云：「規案，蓋《爾疋》之「疋」字。」潘説是。《爾雅·釋訓》：「忯忯，愛也。」郝懿行疏：「忯者，《説文》云「愛也」，从氏聲。《釋文》云「郭徒啓反」，與愷悌音同，是郭借音兼借義也；又云「顧舍人渠支反」，則與《説文》同；又云「李余之反，忯忯，和適之愛也」，則與怡怡音義同。」可參。

〔二九六〕「轑」字《王二》作「鞻」，又底卷上聲卷首所列諸韻反語，「蟹」下作「鞋買」，《裴韻》同，「鞋」爲「鞻」之俗字，則此『轔』字當是『輾』字形訛，兹據校改。

〔二九七〕依文例『反』字前當脱一『二』字，《王二》有之，兹爲擬補一個脱字符。

〔二九八〕『豕』字《王二》、《廣韻》皆作『豸』，底卷之形爲其增筆俗字，參《敦煌俗字研究》下編豸部『豸』字條考釋。

〔二九九〕『莫』字《王二》、《廣韻》作『羊』，《玉篇》、《集韻》『嘪』字釋義皆作『羊鳴』，底卷承前反語『莫』字而形訛，兹據校改。

〔三〇〇〕『芋』字《王二》同，《廣韻》、《集韻》作『芌』，契於形聲字的構字理據，是底卷之形蓋爲俗寫訛變。

〔三〇一〕注文『大』字《王二》、《廣韻》皆作『犬』，與《説文·犬部》『猈，短脛狗』義涉，底卷形訛，兹據校改；又『徇』乃『狗』字形訛，亦據諸本校改；又『項』字《王二》同，《廣韻》作『頸』。

〔三〇二〕『徿』字《王二》、《廣韻》未收，《集韻》作『獁』形，訓『豪强皃』，然底卷後十三駭韻孤楷反小韻『𢕟』字下亦作『徿𢕟』，按底卷『彳』、『犭』二旁多淆，兹據校改，以保持一致，疑其本字皆當從『犭』旁，且『徿𢕟』當參其同源詞族乙正作『𢕟徿』。

〔三〇三〕『楷莫』不辭，『莫』字《王二》、《廣韻》作『模』，《裴韻》作『摸』，乃『模』之俗訛，底卷訛脱右旁，兹據校改。

〔三〇四〕語尾『也』依文例不當有，疑抄者誤增，當删。

〔三〇五〕『徿𢕟』二字疑並當從『犭』旁，詳參前文校記〔三〇二〕。

〔三〇六〕字頭《王二》、《裴韻》、《龍龕·肉部》同；《廣韻》作『胉』，《玉篇·肉部》形同，《集韻》作『膍』，注文『腜胆』底卷本大韻後都罪反小韻『膍』字下作『膍胆』，『腜』當爲『膍』字形訛，兹據校改。按從『白』聲當爲舌音字，《集韻·賄部》音『覩猥切』是也，底卷蓋爲俗寫，皆因聯綿詞之上下字相淆而訛，故姑存其舊。注文『膍胆』當據《集韻》乙正作『胆膍』，屬端曉族聯綿詞，若『顝顋』（大面皃）、『朊胍』（腹肥大皃）、『腣脌』（腹大皃）皆有相同之核義素，然該聯綿詞上下字音義互訛蓋久。又注文殘字底卷存右部筆畫，兹據《王二》、《裴韻》、《廣韻》校補。

〔二二〇七〕『潤』字《王二》、《裴韻》、《廣韻》皆作『燗』，與釋義一致，底卷形訛，兹據校改。

〔二二〇八〕注文後一『膢』字前承前衍抄一『腲』字，兹據文例徑删。又『膢』字《王二》、《裴韻》同，《廣韻》、《集韻》作『腇』，本大韻後『吐猥反』小韻『腇』字注文作『腲腇』，契於形聲字構形理據，疑『膢』字爲『腇』字俗訛，《龍龕·肉部》『膢』字注文云：『與腇同，魚敗也。』然『腇』字似不當作『膢』形，兹據校改。

〔二二〇九〕『媿』字《王二》、《裴韻》、《廣韻》、《集韻》皆作『娞』形，《玉篇·女部》同，底卷形訛，兹據校改。

〔二二一〇〕『魄』字《裴韻》同，《王二》作『殨』，《廣韻》作『鬼』，底卷本大韻後胡罪反小韻之『魄，魄郲』亦作『魄』形字，然《廣韻》胡罪切小韻於『魄，魄殍』外，别收『鬼，鬼郲』條，蓋聯綿詞本形無定體，初擇音同而記之，後則擇音同義近或徑爲類化而造專字使然。

〔二二一一〕注文『頭』字《王二》、《裴韻》同，《廣韻》作『瘨』，於義爲長。

〔二二一二〕『涹』字《王二》、《裴韻》、《廣韻》皆作『浽』，與底卷本大韻後奴罪反小韻『浽』字注文合，底卷俗訛，兹據校改。

〔二二一三〕注文《裴韻》、《廣韻》皆作『魄殍』，《王一》『殍』字訛作『殘』，又參前文校記〔二二一〇〕。

〔二二一四〕注文《廣韻》作『回也』，《王二》、《裴韻》本小韻未收『匯』字，《説文·匚部》『匯，器也』，底卷訓作『陸』，未詳。

〔二二一五〕注文反語下依文例底卷脱小韻標數字『一』，兹爲擬補一個脱字符。

〔二二一六〕字頭疑當作『胐』字，乃聯綿詞前後字誤倒，詳參前文校記〔二二〇六〕。兹姑據校改。

〔二二一七〕注文『媿』字當爲『娞』字形訛，兹爲校改，詳參前文校記〔二二〇九〕。

〔二二一八〕注文本大韻前落猥反小韻『嵔』字下作『嵔峞』，底卷『畾』字俗省，兹據校改。

〔二二一九〕『珠五百枝』不辭，『枝』字《王二》、《裴韻》、《廣韻》皆作『枚』，底卷形訛，兹據校改。

〔二二二〇〕語尾『也』字依例不當有，疑此爲抄者衍增，當删。

〔二二一〕注文反語依文例底卷脱一『反』字，兹據擬補一個脱字符。

〔二二二〕『倍』字《切四》、《王一》、《王二》、《裴韻》、《廣韻》皆作『倍』，底卷形訛，兹據校改。

〔二二三〕『癔』字當爲『癔』字的俗寫，參《敦煌俗字研究》下編心部『𢡱』、『急』二條考釋。

〔二二四〕又音與正音同，不合文例，考《王一》、《裴韻》、《廣韻》又音反語下字皆作『刃』字，底卷誤作，兹據校改。又依文例又音底卷脱『反』字，兹據擬補一個脱字符。

〔二二五〕引文爲《左傳·隱公三年》文字，古書稱引多以經該傳。

〔二二六〕『準』字《切四》、《裴韻》同，《王二》、《廣韻》作『準』，合於《説文》，『準』爲『準』之俗字。

〔二二七〕『準』字《切四》、《王一》、《王二》、《裴韻》、《廣韻》皆作『隼』，底卷蓋因前『准』之古字『準』而致訛，兹據校改。

〔二二八〕『愍』字之『民』形部分底卷蓋因避諱而缺末二筆。

〔二二九〕『腜』爲『䐑』之諱改字，《説文·肉部》『䐑，薄切肉也』，考『臏』字釋義《王一》作『膝骨』，《裴韻》同，唯『膝』字俗寫作『膝』形，《廣韻》作『去膝蓋骨刑名』，按『膝』字俗寫亦或作『腜』形，參《敦煌俗字研究》下編月部『膝』字條考釋，底卷『腜』字當即『腜』字形訛，兹據校改。

〔二三〇〕注文『名』字《切四》、《王一》、《裴韻》、《廣韻》皆作『菌』字，底卷蓋承前二條注文而誤，兹據校改。

〔二三一〕反語依文例底卷脱一『反』字，兹據擬補一個脱字符。

〔二三二〕『晩』字《王二》同，《王一》、《裴韻》皆作『脕』，與釋義合，底卷形訛，兹據校改。

〔二三三〕底卷從『黽』旁字多俗寫作『黾』、『黽』、『黽』之形，又參《敦煌俗字研究》下編黽部『黽』字條考釋，今皆徑録作正體『黽』形。

〔二三四〕『頭』字《切四》、《王一》、《王二》、《裴韻》、《廣韻》皆作『頸』，底卷形訛，兹據校改。

〔二三五〕『谿』字爲『谿』字俗寫，參前文校記〔一一三〕。

〔三三六〕「隱」爲「隱」之俗字，參《敦煌俗字研究》下編心部「㥯」字條考釋。

〔三三七〕「雷」字《切四》、《王一》、《廣韻》皆作「車」，與形聲字構字理據合，底卷蓋承前一注文之「雷聲」而訛，兹據校改。

〔三三八〕注文「堇」字底卷爲代字符形，《王二》同，《切四》、《王一》皆作「名」字，龍宇純《校箋》謂「重文疑是「名」字之誤」，兹從校改。《説文·堇部》「堇，黏土也」，又《艸部》「蓳，艸也，根如薺，葉如細柳，蒸食之甘」，王筠《句讀》：「《詩》、《禮》、《爾雅》皆作堇，省形存聲也。」

〔三三九〕「德」字《王一》、《廣韻》皆作「幰」，《王二》俗寫作「㦥」，與底卷本大韻後「虚偃反」小韻之「㦥」字同，底卷之「德」當爲「㦥」字形訛，是又爲「幰」字俗寫，兹據校作正字「幰」。

〔三四〇〕「風」字《王一》、《王二》、《廣韻》皆作「鳯」，合於《説文》，底卷形訛，兹據校改。

〔三四一〕「寒」字《王一》、《廣韻》、《集韻》皆作「寋」，底卷形訛，兹據校改。

〔三四二〕本條《王二》、《廣韻》皆置於「言」字條下，且本小韻下當包括後「屵」字條，故標數字亦當作「二」字。

〔三四三〕「屵」字條《切四》（斯二六八三）未别計數，《王一》、《王二》、《廣韻》皆以此入於「語偃反」小韻，底卷蓋因「言」、「言」二條易序而至此條無所歸屬，故而别標小韻標數字「一」，以别之於「去偃反」小韻。

〔三四四〕「㦥」字《王一》同，《王二》、《廣韻》、《集韻》皆作「幰」，按寫本「巾」、「忄」二旁多混淆不分，該字諸本皆訓作車上帷幔，當以從「巾」旁爲是；又其右旁當爲「憲」之或體，然漢碑已見此形。

〔三四五〕「丘蚓」底卷作「蚓丘」，兹據《王一》乙正。

〔三四六〕注文「内」字《切四》、《王二》皆作代字符，《廣韻》作「苑」，《王一》誤作「菀」，疑「内」爲代字符之形訛，然玄應《音義》卷一九「苑囿」注引《字林》云：「有垣曰苑，無垣曰囿」，則以園内爲苑，似亦可通，姑存疑俟正。

〔三四七〕注文「卌」字《王一》、《王二》、《廣韻》皆作「卅」，合於《説文》，底卷形訛，兹據校改。

〔二四八〕「⿰弓雚」字《王一》、《廣韻》作「⿱艹⿰弓雚」，《經典釋文・爾雅・釋草》「⿱艹⿰弓雚」字釋文：「本或作⿰弓雚。」底卷「⿰弓雚」當爲「⿰弓雚」字之俗寫。

〔二四九〕「混沌」底卷作「沌混」，「混」字右上角有乙正符號「√」。

〔二五〇〕「刊」字前底卷有一似「刊」之字，右側有删除符號，故不具録。

〔二五一〕注文「⿸疒束」字《王一》、《王二》《廣韻》同，《切四》作「⿸疒束」，底卷麥韻所收字頭亦作「⿸疒束」形，按從「朿」聲合於形聲構字理據，「朿」旁蓋俗寫作「束」形，如「棗」又作「⿱束束」形，又參後文校記〔一八八四〕，茲據校改作正字。

〔二五二〕「盾」字《切四》作「看」形，《王一》作「盾」形，《王二》、《廣韻》作「盾」形，按「盾」、「看」、「盾」諸形皆「盾」字俗作，又參《敦煌俗字研究》下編目部「盾」字條考釋。

〔二五三〕字頭《切四》、《王一》、《王二》、《廣韻》皆作「⿰骨系」，《廣韻》注文謂「亦作骸」。

〔二五四〕「⿱夘心」字乃「怨」的俗寫形訛字，參《切四》校記〔六二〕，茲據校改。

〔二五五〕「⿰黑毛」當爲「黗」字俗寫「⿰黑乇」之俗訛，《切四》、《王一》皆作「⿰黑乇」形，茲據校爲正字。

〔二五六〕「梱」當爲「稇」字形訛，參《切四》校記〔六五〕。

〔二五七〕「体」字底卷作「⿰亻夲」形，乃「体」字俗寫「⿰亻夲」的訛變形；「体」爲麤笨之「笨」的古異體字，而與宋代以後用作「體」俗字的「体」同形異字。注文「名」字《王一》、《廣韻》皆作「皃」，於義爲長，底卷當爲形訛，因據校改。

〔二五八〕「⿱狠土」應爲「⿱貇土」字俗省，而「⿱貇土」當又爲「墾」的俗字，《切四》、《王一》、《廣韻》正作「墾」。下同。

〔二五九〕「⿱狠土」字《王一》作「⿱貇土」，《切四》、《王二》、《廣韻》皆作「墾」，後者爲正字。參上校。

〔二六〇〕「⿱狠心」字《王一》作「⿱貇心」，《切四》、《王二》、《廣韻》皆作「懇」，後者爲正字。參上校。又「懇則」不辭，茲從《切四》、《廣韻》校改「則」作「惻」字。

〔二六一〕本小韻標數字作「四」而實收三字，考《王一》以「纂」爲首字而後接「纂，纂組。亦作⿰糸雋」一條，《唐刊》（伯二〇一四）略同，底卷當有脱誤，且因俗寫『⺮』、『艹』不分而誤將小韻首字抄作『𦽰』形，又參《切四》校記〔六八〕，此條《切韻》原本蓋無或體，兹據擬補三個脱字符。

〔二六二〕『穀』字《王一》、《王二》、《廣韻》皆作『轂』，與《説文》合，底卷形訛，兹據校改。

〔二六三〕『斷』字《切四》、《王一》、《廣韻》皆作『斷』，底卷所作爲俗字，參《敦煌俗字研究》下編斤部『斷』字條考釋。

〔二六四〕注文『地』字《王一》、《王二》作『他』，《廣韻》作『吐』，《集韻》作『土』，按『他』、『吐』、『土』皆爲透紐字，且底卷後已有定紐之『徒旱反』小韻，此『地』當爲『他』字形訛，兹據校改。

〔二六五〕『滿』、『草』異紐，『草』字《切四》、《王一》、《王二》、《廣韻》皆作『莫』字，是，底卷形訛，兹據校改。

〔二六六〕注文『大』字《王一》、《王二》同，《切四》作『丈』，《廣韻》又音作『除鴈切』，其裥韻下則作『丈莧切』，按『大』隸定紐，『丈』隸澄紐，二者爲舌上、舌頭類隔，蓋彼時尚未判然分别也。

〔二六七〕《切四》、《王一》本條皆在『𩋡』字條前，蓋底卷初脱隨後補抄而致錯位。

〔二六八〕『餅』或作『餠』，詳參《切四》校記〔七七〕。

〔二六九〕『罕』字《切四》本小韻無，《王一》本小韻有殘泐，《王二》本小韻有脱文，並不知其收此字否，《廣韻》亦未收之，按此字即前『罕』字之或作，依文例不當重出。

〔二七〇〕注文『骳』字《切四》、《王一》、《王二》、《廣韻》皆作『皺』，『骳』雖有屈曲義，然以形容人老面皺之情形似不够確切，『骳』當爲『皺』字形訛，兹據校改。

〔二七一〕『齴』字《切四》注文作『齴齘，齒不正。士板反。一』，其下爲『齘』字條（底卷補抄於大韻末），再接抄『獑，齧。初板反。一』條，《王一》略同，底卷誤糅『齴』、『獑』二條爲一，葉鍵得《十韻彙編研究·切三校勘記》已揭此，又『板』字下依文例脱抄『反』字，兹並爲擬補十一個脱字符。

〔二七二〕『莧』爲『莞』字的俗訛，參《切四》校記〔八三〕。又反語依文例脱抄『反』字，兹爲擬補一個脱字符。

〔二七三〕『筒』字置此非韻，兹據《切四》、《王一》、《廣韻》校改『筒』作『簡』字，底卷形訛。

〔二七四〕注文『𦍩』字《王一》同，《切四》、《王二》作『佷』（『很』之俗字），《廣韻》兼取，其注文作『牛𦍩很不從牽』，當以單作『佷』爲長。

〔二七五〕注文『閣』字中部底卷有漫壞，兹據《切四》、《王一》、《廣韻》録定，王國維、《姜韻》皆録作『嶺』字，非是。

〔二七六〕『𤷄』字字書未見所載，《切四》、《王一》、《廣韻》皆作『乘』，底卷之形當爲『乘』字異體『椉』之俗訛，兹據校改。

〔二七七〕『吕』字《王二》、《唐刊》（伯二〇一四）、《廣韻》皆作『名』，於義爲長。又『沾』字《王二》、《唐刊》（伯二〇一四）同，《廣韻》作『姑』，此蓋因『洗』字類化而别擇同音字。

〔二七八〕注文『釜小兒』不辭，疑『兒』字爲『皃』字形訛，《姜韻》徑録作『皃』字，姑從校改。

〔二七九〕注文底卷本作『玉呼典』，費解，考《切四》、《王一》、《王二》皆作『玉琠』，《廣韻》作『玉名』，《説文·玉部》云『琠，玉也』，疑底卷『呼典』二字乃蒙抄本鄰行『顯』字注文『呼典反』而衍，兹據删。

〔二八〇〕『蘮』爲『薊』之俗變字，參《敦煌俗字研究》下編艸部『薊』字條考釋。

〔二八一〕『歐亂』不辭，兹據《王一》、《王二》、《廣韻》校『亂』作『乳』字，底卷形訛。

〔二八二〕『悥』字《王二》、《廣韻》皆作『急』，按『急』字俗寫或作『㤂』形，『悥』當爲『㤂』字俗訛，底卷入聲廿六緝韻『㤂』字條下收此或體。

〔二八三〕注文『絹』字《王一》同，《廣韻》作『綃』，疑當爲『絹』字形訛。又又音前之『又』字依例當無，以此又音乃因釋又義，而又義前已有標識字『一曰』。

〔二八四〕『遍』、『遞』二字《廣韻》作『匾』、『𠥩』，按『匚』旁敦煌俗寫多作『辶』形，參《敦煌俗字研究》下編匚部『匹』、『匝』、『匠』諸條考釋，因『匾』、『𠥩』二字俗寫與量詞『遍』及表示傳送義的『遞』形暗合，兹爲補録正體。

〔二三八五〕「常」字《王二》、《廣韻》皆作「裳」，按《説文・巾部》：「常，下帬也，从巾，尚聲。裳，常或从衣。」《玉篇・巾部》：「常，帬也，今作裳。」

〔二三八六〕「萹」字釋義《王二》作「萹竹，草」，《箋五》（伯三六九三）、《廣韻》作「萹茿，草」，按「茿」、「竹」音同，此聯綿詞用字之異也。《玉篇・艸部》：「茿，萹茿，似小藜，赤莖節，好生道旁，可食。亦作竹。」以異體字的標識法來標識聯綿詞所取之同音字，易生混淆，不妥，底卷之「似」當爲「竹」字形訛（二字草寫形近），茲據校改。

〔二三八七〕「稹」字《王二》本小韻未收，《廣韻》、《集韻》作「䅭」形，合於形聲字構形理據；又《説文・禾部》：「稹，穜概也。」疑底卷「稹」字當爲「䅭」字的俗訛，《集韻・先韻》「䅭」字下云「亦作稨、稹」，亦不確，茲姑據諸本校改作「䅭」字。

〔二三八八〕「眴」字《王一》、《王二》、《廣韻》本小韻皆未收，《集韻》作「畇」，注文：「田平均也，或作畬。」檢各本皆有「旬」字，多從《説文》訓「目搖」，疑底卷「眴」字即因「旬」字異體「眗」（參《説文・目部》「旬」字注文）而致訛，而後之加訓者又臆釋作「田」，則《集韻》之作「畇」，又以求全而承訛也。

〔二三八九〕注文義不明，檢《王二》、《廣韻》「呼」下有「鹽」字，與《廣雅・釋器》「鶣，鹽也」合，底卷脱，茲據擬補一個脱字符。

〔二三九〇〕此標數字蓋包「犬」字條而言，檢《箋五》（伯三六九三）、《王二》、《廣韻》，「犬」字條皆別立「苦泫反」小韻，與「古泫反」小韻不同，又《箋五》（伯三六九三）本大韻末亦收此四條，而「古泫反」小韻標數字作「三」，底卷抄訛，茲據校改作「三」。

〔二三九一〕「桂」字《王二》、《廣韻》皆作「挂」，與《説文》「一曰綰也」義合，俗寫「扌」、「木」二旁多淆混不分，茲據校補正字。

〔二三九二〕小韻標數字底卷脱，依文例及《箋五》（伯三六九三）、《王二》、《廣韻》當作「一」字，茲爲擬補一個脱字符。

〔二九三〕『謟』字《王二》同，《箋五》（伯三六九三）、《廣韻》作『諂』，與《説文·言部》『諓，善言也』（段注：『此善言謂善爲言辭者。』）義略合。按敦煌寫本中『舀』、『臽』二旁多淆，參底卷前文校記〔六二八〕，因『謟』形與底卷平聲豪韻『吐蒿反』小韻表示『疑』義的『謟』字重形，茲爲校改作正字『諂』。

〔二九四〕釋義《王一》、《王二》同，《廣韻》作『酒食送人』，於義爲長。

〔二九五〕『聞』字《王二》、《廣韻》皆作『門』，《玉篇·耳部》『聕』字注文同，底卷蓋承前『耳』字而增『耳』旁，茲據校改。

〔二九六〕『竝』字《王二》、《廣韻》作『珏』形，合於《説文》，底卷俗省（蓋以『亠』形爲『工』之代字符），茲爲校改。

〔二九七〕『𨋢』字《王二》作『𨊻』，《廣韻》作『報』，按其右旁蓋皆當作『𠬝』（見《説文·尸部》）形，底卷蓋俗寫訛變，茲爲校改。

〔二九八〕『憚』字形義不一，《箋五》（伯三六九三）、《王二》、《廣韻》皆作『燀』，與《説文》合，底卷形訛，茲據校改。

〔二九九〕『麺』字字書未見所載，檢《箋五》（伯三六九三）、《王二》皆作『麵』形，《玉篇·食部》同，《廣韻》作『麵』之異體『麪』字，底卷形訛，茲據校改。

〔三〇〇〕『擇』字《廣韻》同，按《説文·手部》有『𢶍，拔取也，南楚語』，或作『攓』，『擇』蓋其俗寫之變，《箋五》（伯三六九三）『搴』字注文作『取。《説文》作此𢶍，二同。又作攓，同』，可參。

〔三〇一〕『鑳』字《箋五》（伯三六九三）、《王二》同，《廣韻》、《集韻》作『𡾊』，檢底卷上聲産韻『嵼』字注文作『蹇嵼』，疑此聯綿詞上字在當時尚未定形，僅借一記音字以爲符號而已，其後類化而從山旁。又按《廣韻》、《集韻》以『鑳』字爲『鍵』字異體，龍宇純《校箋》以爲此從『金』旁是『涉下文「鍵」字而誤』，蓋是，《箋五》（伯三六九三）又將注文下字類化作『鏟』，蓋又誤上加誤矣，茲據校改。

〔三〇二〕『鑰』字《箋五》（伯三六九三）、《王二》、《廣韻》皆作『籥』，按《説文·竹部》『籥，書僮竹笘也』，然文獻『籥』多通『鑰』，如《小爾雅·廣服》云『鍵謂之籥』。

〔二三〇三〕『綬』字《箋五》(伯三六九三)、《王二》、《廣韻》皆作『緩』，合於《説文》，底卷形訛，兹據校改。

〔二三〇四〕『瓛』字《廣韻》作『瓛』，《説文·玉部》『瓛，桓圭，公所執』，《篇海類編·珍寶類·玉部》『瓛，器也；一曰玉甗』，『瓛』字當爲『瓛』的後起字。

〔二三〇五〕『汅』字《箋五》字頭作『沔』形，注文云『俗作汅』。

〔二三〇六〕『竈』字爲『黽』之俗寫，因其手寫體有多種變異，參《敦煌俗字研究》下編黽部『黽』字條考釋，故底卷從『黽』之俗寫偏旁的字皆徑録作『黽』形，以免繁瑣。

〔二三〇七〕『悥』字《箋五》(伯三六九三)、《王二》、《廣韻》皆作『急』，『急』字俗寫或作『悥』形，『悥』字當爲『悥』之俗訛，底卷入聲廿六緝韻『悥』字條下收此或體。

〔二三〇八〕『雋』字《箋五》(伯三六九三)作『雋』，《廣韻》作『雋』，合於《説文》，『雋』、『雋』二形皆爲『雋』之俗字。

〔二三〇九〕『需』字《箋五》(伯三六九三)、《王二》、《廣韻》皆作『耎』，合於《説文》，『需』當爲其俗字。《説文·人部》『偄』字段注：『自唐初耎已譌需。』又注文『名』字《箋五》(伯三六九三)同，《王二》、《廣韻》皆作『耳』，合於《説文》，疑底卷『名』乃承前條又義之『名』字而訛，姑據校改。

〔二三一〇〕『似』字《箋五》(伯三六九三)、《王二》、《廣韻》皆作『次』，合於《説文》，疑底卷形訛。

〔二三一一〕『作踳』底卷作『踳作』，其『作』字右上角有乙正符號『√』。

〔二三一二〕『腜』字爲『腜』之諱改字，又『腜』字《箋五》(伯三六九三)作『腓』，合於《説文》，《王二》、《廣韻》作『腨』，玄應《音義》卷一〇『兩蹲』注：『江南言腓腸，中國言腨腸，或言脚腨。』底卷『腜』蓋『腨』字之訛，兹姑據校改。

〔二三一三〕『壁』字《王二》同，《箋五》(伯三六九三)、《廣韻》作『璧』，合於形聲字構形理據，且與《説文·玉部》『瑑，圭璧上起兆瑑也』義合，底卷形訛，兹據校改。

〔二三一四〕『莊』字中部底卷有些漫壞，兹據《箋五》(伯三六九三)、《王二》及《廣韻》録定。

〔二二五〕『兑』字《箋五》（伯三六九三）、《王二》、《廣韻》皆作『兔』，按『兔』字俗寫或作『兑』形，參《敦煌俗字研究》下編儿部『兔』字條考釋，因與去聲泰韻表示喜悦義的『兑』字重形，兹爲校補正體。

〔二二六〕『免』爲『兔』字俗寫，《箋五》（伯三六九三）、《王二》、《廣韻》皆作『兔』形，底卷後從『兔』旁者亦多作『免』形，今皆徑改録作正體『兔』形，不再一一出校。

〔二二七〕『府』字《箋五》（伯三六九三）、《王二》、《廣韻》皆作『俯』，是，底卷誤脱『亻』旁，兹據校改。

〔二二八〕『冠』字中部底卷有一條縱向漫壞，然可辨爲『冠』字俗寫『冠』之變形，王國維、《姜韻》皆分録作『王冠』二字，非是，《補正》則合録作『冠』字，是而不確。

〔二二九〕『鮏』字《王二》、《廣韻》皆作『鉎』形，《箋五》（伯三六九三）作『鉎』，從《廣韻》本小韻所收『蚩，伸行』（《説文·虫部》作『蚩』形）看來，其形與『蚩』之俗字同（參《敦煌俗字研究》下編虫部『蚩』字條），抄手回改遂致訛變，《廣雅·釋詁二》所收亦作『鉎』形，底卷左旁作『魚』乃『金』旁之形訛，兹據校改。

〔二三〇〕本小韻底卷實收字數爲四，蓋因《切韻》原本收三字，而此增字加訓本有所增加而未能計入所致，兹爲校改。

〔二三一〕『於』字《箋五》（伯三六九三）、《王一》、《廣韻》皆作『於』形，合於《説文》，底卷形訛，兹據校改。

〔二三二〕『藏』字《箋五》（伯三六九三）、《王二》、《廣韻》皆作『蕆』，與釋義合，底卷形訛，兹據校改。又『去』、『弆』古今字。

〔二三三〕『振』字注文《廣韻》作『搌搚』，又底卷本大韻前『搚』字注文作『搚搌』，則本處之『擔』字當爲『搚』字之形訛，兹據校改。

〔二三四〕『魺』字《箋五》（伯三六九三）同，《王二》、《廣韻》皆作『魱』，從形聲字構形理據上看，似以從『丂』聲爲長，姑兩存以俟考。又殘字存上部『⺈』形部分，兹據《箋五》（伯三六九三）、《王二》、《廣韻》校補作『名』字。

〔二二五〕『慠』字《箋五》（伯三六九三）、《王二》、《廣韻》作『幓』形，《玉篇·巾部》同，與釋義相合，寫本『忄』、『巾』二旁多淆混不分。

〔二二六〕『鐃』字《箋五》（伯三六九三）、《王一》、《王二》同，《廣韻》作『鐃』，合於《説文》，《箋五》（伯三六九三）於注文中亦別揭『《説文》鐃』，底卷蓋俗省。又注文『交』字《箋五》（伯三六九三）、《王一》、《廣韻》皆作『文』字，合於《説文》，底卷形訛，兹據校改。

〔二二七〕注文『垂』《箋五》（伯三六九三）、《王一》同，《廣韻》作『垂心』，後者與《玉篇·心部》『忕，憂也』通，亦合於形聲字的構字理據，於義爲長。

〔二二八〕『乚』字前有一字頭『乚』形，後用筆圈塗以示删除。

〔二二九〕注文『窈窕』底卷作『窕窈』，『窈』右上角有乙正符號『√』。又『窈窕』《箋五》（伯三六九三）、《王一》、《廣韻》皆作『窈窱』，本大韻後烏皎反小韻之『窈』字釋文作『窈窱；又窈窕，美皃』，則表示『深遠皃』的聯綿詞用字當作『窈窱』，雖作爲記音詞的聯綿詞用字的選擇并不影響其表義，然於字書中則多有其約定俗成的選擇，且釋義中聯綿詞用字頭字形亦合於韻書通例，兹據校改。

〔二三〇〕殘字底卷存右上角部分，檢《箋五》（伯三六九三）、《王一》、《王二》『窅』字注文皆作『深目』，兹據校補作『深』字。又『皃』字亦據諸本校改作『目』字，底卷形訛，《廣韻》作『深目皃』，《説文·目部》作『深目也』，則『皃』字當出後增，故不爲據。

〔二三一〕注文『而』、『勁』之間《箋五》（伯三六九三）、《王一》、《廣韻》皆有『不』字，底卷誤脱，兹據擬補一個脱字符；又『駣』字當據諸本校改作『䮹』，底卷蓋承前條之『馬』旁而致形訛，『䮹』字又爲『駣』字俗訛，參後文校記〔二三三〕。

〔二三二〕『嫐』字《箋五》（伯三六九三）、《王一》、《王二》、《廣韻》皆作『嬲』，《集韻》『嬲』字下云或省作『嫐』字。

〔二三三〕『駣』字《箋五》（伯三六九三）、《王一》、《廣韻》作『䮹』，周祖謨《廣韻校勘記》云：『駣，段氏改作駣，與

《集韻》合。案《淮南子》有此字，《齊俗》篇云：「譬若舟車楯肆。」」又檢此影泥族同源聯綿詞有『葝茉，艸長皃』，當與『勘肆』用字的類化有關，可資一旁證，然底卷之訛，蓋自《切韻》原本已然，可以俗寫視之，茲據校改『騄』字作『跡』。又『勢』字諸本皆作『勘』形，與底卷本大韻前之『勘』字條合，底卷俗訛，茲據校改。釋文《箋五》（伯三六九三）略同，蓋用注文與被注字連讀成訓例，《王一》、《廣韻》皆作『勘跡』。

〔一三四〕注文『芘』字《箋五》（伯三六九三）、《王二》、《廣韻》皆作『茈』，合於《説文·艸部》『芍』字條注文，底卷形訛，茲據校改。又《廣韻》以『葯』爲『芍』字異體。

〔一三五〕注文『反又』二字底卷作『又反』，茲據文例乙正；『子己反』反語下字『己』爲上聲止韻字，不可切此篠韻字，檢《王一》、《王二》、《廣韻》作『了』，底卷『己』字當爲『了』字形訛，茲據校改。釋義蓋用注文與被注字連讀成訓例，故於注文末又爲『隘』字注音。

〔一三六〕『兆』字及從『兆』旁字底卷多作『㐱』形，爲便於排印，他處『㐱』字及從『㐱』旁字皆徑改作通用字形『兆』，不再一一出校説明。

〔一三七〕『夭』字及從『夭』旁字底卷皆作『犮』形，今除此字頭外，皆改作正字『夭』形，以免繁瑣。

〔一三八〕『䟴』字《箋五》（伯三六九六A）、《王一》、《王二》、《廣韻》皆作『麵』形，從『麥』與釋義『糗』合，底卷形訛，茲據校改。又其或體『麮』字諸本皆作『麨』形，底卷亦形訛，並據校改。

〔一三九〕本小韻反語上字底卷脱，可據《王一》、《王二》、《廣韻》補作『敷』字，茲爲擬補一個脱字符。

〔一四〇〕『犥』字《箋五》（伯三六九三）同，《王二》、《廣韻》皆作『犥』形，合於形聲字構字理據，底卷俗省，茲據校改。

〔一四一〕『顛』字字書未見所載，《箋五》（伯三六九三）、《王一》、《廣韻》皆作『顠』形，底卷蓋承前『醥』字而致形訛，茲據校改。

〔一四二〕『皫』字《箋五》（伯三六九三）、《王二》、《廣韻》皆作『皫』形，合於形聲字構字理據，底卷俗訛，茲據校改。

〔二三四三〕『杪』字注文《箋五》(伯三六九三)、《王一》、《王二》皆作『木末』，《廣韻》作『梢也；木末也』，與《說文·木部》『杪，木標末也』義合，底卷『不名』當爲『木末』之形訛，茲並據校改。

〔二三四四〕『蔍』爲『蕉』字俗訛，參《敦煌俗字研究》下編艸部『蕉』字條考釋。《箋五》(伯三六九三)、《王一》、《廣韻》皆作『蕉』形。注文或體《王一》、《王二》、《廣韻》皆作『蕉』形，《集韻》『蕉』字下云：『或作蕉、苞。』

〔二三四五〕注文『皖』字《說文·臼部》『舀』字下作『皖』，寫本『穴』字或作『宂』形，參《敦煌俗字研究》下編宀部『穴』字條考釋，底卷作俗字。

〔二三四六〕字頭『勦』字底卷本作『勦』，與下條字頭同形(底卷書從『力』)，蓋即蒙後之『勦』字而訛)，抄手發現其誤，又於本條注文之末空白處補注一『勦』字，并加一細綫引至誤書的字頭『勦』以示改正，《王一》、《廣韻》正作『勦』，故據改；《箋五》(伯三六九三)、《王二》作『勦』，承誤；《廣韻》以『勦』爲『剿』字或體，《說文·刀部》：『剿，絕也。』

〔二三四七〕『在』字《王一》、《王二》、《廣韻》皆作『巨』字，按『在』隸從紐，『巨』隸群紐，聲旁『喬』亦隸群紐，底卷形訛，茲據校改。

〔二三四八〕『繑』字《王一》、《王二》、《廣韻》皆作『繚』形，合於《說文》，疑底卷右旁乃承前從『喬』聲字而訛，茲據校改。『或作獠』下底卷有一『反』字，不合文例，乃承前反語衍，茲徑刪之。又『繚』字各本皆無或體，底卷『獠』形當爲『燎』字或體『獠』之俗訛字，《王一》、《王二》以『獠』作『燎』之或體，《廣韻》以之獨立爲一條，按『燎』爲一常見字，底卷當有，且依例不加訓解，疑底卷脱此字頭，而又移小韻標數字於其末，且改作『一』。

〔二三四九〕『黾』旁當爲『黽』旁的俗寫，檢此字頭《箋五》(伯三六九三)、《王一》、《廣韻》皆作『黽』形，合於形聲構字理據，底卷形訛，茲據校改。又釋義《王一》同，《箋五》(伯三六九三)、《廣韻》作『動水聲』，於義爲長。

〔二三五〇〕『奴反』之間底卷脱反語下字，檢《箋五》(伯三六九三)、《王一》、《廣韻》皆作『巧』字，可據補，茲爲擬補一個脱字符。

〔一三五一〕『夘』字字頭與古體同形，張涌泉云『後者疑有誤』，從《字鑑》『隸作卯，……俗作夘』看來，底卷之古體當作『卯』，參《敦煌俗字研究》下編卩部『卯』字條考釋，茲從校改。

〔一三五二〕小韻標數字『一』底卷脱，茲爲擬補一個脱字符。

〔一三五三〕注文用注文與被注字連讀成訓例，《箋五》（伯三六九三）、《王一》、《廣韻》皆作『鎬京』。

〔一三五四〕『前』字下《箋五》（伯三六九三）、《王一》、《王二》、《廣韻》皆有一『木』字，《説文·木部》『橑，椽也』，亦具指一種木材，疑底卷脱『木』字。

〔一三五五〕『地』字《箋五》（伯三六九三）、《王一》、《王二》、《廣韻》皆作『他』，底卷形訛，茲據校改。

〔一三五六〕『作』字前依文例當有『或』、『俗』、『古』等標識性文字，檢《箋五》（伯三六九三）、《王一》、《王二》『道』字皆未收異體，唯《廣韻》收二古文，其一與底卷略同，疑底卷脱『古』字，姑爲擬補一個脱字符。

〔一三五七〕注文底卷用注文與被注字連讀成訓例。

〔一三五八〕『膉』即『腦』之俗字，參《敦煌俗字研究》下編月部『腦』字條考釋，又『[illegible]』字王國維、《姜韻》、《敦煌俗字研究》下編皆録作『⿰亻囟』或『⿰亻囟』形，似不確，茲不從之，姑録作『⿰亻囟』形。

〔一三五九〕『⿰忄⿱巛山』字即『惱』之俗字，參《敦煌俗字研究》下編心部『惱』字條考釋，是底卷注文之『古作』當作『惱』形，茲爲校改。

〔一三六〇〕注文《王一》、《王二》、《廣韻》皆作『牝馬』，底卷『化』字當爲『牝』字形訛，茲據校改。又疑底卷注文脱『馬』字。

〔一三六一〕『藻』字底卷初作『藻』形，後又對『品』形部分加以塗改，并在注文末處重録以示正，茲據録正。

〔一三六二〕『鱳』字《箋五》（伯三六九三）、《王一》、《廣韻》皆從『魚』旁，底卷形訛，茲據校改。

〔一三六三〕『夜干』又作『射干』，爲一種鳶尾科植物，有藥用价值。

〔二三六四〕『鳵』字《王一》、《王二》同，《龍龕·鳥部》以『鴇』爲『鳵』之俗字，《廣韻》作『鴇』形。

〔二三六五〕『羽皷吹飾』不辭，『羽』字下《王一》、《王二》、《廣韻》皆有『葆』字，底卷脱録，兹據擬補一個脱字符。

〔二三六六〕『内』字《箋五》（伯三六九三）、《王一》、《王二》、《廣韻》皆作『肉』，底卷形訛，兹據校改。

〔二三六七〕大韻標數字殘字底卷存右部殘畫，兹從前後標數字之例校補作『卅』字。

〔二三六八〕『笴』訓『筮』義未聞，檢《箋五》（伯三六九三）、《王一》本小韻皆未收此字，《廣韻》收之，然訓作『箭莖也』，又慧琳《音義》卷九一『爲笴』注引《韻詮》：『笴，箳笴也。』『箳』爲『莖』字的類化俗字，底卷『筮』字當即『箳』字形訛，兹據校改。

〔二三六九〕字頭殘字底卷存下部少許筆畫，兹據《箋五》（伯三六九三）、《王一》、《廣韻》校補作『⿰糸朵』字（『朵』旁諸本多作『朶』形，此參底卷前後從『朵』旁字形録定）。注文殘字存左側部分筆畫，亦據諸本校補作『垂』字。又底卷『▨（垂）』字下有一『髮』字，諸本皆無，疑爲蒙後『小兒前髮』衍，兹徑删除。

〔二三七〇〕『前』字《箋五》（伯三六九三）、《王二》同，《王一》作『剪』、《廣韻》作『翦』，按『前』爲『剪』之古本字，翦用作此義爲借用字。

〔二三七一〕『揺』即『搖』之俗寫，《廣韻》釋義字正作『搖』形。

〔二三七二〕『鞖』字《王一》、《王二》同，《廣韻》作『鞣』形，《集韻》略同，按《玉篇·革部》：『鞖，履跟緣也。鞣，同鞖。』

〔二三七三〕注文大抵出於《説文·虫部》『蠣』（『蜾』之正字）字注：『蠣臝，蒲盧，細要土蠭也，天地之性，細要純雄無子，《詩》曰：「螟蠕有子，蠣臝負之。」』注文『虫也』後的『蜾臝』二字底卷誤倒，兹據乙正；又『蒲盧蒲盧』底卷本衹作『蒲盧』二字，但『蒲』下『盧』下各有一代字符，因據以回改作『蒲盧蒲盧』；『細』下當補一『要（腰）』字；『性』字前的『反』當移至『盧過』之後，此乃抄手竄亂所致。

〔二三七四〕『禍』字《箋五》（伯三六九三）、《王一》、《王二》、《廣韻》皆作『禍』，又《廣韻》以『禍』字爲『禍』之異體字，按『禍』乃『禍』字俗寫之變形。

〔一三七五〕本小韻本當收三字，因誤糅『棵』、『夥』爲一而致有脱抄文字，後又補『棵』字條於本大韻末，又參下條校記。

〔一三七六〕注文底卷作『楚祐果反夕』，檢《王一》作『楚云多』，《王二》作『楚人云多』，《廣韻》作『楚人云多也』；又《王一》、《王二》於『夥』字條下皆接『顆，枯果反。小頭。二』一條文字，底卷『夥』條下脱録『顆』字條，而後補抄於本大韻末尾處，疑底卷注文正杂糅『夥』、『顆』注文而誤，其『祐』字正『枯』字之誤，而『夕』又爲『多』字之誤也，茲姑據删校，并爲擬補二個脱字符。

〔一三七七〕『枻』字《箋五》（伯三六九三）同，《王一》、《王二》、《廣韻》、《集韻》皆作『柁』，合於形聲構字理據，《廣韻·祭韻》餘制切小韻下收有『枻』字，釋作『檝枻』，疑底卷『枻』爲『柁』字形訛。

〔一三七八〕殘字前者底卷存右上角筆畫，後者存下部筆畫，茲據《箋五》（伯三六九三）、《王二》、《廣韻》校補作『下坂』（『阪』或作『坂』，此參底卷書例定作『坂』）二字。

〔一三七九〕注文底卷作『大笑。可作或問。呼可歌反』，其中『或』字右側有一乙正符號『√』，較諸《王一》、《王二》、《廣韻》，前一『可』及『歌』二字皆爲衍文；或體『問』作『呵』，與釋義合，底卷下文馬韻許下反小韻亦作『呵，大笑』，茲並據删改。又其反語下字諸本皆作『我』，與『可』同韻，或『可歌』二字即『我』字之訛析，姑誌疑俟考。

〔一三八〇〕『姽』字《王一》、《王二》作『妮』，《廣韻》作『妮』，『妮』、『妮』皆爲《説文》小篆的不同隸定之形，『姽』字《説文》訓作『閑體，行姽姽也』，底卷俗訛，茲據校改作『妮』字。又『与』字諸本皆作『烏』，底卷形訛，亦據校改。本條下疑脱『妮，婐妮。奴果反。一』一條，參下校記〔一三八三〕。

〔一三八一〕『閜』字《王一》、《王二》同，《箋五》（伯三六九三）作『閜』，《廣韻》、《集韻》作『閜』，合於《説文》，則聲旁之異取者，皆俗字也。

〔二三八二〕『檂』字《王一》、《王二》、《廣韻》皆作『檴』形，底卷形訛，兹據校改。

〔二三八三〕『婑』爲『婐』字俗訛，詳參前文校記〔二三八〇〕，兹據校改。又《王一》、《王二》、《廣韻》、《集韻》皆兼收『五果』、『奴果』二反語，《箋五》（伯三六九三）收有『奴果反』，而在『五果反』處有殘泐，然據空間推擬，似亦當有之，疑底卷前『烏果反』小韻下脱『奴果反』小韻一條文字。

〔二三八四〕殘字底卷存下部筆畫，兹依文例及《王一》、《王二》校補作『反』字。

〔二三八五〕『壄』字《廣韻》、《集韻》同，《説文·里部》『野』字下作『壄』，從『予』聲，底卷俗作。

〔二三八六〕『疋』字《王一》、《王二》、《廣韻》皆作『疋』形，合於《説文》，底卷俗寫，而與『匹』字俗寫重形，兹爲校補正字。

〔二三八七〕『賈』字上端略有殘泐，兹據《王一》、《王二》、《廣韻》録定。又釋義諸本皆作『人姓』，《廣韻》且有詳解，《廣韻·姥韻》『公户切』小韻收有『賈，商賈』條，底卷姥韻『姑户反』小韻作『賈，賣』，疑此處訓『商』不確，然《箋五》（伯三六九三）該條引《説文》，而《説文》則作『賈市也。从貝，西聲。一曰坐賣售也』，則其爲姓蓋亦因商賈而得，姑誌以俟考。

〔二三八八〕『斘』字《王一》、《王二》、《廣韻》皆作『斚』（即『斝』之俗字）形，按『斗』俗寫或作『廾』、『外』形，參《敦煌俗字研究》下編斗部『斗』字條考釋，底卷『斘』字下部『外』形正『斗』字俗寫之訛變。

〔二三八九〕小韻標數字『一』當據校改後之實收字數作『二』，又參下條校記。

〔二三九〇〕該條底卷置於『且』字條下，其反語無著，檢《王一》、《王二》、《廣韻》皆隸之於前『許下反』小韻，兹據乙正。又缺字底卷殘泐，諸本『閜』字皆訓『大裂』，可據補。

〔二三九一〕『慈』字《王一》、《王二》同，《廣韻》作『兹』，《集韻》則『子野切』與『慈野切』二音兼收，龍宇純《校箋》：『案此下「担」字注云「又才野反」，明此「慈」是「兹」字之誤。《集韻》又別有「姐」、「担」二字音「慈野切」，然本書「慈野反」「姐」、「担」、「飷」三字，而《集韻》無「飷」字，可知其「姐」字即據此誤切所增。』兹從改。

〔三九二〕缺字底卷殘泐，檢《王一》、《廣韻》皆作『冎』，《王二》誤作『咼』形，底卷可據補作『冎』字。又殘字底卷存底部『一』畫，茲據諸本校補作『置』字。

〔三九三〕『若』字《王一》、《王二》同，《廣韻》、《集韻》作『若』，蓋『若』字因訓『乾草』而纍增『艹』旁，敦煌諸本從俗作。

〔三九四〕『搓』字《王一》、《王二》、《廣韻》、《集韻》皆作『槎』，合於《說文》，寫本『扌』、『木』二旁多淆。

〔三九五〕殘字底卷存右下角一『丿』形筆畫，茲據《王一》、《王二》、《廣韻》校補作『哆』字。

〔三九六〕『灝』字《王一》、《王二》、《裴韻》、《廣韻》同，龍宇純《校箋》：『《集韻》字作「瀕」，注云「豆瀋也」。案《說文》「灝，豆汁也。从水，顥聲」，「顥」字讀乎老反，故《說文》灝字音乎老切，《廣韻》「灝」字亦與「顥」字同音，司馬相如《上林賦》「灝溔潢漾」，「灝溔」二字疊韻連語，亦見灝字不讀此韻。灨水之「灨」或省作灝，俗又作「瀕」；「景」字俗書作「景」，与「章」字形亦近，故誤讀「灝」同「灨」耳，《集韻》蓋以「顥」聲之字不讀此韻，遂改「灝」爲「瀕」。』

〔三九七〕『贛』字《廣韻》同，《王一》、《王二》作『灨』，《裴韻》俗寫作『灝』，按《集韻》『灨』字注文云『或作贑、贛』，《說文·貝部》『贛，賜也』，『贛』、『贑』爲同一篆體的不同隸變形體，然不訓水名，雖古籍多通用，然訓水名之本字自應作『灨』，底卷選字不規範。

〔三九八〕殘字底卷存右側筆畫，其中『貝』形及其下的一横可辨，茲據《廣韻》、《集韻》校補作『贖』字，《王一》、《王二》、《裴韻》本小韻皆未收此字。

〔三九九〕字頭『窞』字《王一》、《王二》同，《裴韻》、《廣韻》、《集韻》作『窞』形，合於《說文》，按敦煌寫本中『舀』、『臽』二旁多淆混不分，《龍龕·穴部》『窞窞，二，或作；窞，今，徒感反，坎傍入也，《玉篇》又音坎』，茲據校補正字。注文『人』字《王一》、《王二》、《裴韻》、《廣韻》皆作『入』，與《說文·穴部》『窞』字又義『一曰旁入也』合，底卷形訛，茲據校改。

〔四〇〇〕「髡」字《王一》、《王二》同，《裴韻》作「髡」形，《廣韻》、《集韻》作「髡」，《玉篇・髟部》同，合於文獻用例，按敦煌寫本中「允」旁多作「冗」、「宂」等形，參《敦煌俗字研究》下編冖部「允」字條考釋，茲據校補正字。

〔四〇一〕字頭「萏」字《王一》、《王二》同，《裴韻》、《廣韻》、《集韻》作「萏」形，合於形聲構字理據，按敦煌寫本中「臽」、「臽」二旁多淆混不分，茲據校補正字。又「藺」字亦依《説文》校補正字作「藺」。

〔四〇二〕殘字底卷僅存左下角筆畫，茲據《廣韻》、《集韻》校補作「贉」字，《王一》、《王二》、《裴韻》本小韻未收此字。

〔四〇三〕「掊」字《王一》、《王二》、《裴韻》、《廣韻》、《集韻》皆作「掊」形，合於形聲構字理據，今傳《方言》卷六亦作「掊」形，底卷形訛，茲據校改。又釋義「牛覆」不辭，茲據諸本校改「牛」作「手」字。

〔四〇四〕釋義《王一》、《王二》、《裴韻》作「水大至」，合於《説文》，《廣韻》作「大水至」，疑底卷脱抄「至」字。

〔四〇五〕釋義「衣夫」不辭，《王一》、《王二》、《裴韻》、《廣韻》皆作「衣大」，《潘韻》以爲「夫」字「蓋大之誤」，底卷形訛，茲據校改。

〔四〇六〕「醢」字《王一》、《裴韻》同，《廣韻》作「醢」形，合於《廣雅・釋器》，《集韻》作「醢」形，合於《説文》，是「醢」爲「醢」之俗字，而「醢」又爲「醢」之訛變。

〔四〇七〕「肮」字《王一》、《王二》、《裴韻》同，《廣韻》、《集韻》作「肬」，合於《説文》，按敦煌寫本中「允」旁多作「冗」、「宂」等形，參《敦煌俗字研究》下編冖部「允」字條考釋，茲據校補正字。

〔四〇八〕「瞋」字《王一》、《王二》、《裴韻》、《廣韻》皆作「暗」，底卷敢韻「慘」字下亦訓作「日暗色」，龍宇純《校箋》：「此云『瞋色』蓋云怒色，猶之慘慘一詞，又爲愠怒，又爲暗色耳。又『瞋』與『暗』字形略近，或者『瞋』即『暗』字之誤。」

〔四〇九〕「逯」字《王一》、《王二》、《裴韻》皆作「遠」，《廣韻》作「速」，龍宇純《校箋》：「『遠』与『逯』並『速』字之誤，《詩・遵大路》『不寁故也』，傳：『寁，速也。』《爾雅・釋詁》同。」茲從校改。

〔四一〇〕『傪』字《廣韻》略同，《王一》、《王二》皆從『亻』旁，《集韻》『傪』字注文云『或从彳』，是底卷所作乃爲俗字。又注文『頷』字《王一》、《王二》、《裴韻》、《廣韻》、《集韻》皆作『顉』字，疑底卷形訛（《集韻·感韻》『顉』字下云『或作頷、頜』），然『頷傪』爲聯綿詞，與《廣韻·感韻》『抹』下之『撼抹，摇動也』、『顩』字下的『顉顩，摇頭』以及『轗軻』等皆爲匣心族同源聯綿詞，除底卷外，諸本『顉』字音『五感反』，且釋義多徑作『顉顩』，恐有誤，《集韻》未收此釋義。

〔四一一〕『木爪』《王一》同，不辭，底卷俗寫『瓜』多作『爪』形，茲據《裴韻》、《廣韻》校補正字。

〔四一二〕『嬙』當爲『嬸』的訛變俗字，參《切四》校記〔一〇七〕。

〔四一三〕『莒』爲『萏』字俗寫，參前文校記〔四〇二〕，茲爲校補正字。

〔四一四〕『山交趾』不辭，茲據《切四》、《王二》、《裴韻》及《廣韻》校改『山』字作『出』，形之訛也。

〔四一五〕『始』蓋『婼』的訛俗字，參《切四》校記〔一一五〕。

〔四一六〕『坑』爲『坎』字俗訛，參《切四》校記〔一一七〕，茲據校補正字。又『安』字左下部底卷有些漫壞，茲據《切四》、《王二》、《裴韻》録字，王國維、《姜韻》録作『央』，非是。

〔四一七〕此條《切四》、《王二》、《裴韻》、《廣韻》皆置於『始（婼）』字條前，底卷蓋脱抄後補録於本大韻末。

〔四一八〕『鵖』爲『爲』字俗寫，『爲』與『象』爲同一小篆隸定之或體，參《敦煌俗字研究》下編豕部『象』字條考釋。

〔四一九〕『蓾』字爲『菡』之俗字，參《敦煌俗字研究》下編艸部『菡』字條考釋，《王一》、《廣韻》正作『菡』形。

〔四二〇〕『獎』、『奬』爲同一篆文的不同隸定形體，參《敦煌俗字研究》下編大部『奬』字條考釋。

〔四二一〕『木』字《王一》、《王二》、《裴韻》、《廣韻》皆作『末』，底卷形訛，茲據校改。

〔四二二〕注文《切四》、《王二》、《裴韻》、《廣韻》皆作『膎脼』，疑底卷脱抄一代字符，然『膎』、『脼』二字《説文·肉部》皆收，可單用。

〔四二三〕反語上字《王二》、《裴韻》皆作『測』，《廣韻》作『初』，按『測』、『初』同紐，底卷誤脱『氵』旁，葉鍵得《十韻彙編研究・切三校勘記》云：『此本「則」蓋「測」字之誤。』玆從校改。

〔四二四〕『八』字《切四》、《王二》、《裴韻》皆作代字符形，《廣韻》徑作本字『鳰』，底卷當爲代字符形訛，玆據校改并還原作本字。

〔四二五〕『悅』字字書未見所載，《切四》、《王二》、《裴韻》、《廣韻》皆作『悅』，底卷俗訛，玆據校改。

〔四二六〕注文《切四》、《王二》、《廣韻》皆作『鶖鳥毛』，《裴韻》作『鳥毛』，《集韻》作『鶖羽。或从鳥』，《玉篇・毛部》『氅』字下作『鶖毛』，底卷脱『毛』字，玆據擬補一個脱字符。

〔四二七〕『蠻』字左側及下部底卷略有殘泐，玆據《切四》、《王二》、《裴韻》、《廣韻》録定。又底卷『虫』字上似有二小斷點，然據行款則非是代字符，王國維僅録作『虫』字，《姜韻》録作代字符，考諸本注文『虫』字上皆無代字符或『蠻』字，底卷蓋初誤抄而隨即連寫『虫』字，姑不具録作代字符。

〔四二八〕『釀』字《王二》同，《廣韻》作『釀』，合於《説文》，底卷爲其易位俗字。

〔四二九〕『惕』字《王二》、《裴韻》、《廣韻》作『像』，底卷右旁當爲『象』字常見隸定形體之一『為』形的俗訛，玆據校補正體。

〔四三〇〕『暘』字注文《裴韻》作『舂米精』，《王二》作『大舂』（『大』字衍），《廣韻》作『舂也；持米精也』，《集韻》亦作『舂也』，此訓又見《廣雅・釋詁四》，按周祖謨《廣韻校勘記》云：『《切三》（長龍按：即本底卷《箋二》）作「治」，是也。「持」蓋唐人韻書避高宗諱改，《廣韻》因襲未正。』然則治米用舂，與治水精用磨異功，底卷『水』字當爲『米』字形訛，玆據校改。

〔四三一〕反語上字《王二》、《裴韻》作『博』（《裴韻》俗寫作『愽』），《廣韻》作『北』，『博』、『北』同隸幫紐，葉鍵得《十韻彙編研究・切三校勘記》云：『案「薄」字並母，疑是「博」字之誤。』可參。

〔四三二〕『曩』字中間部分底卷漫壞，玆據《王二》、《裴韻》、《廣韻》録定。

〔四三三〕『沇』字爲『沉』字的俗寫，參《敦煌俗字研究》下編几部『亢』字條考釋，『沇』字的右旁正爲『亢』字俗寫

『旡』、『旡』之訛變。

〔四三四〕又音反語與小韻反語同，蓋承小韻反語而訛，檢《王二》、《廣韻》作『他浪反/切』，《裴韻》作『丁朗反』，《集韻》二切兼收，兹姑據《王二》、《廣韻》校改『朗』作『浪』字。

〔四三五〕『木器』《王二》、《裴韻》作『竹器』，《廣韻》作『《説文》曰「大竹筩也」』，底卷作『木器』，或引申之義也。

〔四三六〕『金白舍』不辭，《廣韻》作『金帛舍』，《裴韻》作『無帛舍』，『無』字當爲『金』字形訛，底卷『白』字乃『帛』字訛省，兹據校改。

〔四三七〕『卉』《裴韻》作『𦱺』形，《王二》、《廣韻》皆未載或體，然《廣韻》別收『𦱺』字，引《説文》訓『衆艸也』，底卷『卉』字當即『𦱺』之俗變。

〔四三八〕注文《王二》、《裴韻》作『無一目』，《廣韻》作『無一睛』，《集韻》、《玉篇·目部》『瞴』字下作『無一目曰瞴』，疑底卷本亦作『一』，或以爲代字符而回改作本字，遂與諸本異趣，兹據校改作『一』字。又底卷注文『瞴』字王國維、《姜韻》皆録作『睹』，非是。

〔四三九〕『䤆』字《王二》、《裴韻》同，《廣韻》作『醠』形，合於《説文》，《集韻》『醠』字注文云『或作䤆，通作盎』。

〔四四〇〕『幌』、『帷』之『巾』旁底卷皆作似『忄』形，按底卷俗寫『巾』旁多作『忄』形，兹據《王二》、《裴韻》及《廣韻》録定。

〔四四一〕『狀』字《王二》、《裴韻》、《廣韻》、《集韻》皆作『牀』，《玉篇·木部》同，底卷形訛，兹據校改。

〔四四二〕注文『䣶』字底卷作代字符形，《裴韻》、《廣韻》、《集韻》無之，底卷誤增，當删。

〔四四三〕字頭『奘』字《王二》、《廣韻》、《集韻》皆作『奘』，合於《説文》，《裴韻》誤作『奘』形，底卷蓋俗作。注文『爲大』二字應互乙。《方言》卷一：『奘，大也，秦晉之間凡人之大謂之奘。』可證。

〔四四四〕『枯梗』《箋五》（伯三六九三）、《王二》、《廣韻》皆作『桔梗』，《説文·木部》『桔』字注文亦作『桔梗，藥名』，底卷形訛，兹據校改。

〔一四四五〕『擏』字《王二》、《廣韻》未收，然《廣韻》收有『檠，所以正弓，出《周禮》，亦作檠』條，按敦煌寫本中『扌』、『木』二旁多混用不分，疑底卷之『擏』字爲『檠』字俗寫。注文『抗』當爲『抌』或『抗』之俗字，若爲『抗』字則與『擎』字義近，『擏』爲『擎』之易位俗字，然諸本『擎』字皆在平聲庚韻，《廣韻·庚韻》『擎，舉也。亦書作擏』；『抌』字《説文·手部》訓作『深擊也……言不正曰抌』，則似又與『所以正弓』有關，姑存疑俟考。

〔一四四六〕『血』字《箋五》（伯三六九三）、《王二》、《廣韻》、《集韻》皆作『皿』，底卷形訛，茲據校改。

〔一四四七〕本小韻實收字數爲『二』，《王二》同，《廣韻》雖爲三字，然『荇』、『莕』爲異體字，實亦收二字，小韻標數字『三』爲『二』字形訛，茲據校改。

〔一四四八〕『瑳』字《箋五》（伯三六九三）、《王二》、《廣韻》皆作『璞』，《集韻》引《説文》『磺』字注云『銅鐵璞石也』，底卷形訛，茲據校改。

〔一四四九〕『稻未春』不辭，《王二》、《集韻》作『稻未舂』，是，底卷形訛，茲據校改。

〔一四五〇〕『鼃』字爲『黽』之俗寫，因其手寫體有多種變異，參《敦煌俗字研究》下編黽部『黽』字條考釋，故底卷從『黽』之俗寫偏旁的字皆徑録作『黽』形，以免繁瑣。注文『哇』字《箋五》（伯三六九三）、《王二》、《廣韻》皆作『蛙』字，底卷形訛，茲據校改。

〔一四五一〕『㚔』爲篆字隸定形體，今通用之『幸』字乃其俗變，《王二》、《廣韻》俱作『幸』形。

〔一四五二〕『䀡』字《廣韻》、《集韻》作『眳』，《廣雅·釋言》『眳睛，謓也』，《玉篇·目部》『眳，眳睛，不悦皃』，《集韻·静韻》『睁』字下云『或从青』，《王二》『眳』字誤作『略』形，底卷亦形訛，茲據校改。

〔一四五三〕釋義《王二》、《廣韻》皆作『清飾』，合於《説文》，疑底卷『飾』字前脱『清』字。

〔一四五四〕『新加三』三字置此不通，疑底卷當在『彭』字注文末，而抄者脱後補抄於此，當爲乙正。

〔一四五五〕注文《王二》同，《廣韻》作『梬棗，似柿而小』，《説文·木部》『梬，棗也，似柿』，疑底卷『棗』前『梬』字衍。

〔四五六〕小韻標數字底卷脱，當據實收字數補作『四』字，《箋五》（伯三六九三）作『三加一』，總數與此合，兹爲擬補一個脱字符。

〔四五七〕『一』字底卷抄在雙行注文文字的右行末『郢』字下，當爲雙行抄字的計算失誤，造成左行太長，故移抄於此以求整齊，兹爲移正。

〔四五八〕注文前一『郱』字爲代字符，後一『郱』字《廣韻》作『邢』，是，《集韻》作『陘』，云『郱陘，趙魏地山險名』，《説文·邑部》『郱，鄭地郱亭』，段注：『云鄭地恐誤……疑即二《志》常山郡之井陘縣，趙地也。郱、井蓋古今字。』按『陘』、『邢』音同，《王二》脱『邢』字，《箋五》（伯三六九三）誤作『郅』字，底卷亦形訛，兹據校改作『邢』字。

〔四五九〕殘字底卷存部分筆畫，王國維、《姜韻》皆據《廣韻》録作『姓』字，《王二》作『性』字，兹姑從二賢校補作『姓』字。又按文例，『姓』字下當有『二』字，疑此脱抄。

〔四六〇〕注文『火』字前底卷有一『頴』字，《王二》及《説文》並無，蓋因字頭初書有誤，後有塗改，爲免誤識，故於注文首處重書其字，又參後文校記〔四六三〕，故此不具録其字。

〔四六一〕前一殘字存兩側筆畫，不能辨識，王國維、《姜韻》皆未録，疑爲『大』或『甚』字；後一殘字存左側『酉』旁和右部上端殘畫，兹據《王一》、《王二》、《集韻》校補作『醉』字。

〔四六二〕『溟』字《箋五》（伯三六九三）、《王二》、《廣韻》、《集韻》皆作『瀴』，《廣韻》於『瀴』下收其或體作『溟』，底卷本大韻後『滓』字條注文亦作『瀴滓』。

〔四六三〕注文『町』字底卷重出，蓋字頭初誤書作『取』，後在字頭原字『又』上書一『丁』字，爲免被誤會是删除文字，遂於釋文中接書一『町』字，兹據録正。

〔四六四〕『徒』字右下角底卷漫漶，兹據《箋五》（伯三六九三）、《王二》、《廣韻》録定。

〔四六五〕本小韻實收字數爲五個，兹據校改小韻標數字『四』作『五』，《箋五》（伯三六九三）作『四加一』，底卷蓋有抄校者所增字而標數字却因《切韻》原本而未作改訂。

〔四六六〕『坪』字不當有『他鼎反』音，檢《箋五》（伯三六九三）、《王二》、《廣韻》皆作『圢』字，底卷蓋蒙注文而訛書右旁『丁』作『平』形，茲據校改。

〔四六七〕『挾』字《箋五》（伯三六九三）、《王二》皆作『狹』，合於《説文》，底卷形訛，茲據校改。

〔四六八〕『蚌』字《王二》、《廣韻》、《集韻》皆作『洴』形，又後二書『洴』字注文亦作『洴澼』，底卷形訛，茲據校改。又『水』字下部底卷有漫壞，亦據諸本録定。

〔四六九〕殘字底卷漫漶，僅可辨殘畫，茲據《箋五》（伯三六九三）、《王一》、《王二》、《廣韻》校補作『迩』字。又反語依文例底卷脱『反』字，茲爲擬補一個脱字符。

〔四七〇〕『瀴涬』本大韻前『溟』字條下作『溟涬』，『溟』爲『瀴』之俗字。

〔四七一〕『力』字《王一》、《王二》、《廣韻》皆作『刀』字，合於《説文》，底卷形訛，茲據校改。

〔四七二〕『褮』字左下角底卷漫壞，茲據《王一》、《王二》、《廣韻》録定。殘字第一字存右側似『衣』字右側部分，第二字存右側似『一』『丨』形，第三字存下部『木』旁，前二殘字下至『草』字間底卷殘泐約兩個大字的空間，檢『褮』字注文，《箋五》（伯三六九三）殘存『口迥反。三』四字，《王二》作『口迥反。衣。亦作絅。又布名。三』，茲據校補前二殘字分别作『衣』、『口』二字；又二書第二字皆爲『檾』字，其中《箋五》（伯三六九三）注文作『草名，枲屬』，與底卷全合，茲據校補第三殘字作『枲』，并爲所殘空間擬補四個缺字符。

〔四七三〕『性』字《箋五》（伯三六九三）、《王二》、《廣韻》皆作『烓』形，形義相契，底卷形訛，茲據校改。

〔四七四〕『晩』字今傳本《楚辭・遠遊》作『脕』形，是，寫本『目』、『月』二旁多淆混不分，茲據校改。

〔四七五〕『⿱竹冄』爲『篝』字俗寫，其下部『冄』形正『冓』字諱改之俗字『冉』的俗寫，《廣韻》作『篝』，《王二》作俗字『篝』形。又『⿱竹冄字』下依文例當脱一反語上下字，茲爲擬補二個脱字符，《王二》、《廣韻》皆未爲『篝』字注音，底卷『篝』字在平聲侯韻古侯反小韻。

〔四七六〕殘字前者存右側部分，後者僅存右上部點劃，茲據《箋五》（伯三六九三）、《王一》、《廣韻》校補作『迴』、『反』二字。

〔四七七〕小韻標數字底卷殘泐，其下至下一大韻首字注文『云』字間底卷殘泐，其空間除去下一大韻的代表字及其標序字外，遵底卷抄文行款，似當可容一個半大字，檢《箋五》（伯三六九三）本小韻收有二字，其另一條是『鮒，白魚』，《王一》亦收此條，爲該小韻的第二條文字，與底卷所殘空間吻合，則小韻標數字當作『二』，茲爲小韻標數字及下一殘泐條擬補四個缺字符。

〔四七八〕本大韻代表字及標序字底卷殘泐，茲依文例及卷首韻目表擬補三個缺字符，又參前條校記。

〔四七九〕『飽』字下部底卷有殘泐，茲據《箋五》（伯三六九三）、《王一》録定。殘字底卷存上部筆畫，亦據二書校補作『言』字。又缺字底卷殘泐，按『茆』字注文前揭二書大抵作『鳧葵，水草，《詩》云「言採其茆」。又莫飽反』（《箋五》『鳧』字訛作『鳥』，《王一》脱『言』字），可據補。

〔四八〇〕缺字底卷殘泐，《箋五》（伯三六九三）『力久反』小韻亦收六字，其最後一字爲『罶，魚梁』，《王一》『茆（茆）』字後亦接『罶』字條，釋義同，可據補。

〔四八一〕缺字底卷殘泐，殘字存下部『一』形筆畫，檢《箋五》（伯三六九三）、《王二》『力久反』小韻下皆接『丑，勅久反』小韻，其中小韻標數字皆作『二』，與底卷殘泐情況吻合，茲據校補殘字作『二』字。

〔四八二〕注文《王二》、《裴韻》同，《廣韻》引《說文》云『小腹痛』（『痛』字今本《說文》作『病』），龍宇純《校箋》謂『「腸」當是「腹」字之誤』，近是。

〔四八三〕缺字底卷殘泐，據空間，約可抄四個左右大字，考『疛』、『玖』之間的内容，《箋五》（伯三六九三）作『〇殠，臭。〇久，舉有反。《說文》作此久。加五。〇九』，《裴韻》作『〇殠，臭。〇久，舉有反。遠。六。〇九，次八』，《王二》作『〇殠，臭殠。〇久，舉有反。淹時。六。〇九，次八』，《廣韻》字序與此同，據底卷常用字多不加訓例，此空間所缺文字當爲『〇殠，臭。〇久，舉有反。五。〇九』，茲爲擬補八個缺字符。

〔一四八四〕『悲』《王二》作『韭』，合於《説文》，《箋五》（伯三六九三）作『韮』形，乃增旁俗字，《裴韻》訛作『菲』形，注文云『按《説文》無草，又作韮』，底卷俗訛，兹據校改。

〔一四八五〕『湫』字注文存字下至殘字『負』字條間底卷殘泐，據空間（不計殘字『負』）約可抄五個半大字，相關内容《箋五》（伯三六九三）作『○湫，洩水瀆。在久反。又子小反。一。○婦，房久反。七。《説文》「服也，從女掃帚執用埽」。○阜，阜蠉』，《王二》作『○湫，在久反。洩水瀆。又子小反。二。○愀，變色。○婦，房久反。屈狄（伏）於夫。十一。○阜，阜螽』，《廣韻》字序與《王二》全同，又《裴韻》『湫』字内容全同，而小韻收字作『一』，據此并參考底卷的殘泐空間，其所殘處的相關内容當爲『○湫，泄水瀆。在久反。又子了反。湫隘。一。○婦，房久反。七。○阜，阜螽』，兹據擬補十二個缺字符。（校之底卷的殘泐空間及『湫』字注文行款，其『在久反。又子了反』之『反又子』三字必有一脱抄或補於行間之字，故爲擬補三個脱字符。）

〔一四八六〕殘字底卷僅存下部少許筆畫，兹參《箋五》（伯三六九三）、《王二》、《裴韻》及《廣韻》校補作『負』字。

〔一四八七〕注文《箋五》（伯三六九三）、《王二》、《廣韻》皆作『蝚蝜』，底卷蓋用注文與被注字連讀成訓例。

〔一四八八〕『缶』當爲『缶』字的俗寫之變，字形又作『壬』、『缶』，其正字作『缶』，參《敦煌俗字研究》下編缶部『缶』字條考釋。

〔一四八九〕『否』字條下底卷殘泐，據空間，約可抄四個大字（不計最後的殘字），相關内容《箋五》（伯三六九三）作『○蹂，踐。人久反。二。○楺，屈木。或作煣（煣）』，《王二》、《廣韻》『方久反』小韻下亦接『人久反』小韻，其首二字内容與《箋五》（伯三六九三）略同，校之底卷所殘空間，約多一個大字，疑底卷未收『揉』字或體，兹據擬補九個缺字符。

〔一四九〇〕殘字底卷存下部筆畫，兹據《箋五》（伯三六九三）、《王一》、《裴韻》、《廣韻》校補作『糗』字。

〔一四九一〕缺字底卷殘泐，考『紨』字注文，《箋五》（伯三六九三）、《王一》、《裴韻》、《廣韻》皆作『竹易根而死』（《廣韻》句末多一『也』字），可據補。

〔四九二〕『紂』字條下底卷殘泐，據空間，約可抄五個大字，相關内容《箋五》（伯三六九三）作『○鮦，鮦陽，縣名，在汝南。又直隴反。○酉，与久反。七加二。古文丣（丣）。○牖』，《王一》、《裴韻》『鮦』字注文及与久反小韻首二字與此同，然校之底卷殘泐空間，其必取的内容中尚多一個大字的位置，疑底卷『鮦』字未收又音，如此，底卷此部分内容當爲『○鮦，鮦陽，縣名，在汝南。○酉，与久反。八。○牖』，又『誘』字上接之字底卷存右下角殘畫，茲據校補作『牖』字，另據擬補十三個缺字符。

〔四九三〕『梄』字《箋五》（伯三六九三）、《裴韻》作『栖』，《王一》、《王二》作『禉』，《廣韻》作『槱』，按《説文·木部》『槱，積火燎之也。……禉，柴祭天神，或从示』，《集韻》以『槱梄禉』並列字頭，是『梄』字當爲『槱』之俗字，『栖』又爲『梄』或『槱』之俗省，『禉』則爲『禉』之繁化俗字，《龍龕·示部》『禉，俗；禉，正』。

〔四九四〕注文當用注文與被注字連讀成訓例，意爲『輕輶』也。

〔四九五〕『滫』字《王一》作『滫』，《裴韻》作『滫』形，《王二》、《廣韻》作『滫』，按『滫』、『滫』爲同一篆文隸定的不同形體，又俗寫『亻』、『彳』二旁或淆，則『滫』爲『滫』之俗變，而底卷之形又『滫』之俗訛也，茲據校補正字。

〔四九六〕『受』字下底卷殘泐，祇存『受』字注文反語之『反』字，『受』、『颵』之間的殘泐空間約可容五個大字，其相關内容《箋五》（伯三六九三）祇殘存『受，植酉反。四。《▨（説）文》作壽（𠬪）』一條，《裴韻》作『○受，植酉反。承也。四。○壽，壽命。○鄯，地名，在蜀。○綬，組綬』，《王二》該小韻所收四字及字序全同，校諸底卷所殘空間，若抄此四個字頭及小韻反語、標數字外，祇能容四個注文小字，而『受』、『壽』、『綬』皆合於常用詞不加訓例，故底卷此處所缺内容當是：『○受，植酉反。四。○壽。○鄯，地名，在蜀。○綬』，茲據擬補十個缺字符。

〔四九七〕缺字底卷殘泐，檢『郈』字注文《王一》、《王二》、《裴韻》皆作『鄉名，在東平』，《廣韻》所收第一項釋義同，茲據擬補五個缺字符。

〔一四九八〕此處所殘泐之小韻首字及反語可據《箋五》（伯三六九三）、《王一》、《王二》、《裴韻》、《廣韻》校補作「母，莫厚反」。

〔一四九九〕殘字字頭存左側筆畫，注文存左側似「牛」形偏旁，兹據《箋五》（伯三六九三）、《王一》、《裴韻》及《廣韻》校補作「牡」、「牝」二字。

〔一五〇〇〕「某」字右下角部分斷裂，英藏粘合時未作拼合，兹據《箋五》（伯三六九三）、《王一》、《裴韻》録定。又《箋五》（伯三六九三）「某」字無釋義，《裴韻》作「某甲」，《王一》作「私稱」，底卷當無注文，兹據句斷。

〔一五〇一〕「某」字下底卷殘泐，據空間，約可抄八個大字，檢與底卷收字情況最接近的《箋五》（伯三六九三）此間收有四個字頭：「拇」、「畆」、「莽」、「部」，其中前三個屬底卷「莫厚反」小韻所缺之三字，後一個爲「蒲口反」小韻的首字，《裴韻》、《廣韻》「㟝（《廣韻》作「培」）」上一字亦爲該小韻首字「部」，此小韻收字《箋五》（伯三六九三）、《裴韻》皆作「七」，且皆以「篰」字爲本小韻尾字，然底卷本小韻却較此多一字，其小韻標數字當爲「八」。

〔一五〇二〕注文之「高」字前《王二》、《裴韻》、《廣韻》皆有一「偏」字，疑底卷脱，兹姑據擬補一個脱字符。

〔一五〇三〕缺字底卷殘泐，殘字底卷存上及左部筆畫，檢「䬳」字注文《箋五》（伯三六九三）、《王一》、《裴韻》皆作「䬳䴷」，《王二》、《廣韻》於此詞下又加釋義「餅」，從底卷殘字及空間情況看，底卷注文當有釋義作「䬳䴷，餅」三字。

〔一五〇四〕《箋五》（伯三六九三）、《王一》、《王二》、《裴韻》於本小韻中皆未收「蔀」字，而入之於「普厚反」小韻，唯《廣韻》、《集韻》本小韻收之。缺字底卷殘泐，可據行款及文例補作「又」字。

〔一五〇五〕「蔀」字條下底卷殘泐，據空間，約可抄七個大字，考「蔀」字當爲前「蒲口反」小韻的尾字，「蚪」字别隸「當口反」小韻，其前的内容各本情況爲：《箋五》（伯三六九三）作「○斗，黨口反。四。○垢，惡。○枓，柱上方木。○阧，阧陵。或作陡」，《王一》作「○斗，當口反。十升。五。○枓，柱上方木。○阧，阧峻。或作陡』，《裴韻》作『○斗，當口反。十升。五。○枓，柱上方木。○㪷，㪷陖。亦陡』，按《箋五》（伯三六九三）此小韻衍抄『垢』字條，餘則諸本略同，準底卷殘泐空間及文例，此處内容當爲：『○斗，十升。當口反。四。○枓，柱上方木。○㪷，㪷陖。亦陡』，茲據擬補十七個缺字符。

［一五〇六］『華』字當爲『華』字之俗寫，《王一》、《王二》、《裴韻》、《廣韻》及阮刻《十三經注疏》本《左傳・昭公二十一年》皆作『華』字。又『《傳》』《王一》、《王二》、《裴韻》同，《廣韻》作《左傳》，蓋底卷多用省稱，若《説文》作《文》之例。

［一五〇七］『苟』字上部底卷有殘泐，茲據《王一》、《裴韻》、《廣韻》録定。

［一五〇八］『垢』字條下底卷殘泐，據空間，約可抄七個大字，相關内容《箋五》（伯三六九三）作『○笱，笱扁，縣名，在交阯。○耇，黄耇。○詬，耻。又古候反』，《王一》、《裴韻》除個別錯字及『笱』字別加一義項『又取魚器』外，略同，校諸底卷所殘空間，其内容可容有『笱』字的第二義項，然底卷下之『笱，取魚』（《箋五》該小韻有此條，《王一》、《王二》、《裴韻》、《廣韻》皆無），則『取魚器』義已有落實，因底卷抄寫行款或不規範，故當依内容爲據，茲姑擬補十二個缺字符。

［一五〇九］『笱』字《王一》、《王二》、《廣韻》、《集韻》皆作『笱』形，合於《説文》，底卷蓋俗寫誤從『苟』旁，茲據校改。又『魚』字下前二書有『器』字，《廣韻》下有『竹器』，與《説文》『曲竹捕魚笱也』之訓略合，底卷蓋脱抄『器』字，茲爲擬補一個脱字符。

［一五一〇］『擊』字上端底卷略殘，茲據《王一》、《王二》、《裴韻》、《廣韻》録定。又殘字底卷存上端筆畫，亦據諸本校補作『衣』字。又缺字底卷殘泐，然可據諸本補作『上』、『方』二字。

［一五一一］『㱿』字《箋五》（伯三六九三）作『殼』，與釋義隔遠，當爲『㱿』字俗訛，《裴韻》作『㱿』形，其左下角之『反』亦當爲『犬』字俗寫之訛，《王一》作『穀』，《王二》作『穀』，與阮刻《十三經注疏》本《左傳・宣公四年》『楚人謂乳穀』合，《廣韻》作『㲉』，與《説文》合，則前引諸形皆其俗變也，作『穀』爲通假字，《廣雅・釋親》

「㝅，子也」王念孫疏證：「㝅字本作㝅，通作穀。」其作「殼」、「豰」者皆通假字。又「老」字蒙下文「叜」字注文訛，茲據諸本校改作「乳」字。

〔一五二〕「老」字下至行末底卷殘泐約七個大字的空間，相關内容《箋五》（伯三六九三）作「○叜，老。蘇后反。七。按《正名》作安。○嗾，使狗聲。○瞍，瞽瞍。○謏，謏訹，誘辝。又蘇了反」，《裴韻》略同，《廣韻》字序亦同（或體不計），《王一》以「藪」字爲小韻首字，然「叜」字後三字亦與此全同，校諸底卷空間及文例，其所殘内容當爲：「蘇后反。或作叟。七。○嗾，使狗聲。○瞍，瞽瞍。○謏，謏訹，誘辝」，茲據擬補十七個缺字符。殘字底卷分别存右側「朮」旁和「辛」旁，茲據諸本校補作「訹」、「辝」二字。又據諸本，疑底卷「辝」前脱抄「誘」字。

〔一五三〕釋義《王一》、《王二》、《裴韻》、《廣韻》皆作「篚米器」，與《説文·竹部》「籔，炊簞也」義合，疑底卷脱一「器」字，茲爲擬補一個脱字符。

〔一五四〕「婄」字下至行末底卷殘泐，祇存「婄」字注文中的一個「皃」字，據空間，約可抄六個大字，相關内容《箋五》（伯三六九三）作「○婄，婦人皃。○蔀，小。○歐，吐。嗚口反。三。○毆，擊」，此與底卷所殘空間吻合，茲據擬補十一個缺字符。又「歐」字反語上字「嗚」底卷當從《王一》、《裴韻》作「烏」。

〔一五五〕「走」字下至行末底卷殘泐，據空間，約可抄三個大字，相關内容《箋五》（伯三六九三）作「○走，子厚反。一。《説文》作此走，從夭止聲。○口，苦厚反。六」，去掉其所引《説文》按語，則與底卷所殘空間吻合，茲據擬補八個缺字符。

〔一五六〕「苦厚反」小韻「扣」、「釦」之間《箋五》（伯三六九三）、《王一》、《王二》、《裴韻》、《廣韻》皆有「牯，犗牯」一條，底卷加此條後其收字數與《箋五》（伯三六九三）同，疑其脱此條，姑據擬補三個脱字符。

〔一五七〕字頭因底卷整理粘貼時錯位而致不能辨識，茲據《箋五》（伯三六九三）、《王一》、《裴韻》、《廣韻》録作「鏗」字。

〔二五一八〕反語上字『土』《箋五》（伯三六九三）、《王一》、《王二》、《裴韻》皆作『士』字，《廣韻》正切上字作『仕』，又切上字作『七（士）』，底卷形訛，兹據諸本校改作『士』字。

〔二五一九〕『兹』字《王二》同，《箋五》（伯三六九三）、《王一》、《裴韻》皆作『慈』，《廣韻》、《集韻》本大韻未收齒音字，故亦未收『鯫』字，二書『鯫』字在有大韻，龍宇純《校箋》云：『疑此「兹」當作「慈」。』

〔二五二〇〕『澟』字《王一》、《王二》同，《箋五》（伯三六九三）、《廣韻》作『凜』形，按《説文·仌部》『癝，寒也』，『凜』字當爲『癝』字之省，『澟』字又『凜』之俗訛，兹據校改。

〔二五二一〕缺字底卷漫滅，此爲小韻標數字，可據實收字數補作『一』字，《箋五》（伯三六九三）本小韻標數字亦作『一』。

〔二五二二〕殘字存左側『酉』旁，兹據《箋五》（伯三六九三）、《王一》、《王二》、《廣韻》及底卷書寫特點校補作『⿰酉替』，爲『⿰酉朁』之俗字。又缺字底卷漫滅，除《王二》外，諸本皆作『小』字，可據補。

〔二五二三〕殘字前者底卷存上部似『土』形部分，兹據《箋五》（伯三六九三）、《王一》校補作『古』字；殘字後者底卷存底端一小『丨』形，亦據二書校補作『作』字。

〔二五二四〕『瞫』字《箋五》（伯三六九三）、《王一》、《王二》、《廣韻》皆作『瞫』形，合於《説文》，寫本『日』、『目』二旁多淆，兹據校改。

〔二五二五〕『損』、『甚』異紐，《箋五》（伯三六九三）、《王一》反語上字皆作『植』，《廣韻》作『常』，『植』、『常』皆爲『禪』紐字，底卷『損』字當爲『植』字形訛，兹據校改。

〔二五二六〕殘字底卷僅存右側筆畫，兹據《箋五》（伯三六九三）、《王一》、《廣韻》校補作『瀋』字。

〔二五二七〕缺字底卷殘泐，殘字存下部筆畫，本條《箋五》（伯三六九三）作『⿸疒辛，寒皃。踈錦反。一』，《王一》同，《廣韻》作『⿸疒辛，寒病。踈錦切。三』，兹據校補殘字作『寒』。

〔二五二八〕『廩』字《箋五》（伯三六九三）、《王一》、《王二》、《廣韻》皆作『稟』或『禀』（俗字）形，與《説文·亩部》

『稟，賜穀也』義合，又底卷前力稔反反小韻已收『稟』字，且未注又音，故據校本字作『稟』。

〔一五二九〕本條底卷抄於本大韻末，兹據諸書乙正於此，參下條校記。

〔一五三〇〕本條雜糅『品』字頭及『飲』字注文，故致『飲』字條脱録，而補録於本大韻尾處，《箋五》（伯三六九三）、《王一》、《王二》、《廣韻》『飲』字條皆在『品』字條前。又『品』字反語《箋五》（伯三六九三）作『不飲反』，《王一》、《王二》作『披飲反』，《廣韻》作『丕飲切』，『丕』、『披』同紐，底卷『不』字當爲『丕』字俗省，兹據乙正并校改。

〔一五三一〕本條後底卷抄有『飲，於錦反。一』，已乙正至『品』字條前，參前二條相關校記。

〔一五三二〕缺字底卷殘泐，《箋五》（伯三六九三）未收『棪』字條，爲其脱抄抑或《切韻》原本所無，尚不能定；《王一》、《王二》、《裴韻》皆作『木名』，可據補。

〔一五三三〕字頭底卷殘泐，《箋五》（伯三六九三）、《王一》、《裴韻》作『斂』形，《王二》、《廣韻》作『斂』形，合於《説文》，按『攵（攴）』、『殳』二字俗寫或淆，『斂』字正爲『斂』之俗寫。

〔一五三四〕本小韻實收字數爲『二』，《箋五》（伯三六九三）同，底卷小韻標數字形訛，兹據校改。

〔一五三五〕『俎』字《箋五》（伯三六九三）、《王一》、皆作『阻』，《廣韻》『險』字訓『危也；阻也；難也』，皆與『俎』字無涉，底卷形訛，兹據校改。

〔一五三六〕『預』字諸本及《裴韻》同，周祖謨《廣韻校勘記》云：『預，段云「當作預」，以預從平，於諧聲不合，故改從羊聲，此與段注《説文》改夭作关意同。』龍宇純《校箋》云：『案此即寑韻「傾」字，《韻鏡校注》第三十九轉十一云：「案字書作傾。」蓋傾作傾，遂誤爲預耳。《集韻》傾、預一字，是其證。』據龍校，則是『預』當爲『傾』之訛俗字，姑從校改。又注文『顱』字《箋五》（伯三六九三）、《王一》、《王二》、《廣韻》皆作『顩』，底卷俗訛，兹據校改；又『立』字《箋五》（伯三六九三）、《王一》、《廣韻》皆作『丘』，底卷形訛，並據校改。

〔一五三七〕缺字底卷殘泐，考『儼』字注文《箋五》（伯三六九三）作『敬。魚儉反。六』，《王一》略同（唯小韻標數字作

「九」），底卷本小韻實收字數亦爲六個，皆可據補。

〔一五三八〕「頊顩」《箋五》（伯三六九三）、《王一》、《廣韻》皆作「頩顩」，本大韻前「立（丘）檢反」小韻「頩」字下作「頩顩」，「頊」、「頩」二字皆當爲「頋」字俗訛，參前文校記〔一五三六〕，而「顩」、「顩」應皆爲「顩」字之俗訛，姑據校正。

〔一五三九〕「胡巖爲室」不辭，檢《王一》、《王二》、《廣韻》「胡」字皆作「因」，合於《說文》，底卷形訛（「因」俗字或作「囙」），茲據校改，《箋五》（伯三六九三）則訛此作「國」字。

〔一五四〇〕「𧝣」字字書未見所載，《王二》、《裴韻》、《廣韻》皆作「襛」，底卷形訛，茲據校改。

〔一五四一〕「冄」爲「冉」及「舟」字俗寫，參《敦煌俗字研究一》冂部「冉」字條考釋，然「舟」字於此非韻，茲據校補正字作「冉」，底卷前後「冄」字同，皆徑録作「冉」形，不再一一出校。

〔一五四二〕「陜」爲「陝」字俗寫，《箋五》（伯三六九三）作「陝」形，《王一》、《裴韻》、《廣韻》作「陝」形，與《說文》隸定字形合。後從「夾」旁字皆徑改作「夾」形録文。

〔一五四三〕「謟」字《王一》同，乃「諂」字俗訛，《箋五》（伯三六九三）、《裴韻》、《廣韻》正作「諂」。

〔一五四四〕殘字底卷存右側筆畫，茲據《王一》、《王二》、《裴韻》、《廣韻》校補作「狀」字。

〔一五四五〕「弇」字《王一》、《王二》、《裴韻》皆作「揜」形，《箋五》（伯三六九三）、《廣韻》從《說文》分「掩」、「揜」爲二，然《箋五》（伯三六九三）「揜」字注云「與掩略同」，而「弇」字釋義《王一》、《王二》、《裴韻》、《廣韻》皆作「蓋」，《箋五》（伯三六九三）略同，然底卷未收「弇」字條，疑其以「弇」、「揜」與「掩」音同義近而合之。

〔一五四六〕「嶃」字《王一》、《王二》、《裴韻》、《廣韻》、《集韻》皆作「磛」，底卷本大韻前「礹」字下亦作「磛礹」，按聯綿詞雖字無定體，然多類化之專用字，如表示石頭高大皃用「磛礹」，表示山高大皃用「嶃巖」，字書所收，當以形義一致爲是，故底卷之「嶃」字疑爲「磛」之訛。

〔一五四七〕「柄」字《王一》同，《箋五》（伯三六九三）、《王二》、《裴韻》、《廣韻》皆作「栖」形，按《廣韻》「㐁」入他念切小韻而『丙』入兵永切小韻，底卷本字音『他玷反』，自與『丙』字諧聲爲是，從『丙』聲爲俗訛，兹據校改。

〔一五四八〕缺字底卷殘泐，『阩』字注文《王一》、《王二》、《裴韻》、《廣韻》皆作『亭名，在鄭』，可據補。

〔一五四九〕『者』字《裴韻》同，《王一》、《王二》、《廣韻》、《集韻》皆作『者』，合於《説文》，底卷俗訛，兹據校改。

〔一五五〇〕『串』字《箋五》（伯三六九三）同，《廣韻》作『串』，蓋取其象形也，俗寫省作『串』形。《裴韻》訛變作『毌』形，《王一》更訛作『距』形。

〔一五五一〕注文《王一》、《王二》作『馬黄脊』，《箋五》（伯三六九三）作『驪馬黄首』，《裴韻》作『驪馬首』，皆《説文・馬部》『驪馬黄脊』之省或訛，《廣韻》正同《説文》。

〔一五五二〕殘字底卷存上部筆畫，兹據《箋五》（伯三六九三）、《王一》、《裴韻》、《廣韻》校補作『不』字。

〔一五五三〕缺字底卷殘泐，《箋五》（伯三六九三）、《王一》、《裴韻》、《廣韻》皆作『慊』字，可據補。又『恨』字左上角底卷漫滅，兹據諸本録定，王國維、《姜韻》録作『佷』字，非是。

〔一五五四〕字頭『拯』當爲《説文・手部》『抍』之或體字，俗作『拯』，參《敦煌俗字研究》下編手部『拯』字條考釋。注文『俆』字《箋五》（伯三六九三）、《王一》、《王二》皆作『溺』字，按《説文・水部》『拯，上舉也；出休爲拯』，『休』字爲『溺』之古本字，底卷『俆』字當爲『休』字之形訛，兹據校改。

〔一五五五〕『齊』字前底卷有一代字符，考《箋五》（伯三六九三）、《王一》、《王二》、《廣韻》皆無此代字符或其所代之『等』字，底卷衍抄，兹據徑删。

〔一五五六〕『苦』字《箋五》（伯三六九三）、《王一》、《王二》、《裴韻》、《廣韻》皆作『古』字，是，底卷蓋蒙後苦斬反小韻之訛而訛，兹據校改。又『減』字苦（古）斬反小韻從俗作『減』形，寫本『氵』、『冫』二旁多淆，底卷注文中亦二形並存。

〔一五五七〕『苦』字《王一》、《王二》、《裴韻》、《廣韻》皆作『古』字，底卷蓋蒙前苦減反小韻而訛，兹據校改。

〔一五五八〕『減』字本大韻前『下斬反』小韻作『減』形，參前文校記〔一五五六〕。

〔一五五九〕依文例，又音並列之『反』字前當有一『二』字，底卷脱，兹據擬補一個脱字符，《王一》不脱。

〔一五六〇〕『䡴』字《王一》同，《王二》、《裴韻》、《廣韻》、《集韻》皆作『䡴』形，按本字正字當作『轞』，即後来所謂『檻車』之本字，『䡴』爲其俗訛之形，而『䡴』爲俗省。又釋義《王一》、《裴韻》作『内車』，《王二》作『冈車』，『内』、『冈』皆『网』之俗字，《廣韻》作『網車』，《集韻》作『載囚車』，《龍龕·車部》作『田車也』，從從『監』聲字的同源語義看，當以『囚車』爲是，雖『網車』亦似，然非常語也，是諸本所作『網』之各體及『田』字、底卷之『力』字等皆當是『囚』字之訛變與訛變字『内』的回改，兹據校改。

〔一五六一〕又音《廣韻》同，《王一》作『又五咸、苦減二反』，《裴韻》作『又五減反、苦減反』，檢底卷豏韻無五減反小韻，而咸韻五咸反小韻下收有『顩』字，又底卷豏韻苦減反小韻雖未收『顩』字，然《王一》、《裴韻》、《廣韻》皆收之，故底卷又音當誤合二音爲一，而於『五』、『減』之間脱『咸苦』二字，其後『反』前亦當依文例補一『二』字，兹爲擬補三個脱字符。

〔一五六二〕字頭與注文二『𢓜』字《箋五》（伯三六九三）、《王一》、《王二》、《裴韻》、《廣韻》、《集韻》皆作從『犭』旁，俗寫『亻』、『犭』二旁或淆，兹據校改作正體。又『火』字諸本皆作『犬』，是，底卷形訛，兹據校改。

〔一五六三〕底卷卷首序數前平聲下及上聲皆有『第』字，此處當同其例，兹據擬補脱字『第』。

〔一五六四〕缺字底卷殘泐，可據前後排序及正文十六錫韻補『十六』二字。

〔一五六五〕『臘』字《王二》、《廣韻》同，底卷正文作『臈』，『臈』即『臘』之俗字。

〔一五六六〕缺字底卷殘泐，正文廿五韻爲『怗』字，音『他協反』，可據補。

〔一五六七〕缺字底卷殘泐，據此韻目的前後排序及底卷正文『緝』字所在的序號，可補缺字作『廿』字。

〔一五六八〕缺字底卷殘泐，考卷首韻目作『一屋，烏谷』，又《王二》、《裴韻》、《蔣藏》、《廣韻》一屋大韻反切皆作烏谷反，兹據擬補大韻標序字及代表字作『一屋』。又小韻標數字可據實收字數補作『一』字。

〔一五六九〕缺字底卷殘泐，考《王二》、《裴韻》、《蔣藏》、《廣韻》本小韻首字皆作『獨』字，其反語皆作徒谷反。又『徒』

字上部底卷略殘，兹參諸本録定。

〔二五七〇〕『讀』字底卷本作代字符形，與『書』字並作『殰』字注文，按『殰書』不辭，檢《王二》、《裴韻》、《蔣藏》、『殰』字釋義皆作『傷胎』，《廣韻》『傷』字作『殤』，與《説文·歺部》『殰，胎敗也』義合，諸本作『傷』，蓋用俗借字；又『殰』字條下諸本皆接『讀，讀誦』字，是底卷誤糅二條爲一，致脱抄三字，也使本小韻收字總數少一條（又參後缺文處校記），兹據擬補三個脱字符，並回改代字符作『讀』字。

〔二五七一〕注文《王二》、《裴韻》、《蔣藏》、《廣韻》皆作『簡牘』，底卷蓋用注文與被注字連讀成訓例。

〔二五七二〕行首至殘字『嬻』間底卷殘泐約兩個半至三個大字的空間，考《裴韻》、《蔣藏》及《廣韻》『犢』字皆有注文作『牛犢』，《王二》作『牛子』，蓋以代字符訛抄作『子』字。又『犢』字條下《王二》、《蔣藏》、《廣韻》皆接『鸀』字，其注文《王二》作『鸀春，鳥名』，《蔣藏》作『鸀鶞，□□』，《廣韻》作『鸀鸛，鳥也』，若以聯綿詞類化説視之，當取《蔣藏》之形，而釋作『鳥名』，補此於底卷，可吻合其殘位，故據擬補七個缺字符。

〔二五七三〕殘字底卷存下部筆畫，兹據《王二》、《裴韻》、《蔣藏》及《廣韻》校補作『嬻』字，其注文亦據諸本校改作『媟』字，以合於《説文》，底卷形訛。又『嬻』字條《王二》、《裴韻》、《蔣藏》在『韇』、『匵』二條間，《廣韻》亦序之於『韇』字下，底卷蓋初時脱抄，而後補録於小韻末尾。

〔二五七四〕『哭』字條下底卷殘泐，據空間，約可抄三個半大字，相關内容《裴韻》、《蔣藏》皆作『〇㲉，卵㲉。〇𣪊，瓦未燒（《蔣藏》作『未燒瓦』）』，《王二》字頭同，唯『㲉』字注文作『卵，又苦角反』，《王一》字頭亦同，唯字序互倒，而注文除『卵』字下殘泐，不知有無他字外，全同，《廣韻》字序同《王一》，訓義作『未燒瓦』和『卵也』，此内容與底卷殘泐空間吻合，亦合於底卷小韻標數字『三』，兹據《裴韻》擬補七個缺字符。

〔二五七五〕『禿』字上端底卷略殘，兹據《王二》、《裴韻》、《蔣藏》、《廣韻》録定。

〔二五七六〕『豰』字《王一》、《王二》、《裴韻》、《蔣藏》、《集韻》同，《廣韻》作『豰』形，《校箋》：『當從《廣韻》作「豰」，從「㱿」，「豕」聲，與《説文》從豕、㱿聲之「豰」異字。《通俗文》云「斗藪謂之豰豰」，「斗藪」與「豰豰」一聲之轉。本書「呼木反」「㲉」字下云「又丁木反」，《切三》（長龍按：即《箋二》）、《王二》（長龍按：即《裴韻》）、《唐韻》（長龍按：即《蔣藏》）同，誤甚。』按『㲉』字疑當爲『㲉』之孳乳字，因『哆嗦』與『觳觫』二族聯綿詞皆有發抖義，故以『㲉穀』爲詞，其中『㲉』字俗則或取二讀，以『㱿』爲聲旁則讀『呼木反』，以『豕』爲聲旁則讀『丁木反』，後或改舌音一讀作『㲉』形。

〔一五七七〕『㲉』字條下底卷殘泐，據空間，約可抄四個至四個半大字，考『鱳』字條前《王二》、《裴韻》、《蔣藏》皆爲同一小韻的前三字禄、鹿、漉，《廣韻》『鱳』字前雖有四字，然該小韻首三字則與諸本同，注文情況諸本略有小異，參酌諸本及底卷空間、文例可斷缺文作『○禄，盧谷反。十八。○鹿。○漉，滲漉』，茲據擬補十個缺字符。

〔一五七八〕字頭左旁『录』字底卷抄寫介於『录』、『豕』之間，茲據《王二》、《裴韻》、《蔣藏》及《廣韻》徑録作『录』形。又注文《王一》、《王二》、《裴韻》、《蔣藏》同，《廣韻》作『笑視』，合於《説文》。

〔一五七九〕『名』字底卷作草書形，王國維録作『名』，《姜韻》録作『其』，《潘韻》未作新校，《裴韻》無『名』字，《蔣藏》有，《王二》申義作『虫人名』，龍宇純《校箋》云：『名上不詳何字，《切三》（長龍按：即《箋二》）、《唐韻》（長龍按：即《蔣藏》）無，當據刪。』疑《王二》之『人』形字即『名』字草寫之承抄，因其不通，抄或校者復追加一『名』字，審底卷所作字形，實與上文他谷反小韻『鵚，鵚鶖，鳥名』、下文於六反小韻『薁，嬰薁，草名』二條中的『名』字略同，故今從王國維録作『名』字。

〔一五八〇〕『螰』字條下底卷殘泐約四個左右大字的空間，相關内容《蔣藏》作『○麗，罜麗。○麓，山足。○碌，多石皃』，《王二》略同，唯『麗』字注文作『内』（此與諸本異），《廣韻》除或體外，亦爲此三字，《裴韻》則在『麓』、『碌』之間多一『轆』字條，此中當以《蔣藏》得諸本之長，亦與底卷空間吻合，茲據擬補八個缺字符。又殘字底卷存左部筆畫，茲參諸本校補作『皃』字。

〔一五八一〕本條《王二》、《裴韻》、《蔣藏》、《廣韻》皆在『甂』、『琭』二條間，底卷蓋初脱而後補抄於本小韻末。

〔一五八二〕『木反』二字底卷因注文雙行字數估算失誤而倒抄於右行之末。

〔一五八三〕『瘯』字下底卷殘泐，據空間，約可抄兩個半大字，檢『瘯』字注文，《王二》、《裴韻》皆作『千木反。瘯瘰，病』，《蔣藏》、《廣韻》『病』字前加『皮膚』二字，又『瘯』字下一條内容皆爲『磩，碌磩，石皃』（其中《裴韻》『皃』字訛作『白』，《蔣藏》『碌』字上衍抄一『録』字），兹據擬補八個缺字符（底卷『瘯』字條反語當在釋義下，末當有小韻標數字『三』）。又殘字底卷存下部筆畫，兹據校補作『碌』字。

〔一五八四〕釋義《王二》同，《裴韻》、《蔣藏》、《廣韻》皆作『蠶蔟』（『蠶』字《裴韻》作異體『蚕』字），合於《説文・艸部》『蔟，行蠶蓐也』，疑底卷『蔟蠶』二字誤倒。

〔一五八五〕『不』字前《王二》、《裴韻》、《蔣藏》、《廣韻》、《集韻》皆有『毛』字，於義爲長。

〔一五八六〕『𨻛』下底卷殘泐約一個半大字的空間，檢『𨻛』字注文，《王二》、《裴韻》皆作『彭𨻛，國名』，《蔣藏》、《廣韻》於『國』字前加有『蠻夷』二字（除《裴韻》外，諸本『𨻛』字聲旁皆省去『亻』），又各本『𨻛』字條下皆接『轐』字條，姑據擬補六個缺字符。

〔一五八七〕殘字底卷存左旁似『車』形左部的殘畫，兹據《王二》、《裴韻》、《蔣藏》、《廣韻》校補作『轐』字。

〔一五八八〕本小韻實收字數爲六，與《蔣藏》全同，《裴韻》收九字而《王二》收十字，究其所以致訛之由，疑『四』字爲《切韻》原本字數，底卷增收二字而未改原小韻標數字。

〔一五八九〕注文《王二》、《裴韻》、《蔣藏》、《廣韻》同，《集韻》作『刀治桑』，又《玉篇・木部》作『杫，木名』，可參。

〔一五九〇〕注文『霂』字《王二》、《裴韻》、《蔣藏》、《廣韻》皆作『霡』，底卷蓋因前後『霂』字而手誤，兹據校改。

〔一五九一〕『思』當爲『恖』字俗寫，參《敦煌俗字研究》下編穴部『窗』字條的『囱』字俗寫考釋，《王二》、《裴韻》、《蔣藏》、《廣韻》該字皆作『思』，是底卷形訛，兹據校改。又『湰』爲『溼』字俗省，『溼』即『濕』之正字，故據諸本校補正字。

〔一五九二〕字頭殘字底卷存左下角一小短横形筆畫，兹據《王二》、《蔣藏》、《廣韻》校補作『輻』字。注文殘字底卷存左下部筆畫，亦據諸本校補作『車』字。

〔一五九三〕『雋』底卷書寫較開，似二字形，茲據《王二》、《裴韻》、《蔣藏》、《廣韻》録作一字，又該字諸本録形差異較大，《裴韻》作『雋』，《王二》作『嶲』，《蔣藏》作『雋』，《廣韻》作『雋』，又底卷獮韻下有『雋，雋雋』，是諸本作他形者皆當是『雋』字之俗變或形訛，茲據校改。

〔一五九四〕字頭『篗』字《裴韻》、《廣韻》、《集韻》作『籆』形，《王二》、《蔣藏》作『篗』形，此蓋形聲字形成之初，其聲旁選擇未固定時的狀態。

〔一五九五〕『鞎』字《王二》、《裴韻》、《蔣藏》皆作『鞎』，《王一》、《廣韻》作『艆』，又《廣韻》以『鞎』爲『艆』字或體，底卷俗訛，茲據校改。

〔一五九六〕缺字底卷殘泐，檢『柋』字注文《裴韻》、《廣韻》作『梁柋』，王國維、《姜韻》皆徑補一代字符。

〔一五九七〕『苑』字《王二》、《裴韻》皆作『蔙』，《廣韻》作『旋』，與《爾雅·釋草》『蕧，旋蕧，似菊』合，『蔙』爲『旋』之類化字，底卷形訛，茲據校改。

〔一五九八〕『趉』字《王二》同，《裴韻》、《蔣藏》、《廣韻》、《集韻》皆作『趍』形，《玉篇·走部》『趍，趍趍，足不申』同，底卷俗訛，茲據校改。

〔一五九九〕『種』字《裴韻》同，《王二》、《蔣藏》、《廣韻》皆作『穜』形，《經典釋文·周禮·天官·内宰》『穜』字注：『案如字書，禾旁作重是種稑之字，作童是穜殖之字，今俗則反之。』

〔一六〇〇〕注文《王二》、《裴韻》、《蔣藏》、《廣韻》皆作『騄良，健馬』，底卷『徤』爲『健』之俗字；又考『騄良』當爲來來族聯綿詞，其同族詞如『利落』（迅捷）、『陸梁』（擄掠）、『瀏覽』、『流利』等，核義素皆爲快捷，則底卷作『逸健馬』，即馬迅跑，似較他本爲形象，然其引申固可以指強健的馬，則諸本之作『良馬』，亦是。

〔一六〇一〕釋義《王一》、《裴韻》同，《王二》作『石狗，獸名』，《蔣藏》、《廣韻》於《王二》基础上又加『食猴』二字，後出轉詳。

〔一六〇二〕『鷄』爲『鴝』字俗寫，俗書『勹』形或作『⺈』形，參《敦煌俗字研究》下編勹部『包』字條考釋，《王二》、《裴韻》、《蔣藏》、《廣韻》皆作『鴝』形，茲據校補正字。

〔一六〇三〕『名』字《王二》、《蔣藏》、《廣韻》同，《集韻》作『器』，合於《説文》。

〔一六〇四〕『章』字《王二》同，《王一》該字存左上殘畫，可辨其亦作『章』字，《裴韻》、《蔣藏》、《廣韻》皆作『璋』，作『章』蓋俗省。

〔一六〇五〕注文《王二》、《裴韻》、《蔣藏》、《廣韻》同，周祖謨《廣韻校勘記》云：『「縃陽」，段改作「湑陽」。案《漢書・地理志》南陽郡有育陽縣，「育陽」《後漢書・郡國志》作「湑陽」。』又《説文・糸部》：『縃，帛青經縹緯；一曰育陽染也。』則諸本之作『縃陽』，或又類化之俗字也。

〔一六〇六〕『賫』字《王二》、《裴韻》同，《王一》、《廣韻》作『賫』形，與《説文・貝部》『從貝，𡙕(古文睦字)聲』之形略合，底卷俗寫。

〔一六〇七〕『越』字當爲『趨』字俗訛，參前文校記〔一五九八〕，茲據校改。

〔一六〇八〕注文底卷作『名魚』，茲據《王一》、《王二》、《裴韻》、《蔣藏》及《廣韻》乙正。

〔一六〇九〕注文底卷作『鳥鶏鳩名』，蓋先雙行書『鳥名』後，又在雙行右欄補抄『鶏鳩』二字，茲依文例乙正録之。又《王一》、《王二》、《裴韻》皆僅作『鶏鳩』，無『鳥名』二字，且作爲類名之『鳩』字已明示其所屬，疑『鳥名』二字爲承上『魚名』之例而衍抄，後雖補『鶏鳩』而未即删之。

〔一六一〇〕『名』字下底卷衍抄一『也』字，依文例當删。又『𪓰』字當爲『鼀』字俗訛，參下條校記，茲據校改。

〔一六一一〕『𪓰』字《王一》、《王二》作『鼁』形，《裴韻》、《蔣藏》作『鼁』形，《廣韻》作『鼀』形，後者合於《説文》，俗寫訛變作『鼁』形，又進而訛變作『𪓰』形，茲據校改。　唯釋義之聯綿詞《説文》作『圥鼀』，與底卷之『蝌鼀』當屬不同詞族，然『見』、『群』等紐字與『來』紐本即膠葛不已，或此亦複輔音分化之一例也。

〔一六一二〕『鯈』字《王一》、《王二》、《裴韻》、《廣韻》皆從『亻』形，合於《説文》，俗寫『亻』、『彳』二形多混，茲據校改。

〔一六三〕『大』字《蔣藏》同，《王一》、《王二》、《裴韻》、《廣韻》皆作『犬』，此義與《説文·犬部》『倏，走也』之『倏』字構形理據合，《字彙·人部》：『倏，俗倏字。』俗寫『亻』、『彳』二形多混，茲據校改。

〔一六四〕『黷』字右下部《王一》、《王二》、《裴韻》、《廣韻》皆從『黑』，與釋義合，底卷俗訛，茲據校改。

〔一六五〕『刑』字《王一》、《王二》、《裴韻》作『邢』，《蔣藏》該字殘存之右下部亦可辨爲『阝』旁，合於《説文》，底卷形訛，茲據校改。《廣韻》則訛作『邪』字。

〔一六六〕注文『石』字置此不辭，茲據《王一》、《裴韻》、《廣韻》校改作『古』字，底卷形訛；又『筊』形諸本多歧，《王一》分書作『筑文』二字，《王二》未收或體，《裴韻》作『簻』，《蔣藏》作『篓』，字又見《集韻》及《玉篇·殳部》，『簻』形當爲『篓』形之訛；《廣韻》作『箽』，合於《説文》（段注改作『箽』形），底卷古體當作『笅』形，爲『篓』字之省，是『筊』字當爲『笅』字俗訛，茲據校改，唯此『笅』字非『築』之古體，此當又爲『箽』字之誤改。

〔一六七〕『笁』字《王一》、《王二》、《裴韻》同，《蔣藏》、《廣韻》作『竺』形，合於《説文》，『工』旁蓋『二』字俗寫連筆之楷定者，《廣韻》『竺』字下云『俗作笁』。

〔一六八〕『踀』字《王一》、《王二》、《裴韻》、《蔣藏》、《廣韻》、《集韻》皆作『珿』形，《廣雅·釋詁四》同，考《集韻》同小韻接録『⿰𧾷齒，齊謹皃，或作踀、⿰立足』，而《王一》則於『珿』字下云『亦作⿰立足』，『踀』字似雜糅『珿』、『⿰𧾷齒』二字而成，蓋造字之初形旁、聲旁選擇尚未固定所致的異體字。又小韻標數字『六』蓋承前反語之『六』字而訛，茲據本小韻實收字數校改作『三』字。

〔一六九〕殘字存左上角似『亻』字形部分，茲據《王一》校補作『皃』字。

〔一七〇〕注文『郁』字下《王一》、《王二》、《裴韻》、《蔣藏》、《廣韻》皆有『郅』字，與《説文·邑部》『郅，北地郁郅縣』合，底卷脱『郅』字，茲據擬補一個脱字符。

〔一七一〕『蛸』字右下角底卷有殘壞，茲據《王一》、《王二》、《裴韻》、《蔣藏》、《廣韻》校補。

〔一六二二〕字頭爲『穆』字俗省，又參《敦煌俗字研究》下編禾部『穆』字條考釋。

〔一六二三〕《集韻·質韻》『率』字下云『古作繂』。

〔一六二四〕字頭《王一》、《王二》、《裴韻》、《蔣藏》、《廣韻》皆作『褶』（或俗作『褶』）形，又《説文·衣部》『裻，新衣聲；一曰背縫』，然底卷本大韻後『先篤反』小韻收有『裻』字，則此處之『𧛎』形似非『裻』之換位俗字，而是『褶』字之俗訛省，兹據校改。

〔一六二五〕『䁤』字《王一》、《裴韻》、《蔣藏》同，《廣韻》作『䁤』形，皆爲同一小篆之隸定形體。

〔一六二六〕『隺』字《王一》、《王二》、《蔣藏》同，《廣韻》作『寉』形，皆爲同一小篆之隸定形體。《裴韻》作『寉』形，誤。

〔一六二七〕『石』字《裴韻》、《蔣藏》同，《王一》、《王二》、《廣韻》、《集韻》皆作『名』，《玉篇·金部》同，底卷形訛，兹據校改。又諸本『幸』字皆類化作『鋅』形（俗寫或有小別）。

〔一六二八〕『贏』字底卷俗寫作『贏』形，兹據《王一》、《裴韻》、《廣韻》徑録作正體。

〔一六二九〕『捁』字《王一》、《王二》、《裴韻》、《蔣藏》、《廣韻》皆作『梏』，按『捁』爲『攪』之俗字，俗寫『扌』、『木』二旁多淆混不分，兹據校補正字作『梏』。

〔一六三〇〕注文『牿』字費解，《王一》、《王二》、《裴韻》、《蔣藏》、《廣韻》皆作『牢』字，於義爲長。

〔一六三一〕注文『鴨鵲』二字《王一》、《王二》、《裴韻》、《蔣藏》、《廣韻》皆作『𪀗雎』，底卷『鴨』字當爲『𪀗』字形訛；『鵲』字乃蒙下之「似鵲」致訛，兹並據校改。又注文中『似鵲，鳥名』《王一》同，依文例當作『鳥名，似鵲』，《裴韻》、《蔣藏》及《廣韻》正作如此，疑此誤倒。

〔一六三二〕又音反語下字『佩』《王一》、《裴韻》、《蔣藏》、《廣韻》皆作『代』字，《王二》作『再』，與『代』同爲去聲代韻字，底卷形訛，兹據校改。

〔一六三三〕『膗』字《王二》、《裴韻》、《蔣藏》同，《王一》作『膗』形，皆同一小篆隸定之形，《廣韻》作『臛』形，又爲前二形俗寫之變。

〔一六三四〕『愛』字《王一》、《裴韻》、《蔣藏》同，《王二》、《廣韻》、《集韻》改作『衣』字，《龍龕・衣部》則訓作『愛小兒』，揚寶忠《疑難字考釋與研究》衤部『褥』條(長龍按：此引《龍龕》字形，即『褥』字俗作)下云：『今謂「小兒愛」當是「小兒薦」之形誤，隸書二字形近。玄應《一切經音義》卷三引《三蒼》：「褥，薦也。」慧琳《一切經音義》卷二十二引《聲類》：「蓐，薦也。」「蓐」、「褥」古今字。「蓐」訓薦，引申之，小兒所薦亦謂之蓐，字變作「褥」，以布縫制也，故從衣；復引申之，人卧所薦亦曰褥，今義是矣。』可參。

〔一六三五〕『將』字右下角底卷略殘，兹據《王二》、《裴韻》、《廣韻》録定。又殘字底卷存右部筆畫，兹據《王二》、《蔣藏》、《廣韻》校補作『毒』字。

〔一六三六〕『㞗』、『局』、『局』皆爲同一篆文隸書的變體，《説文・口部》『局，促也，从口在尺下，復局之；一曰博，所以行棊。象形』，又參《敦煌俗字研究》下編尸部『局』字條考釋。又小韻標數字底卷脱，可據實收字數補作「二」字，兹爲擬補一個脱字符。

〔一六三七〕依文例又音前當有標識性文字『又』，《王一》、《王二》、《裴韻》、《蔣藏》、《廣韻》皆有之，此脱，兹據擬補一個脱字符。

〔一六三八〕『玊』字非韻，兹據《王一》、《王二》、《裴韻》、《蔣藏》、《廣韻》校改作『玉』字，底卷形訛。

〔一六三九〕『溽』字《王一》、《王二》、《裴韻》、《蔣藏》、《廣韻》皆作『溽』形，合於《説文》，寫本『冫』、『氵』二旁多淆，兹據校補正體作『溽』字。

〔一六四〇〕『相』字《王一》、《裴韻》、《蔣藏》、《廣韻》皆作『湘』字，底卷誤脱『氵』旁，兹據校改。

〔一六四一〕注文『逯』字底卷作代字符，《王一》、《王二》、《蔣藏》、《廣韻》皆無之，疑底卷承前『菉』字注文衍抄；又考《説文・辵部》『逯』字釋義作『行謹逯逯也』，亦疑底卷此處用注文與被注字連讀成訓例，姑據逗開，《裴韻》作『逯行謹』，其『逯』字原作代字符，當與底卷情形相似。

〔一六四二〕『瘃』字《王一》、《王二》、《裴韻》同，《廣韻》作『瘃』，合於《説文》，底卷俗省。

〔一六四三〕注文《裴韻》同，《王一》、《王二》「藥名」作「草藥」，並與文例不甚契合，《蔣藏》、《廣韻》改作「蕢斷，藥名」，當是。

〔一六四四〕「落」字《蔣藏》同，《王一》、《王二》、《裴韻》、《廣韻》皆作「絡」，《説文·革部》「勒，馬頭落銜也」段玉裁注：「落、絡古今字。」又「封」爲「封」字俗寫，參秦公《碑别字新編》「封」字條，諸本皆作「封」字。

〔一六四五〕「梀」字《王一》、《王二》、《裴韻》、《蔣藏》、《廣韻》同，按《説文·木部》「梀，短椽也」，不指樹，疑諸本「梀」字爲「樕」（底卷及諸本皆入屋韻）之俗省或以「樕」之釋義而誤置於「梀」下。《説文·木部》「樕，樸樕，木」，段注於「木」前加一「小」字，徐鍇《説文解字繫傳》云：「即今小槲樹栗之類也。」又注文「椃」字《裴韻》同，爲「椃」之俗字，《王一》作「榑」形，《王二》此處作「⿰角弱」字，《蔣藏》、《廣韻》作「樗」，按《説文·木部》「樗，木也，以其皮裹松脂」，《詩經·豳風·七月》「采荼薪樗」毛傳「樗，惡木也」，惡樹與小樹皆不爲材，故多用來作火薪，「榑」、「樗」二樹雖不同，然以同音而俗多混用，底卷之「椃」形當爲「榑」之俗訛字，而於此又當用同「樗」字；「⿰角弱」字疑即「斛」（正字當爲「槲」）字俗寫之訛變（「斗」俗寫多作「廾」形），《廣韻·屋韻》「樕，槲樕，木」。又反語下字後依文例脱「反一」二字，兹爲擬補二個脱字符。

〔一六四六〕注文《王二》同，《王一》、《裴韻》、《蔣藏》、《廣韻》皆衹作一「椽」字，疑底卷衍抄一代字符。

〔一六四七〕「莘」字《王一》、《蔣藏》同，《王二》、《裴韻》、《廣韻》作「芈」形，合於《説文》，底卷俗訛，兹據校改。

〔一六四八〕「刃」字《王一》、《裴韻》、《廣韻》皆作「刀」，「刀槊」義與《説文·木部》新附字「槊，矛也」合，底卷形訛，兹據校改。

〔一六四九〕「擢」字《王一》、《王二》、《裴韻》、《廣韻》皆作「藋」字，按「擢」當爲俗語記音的原借字，從「艹」旁爲其類化字。

〔一六五〇〕「許」《王一》、《王二》、《裴韻》、《廣韻》皆作「訴」，與《方言》卷十「諑，愬也」合，底卷形訛，兹據校改。

〔一六五一〕「⿰扌豖」字《王二》、《裴韻》、《廣韻》同，《王一》作「椓」，與《説文》合，俗寫「扌」、「木」二旁多淆混不分，兹據校補正字。

〔六五二〕『柴』字《王一》、《王二》、《裴韻》、《蔣藏》、《廣韻》皆作『紫』，與《爾雅·釋草》『藐，茈草』音合，蓋以其可以染紫色而後多改作『紫草』，底卷『柴』字乃『紫』字形訛，兹據校改。

〔六五三〕『水』字《王一》、《王二》、《裴韻》同，《蔣藏》作『氷』，《王一》、《廣韻》作『冰』，合於《説文》，按『氷』爲『冰』之俗字，底卷『水』字當即『氷』之形訛，兹據校改。

〔六五四〕『名似』二字底卷原抄誤倒作『似名』，後於『名』字右側書有乙正符號『√』。

〔六五五〕底卷實收字數較小韻標數字少一，檢《王一》、《王二》、《裴韻》、《蔣藏》、《廣韻》本小韻前十字略同，底卷與之九字同，唯於『鰒』、『瓝』二條間少『簹，竹名』（其中祇有《裴韻》标又音作『又福音』）一條，底卷蓋脱，兹據擬補三個脱字符。

〔六五六〕『瓜』形底卷多俗寫作『爪』形，兹據《廣韻》、《爾雅·釋草》校改『瓝』、『爪』二字作『瓝』、『瓜』。

〔六五七〕『犎』字《裴韻》、《廣韻》作『犎』字，合於《爾雅·釋獸》郭璞注，底卷俗訛，兹據校改。

〔六五八〕『嗝』字《王一》、《王二》、《裴韻》、《蔣藏》、《廣韻》皆作『嗃』，底卷形訛，兹據校改。本條諸本皆置於『犦』字條前，疑底卷脱抄而後補於此小韻末。

〔六五九〕『㪉』字《王一》、《王二》、《裴韻》、《廣韻》皆作『㪉』形，合於《説文》，底卷俗省。後從『㪉』旁者皆徑録作『㪉』形，不一一出校説明。

〔六六〇〕釋義《王一》、《王二》、《裴韻》皆作『鞕』，《廣韻》作『靳固也』，《玉篇·石部》作『堅固也』，按『鞕』爲『硬』之或體字，是底卷『鞭』字當爲『鞕』字形訛，兹據校改。

〔六六一〕『𰀀』爲『盛』字俗寫，參《敦煌俗字研究》下編皿部『盛』字條考釋，王國維、《姜韻》皆録作『咸』，不確。『鮨』字《蔣藏》同，《王一》、《王二》、《廣韻》作『脂』，《集韻》作『䐶』，又注文《裴韻》作『盛錢器；一曰盛䲛鱓』，龍宇純《校箋》：『案《説文》「㲉，盛觵卮也」，「觶」與「卮」同，《王二》（長龍按：即《裴韻》）「鱓」爲

「觵」誤，「鮨」當是「觵」字之誤，《切三》（長龍按：即《箋二》）、《唐韻》（長龍按：即《蔣藏》）「鮨」字與本書「脂」字亦當並爲「觵」字之誤。」茲從校改，又《説文·角部》「觳」字段注：「『盛』字當是衍文。」

〔一六六二〕「日」字《蔣藏》、《廣韻》皆作「白」，與《爾雅·釋鳥》「鶾雉，鷂雉」郭璞注「今白鶾也」合，俗寫「日」、「白」或淆，茲據校補正字。

〔一六六三〕「小」字《裴韻》同，《王一》、《王二》、《蔣藏》、《廣韻》皆作「山」，合於《説文》，底卷形訛，茲據校改。

〔一六六四〕「警」字《王二》同，《王一》、《裴韻》、《廣韻》皆作「驚」，檢《方言》卷二、《廣雅·釋詁一》、《玉篇·辵部》皆作「驚也」，是底卷「警」當爲「驚」字形訛，茲據校改。又「夜」字《王一》、《王二》、《裴韻》、《蔣藏》同，《廣韻》作「走」，《校箋》以爲當從《廣韻》作「走」，二字俗寫形近，姑從校改。

〔一六六五〕「嫛詖」底卷作「詖嫛」，《王一》、《裴韻》、《蔣藏》、《廣韻》、《集韻》及本大韻前苦角反小韻「詖」字下皆作「嫛詖」，檢匣溪族聯綿詞尚有「嶨硞（水激石不平皃）」、「解垢（詭曲之辭）」等，同具曲而不平之核義素，而溪匣族聯綿詞之核義素則爲空虛，義不能合，底卷誤倒，茲據乙正。

〔一六六六〕「豿」字《王一》、《王二》、《裴韻》、《蔣藏》、《廣韻》同，《集韻》作「狗」，龍宇純《校箋》云：「段改《廣韻》字作「豿」。案《集韻》作「狗」，各書候韻「呼候反」作「豿」不誤，「豿」是熊虎之子，與「狗」同。」「豿」字與釋義合，底卷形訛，茲從校改。

〔一六六七〕「鞏」字《王一》、《王二》、《裴韻》、《蔣藏》作「鞏」形，《廣韻》作「鞏」形，《玉篇·革部》同，「鞏」形合於形聲構字理據，底卷俗作，茲據校補正字。

〔一六六八〕「嫸」字《裴韻》作「辦」，《蔣藏》作「辨」，《廣韻》、《玉篇·女部》作「辯」，《王一》、《王二》、《集韻》引《説文》作「謹」，檢《説文·女部》未收「婝」字，唯「婡」字下云「謹也」，《集韻》正以「婝」爲「婡」之或體。《史記·張丞相列傳》「婝婝廉謹」裴駰集解引徐廣曰：「婝，一作斷，一作躖。」「躖」謂「齒相近」，排列而可分辨也，疑當以《蔣藏》爲是，「嫸」、「辯」皆「辨」之形訛，茲據校改。

〔一六六九〕「咨」字《王一》、《王二》、《裴韻》皆作「砧」字，《蔣藏》、《廣韻》作「椹」，按「砧」、「椹」異體，其造字之初蓋有用「石」與用「木」之別，然俗多通用，底卷「咨」字當爲「砧」字形訛，兹據校改。

〔一六七〇〕「衰」字《王一》、《裴韻》、《廣韻》皆作「衺」，底卷形訛，兹據校改。

〔一六七一〕「脥」爲「膝」之俗字，參《敦煌俗字研究》下編月部「膝」字條考釋。又所引《説文》字形今大徐本作「厀」，底卷亦俗作。

〔一六七二〕「專」字上部底卷抄寫承字頭誤作「壹」字上部之形，王國維、《姜韻》皆録其字作「亶」形，不確，檢《王二》、《裴韻》皆作「專」，《蔣藏》、《廣韻》作「專壹」，合於《説文》，兹據録定。

〔一六七三〕「辷」字《王一》、《裴韻》略似，爲「匹」之俗字，參《敦煌俗字研究》下編匚部「匹」字條考釋，《王二》、《蔣藏》、《廣韻》皆作「匹」形。

〔一六七四〕字頭「佾」字《裴韻》、《蔣藏》同，《王一》、《王二》、《廣韻》作「佾」，又注文《王一》作「舞佾」，《王二》改作「舞佾。俗作佾」。

〔一六七五〕「梏」字《王一》、《王二》、《裴韻》、《蔣藏》、《廣韻》、《集韻》皆作「抶」形，底卷蒙上從「吉」旁字而訛，兹據校改。

〔一六七六〕「寒」字《王一》、《王二》、《裴韻》、《蔣藏》、《廣韻》皆作「塞」，合於《説文》，底卷形訛，兹據校改。又反語「栗」字下依文例底卷脱「反」字，兹據擬補一個脱字符。

〔一六七七〕釋義用注文與被注字連讀成訓例，《裴韻》正作「蜂蜜」，《王一》、《王二》作「蜂食」，亦通。

〔一六七八〕「大」字《王一》、《王二》、《蔣藏》、《廣韻》皆作「木」，底卷形訛，兹據校改。《裴韻》釋義作「木名」，《集韻》作「《字林》『香木也，似槐』」，可參。

〔一六七九〕「誇」字《王一》、《裴韻》、《廣韻》皆作「誘」字，《王二》注文作「謏誘」，雖其有誤，然「誘」字在焉，底卷形訛，兹據校改。

〔二六八〇〕小韻標數字『一』當據實收字數作『二』，《王一》、《王二》、《裴韻》本小韻亦皆收二字，底卷形訛，兹據校改。

〔二六八一〕釋義依文例不應徑作又項，檢《箋五》（伯三六九四）、《廣韻》，其『一曰字』前皆有主項『姓』字，當是；《王一》『姑』字注文有殘泐，其又項前一字雖不可辨，然有殘畫可知其必有主項；《王二》文字多舛，然其又項前有主項『娃』，比較可知此『娃』當爲『姓』字形訛；《裴韻》『姑』字釋義作『一曰女字；又姓』，蓋承早期主項脱録本抄録，而後又據他本補校主項作又項，以致文例淆亂，兹據擬補一個脱字符。

〔二六八二〕注文『偶』字《裴韻》、《蔣藏》、《廣韻》同，《王一》作『耦』，《王二》作『耦』，按俗寫『耒』旁多作『禾』形，參《敦煌俗字研究》下編耒部『耕』字條考釋，是『耦』即『耦』之俗字，又『耦』、『偶』義通，又《集韻》訓云『戈柄也；一曰偶也』，龍宇純《校箋》：『案「柲」爲「戈柄」，見《考工》、《方言》、《廣雅》，餘未詳，或疑（長龍按：指『耦』字）即「柄」字之誤。』可參。

〔二六八三〕『威儀』底卷作『儀威』，兹據《王一》、《王二》、《裴韻》、《蔣藏》、《廣韻》乙正。

〔二六八四〕『魚名』《王一》、《王二》、《裴韻》（『名』字左側有殘泐）、《蔣藏》、《廣韻》、《集韻》同，《校箋》：『案此字又見迴韻「萍迴反」，注云「白魚」，即《廣雅·釋蟲》「蛃」字，「白魚」本是蠹蟲，《廣韻》梗韻云「鮊魚別名」，迴韻云「白魚名」，俱誤「白魚」爲「鮊」，遂誤「鮩」爲「魚名」，諸書此云「魚名」，疑亦同誤。』

〔二六八五〕『白』字《王一》、《王二》、《裴韻》皆作『皃』字，底卷形訛，兹據校改。

〔二六八六〕『白』字置此不辭，兹據《箋五》（伯三六九四）、《王一》、《王二》、《裴韻》、《蔣藏》、《廣韻》校改作『皃』字，底卷形訛。

〔二六八七〕『眓』字《箋五》（伯三六九四）、《裴韻》皆作『眓』形，與釋義合，俗寫『目』、『日』二形多混而不分，兹據校補正字。

〔二六八八〕『今予犭（介）是』不辭，檢《王二》作『今哥未是』，《蔣藏》、《廣韻》作『今哥禾是』，底卷『予』、『犭』二字當爲『孖』、『禾』二字之形訛，兹據校改。

〔一六八九〕『惕』字《王二》同，俗寫『昜』、『易』多淆，兹據《裴韻》、《蔣藏》、《廣韻》校改作正字『惕』。

〔一六九〇〕又音《箋五》（伯三六九四）、《王一》、《裴韻》同，《王二》不載，《校箋》：『唯「汩」、「汨」二字，此誤。』

〔一六九一〕『帥』字釋義《王一》殘泐，《王二》作『領軍』，《裴韻》未收，然其字頭作『帥』形，《蔣藏》字頭略同《裴韻》，然收釋義作『佩巾；又將帥。亦作師，避晉帝諱改爲師，晉有尚書郎師（帥）昌（昺）』。《廣韻》作『佩巾；又將帥。亦姓，本姓師，晉景帝諱，改爲帥氏，晉有尚書郎帥昺』，則底卷之『師』蓋明其爲此前之『師』姓，亦或用注文與被注字連讀成訓例，而明其釋義作『帥師』。

〔一六九二〕『窒』字《王一》、《王二》、《裴韻》、《蔣藏》、《廣韻》皆作『密』形，底卷俗寫。

〔一六九三〕『峜』字《王一》、《王二》、《裴韻》、《蔣藏》、《廣韻》皆作『峜』形，底卷俗寫。又『刑』字諸本皆作『形』形，底卷形訛，兹據校改。

〔一六九四〕『蔤』字《王一》、《王二》、《裴韻》、《蔣藏》、《廣韻》皆作『蔤』形，底卷俗寫。又『曰』字置此不辭，檢諸本皆作『白』，俗寫二形多淆混不分，兹據校改。

〔一六九五〕『聱』字《箋五》（伯三六九四）、《裴韻》、《蔣藏》同，《廣韻》作『贅』形，《集韻》作『聱』形，周祖謨《廣韻校勘記》云：『「贅」段改作「聱」，是也，「聱耴」見左思《吴都賦》。』又本聯綿詞上字底卷平聲幽韻作『聱』形，爲『聱』之訛，是此『聲』字亦當爲『聱』字形訛，兹據校改。又『耴』字俗寫多作『耴』形。

〔一六九六〕俗寫『爪』、『瓜』多淆混不分，兹據《箋五》（伯三六九四）、《王二》、《蔣藏》、《廣韻》校補作正字『瓜』。

〔一六九七〕底卷以『蔽脥』爲『縠』字注文，致本小韻標數字『六』而實收三字，檢《箋五》（伯三六九四）相關内容作『○縠，黼縠。○綍，大索。○茀，草盛皃。○韍，蔽膝』，補足後與本小韻標數字合，其内容也正相銜接，是底卷誤合『縠』字頭與『韍』字注文爲一，而致脱録三條文字，兹據擬補十個脱字符。又『脥』爲『膝』之俗字，參《敦煌俗字研究》下編月部膝字條考釋。

〔一六九八〕『鬱』字疑即《説文・鬯部》『鬱』字之俗變。又依文例底卷脱小韻標數字，可據本小韻實收字數補作『三』字，兹爲擬補一個脱字符。

〔一六九九〕『□』字《箋五》（伯三六九四）、《裴韻》、《廣韻》作『亥』形，《王二》作『引』形，《蔣藏》作『叺』形，又《廣韻》收或體作『孑』，并云『《説文》作此』，今《説文》同，通俗作『孑孓』之『孓』形。

〔一七〇〇〕前一『反』字及後一『物』字因底卷粘貼褶皺而部分覆滅，兹據殘迹及《箋五》（伯三六九四）録定。

〔一七〇一〕『謇』字《箋五》（伯三六九四）、《裴韻》、《蔣藏》、《廣韻》作『塞』，皆通。

〔一七〇二〕『屈』字《蔣藏》同，《箋五》（伯三六九四）、《王一》、《王二》、《裴韻》、《廣韻》皆作『屈』形，合於《説文》，底卷俗寫。

〔一七〇三〕『⿺風骨』字《箋五》（伯三六九四）、《裴韻》同，《王二》、《廣韻》作『颵』，從聲旁角度看，疑當以『颵』字爲是，『⿺風骨』蓋其俗訛。又『玉』字《箋五》（伯三六九四）、《王二》、《裴韻》、《蔣藏》、《廣韻》皆作『王』，底卷形訛，兹據校改。

〔一七〇四〕『搰』字《箋五》（伯三六九四）、《裴韻》同，《王二》、《廣韻》作『⿰扌胃』，此聲旁之異當與上『颵』字同，參前條校記。

〔一七〇五〕『韜』字前底卷衍抄一『㘬』字，兹據《箋五》（伯三六九四）、《王二》、《裴韻》、《蔣藏》、《廣韻》徑删之。

〔一七〇六〕『色』字《箋五》（伯三六九四）、《王二》、《裴韻》、《蔣藏》、《廣韻》皆作『多』，合於《説文・艸部》『茀，道多草不可行』義，底卷『色』字蓋涉下條注文『淺色』而誤，兹據校改。

〔一七〇七〕『秡』字《箋五》（伯三六九四）、《蔣藏》作『袚』形，《裴韻》作『祓』形，《王二》、《廣韻》作『袚』形，後者合於《説文》，他形皆其俗變。又音『乎物反』與正音『敷物反』同，《箋五》（伯三六九四）作『乎物反』，《裴韻》作『乎吠反』，《廣韻》作『又音廢』，疑底卷又音下字『物』乃承前訛，當從《裴韻》作『吠』字，而《箋五》（伯三六九四）『乎』字當爲『孚』字形訛。

〔一七〇八〕『櫛』字《箋五》（伯三六九四）、《王二》、《裴韻》、《廣韻》皆作『櫛』形，按『節』字俗或作『莭』形，參《敦煌俗字研究》下編竹部『節』字條考釋，底卷『櫛』字當即『櫛』之俗字。

〔一七〇九〕注文《箋五》（伯三六九四）同，《裴韻》、《廣韻》及底卷入聲質韻『秲』字注文皆作『秲䅖』連文，此蓋用注文與被注字連讀成訓例。

〔一七一〇〕殘字底卷存似『尺』形筆畫，王國維、《姜韻》皆録作『山』，《潘韻》未作新校，蓋同，《補正》録作『所』，按本小韻反語上字《箋五》、《王二》、《裴韻》皆作『所』字，與底卷殘形略合，茲據校補。

〔一七一一〕『挿』字下《箋五》（伯三六九四）、《裴韻》、《蔣藏》、《廣韻》皆有『翟尾者』（《王二》有『翟尾』而脱『者』字），於義爲長，疑底卷脱此三字。

〔一七一二〕注文《箋五》（伯三六九四）同，並用注文與被注字連讀成訓例，《裴韻》『車』字下録有代字符；《王二》補一『端』字，似不够準確。

〔一七一三〕『撥』字《王二》、《裴韻》、《蔣藏》、《廣韻》皆作『橃』，合於《説文》，俗寫『扌』、『木』二旁不分，茲據校補正字作『橃』。

〔一七一四〕『欳』字《裴韻》、《廣韻》皆作『㪚』形，合於《説文》，底卷俗訛，茲據校改。

〔一七一五〕反語上字『户』《箋五》（伯三六九四）、《王二》、《裴韻》、《蔣藏》、《廣韻》皆作『王』，匣紐與喻紐三等字中古以前音值相近，底卷與諸本之異或出於校勘者方言所致。

〔一七一六〕『竑』字《箋五》（伯三六九四）、《王二》、《裴韻》、《蔣藏》同，《廣韻》作『絨』形，又注文《蔣藏》同，《箋五》（伯三六九四）作『竚（紵）布。或絨』，《王二》、《裴韻》作『竚布』，《廣韻》分『絨』、『竑』爲二字，前者訓作『紵布，《説文》曰「采彰也」；一曰車馬飾』，後者訓作『竚立也』，龍宇純《校箋》：『《唐韻校勘記》云：「此奪竑字注文及絨正文。」案《説文》「絨，采彰也；一曰車馬飾」，與絛、紴、縱、紃同類，竑字不詳所出。偏旁「立」與「糸」字行書易亂，疑「竑」、「竚」即「絨」、「紵」字之誤。』《切三》（長龍按：即《箋二》）、《唐韻》（長龍按：即《蔣藏》）注文「紵」字猶不誤也。王説未允。」《箋五》（伯三六九四）以「珬」、「絾」爲異體，正與龍氏説相合。

〔七七七〕「瘚」字《王二》作「厥」，《裴韻》、《蔣藏》、《廣韻》作「瘚」，後者合於《説文》，然《玉篇·疒部》字形同底卷，是「瘚」字蓋爲「瘚」之俗寫增繁字。

〔七七八〕「居劣反」《箋五》（伯三六九四）、《王二》、《裴韻》皆作「乙劣反」，底卷「居」當承上一小韻反語「居月反」而訛，兹據校改。又按「劣」字爲「薛」韻字，不當出現於月韻中，《蔣藏》未收「噦」字（其「於月反」小韻標數字三而實收二字，蓋正脱此字），《廣韻》、《集韻》入之於「於月切」小韻，龍宇純《校箋》：「此下既云字亦入薛部，則此劣字當誤。唯下文又有「於月反」小韻，此當與彼同，故《唐韻》（長龍按：即《蔣藏》）、《廣韻》等書「噦」字見「於月切」下（《禮記·内則》釋文音「於月反」），蓋陸書誤亂，本書沿之，至《唐韻》（或《廣韻》）始爲諟正。」

〔七七九〕注文《箋五》（伯三六九四）、《王一》、《裴韻》同，《王二》作「株橛」（字頭作「橛」），《蔣藏》與《王二》同，而又加有「亦摴蒲，三採名」，《廣韻》則作「採橛，亦摴蒲，三採名」，疑《廣韻》之「採」當爲「株」字形訛，否則將不能解釋何以一個常見的游戲用具唐人皆錯寫之。

〔七八〇〕「韈」字《裴韻》（右下角作「戍」形）、《蔣藏》（右下角作「戉」形）略同，《箋五》（伯三六九四）、《王二》、《廣韻》皆作「韈」形，按「蔑」字俗寫於中部加「冖」形贅筆，自魏碑已然，參秦公《碑别字新編》十五劃「蔑」字下所載，是底卷所作即「韈」之俗作。

〔七八一〕注文「獝」字前《箋五》（伯三六九四）、《王二》、《裴韻》、《蔣藏》、《廣韻》皆有「猲」字，底卷此或用注文與被注字連讀成訓例。

〔七八二〕「居例」底卷作「例居」，其中「居」字右側有一乙正符號「√」。又依文例其又音前當有一標識字「又」，此脱，兹爲擬補一個脱字符。

〔一七二三〕『鳴』字《王一》、《裴韻》、《廣韻》皆作『鳩』，底卷形訛，兹據校改。

〔一七二四〕『狗骨』二字《箋五》（伯三六九四）、《王一》、《王二》、《裴韻》、《蔣藏》、《廣韻》皆作『枸榾』（『枸』或俗寫作『拘』、『构』形），底卷形訛及誤脱偏旁，兹據校改。

〔一七二五〕『勃』字左旁『孛』上部的『十』形部分底卷皆增贅筆作『土』形，今皆徑改録作通用字形，後不一一出校説明。

〔一七二六〕注文《王一》同，《裴韻》作『馬面牛尾一角』，《蔣藏》、《廣韻》作『騂馬，獸名，似馬牛尾一角。又音雹』，可參。

〔一七二七〕『河』《箋五》（伯三六九四）、《王一》、《王二》、《裴韻》、《蔣藏》皆作『訶』，《廣韻》、《集韻》作『呵』，底卷形訛，兹據校改作『訶』字。

〔一七二八〕『宊』字《箋五》（伯三六九四）、《王一》、《裴韻》、《廣韻》同，《王二》作『宊』形（當爲『突』之形訛），《集韻》以『突』、『宊』二字爲異體，是，蓋《切韻》原本誤分此爲二字，後人承誤，至《集韻》始改之。

〔一七二九〕注文『搪』字後《箋五》（伯三六九四）、《王二》、《裴韻》、《蔣藏》、《廣韻》皆有『揬』字，底卷此或用注文與被注字連讀成訓例

〔一七三〇〕『腯』字爲『腯』之俗字，參《敦煌俗字研究》下編目部『盾』字條考釋。

〔一七三一〕『⿰忄頁』字字書未見所載，檢《箋五》（伯三六九四）、《王一》、《王二》、《裴韻》、《蔣藏》、《廣韻》皆作『⿰扌頁』，底卷形訛，兹據校改。

〔一七三二〕『角』字置此非韻，檢《箋五》（伯三六九四）、《王一》、《王二》、《裴韻》、《蔣藏》、《廣韻》皆作『骨』，底卷形訛，兹據校改。

〔一七三三〕『淴』字釋義《王一》、《王二》作『漚麻池』，《裴韻》、《蔣藏》、《廣韻》皆作『漚池』，底卷『温』字形訛，兹據校改。

〔一七三四〕『日』字置此不辭，檢《王一》、《王二》、《裴韻》、《蔣藏》皆作『白』，是，俗寫『白』、『日』多淆混不分，茲據校補正字。

〔一七三五〕或體字《王一》、《蔣藏》同，按此與《説文·土部》『圣』爲同一篆文的不同隸定形體。

〔一七三六〕『糈』字《箋五》（伯三六九四）同，《王一》、《裴韻》、《蔣藏》、《廣韻》皆作『糈』，底卷形訛，茲據校改。

〔一七三七〕又音依文例脱『反』字，茲據擬補一個脱字符。

〔一七三八〕『長』字《箋五》（伯三六九四）、《王一》、《裴韻》、《廣韻》皆作『倅』，底卷蓋俗寫形訛，茲據校改。

〔一七三九〕『木止』不辭，檢『止』字《箋五》（伯三六九四）、《王一》、《王二》、《裴韻》、《蔣藏》、《廣韻》皆作『上』字，是，底卷形訛，茲據校改。

〔一七四〇〕『逹』字《箋五》（伯三六九四）、《王一》、《裴韻》、《廣韻》皆作『倢』（俗或作『倢』），本大韻後『倢』字條注文亦作『休倢』，是底卷此處當誤脱『亻』旁，茲據校改。

〔一七四一〕又音『武泰反』前依文例脱一又音標識字『又』，茲據《裴韻》、《蔣藏》擬補一個脱字符。

〔一七四二〕『橃』字《箋五》（伯三六九四）、《王一》、《裴韻》、《廣韻》皆作『撥』，俗寫『扌』、『木』二旁多混而不分，茲據校補正字。

〔一七四三〕注文《王一》、《王二》、《裴韻》、《蔣藏》同，《廣韻》作『足剌癶』，合於《説文》，蓋聯綿詞用字之習慣不同。

〔一七四四〕『脒』字爲『膝』之俗字，參《敦煌俗字研究》下編月部『膝』字條考釋。

〔一七四五〕『姊』爲『姊』的俗字，參《敦煌俗字研究》下編女部『姊』字條考釋。

〔一七四六〕『奪』字《箋五》（伯三六九四）、《王一》、《王二》同，《裴韻》俗寫作『奪』形，《廣韻》作『奪』形，《蔣藏》作『奪』形，合於《説文》，他皆俗字，又參《敦煌俗字研究》下編大部『奪』字條考釋。

〔一七四七〕『敓』字底卷作『敚』形，其左旁『兊』形因作偏旁時通俗皆作『兑』形，爲免繁瑣，今皆徑録作『兑』形，後不一一出校説明。

〔一七四八〕『泧』字字形諸本俗寫多有小異，《蔣藏》、《廣韻》、《集韻》作『泧』形，合於《說文》，底卷形訛，兹據校改。

〔一七四九〕『斡』字《箋五》（伯三六九四）、《王一》、《王二》、《裴韻》、《蔣藏》、《廣韻》、《集韻》皆作『斡』形，合於《說文》，底卷蓋蒙下『斟』字而訛脱上部『人』形筆畫，兹據校改。

〔一七五〇〕字頭『撥』字《裴韻》同，《箋五》（伯三六九四）、《王一》、《蔣藏》、《廣韻》皆作『撥』形，按《說文·癶部》『癹，以足蹋夷艸』，《集韻》『癹』字下云『或从足、从手』（底卷從手與從足分爲二條，且以『癹』別隸本大韻後『蒲活反』小韻，蓋非是），『撥』蓋又『撥』的繁化俗字（與『治』義的『撥』同形異字）。

〔一七五一〕注文依文例底卷脱小韻標數字『一』，兹爲擬補一個脱字符。

〔一七五二〕『足』字《王一》、《蔣藏》皆作『躠』字，《裴韻》注文有誤，然其中有『躠』字，《廣韻》作『躠』形，按『躠』爲『躠』的隸變字，參《敦煌俗字研究》下編艸部『薛』字條考釋。又底卷本大韻下一小韻所收『躠』字釋義亦作『跋躠』，底卷此處誤脱上部『薛』旁，兹據校改。

〔一七五三〕『疲』字《箋五》（伯三六九四）、《王一》、《王二》、《裴韻》、《蔣藏》、《廣韻》皆作『废』形，合於《說文》，俗寫『广』、『疒』或淆，兹據校補正字。

〔一七五四〕此爲『薛』字的後起分化字，專用爲『菩薩』的譯音用字，參《敦煌俗字研究》下編艸部『薩』字條考釋。

〔一七五五〕『挂』字《箋五》（伯三六九四）、《王一》、《王二》、《裴韻》、《蔣藏》、《廣韻》皆作『抹』，底卷形訛，兹據校改。

〔一七五六〕依文例又音底卷脱『反』字，兹據擬補一個脱字符。

〔一七五七〕釋義《王一》、《王二》、《裴韻》、《蔣藏》、《廣韻》皆作『研破』，與《廣雅·釋言》『𥕦，礳也』合，葉鍵得《十韻彙編研究·切三校勘記》謂此當從諸本乙校作『研破』，可參。

〔一七五八〕『達』爲《說文·辵部》『達』字的隸省字，俗變而作『達』、『達』形，參《敦煌俗字研究》下編辵部『達』字條考釋。

〔一七五九〕『𢧵』字《王一》、《王二》、《裴韻》同，《廣韻》作『𢧵』形，合於《說文》，底卷爲其俗字。

〔一七六〇〕『⿰馬匈』字《蔣藏》、《廣韻》略同，《王一》、《王二》、《裴韻》作『騔』形，按《説文・馬部》：『⿰馬匈，馬疾走也，从馬，匈聲。』則『騔』字當爲其換旁俗字。

〔一七六一〕『恐』字上部蓋初有誤書而隨有改作，故致筆畫略有混亂，兹據《王一》、《王二》、《蔣藏》及《廣韻》録定。

〔一七六二〕『⿰歹止』字《王一》、《王二》、《裴韻》、《蔣藏》略同，《廣韻》作『⿰歹止』形，周祖謨《廣韻校勘記》云：『段改作⿰歺止，是也，此字從㣺聲。』《集韻》作『⿰夕止』（『歹』爲『歺』之俗字，參《廣韻・曷韻》『歹』字條注文）形，其聲旁正作『㣺』形，底卷俗作。

〔一七六三〕『劼』字《蔣藏》作『⿰言瓜』形，《裴韻》誤作『⿰音瓜』形，《王一》、《王二》、《廣韻》皆作『⿱艹⿰言瓜』形，然《王一》恪八反小韻未收『⿱艹⿰言瓜』字而《廣韻》收之，則知《王一》時作此形僅是早期的類化字而已，其初形當從《蔣藏》作『⿰言瓜』，聯綿詞雖形無定體，然在擇字記音時亦多用與義關涉者，故此疑底卷『劼』字爲『⿰言瓜』字之形訛，兹姑據校改。又『飯』字《王一》、《王二》、《裴韻》、《蔣藏》、《廣韻》皆作『飲』，是底卷形訛，兹據校改。

〔一七六四〕『劼』字前底卷衍抄一『⿰言瓜』字，右側加有删除符號三點。

〔一七六五〕『⿰丰刂』字《裴韻》、《蔣藏》同，《廣韻》作『⿰丯刂』形，《王一》作『⿰丰刃』形，合於《説文》，《王二》誤作『⿰耒刃』形，底卷俗寫。

〔一七六六〕『吉』字《王一》、《裴韻》皆作『古』，『吉』、『古』雖同隸見紐，然作『古』字與底卷没韻『鶻』字所在小韻『古忽反』亦合，疑『吉』字形訛。

〔一七六七〕『窡』字《蔣藏》同，《王一》、《王二》、《裴韻》皆作『窨』形，合於《説文》，又《説文・穴部》：『窡，穴中見也。』《廣韻》本小韻兼收『窡』、『窨』二字，底卷下文鎋韻『丁刮反』小韻亦收『窡（窡）』字，訓『穴中出』，是底卷此處所作蓋誤脱『口』旁，兹據校改。又『滑』字下依例當有一『反』字，此脱，故爲擬補一個脱字符。

〔一七六八〕小韻標數字『一』依文例底卷脱，兹據擬補一個脱字符。

〔一七六九〕反語上字作『馬』，與『㕦』音異紐，檢《王一》、《王二》、《裴韻》、《蔣藏》、《廣韻》皆作『烏』，底卷形訛，兹據校改。

〔一七〇〕『切』字《王一》、《王二》、《裴韻》、《蔣藏》、《廣韻》皆作『初』，底卷形訛，兹據校改。

〔一七一〕『内』字《王一》、《裴韻》、《廣韻》皆作『肉』字，底卷形訛，兹據校改。又『骨』字置此非韻，本小韻反語下字諸本皆作『滑』字，底卷誤脱左旁『氵』，亦據校改。

〔一七二〕『圿』字《王一》、《裴韻》、《廣韻》皆作『扴』，底卷蓋蒙下『圿』字條而訛，兹據校改。

〔一七三〕『褙』字《裴韻》同，《王一》、《王二》、《蔣藏》、《廣韻》皆作『稭』，合於《説文》，底卷爲其俗字。

〔一七四〕『鳴』字《王一》、《王二》、《蔣藏》、《廣韻》皆作『鵊』形，與《爾雅·釋鳥》『鴰鳩，鵠鵊』合，《裴韻》訛作『鴰』形，《説文·鳥部》以『鳴』爲『鳴鴿』之專用字，是底卷形訛，兹據校改。

〔一七五〕『偕』字《裴韻》同，《王一》、《王二》、《蔣藏》、《廣韻》皆作『偕』形，當爲會意字，與其聯綿詞上字『㑸』之構形理據一致，底卷俗省。

〔一七六〕『女』字《王一》、《王二》、《裴韻》、《蔣藏》、《廣韻》皆作『五』，底卷蓋承前一小韻反語而訛，兹據校改。

〔一七七〕『剢』字爲『刹』之俗寫『刹』的增繁俗字，《裴韻》注文云『亦剢』，蓋其俗訛。

〔一七八〕小韻標數字『一』依文例底卷脱，兹據擬補一個脱字符。

〔一七九〕『豋』字字書未見所載，檢《王一》、《王二》、《裴韻》、《蔣藏》、《廣韻》皆作『強』，疑底卷爲俗訛；又『白』字置此不辭，諸本皆作『皃』，兹並據校改。

〔一八〇〕小韻標數字底卷脱抄，兹依文例擬補一個脱字符。

〔一八一〕『小』字《王一》、《裴韻》、《蔣藏》皆作代字符或徑作『礣』字，《廣韻》誤作『礞』形，然余迺永校云：『鉅宋本、元本、明本並作「礣矿」。』底卷本大韻前『矿』字注文亦以『礣矿』爲詞，是爲聯綿詞，底卷『小』字當爲代字符之形訛，兹據校改并回改爲本字。

〔一八二〕『窩』爲『竊』之俗字，參《敦煌俗字研究》下編穴部『竊』字條考釋。

〔一七八三〕『卬』字《王一》、《王二》、《蔣藏》、《廣韻》皆作『弓』形，《裴韻》作『弖』形，皆《説文・卩部》『卪』字篆文之隸變，而底卷之形又其俗訛者。

〔一七八四〕『⿸广卽』字《裴韻》作『⿸疒卽』，《王一》作『⿸疒卽』，注文云『亦作⿸疒卽、⿸疒臧』，俗寫『广』、『疒』二旁多淆，茲據校改。

〔一七八五〕本小韻與下一小韻反語同，檢《王一》、《王二》、《裴韻》、《蔣藏》、《廣韻》本小韻反語上字皆作『苦』字，底卷蒙下訛，茲據校改。

〔一七八六〕注文雙行小字初誤抄下『昳』字注文作『日昃』，後於此二字下分別接抄『娣徒』和『反十六』，而脱抄『姪』字注文左右行的首字，茲據《王一》、《裴韻》、《蔣藏》、《廣韻》校改。

〔一七八七〕『亞』字《王二》作『凸』形，《裴韻》作『凸』形，《王一》、《蔣藏》、《廣韻》作『凸』形，蓋皆取其形而表突起之義，底卷之形又其俗訛，茲據校改。

〔一七八八〕『⿰止帶』即『嵽』之俗字，俗寫『山』、『止』二旁或淆，又參下文校記〔一七九七〕。

〔一七八九〕『賢』字非韻，檢《王一》、《裴韻》反語下字皆作『質』，《蔣藏》、《廣韻》皆作『又音逸』，『質』、『逸』同屬入聲質韻，底卷形訛，茲據校改。

〔一七九〇〕底卷『瓜』字及『瓜』旁多俗寫作『爪』形，茲據《王一》、《王二》、《蔣藏》、《廣韻》校補正字。

〔一七九一〕注文古體與俗體同形，必有一誤，考《王一》注文亦載古體，唯其字有殘泐，不能知詳，據《敦煌俗字研究》下編金部『鐵』字條考釋，『鐡』字的出現較晚，而『鐵』字則見於《説文》，又《廣韻》收『銕』字爲『鐵』之古文，與《説文》合，底卷形訛，茲據校改，《裴韻》字頭作『鐡』形，注文云『古鐵』，恐亦因訛而誤改。

〔一七九二〕『⿰冗頁』爲『頏』字俗寫，敦煌寫本中『亢』旁多作『允』形，進而訛作『冗』形，茲據《廣韻》校録作通用字形，又此字底卷平聲唐韻亦作『頏』字形。

〔一七九三〕『頸』字《王一》、《裴韻》、《廣韻》皆作『頭』，合於《説文》，底卷形訛，茲據校改。

〔一七九四〕『菻』爲『蒜』之訛變俗字，參《敦煌俗字研究》艸部『蒜』字條考釋。

〔一七九五〕本小韻反語上字《王一》、《裴韻》、《廣韻》皆作『昨』，又精紐字前已出『子結反』，是此不當重出，底卷形訛，兹據校改。

〔一七九六〕『道』字《王一》、《王二》、《裴韻》、《蔣藏》、《廣韻》皆作『前』，《玉篇·走部》、《龍龕·走部》同，《集韻》釋義作『邪出前也』，底卷『道』字當爲『前』之形訛，兹據校改。

〔一七九七〕『𡴘』字《説文·出部》作『𡴘』形，《王一》本小韻『𩞄』注文所收或體有『𡴘』字，與《説文》『𡴘，槷𡴘，不安也』義合，而『嵲』字當爲表示山高所造的專用聯綿詞，其俗寫作『嵲』形，然以其爲『𡴘』字的後起字，似亦不違古今字之通論。

〔一七九八〕『槷』字《王一》、《蔣藏》同，《王二》、《廣韻》作『槷』形，與《説文》『槸』字形聲一致，底卷俗訛，兹據校改。

〔一七九九〕『方正』底卷作『正方』，其中『方』字右側有一乙正符號『√』。

〔一八〇〇〕『褋』字《王一》、《王二》、《裴韻》、《蔣藏》、《廣韻》皆作『幞』字，合於《廣雅·釋器》，『幞』字俗或作『襆』形，疑底卷『褋』字爲『襆』字形訛，兹姑據校改。

〔一八〇一〕『𢐦』字《裴韻》、《蔣藏》、《廣韻》、《集韻》作『𢏍』形，《王一》作『𢏍』形，爲《説文·弓部》『彆』字俗省，底卷之形爲『𢏍』俗寫『𢏍』的訛變。

〔一八〇二〕本小韻實收三字，故其標數字『二』當爲『三』之形訛，兹據校改。

〔一八〇三〕底卷又音反語依文例脱『反』字，兹據擬補一個脱字符。

〔一八〇四〕『犺』字《裴韻》、《蔣藏》同，爲『犺』字俗寫，敦煌寫本中『亢』旁多作『允』形，進而訛作『冗』形，兹據《廣韻》校録作通用字形。

〔一八〇五〕『提』字前底卷蒙下字注文衍抄一『鉼』字，兹據《王二》、《裴韻》、《蔣藏》及《廣韻》删之。又依文例底卷脱抄又音反語『反』字，兹爲擬補一個脱字符。

〔一八〇六〕『𠁥』爲『斗』字俗寫，又底卷『𠁥』字前有一『廾』（『升』字俗寫）字，《裴韻》注文衹有一個『斗』字，《蔣藏》、

《廣韻》則祇有一個『廾（斗）』字，周祖謨《廣韻校勘記》云：『一升，日本宋本、巾箱本、黎本作「一斗」，與故宮本《王韻》及《玉篇》合。』是底卷初録作『受一廾』，後覺其誤，則於其下之空處別書『丩』字以示更改，然未在前面的『廾』字側加删除符號，而致淆亂，兹徑删之，王國維、《姜韻》皆録『丩』作『許』字，非是，《補正》已改録作『斗』字。

〔一八〇七〕又音反語依文例底卷脱抄『反』字，兹據擬補一個脱字符。

〔一八〇八〕『牡』字《王二》、《廣韻》作『狀』，《裴韻》、《蔣藏》作『壯』，按『爿』字俗寫多作『牜』形，底卷俗作。

〔一八〇九〕注文引《説文》言從『圭』而抄字却作從『吉』，誤，《説文·夨部》正作『奊』形，兹據校改。

〔一八一〇〕字頭《王二》作『薛』形，注文云：『私列反。古國。正作薛。』

〔一八一一〕『利』字《王二》同，《蔣藏》、《廣韻》作『痢』，『利』、『痢』古今字。

〔一八一二〕本條文字之『冫』蓋皆蒙下條『冽』字而訛，兹據《王二》、《裴韻》、《蔣藏》及《廣韻》校改。

〔一八一三〕『除不詳』不辭，『詳』字《裴韻》、《蔣藏》、《廣韻》皆作『祥』，《補正》據校，兹從改。

〔一八一四〕注文云從『心』，而字頭却蒙下一字頭訛從『虫』旁，又檢《王二》、《裴韻》、《蔣藏》及《廣韻》皆以『哲』爲字頭，而後三書於注文中皆指明亦作『悊』，《廣韻》又別收古文作『嚞』，兹據校改。

〔一八一五〕『蚩』字未詳，檢《王二》、《裴韻》、《蔣藏》及《廣韻》『蜇』字釋義皆作『虫螫』或祇作『螫』字，疑底卷之形即『螫』字俗訛，兹姑據校改。

〔一八一六〕『傑』字右旁爲『桀』之俗寫，參下條校記。

〔一八一七〕『桀』字《裴韻》作『桀』，皆爲『桀』字的訛俗字，《王二》、《蔣藏》、《廣韻》正作『桀』，合於《説文》。

〔一八一八〕『搩』字右旁爲『桀』字的俗寫，《裴韻》『傑』字右旁亦作此形，又『扌』、『木』二旁俗寫多混用不分，兹並據校録正體。

〔一八一九〕『思頰反』（帖韻）今大徐本《説文》用《唐韻》作『食折切』（薛韻），《廣韻》帖韻蘇協切小韻未收『揲』字，

〔一八二〇〕《集韻》帖韻悉協切小韻收之。
〔一八二一〕今大徐本《説文》『孽』字上部的『艹』作『屮』形，且在左上角。
〔一八二二〕本小韻實收二字，故其標數字『一』當爲『二』之形訛，兹據校改。
〔一八二三〕小韻標數字『一』底卷脱，兹爲擬補一個脱字符。
〔一八二四〕『蚝』字置此不辭，兹據《王二》、《裴韻》、《蔣藏》、《廣韻》校改作『跳』字，底卷形訛。
〔一八二五〕『轍』字右旁蓋爲『轍』右旁之古字，後從『散』旁者同，參《敦煌俗字研究》下編彳部『徹』字條考釋。
〔一八二六〕本條文字《裴韻》同，《蔣藏》、《廣韻》唯『子』字作『孑』，按作『孑』是，因『釨』乃『句孑戟』之『孑』字的增旁（與兵器相關而加『金』旁）俗字，而『句孑戟』後亦類化作『鉤釨戟』，《王二》注文正作此形，諸本此處的『孑』字依文例當爲『釨』形，又『釨』字疑乃因『矛』之俗訛作『孑』而又加形旁所造的字，詳參前文校記〔六五四〕。
〔一八二七〕『具』字《裴韻》、《蔣藏》作『具』形，《王一》、《王二》、《廣韻》作『𥄎』形，後者合於《説文》，他形皆其俗訛（蓋受『狊』之俗字『具』的影響），兹據校改。又釋義及反語諸本作『舉目使人』和『許劣反』，其釋義亦合於《説文》，底卷并後之小韻標數字而誤脱，兹爲擬補七個脱字符。又小韻標數字可據實收字數補作『三』字。
〔一八二八〕『翊』字《王一》、《裴韻》、《蔣藏》、《廣韻》皆作『翃』形，合於形聲構字理據，底卷形訛，兹據校改。
〔一八二九〕本小韻底卷僅收一字，『叕』字條初脱，後補抄在『敪』字條下，致其反語無所歸屬，兹據《王一》、《王二》、《裴韻》、《蔣藏》、《唐刊》（伯二〇一五）、《廣韻》移正。
〔一八三〇〕『八』字置此不辭，檢《裴韻》、《蔣藏》該字皆作代字符，底卷形訛，兹據校改。
〔一八三一〕『䕥』字《蔣藏》同，《王一》、《王二》、《裴韻》、《廣韻》皆作『𥸤』形，合於《説文》，俗寫『艹』、『⺮』二旁多淆混不分，兹據校補正字。又『尾』字諸本及《説文》皆作『黑』，底卷形訛，兹據校改。
〔一八三二〕『臑』字《蔣藏》、《唐刊》（伯二〇一五）同，《王一》、《王二》、《裴韻》作『腝』形，《廣韻》作『耎』，三字在表示『嫩軟』義上俗多通用。

〔一八三二〕『蘵』字底卷蓋承前『茅』之『艹』旁類化而訛，茲據《王二》、《裴韻》、《蔣藏》、《廣韻》校改作『蠘』字。

〔一八三三〕『滑』字屬黠韻字，不當爲此薛韻反語字，檢此反語下字《王二》、《裴韻》皆作『別』，《蔣藏》、《廣韻》皆作『列』，二字同爲薛韻字；又《王二》注文有『今音滑八反』，屬黠韻，疑底卷抄校者依時音改『別』作『滑』後，却未能隨即把此條移至黠韻，從而造成混亂。

〔一八三四〕或體『拼』字《王一》、《王二》作『斨』形，《裴韻》作『扸』形，《廣韻》作『㭊』，《集韻》兼收『㭊』『斨』二形，底卷形訛（『拼』乃『拆』字或體），茲據校改。

〔一八三五〕『晢』字《王一》、《裴韻》同，《蔣藏》、《廣韻》作『晳』，合於形聲構字理據，俗寫『扌』、『木』二旁多混淆不分，茲爲校改。又『日』字諸本皆作『白』字，底卷俗訛，茲據校改。

〔一八三六〕『擊』字上部的『毄』旁底卷俗寫多省作『軗』形，今皆徑録作正體，後不一一出校。

〔一八三七〕『歷』字底卷書作『歴』形，乃『歷』的簡俗字（其下部的『心』爲『止』旁草書），下文『歷』字或『歷』旁底卷類皆作『歴』形，茲俱徑録作正體，不再一一出校説明。

〔一八三八〕『趚』字《王一》、《王二》、《裴韻》同，《廣韻》作『趚』形，合於形聲構字理據，俗寫『朿』、『束』二旁多混而不分，茲據校改。

〔一八三九〕『癧』字《王一》、《王二》、《蔣藏》略同，《裴韻》、《廣韻》、《集韻》作『癧』形，底卷蓋俗省。

〔一八四〇〕『山』字前底卷衍抄一『蒿』字，茲據《王一》、《王二》、《裴韻》、《唐刊》（伯二〇一五）、《廣韻》徑删。

〔一八四一〕底卷本小韻後二字『艌』、『㕞』《王一》、《王二》、《裴韻》、《蔣藏》、《廣韻》皆隸於都歷反後之五歷反小韻，其間尚有一胡狄反小韻，又都歷反小韻《王一》、《王二》收十七字，《裴韻》收十四字，《蔣藏》收十三字，《廣韻》收二十六字，而其後之胡狄反小韻和五歷反小韻的收字情況分别是五、二、三、八和四、三、三、五，是底卷蓋抄竄行，其『三』字當是五歷反小韻的字數，且從《蔣藏》三字中有一個加字的標識中可知《切韻》

原本五歷反小韻蓋祇收二字，與底卷所存情況合，底卷『三』與前『的』字釋義間當脱一行字，茲爲擬補一個多字脱字符。

〔一八四二〕釋義底卷作『雉翟』，考《説文·羽部》云：『翟，山雉尾長者。』則從構詞的種屬關係上看，其釋義當以『翟雉』爲是，檢《王一》、《王二》、《裴韻》、《蔣藏》、《廣韻》皆作『翟雉』，底卷誤倒，茲據乙正。

〔一八四三〕釋義《唐刊》（伯二〇一五）作『長笛』，《王二》作『長笛，樂器』，《裴韻》作『樂器管，武帝時丘促所作』，《蔣藏》作『樂器，晉協律中郎和善吹笛』，《廣韻》作『樂器，《風俗通》云「武帝時丘仲所作也，晉協律中郎列和善吹笛也」』，疑底卷『樂』字下脱一『器』字，姑爲擬補一個脱字符。

〔一八四四〕『枽』字當爲『枼』字因『羅』字類化而誤加『入』之俗作。

〔一八四五〕本小韻實收三字，故其標數字『二』當爲『三』之形訛，茲據校改。

〔一八四六〕注文後一『書』字《王一》、《王二》、《蔣藏》皆作『苦』字，與中華書局點校本《漢書·叔孫通傳》所載之『［攻］苦食啖』相合，《裴韻》訛作『若』字，底卷蓋承前一『書』字而訛，茲據校改。

〔一八四七〕以本字釋本字，不合《切韻》系韻書體例，檢《王一》、《王二》、《裴韻》皆作『没水』，《蔣藏》、《廣韻》皆作『溺水』（其字頭作『溺』），疑底卷代字符下脱一『水』字，茲姑據擬補一個脱字符。

〔一八四八〕『⿰鬲斤』字下部的『⿰鬲斤』爲『鼎』字俗寫，茲據校補正字。

〔一八四九〕『闐』字《王一》、《蔣藏》同，《王二》、《裴韻》、《廣韻》、《集韻》作『闃』，與《説文·門部》新附字同，底卷俗作。

〔一八五〇〕『郎』字《王一》、《蔣藏》同，《王二》、《廣韻》、《集韻》作『郞』形，底卷俗作。

〔一八五一〕『鵙』字《王一》、《蔣藏》同，《王二》、《廣韻》、《集韻》作『鶪』形，底卷俗作。

〔一八五二〕『鏧』字《王一》、《王二》、《裴韻》、《蔣藏》同，《廣韻》作『鼜』，後者爲『⿱蚤鼓』字或體，《集韻》同，合於《説文》，唯《集韻》『鼜』字注文有云『俗作鏧，非是』。

〔一八五三〕『忲』爲『吝』俗字『悋』字俗省，《裴韻》正作『悋』字。

〔一八五四〕『瀉』字《王二》、《裴韻》同，《王一》、《蔣藏》、《廣韻》、《集韻》皆作『潟』形，底卷所作蓋其增繁俗作。

〔一八五五〕字頭『跡』前底卷承上衍抄一字頭『踖』，茲徑删去。又或體『積』字從『禾』，不合表『足跡』義的形聲構字理據，檢《王一》、《蔣藏》及《集韻》皆收『跡』字或體『蹟』，底卷當爲其形訛，茲據校改。

〔一八五六〕釋義《王一》、《王二》、《裴韻》、《蔣藏》、《廣韻》皆作『魚名』，疑底卷注文『鰿』本作代字符形，爲『名』字形訛，後抄校者回改作本字，遂致混亂，茲姑據校改『鰿』作『名』字。

〔一八五七〕底卷脱反語下字，檢《王二》、《裴韻》、《蔣藏》、《廣韻》皆作『隻』字，可據補。

〔一八五八〕『又之名都歷反』底卷作『名之又都歷反』，其中『之』字右側有一乙正符號『√』，即底卷原文當作『之名又都歷反』，然亦錯亂不可解，考《王一》注文作『樂。又之石、都歷反』，《裴韻》作『樂也；一曰之也。又之石反都歷反』，葉鍵得《十韻彙編研究・切三校勘記》云：『此本「名」蓋「石」字之誤，「又」字當移至「樂」字下。即注文當作「樂。又之石、都歷二反」。』甚是，茲從乙校，并依底卷文例爲擬補一個脱字符。

〔一八五九〕『螫』字《王一》、《王二》、《裴韻》、《蔣藏》同，《廣韻》、《集韻》作『螫』形，合於《説文》，諸本俗省。

〔一八六〇〕『厈』字《王一》、《王二》、《裴韻》同，《蔣藏》作『庍』形，《廣韻》作『㡿』形，皆同一小篆隸定之不同形體，俗寫亦作『厈』、『斥』、『斤』諸形，今則通用作『斥』形。

〔一八六一〕『這』字《裴韻》作『適』，按『適』爲『適』字隸定的形體之一，而『這』又是其進一步簡化之字形。

〔一八六二〕殘字底卷存兩側殘畫，茲據《王一》、《王二》、《廣韻》校補作『炙』字，《裴韻》、《蔣藏》俗寫作『炙』形。又『火』字下疑底卷本有一字而漫滅（疑爲代字符），《説文・炙部》『炙，炮肉也』，《裴韻》、《蔣藏》皆無訓，《王一》作『燦』，《王二》作『燥』，『燦』爲『燥』之俗字，可參。

〔一八六三〕或體以『百』爲聲旁，不合形聲構字理據，檢《王一》、《蔣藏》、《廣韻》皆作『蹢』形，底卷形訛，茲據校改，《裴韻》俗寫作『蹢』形。

〔一八六四〕反語依文例底卷脱『反』字，茲爲擬補一個脱字符。

〔一八六五〕『剌』字當從『朿』聲，俗寫『束』、『朿』二形淆混不分，茲據校補正字。

〔一八六六〕『涑』字《王一》、《裴韻》、《蔣藏》同，《廣韻》作『洓』形，合於形聲構字理據，俗寫『朿』形多作『束』，茲據校改。

〔一八六七〕本小韻標數字作『七』而實收六字，檢《王一》、《王二》『籍』、『踖』二條間有『耤，耤田』一條，底卷脱録，《裴韻》、《廣韻》置此條於『藉』、『堉』二條間，《蔣藏》此處排序有誤，然亦以此置於『堉』字條前，茲姑據《王一》、《王二》擬補三個脱字符。

〔一八六八〕注文《王一》、《唐刊》（伯二〇一五）同，《王二》作『排殺，刃』，《裴韻》作『排殺』，《廣韻》、《集韻》訓作『小矛』，底卷蓋用注文與被注字連讀成訓例，龍宇純《校箋》謂『殺』即《廣雅》『矠』字，可參。

〔一八六九〕『居』字《王二》、《裴韻》作『君』，與《爾雅·釋詁一》合，底卷形訛，茲據校改。

〔一八七〇〕注文『方』、『彳』間底卷有一塗抹的字和一未盡塗去的『反』字，蓋衍抄後塗删者，今徑删之。又『碧』字反語《蔣藏》同。又依文例，注文末當有一小韻標數字『一』，此脱，茲爲擬補一個脱字符。

〔一八七一〕『丑亦』居雙行注文之右行，左行無字痕，疑其漫滅，依文例當有『反一』二字，茲爲擬補二個缺字符。

〔一八七二〕注文『麥』字底卷本作與字頭同形，茲據注文『從來』之説録定。

〔一八七三〕『霖』字《王一》、《蔣藏》同，《王二》、《裴韻》、《廣韻》、《集韻》作『霂』，合於《説文》，且『霡霂』爲明明族聯綿詞，其同族詞如『蔑蒙，飛揚皃』、『蠛蠓，細虫也』、『緡蠻，小鳥皃』、『溟溟，雨小皃』等，皆有共同的核義素細密飄揚貌，而明來族聯綿詞則爲細密隱藏貌，與該詞訓『小雨』義不合，底卷『霖』字形訛，茲據校改。

〔一八七四〕『畵』字爲『畫』之俗字，參《敦煌俗字研究》下編田部『畫』字條考釋。

〔一八七五〕『刻』字《王一》、《裴韻》、《蔣藏》、《廣韻》皆作『刻』，葉鍵得《十韻彙編研究·切三校勘記》謂『刻』當作『刻』。

〔一八七六〕『哇』字《王一》同，置此不辭，故《王一》『哇』字右側有二墨點以示刪除，兹據《裴韻》、《蔣藏》、《唐刊》（伯二〇一五）及《廣韻》校改作『蛙』字，底卷形訛。

〔一八七七〕殘字可辨其外爲『疒』旁，内中右側爲『頁』，左側漫糊不能辨，《王二》作『广』，蓋即内中不辨而未抄之殘字，《裴韻》作『廟』形，《蔣藏》作『癲』形，《唐刊》（伯五五三一）作『顚』形，《廣韻》作『頗』字，俗寫『广』、『疒』二旁或淆混不分，底卷之形當與《裴韻》、《蔣藏》近似，周祖謨《廣韻校勘記》云：『注「頗」當是「顚」字之誤。刻本韻書五五三一作「顚」，是也。《唐韻》（長龍按：即《蔣藏》）訛作「廟」。支韻息移切下「顚」字注云：「顢顚，頭不正也。顢音精。」案「顢顚」、「顢顚」，未詳孰是。』按當以『顢顚』爲是，參龍宇純《校箋》平聲支韻『顚』字條下校記，底卷殘字當是『顚』字形訛。

〔一八七八〕『衍』爲『冠』之俗字，參《敦煌俗字研究》下編冖部『冠』字條考釋。

〔一八七九〕『徤』字《王二》、《裴韻》、《蔣藏》皆作『健』，按俗寫『亻』、『彳』二旁多混，『徤』爲『健』之俗字。

〔一八八〇〕字頭底卷作似『㲉』形，但與前錫韻去激反小韻的『㲉』字比，此字『口』上多一『一』，檢《王一》、《王二》、《蔣藏》及《廣韻》皆作『礊』形或『礊』形，《裴韻》作『礊』形，底卷所作蓋即『礊』字俗作，兹姑據録定。又釋義《王一》、《蔣藏》同，《裴韻》、《廣韻》作『鞕聲』，考《説文·石部》『礊，堅也』，又《玉篇·革部》『鞕，堅也。亦作硬』，是諸本作『鞕』字當爲『鞕』字之形訛，龍宇純《校箋》云：『疑陸氏避「堅」字諱作「鞕」，而諸書沿之，又誤作「鞭」。』兹據校改。

〔一八八一〕『大怒張耳』不辭，檢《王一》、《王二》、《裴韻》、《蔣藏》、《廣韻》皆作『犬怒張耳』，底卷俗寫『大』、『犬』多混而不分，兹據校改。

〔一八八二〕『棟』字《裴韻》、《蔣藏》、《唐刊》（伯二〇一五）、《廣韻》同，《王二》作『朿』形，按『朿』正『朿』字俗寫，參《敦煌俗字研究》下編木部『棗』字條考釋，『朿』、『束』二形俗寫多淆混不分，余迺永《新校》云：『「朿」聲上古入錫部，中古二等入麥韻，故从朿。』兹據校改。

〔一八八三〕『滐』爲『滌』之俗字，《龍龕·竹部》即以『筞』爲『策』之俗字，本字頭《廣韻》正作『滌』形。

〔一八八四〕『瘷』當爲『瘷』字俗訛，參前文校記〔一八八三〕。又注文聯綿詞上字底卷上聲混韻作『瘁』字，《廣韻·寑韻》『踈錦切』小韻以『瘁』、『瘮』二字爲或體。

〔一八八五〕小韻標數字『一』底卷脱抄，兹依文例擬補一個脱字符。

〔一八八六〕『袹複』《王二》、《裴韻》、《蔣藏》、《唐刊》（伯二〇一五）、《廣韻》同，按《廣雅·釋器》『袹襠謂之袹腹』，又《釋名·釋衣服》『帕腹，横陌其腹也』，『帕』、『袹』爲異體字，則諸本之形，當是偏旁類化所致者。

〔一八八七〕『張防』底卷本作『防張』，兹據《王一》、《王二》、《裴韻》、《蔣藏》、《廣韻》乙正，又反語上字作『防』《王二》猶同，他本皆作『陟』，蓋底卷亦初以『張』爲訓，而以『陟』爲反語上字，後『陟』訛變作『防』，抄校者以其非聲，故移同爲知紐（『陟』隸知紐）的『張』字爲反語上字，而以『防』字爲訓，義不通矣，兹又據校『防』作『陟』字。

〔一八八八〕『劇』字訓『憎』未聞，釋義《裴韻》及《蔣藏》、《廣韻》首訓皆作『增』，與《説文·刀部》『尤甚也』之訓略合，底卷形訛，兹據校改。又殘字存右部一竪形筆畫，兹據本小韻實收字數校補作『四』字。

〔一八八九〕『屐』字中的『丬』形部分《蔣藏》同，《王二》、《裴韻》、《廣韻》作『彳』形，『丬』蓋『彳』旁俗寫之訛變，又『爿』旁俗寫亦作『丬』形，或回改『丬』形作『爿』旁如《康熙字典》之『牖』字，又過矣。又注文『屟』即『屧』之俗字。

〔一八九〇〕『𧮫』字《蔣藏》同，《王二》作『𠮧』形，《裴韻》作『谻』形，《廣韻》作『谻』形，周祖謨《廣韻校勘記》云：「『谻』，段改作「谻」，是也。「谻」亦見几劇切下。按《史記·司馬相如〈子虛賦〉》「徼谻受詘」，索隱引司馬彪曰：「谻，倦也。」「谻」《方言》十二作「𢔇」，《廣雅》作「御」。』底卷爲俗字，如參段玉裁所改之右旁部分及本大韻後『郤』、『綌』二字的寫法，底卷此字實當作『𧮫』形。

〔一八九一〕注文述《説文》字形與字頭無異，不合揭異文例，兹據今本《説文·戈部》校改。

〔一八九二〕『榮』字《裴韻》、《集韻》同，《王二》作『熒』，《蔣藏》作『滎』，又《廣韻・鐸韻》『溹』字注亦作『在滎陽』，與今河南滎陽之索河字合，底卷形訛，兹據校改。

〔一八九三〕本條底卷初抄脱，後補於『迮』、『笮』二條右側，此依文例補録於正文中。

〔一八九四〕字頭『茌』字《王二》、《裴韻》、《蔣藏》、《廣韻》及底卷本大韻後『峉』字注文皆作『峈』形，底卷形訛，兹據校改。

〔一八九五〕或體與字頭同形，不合文例，字頭《王二》作『隙』形，合於《説文》，底卷字頭或從俗作，疑此注文或體當作『隙』形，姑據校改，又參《敦煌俗字研究》下編𨸏部『隙』字條考釋。

〔一八九六〕字頭即『郄』字俗寫，俗書『厶』、『口』二形多混而不分。

〔一八九七〕『綌』字《蔣藏》同，《王二》、《裴韻》、《廣韻》作『綌』形，與《説文》合，底卷爲俗字，又俗寫『厶』、『口』二形多混而不分，此字又作『綌』形，參《龍龕・糸部》。

〔一八九八〕『鳊』字《王二》、《裴韻》、《蔣藏》、《廣韻》皆作『鶝』形，又本大韻後『鶝』字條注文亦作『鶝鶪』，是此『鳊』爲形訛字，兹據校改。

〔一八九九〕『鯱』字《王二》、《裴韻》、《蔣藏》、《廣韻》皆作『虢』，按『鯱』爲『虢』之俗字，『㲋』旁作『巢』形，乃俗書之通例，參張涌泉《漢語俗字叢考》虍部『鯱』字條考釋。

〔一九〇〇〕『拍』字《王二》、《蔣藏》同，《裴韻》、《廣韻》作『拍』，底卷爲俗字。

〔一九〇一〕『朾』爲『打』之古字，此訓《王二》、《裴韻》、《蔣藏》、《廣韻》同，周祖謨《廣韻校勘記》引李慈銘考釋云：『案《蜀都賦》「皛貙氓於葽草」李善注：「皛，胡了切，當爲拍，拍，普格切。」蓋以「皛」爲「拍」之字誤，非「皛」可訓「拍」也。』《集韻》『皛，明也』，蓋是，諸書『亦朾』之訓乃借義也，不合韻書文例。又底卷『蜀都』後脱抄一『賦』字，兹據諸本擬補一個脱字符。

〔一九〇二〕『瑒』字《裴韻》、《蔣藏》同，《廣韻》作『埸』，《王二》作『棖』，『瑒』與『埸』、『棖』定、澄類隔。

〔一九〇三〕『𢑭』字《蔣藏》略似，《裴韻》作『𧆨』形，皆『虢』之俗作，《王二》、《廣韻》作『虢』字。

〔一九〇四〕注文反語上字脱抄，檢《王二》、《裴韻》、《蔣藏》、《廣韻》皆作『一』字，可據補，兹爲擬補一個脱字符。又小韻標數字『一』底卷亦脱抄，此亦爲擬補一個脱字符。

〔一九〇五〕殘字底卷存上部似『丿』形筆畫，兹依文例校補作『反』字。又缺字底卷殘泐，此爲小韻標數字，可據本小韻實收字數補作『一』字。

〔一九〇六〕注文『鉿』字底卷作代字符形，且初置『尺』下，右側加有乙正符號『√』，今爲移正。《王二》、《裴韻》、《蔣藏》注文首字皆同此代字符，《廣韻》別作『二』字，《集韻》注文則徑云『鋌也』，又底卷『鋌』字《蔣藏》同，他本皆作『鋌』字，底卷形訛，兹據校改，戴侗《六書故·地理一》云：『鋌，五金鍛爲條樸者，金曰鋌，木曰梃，竹曰筵，皆取其長。』是『二尺鋌』之説，蓋有其語言理據，底卷及諸本之代字符當爲『二』字形訛，葉鍵得《十韻彙編研究·切三校勘記》已揭此，姑從校改。

〔一九〇七〕『魿』字《王二》、《裴韻》、《蔣藏》、《廣韻》皆作『鮯』形，與本小韻之諧聲偏旁一致，底卷形訛（『口』旁俗寫多作『ム』、『マ』形），兹據校改。

〔一九〇八〕注文《王二》、《裴韻》同，《蔣藏》作『踆行，惡皃』，《廣韻》作『踆行皃』，《集韻》作『跳也；踆也』，龍宇純《校箋》云：『案「踆」字誤，當作「跛」，《説文》「踏」下云「跛也」，《王二》（長龍按：即《裴韻》）蘇合反「跛」下云「踏跛」，《玉篇》「踏」下云「踏跛」，並其證。《唐韻》（長龍按：即《蔣藏》）「踆」上奪重文，《廣韻》又減「惡」字，《集韻》省之云「踆」，幾至不可正矣。』底卷形訛，兹據校改。龍氏又云：『「惡」字不詳，本書「跛」下云「急」，與小徐「踏」下云「馺」合（《萬象名義》同），「惡」字疑當作「急」。』按『踏跛』爲端心族聯綿詞，檢其同源詞如『偛儠（輕佻兒）』、『𪉑𩸇』、『哆嗦』等，皆有亂動之核義素，非謂急也，又如『毰毸（羽惡兒）』，亦可參，似不必改字。

〔一九〇九〕『𪚽』字《王二》、《裴韻》、《廣韻》、《集韻》皆作『𪛓』形，合於《説文》，底卷蓋其俗寫。

〔一九〇〕注文《廣韻》同,《王二》作『扸(抵)蹹』,《裴韻》作『𨄔』,《蔣藏》作『𨄔踰(蹹),加也』,《集韻》以『蹹』與『踏』、『蹋』爲異體字,訓作『踐也』,又慧琳《音義》卷一四『蹉蹹』注引《説文》云『踐也』,與今傳大徐本《説文·足部》『蹋,踐也』合,然底卷訓『𨄔蹹』,終有些費解,姑誌以俟考。

〔一九一〕本小韻標數字作『十一』而實收十字,檢《王二》收字十五,《裴韻》收字十一,《蔣藏》收字『十三』(其謂加四,則明其所據之加字本原衹收九字),《廣韻》收字十八,茲姑據《裴韻》補『踏』,其注文則取《王二》之簡作『春』,計擬補二個脱字符,又因諸本該字位置不一,姑置小韻末。

〔一九二〕反語上字《王二》、《裴韻》、《廣韻》皆作『盧』字,《補正》據校,茲從改,底卷形訛。

〔一九三〕『沓』字《王二》、《裴韻》、《蔣藏》、《廣韻》皆作『𦐇』形,又底卷本大韻前『翕』字下亦作『𦐇翕』,底卷此處蓋俗省。

〔一九四〕注文《王二》同,不合文例,《裴韻》於前加『草』字,蓋是,至《蔣藏》、《廣韻》則引數書以繁其訓矣。

〔一九五〕『俟』字置此不辭,檢《王二》、《裴韻》、《廣韻》皆作『係』字,《廣韻》作『繫』,合於《説文》,『係』、『繫』俗通,底卷形訛,茲據校改。

〔一九六〕字頭《王二》、《裴韻》、《蔣藏》、《廣韻》皆作『溘』形,從底卷其他從『盇』字旁的書寫形態看,此字亦應作『溘』形,《敦煌俗字研究》下編皿部『盇』字條考釋云:『「盇」蓋篆文隸定或楷定形成的俗體。』

〔一九七〕『㡯』字《蔣藏》同,《王二》訛作『𢈈』形,《裴韻》、《廣韻》、《集韻》作『𢈈』形,合於《説文》,按『厺』字與《説文·水部》『瀊』字下所收古文之形合,疑本字頭或以此爲聲旁,俗省作『去』形。

〔一九八〕『㕁』字《裴韻》、《蔣藏》同,《王二》訛作『厗』,《廣韻》訛作『㕁』形,又參前條校記。注文『𡷫』字《裴韻》、《蔣藏》作『峚』,《王二》、《廣韻》作『岸』,合於《爾雅·釋山》『左右有岸,厒(此字形亦誤)』,底卷形訛,茲據校改。

〔一九九〕釋義《裴韻》同,《蔣藏》、《廣韻》作『大歙』,《王二》作『歙』,後者合於《説文》,又慧琳《音義》卷六二『欱粥』注引《考聲》亦云『大歠』，底卷後洽韻呼洽反『欱』字訓作『小嘗』，與此『小歠』略似，俟考。

〔一九二〇〕『盇』字蓋篆文隸定或楷定形成的俗字，參《敦煌俗字研究》下編皿部『盇』字條考釋，本大韻從此旁字同。又『河不』不辭，『河』字《王二》、《裴韻》、《蔣藏》、《廣韻》皆作『何』字，底卷形訛，茲據校改。

〔一九二一〕『曰』字前依文例底卷脱二『一』字，《裴韻》、《廣韻》有之，茲據擬補一個脱字符。

〔一九二二〕『筮』字《王二》、《裴韻》、《蔣藏》、《廣韻》皆作『噬』，與阮刻《十三經注疏》本《周易》經文合，底卷脱省，非是，茲據校改。

〔一九二三〕此處底卷原作『鑞，蜜〻』，如以代字符回改作『鑞』字，則不辭，檢《裴韻》、《廣韻》皆『○鑞，錫鑞。○蠟，蜜蠟』二條接抄，又底卷小韻標數字作『六』而實收五字，正爲此處脱抄一條所致，茲據擬補三個脱字符，并把代字符回改作『蠟』字。

〔一九二四〕注文『䶀𩏑』在雙行之左側，右側底卷殘泐，從底卷録文的一般文例看，此處當有文字，檢《裴韻》、《蔣藏》注文皆作『䶀𩏑，皮皃』，與底卷殘泐空間合，茲據擬補兩個缺字符。

〔一九二五〕『都盇』二字底卷略有些漫壞，茲參《王二》、《裴韻》、《蔣藏》録定。

〔一九二六〕注文『鄭』字《王二》、《裴韻》、《廣韻》皆作『擲』，與《玉篇·石部》『砙，磓也』之訓有引申關係，底卷誤脱『扌』旁，《補正》已揭此，茲從校改。

〔一九二七〕殘字存右側『毛』旁及左側殘畫，茲據《王二》、《裴韻》、《蔣藏》、《廣韻》校補作『毾』字。

〔一九二八〕殘字底卷存下部筆畫，茲據《王二》、《裴韻》、《蔣藏》、《廣韻》校補作『隸』字。又『隸』字前《王二》無字，《裴韻》、《蔣藏》皆有一代字符，從底卷之空間看，似亦當有之，故據擬補一個缺字符。又『䃉』字前底卷似亦有一塗去之代字符形，茲據諸本删之。

〔一九二九〕殘字底卷皆存右部筆畫，茲據《王二》、《裴韻》、《蔣藏》、《廣韻》校補作『多言』二字。

〔一九三〇〕此處底卷作『○塔，、摸，摸字莫胡。○搚，搨搚，和雜』，考其末條當係誤録下行之『拹，搕拹，和雜』（其中

『搗』字又誤抄作『搨』)條，《王二》、《裴韻》、《蔣藏》、《廣韻》本小韻皆無此條，兹據删去。如此則本小韻又比標數字少一條文字，而從『塔，ヽ摸，摸字莫胡』條中又可見其存在着形訓不合的問題，檢《裴韻》、《蔣藏》、《廣韻》『塔』(字形《廣韻》作『塔』)下皆接抄『搭』字條，《王二》二條排序正相反，又諸本『塔』字皆訓『浮圖』，而『搭』則訓作『搭摸』或『摸搭』，是底卷此處又雜糅二條爲一，兹據擬補三個脱字符，并回改代字符作『搭』字。又注文『摸』字反語依文例脱一『反』字，故爲擬補一個脱字符。

〔一九三一〕後『闒』字《王二》、《裴韻》、《蔣藏》、《廣韻》皆以之與『蹋』同一小韻，且其殘迹亦不存在别注反語之處，《裴韻》此小韻亦唯收此二字，故底卷小韻標數字當爲『二』字形誤，兹據校改。

〔一九三二〕缺字底卷殘泐，殘字存『户』字上部形，檢『闒』字注文《王二》、《蔣藏》、《廣韻》皆作『門樓上屋』，《裴韻》作『樓上户』，《説文》曰：「樓上户也。」」俗寫『户』、『尸』二形多淆，是底卷殘字爲『户』爲『屋』，尚難斷也。

〔一九三三〕『闒』字條下底卷殘泐約四、五個大字的空間，考『闒』、『傝』之間的内容，《王二》尚存二小韻，其首字分别爲『傽』、『傝』，《蔣藏》及《廣韻》其間衹有『傽』小韻，《裴韻》本大韻因以『蹋』字爲代表字，故其與『傝』小韻間有多條小韻在，又《王二》之『傝』小韻龍宇純考其不當出於此間，故疑底卷此處當有『傽』小韻在，又諸本『傽』字所在小韻收字數雖有所不同，如《廣韻》收七字而《裴韻》收一字，然其首字則同，『傽』字條注文《裴韻》作『私盍反。傝傽，不謹皃。一』(『傝傽』諸本同，誤，當從《集韻》『㒓』字條注文作『㒓傽』)，其下若接下一字頭『傝』，則其所占空間，約可與底卷所殘者合，故據擬補十一個缺字符。殘字底卷存底端筆畫，兹據諸本校補作『傝』字。又『著』下缺字諸本作『事』，亦可據補。反語底卷脱録標識字『反』，兹依文例擬補一個脱字符。

〔一九三四〕『啡』字《集韻》及《玉篇·非部》同，《王一》、《王二》、《裴韻》、《廣韻》皆作『啡』形，疑當以底卷所作爲正，所謂天之所非爲惡也。又本小韻實收二字，底卷標數字形訛，兹據校改。

〔一九三五〕『擖』字《王一》作『擸』，《廣韻》、《集韻》同，又《集韻・葉韻》：『擸，《説文》「理持也」。或作擖。』《廣雅・釋詁一》『擸，折也』王念孫疏證：『「擸」音獵，舊本譌作「擖」。「擸」之譌「擖」，猶「臘」之譌「臈」。』是底卷俗作。

〔一九三六〕『古』字右部底卷略殘，兹據《王二》、《裴韻》、《蔣藏》及《廣韻》録定。

〔一九三七〕缺字底卷殘泐，《王二》、《裴韻》、《蔣藏》、《廣韻》皆作『石』字，可據補。

〔一九三八〕『磕』字條下底卷殘泐約四個大字的空間，檢諸本之相關内容，《王一》、《王二》『磕』小韻下有二小韻，首字分別爲『鰪』和『𡅿』，各收二字，《裴韻》、《蔣藏》祇有『鰪』一個小韻，收二字，《廣韻》有四個小韻，首字分別爲『鰪』、『𡅿』、『砝』、『譫』，底卷殘字情況及空間可與《蔣藏》略合，《蔣藏》的相關内容作『〇鰪，鰪鰨，魚名。安盍反。二。〇盦，《説文》云「覆蓋也」。』兹據擬補十個缺字符。

〔一九三九〕『陿』字字書未見所載，亦不合於形聲構字理據，檢『狹』字或體《王二》作『陜』，《裴韻》、《蔣藏》作『陿』，《廣韻》則『陜』、『陿』二形並收，底卷形訛，兹據校改。

〔一九四〇〕『慆』字《蔣藏》同，《王二》、《唐刊》(伯二〇一五)作『幍』形，《裴韻》作『惂』形，《王一》、《廣韻》、《集韻》作『帢』形，或作『帢』字；俗寫『舀』、『臽』二形多淆混不分，然從『舀』聲字當入豪、晧、号韻，入聲無與之對應的韻部，是底卷本大韻聲旁作『舀』者，皆『臽』之形訛，後不一一出校。又『巾』、『忄』二旁俗寫亦多混而不分，此字釋義與『巾』相關，則當從『巾』爲是。

〔一九四一〕『刣』字下部底卷有殘泐，兹據《王二》、《裴韻》、《蔣藏》、《廣韻》録定。注文缺字底卷殘泐，可從諸本補作『入』字。

〔一九四二〕『刣』字條下底卷殘泐約三個大字(不計『刣』字注文)的空間，按『刣』字爲『苦恰反』小韻的最後一字，其下當爲別一小韻，檢《王二》、《裴韻》、《蔣藏》皆接『古洽反』小韻，且其首二字皆爲『夾』、『郟』，校諸底卷所殘空間，容此二字頭外，則祇能容『夾』字之反語及標數字，兹據擬補六個缺字符。又小韻標數字可據實收字數補作『九』字。

〔一九四三〕注文《蔣藏》同，《廣韻》改『諳』作『暗』字，似於義爲長，姑從校改，又《裴韻》作『眼語』，《王一》作『眼晗，眨』，《唐刊》（伯二〇一五）作『晗眼，眨』，可參。

〔一九四四〕『篁』字下端捺筆底卷殘泐，茲據《王二》、《廣韻》録定，《王一》、《裴韻》、《蔣藏》皆作俗寫之形。又『篁』字下底卷殘泐約四個大字的空間，檢諸本皆以『篁』字爲小韻首字，小韻反語作『士洽反』（反語上字《王二》、《廣韻》誤作『七』字），釋義皆作『行書』，小韻標數字《王一》、《王二》、《蔣藏》皆作『三』，其後二字内容《王一》、《王二》作『○㷿，湯㷿。又与涉反。○騙，馬騾』。《裴韻》、《蔣藏》、《廣韻》『㷿』字皆無又音，從底卷所殘空間計，亦應没有又音，茲據擬補十個缺字符。又『騾』字底卷誤脱左旁『馬』，《補正》已揭此，亦並從改。

〔一九四五〕『容』字《蔣藏》同，《王一》、《王二》作『峇』形，《裴韻》作『容』形，又《王一》注文又有『正作庴』，《敦煌俗字研究》下編凵部『凹』字條考釋云：『「凹」、「庴」皆後起字，其正字似當是「窊」。《説文·穴部》「窊，污衺下也。从穴，瓜聲。」』『「容」蓋「凹」（窊）字異構，「峇」又是「容」的换旁俗字。』是底卷之『容』當爲『容』字俗訛，茲據校改。

〔一九四六〕『狀』字《王一》、《王二》、《裴韻》、《蔣藏》皆作『杜』字，《唐刊》（伯二〇一五）、《廣韻》作『丈』字，『杜』、『丈』雖類隔，然皆爲舌音，且有舌頭、舌上之對應，其間之分化軌迹可尋而繹之；『狀』隸『莊』紐，爲齒音字，與之隔遠，底卷『狀』字當爲『杜』字形訛，茲據校改。

〔一九四七〕『浹』字《裴韻》、《蔣藏》、《唐刊》（伯二〇一五）同，《王一》、《王二》、《廣韻》皆作『浹』形；又『渫』字《王一》、《蔣藏》作『渫』形，乃『渫』字之諱改字，《裴韻》、《廣韻》皆作『渫』形，按『浹』、『渫』並爲『浹』、『渫』俗變字，注文『水』亦『氷』之形訛，詳參《王一》校記〔四二五二〕。

〔一九四八〕『渫』字《王一》、《王一》、《裴韻》、《蔣藏》、《唐刊》（伯二〇一五）、《廣韻》皆從『冫』旁，『渫』、『渫』二字當爲古今字，又參《唐刊》校記〔三六六〕。

〔一九四九〕『鳴食』異聞，《王一》、《王二》、《裴韻》、《唐刊》（伯二〇一五）、《集韻》皆作『鳥食』，又本大韻後所甲反小韻『啑』字下亦作『鳥食』，底卷蓋承前『啑喋』二字而誤加『口』旁，兹據校改。

〔一九五〇〕『去』字《王一》、《王二》、《裴韻》、《蔣藏》、《唐刊》（伯二〇一五）、《廣韻》皆作『古』，是，俗寫『口』形多作『厶』形，而與『去』字相訛，兹據校改。

〔一九五一〕釋義《王一》、《裴韻》、《蔣藏》、《廣韻》同，《唐刊》（伯二〇一五）『穴』作『血』字，《王二》『穴』字前衍抄一『空』字，又《説文·穴部》『窜，入衇刺穴謂之窜』，《玉篇》同，『入』、『人』俗寫多混而不分，此訓似以作『入』字爲長，姑從校改。

〔一九五二〕『𡚁』字《王一》、《裴韻》、《蔣藏》、《廣韻》皆作『𡚁』形，底卷俗省。

〔一九五三〕引文爲傳本《東觀漢記》佚文，所謂『令人熱』，蓋指令人感動云云。

〔一九五四〕『陟』爲職韻字，置此非韻，兹據《王一》、《王二》、《裴韻》、《廣韻》及底卷本卷卷首韻目标音及本大韻『書涉反』小韻校改二『陟』字作『涉』，形訛字也。　又又義前葉鍵得《十韻彙編研究·切三校勘記》謂『疑尚有脱文』，檢《裴韻》條僅注二音，未收釋義，是依底卷文例，則此注文之『又』字乃因音而論，即謂此『又』字後的釋義是讀『式陟（涉）反』的，故此處底卷并無脱文。

〔一九五五〕字頭『𣝣』字《王二》作『楫』，而於注文中云『亦作檝』，《裴韻》、《蔣藏》略同，《廣韻》亦收『楫』爲正字，而於其下別收或體『檝』字，疑底卷誤因『取』字俗作而增右下角筆畫，兹據校改作『楫』字。

〔一九五六〕『䧟』字爲『陷』之俗訛，此字《王一》、《王二》、《裴韻》、《蔣藏》、《廣韻》皆作『蹈』，底卷形訛，兹據校改。

〔一九五七〕『㢝』字當爲《説文·止部》『𤴓』字的俗變，《廣韻》作『𤴓』形，俗寫以此爲『疌』字（《説文·止部》作『疌』形），底卷從『㢝』旁者同，王仁昫《刊謬補缺切韻》以後，韻書皆於前『疾葉反』小韻增收『疌』字。今爲免繁瑣，他處『㢝』字或從『㢝』旁者皆徑改作『疌』形，不一一出校説明。

〔一九五八〕『七』字《王一》、《王二》、《裴韻》、《蔣藏》、《唐刊》（伯二〇一五）、《廣韻》皆作『叱』，底卷誤脱『口』旁，兹據校改。

〔一九五九〕『薄』字下底卷抄有一『言』字，檢《王一》、《王二》、《裴韻》、《蔣藏》、《唐刊》（伯二〇一五）、《廣韻》皆無之，《説文·女部》：『姑，小弱也；一曰女輕薄善走也；一曰多技藝也。』亦未及『言』字，底卷蓋蒙下『詁』字而衍抄一『言』字，兹據删之。

〔一九六〇〕『泒』字《王一》、《蔣藏》、《廣韻》皆作『狐』，余廼永《新校》引《漢書·地理志》：『狐讘縣，在河東郡。』字又作『狐』，底卷俗寫『瓜』旁多作『爪』形，此處之『泒』當爲『泒』字俗作，《説文·水部》『泒，起鴈門葰人戍夫山，東北入海。』『泒』、『狐』《廣韻·模韻》同在古胡切小韻。又『靖』字前較諸本脱一『在』字，兹據擬補一個脱字符。

〔一九六一〕『鬢』字下《王一》、《王二》、《裴韻》、《蔣藏》、《唐刊》（伯二〇一五）、《廣韻》皆有『骨』字，底卷誤脱，兹據擬補一個脱字符。

〔一九六二〕『布』字《王二》、《裴韻》、《蔣藏》、《唐刊》（伯二〇一五）、《廣韻》皆作『怖』，與《説文·心部》『讘，失氣也』義略同，底卷脱抄『忄』旁，兹據校改。

〔一九六三〕或體『讋』字《裴韻》同，《王二》、《廣韻》皆於『懾』字下收『慴』字作爲或體，疑此『讋』字當爲『懾』字之訛。

〔一九六四〕『鐎』字《王二》、《裴韻》、《蔣藏》、《唐刊》（伯二〇一五）、《廣韻》皆作『鏶』或『鏶』形，從金，集聲，合於形聲構字理據，『鐎』字已見於平聲宵韻，底卷此處形訛。又注文『灰』字諸本皆作『炙』，底卷亦形訛，並據校改。

〔一九六五〕『錘』字《王二》、《裴韻》、《蔣藏》、《唐刊》（伯二〇一五）、《廣韻》皆作『鍤』字，合於形聲構字理據，底卷形訛，兹據校改。

〔一九六六〕注文『极』字右下部底卷殘泐，韻書諸本多舛，兹據《裴韻》及《廣韻》録定，《説文·木部》云『极，驢上負也』，段注：『蓋若今馱鞍。』

〔一九六七〕『輒』字右部底卷作『耴』形，《裴韻》、《唐刊》（伯二〇一五）同，敦煌寫本中『耴』、『取』皆可作此形，此處原字乃『輒』的俗寫，《王二》、《廣韻》正作『輒』，但因『耴』旁『取』旁俗寫同形，俚俗遂有把『耴（耴）』旁回改作『取』的，底卷此字《蔣藏》作『輙』，正是其例。上下文注文中凡『輒』字右部寫作『耴』形的，均徑録正，不再出校説明。

〔一九六八〕『耴』字底卷本作『耴』，此處乃『耴』的俗寫，《王二》、《廣韻》正作『耴』，《裴韻》略同，《蔣藏》作『取』，乃錯爲回改之誤。參上校。

〔一九六九〕又音依文例底卷脱抄反語之『反』字，兹據擬補一個脱字符。

〔一九七〇〕『瘱』字《裴韻》作『㾀』形，《蔣藏》、《唐刊》（伯二〇一五）作『瘞』形，皆爲『瘞』字俗寫，《廣韻》作正字，又《王二》誤作『瘗』形。

〔一九七一〕『廁』字《王二》、《裴韻》、《蔣藏》、《廣韻》皆作『扇』，合於《説文》，底卷形訛，兹據校改。

〔一九七二〕『劵』字《王二》、《裴韻》同，《廣韻》作『券』，是，《蔣藏》、《唐刊》（伯二〇一五）皆作『劵』字草寫之形，底卷形訛，兹據校改。

〔一九七三〕『𦧺』字字書未見所載，檢《裴韻》、《蔣藏》皆作『誻』字，是，底卷形訛，兹據校改。

〔一九七四〕『恊』字《蔣藏》同，《王二》、《廣韻》皆作『協』形，《裴韻》『恊』、『協』二字兼收，然於『恊』字注文有『古叶通』之語，按《説文·劦部》亦『恊』、『協』兩收，前者注文作『同心之和。从劦，从心』，後者作『衆之同和也。从劦，从十。叶，古文協从曰、十；叶，或从口』，則底卷既收或體作『叶』，其字頭正字似當作『協』形，唯『恊』、『協』本音同義近，蓋即異體字，《説文》似亦不當别立二字頭，後世通用，且俗寫『十』、『忄』或混，益增其同用之機。又『劦』旁俗書或作『劦』形，參《敦煌俗字研究》下編力部『劦』字條考釋。

〔一九七五〕釋義當用注文與被注字連讀成訓例，《王二》、《裴韻》『任』字下有一代字符，《蔣藏》、《廣韻》皆作『任俠』。

〔一九七六〕『作』字前依文例當有一『或』、『又』或『亦』等字，疑此脱，姑爲擬補一個脱字符。

〔一九七七〕『疋』字爲『匹』之俗字，置此不辭，檢《箋三》、《王二》、《裴韻》、《蔣藏》、《廣韻》作『走』字，按底卷『走』字多作『㞫』形，與『疋』形近而訛，兹據校改。

〔一九七八〕釋義《箋三》作『反間』，《王二》、《廣韻》作『反閒』，與《説文·言部》『諜，軍中反閒也』合，『閒』、『間』古今字，《補正》校『問』作『間』，兹從改。

〔一九七九〕『褺』當即《説文·衣部》『褻』的换位俗字。又『里』字當爲『裏』字俗省，『裏衣』與《説文》『褻，私服』義略合，《王二》、《裴韻》、《蔣藏》、《廣韻》皆作『重』字，『重衣』義爲『褺衣』，疑『重』字當爲『里』字形訛。

〔一九八〇〕『惗』字《箋三》、《王二》、《裴韻》、《蔣藏》、《廣韻》皆作『埝』形，底卷形訛，兹據校改。又『喑』字除《廣韻》外諸本皆作『暗』，『暗聲』蓋指暗悶之聲音，與《廣韻》之『陷聲』義近，亦據校改。

〔一九八一〕本小韻標數字作『七』而實收六字，與此卷性質接近的《箋三》該小韻收六字，而以『錜，小釘』爲末條，底卷無之，《裴韻》該小韻亦收七條，其爲底卷所無者亦是『錜』字條，《王二》、《蔣藏》、《廣韻》該小韻皆有此條，底卷疑脱録，兹據《裴韻》并參《蔣藏》、《廣韻》定序於此，并爲擬補三個脱字符。

〔一九八二〕『寒』字《裴韻》同，《王二》作『塞』，《廣韻》引《説文》亦作『塞』，底卷形訛，兹據校改。

〔一九八三〕缺字底卷殘泐，檢《箋三》、《王二》、《裴韻》、《蔣藏》、《廣韻》該小韻首字皆作『燮』，反語作『蘇協反』，可據補。

〔一九八四〕『屧』、『屐』二字中的『丬』形部分當爲『彳』旁俗寫之訛變，與『爿』旁俗寫之『丬』形重形，參前文校記〔一八八九〕。

〔一九八五〕『甄』字《箋三》、《蔣藏》同，《王二》、《廣韻》作『甄』形，合於《説文》，《龍龕·瓦部》云：『甄』同『甄』，《裴韻》更類化作『甄』形。

〔一九八六〕『聑』字底卷初録作『耶』形，其右側之『〈』上加有一竪條，當爲删除符號，蓋初蒙下一字頭而訛，後覺而改之，兹據《箋三》、《王二》、《裴韻》、《蔣藏》、《廣韻》徑録作『聑』形。

[一九八七] 殘字存右上角似『力』形筆畫，兹據《箋三》、《裴韻》、《蔣藏》并參《王二》、《廣韻》校補作『恊』字。

[一九八八] 釋義《箋三》、《裴韻》同，《王二》作『弓張』，蓋脱一代字符，《蔣藏》、《廣韻》删去『張』字，按《説文·韋部》：『韘，射決也，所以拘弦。以象骨韋系著右巨指。从韋，枼聲。《詩》曰「童子佩韘」。弽，韘或从弓。』訓作『弓弽張』似有些費解，俟考。

[一九八九] 『緝』字底卷作俗字『緝』形，參張涌泉《敦煌俗字研究》下編口部『咠』字條考釋，本大韻後從『咠』旁字亦多作『咠』形，故今皆徑録作通用字『咠』形，不再一一出校説明。又『續』字《王二》、《裴韻》、《蔣藏》、《廣韻》皆作『績』，合於《説文》，然《詩經·大雅·行葦》『授几有緝御』鄭玄箋：『緝猶續也。』又慧琳《音義》卷六一『緝爲』注引《爾雅》：『緝，繼也。』則並與底卷合。

[一九九〇] 『側』字《箋三》、《王二》、《裴韻》、《蔣藏》、《廣韻》皆作『之』，蓋因照系二、三等韻的分化而致此一改變。

[一九九一] 本大韻反語多以『入』爲下字，然底卷字頭無『入』字條，不合文例，檢《箋三》、《王二》、《裴韻》『秦入反』與『伊入反』二小韻間皆有『尒執反』小韻，《蔣藏》此處多誤，且『尒』訛作『又』字，但同收『入』字條，其中《箋三》『尒執反』小韻僅收『入』字一條，疑底卷當同，兹據擬補五個脱字符。

[一九九二] 『齒』字《箋三》、《王二》、《裴韻》、《蔣藏》、《廣韻》皆作『䶩』字，底卷蓋脱抄上部偏旁，兹據校改。

[一九九三] 注文『苙』字底卷初作『苙』(莅)形，後又於字中間加一代字符形，造成字形紊亂，兹據《廣雅·釋草》『白苙，芁藭也』録定，《箋三》、《王二》、《裴韻》、《廣韻》皆釋作『白芷』，《蔣藏》『芷』字訛作『止』形。

[一九九四] 『忌』爲『急』之俗字，參《敦煌俗字研究》下編心部『急』字條考釋。又『㥛』字前依文例當有『或』或『又』、『亦』等某字，底卷之或體字亦有簡稱作『作』某字者，姑爲擬補一個脱字符。

[一九九五] 殘字底卷存上及右部殘畫，兹據《箋三》、《王二》、《裴韻》、《廣韻》校補作『魚』字。又小韻標數字『一』底卷殘泐，兹爲擬補一個缺字符。

[一九九六] 『熻』爲『熻』之俗字，參《敦煌俗字研究》下編火部『熻』字條考釋。

〔一九九七〕『米』字《裴韻》同，《箋三》、《王二》、《蔣藏》、《廣韻》皆作『來』（或俗寫作『来』），與今傳《後漢書》所載之東漢名將來歙合，底卷當爲『來』字俗寫之形訛，兹據校改。

〔一九九八〕『曰起』不辭，檢《箋三》、《王二》、《裴韻》、《蔣藏》、《廣韻》『曰』字前皆有一『一』字，爲又義之標識，底卷脱，兹據擬補一個脱字符。

〔一九九九〕『評』字《箋三》、《王二》、《裴韻》、《蔣藏》、《廣韻》、《集韻》皆作『評』，底卷形訛，兹姑據校改。

〔二〇〇〇〕注文『歰』字《説文》字形同，俗增『水』旁作『澀』形，《裴韻》、《蔣藏》字頭即作此形，底卷字頭《箋三》同，又當爲『澀』之俗字，參《敦煌俗字形究》水部『澀』字條考釋。

〔二〇〇一〕殘字底卷存左部『金』旁及右上角少許筆畫，兹參《王二》、《裴韻》、《廣韻》校補作『鈒』字。

〔二〇〇二〕注文『𠯑』字底卷作代字符形，考《王二》、《裴韻》、《廣韻》『𠯑』字皆訓作『衆口』，合於《説文》，是底卷代字符當爲『口』字形訛，《補正》已揭此，兹從改。

〔二〇〇三〕『共』字《王二》、《裴韻》、《蔣藏》、《廣韻》皆作『菸』字，底卷魚大韻『菸』字下注文作『菸莒，茹熟皃』，其字雖有前後之别，然皆爲影影族聯綿詞，底卷元大韻『蔫，蔫菸』亦爲此同源詞，疑此『共』字乃抄者所據本該字下部漫壞而致訛抄，《箋三》該字則訛作『花』，兹據校改作『菸』字。

〔二〇〇四〕殘字存左側筆畫，兹據《箋三》、《王二》、《裴韻》、《蔣藏》、《廣韻》校補作『灼』字。

〔二〇〇五〕本小韻標數字作『八』而實收七字，檢《箋三》、《王二》、《裴韻》、《蔣藏》及《廣韻》本小韻次序排在前面的字中皆有『籥』字條爲底卷所無，但諸本具體字序則各有不同，兹據與底卷性質最接近的《箋三》之字序及注文『藥（樂）器』擬補三個脱字符。

〔二〇〇六〕『閞』《箋三》、《蔣藏》同，爲『關』之簡省俗字，參《敦煌俗字研究》下編門部『關』字條考釋，《王二》、《裴韻》、《廣韻》皆作『關』字。

〔二〇〇七〕『屬』字中的『丬』形部分當爲『彳』旁俗寫之訛變，與『爿』旁俗寫之『丬』形重形，或回改『丬』作『爿』旁，非是，又參前文校記〔一八九九〕。

〔二〇〇八〕『文首名犳』四字底卷倒抄於雙行注文之右行末，此爲抄本彌補雙行分字不均之通例。又『犳』字條《王二》、《廣韻》有之，然皆釋作『獸名』而無引文，《箋三》、《裴韻》、《蔣藏》該小韻皆未收本條，《集韻》注文作『獸名，出隄山，狀如豹而無文。』疑底卷引文『豹』字前脱抄一『如』字。又《正字通·犬部》云：『犳，即豹字。豹之省作犳，猶豺之省作犲。』傳本《山海經》無底卷所引文字，唯《西山經》中有云：『（厎陽之山）其獸多犀、兕、犳、牨牛。』

〔二〇〇九〕『繒』字《王二》、《裴韻》同，《蔣藏》、《唐韻》作『熷』，底卷『繒』字當爲『熷』之類化字，唯『繒』字別有其義，故爲校改。

〔二〇一〇〕『若』、『而』二字底卷皆略有漫壞，茲據《箋三》、《王二》、《裴韻》、《蔣藏》及《廣韻》録定。又殘字皆存右下角少許殘迹，此據文例及底卷實收字數的考定校補作『反』及『七』二字。

〔二〇一一〕字頭『若』字左側底卷略有殘泐，茲據《箋三》、《王二》、《裴韻》、《蔣藏》録定。又注文雙行之左行底卷亦殘泐，依文例此處當有一或二字，檢《箋三》及《裴韻》『杜若』之釋義皆作一『草』字，茲據擬補一個缺字符。

〔二〇一二〕殘字底卷皆僅存右側部分筆畫，較之於諸本韻書，其與《王二》『弱，愞』最契，茲姑據校補。

〔二〇一三〕『弱』字條下至行末底卷殘泐，據空間，約可抄四個大字，檢《箋三》、《王二》、《裴韻》、《蔣藏》、《廣韻》『弱』字條下皆爲『鄀，地名，在襄陽』，補此則底卷尚存一個半大字空間，可知底卷此小韻收字數當與《箋三》同，爲七字，除底卷可考之六字外，《箋三》尚有『箬，竹茱（葉）』一條爲底卷所無，此條《王二》、《裴韻》、《蔣藏》、《廣韻》皆在『鄀』字條下，《箋三》排在『弱』字前，非是，底卷當同衆，茲據擬補九個缺字符。

〔二〇一四〕『渠』字《箋三》作『涅』，《王二》、《裴韻》、《廣韻》作『泥』，《蔣藏》誤作『地』，底卷當爲『涅』字形訛，茲據校改。

〔三〇五〕缺字底卷殘泐，因底卷後有殘缺，故此小韻標數字不能確定，然疑當與《箋三》同作『三』字。

〔三〇六〕『磪』字左側略殘，兹據《箋三》、《王二》、《裴韻》、《蔣藏》及《廣韻》録定。又殘字左側底卷皆有殘泐，王國維據《廣韻》校録作『大脣岸』，《姜韻》校録作『大脣皃』，皆不確，審此殘畫，分别可與《箋三》『磪』字注文『岸磪，大脣皃。岸字言憶反』中之『岸』、『磪』、『岸』、『字』合，兹據校補。又殘字下至行末底卷殘泐半行多，據空間，約可抄十二個左右大字，又參《箋三》爲前之殘條擬補三個缺字符。

切韻箋注（三）（卷五）

伯三七九九

【題解】

本件底卷編號爲伯三七九九，存一殘紙。内容爲入聲廿五怗韻殘字、廿六緝韻全部及廿七藥韻殘字，計二十又半行。本件首行前有一空行，原書似爲葉子本（參《周韻》頁八五四）。大韻起始處文字不提行，與前一大韻正文間空約三字後接書；大韻代表字前有標序數字，數字前及小韻首字前未見有標識性符號；小韻首字注文的體例爲字頭—釋義—反切—小韻字頭數。正文行間有界欄，字體及行款較規整，以大字計，行抄約十八字左右。本件《索引》定名爲《切韻》，《寶藏》、《索引新編》、《法藏》同。《潘韻》謂其『字古拙』，《周韻》通過與《箋二》比較，以爲『本書除怗韻多「渫」、「鍂」、「笘」三字，緝韻多「嵧」字，藥韻多「櫟」、「䂮」二字以外，僅藥韻灼紐少一「犳」字，其他都與箋注本一（長龍按：即《箋二》）所收相同』，但其訓解與《箋二》比則增加較多，甚至有些字是一字數訓，因此推測本件成書當在《箋二》之後，《裴韻》與《蔣藏》之前，兹據擬名作『切韻箋注』（三），簡稱《箋三》。

《潘韻》最早據原卷録文，後《補正》、《周韻》又據膠片録文，并加以校勘或考釋。兹據《法藏》及膠片録文，并參考敦煌韻書中相關的卷子如《箋二》及傳世韻書《王二》、《裴韻》、《蔣藏》、《廣韻》等校録於後。

（前缺）

25怗 頰面。吉恊反。[一]六。 鋏長鋏，劒。[二] 筴箸。又古洽反。 筴蓂筴。 蛺蛺蜨（蝶）。 唊多言。 愜心服。 □▨（恊）□。□。 □□□。 □辥。徒恊反。十三。[三] 喋（喋）便語。 躞小走聲。 蹀（蹀）躞蹀（蹀）。 諜（諜）反間。 堞

（堞）城上垣。轞車聲。氎細毛布。▨（褺）□□。□□□。[四] 蜨（蝶）蛺蜨。鰈（鰈）鰈䈴。渫（渫）浹渫，氷。[五] 瘱（壓）按。於協反。[六] 二。靥（靨）靥子。苶病劣皃。乃協反。六。埝暗聲。▨（䜆）□□。□□□。[七] ▨（捻）指捻。[八] 鍂小釘。燮和。蘇協反。二（五）。[九] 屧（屧）屧屐（屐）。[一〇] 躞躞跷（蹀）。韘（韘）韝韘，射具。瓔石，似[□]。[一一] 甄蹈瓦聲。盧協反。[一二] 一。聑□□□。□□□。[一三] 三。呫多言。抸打。蘿草簾。在協反。一。浹洽。子協反。一。𢐗弓𢐗張。呼協反。二。𥈞閇[□]目。[一四] 笘《字林》『苫也』，《說文》『竹䈴』。斫牒□。□。[一五]

26 緝

廿六緝續。七入反。[一六] 一。十成數（數）。是執反。[一七] 三。拾取。什篇什。執持也。之入反。三。汁瀋。瓡縣名，在北海。習學。似入反。三。襲重。隰原隰。褶袴褶。神執反。一。集聚。秦入反。三。輯和。楫舟楫。或檝。入尒執反。一。揖讓。伊入反。二。挹酌。湒水霑。俗作濕。失入反。二。㬛牛耳皃。噍噂噍。姉（姊）入反。噂補各反。[一八] 三。濈泉出。緁緁合。及与也。其立反。二。蕺冬苽。縶縶馬。陟立反。三。霵小濕。馵馬絆。蟄蟄蟲；隱也；靜也。直立反。二。䏘宍（肉）生熟半。立力急反。六。䶄䶄聲。粒米粒。笠雨笠。鴗水猶。[一九] 苙白芷。又其立反。[二〇] 急假（疾）也。其（居）立反。[□]。[二一] 給供給；与。汲引。伋子思名。級階。芨烏頭別名。岌小山高皃。魚及反。一。泣落淚。去急反。二。㬛欲燥。[二二] 𤖸小兒履。光（先）立反。[二三] 二。噏忍寒聲。吸入氣。又魚及反。許及反。[二四] 五。歙後漢有來歙；又縣名，在新安，舒涉反。翕合；火炙；一曰起也。諭諭評，語聲。潝水流白（皃）。[二五] 澀色立反。[二六] 三。鈒戟。雭雨聲。戢止也。阻立反。聚也。或戢。[二七] 五。瞮淚出皃。䩍角多。咠衆口。蕺菜名。邑累（縣）也。英及反。[二八] 六。悒憂。裛裛香。浥濕。菖菖花（菸）。[二九] 䬿食䬿。湁湁濈，沸。丑入反。一。熠（煜）火白（皃）。爲立反。[三〇] 二。曄暐曄。又筠輒反。

27 藥

廿七藥療病。以灼反。九。躍跳躍；迅狀。礿祭名。籥藥（樂）器。[三一] 蘥燕麥，草名。鑰開鑰。[三二] 瀹煮。爚熠爚，光。[三三] 櫟櫟陽宮。略謀也。龍灼反。三。䌎（䌎）紩。[三四] 䂮《疋》云『利也』。[三五] 脚居灼反。二。屩

(屩)草屩。〔三六〕灼燒。之藥反。九。斫刀斫。彴横木渡水。犳痛。勺周公樂名。酌酌酒。〔三七〕繳繒繳。焯火氣。穛五穀皮。又公酷反。又齊地。〔三八〕爍灼爍，書藥反。四。鑠銷鑠；又美。〔三九〕獡犬驚。嫿美好皃。若順也；善也；辞也。《詩》『禁御不若』。而灼反。〔四〇〕七。若杜若，草。或若。箬竹箬(葉)。楉楉榴，似桋。蒻荷莖入埿；又菜名，出蜀。弱軟弱。鄀地名，在襄陽。綽舒也；緩也。處灼反。三。碏岸碏，火(大)脣皃。岸字言憶反。〔四一〕婥婥約，美好皃。約省也。於略反。又於喚反。一。却退也。去約反。二。郄地名，在河東。虐酷。魚約反。二。瘧病。謔戲。虚約反。一。妁媒。市若反。四。杓杯杓。仢仢約，流星。芍蕭該云：『芍藥是藥草；又香草，可和食，芍字張約反，藥字良約反』；又芍陂，在淮南，七削反。又蓮芍，縣名，在馮翊，之若反。又凫茈，草，胡▨(了)□。〔四二〕□似莬(菟)而大，丑略反。〔四三〕四。婼叔孫婼。逴略道(逴)，行皃。〔四四〕辵乍行乍正(止)。〔四五〕削刮也。息灼反。一。斮(斱)斬。側略反。〔四六〕一。爵封。即略反。二。雀鳥。嚼靖。▨(在)□反。□。〔四七〕▨(嚼)噬。〔四八〕爝炬火。鵲(鵲)鳥也。七雀反。〔四九〕五。趞行皃。猎宋國□□。〔五〇〕▨(碏)敬。〔五一〕▨(猎)駮。〔五二〕▨(噱)嗢噱，唉▨(不)□。□□□。□。〔五三〕▨(蹻)蹻蹇，□□。〔五四〕□□□。〔五五〕▨(嬳)作姿。憂□□。□。〔五六〕▨(縛)繫。苻玃□。□。〔五七〕▨(矆)〔五八〕

(後缺)

【校記】

〔一〕『頰』字底卷居行首，其前缺，據《箋二》，底卷所存第一部分爲入聲廿五怗韻字，此前缺該韻字凡十二條。

〔二〕注文『吉』字《箋二》、《王二》、《裴韻》、《蔣藏》、《廣韻》皆作『古』，前者爲開口三等字，後者爲合口一等字，然皆隸見紐，音類不殊。又底卷『夾』字及從『夾』旁者，其字形皆俗省作『夹』形，茲皆徑予録正。

〔三〕注文『劒』字前底卷衍抄一『劒』形字，已用墨點塗去。

〔三〕『愜』字注文『服』字底卷接字頭抄録，其右上角有一補抄之『心』字，檢《箋二》、《王二》、《裴韻》、《蔣藏》『愜』字釋義皆作『心服』，兹據録入正文。又殘字存左部『忄』旁上部及右部殘畫，兹據諸本校補作『恊』字。『服』與『恊』字殘形並居注文雙行小字左右之首，其下至後『辤』字間底卷殘泐約三個半大字的空間，檢《箋二》相關内容作『○愜，心服。作㥦。苦恊反。二。○篋，箱篋。○牒，徒恊反。十二』，然《王二》、《裴韻》、《蔣藏》『愜』字注文皆未收或體，底卷的殘泐空間復原亦不能容納或體説明所占的位置，兹據擬補七個缺字符。

〔四〕殘字底卷存上部似左下角殘泐的『執』字形筆畫，兹據《箋二》、《王二》、《蔣藏》校補作『褺』字，《裴韻》、《廣韻》皆作俗字『褺』。『褺』字下至『蜨（蝶）』字間底卷殘泐約二個大字的空間，《箋二》相關内容作『○褺，里衣。○疊，重疊。』，與底卷所殘空間吻合，兹據擬補五個缺字符。

〔五〕『渫』當爲『渫』字之避諱缺筆字。又『氷』字前底卷有一用墨點塗去的殘字。

〔六〕『癴』當爲『𢴲』字俗寫，俗寫『厂』、『广』不分，而『广』、『疒』二旁亦時或互淆，參《敦煌俗字研究》下編厂部『厖』字條考釋。

〔七〕殘字底卷存上部似殘左下角的『執』字形筆畫，兹據《箋二》、《王二》、《裴韻》校補作『暬』字。又『暬』字下至殘字『捻』間底卷殘泐約二個大字的空間，《箋二》相關内容作『○暬，晦冥。○諗，聲絶』，與底卷所殘空間吻合，兹據擬補五個缺字符。

〔八〕殘字底卷存左下角筆畫，兹據《箋二》、《王二》、《裴韻》、《蔣藏》及《廣韻》校補作『捻』字。

〔九〕本小韻實收字數爲五，與《箋二》同，底卷標數字『二』當爲『五』字形訛，兹據校改。

〔一〇〕『屟』、『屐』二字爲『屧』、『屐』二字的俗寫，詳參《箋二》校記〔一八八九〕。

〔一一〕注文『石似』不辭，檢《箋二》、《王二》、《裴韻》皆作『石似玉』，底卷脱『玉』字，兹據擬補一個脱字符。

〔一二〕『㸅』爲『甀』之俗字，參《箋二》校記〔一九八五〕。

〔一三〕『聑』字注文底卷殘泐，據空間，約可容五到六個小字，檢《箋二》作『丁篋反』，無釋義，《王二》、《裴韻》、《蔣藏》皆有釋義『耳垂皃』，兹據擬補六個缺字符。

〔一四〕注文《集韻》略同，《箋二》、《王二》、《裴韻》、《廣韻》皆作『閉一目』，『閇』爲『閉』之俗字，《蔣藏》有殘泐，不能斷其『一』字有無，然疑此字與射堞有關，而射箭多閉單目，故疑底卷脱『一』字，姑爲擬補一個脱字符。

〔一五〕『牒』字下底二漫滅，依文例當有『反一』二字，姑爲擬補二個缺字符。『笘』字《箋二》、《蔣藏》未收，《王二》注文作『竹箠。又充甘反』，《裴韻》作『竹牒反。竹箕』，《王二》、《廣韻》皆入之於『丁篋反』（《廣韻》作『丁愜切』）小韻下，知章雖類隔，然此時蓋爲輕重唇未分之際，而其與『章』紐之隔，亦或因箋注者之方言所致。又《字林》今不存，傳本《説文·竹部》：『笘，折竹箠也。从竹，占聲。潁川人名小兒所書寫爲笘。』疑底卷『箥』字爲『箠』字形訛，其前之『筥』字爲『笞』字形訛，俗寫『口』旁多作『厶』形，如《説文·竹部》『笪，笞也』，《集韻·換韻》即訛作『筥也』，『笞』與『竹箠』二字義涉。

〔一六〕『緝』字右旁『咠』底卷俗作『肙』形，然後從『咠』旁字又多作『咠』形，故此徑録作通用字形，又參《箋二》校記〔一九九〕。

〔一七〕『數』字《王二》、《蔣藏》、《廣韻》皆作『數』形，底卷形訛，兹據校改。

〔一八〕反語底卷初作『子入反』，復於『子』字右側書『姉』字，當爲改字，《箋二》、《王二》、《裴韻》、《蔣藏》反語上字皆作『姉』字，兹徑據録，然《廣韻》作『子』，二字同隸精紐。

〔一九〕『猶』字《裴韻》同，《箋二》、《王二》、《蔣藏》、《廣韻》皆作『狗』；《古今韻會舉要·有韻》：『狗，或作猶。』

〔二〇〕『芷』蓋『苙』字形訛，參《箋二》校記〔一九三〕。

〔二一〕『急』字注文《箋二》作『居立反。［□］烝』，釋義《王二》作『烝』，龍宇純謂『烝字不詳，疑是「亟」字之誤』，《裴韻》作『疾』，《蔣藏》、《廣韻》作『急疾』，疑底卷注文之『假』字即『疾』字形訛，姑爲校改。又『假也』下底卷承前『笠』字注文訛作『又其立反』，兹據《箋二》、《王二》、《裴韻》、《廣韻》徑删『又』字，并校改『其』作『居』字，《蔣藏》『居』訛作『苦』字。又切語下脱小韻標數字『六』，兹據擬補一個脱字符。

〔二二〕『⿰火參』爲『燥』之俗字，參《敦煌俗字研究》下編火部『燥』字條考釋。

〔二三〕『光』字《箋二》、《王二》、《裴韻》、《蔣藏》、《廣韻》皆作『先』字，底卷形訛，兹據校改。

〔二四〕注文又音置於正音前，不合文例，檢《箋二》、《王二》、《裴韻》、《蔣藏》、《廣韻》皆未收又音，《集韻》『逆及切』小韻亦未收『吸』字，疑底卷衍抄。又『許』字前底卷衍抄一『及』字，上有三點以示删除。

〔二五〕『水流白』不辭，兹據《箋二》、《王二》、《裴韻》、《蔣藏》校改『白』作『皃』字，底卷形訛。

〔二六〕『澁』字《箋二》同，《裴韻》、《蔣藏》、《廣韻》皆作『澀』形，《王二》右上角二『刃』形俗寫作二『反』『止』形，底卷所作爲『澀』之變體，參《敦煌俗字研究》下編水部『澀』字條考釋。

〔二七〕此或體爲俗寫，《蔣藏》字頭即作此形，《箋二》、《王二》、《裴韻》、《廣韻》、《集韻》皆未收或體。

〔二八〕『累』非『邑』之訓，檢《蔣藏》注文有『縣也』義項，《廣韻》有『縣邑』義項，底卷『累』字疑據『縣』字漫壞之形所抄，兹姑據改。

〔二九〕『花』字當爲『菸』字形訛，參《箋二》校記〔二〇〇三〕，兹據校改。

〔三〇〕『⿰火㬎』字《箋二》、《王二》、《蔣藏》、《廣韻》、《集韻》皆作『煜』形，《裴韻》脱此條，底卷形訛，兹據校改。又『火白』不辭，亦據諸本校改『白』作『皃』字，底卷亦形訛。

〔三一〕『藥器』非訓，兹據《王二》、《裴韻》、《蔣藏》、《廣韻》校改『藥』字作『樂』，底卷誤增『艹』旁。

〔三二〕『閞』爲『關』之簡省俗字，參《敦煌俗字研究》下編門部『關』字條考釋。

〔三三〕注文『爚』字下底卷衍抄一代字符，兹據《箋二》、《王二》、《裴韻》、《蔣藏》、《廣韻》删之，『熠爚』爲聯綿詞。

〔三四〕『繫』字《箋二》、《王二》、《裴韻》、《蔣藏》、《廣韻》皆作『繫』形，合於形聲構字理據，底卷俗訛，兹據校改。

〔三五〕引文見於《爾雅·釋詁下》。

〔三六〕『屩』當爲『屩』字俗寫，參《箋二》校記〔二〇七〕。

〔三七〕『酒』字下底卷蒙次行鄰字『若』字注文衍抄『或若』二字，兹參《箋二》、《王二》、《裴韻》、《蔣藏》、《廣韻》、《集韻》徑刪。

〔三八〕『又齊地』義《廣韻》繫之於『禚』字下（本誤從『衤』旁），俗寫『禾』、『衤』二旁或淆。

〔三九〕『又美』蓋誤收通假字『嫽』之義項，《箋二》、《王二》、《裴韻》、《蔣藏》、《廣韻》皆無，當據刪。

〔四〇〕『禁御不若』乃張衡《西京賦》語，《文選》李善注引《左傳·宣公三年》『不逢不若』杜預注云：『若，順也。』底卷誤記作《詩》語。

〔四一〕『屵礴，火（大）脣皃。』底卷誤倒作『火（大）脣皃屵礴』，《王二》、《蔣藏》同，《廣韻》作『大脣，屵礴皃』，亦略同，蓋因《切韻》原卷只作『大脣皃』，箋注者於後補加『屵礴』二字，遂致不合韻書注訓通例，兹據文例乙正。又『火』字《王二》、《裴韻》、《蔣藏》、《廣韻》皆作『大』，底卷形訛，故據校改。

〔四二〕殘字底卷存上部『冖』形筆畫，兹據《王二》、《蔣藏》、《廣韻》校補作『了』字。缺字底卷殘泐，可據諸本及文例補作『反』字。

〔四三〕缺字底卷殘泐，《王二》作『臭』字，《蔣藏》作『臭』形，《裴韻》、《廣韻》作『皀』，後者合於《說文》，則前二形蓋皆俗作。又『菟』當爲『兔』之通假字『菟』的形訛，《王二》、《裴韻》、《蔣藏》、《廣韻》皆作『兔』字，可參。

〔四四〕『道』字《王二》、《裴韻》、《蔣藏》、《廣韻》皆作『逴』，按『略逴』爲來透族聯綿詞，其同源詞如『邋遢（行皃）』、『儱侗（直行）』、『趔趄（行皃）』、『趗趚（小皃行）』、『躘踵（行不進皃）』皆是，底卷形訛，兹據校改。

〔四五〕『正』字《裴韻》、《蔣藏》、《廣韻》皆作『止』，與《說文》合，底卷形訛，兹據校改。

〔四六〕『斮』字《王二》、《裴韻》、《蔣藏》、《廣韻》皆作『斮』，合於《說文》，俗寫『日』、『月』二形或淆混不分，兹據校改。

〔四七〕殘字上部底卷存『ナ』形筆畫，兹據《王二》、《裴韻》、《蔣藏》、《廣韻》校補作『在』字。缺字底卷殘泐，前者可據諸本補作『爵』字（《裴韻》作『雀』，蓋抄者手誤，然與『爵』同部）；後者爲小韻標數字，可據底卷實收字數補作『三』字。

〔四八〕殘字底卷存右下角筆畫，兹據《王二》、《裴韻》、《蔣藏》、《廣韻》校補作『嚼』字。

〔四九〕『鵲』字《王二》、《裴韻》、《蔣藏》、《廣韻》皆作『鵲』形，底卷俗作，俗寫『日』、『月』多混，又參前校記〔四六〕，後從『昔』旁字亦皆作『昔』形。

〔五〇〕缺字底卷殘泐，檢『猑』字注文《王二》、《裴韻》、《蔣藏》、《廣韻》皆作『宋國良犬』，可據補。

〔五一〕殘字底卷存右側『昔（昔）』旁，兹據《王二》、《裴韻》、《蔣藏》、《廣韻》校補作『碏』字。

〔五二〕殘字底卷存右側『昔』旁，兹據《裴韻》校補作『猎』字，《王二》、《蔣藏》、《廣韻》本小韻未收此條，《集韻》以『猎』字爲『猑』字的或體。

〔五三〕字頭殘字底卷存右側『豦』旁，兹據《王二》、《裴韻》、《蔣藏》、《廣韻》校補作『噱』字。又注文『噱』字左側略有殘泐，亦據諸本録定。注文殘字存右上角一短横形筆畫，兹據諸本校補作『不』字。又『不』字以上爲雙行小字的右行，其左行底卷殘泐，諸本『噱』字皆爲小韻首字，其注文或有訛脱，然可考其當作『嘔噱，笑不止』，其反語皆作『其虐反』，可據補。小韻標數字可據實收字數補作『三』字，今爲擬補五個缺字符。

〔五四〕殘字底卷存右側一長捺形筆畫，檢《王二》、《裴韻》、《蔣藏》、《廣韻》、《集韻》『噱』字下皆作『蹻』字，然其注文皆作『舉足高』（《裴韻》『高』字後有『皃』字），與《説文·足部》『蹻，舉足行高也』合，底卷當即此字（底卷『喬』旁多俗寫作『高』形，不應有一長捺，但此字頭或有手寫之異），兹姑據校補。注文『蹇』字前底卷作一代字符下加一『驕』字，《潘韻》、《周韻》皆未具録代字符，疑底卷本作『蹻蹇』，或以此詞習慣多作『驕蹇』，故於抄本之行右補一『驕』字，後之抄者因而補入正文，而致扞格，兹依文例删去『驕』字。『蹻蹇』居底卷注文右行，其左行殘泐，據空間，當可容二至三個小字，考《漢書·淮南厲王劉長傳》『自以爲最親，驕蹇，數不奉法』顔師古注：『蹇謂不順也。』按『驕蹇』一詞蓋最早見於《公羊傳・襄公十九年》『爲其驕蹇，使其世子處乎諸侯之上也』，其意當爲傲慢、不順，疑底卷下行注文當爲解釋『驕蹇』的詞語『不順』二字，兹姑據擬補二個缺字符。

〔五五〕『蹻』字條下至殘字『嬳』間底卷殘泐約一個半大字的空間，考《王二》、《裴韻》、《蔣藏》、《廣韻》皆有『御，須臾；亦倦』條（或於詞末加有語气詞『也』字；又字頭右旁各本寫法多有小異，此從《廣韻》録之），底卷當無或義，兹據擬補三個缺字符。

〔五六〕殘字底卷存右側筆畫，兹據《王二》、《裴韻》、《蔣藏》、《廣韻》校補作『嬳』字。缺字底卷殘泐，檢諸本『嬳』字反語皆作『憂縛反』，可據補；後之小韻標數字亦可據底卷實收字數補作『一』字。

〔五七〕殘字底卷存右側『尃』旁，兹據《王二》、《裴韻》、《蔣藏》、《廣韻》校補作『縛』字。又『玃』字左側『犭』形及下部『又』形略有漫滅，此據諸本録定。缺字底卷殘泐，可據諸本及文例補作『反』、『一』二字。

〔五八〕殘字底卷僅存右上角一短『一』形筆畫，檢《王二》、《裴韻》、《蔣藏》、《廣韻》『縛』字條皆只收字一個字頭，其下一小韻首字皆作『矆』字，其注文《王二》、《裴韻》皆作『許縛反。大視』，《蔣藏》作『大視。或作矆。許縛反』（其字頭作『矐』形），《廣韻》作『大視皃。許縛切』，可參。又『矆』字爲底卷末行尾字。

切韻箋注(四)(卷五)

長孫訥言

俄敦一三七二+三七〇三(底一)　斯六〇一三(底二)

【題解】

底一編號爲俄敦一三七二+俄敦三七〇三，存一殘紙，正反抄。正面内容爲入聲廿七藥韻至廿八鐸韻計二韻殘字十五行，其中五行完整；反面内容爲入聲廿八鐸韻至廿九職韻計二韻殘字十九行，其中七行完整。

底二編號爲斯六〇一三，存一紙，正反抄。正面内容爲廿九職韻至卅德韻計二韻殘字十一行；反面内容爲卅德韻至卅二乏韻計三韻殘字十二行。

底一、二兩卷書法及行款全同，當爲同一寫卷之裂，故爲綴合録文。底卷卷内大韻多换行抄(或有接抄，如卅德韻，即與前韻接抄)，行抄約十二字左右；大韻標序字朱書，小韻首字前有朱點；小韻首字注文體例爲字頭—釋義—反切—小韻字頭數。加字多注明『幾加幾』，據《説文》加字者多於注文中注『出《説文》』(《説文》或省稱《文》，此與《箋二》相似)；加訓者多用『案』字提領，多用《説文》爲説，接抄於其所據底本原文之後。

底一《孟目》擬名作《切韻》，《俄藏》同，上田正《補正》以爲此與長孫訥言的箋注本《切韻》特徵合，《周韻》增補本(臺灣學生書局一九九四)據上田正摹本影印，并爲擬名作『箋注本切韻』；底二《索引》擬名作『韻書』，《索引新編》同，《提要》擬名作《切韻》，《英藏》同，上田正《補正》以爲此是在早期箋注本《切韻》基礎上的增訂本，《周韻》據其内容擬名作《增字本切韻殘葉一》，認爲此殘卷與《裴韻》、《蔣藏》所據底本很相似，當近於長孫箋注本《切韻》。今綴合二卷而論之，則可從其基本完整的廿八鐸、廿九職、卅德、卅一業四韻加字十個(另有一個注文有『新加』而標數字未作『加一』)，即使考慮到可能有的殘字，則底卷所加字當正在六百字左右，且從其體例上看，亦皆與長孫箋注本合，兹從擬名作『切韻箋注』(四)，長孫訥言撰，簡稱《箋四》。

原卷行款疏朗，然書法不佳，行抄十二字左右，爲窄幅小册葉裝，有界欄。底一上田正《補正》最早據馬淵和夫抄本校録，但反面大部未録，其後潘重規據原卷録文（《瀛涯敦煌韻輯拾補》，《新亞學報》第十一卷，一九七四），後上田氏又據膠片重新録文（《ソ連にある切韻殘卷について》，載《東方學》六十二輯），於一九八一年發佈。底二龍宇純最早據膠片録文（龍宇純《英倫藏敦煌切韻殘卷校記》，載臺灣《中央研究院歷史語言研究所集刊》外篇第四種《慶祝董作賓先生六十五歲論文集》，一九六一）其後潘重規據原卷作《龍宇純英倫藏敦煌〈切韻〉殘卷校記拾遺》（載《華岡文科學報》第十五期，一九八三），予以勘補；同年，《周韻》亦據膠片加以録文并考釋；尉遲治平《韻書殘卷DX 1372 + DX 3703 考釋》（《李新魁教授紀念文集》，中華書局一九九八）對底一作了較爲細致的考訂，可參。

底一據《俄藏》録文，底二據《英藏》録文，并參考敦煌韻書中相關的卷子如《箋十》、《箋十一》、《唐刊》及傳本韻書《王二》、《裴韻》、《蔣藏》、《廣韻》等校録於後。

（前缺）

27 藥 ▭□□□，□□□。其虐反。三。〔一〕 蹻□□高皃。〔二〕 □□□。□□。□□□。□□□。□。□□□。□▨（獲）反。一。〔三〕 矆大視也。許縛反。二。 彏弓□弦▨（急）。▭〔四〕 玃大猨也。居縛反。四加一。《說文》云瞿是穀，從又（犬）者，是大母猴。亦從瞿。〔五〕 ▨（趯）▭ 搏攫，持也。二同。〔六〕 矍案《說文》：『隹欲逸走，從又，持之矍矍也；一曰視遽皃。』□□□，□□。□□□。□。□□□□。□。〔七〕 躩丘縛反。一。案《說文》，『足躩如也』。新加。

28 鐸 廿八鐸大鈴也。徒落反。〔八〕七加一。 剫治（治）木。〔九〕 [忄度]忖。 踱□□，□□□。 □《□□》□『□□□□□』。〔一〇〕 度量也。又徒故反。 襗褻衣。 [乇頁]顱也。出《文》。〔一一〕 莫幕各反。九加一。《▨（說）□》：『□冥也。從日，在茻。』莫朗反。〔一二〕 幕帷幕。〔一三〕 鄚縣名，在河澗（間）。〔一四〕 膜肉膜。 寞寂寞。 鏌鏌鋣，□□。〔一五〕 ▨（摸）摸㩳。

□□□□。〔一六〕▨（漠）。〔一七〕瘼病。嗼寂也。落盧各反。十七加一。《説文》□：草曰苓（零），木曰落也。〔一八〕烙□烙。〔一九〕▨（絡）□▨（絲）。〔二〇〕□□□也。古作雒。〔二一〕珞瓔珞。酪乳酪。樂喜也。又五覺、五教二反。轢陵轢也。又音歷。箬籠箬。硌磊硌。馲馲駝。皠大白。駱馬色地（也）；一曰白馬黑髦尾。〔二二〕⿰革各生草（革）。〔二三〕⿰各刂去木莭（節）。鮥魚名。又五格反。⿰鼠各鼠名。⿱雨各雨⿱雨各。出《説文》。託他各反。六加一（二）。〔二四〕袥開衣領大。橐無底囊。《説文》作橐（槖）；又橐（㯤），並同。〔二五〕魠魚名。籜竹籜。扞擊扞也。或作此欜。〔二六〕侂寄也。〔二七〕蘀草木落▨▨（陊地）。《詩》曰『十月殞蘀』。〔二八〕作則落反。又則邏反。三。柞木。糳精細米。錯（錯）倉各反。三加一。《説文》『金塗也』。〔二九〕厝（厝）厲□也。亦作厲（碏）。〔三〇〕鯌（鯌）魚名。逪（遣）《説文》云『交遣』。〔三一〕各古落反。［□］。《説文》『異也。從口、夂者，有行而止相聽（聽）之意』。〔三二〕閣▨（樓）□；亦舉也。〔三三〕格樹枝。胳胳腋。恪苦各反。一。《説文》從客也。愕驚也。五各反。九。《説文》作咢。〔三四〕鄂（鄂）國名，在武昌。諤（諤）直。鍔（鍔）劍端。崿（崿）峯。〔三五〕鶚（鶚）鳥名。萼（蕚）花。〔三六〕噩歲在酉曰作噩。鰐（鰐）魚。惡烏各反。又烏故反。三。蝁蚍名。堊白土。諾奴各反。一。⿰卓頁面大皃。匹各反。五。濼陂濼。或作⿱雨澤。粕糟。膊割肉。⿰車尃車覆軛。泊止也。傍各反。四。亳國名。箔簾。薄薄厚；一曰草藂。臛（臛）羹臛。呵各反。又火酷反。〔三七〕四。鄗縣名，漢光武改名鄗邑。壑丘壑。《説文》云無土，亦得；或▨（作）壑（叡）、壑。〔三八〕蠚螫蠚也。《説文》從若聲，無口，作⿱艹蛬，二同。〔三九〕索蘓各反。又所戟反。二。⿰扌索摸⿰扌索。涸下各反。四。洛洛澤，水名。鶴似鵠▨（長）喙。▨（又）《説文》作鶮。〔四〇〕狢狢狐。《説文》作貈；又從豸、各聲也。〔四一〕昨在各反。九。〔四二〕酢酬酢也。《説文》作此醋字。莋縣名，在越嶲。怍慙也。《説文》作詐，慙語也，義略同。鑿鏨。柞木名。⿰牜乍山牛。〔四三〕筰竹□。〔四四〕▨（鑿）▨（穿）。〔四五〕博補各反。八加一。《説文》從十、尃聲。髆胷髆。爆□□□。□□□□□。□□□□白（皃）。嚛字子入反。〔四六〕搏手擊。襮衣領。一本作暴。〔四七〕鑮大鍾。簙▨（局）戲也。〔四八〕霍□□，□□□。□郭反。四。［□］作靃。〔四九〕霩雲消皃。《文》『雨止雲罷皃』。〔五〇〕瞗驚視。藿豆葉也；又香草。▨（又）案《説文》『尗之□□』。〔五一〕郭古博反。三。《説文》作此𩫏。〔五二〕椁棺椁也。《説文》作槨，應從𦎧▨。〔五三〕▨（𡼯）□□，□□□。□□□。《□□》□此𡼯。〔五四〕臒烏郭反。三。䨋味薄。蠖蚇蠖。□□□□。□。□□□。□□□，□□。〔五五〕鑊鼎鑊。爅熱。廓虚也。苦▨（郭）反。〔五六〕二加一。□□。□□□，□□。〔五七〕

29 職

廿九職之翼反。五。《説文》從耳，記微也。〔五八〕織織作。膱□□。□□□，□。□□□，□□□。〔五九〕直除力反。一。力良直反。四。朸（朸）縣名，在平原。〔六〇〕□□□，□□。□□□。□□□。▨（恥）力反。七。〔六一〕飭牢密。淔水名。趩行聲。▨（栻）□▨▨（意慎）□□。〔六二〕鳿溪□，鳥。〔六三〕陟竹力反。二。稙早禾。□□□□。□。□□□。□□□□。□。□□□。〔六四〕鄎新鄎，縣，汝南也。瘜病肉。□〔六五〕

（中缺）

□□□絡革。〔六六〕▨（穡）□穡。〔六七〕□相□。〔六八〕𧞤衣交領。本從棘。棘□□□。從並▨（朿）。〔六九〕□雍州。〔七〇〕翌明日；《云（文）》『飛皃』。〔七一〕廙敬也。《云（文）》『行屋下聲』。〔七二〕黓□〔七三〕𨿅繳射。蘽藕䔲。妭媢，女官。瀷水名，□河▨（南）。〔七四〕□《説文》『趨進𧼮如也』。〔七五〕即子力反。八。稷黍。㮨木名。䎿牛名。〔七六〕蝍□□，□□。又□□□。□䁆䁆，迫急。〔七七〕楖（揤）楖裴，縣。〔七八〕稷后。逼彼側反。三（二）。〔七九〕皕皕（二）百。〔八〇〕域榮逼反。四。罭魚網（網）。棫木叢。蜮短狐蟲。淢溝也。況逼反。三加一（二）。〔八一〕閾門限。緎衣縫。減疾流也。出《文》。睨睹睨。堛凷。芳逼反。七。愊［□□，□□。□］踾地聲。〔八二〕鶝鵖。楅坼也。揊擊聲。福福稄，禾密皃。稄阻力反。七。昃日昃。捑捑丁（打）。〔八三〕仄仄陋。萴萴子，藥。側傍側。夨傾頭。〔八四〕愎佷。符逼反。三。腷腷臆，意不洩。𤍽以火乹（乾）肉。新加。抑於棘反。一。嶷岐嶷。魚抑反。三。薿茂皃，黍稷薿薿也。啜小兒有知。煏蒱逼反。一。操（燥）也。〔八五〕

30 德　卄德□□□。□□□。《□▨（文）》作道（悳）。〔八六〕得行有所得。從見作㝵。〔八七〕㝵《説文》取也。則子德反。一。《文》▨（從）刀、貝聲，古之貨也。〔八八〕勒盧則反。六。約轡也。肋脅。朸（扐）著指間。〔八九〕仂強；材十也。〔九〇〕瓝美石，次玉。艻蘿艻，菜名。忒差也。他得反。三。搨打。慝悪也。字或作匿。〔九一〕刻刻鏤也。苦德反。四。剋剋期獲定。〔九二〕克能勝也。勊自強。特特〔□〕。徒德反。〔九三〕四。蟘食禾虫。貣假貣。樴杙（杙）樴。〔九四〕黑墨。呼德反。三。潶水名，在雍州。默唾聲。墨筆墨。莫北反。五。默静。冒干。又莫報反。蠌蠌蠌，姓（虫）名也。〔九五〕纆索。賊作（昨）則反。〔九六〕二。鰂魚名。塞閉也。蘓則反。二。〔□〕蘓載反。〔九七〕䆳《説文》實也。〔九八〕北摶墨反。□。〔九九〕菔蘆菔。傍北反。四。僰縣名，在犍爲。又符逼〔□。□〕作僰。〔一〇〇〕匐匍匐。殆（踣）殪。〔一〇一〕或不定。胡國反。三。惑迷惑。蜮（蜮）虫，以毒射人。〔一〇二〕國古或反。一。餩壹（噎）聲。□黑□。□。〔一〇三〕

31 業　卅一業魚怯反。三。巨業本。〔一〇四〕鄴縣名，在魏。驜馬皃。▨（脅）□□。□□□。□。□□□。〔一〇五〕怯去刼反。一。怕也。刼强取。居怯反。二。衱衣領。□□□□。□□□。□。□□□。□□□□。〔一〇六〕裛（裛）浥（匧）；書囊也。又於及、又於輒反。〔一〇七〕䴴＿＿＿〔一〇八〕

32 乏　□（卅）二乏匱。房法反。一。〔一〇九〕法則。方乏反。《▨（説）□》□□。□。＿＿＿〔一一〇〕

（後缺）

【校記】

〔一〕底一所存首段内容據後二大韻代表字并參《切韻》箋注本韻書知爲入聲廿七藥韻字，據《王二》，該韻前面大半殘缺。行首至『其』字間底一殘泐約四分之一行，據空間，可抄三個半左右大字。又『蹻』字所在小韻首字《王二》、《裴韻》、《蔣藏》、《廣韻》皆作『噱』字，訓作『嗢噱，笑不止』（《王二》脱『噱』），與本條殘存行款合，兹爲此殘條擬補六個缺字符。

〔二〕『蹻』字右旁底一大部殘泐，茲據《王二》、《裴韻》、《蔣藏》及《廣韻》録定。缺字底一殘泐，可據諸本補作『舉足』二字。

〔三〕前行『蹻』字條下至行末底一殘泐近半行，據空間，可抄五個左右大字，上田正蓋參酌《裴韻》、《蔣藏》、《王二》及《廣韻》擬補作『○御，須臾。亦倦。○嬳，作姿。憂縛反。一。○縛』，與底一所殘空間略合，又殘字底一存左部『犭』旁，居次行行首雙行注文之左行行首，依文例，其右行亦當有三或四字，諸本『其虐反』與『許縛反』二小韻間皆有『苻(或作符)玃反』小韻，其首字作『縛』，訓『繫也』(或無『也』字)，茲據校補殘字作『玃』，并爲擬補十六個缺字符。

〔四〕『弓』、『弦』二字爲『彏』字雙行注文的右行和左行首字，其下至行末底一殘泐約半行，據空間，可抄五個左右大字。『彏』字釋義《王二》、《裴韻》、《蔣藏》皆作『弓弦急』，上田正據補一『急』字，然不能與底一行款合，又殘字存上部似『〃』形部分，檢《説文·弓部》『彏，弓急張也』，疑底一『彏』字釋義當作『弓張弦急』，茲姑據校補殘字作『急』，并爲本條擬補一個缺字符。又『彏』字條下上田正擬補『籰，所以收絲。王縛反。一』一條，較底一所殘空間少約二個大字。

〔五〕今本《説文·犬部》『玃』字下作『母猴也。从犬，矍聲。《爾雅》云：「玃父善顧攫持人也。」』與底一所引不同，然疑注文之『又』字當爲『犬』字形訛，姑爲校改。

〔六〕前行殘字存上部筆畫，自殘字以下至行末底一殘泐約半行，據空間，可抄五個左右大字，上田正蓋參酌《王二》、《裴韻》、《蔣藏》擬補作『○躩，大步。○钁，斫。○攫』，比底一所殘空間少一個左右大字，疑底一『钁』字下當如《廣韻》引有『《説文》曰「大鉏也」』數字，茲爲校補殘字作『躩』。又依文例，『二同』前當有或體字，疑底一脱，然諸本皆未載『攫』字或體，不詳。

〔七〕『矍』字條下至行末底一殘泐約半行，據空間，可抄五個左右大字，上田正蓋參酌《王二》、《裴韻》、《蔣藏》及《廣韻》擬補作『○芍，芍藥，香草。張略反。一。○著，直略反。一』，與底一所殘空間略合，茲從擬補十四個缺字符。

〔八〕『廿八』二字底一漫滅不能辨，孟列夫主編《俄藏敦煌漢文寫卷敍録》謂第六行（『鐸』字所在行）上方有朱筆標出下一韻『廿八』，茲從録定。

〔九〕『治』字《裴韻》、《蔣藏》及《廣韻》皆作『治』形，俗寫『氵』、『冫』二旁多混，茲據校改。

〔一〇〕『踱』字下至行末底一殘泐約半行，據空間，可抄五個左右大字，《補正》蓋參酌《王二》、《裴韻》、《蔣藏》及《廣韻》擬補作『踱跣，足蹋地。〇澤，《楚詞》云「冬冰之洛澤」』，與底一所殘空間略合，茲從擬補十四個缺字符。

〔一一〕依文例，『文』前當有一『説』字，然本寫本後兼有『出《文》』與『出《説文》』例，未能定其爲脱文還是省文，姑存俟考，後『《文》』字同。

〔一二〕殘字底一存左上角筆畫，缺字底一殘泐，上田正據《説文・茻部》『莫，日且冥也』擬補作『説文日且』四字，從底一行款空間看，『一』字下當容三個小字，疑底一無『日』字，茲據校補殘字作『説』，并僅擬補二個缺字符。又『莫朗反』乃注『茻』字音，疑其前脱一『茻』字代字符。

〔一三〕字頭右下部底一略殘，茲據《王二》、《裴韻》、《蔣藏》録定。

〔一四〕『潤』字《裴韻》、《廣韻》作『間』或『閒』，與唐河間郡合，底一衍增『氵』旁，茲據校改。

〔一五〕缺字底一殘泐，可據《裴韻》、《蔣藏》及《廣韻》補作『劍名』（《裴韻》無『名』字）。

〔一六〕殘字底一存右下角筆畫，茲參《王二》、《裴韻》、《蔣藏》及《廣韻》校補作『摸』字。又缺字底一殘泐，可據諸本補作『又莫胡反』四字。

〔一七〕殘字底一存右部筆畫，茲參《裴韻》、《蔣藏》及《廣韻》校補作『漠』字。

〔一八〕『文』字下部底一漫漶，茲依文例録定，又依行款及文例，『文』字下底一當有一『曰』字，茲爲擬補一個缺字符。『苓』字今本《説文・艸部》『落』字下作『零』，底一聲訛，茲據校改。

〔一九〕缺字底一殘泐，可據《王二》、《裴韻》、《廣韻》補作『燒』字。

〔二〇〕二殘字底一皆存左部『糹』旁，茲據《王二》、《裴韻》、《蔣藏》校補作『絡』、『絲』二字。又缺字底一殘泐，可據諸本補作『絡』字。

〔二一〕前行『絡』字條下至行末底一殘泐約一個半大字的空間，『也』字居次行行首，殘泐處可據《王二》、《裴韻》補作『洛，水名』三字。

〔二二〕『馬色地』不辭，茲依文例校改『地』作『也』字，上田正徑録『地』作『也』字。

〔二三〕『生草』《王二》、《裴韻》略同，不辭，茲據《蔣藏》、《廣韻》校補『草』字作『革』，底一形訛。

〔二四〕本小韻實收八字，其中後二字取訓於《説文》，《蔣藏》皆注明爲『加』字，上田正校『一』作『二』，茲從。

〔二五〕注文『底』字下底一有一『槖』字，其右側有一『卜』形符號，當爲删除符號，符號上面邊縫中有一漫漶的『囊』字，茲據删補；又『文』字下部底一有殘泐，茲依文例録定；又所引《説文》字形與字頭同，不合文例，從後『遣』字注文誤置的『《説文》從巾作㡑』看，此蓋當爲『㡑』字；又後一或體蓋當參《集韻》所收或體録作『㡑』形，茲並據校改。

〔二六〕字頭『扸』字《裴韻》、《蔣藏》作『拆』形，《王二》作『扸』形，《廣韻》作『㭊』形，後者合於《説文》，《廣韻》、《集韻》皆收或體作『析』，『析』、『扸』皆爲『㭊』的隸變字，俗寫『扌』、『木』二旁多混而不分，則『扸』當又爲『析』字俗寫。注文『扸』字初蓋脱抄，後於『擊』字右下角補抄一代字符，今徑録入正文。

〔二七〕『侘』字《裴韻》、《蔣藏》同，《王二》、《廣韻》皆作『侂』形，合於《説文》，然《説文·人部》『侂』字解形云：『从人，庑聲。庑，古文宅』，則『侘』、『侂』二字又當爲古異體字。

〔二八〕殘字底一存左部『阝』、『土』二旁，茲據《説文·艸部》『蘀』字注文校補作『陊地』二字。

〔二九〕『塗』字《廣韻》引《説文》作『涂』，與今本《説文·金部》『錯』字注文合，按『涂』、『塗』古今字。

〔三〇〕注文缺字底一漫滅，可從《王二》、《裴韻》、《蔣藏》及《廣韻》補作『石』字；又『作厲』二字上田正録作『次屬」，不確；又或體字疑承前釋義「厲」字而訛，檢《集韻》收有或體作「礪」，底一亦當作此形，兹從校改。

〔三二〕「文」字下底一有「從巾作帬又」五字，上田正謂前四字「疑由『帬（褰）』字下混入者」，當是，而「又」爲抄者據文意而臆增，兹徑刪此五字。

〔三三〕小韻標數字依文例底一脱，上田正據實收字數謂脱「四」字，兹從擬補一個脱字符。又注文所引《説文》今本《説文·口部》「各」字下作「異辭也。从口，夊，夊者，有行而止之，不相聽也」，底一當有脱漏。

〔三三〕殘字底一存上部筆畫，兹據《王二》、《裴韻》、《蔣藏》校補作「樓」字。又缺字底一漫滅，可從諸本補作「閣」字。

〔三四〕「説」字底一略有些漫涣，上田正校補作「説」字，合於文例，兹從録定。

〔三五〕「崿」字注文《王二》、《裴韻》、《蔣藏》、《廣韻》皆作「崖」或「崖崿」，上田正校改「峯」作「崖」字，可參。

〔三六〕「花」字下《王二》、《裴韻》、《蔣藏》皆有一代字符，底一蓋用注文與被注字連讀成訓例。

〔三七〕「膗」字右旁《裴韻》、《廣韻》皆作「霍」形，《蔣藏》作「霍」形，《王二》作「霍」形，按「霍」、「霍」當爲同一篆文隸定之不同形體，而「霍」、「雀」則爲前二形之俗寫訛變，兹從校補正字。

〔三八〕注文殘字前者存左部「亻」旁，兹依文例校補作「作」字；「壑」字字書未見有載，唯《篇海類編·地理類·土部》收有「壑」字，蓋即其變體，又底一既揭二個或體，則後者不應與前者同形，考《集韻》以「叡」字爲「壑」之正字，是也，「叡」字見於《説文》，則疑底卷二或體中當有一爲「叡」字之訛，姑校改前一或體作「叡」字形。

〔三九〕注文「作」字前底一衍抄一「作」字，兹依文例徑刪之。

〔四〇〕殘字前者底一存上部筆畫，兹據《王二》、《裴韻》、《蔣藏》校補作「長」字；後者存左、右筆畫，兹依文例校補作「又」字。

〔四一〕「豸各」二字底一作「各豸」，「豸」聲與「狢」不諧，兹參《説文·豸部》「貈」字下「从豸，舟聲」，徑爲乙正。

〔四二〕注文底一作『在各九反』，『反』字右上角有一乙正符號『√』。

〔四三〕『牛』字左側底一略殘，兹從《裴韻》、《蔣藏》録定。

〔四四〕缺字底一殘泐，可據《王二》、《裴韻》、《蔣藏》及《廣韻》補作『索』字。

〔四五〕字頭殘字底一僅存右側筆畫，注文殘字存右上角筆畫，上田正蓋參酌《王二》、《裴韻》、《蔣藏》及《廣韻》校補作『鷇，穿』二字，與底一殘形合，兹從之。

〔四六〕『爆』字下至行末底一殘泐約半行，可抄五個左右大字，上田正蓋參酌《箋十》、《王二》、《裴韻》、《蔣藏》及《廣韻》擬補作『迫於火。〇鏄，鍾磬上横木。〇嚩，嚩嘄，嘄』，與底一所殘空間略合，兹從擬補十三個缺字符。又『白』字諸本皆作『皃』，底一形訛，兹據校改。

〔四七〕『衣』字前底一有一代字符，《箋十》、《王二》、《裴韻》、《蔣藏》、《廣韻》無，兹徑據删之。

〔四八〕殘字存左部筆畫，兹據《裴韻》校補作『局』字。

〔四九〕『霍』字下至行末底一殘泐約一個半大字的空間，當參《箋十》『攉，揮攉，促疾皃』補注文作『揮霍，促疾皃』（『霍』、『攉』之别乃聯綿詞用字不同所致），又可據《王二》、《裴韻》補其反語上字作『虎』字。上田正僅擬補『揮霍虎』三字，比底一所殘空間少約半個大字。又依文例，『作』字前當有一引導詞『亦』、『又』、『或』等，底一當脱，兹爲擬補一個脱字符。

〔五〇〕『文』指《説文》，然不能確定其前是省還是脱『説』字，姑存其舊。

〔五一〕殘字底一存右側少許筆畫，兹依文例校補作『又』字。又缺字底一殘泐，可據《説文·艸部》『藿』字注文補作『少也』二字。

〔五二〕注文『古』字前底一衍抄一代字符，兹據《箋十》、《裴韻》删之。

〔五三〕注文『章』字下部底一略殘，兹從上田正所校補録定；又『章』下一字底一存右側筆畫，疑爲『聲』字殘形。

〔五四〕殘字底一存右部『享』旁，兹據《箋十》、《王二》、《裴韻》校補作『噋』字。又『噋』字下至行末底一殘泐約三個大字的空間，上田正據諸本擬補作『縣名，在鴈門。《説文》作』七字，較底一所殘空間少約一個大字，疑此注文當如《蔣藏》、《廣韻》收有又義『又山名』，茲姑爲擬補十一個缺字符。

〔五五〕『蠖』字條下至行末底一殘泐約半行，據空間，可抄五個左右大字，上田正蓋參《王二》、《裴韻》、《廣韻》等擬補作『○穫，刈。胡郭反。五。○㦜，心動。○檴，檴落，木名』，比底一所殘空間多約一個大字的內容，疑『穫』字底一没有訓解，茲姑據擬補十三個缺字符。

〔五六〕殘字底一存上部筆畫，茲據《王二》、《裴韻》、《蔣藏》校補作『郭』字。

〔五七〕『廓』字條下至行末底一殘泐約半行，據空間，可抄五個左右大字。《王二》、《裴韻》、《蔣藏》皆以『苦郭反』爲鐸大韻的最後一小韻，上田正據底一文例及諸本擬補其所缺内容作『○鞟，皮。○漷，水名，在魯』，因底一大韻之間的銜接多换行抄録，故此内容可不必填滿五個大字的空間，茲從擬補七個缺字符。

〔五八〕『記微也』底一作『記也微』，茲據《説文·耳部》『職』字注文乙正。

〔五九〕『職』字下至行末底一殘泐約半行，據空間，可抄五個左右大字，上田正蓋參酌《王二》、《裴韻》、《蔣藏》及《廣韻》擬補作『油敗。○蟙，蟙蠌，虫。○蘵，草名，似酸漿』，與底一所殘空間略合，茲從擬補十二個缺字符。

〔六〇〕『扐』字《箋十》、《王二》、《裴韻》皆作『扐』形，《蔣藏》、《廣韻》作『朸』形，合於《説文》，俗寫『扌』、『木』不分，底一形訛，茲據校改。

〔六一〕『朸』字條下至行末底一殘泐約半行，據空間，可抄五個左右大字。上田正蓋參酌《王二》、《裴韻》、《蔣藏》擬補所缺内容作『○艻，萴艻，山皃。○仂，不懈。○勑』，比底一所殘空間約少半個左右大字，疑底一『勑』字當如《裴韻》或《蔣藏》有訓解『誡也』或『約也』，茲據擬補十一個缺字符。又殘字底一存左部『耳』旁，茲據《裴韻》、《蔣藏》及《廣韻》校補作『恥』字。

〔六二〕前行殘字底一存上部筆畫，茲據《王二》、《裴韻》、《蔣藏》及《廣韻》校補作『栻』字。又『栻』字下至行末底一殘泐約半行，據空間，可抄五個左右大字，上田正蓋參酌諸本擬補作『○栻，卜局。○忒』四字，比底一所殘空間少約一個半大字，疑『栻』字下底一別有加注者或有衍抄條目。殘字前者存下部『心』旁，後者存右側點畫，兹據諸本校補作『意慎』二字，此爲『忒』字注文（字頭『忒』當居前行行末）。又殘字後的二個缺字底一殘泐，可據諸本補作『忒忒』二字。

〔六三〕『溪』字下參諸《箋十》、《裴韻》，底一當有一漫滅的代字符，兹爲擬補一個缺字符。

〔六四〕前行『殖』字條下至行末底一殘泐約半行，據空間，可抄五個左右大字，次行行首至『郞』字間約殘一個半大字的空間，上田正蓋參酌《王二》、《裴韻》、《蔣藏》及《廣韻》擬補缺文作『○食，乘力反。二。○蝕，日蝕。○息，相即反。四。○榀，木名』，與底一所殘空間略合，只是其擬補文字中的『息，相即反。四』不應置於次行首，而應置於前行末，兹從擬補十六個缺字符。

〔六五〕『瘜』字條下至行末底一殘泐約半行，據空間，可抄六個左右大字。底一内容至此行結束，以下爲底二内容，兩者間約殘六行左右的文字。

〔六六〕『絡革』居行首雙行注文之左行，其右行殘泐，據行款空間當可抄三個小字，檢《箋十》、《王二》、《裴韻》『所力反』小韻有『鞹，馬車下絡革』（《王二》『下』字訛作『止』），與本殘條合，缺字可據補，唯本殘條字頭當居前行行末。

〔六七〕殘字底二存右側『禾』旁大部，兹據《箋十》、《王二》、《裴韻》、《蔣藏》校補作『穡』字。又缺字底二殘泐，可據《箋十》、《裴韻》補作『稼』字。

〔六八〕『穡』字條下至行末底二殘泐約四分之三行，據空間，可抄九個左右大字。『相』字底二居次行行首，檢『𣗥』字前一條《裴韻》、《蔣藏》皆作『悈，急性相及』（『及』《廣韻》作『背』，疑諸本『及』爲『反』字形訛），隸『紀力反』小韻，可參。

〔六九〕『棘』字注文《裴韻》作『小棗。從並朿』，底二殘字存左側『朿』形部分，龍宇純《英倫藏敦煌切韻殘卷校記》云：「此第三字似「棘」字殘文，蓋誤「朿」爲「棘」耳。」此言是，兹徑校補作「朿」字。又缺字底二殘泐，可據行款、文例并參《裴韻》補作「小棗也」。

〔七〇〕前行「棘」字條下至行末底二殘泐約半行強，據空間，可抄七個左右大字。「雍」字底二居次行行首，檢注文含「雍州」的字《裴韻》作「翊」，隸「与職反」小韻，訓「馮翊，郡，在雍州。一曰飛盛皃」，可參。

〔七一〕「云」字依文例當爲「文」字形訛，底一、底二《説文》或省作「文」，如前鐸韻之「頊」、「霩」，本大韻之「減」，後德韻之「則」等字注文所引《説文》皆省作「文」，檢《説文·羽部》有「翊」字，訓作「飛皃」，底卷蓋以「翌」爲「翊」之易位俗字，兹據校改。

〔七二〕「云」字爲「文」字形訛，參上條校記，兹據校改。引文内容與《玉篇·广部》「廙」字訓同，今本《説文·广部》「廙」字下作「行屋也」。

〔七三〕「黖」字下至行末底二殘泐約半行，據空間，可抄五、六個大字。

〔七四〕缺字底二殘泐，可從諸本補作「在」字；殘字底二存上部「十」字形筆畫，兹據《箋十一》、《王二》、《裴韻》校補作「南」字。

〔七五〕前行「瀷」字條下至行末底二殘泐約半行，據空間，可抄五、六個大字。次行「説」字居行首，與殘條所引《説文》訓解相關的條目《裴韻》作「趩，趍進趩如也」，《蔣藏》則作「趩，《説文》云「趨進趩如」。加」，並隸「与職反」小韻，疑後一殘條注文全，唯字頭居前行行末。

〔七六〕「牛」字前底二衍抄一代字符，兹據《箋十一》、《王二》、《裴韻》、《蔣藏》及《廣韻》徑删。

〔七七〕「蝍」字雙行注文底二僅存左行首字「又」，其下至行末殘泐約兩個半大字的空間，其相關内容可參《裴韻》、《蔣藏》及《廣韻》補作「○蝍，蝍蛆，虫名。又子結反。○躄，躄蹷，迫皃」，兹從擬補八個缺字符。

〔七八〕「楖」字《廣韻》同，《裴韻》、《蔣藏》皆作「抑」，合於《説文》，俗寫「扌」、「木」二旁多混而不分，兹據校補正字。

〔七九〕本小韻實收二字，與《箋十一》、《蔣藏》同，底二標數字『三』當爲『二』字形訛，兹據校改。

〔八〇〕注文『皕』字底二作代字符形，《箋十一》、《王二》、《蔣藏》同，《裴韻》、《廣韻》作『二』字，合於《説文》，龍宇純《英倫藏敦煌切韻殘卷校記》云：『此似誤「二」爲重文。』兹從校改。

〔八一〕本小韻實收五字，其中後二字當爲新加，末字雖未注出《説文》，但以《王二》、《裴韻》、《蔣藏》、《唐刊》（伯二〇一四）及《廣韻》皆未收載，可知亦爲本寫本之所加，是其小韻標數字中的『一』當爲『二』之形訛，兹據校改。

〔八二〕『愊』字釋義《裴韻》、《蔣藏》、《廣韻》皆作『愊，悃愊，至誠』（《蔣藏》『悃』訛作『怊』形），而訓『蹋地聲』的皆爲『愊』下之『踾』字，又底二本小韻標數字作『七』而實收六字，龍宇純《英倫藏敦煌切韻殘卷校記》云：『此當是「愊」下誤脱注文及「踾」字』，兹從擬補五個脱字符。

〔八三〕『丁』字《箋十一》作『朾』，《王二》、《裴韻》、《唐刊》（伯二〇一四）、《廣韻》皆作『打』，俗寫『扌』、『木』二形不分，『打』蓋『朾』之後起分化字，龍宇純《英倫藏敦煌切韻殘卷校記》謂『「丁」當作「打」』，兹據校改，底二誤脱『扌』旁。

〔八四〕字頭底二有塗改，後又在塗改字的右側書一『矢』字，兹從録定。

〔八五〕『操』字《唐刊》（伯二〇一四）作『燥』，與《集韻》引《説文》『以火乾物』訓合，此蓋形訛，姑據校改。

〔八六〕殘字底二存右下角一捺形筆畫，兹依文例校補作『文』字。缺字底二漫滅，可據文例、行款并參《箋十一》、《王二》、《裴韻》補作『多則反。二加一。説』七字。又『道』字當據《説文·心部》校改作『悳』字，底二形訛。

〔八七〕『從』字前依文例似當有一『或』字，疑底二脱。

〔八八〕殘字底二有些漫涣，兹依文例校補作『從』字。又注文所引《説文》蓋有衍脱，今本《説文·刀部》『則』字下作『等畫物也。从刀，从貝。貝，古之物貨也』，其中段注改作『从刀、貝』，是底二衍抄一『聲』字，而

〔八九〕『聲』字下又脱一『貝』字，至於『物』字之有無，則不能決。

〔九〇〕『朸』字《王二》、《裴韻》、《唐刊》（伯二〇一四）、《廣韻》皆作『扐』，與釋義合，俗寫『扌』、『木』二旁多混而不分，兹據校補正字作『扐』。

〔九一〕『仂』字《唐刊》（伯二〇一四）、《廣韻》作『忇』形，合於《説文》，按：《説文·十部》『忇』字段注：『《王制》「祭用數之仂」，注：「什一也。」按一當十爲仂，故十取一亦爲仂，蓋仂本作忇也。』

〔九二〕龍宇純《英倫藏敦煌切韻殘卷校記》以爲『匿』字當作『慝』，可參，然又疑『慝』或爲『匿』之後起字，則底二之形不誤，俟考。

〔九三〕『獲定』二字底二略有漫漶，然其形略具，龍宇純《英倫藏敦煌切韻殘卷校記》、潘重規《龍宇純英倫藏敦煌切韻殘卷校記拾遺》、《補正》、《周韻》皆未録之，容或爲他字，姑録以俟考。

〔九四〕以本字釋本字，不合《切韻》系韻書文例，檢《裴韻》訓作『牛』，《廣韻》作『特牛』，龍宇純《英倫藏敦煌切韻殘卷校記》謂『注文「特」下當有「牛」字』，兹從擬補一個脱字符。

〔九五〕『杙』字《裴韻》略同，《蔣藏》、《唐刊》（伯二〇一四）、《廣韻》皆作『杙』形，俗寫『弋』、『戈』二形多混而不分，兹據校補正字。

〔九六〕『姓』字《箋十一》、《王二》、《裴韻》、《蔣藏》、《廣韻》皆作『虫（或作蟲）』，底二蓋因常用詞連類誤書，兹據校改。

〔九七〕『則』字下底二衍抄一『賊』字，兹依文例徑删。又反語上字《箋十一》作『藏』，《王二》、《裴韻》、《蔣藏》、《廣韻》皆作『昨』，『藏』、『昨』皆隸從紐，底二『作』字當爲『昨』字形訛，兹據校改。

〔九八〕又音前依文例當有一標識字『又』，《箋十一》、《裴韻》、《蔣藏》皆有，兹據擬補一個脱字符。

〔九九〕『窸』字《裴韻》、《蔣藏》作『寋』形，此與『寋』爲同一篆文隸定之不同形體，底二之形當爲『寋』字俗寫之變。

〔九九〕缺字底二漫滅，此爲小韻標數字，可據實收字數補作『一』字。

〔一〇〇〕『逼』字下當有脱文，龍宇純《英倫藏敦煌切韻殘卷校記》謂『「逼」下脱「反」字；「反」下更有一字，或爲「或」，或爲「又」，或爲「俗」』，兹從擬補二個脱字符。

〔一〇一〕『殆』字《裴韻》、《廣韻》皆作『殕』，合於形聲構字理據，底二形訛，兹據校改。

〔一〇二〕『蜮』字其他字書未見所載，《王二》、《裴韻》、《蔣藏》、《廣韻》皆作『蜮』形，合於《説文》，疑底二所作或承前之『惑』字而訛，姑據校改。

〔一〇三〕注文『壹』字諸本皆作『噎』，底二誤脱左『口』旁，龍宇純《英倫藏敦煌切韻殘卷校記》謂『「壹」當作「噎」』，兹從校改；又缺字底二殘泐，前二缺字可參《王二》、《裴韻》、《蔣藏》及《廣韻》補作『愛』、『反』二字，末一缺字爲小韻標數字，可據實收字數補作『一』字。

〔一〇四〕『卅』底二漫涣，潘重規《龍宇純英倫藏敦煌切韻殘卷校記拾遺》云：『原卷「業」上有朱書「卅一」二字。』兹從録定。又『巨業本』蓋有脱訛，其詳不可考，《説文·丵部》『業』字下云：『大版也，所以飾縣鍾鼓，捷業如鋸齒，以白畫之，象其鉏鋙相承也。从丵，从巾，巾象版。《詩》曰：「巨業維樅。」𤕌，古文業。』可參。

〔一〇五〕殘字底二存上部筆畫，魚怯反小韻下一小韻首字《箋十一》、《王二》、《裴韻》皆作『脅』，音『虚業反』，兹據校補。又『脅』字下至行末底二殘泐約三分之一行，據空間，可抄三個左右大字，依行款及《箋十一》、《王二》、《裴韻》所缺内容可擬補作『胷脅。虚業反。二。○頰，頰氣』，兹從擬補九個缺字符。

〔一〇六〕『衱』字條下至行末底二殘泐約半行，據空間，可抄六個左右大字，依行款及《王二》、《裴韻》、《蔣藏》、《廣韻》的相關内容可擬補所缺文字爲『○腌，鹽漬肉。於劫反。五。○罨，魚網。又烏合反』，兹從擬補十五個缺字符。

〔一〇七〕『迸』爲『匜』字俗寫（《廣雅·釋器》『匜，笥也』），敦煌寫本中『匚』旁多俗寫作『辶』形，參《敦煌俗字研究》下編匚部諸字條考釋，龍宇純《英倫藏敦煌切韻殘卷校記》、《周韻》録作『近』字，龍氏并校云『此多一

「近」字」，《補正》録作『匠』字，皆不確；又依文例底二後一『於』字前的『又』字衍抄，『反』字前又脱抄一『二』字，可據《箋十一》删補二字。

〔一〇八〕『殗』字下至行末底二殘泐約半行，據空間，可抄六個左右大字，參諸《箋十一》、《王二》、《裴韻》、《蔣藏》及《廣韻》，底二所缺内容蓋爲『耕（或作犁）種。○殗（或作𣩠），殗（或作𣩠）殜，不動』，其下雖餘三個左右大字空間，然此爲大韻最末一小韻字，因大韻换行書，故本小韻下底二容有空白存在。

〔一〇九〕缺字底二殘泐，兹依文例擬補作『卅』字。

〔一一〇〕殘字底二存右上角一點形筆畫，其下至行末底二殘泐約半行，據空間，可抄六個左右大字，《裴韻》『法』字注文引有『《説文》作灋』語，合於底二文例，兹據校補殘字作『説』字，并爲本殘條擬補四個缺字符。又其小韻標數字可據《箋十一》、《王二》、《裴韻》、《蔣藏》補作『一』字。又次行上部約一個大字空間下存二殘字的右側筆畫，前者作『丨』形，後者作殘『一』形，檢『法』字下《箋十一》、《裴韻》只收『猲』字一條内容，《王二》、《蔣藏》收有『猲』、『姂』二條内容，然其字頭與注文皆不能與底二殘形合，疑底二本大韻『法』字下尚收有二個以上的字，且下行蓋爲本韻書正文的末行。

切韻箋注（五）（卷三至五）

伯三六九三（底一）　伯三六九六A（底二）　伯三六九六碎九（底三）
斯六一七六（底四）　伯三六九四（底五）

長孫訥言

【題解】

底一編號爲伯三六九三，存一殘紙，正反抄。正面爲上聲廿五銑韻至卅二馬韻計八韻殘字四十六行，其中九行完整；反面爲上聲三十六蕩韻至五十檻韻計十五韻殘字四十七行，其中九行完整。

底二編號爲伯三六九六A，存一殘紙，正反抄。正面爲上聲五十檻韻至去聲五寘韻殘字計七韻二十八行，其中十六行完整；反面爲去聲十三霽韻至十八隊韻計六韻殘字二十九行，其中十七行完整。

底三編號爲伯三六九六碎片第九片大片正面（膠片及《法藏》反貼），此爲底二殘存部分的卷首斷片，蓋因與其後之補丁粘附較爲牢固，故在剥離補丁時連帶拉下，鈴木慎吾最早指出此一殘片與底二的關係（《〈切韻殘卷諸本補正〉未收の切韻殘卷諸本について》，《開篇》第二十三卷，東京·好文出版社二〇〇四年）。

底四編號爲斯六一七六，存一殘紙，正反抄。正面爲去聲廿癈韻至廿七翰韻計八韻殘字三十五行；反面爲去聲卅二嘯韻至卌漾韻計九韻三十五行。

底五編號爲伯三六九四，存一殘紙，正反抄。正面起卌五徑韻至入聲一屋韻殘字計十三韻三十六行（中一行未存字），其中廿一行完整；反面爲入聲五質至十一末韻計七韻殘字三十六行，其中廿一行完整。

此五個殘卷的書法及體例全同，《翟目》最早指出底四爲底五抄本之一部分，《潘韻》指出底一、底二、底五蓋爲同書，《補正》亦認爲底一、底二爲同書，至《周韻》始合底一、二、四、五四個殘卷爲一書，後鈴木慎吾又指出了底三與底二的聯繫，今從之。底一尾端與底二首端可相銜接（二者中間不缺行，但因底一尾行下端殘泐，其文

字未能銜接），底二與底四、底四與底五間皆有缺文，

底卷卷間換行，卷内韻部接抄，韻部標序字朱書，小韻首字前有朱點或小朱圈；小韻首字注文體例爲字頭—釋義—反切—小韻標數字。加字多注明『幾加幾』（底五多合爲一總數計之），其中據《説文》加字者多於注文中注『出《説文》』（此至底五亦多有該注而不注者）；加訓者多用『按』字提領，多用《説文》爲説，接抄於其所據底本原文之後，此與《箋四》相合。《補正》雖未盡合四卷，然其合底一、底二爲一書，并謂底四的訓注形式與底一、底二同，且從加字加訓的數量統計和引用書目、逸文比較諸角度推定爲長孫箋注《切韻》，唯底五因抄者多合原本字數與加字字數爲一，《補正》因以之爲加字加訓較少的初期《切韻》，則不確切；《周韻》亦據引文、文例等斷此寫本爲長孫訥言書的傳本。從《補正》據底一加字約占原本百分之八强的統計看，底卷全書加字當在八百字左右，如果考慮到後面的韻部加字較前部分爲少，則此卷應該是非常接近長孫訥言『又加六百字』之説的一個箋注本，與《箋四》蓋爲同一韻書的不同抄本。底一、底二、底五《索引》擬名爲《切韻》，《索引新編》同；底四《索引》擬名爲『韻書』，《索引新編》同，《提要》擬名作《切韻》，皆不确，今合五個殘卷擬名作『切韻箋注』（五），長孫訥言撰，簡稱《箋五》。

底四《翟目》以爲是八世紀寫本，《提要》同。《周韻》以爲本寫卷圓渾可愛，在唐寫本中别具一種風格，其中治字或諱（如入聲没韻『汩』字注文『治』作『汄』形）或不諱，似爲中唐人所書，蓋是；又施安昌於《論漢字演變的分期——兼談敦煌古韻書的書寫時間》（《故宫博物院院刊》一九八七年第一期）一文中從書法角度加以歸類，以諸底卷爲初唐寫卷，恐不足據。

底四龍宇純最早據膠片録文（《英倫藏敦煌切韻殘卷校記》，載臺灣《中央研究院歷史語言研究所集刊》外篇第四種《慶祝董作賓先生六十五歲論文集》，一九六一），其後潘重規據原卷作《龍宇純英倫藏敦煌〈切韻〉殘卷校記拾遺》（《華岡文科學報》第十五期，一九八三）予以校補；底一、底二、底五《潘韻》亦據原卷録文；底一、底二、底四、底五《補正》據膠片録文并校勘，其後《周韻》亦據膠片録文并考釋。

底一、底二、底三、底五據《法藏》及膠片録文，底四據《英藏》録文，并參考敦煌韻書中相關的卷子如《切韻》原本、《箋二》、《王一》及傳本韻書《王二》、《裴韻》、《蔣藏》、《廣韻》等校録於後。

（前缺）

25 銑 ▭[一] ▨（洪）□泂。[二] ▨（晛）□□，鹿跡。[三] ▨（鋧）□。▭[四] 蠒古典反。五。《□文》作此▨（繭）。[五] □□□。□□。□□□□。▨□□。□顯反。三。[六] ▨（臔）□急。[七] 晛□□歐乳。[八] ▨（顯）□□反。□。□□□□。□□□。▨□□。奴□反。一。[九] 撰塗。亡殄反。一。編▭萹茿，草。[一〇] 泫（泫）露光。胡犬反。[一一] 四加一。䝮獸名，似犬多力；一曰對争▨▨（皃），《説文》『分引也。從𪀥對争具（貝）』。[一二] 鉉鼎耳；《説文》『舉鼎也，《▨（易）》謂之鉉，《礼》謂之鼎』。[一三] ▭蜀人呼鹽。[一四] 畎田上渠；一曰引水。古泫反。三。《説文》作此甽，二同。詃誘。罥准（挂）。[一五] 犬猶（狗）。苦泫反。一。

26 獮 廿六獮秋獵▨（曰）□。□《□文》從▨（爾）。□□□。□。▭[一六] 演廣。以淺反。三。按《説文》作此演，長流。[一七] 衍達。按《説文》『水朝宗於海』，故從水行。縯長。踐疾演反。三加一。諓諂。按善諓，一曰謔（謔）。[一八] 餞▭以槌去牛勢。[一九] 樿木名。䫶倨視也。出《説文》。展知演反。五。搌束縛。皽皮寬。輾[□□。□]極巧視之。又視戰反。[二〇] 赻（趁）踐。尼▨（展）□；《□文》奴弥□。□。▭大。昌善反。二。按《説文》開。[二一] 燀燒。遣去演反。三。按《説文》作此遣。繾繾綣。饘乹（乾）麵餅。善常演反。五加一。《説□》作譱，吉，篆文作▨（善）。▭寒反。[二二] 僐作姿也。出《説文》。蹇跛。居輦反。三。謇呪（吃）。[二三] 搴取。《説文》作此攓，二同；又作攐，同。蔄即踐反。三加一。《説文》▨（作）□，□爲前字，所以前下更加刀。[二四] ▭《説文》『羽生也；一曰失（矢）羽也』。今人共用爲翦割字。[二五] 蹨踐。人善反。四。橪橪棗；《説文》酸棗別名。[二六] 戁懼，《説文》敬。熯乹（乾）皃也，《詩》曰『我孔熯矣』。輦力演反。四。蓮瑚璉。鄻□□，在周。[二七] ▨（僆）□□□。▨其輦反。三。〔二八〕鑳鑳鏟。〔二九〕鍵管籥。㦃緩。徐輦反。一。〔三〇〕齴齒露。魚蹇反。二。巘山峯。［□□□□。□］。〔三一〕緬遠。無兖反。六。沔漢水别名。俗作㳅。愐思。勔目（自）強。〔三二〕湎酖湎。〔三三〕黽黽池，縣名，在弘農。又亡忍反。〔三四〕褊衣急。方緬反。一加一。辡憂也；一曰急，出《説文》。㬶臞少汁。姉（姊）兖反。〔三五〕三（一）。［□□□□。□□□。□］。〔三六〕吮嗽。又徐兖反。蔿蓄蔿，草。〔三七〕辡罪人相訟。方免反。一。兖以轉反。二。《説文》口（曰）：兖，餘耎反。山澗陷泥地曰㕣；兖州，九州泥地，故以兖爲名。〔三八〕沇濟水别名。〔三九〕臠力兖反。二。孌美好。《説文》作嬽（嫋）。〔四〇〕轉陟兖反。一。按《説文》作轉。卷居轉反。一。圈圈獸。渠篆反。又求晚反。一。輭柔。而兖反。六加一。俗作軟也。蝡虫動。楆紅藍；一曰棗名。萸木名。〔四一〕碝（碝）石，次玉。《説文》作碝（碝），捻同。〔四二〕愞弱。又奴亂反。耎稍前大。〔四三〕舛舛剥。或作踳。昌兖反。三。喘息。荈草。膞切肉。視兖反。〔四四〕三加一。腨腓傷（腸）。〔四五〕鄟地名。鱄出（小）卮，有蓋，出《説文》。〔四六〕篆篆書。治兖反。三。瑑璧上文。沌（沌）水名，在江下（夏）。又徒混反。〔四七〕剸細割。旨兖反。二。孨孤露可怜。又疰（莊）卷反。〔四八〕選擇。思兖反。又思絹反。一。撰録也；具。士免反。〔四九〕三。僎具。鱄魚名。蜎蜎蠉，井中虫。狂兖反。一。蠉香兖反。一。梗木名。苻善反。一。免黜。亡辨反。七。娩婉娩。勉励（勗），《説文》強。〔五〇〕俛俯。《説文》作頫。〔五一〕冕《説文》［□］冃。亡報反。〔五二〕鮸魚名。挽生子免身。撍撍振，長。基善反。一。搌丑善反。四。鍉（鍉）長。〔五三〕㫃旌旗柱；按《説文》大函。〔五四〕蒧俻；一曰去貨。〔五五〕㷰式善反。一。意臟也，出《説文》。新加。嫸之善反。一。好善格人語也，［□］《説文》。〔五六〕

27 篠

廿七篠細竹。蘇鳥反。四。《説文》作此筱，從攸。〔五七〕魡魚名。䃴䃴砆。〔五八〕謏小也，《礼記》『足以謏問（聞）』。〔五九〕晈光。古了反。七。璬佩玉。皦行縢儌（皦）脛。〔六〇〕皎月光白，《詩》云『月出皎兮』。鐃鐃文。《説文》鐃。皛（皛）白。又疋（匹）日（白）反。〔六一〕皦珠玉白皃。鳥都了反。五。《説文》『長尾禽捻名也。象形，鳥之足似卜，從卜』。按篆文作鳥，不全依三點。〔六二〕帊絹布頭。仢垂。乚懸皃。蔦樹上寄生。了盧鳥反。四。蓼菜。瞭目精朗。䝤䝤蹻，長皃。朓月見西方。吐鳥反。二。窱窈窱，遠皃。曉呼鳥反。一。《說文》從白。〔六三〕杳烏皎反。六。《說文》：『冝（冥）也。從日在木下』。〔六四〕窅深目。《說文》一包反。窈窈窱；又窈窕，美皃。騕騕褭，神馬。㛹㛹㜑，身弱好皃。𩣡（䶧）𩣡（䶧）𩣡（䶧），長而不勁。〔六五〕嬲▨（戲）▨（相）□。□□□。□□□。□長皃。〔六六〕䶧（䶧）𩣡。〔六七〕褭騕褭。㜑㛹㜑。嬈苛也；一曰擾戲弄也；一曰嬥。出《說文》。皛顯也。胡了反。二。葯䖍茈草。窕窈窕。徒了反。三。誂弄。俗作挑。▨（磽）□□。□□□。□□□□。□□□□。〔六八〕湫隘。子小（了）反。又子攸反。〔六九〕一。

28 小

廿八小私兆反。一。肇始。治小反。六加一。兆《說文》分也，從八。又作兆。〔七〇〕趙。旐旗旐。狣犬有力。佻《說文》瑩。〔七一〕狣□□。□□□□。□。□□□□。□。□屈。於兆反。二。〔七二〕殀殁。擾而沼反。三。按《說文》作此擾。〔七三〕繞繚繞。遶圍。摽落。苻小反。〔七四〕二。鰾魚膠。䵲糗。或作麨。尺沼反。三。弨弓。▨（楢）□□。□□□□。□□□。□。□清酒。〔七五〕犥（犥）牛黃白色。〔七六〕皫髮白。𪆷馬（鳥）變色。〔七七〕篻竹名。瞟《說文》瞭（瞭）也。〔七八〕眇亡沼反。四[□□]。〔七九〕淼大水。杪木末。秒禾芒。[□]《說文》擾也；一曰訬獪。〔八〇〕紹繼。□□反。□。□□。□□□。□或作撟。居沼反。三加一。〔八一〕嬌女字。一本作蟜。䀮（䀮）目重瞼。又紀小反。〔八二〕嫽竦身也。出《說文》。表方小反。又方矯反。二加一。褾袖端。覭自（目）有察省見。出《說文》。〔八三〕藨草名，可爲蓆。□□□。平□□。□。□□□。□□□□□□□□。〔八四〕鷕雌雄（雉）聲。以沼反。三。《詩》『有鷕雉鳴』。〔八五〕溔浩（浩）溔，大水。〔八六〕舀杼臼。或作抭（抗）；或作㧛也。〔八七〕悄憂心。戈（七）小反。〔八八〕一。勦（勦）勦（勦）絶。子小反。二。《說文》又作劋。〔八九〕勦（勦）勞。又鋤交反。〔九〇〕蟜[□□。□□□。□。□]繚繞。力□反。二□□。〔九一〕□炙。或作獠（𤏶）。〔九二〕

29 巧

廿九巧苦絞反。又巧僞，苦教反。一。《說文》從丂，枯老反。㵿動水聲。下巧反。一。《說文》『夏有水，冬無』。〔九三〕飽愽巧反。一。獿擾亂，奴巧反；一曰事露，下巧反。一。戼古作▨（卯）。□□□。□。《說▨（文）》□。□□。

□□□。又力有反。〔九四〕絞絞縛。古巧反。〔九五〕四加一。狡狂。佼女字。《説文》作此姣，好也。攪手動乱。烄交木然之。出《説文》。〔九六〕爪（爪）側絞反。三。手爪也。□□□。〔九七〕瑵玉。拗手撥。於絞反。一。〔九八〕鮑薄巧反。一。《説文》瘥魚。〔九九〕鮫五巧反。一。煼熬。楚巧反。一。《説文》又作此鬻（鬻）。〔一〇〇〕

30 晧

卅晧光。胡老反。八加一。昦《説文》從夰，夏（昦）天。〔一〇一〕暤暤旰。〔一〇二〕浩。鎬鎬▨（京）。又▨。▭〔一〇三〕鰝大蝦。夰放也，出《説文》，昦天從夰，從夭者非。抱薄浩反。一。老盧浩反。六。《説文》從人毛匕作此𦒱，正。〔一〇四〕獠狐獠，西夷。俗作獠。〔一〇五〕轑［□□。□］屋橑，簷前木；一曰蓋骨；一曰欄。〔一〇六〕潦□□。□□□。□□□□。□。〔一〇七〕套長。槄山楸木。又他刀反。道徒浩反。三。稻。駣馬四歲。腦奴浩反。四。《説文》作此㛴（𡿺）。〔一〇八〕惱懊惱。〔一〇九〕䠷長皃。碯馬碯，寶石。〔一一〇〕倒都浩反。五加一。□□。□□□。□□□□。〔一一一〕禂馬祭。檮（檮）《説文》斷木。〔一一二〕嫂俗作嫂。蘇晧反。三。燥乾。掃《説文》弃也，從土。草七掃反。二。慅憂心。早子浩反。八。澡▨（洗）。▭狗蚤。〔一一三〕鱢（鱢）魚名。〔一一四〕璪玉飾。棗《説文》從重朿。皂昨早反。三。草櫟卅（斗）實。〔一一五〕造艁。〔一一六〕暠古老反。五。杲日出。稾（稾）草。縞▭夜干。〔一一七〕好呼浩反。一。蓩毒草，武道反。又地名，亡毒反。一。寶古作珤。博抱反。六。保《説文》作此保（保）。〔一一八〕堢墇。〔一一九〕褓繦褓。按《説文》從系。▨（鴇）鳥▭〔一二〇〕襖襖袍。烏浩反。六。跃跃跃（䠷）；一曰卑長。〔一二一〕懊懊惱。媪（媼）母；《説文》老女稱。〔一二二〕芺苦菜。䐿藏肉。又烏到反。考▨（苦）□□。□□▨（孝）。□□□。▭〔一二三〕殁擊，出《説文》。〔一二四〕

31 哿

卅一哿嘉。古我反。〔一二五〕二。舸輕舟。火呼果反。一。果古火反。六。《説▨（文）》□此，爲草▨（木）□。□□□，□。□□□□。□□。□□□，□。《□□》『□□。□盧，細要；細要，土螽（螽），天地之性，細要無子。《詩》云：「螟蛉有子，蜾蠃負之。」』〔一二六〕菓。埵丁果反。六。鬌小兒前髮。挅▭〔一二七〕璅青璅。漅水名。按：《説

文》作此消。蓧蓧人，縣，在上黨。又蕪寘（寡）反。〔一二八〕篠竹名。趙（䫨）《說文》『□□屑之□』。▭履跟
緣。〔一二九〕妥安。他果反。一加一。鰖《說文》『魚子已生者』。叵普可反。二。叵耐字。頗頗能字。本滂河反。跛
▭歷（蹷），筋結。〔一三〇〕菰菓菰。按《說文》，［□］木曰菓，在地曰菰。〔一三一〕蠃蜾蠃，虫名；又蜂屬。又盧過
反。〔一三二〕禍胡果反。二加一。《說□》『害也，神不福』。〔一三三〕▭呼父。徒可反。三。〔一三四〕柮正舟木。陊下坂
皃。可枯我反。一。我五可反。二。《說文》『施身自謂也；頓也；從戈𠄒，𠄒古文𠂹也』。〔一三五〕▭大笑。或嗵。
呼我反。二。〔一三六〕砙擊。婐婐▨（妮），身弱好。烏果反。〔一三七〕一。妮奴果反。一。閜門欲傾。烏可反。〔一三八〕三。
椏□□。□□□，□□□。■□□□。□。■□□，□□。□□□。□。□□。■□□。□□反。一加一。〔一三九〕
戹戹，木節也，賈侍中以爲『戹，盖』，出《說文》。〔一四〇〕縒鮮潔皃。蘇可反。一。瑳玉色鮮。千可反。一加一。鬌髮好

也。出《說文》。▨（𩍼）□□。□□□。□。〔一四一〕

32 馬

■■■□□□。□。□《□□》『□□；□□。□□□□□□□之形』。〔一四二〕碼碼碯。罵詈。又莫覇反。者之野反。
二。《說文》從白。赭赤土。野以者反。三。《說［□］》古文作此埜。〔一四三〕也。冶《說文》消。〔一四四〕雅▨▨（楚烏）
▭，一曰卑居，秦謂▭〔一四五〕㾆庌厊，不合。𥁢酒器。俗作▨（雅）。〔一四六〕▨（檟）古雅▨（反）。▨
（五）。〔一四七〕▨（瑕）大；一曰□□。〔一四八〕▨（假）又加□□。〔一四九〕▨（賈）《▨▨（說文）》『▨□□』。〔一五〇〕
□□□。■□□□。□□□。□。■□□。□□□。□。■□□□。□。□□□□□。■悉野反。二。《▨▨（說
文）》▭〔一五一〕

（中缺）

36 蕩

草中爲▨（莽）。▭反。一。〔一五二〕坱塵埃，吴人［□］。烏朗反。〔一五三〕四。▨（映）□□，不明。〔一五四〕▨（泱）
▭〔一五五〕擋搥打（打）。又黄朗反。〔一五六〕髈髀，吴人云。疋（匹）朗反。二。艴艴艴。慌▨▨（慌慌）。□晃
反。〔一五七〕二。▨（㬤）□明。〔一五八〕▨（㿴）□□□。□□盳。各▨▨（朗反）。▨（一）。〔一五九〕▭丘晃反。一。

新加。〔一六〇〕

37 梗

卅七梗（梗）桔挭（梗），藥。古杏反。七。《説文》：『小（山）枌楡，有刾莢，可以爲蕪荑。』〔一六一〕挭大略；亦生挭。〔一六二〕哽咽。郠邑名，在莒。〔一六三〕▨（鯁）▨▨▨（刺在喉）。▭〔一六四〕丙兵永反。五。昞光。〔一六五〕炳（怲）憂。〔一六六〕邴邑名，在太山。秉（秉）。〔一六七〕警几影反。四。《説文》戒。景。境▭〔一六八〕瘖瘦。媎《説文》咸（減）。〔一六九〕永榮昞反。一。皿器。武永反。一（二）。〔一七〇〕盌盌户，上（土）穴。〔一七一〕憬（憬）遠。舉求（永）反。▨（三）。〔一七二〕▭〔一七三〕艋舴艋，小舟。舴字陟格反。礦金璞。古猛反。四。《説文》從黄。彍彍麥。獷犬。〔□〕居往反。獷□，縣名，在魚（漁）□。〔一七四〕▭反。一。〔一七五〕打德泠（冷）反。又都挺反。〔一七六〕一。冷（冷）魯打反。又魯挺反。〔一七七〕一。

38 耿

卅八耿古幸反。二。《説文》『耳□□□。□□，□□□。□□□：耿，光也。從火，聖▨（省）。□□□□□□，□□□□』。▭蛙。〔一七八〕幸寵。胡耿反。二。《説文》吉，古晃反。倖儌倖。㑘且。或作〔□〕。蒲幸反。〔一七九〕二。鮩蟭（蛤）鮩。《説文》▭隳爲鼆▨▭。〔一八〇〕

39 靜

▭出《説文》。〔一八一〕竫亭。〔一八二〕靖安也；立靖（竫）；或曰細皃，並出《説文》。〔一八三〕整之郢反。一。《説文》作此整（整），從正，整俗。〔一八四〕▨（逞）▭〔一八五〕潁水名，在汝南。餘傾反。三（二）。〔一八六〕穎禾秀。領李郢反。三加一。《説文》頸也。嶺。柃木名，▨（灰）可染。〔一八七〕▭《説文》從匕。〔一八八〕井子郢反。二。《説文》中有點，八家一井，象構井韓之形，韓字胡干反。邢（郱）邢（郱）郢，地名。〔一八九〕廮（癭）病。於郢反。〔一九〇〕二。廮廮安；一曰▨（廮）□，縣名，在巨鹿。〔一九一〕▭少作此省（㴋）。〔一九二〕渻減也；一曰水〔□〕；一曰水出〔□〕前爲渻，出《説文》。〔一九三〕

40 迥

卌迥遠。户鼎反。三。冋空。炯光；又音洞，炯誡。洞▭〔一九四〕瀴瀴滓，大水。頂頂顙，頭上。丁挺反。六。奵嫇奵。耵耵聹（聹），耳垢。〔一九五〕鼎《説文》作此鼎（鼎），三足兩耳，和〔□〕味之實器，《易》曰，卦巽木於下者，象析木以鼎也。從貞省，古以爲鼎。〔一九六〕▨（酊）□酊。〔一九七〕[ ]徒鼎反。五。〔一九八〕艇小舟。鋌金鋌。梃木片；《説文》一枚（枚）。〔一九九〕娗長好皃。珽玉名。他鼎反。四加一。圢平。脡脯朐。侹長直。頲狹頭頲頲也。出《説文》也。〔二〇〇〕汫□□□。□。□□□，□□。□□□。□。□謦欬。去挺反。二。〔二〇一〕㲝乾。顈頂顈。乃挺反。二。聤耵聤。婞佷也；直也。下挺反。五。涬（涬）濙涬。又逢孔反。鮏魚名。脛脚脛。鋞似鍾而長。醒蘇▨（挺）反。〔二〇二〕一。[ ]口迥反。三。〔二〇三〕褮草名，枲屬。烓行竈。剄斷首。古挺反。一。頩斂容。疋（匹）迥反。一。[□□□，□。□□□。□□□□□。□。□□]。〔二〇四〕竝比。蒲迥反。二。鮩白魚。

41 有

卌一有亡（云）久反。〔二〇五〕四。右。鴴鳥，□雉。〔二〇六〕[ ]刀（力）久反。六。〔二〇七〕瀏水清。綹廿絲爲綹。䋆（䋆）載柩車。茆（茆）鳥（鳧）葵，水草，《詩》云『言採其茆』。又莫飽反。〔二〇八〕罶魚梁。丑勑久反。二。杻杻械。紐結。女久反。四。狃相狎。鈕□□。□□□。□□□□。□。〔二〇九〕朽爛。許久反。三。疛病。殠臭。久舉有反。《説文》作此久。五。〔二一〇〕九。玖（玖）玉名。灸（灸）灼。韭菜，《説文》□草。〔二一一〕首書久反。四。《説文》古文作百，人頭。〔二一二〕□。□。□□□□。□馗久反。一。〔二一三〕湫洩水瀆。在久反。又子小反。一。婦房久反。七。《説文》服也，從女掃（持）帚，執用埽。〔二一四〕蛗蛗蠉。貟《説文》從[□]作此貟（負）。〔二一五〕萯玉（王）[□]。〔二一六〕蝜蝚蝜。阜陵阜。《□文》作□。□□□□。□□□。□□□。□。〔二一七〕缶（缶）瓦缶。〔二一八〕否《説文》『不』。蹂踐。人久反。二。楺屈木。或作燥（煣）。〔二一九〕糗乾飯屑。去久反。一。舅巨久反。六。咎。臼。齨齒齨。《説文》老□□如臼；馬八歲曰□。□□□。□□□。□直柳反。三。〔二二〇〕箒竹易根而死。鮦鮦陽，縣名，在汝南。又直隴反。酉与久反。七加二。古文酉（丣）。〔二二一〕牖。誘《説文》相呼誘也，從厶、羑聲作羑（羑），二同。〔二二二〕卣中形樽。梄□□□。□□。□□□，□湯陰，《説文》進善也，從羊，久省聲，文王所居美（羑）里，在陽（湯）陰。作羑。〔二二三〕畝言意也。出《説文》。庮[□]屋木也。《周礼》牛夜鳴則庮臭（臭）如朽木。〔二二四〕滫溲麵。息有反。

一。受植酉反。四。《▨(説)文》作壽。〔二二五〕□〔二二六〕颵颵瀏。於柳反。二。魩魚名。酒子酉反。一。溲麪。
踈有反。一。《説文》從此叜。帚之久反。一。

42 厚

卌二厚胡口反。五(三)。《説文》作此垕。〔二二七〕後。后□妃。〔二二八〕母草(莫)厚反。六。《説文》從女，象懷子形。〔二二九〕牡牝牡。某。拇大指。畝《説文》作此晦；，或作此畂，從十久聲。〔二三〇〕莽草莽。部部〔□〕，蒲口反。七。《説文》作此部(郶)，其一邊同者皆然。〔二三一〕峿▨▨(峿嶁)。〔二三二〕□□□，□□。□□□□。□□□，甖。〔二三三〕錇小缶。䍌䍌黈，餅。篰牘。斗黨口反。四。〔二三四〕枓柱上方木。阧阧陖。或作陡。蚪蝌蚪，虫。黈黈(䍌)黈。他后反。三。今作此飯(餢)餉。〔二三五〕姓□□，《□》□□□。□□□□。□且。古厚反。八。《説文》從艸，句聲。〔二三六〕狗犬。垢惡。笱笱扇，縣名，在交阯。耇黄耇。詬耻。又古候反。笱取魚物。玽玉。耦五口反。三。《説文》作此藕。〔二三七〕偶合。▨(耦)□□。□□□□。□□□。□。〔二三八〕棓(掊)擊。〔二三九〕㲉(㲉)乳。乃后反。一加一。鬬㲉(㲉)，烏塗字。〔二四〇〕泖水名，出《説文》。叟老。蘇后反。七。按《正名》作安。〔二四一〕嗾使狗聲。瞍瞽瞍。謏謏詸，誘辞。又蘇了反。擻斗擻，舉物。藪□澤。〔二四二〕□□□。□牛鳴。呼后反。一加一。〔二四三〕呴厚怒聲。出《説文》。剖普厚反。三。婄婦人皃。蔀小。歐吐。嗚(烏)口反。〔二四四〕三。毆擊。牯特牛。塿峿嶁，盧斗反。五。嘍嗹嘍，煩皃。甊瓿甊。《説文》此等並從婁，上正、中通、下俗，牙(互)作任意也。〔二四五〕簍籠。䉤䉤䉤，糫餅。走子厚反。一。《説文》作此夰，從夭，止聲。口苦厚反。六。扣擊。俗音寇。〔二四六〕犃犃牯。釦金飾。叩叩頭。杜迠(延)業從邑。〔二四七〕訂先相〔□〕可。〔二四八〕蓲圓草褥。徒口反。三。鋀酒器，《説文》又單作此豆。〔二四九〕揄揄引。鯫魚名；一曰人姓，漢有鯫生。士垢反。又士溝反。一。

43 黝

卌三黝黑。於幼(糺)反。又於糺(幼)反、盖(益)夷反。〔二五〇〕二。怮憂皃。愀變色。慈糺反。又在田(由)、子了二反。〔二五一〕一。糺居黝反。二加一。《説文》作糾，繩三合。〔二五二〕赳(赳)武皃。《説文》作此叫字，亦然。今遂省作巾(丩)，二同，中(丩)字己周反。〔二五三〕鬮(鬮)門(鬥)耳(取)。出《説文》。〔二五四〕

44 寑

卌四寑室。七稔反。三加一。寑卧。《説文》作寢（寝）。〔二五五〕梫（梫）木名。〔二五六〕寎《説文》病卧。朕古作朕（䑣）。直稔反。〔二五七〕一。坅坎。丘甚反。一。廩（廪）倉。力稔反。四。《説文》作此㐭，穀所振入，宗廟粢盛倉黄，䑣㐭而取之，故爲之入㐭。從入，象屋形，中有户牖。又作禀，從木無點；顔監從木有點也。〔二五八〕懍（懔）敬。菻蒿。凜（凛）寒。罧積柴取魚。斯甚反。一。醋小蚶（甜）。子朕反。〔二五九〕一。踸踸踔，行無常皃。褚甚反。一。荏菜。如甚反。五。飪熟食。《説文》作餁（飪），火熟。〔二六〇〕稔歲（歲）熟。恁念。栠木弱白（皃）。〔二六一〕枕之稔反。五（二）。〔二六二〕煩頭骨。沈古作邥。式稔反。五。審《説文》作審（宷），作（從）釆。〔二六三〕橎木名。瞫竊視。諗告；又謀；《説文》深諫。椹食稔反。一。《説文》作此葚。瀋汁。尺甚反。一。醦酢甚。初朕反。二。墋土。桭桭榻。尼甚反。一。噤寒。渠飯（飲）反。〔二六四〕二。類切齒怒。錦居飲反。一。僸仰頭皃。牛錦反。一。蕈菌生木上。慈錦反。一。甚植枕反。一。《説文》安樂也，從目（甘）、疋，聑（耦）也。又古文作此是。〔二六五〕瘁寒皃。踈錦反。一。本作瘁。〔二六六〕稟供穀。筆錦反。一。《説文》作禀（稟），賜穀也，從禾也。〔二六七〕飲於錦反。一。《説文》作歙，㱃（歠）。〔二六八〕品不飲反。一。

45 琰

卌五琰玉。以冉反。三。剡削；又縣名，時琰反，在會稽；《説文》鋭利。跾疾行。歛（斂）力冉反。〔二六九〕二。蘞白蘞，藥。又力瞻反。險險阻。虚檢反。四。獫獫狁。《説文》又力險反。姎姎姱，性不端良；又去䕯（葉）反，少氣少力。譣譣詖。《説文》作此憸者，此愉（譣）者問（同）。〔二七〇〕貶方冉反。一。顩顩顩，不平。丘檢反。〔二七一〕二。嵰山高。儼敬。魚儉反。六。顩顩顩。广國（因）巖爲屋。〔二七二〕隒山形似重甑。礹磛礹。嬐嬐然，齊。按《説文》▨▨（敏疾）；□□□□。〔二七三〕儉巨險反。二。芡鷄頭。撿撿挍。居儼反。三。又按《正名》爲撿手字。〔二七四〕撿（檢）書撿（檢）。又按《説文》、杜廷（延）業《字樣》爲撿。〔二七五〕瞼瞼目。黶面有黑子。於琰反。四。㶣禳。檿山□。〔二七六〕▨（厭）□□。□□□□。□□□。□□□皃。又好（奴）簟反。〔二七七〕染染色。苒草盛。霑濡也。出《説文》。陝縣名，在弘農。失冉反。二。睒暫見。《説文》作此覢，〔□〕見。〔二七八〕謟丑琰反。一。《□□》神（諛）也，作□□。□〔二七九〕掩《説文》歛，小上曰掩取。〔二八〇〕閹宮官，《説文》『豎，宮〔□□□□〕』。□□□□，《□》□『有渰淒淒』。〔二八一〕揜出《説文》，目（自）開已東謂取爲揜；一曰覆也，與掩略同。〔二八二〕弇蓋也。出《説文》，古文弇（穽）。〔二八三〕▨（棯）□反。一。火行微錟錟也。新加，出《説文》。〔二八四〕

46 忝 卌六忝他玷反。二。 栝鄉名，在濟北虵丘。 淰水流皃。乃簟反。三。 嬋弱。 阽亭□，在□。□〔二八五〕簟席。徒玷反。二加一。 扂開（閉）户。或作此串。〔二八六〕 驔驪馬黄首（脊）。出《説文》。〔二八七〕 嗛猨藏食處。苦簟反。二（三）。 歉食不飽。 慊恨切。□〔二八八〕

47 拯 □□拯救溺。無反語，取丞之上聲。俗作拯。

48 等 卌八等齊。多肯反。一。《説文》齊簡也，從竹、寺，寺，官曹之等平。〔二八九〕 倗□□。□□□。□。□□□。□□□。□。□□□。□。□□。〔二九〇〕

49 豏 □□□□半生。下□□。□。〔二九一〕▨（減）秏。又古□□。〔二九二〕▨（濫）濫□；□□□□，□□。□□□□□。□□□。徒減反。又徒感、直□□□。二。古文作▨（湛）。〔二九三〕▨（湛）□□，□□。□□□□。所斬反；□□檻反。一。〔二九四〕 嵁▨▨（嵁絶），□□。▨（士）□□。□。□□。〔二九五〕

50 檻 □〔二九六〕 獑獵獑，犬聲。〔二九七〕 黤▨（青）□。□▨（檻）□。□。□初□反。〔二九八〕一。 獥□□□。□檻反。〔二九九〕一。

51 范 □□□笵（范）姓，無反語，取凡之上聲□□。□加二。《説□》□□水。〔三〇〇〕 範□。《□文》□□，□□□□，祭訖車□□□，□□□。〔三〇一〕 □□。〔三〇二〕 ▨（犯）□。〔三〇三〕 帆□□□也。《□□》曰『立當前帆』。〔三〇四〕 笵《説文》法也。從竹，竹，簡書也；氾〔□〕，古法有竹形也。〔三〇五〕

切韻卷第四去聲五十六韻

一送蘓弄〔三〇六〕　二宋蘇統　三用余共　四絳古巷
五寘□□〔三〇七〕　六至脂利　七志之利（吏）〔三〇八〕　八未無沸
九御魚據　十遇虞樹　十一暮莫故　十二泰他盖〔三〇九〕
十三霽子計　十四祭子例　十五卦古賣　十六恠古壞
十七夬古邁　十八隊徒對　十九代徒戴　廿癈方肺
廿一震職刃　廿二問無運　廿三焮許靳　廿四願魚怨
廿五慁胡困　廿六恨胡艮　廿七翰胡旦　廿八諫古晏〔三一〇〕
廿九襉古莧　卅霰蘇見　卅一線私箭　卅二嘯蘇吊
卅三笑私妙　卅四効胡教　卅五号胡到　卅六箇古賀
卅七禡莫駕　卅八勘苦紺　卅九闞苦濫　卌漾餘亮
卌一宕杜浪　卌二敬居命　卌三諍側迸　卌四勁居盛
卌五徑古定　卌六宥尤救　卌七候胡遘　卌八幼伊謬
卌九沁七鴆　五十豔以贍　五十一掭他念　〔□□□□□□〕〔三一一〕
五十三嶝都鄧〔三一二〕　五十四陷户韽　五十五鑑恪（格）懺〔三一三〕　五十六梵扶泛

1 送　一送《説文》作送（送），［□］辵，倦（侯）省。蘇弄反。〔三一四〕一。鳳馮貢反。一。《説文》從鳥，几（凡）聲。〔三一五〕貢獻。古送反。四。贛賜。湏水名，在豫章。〔三一六〕埬縣名，在沛郡。弄盧貢反。四。《説文》從玉者非也。[忄弄][忄弄]戇，愚。礱磨礱，小磨。又盧東反。梇梇棟，縣名，在益州。涷瀑而（雨）；又水名，出發鳩山。多貢反。〔三一七〕三。凍氷。棟屋梁。控引。呰（苦）貢反。〔三一八〕四。倥倥傯，困皃。悾誠心。［□□□。］〔三一九〕糉蘆裹米。作弄反。四。傯倥傯。㚇斂足。鯼魚名。甕烏貢反。二。《説文》作此瓮。[鼻弄][鼻弄]息。謥謥調（詷），言急。千弄反。〔三二〇〕一。洞穴；又洞庭。徒弄反。十。《説文》疾流。峒硐深。詷謥詷，《説文》共也，《同（周）書》曰『在夏后之詷』；一曰譀。〔三二一〕胴大腸。駧馬急走。慟。筒簫達。〔三二二〕衕街通。迵過。眮（眮）船纜所繫。〔三二三〕痛他弄反。一。仲直衆反。一。諷方鳳反。一。焪火乾物。去諷反。一。夢莫鳳反。四加一。《説文》云不明，［□］夕，瞢省。〔三二四〕瞢雲瞢，澤名，在南郡。鄸邑名，在曹。[走夢][走夢]趮，疲行皃。㝱《説文》：『寐而有覺也。《周礼》「以日月星辰占六㝱之吉凶，一曰正㝱，二曰咢夢，三曰思㝱，四曰悟夢，五曰懼夢，六曰喜夢」。』俗單作［□］。〔三二五〕[走臭]香仲反。一。懞懞穀。莫弄反。二。霿天氣下，地不應。䁅䁅瞤。撫諷反。一。趥千仲反。一。行皃。中陟仲反；［□］陟隆反。〔三二六〕二。衷又陟隆反。哄唱聲。胡貢反。一。齈多涕；鼻病。奴凍反。一。衆多。之仲［□］；又之融反。一。從永（似）目，衆意。永（似）字起金反，從三人，衆。〔三二七〕

2 宋　二宋蘇統反。〔三二八〕一。綜機縷。□□反。〔三二九〕［□。□□□□。］二。〔三三〇〕蘣黃色。

3 用　三用余共反。〔三三一〕一。頌歌。似用反。三。誦讀。訟争訟。俸祑。房用反。〔三三二〕二。縫（縫）又房容反。共渠用反。一。葑菰根。方用反。二。封又▨（方）□□。□□□□。□居冬反。一。〔三三三〕雍於用反。一。《説文》作雍（雝）。〔三三四〕縱縱緩。子用反。又子容［□］。〔三三五〕一。湩乳汁。竹用反。又都貢反。一。儱行不正。他用反。一。鞲毳飾。或作毧。而用反。一。穜之用反。一。［□］之瀧反。〔三三六〕重治容（用）反。又治用（容）反。〔三三七〕一。▨（矓）□。□□□。□。〔三三八〕

4 絳

四絳染色。古巷反。三。虹又胡籠反。降下。巷胡降反。一。贛愚。丁降反。又呼貢反。〔三三九〕一。淙水所衝。士降反。一。䡴衝(衝)城戰車。直降反。三(二)。〔三四〇〕幢后妃車幰。𥈞(䁈)直視。□▨(降)□。□。□□□,□□。□□□。□。〔三四一〕

5 寘

五寘(寘)止。支義反。〔三四二〕四加一。忮懻忮,害心。伎傷害,《詩》云『誰人伎忒』。觶爵;《說文》:鄉飲酒,角實曰觴,虛曰觶,受四廾(升)者也。伿惰。〔三四三〕避婢義反。一。惴憂心。之睡反。一。詈□□□。□□。□□。□。□□□。□□帝反。〔三四四〕離遠。又力知反。豉鹽豉。是義反。二。《說文》又作此敊。鯷魚名。積委積。紫智反。又子惜反。一加一。欳歌。〔三四五〕賜与。斯義反。三。澌盡。〔三四六〕杝肉机。《後漢書》尚書郎無□机(枕)杝。〔三四七〕爲▨(榮)□□。□▨(榮)□□。□。□□。□義反。一。〔三四八〕賁封(卦)名。彼義反。〔三四九〕三。佊衺,《論語》曰子西佊哉。〔三五〇〕詖論詖。髲盖(益)髲。皮義反。〔三五一〕四。被被服。鞁駕車(具)。〔三五二〕彼□□□。〔三五三〕累□□□。□。〔三五四〕寄居義反。三。〔三五五〕▨(踦)□□□。〔三五六〕倚(徛)□□□□。〔三五七〕臂卑義反。一。芰蔆。奇寄反。三加一。騎又渠宜反。輢扰(枕)輢。〔三五八〕魃鬼服,《韓詩傳》曰:『鄭交甫逢(逢)二女魃服。』刺針刺。今作刾。此□反。三加一(二)。〔三五九〕庛(庛)□□,□。〔三六〇〕朿□□。〔三六一〕▨(宜)□□□□。〔三六二〕諫數諫□。出《論(說)□》。〔三六三〕易難易。以豉反。又以益反。一。傷相輕。神豉反。一。議宜寄反。三。誼人所宜;漢有賈誼。義《說文》作義(義),從羊。〔三六四〕譬疋(匹)義反。一。〔三六五〕漬□。□智反。三。〔三六六〕髊骨。□□□;亦作此□。〔三六七〕呰□□。反(又)□此□。〔三六八〕智知義反。一。《說文》從白,又作智(䛐)。〔三六九〕倚於義反。又於蟻反。一。縋繩懸。馳僞反。六。槌蠶槌。膇重膇,病。錘稱鎚。又具(直)僞反。〔三七〇〕腄縣名,在東萊。甀小口罌。〔三七一〕吹尺僞反;□□□□。□。〔三七二〕▨(戲)羲義反。□。□□戲。〔三七三〕企望。去智反。三。跂傾。跂垂足坐。縊經。於賜反。一。翅施智反。四。亦作翄。或作𦐊。施又式枝反。啻不啻。鍦(鉇)短予(矛)。〔三七四〕屣履不躡□。□□反。又所□□。□。□□□。□履屬。〔三七五〕曬暴。餧食。於僞反。一。《說文》更無餧字,有二音。〔三七六〕觖望。窺瑞反。

一。僞危賜反。一。恚怒。於避反。一。睡是僞反。二。▨（瑞）。〔三七七〕▨（駛）強。舉企反。〔三七八〕一。枘（枘）內。而□反。一。〔三七九〕

（中缺）

13 霽

髢□。〔三八〇〕締□。□音啼。〔三八一〕▨（睇）□。〔三八二〕▨（悌）。〔三八三〕▨（娣）□▨（姒）。〔三八四〕▨（禘）□□。〔三八五〕▨（鈦）□□▨（加）□。〔三八六〕▨（鷤）□□，□。□▨（徒）鷄反。〔三八七〕▨（棣）□□李。〔三八八〕▨（遞）□□。□□□。□□。□□。□□□□。□□□□。□。□衆。《説文》從七。〔三八九〕䁈視。細蘇計反。四加一。《説文》從囟。些楚音。栖雞所宿。［□］先奚反。聟《説文》作聲（壻），從七（士），胥聲。〔三九〇〕泅水，出汝南。出《説文》。〔三九一〕□□□□。四。羿能射人。《説文》▨（羿），▨▨。〔三九二〕□□□。□□□。□□□，□□。〔三九三〕計五（古）詣反。〔三九四〕八。係連。繼紹。繫縛。薊草名，《説文》作此𦿇（薊），北胡。〔三九五〕髻（髻）。〔三九六〕郱（鄭）燕都。檵苟杞。蒵屟蒵。胡計反。五。䏲喉脉。系緒也。□□。□□狄▨（反）。□□□□。□心不了。〔三九七〕褉褉飲。契約。苦計反。又苦結反。二。栔刻已。〔三九八〕翳羽葆；一曰隱。於計反。八加一。曀陰風。瘞静。枍枍指。堅塵埃。殪死。医藏□弩器。〔三九九〕▨（瞖）□□。□□□。□隱語。莫計反。一。〔四〇〇〕閉博計反。三。從才。嬖愛。箅甑箅。慧解。胡桂反。七。憓愛。潓水名。惠仁。〔四〇一〕蟪木名。〔四〇二〕蕙草名。橞木名。桂古▨（惠）反。三。〔四〇三〕□□□。□□□。〔四〇四〕筀竹名。嚖聲。虎惠反。二。嘒小星。媲配。疋（匹）諸（詣）反。〔四〇五〕四。睤［□□。□］水名，在汝南。〔四〇六〕濞水聲。又敷俻反。薜薜荔。薄計反。二。鐅所以理苗殺草。麗魯帝反。□□。《説文》從鹿。〔四〇七〕戾乖。隷（隸）僕；又附著。《説文》作從祟。〔四〇八〕儷等。綟綬色。或作綟。〔四〇九〕唳鶴唳。〔四一〇〕劙割。〔四一一〕蜧大蝦蟇；《説文》或蜦，虵屬，黑色，潛神淵，能興雲雨。〔四一二〕䓞紫草。㑤很。沵（沴）妖氣。荔▨（薜）荔。〔四一三〕捩琵琶▨（撥）。〔四一四〕□泥戾反。一。陷濘。〔四一五〕

14 祭

十四祭子例反。五。際。穄黍穄。鰶魚名。又作鰶。鬣露髻。歲相芮反。二(三)。《説文》從步、戌聲作此歲。〔四一六〕 槥小棺。又似歲反。繐䟽布。又似歲[□]。《説文》作此䌖。〔四一七〕 衛羽翽(劌)□。□。《説□》□□。□□□□□。〔四一八〕 璏劍鼻;王莽碎(碎)劍璏。〔四一九〕 彗日中必彗字。篲竹名。䝈豕屬也。出《説文》。〔四二〇〕 芮(芮)草生狀。而説反。〔四二一〕三。汭水內。按《夏書》曰『水北曰汭』,《説文》謂『水相入』。柄(枘)柄。〔四二二〕 贅贅肉。之芮反。一。《▨(説)文》以□□質□。〔四二三〕 □□□。□□□。□。□細毛。此芮反。五加一。〔四二四〕 聴囊類。又徐醉反。脆宍(肉)肥。〔四二五〕 帨佩巾。又式芮反。涗温水。又式芮反。竁《説文》穿地。鋭利。以芮反。三。毳與睿同,聖。《説文》作此叡,深明。莌草□狀。〔四二六〕 ▨(綴)□□□;□□□□。□。□□。〔四二七〕 税斂。舒芮反。四。説誘説。裞衣,送死。又他活、他外二反。蜕蜕皮。又他外反。獘固。毗祭反。三加一。《説文》從大(犬);或与(從)死,同。〔四二八〕 斃死。幣帛。敝《説文》狀(帔),一曰敗。〔四二九〕 槖(橐)重擣(禱)。或▨(作)□。楚歲反。□。□□□。□□□。□□□□。□。〔四三〇〕 鏏大鼎。〔四三一〕 蔽掩。必袂反。二。鄨縣名,在牂牱。劌(劌)傷。居衛反。三。鱖魚名。刷剖(㓡)□,▨▨(斷割)。〔四三二〕 袂彌獘反。一。幓殘帛。所例反。三。錣予(矛)戟類。又所恠[□]。〔四三三〕 蔱椒。掣曳。尺□□;□尺折反。▨(三)。〔四三四〕 ▨(瘛)□□□。〔四三五〕 痸毒病。制禁。職例反。六加一。鯯魚醬。〔四三六〕 淛水名。製作。《説文》作㓡。〔四三七〕 聅入[□];一曰聞也。〔四三八〕 晢星光。又旨熱反。狾(猘)狂犬,《春秋傳》曰『狾(狾)犬入華臣氏』。〔四三九〕 逝時制反。七。觢牛角竪。噬齧。誓約束。筮卜。澨水名;《説[□]》:『增水邊土,人所止者,《夏書》曰「過三澨」。』〔四四〇〕 銴車當。曳餘制反。十。玴石之次玉。勩勞。泄水名,在九江。枻檝類。疶病。𦐂鳥飛。裔邊。㥠明;一曰尋。〔四四一〕 詍多言。緆急;一曰不成。於罽反。三。瘞埋。餲食敗。又云遏。〔四四二〕 藝魚祭反。四。寱睡語。或作囈。埶(蓺)種。槸(槸)木相摩。滯直例反。三。彘豕。蹛蹛林。例力制反。十一加二(一)。蠣牡蠣,虫。厲惡。礪石。《説文》無石。勵勉。禲無後鬼。癘(癘)疫。

濿渡水。《説文》又作砅。鮤（鮤）魚名。一本作此〔□〕。〔四四三〕 䮿馬馳。欐木名。㠔巍。〔□□□〕。〔四四四〕 憩息。去例反。三。愒恐人。〔四四五〕 蔕蔕車，草名。世舒制反。三。勢。貰賒。又時夜反。猘狂犬。居厲反。四。罽氈類。按《説文》作罽，西胡毳〔□〕。〔四四六〕 瀱泉出皃。〔四四七〕 訐持人短。廗（𤸷）赤白痢（痢）。竹例反。〔四四八〕 一。偈其憩反。一。啜嘗。市芮反。一。跇《説文》作趩，與跇意同，跳。丑世反。二加一。傺侘傺。㥏習㥏。劓去鼻。義例反。一。蕝朝會束茅表位。子芮反；〔□〕子悦反。〔四四九〕 一。

15 卦

十五卦古賣反。〔四五〇〕 二。桂（挂）懸。懈嬾。古隘反。三加一。解解除。廨公宇。薢薢茩也。出《説文》。隘狹。烏懈反。二。瘱（瘱）病聲。〔四五一〕 邂邂逅（逅）。胡懈反。〔四五二〕 二。解曲解。又古賣、胡買二反。〔四五三〕 賣莫解（懈）反。一。《説文》從出、買聲。〔四五四〕 畫胡卦反。〔四五五〕 五。詿礙。又古賣反。絓絲結。澅水名，在齊。黊鮮黃色；《説文》作黊（蘳），黃華色。〔四五六〕 差（差）病除。楚懈反。又楚宜、楚佳二反。二。衩衣。〔四五七〕 睚目祭（際）。五解（懈）〔□〕。又五佳反。〔四五八〕 一。謑怒言。許懈反。又于媚反。一。庍（𠂢）到別。方卦反。〔四五九〕 一。粺精米。傍卦反。二。稗稻稗。疪（瘵）病。士懈反。〔四六〇〕 二。眦眦睚。〔四六一〕 派（派）分流。疋（匹）卦反。二加一。《説文》從反（𠂢）、水。又按單作𠂢亦同。〔四六二〕 𥿻（𥿻）未緝麻。〔四六三〕 渒（渒）水，出單（丹）陽。〔四六四〕 債徵財。側賣反。一。

16 怪

十六恠異。古壞反。〔四六六〕 三加一。㲄毀。硅石，似玉。蒯草。噫烏界反。又於飢反。〔四六七〕 二。呃不〔□〕聲。〔四六八〕 瘵病。側界反。二。𨝫邑名，在周。誡言警。古拜反。十二加二。戒慎。界境。介大。《説文》作夵（夵）。〔四六九〕 屆至。疥瘡。玠圭。夵獨居。𢃉𢃉幘。砎鞭（鞕）。〔四七〇〕 〔□□□〕。〔四七一〕 价善也，《詩》曰『价人惟藩』。髺簪結。悈飾，《司馬法》『有虞氏悈於中國』。褹（褹）紩布襦。女界反。〔四七二〕 一。譮怒聲。許界反。一。或作欸。械《誡（説）文》桎梏。祜界反。〔四七三〕 三加一。薤菜。《説文》作𩐁。〔四七四〕 齘類齘，切齒（齒）怒。類字于禁反。〔四七五〕 閉門扇。 矇（矇）不聽。 五界反。〔四七六〕 一。 劾茅類。 苦壞反。〔四七七〕 三。 嘳（嬇）女字。〔四七八〕 喟難（歎）。又丘愧反。〔四七九〕 拜博恠反。 二。《説文》二手下。 枛（扒）《詩》云『勿剪勿枛（扒）』。〔四八〇〕 湃湧（滂）湃。 普拜反。〔四八一〕 一加一。 湏水，出樂良（浪）。〔四八二〕 壞敗。 胡恠反。 一。 按籒文作㲃（𣪠）。〔四八三〕 聵聾。 五拜反。 一加一。 䪷頭剢䪷。 出《説文》。〔四八四〕 憊病。 蒲界反。 二。《説文》作俻（㷆）。〔四八五〕 韛韋囊吹火。 昒昒眼，久視。 莫拜反。 一加一。 韎東夷樂。 鎩剪翮。 所拜反。 又所例反。 三。 褹衣袺縫。 殺殺害。 又所八反。 亦從攴，亦作敊。〔四八六〕 烗熾。 客界反。 一。

17 夬 十七夬決。《易》有夬卦。 古邁反。〔四八七〕 二。 獪狡獪。 快苦夬反。 二。 噲漢有樊噲。 邁莫敗反。 二。 勱勉。 話下快反。 一。 會合善。 籒文又作譮。〔四八八〕 敗薄邁反。 二。《説文》作退，壞。〔四八九〕 唄梵聲。 黵淺黑。 烏快反。 一。 嘬食盡臠。 楚夬反。 一。 芥菜名；又莫（草）芥。 古邁反。〔四九〇〕 三。 駱馬行疾。 犗犍牛。 蠆毒虫。 丑芥反。 一。 喝嘶聲。 於芥反。 □。〔四九一〕 ▨（餲）飯臭。 又□□▨（反）。〔四九二〕 哪喝哪，聲敗。 所芥反。 一。 咶息聲。 火夬反。 一。 譪譀譪。 火芥反。 譀字火懺反。 一。

18 隊 十八隊聚。 徒對反。〔四九三〕 四加一。 霸黮霸，雲狀。 葑草盛。 𩟸《説文》𩟸。 憝怨。《□□》□不□□。 □□□。 薄背□。 □加一。〔四九四〕 珮玉。 孛▨（星）。 又步没反。〔四九五〕 鄁國名。 偝偝向。 誖言乱。 又薄没反。 悖心乱。 柭拂取。 妹莫佩反。 八。 眛日暗。 每數。 痗病。 眛目暗。 瑁□□。 □亡督反。〔四九六〕 黴點筆。 又武悲反。 莓木名，似椹。 配普佩反。 二加一。《説文》『酒□』。〔四九七〕

（中缺）〔四九八〕

20 廢 柹斫木。〔四九九〕 穢□。 □□反。〔五〇〇〕 四。 ▨（薉）□。〔五〇一〕 ▨（濊）□□，▨▨（夷名）。〔五〇二〕 ▭魚肺反。〔五〇三〕 三。 又（乂）才。〔五〇四〕 忍（忩）困（因）患爲戒。〔五〇五〕

21 震 廿一震職忍（刃）反。〔五〇六〕 五加一。 鷐□□，鳥□。〔五〇七〕 ▭〔五〇八〕 加□。〔五〇九〕 迅疾。 又私閏反。 訊《説文》

告。顖腮會。《説文》作恖(囟)。〔五一〇〕卂疾飛而[□]不見。出《説文》。〔五一一〕汛□〔五一二〕燐鬼火。《説文》單作。〔五一三〕藺姓。類類傾(頯)也;一曰頭少髮。〔五一四〕刃而進反。六加一。認識。□〔五一五〕引軸。〔五一六〕引又以軫反。轃(轃)小鼓,在大鼓(鼓)上。〔五一七〕濱《説文》水行地中濱濱。〔五一八〕疢丑刃反。二。又作疢(疹),正。〔五一九〕趂□。□作▨(趁)。〔五二〇〕□〔五二一〕櫍(擯)櫍(擯)斥。〔五二二〕殯殯尸。鬢鬢髮。陣直刃反。二加一。訦候脉。噉列。出《説文》。慎▨(是)刃反。〔五二三〕一。▨(慭)□〔五二四〕搢搢笏。〔五二五〕縉縉雲氏;《説文》帛赤色。蜄虫名。進。鎮陟刃反。又陟人反。一。眒張目。式刃反。一。菣□合(今)作莀。〔五二六〕藎進;一曰草。舋罪。許覲反。〔五二七〕二。衅牲血塗器祭。或作舋。僅餘。渠遴反。七。覲見。□劣。按《説文》病。〔五二八〕櫬空棺。楚覲反。四。儭儭[□]。□[□]施。〔五二九〕瀙水名,在汝南。韻永賷反。一。峻高。私□反。六。〔五三〇〕□在衛;《説文》又抒。〔五三一〕迅疾。鵔鵔鸃,鳥名;《説文》:秦汉之初,侍中冠(冠)鵔鸃冠(冠),鷩。〔五三二〕陖亭名,在馮翊;《説文》又高。▨(殉)□〔五三三〕畯田畯,《説文》二農。〔五三四〕駿駿馬。舜舒閏反。四。蕣木槿。鬊毛皃。瞬瞬目。《説文》作瞚。稕□摩。〔五三五〕朱麻片。撫刃反。〔五三六〕一。覿疋(匹)刃反。一。暫見,出《説文》。新加。

22 問

廿二問無運反。五。璺□野餉。〔五三七〕韗治鼓工。鄆邑名,在魯。訓許運反。三加一。腫(臐)羊羹。〔五三八〕薰香。又許雲反。鐼▨(鐵)□。□《説文》。〔五三九〕▨(湓)□揚。《説文》翬也,從奞(奮)在田,《詩》曰『不能奮飛』。奮字先作反。〔五四〇〕醖釀酒。於問反。人(又)於倜(刎)反。〔五四一〕四。藴習也。〔五四二〕愠怨。緼乱麻。捃□制天子千里,分百縣,縣有郡,郡有鄙,故《春秋傳》曰上大夫[□]郡,至秦初置卅六郡以監縣。〔五四三〕分扶門(問)反。又方文反。〔五四四〕二。癀癀痱,悶。

23 焮

廿三□□□。□□□。□□□。□□□□。□□□□。□□□□。□居焮反。〔五四五〕一。近巨靳反。又巨隱反。一。傿依人。或作墯(𢡫)。於靳反。二(三)。〔五四六〕檼棔檼。濦水名,在汝南。又於勤反。

24 願 廿四□▭反。一。〔五四七〕 敗(販)方願反。〔五四八〕一。 券券約。去願反。三。《説文》契，券别之書，以刀[□□]其傍，故謂之契[□]。從刀(力)者傍字。〔五四九〕 桊束要繩。 勸奬。□作□。▭〔五五〇〕 飯苻万反。又苻晚反。二。 閞門樽櫨。 嬎嬎息；一曰鳥伏乍出。芳万反。四。 疲吐。 畚一宿酒。 奔□大。〔五五一〕 ▭《説文》又作僞。〔五五二〕 獻許建反。二。《説文》作獻，宗廟犬名。 憲(憲)法。《説文》作憲，從手(心)、目，害省。〔五五三〕 健渠建反。一。 楥▨(韓楥)。▨(許)▭〔五五四〕

25 慁 □□慁悶；心乱。胡困反。四。《説文》憂也；一曰擾。 溷厠。《説文》乱也；此圂厠。 倱全。 惛惛辱。 頓都▨(困)□。□。《説文》□□。▭苦悶反。一。〔五五五〕 嫩弱。奴困反。〔五五六〕三。 腝肉。〔五五七〕 抐搵(揾)抐，按没。〔五五八〕 悶莫困反。一。 鐏予(矛)戟下銅。徂鈍反。一。 ▭作遷。此遁仙(遷)。〔五五九〕 搵内物水裹。烏困反。一。 寸倉困反。一。 坌塵。蒲悶反。一。 顐秃。五困反。一。 焌子▭礼吹▭。〔五六〇〕

26 恨 □□□▭〔五六一〕

27 翰 廿七翰烏毛。胡旦反。十四加一。《説文》作乾。其上翰者，天鷄羽也，《周書》曰『文翰若翬，一曰晨風，周成王時蜀以獻之』。〔五六二〕 捍抵。 扞▭〔五六三〕 瀚瀚海。 閈里門。 䩐射。 駻馬高六尺。 雗雗鶓，鷽别名；一曰鷄曰雗音。《説文》又作韓(鶾)。〔五六四〕 鶾鳥(馬)□長。〔五六五〕 ▨(榦)▭〔五六六〕 段徒玩反。三。《説文》作此[□]。〔五六七〕 鍛(鍛)卵壞。 椴(椵)木名。 亂(亂)治也。落段反。二加一。《説文》作此乱，從乚。 灓絶水渡。 敽煩。 ▭也(他)乱反。二。《説文》作此[□]。〔五六八〕 褖(褖)后衣。 喚(喚)呼段反。四。 奂文彩。按《説文》作奂(奐)，大。 爟(焕)[□□。□]水流散。〔五六九〕 筭計。 蘇段□。□。《説文》從□。▭不蒔田。〔五七〇〕 半博縵反。五。《説文》從八、牛。〔五七一〕 絆羈。[□□]孕。〔五七二〕 靽靽䩵，馬皃。 料五升。 判普半反。六。 泮泮宮。《説▨(文)》『□侯鄉射□□』。▭嫙婺，無宜適。〔五七三〕 畔。 炭他半反。三。《説文》從火、岸聲。 歎。 嫙嫙婺。 攥(換)改。胡段反。四。逭逃。肒（肒）[　]穿。古段反。［□］六加一。〔五七四〕矔張目。祼祭祼。錧舍。《説文》從食。瓘玉斗。鑵水鑵。癨[　]憂無告。〔五七五〕爟烽火。《説文》或從亘。錧車軸頭鐵；一曰江南人呼犁刀（刃）。〔五七六〕遦行；《説文》習。▨（冠）[　]炊也。《説文》又作此爨。〔五七七〕反。〔五七八〕四加一。疸（疸）黄病。〔五七九〕▨（鳴）[　]〔五八〇〕僤疾也，《周礼》曰『句欲無僤』。〔五八一〕按抑。烏旦反。三。案。晏晚。旦（旦）得安反。三。幹。馯日出光。岸五旦反。五加一。犴[　]又苦寒反。按《説文》從手、目。〔五八二〕衎樂。漢呼半反。四。暵日氣乾。熯火氣乾。暵耕（耕）地。[　]患。又奴□□。〔五八三〕粲（粲）倉旦反。〔五八四〕四。粲三反（女）；《説文》美。〔五八五〕璨（璨）玉。燦（燦）燦爛。繖（繖）盖。蘇旦反。二。散（散）[　]□▨（濺）□。〔五八六〕▨（攢）不謹；一曰美好□。□□□。□。〔五八七〕▨（偄）弱。乃乱反。二。作□；《説文》作愞，從□。〔五八八〕□□。□□□。〔五八九〕

（中缺）

32 嘯

[　]□□。□□▨（歷）反。〔五九〇〕▨（歗）□歌。〔五九一〕尿□□▨（反）。▨（一）。《▨▨（説文）》▨（作）屎，從尾、水。〔五九二〕[　]〔五九三〕《□□》□□▨（器），《論語》云『以杖［□］莜』。又唐聊反。〔五九四〕竅穴。苦吊反。二。擊擊。顤顤顟，長頭。力吊反。四。▨（杓）[　]▨（韓）泥子名。〔五九五〕歗火吊反。一。悲意，出《説文》。新加。突烏吊反。一。窅（窅）突。俗作此窔也。〔五九六〕

33 笑

卅三咲私□反。□。[　]〔五九七〕鷂鷂（鷹）鷂。〔五九八〕摇動摇。覞普視。〔五九九〕覞視誤。尪行不正。出《説文》。約又於略反。〔六〇〇〕要[　]疋（匹）笑反。〔六〇一〕四。彯畫。嘌置風、日内令乾。漂水中打絮。噍噍嚼。才笑反。三。誚[　]〔六〇二〕鐐銀美。〔六〇三〕燎周垣。療治病。燎炙也。出《説文》。熮火皃。趬行▨（輕）□。丘召▨（反）。□。[　]注盡。〔六〇四〕廟皃也。眉召反。一。驃馬名。毗召反。一。少失召反。二。燒又失昭反。眺祭。丑召反。一。〔六〇五〕

34 效 □揜挍。〔六〇六〕鉸鉸刀。酵酒酵。覺睡覺。孝呼教反。三。哮喚。涍水名。罩□教反。一。〔六〇七〕奅
起壤（釀）=（也）。疋（匹）皃反。三。又窌。〔六〇八〕炮灼。执执車。〔六〇九〕趠行皃。褚教反。二。踔猨跳。稍□
泥。〔六一〇〕朩不静。抓爪刺。側教反。二。樵縮。皰面瘡。防孝反。二。或疱；又皰。〔六一一〕鞄治皮。抄初教反。
一。▨（勒）□□。□□□。□。〔六一二〕

35 号 □□□□□。□。□□，□□。□□□□。□□□。〔六一三〕翿舞所執。悼傷也。蹈踐也。盜。纛左纛。燾
覆。䆆禾六穗。□〔六一四〕縞又古老反。〔六一五〕告。傲五到反。五。顤頭長。鏊餅鏊。驁馬名；駿馬。奡陸
地□舟□。〔六一六〕□圭名。〔六一七〕冒涉。媢《説文》夫妬婦。嫪怯（惄）物。盧到反。〔六一八〕四。潦潦淹。勞尉
（慰）勞。〔六一九〕𧬨□卵。〔六二〇〕報博秏反。一。漕水運穀。在到反。五（一）。〔六二一〕奧〔□。□□□。□。□〕
藏肉。〔六二二〕懊懊悔。𩞄妬食。隩屋▨（隅）。〔六二三〕□〔六二四〕靠相違。〔六二五〕竈則到反。二。躁動。秏（秏）
減。呼到反。〔六二六〕二。好志也。又呼老反。〔六二七〕

36 箇 卅六□□勞。〔六二八〕哆語助聲。痑病。邏遊兵。盧箇反。二。纙婦人衣。坷坎坷，不平皃。口左反。二。
軻□〔六二九〕奈奈何。奴箇反。一。課苦卧反。一。挫折。則卧反。〔六三〇〕二。𡜊（娄）拜失容。磨暮箇反。
三。▨（座）□卧反。三〔□□〕。〔六三一〕壖（壖）沙土。〔六三二〕糯（糯）秫也。檽（檽）檽木。和胡卧反。二。
盉《説文》調味也。唾託卧反。三。毻▨（鳥）□□□。□泥著物。烏卧反。一。〔六三三〕惰懈。徒卧反。一。馱
（馱）負物。唐佐反。〔六三四〕一。桵（挼）比也。力過反。一。

37 禡 卅七禡祭□。□駕□。□。□縣名。〔六三五〕駕古訝反。八。稼。嫁。瘕（瘕）腹病。〔六三六〕架架屋。椵
（椵）舉閣。〔六三七〕價價數。▨（假）□虎聲。〔六三八〕誶詐。〔六三九〕墟地名，在晉。迓迎。吾駕反。四。訝嗟。
犽獸名。卸迎。〔六四〇〕詫▨（詐）。▨（丑）亞反。〔六四一〕一。▨（吒）□醋酒。〔六四二〕乍鋤駕反。一（二）。〔六四三〕

褯祭名。謝愧也。以(似)夜反。〔六四四〕二。榭臺榭。髂胜也。口訝反。〔六四五〕二。疴小兒驚。暇▭〔六四六〕夜
宵也。以謝反。三。射僕射。鵺▨(鳥)名，似雉。〔六四七〕赿怒。充夜反。一。蜡(蝑)塩(鹽)藏蟹。田(思)夜反。▨
(二)。〔六四八〕▨(卸)卸□□□。▭〔六四九〕炙炙肉。〔六五〇〕蔗甘蔗。唶歎聲。子夜反。二。借假。又子昔反。
舍始夜反。三。赦。〔六五一〕▨(騇)▭〔六五二〕靶轡革。〔六五三〕㶚(灞)水名。帊帊幞。芳霸反。二。怕怕怖。
槬(摦)寬。胡化反〔六五四〕。四。吴大口。崋崋□，□□。▭〔六五五〕誜枉。所化反。一。狛獸名，似狼。白駕
反。一。胗(胗)膱(膩)。乃亞反。〔六五六〕一。笪斜逆。淺謝反。一。

38 勘

卅八□▭〔六五七〕贛薏苡別名。〔六五八〕憾恨。下紺反。四。琀琀玉。浛水和物。唅哺。暗日無光。烏紺反。
▨(二)。〔六五九〕▭〔六六〇〕倸蘇感反。一。儑五紺反。一。謲伺。七紺反。二。參參皷。醰酒味長。[□]紺
反。〔六六一〕二。賧買□□付□。▭〔六六二〕

39 闞

□□□□□□。□□。□。〔六六三〕瞰視。濫泛濫。盧瞰反。五加一。𠟹刃利。𨢿𨢿觴。纜繫舟。爁火皃。𡢃
▭〔六六四〕𧵳乞戲物。呼濫反。〔六六五〕一。憨害。下瞰反。四。㺖[□□□。□]誇誕。〔六六六〕䖔爪(瓜)虫。憺
靜。徒濫反。四。澹水□。〔六六七〕▭〔六六八〕

40 漾

卌漾水名。餘亮反。六。〔六六九〕恙憂。羕長大。颺[□□。□]炙。〔六七〇〕樣式樣。▨(亮)▭〔六七一〕量度
也。〔六七二〕狀鋤亮反。一。讓如伏(仗)反。〔六七三〕一。餉式亮反。三。傷未成人死。▨(向)▭弓衣。〔六七四〕
蕩草盛也。向許亮反。三。珦王(玉)。〔六七五〕闛門闛。仗器仗。直亮反。二。▨(長)▭反。三。〔六七六〕上
昇也。償倘。牡(壯)側亮反。〔六七七〕三。裝行裝。▨(泄)泄□。〔六七八〕▨(怏)於□□。□。▭即亮□。
□。〔六七九〕▨(將)將□。〔六八〇〕▨(䡖)▭〔六八一〕

(中缺)

45徑 乃定反。三。〔六八二〕佞諂。濘泥。腥豕瘜肉。息定反。二。醒酒醒。脛脚脛。户定反。一。定止也。特徑反。二。廷朝廷。〔六八三〕矴矴石。丁定反。三。釘丁也。▨(飣)□□。〔六八四〕▨(磬)□□反。〔六八五〕二。罄盡。聽他定反。二。[□□，□□□]。〔六八六〕靘靘鼆，青黑。千定[□。□]。〔六八七〕鼆莫定反。二。暝夕。鎣鎣飾。烏定反。三。瀅刀(小)水。〔六八八〕憕一心恨也。〔六八九〕

46宥 卌六宥寬。尤救反。十。〔六九〇〕又復也。佑佐。右左右。盍抒水器。祐神助。酭報。疚(疚)顫疚。〔六九一〕囿園。又于目[□]。〔六九二〕侑勸食。救助也。久右反。五。宄窮也。灸艾火。疚貧▨(病)也。〔六九三〕廄養馬舍。冑儭也。直右反。〔六九四〕七加一。宙往古于今。酎酎酒。繇卦兆辞。籀史籀。伷系。紬訓。冑(胄)《説文》兜鍪，從冃。晝晝日。陟救反。一。狩舒救反。三。獸。首仗。〔六九五〕臭臭氣。尺救反。一。岫似祐反。三。袖。牰牛黑眥。齅以鼻取氣。許救反。二。嘼嘼産。呪詛。職救反。一。舊巨救反。二。柩屍。瘦瘦損。所祐反。三。漱含水。[□□□。]〔六九六〕皺面皺。側救反。三。瘷縮小。甃井甃。副敷救反。三。髻假髻。覆。〔六九七〕簉充；一曰齊。初救反。一。冨府副反。三。輻(輻)輻(輻)輳，𩋙聚。〔六九八〕鍑釜而小口。〔六九九〕畜丑救反。二。六畜也。俞人姓。溜水溜。力救反。六。廖人姓。霤中霤；又廇，中庭也。嬼美好。鷚鷚子晚生。餾餾飯。秀息救反。四。繡。蜏虫名。琇玉名。驟鋤祐反。一。僦僦賃。即就反。一。就疾僦反。二。鷲鳥名。糅雜。女救反。三。粈雜飯。腬嘉膳。復扶冨反。二。瘦再病。狖(狖)獸名，似猨。餘救反。四。[《□□》]從豸。〔七〇〇〕鼬虫名。槱積薪燒之。〔七〇一〕柚楺(橘)柚。〔七〇二〕授承秀反。三。㖟口㖟。售賣。輮車輞(輞)。人又反。〔七〇三〕一。

47候 卌七候迎也。胡遘反。六。鮜魚名。鄇地名。逅邂逅，不[□]遇皃。〔七〇四〕詬罵。睺(睺)牛(半)盲。〔七〇五〕寇賊也。苦候反。五。滱水名。怐怐愗，愚皃。婺婺瞀，無暇。鷇鳥子。茂盛也。莫候反。八。貿貿易。戊戊巳(己)。〔七〇六〕鄮縣名，在會稽。愗怐愗。瞀穀瞀。袤廣袤。楙木爪(瓜)。〔七〇七〕仆倒。疋豆反。一。豆徒候反。九。

竇水竇。逗逗留。酘酘酒。荳荳蔻。稙（桓）邊稙（桓）。〔七〇八〕脰項。郖地名。餖飣餖。鬪（鬭）丁豆反。三。詎詎譳（譨），不能言。噣鳥口。耨除草。奴豆反。三。譳（譨）詎譳。擩（擩）搆擩，不解事。瘷欬。蘇豆反。二。漱盪口。奏則候反。一。透跳。他候反。三。歒唾歒。逗自投。漚漬。於候反。二。婺（埜）地名。〔七〇九〕遘（遘）遇。古候反。十一。構（構）累。媾（媾）婚。覯（覯）見。姤卦。購（購）贖。昫廩給。彀張弓。穀取牛羊乳。勾勾檢。雊（雊）雉聲。輳輻輳。倉候反。六。湊水會。嗾使犬。腠膚腠。鯪南夷名墟。〔七一〇〕蔟大蔟，律名。陋虞（盧）候反。〔七一一〕五。漏更漏。鏤刻。扇屋水。〔七一二〕瘻瘡。蔻荳蔻。呼候反。四加一。豞豕聲。頋勤。詬怒。〔七一三〕吼聲。

48 幼

卌八幼伊謬反。一。謬靡幼反。一。踸踸蹌，行皃。丘幼反。一。

49 沁

卌九沁水名。七鴆（鴆）反。二。〔七一四〕吣犬吐。浸（祲）妖氣。作鴆（鴆）反。〔七一五〕一。妊妊身。汝鴆（鴆）反。四。［□□□］。〔七一六〕鵀戴鵀，鳥。任佞也。又汝針（針）反。〔七一七〕鴆（鴆）鳥名。直任反。二。沉（沈）又直任（壬）反。〔七一八〕枕（枕）職鴆（鴆）反。二。針。舚舌下病。豆（巨）禁反。〔七一九〕三。艞蜀舟。紟紟帶。禁避。居蔭反。一。賃乃禁反。一。蔭於禁反。三。窨▨▨（地屋）。〔七二〇〕暗聲。滲漉。所禁反。一。闖從門出。丑禁反。一。譖譖讒。側識反。一。讖（讖）讖書。楚譖反。〔七二一〕一。揕儗（擬）擊。陟鴆（鴆）反。〔七二二〕二。鈂土鈂。

50 豔

五十豔（豔）美。以贍反。三。燗光。焱火。贍賙。市艷反。［□］。〔七二三〕染而贍反。一。厭飫也。於艷反。二（三）。或猒、懕。〔七二四〕憯快。饜飽。又於簾［□］。〔七二五〕閃闚。式贍反。三（二）。〔七二六〕煔火行皃。窆下官（棺）。方驗反。〔七二七〕二。砭石針。又方簾［□］。〔七二八〕嬱（孅）不廉。子艷反。一。壍遶城水。七贍反。二。槧插。殮殯。力驗反。三。斂（斂）聚。〔七二九〕瀲水泛；一曰水波。驗證。語窆反。二。噞噞喁，魚口。占將艷反。一。占固也。〔七三〇〕

51 栝 五十一㮇（栝）火杖。他念反。〔七三一〕二。舚舌出。念▨（奴）店□。〔七三二〕二。緂挽船。店店舍。都念反。五。
坫墇。沾水名。痁病。墊下。䃍（磩）䃍（磩）磹，雷（電）光。先念反。〔七三三〕一。磹徒念反。一。趝疾行皃。紀
念反。一。酓於念反。一。苦味。〔七三四〕瞎（䁴）閇目思。▨（漸）念反。〔七三五〕一。兼古念反。〔七三六〕二。鮎（鲇）魚
名。〔七三七〕僭（僣）擬。子念反。一。傔▨▨□〔七三八〕

52 證 五十二證驗。諸膺反。二。烝（烝）熱。又諸陵反。又作丞。孕懷子。以證反。三。黱面黑子。賸（賸）
增。〔七三九〕媵送女。實證反。三。乘車乘。䲍魚子。認□□□。□。□□□。□草不剪。〔七四〇〕譍以言對。於證
反。二。應物相應。甑子孕反。一。興樂。許膺反。二。䁝腫起。勝勝負。詩證反。三。藤苣藤，黑胡麻。縢織
機縢。眙□□。□□□。□。□馬食穀，氣流下。里甑反。一。〔七四一〕稱蚩證反。一。又處陵反。

53 嶝 五十三嶝小坂。都鄧反。五。鐙䩚鐙。橙几橙。隥梯隥。磴巖磴。贈昨亘反。一。亘通度。□鄧反。〔七四二〕
四。▨（堩）□。〔七四三〕▨（揯）□▨（引）。〔七四四〕▨（䱎）魚名。〔七四五〕蹭蹭蹬。七贈反。一。鄧國名。徒亘
〔□〕。〔七四六〕二。蹬蹭蹬。懵悶。武亘反。二。鱒魚名。倰（倰）倰（倰）蹬（倰）。魯鄧反。〔七四七〕一。堋束棺下之。
方鄧反。一。倗父鄧反。一。輔也，出《説文》。新加。

54 陷 五十四陷（陷）户韽反。〔七四八〕二。䱀魚名。韽下入聲，於陷反。〔七四九〕三。猎犬吠。涵（淊）没水。〔七五〇〕醃以
内水中。淬陷反。〔七五一〕一。䶟鹹多。都陷反。一。歉喙。口陷反。一。又歉（歉）。〔七五二〕賺重賣。佇陷反。一。

55 鑑 五十五鑑鏡。格懺（懺）反。二。監領。懺（懺）自陳。楚監反。三。儳雜言。〔七五三〕擊投。覽覽儆，高危皃。子
鑑反。一。儆許鑑反。一。釤大鐮。所鑑反。一。埿深埿。蒲鑑反。〔七五四〕一。甓大瓮。胡懺（懺）反。一。鑱鑱土
具。士懺反。一。霯内物水中。子鑑反。又都廉反。一。鬚沉。下鑑反。一。

56 梵 五十六梵梵聲。扶泛反。二。帆船上帆。泛浮。敷梵反。一。劒舉欠反。一。從刀。〔七五五〕欠張口。去劒反。一。

俺大。於劒反。一。

切韻卷第五入聲〔卅二韻〕〔七五六〕

□(一)屋烏□〔七五七〕　□(二)沃烏▨(酷)〔七五八〕　□□□□　□(四)覺古嶽
五質之日〔七五九〕　□▨(六物)無□〔七六〇〕　□□□□　□□□□
□□□□　□(十)没莫勃　十一末莫割　□□□□□
□□□□□　□□□□□　□□□□□　□□(十六)錫先擊
十七昔私▨(積)〔七六一〕　□□□□□　□□□□□　□□□□
□□□□□　□□(廿二)洽侯夾　〔□□□□□〕〔七六二〕　廿四莱与涉〔七六三〕
□□□□□　□□□□□　□□□□□　□□□□□
□□▨(廿九職)之翼〔七六四〕　卅德多則　□□□□□　□□□□□

1屋　□　□挩(說)▨(書)。〔七六五〕櫝棺。又▨▨。〔七六六〕牘簡。觸　□　〔七六七〕穀木穀。〔七六八〕瀔▨▨
(水名)。□〔七六九〕
(中缺)〔七七〇〕

5質　□〔七七一〕唧啾唧。汢　□　〔七七二〕▨(蓽)織荆門。〔七七三〕鞸胡服蔽膝。珌▨(刀)□▨
(飾)。〔七七四〕□〔七七五〕▨(燏)火光。〔七七六〕遹述；一曰遵。驈黑馬白髀。□〔七七七〕䘏賑也。〔七七八〕姞姓；一曰字。巨乙反。二。佶正。術□〔七七九〕▨（邲）地名，在鄭。毗必反。
九。〔七八〇〕比比次。或作坒。又鼻脂、必履、婢四三反。柲□□走。〔七八一〕矞《說文》以錐有所穿。颬小
風皃。許聿反。四。眓□視。〔七八二〕□〔七八三〕怵憂心皃。竹律反。〔七八四〕二。窋在穴皃。又丁▨（滑）
反。〔七八五〕朮藥名。正或作米（茉）。直律反。〔七八六〕二。□□□。□□□□。□。□□惕。〔七八七〕▨（狘）▨
（仸）。〔七八八〕颶▨▨（風也）。▨（于）律反。〔七八九〕二。汩水流。又古沒反。率□□。□▨▨（律反）。▨（四）。〔七九〇〕
▨（帥）□也。〔七九一〕▨（蟀）蟋。〔七九二〕逹《說文》先導也。筆鄙蜜反。三。箻去滓。〔七九三〕柲《方▨（言）》□□。又
逼偹反。〔七九四〕▨（密）□□□。□。〔七九五〕□山形如堂。〔七九六〕蔤荷本下白。弼輔也；重也。房筆反。二。弻，古；
𢐀，正。〔七九七〕䄶䄶秔（䄢），禾重生。〔七九八〕乙辰也。於筆反。二。鳦鷰。耴聲（聻）耴，魚鳥狀。魚乙反。〔七九九〕一。
叱呵也。齒日反。一。咥笑。勑一反。一。

6 物

六物事也。無弗反。三。勿無也。芴土瓜。弗不也；治也。分物反。七。紱（紱）綬。〔七八〇〕韍（黻）黼韍
（黻）。〔八〇一〕紼大索。芾草盛皃。韍（韍）蔽膝。𡘍大也。出《說文》。〔八〇二〕欝氣也；茂也。古作欝。迂物
反。〔八〇三〕五。灪灪滃，大水。爩烔（烟）氣。蔚草盛皃。又音尉。鬱《說文》芳草也，釀酒以降神。〔八〇四〕亥無在（左）
臂。九勿反。又九月反。〔八〇五〕二。䋭翟衣。屈區物反。又居物反。二。詘辞塞。倔倔強。衢物反。七。𧿳足力。
掘掘地。崛山短而高。屈尾短。䘿衣短。堀突也。佛符弗反。六。怫怫欝。坲塵起。岪山曲。咈《說文》違
也。柫《說文》擊禾連枷。颰疾風。許物反。三。欻暴起。𦾔《說文》疾也。颵風聲。王物反。二。搰擲。〔八〇六〕拂
拭也；除也。敷物反。七。帗韜髮。𡶚崩聲。茀道草多。艴淺色。祓（祓）除。又乎（孚）物（吠）反。〔八〇七〕柫《方
言》打穀連枷。

7 櫛

七櫛梳。阻瑟反。三。瀄瀄曰（汩），水流。〔八〇八〕䄢秭。〔八〇九〕瑟所櫛反。五。颵颵颶，風。蟋蟋蟀。蝨▨（蟣）
蝨。〔八一〇〕璱玉鮮潔皃。

8 迄

八迄至。許（許）訖反。□。〔八一一〕▨（仡）仡▨（壯）□。〔八一二〕▨（釳）乘輿馬上插翟尾者。〔八一三〕肹肹響。又許乙反。訖竟也；止也。居乞反。二。吃語難。疙癡皃。魚乞反。一。趌行皃。其迄反。一。圪高皃。于乞反。又魚迄反。一。乞去訖反。又去氣反。〔八一四〕二。▨（芞）□□。〔八一五〕

9 月

九月魚厥反。四。刖絶。《説文》作跀，斷足也。軏車。杌（扤）動也。又兀音。〔八一六〕伐征。房越反。八。筏乘大桴渡水。罰罪。閥閥閱，自序。垡耕土。▨（橃）□□。□□□。□《説文》盾。〔八一七〕越逾也；於也；曰也；揚也。王伐反。六（五）。粵辟。鉞斧鉞。戉伃布。或絨。〔八一八〕樾樹陰。厥其也。居月反。八。蹶失脚。劂強力。趣跳趣。瘚氣逆。□□□。□。□獸名，走則顛（顛），常爲蛩蛩取食，蛩蛩負之而走。〔八一九〕噦逆氣。乙劣反。一。此字亦薛部。〔八二〇〕㜸嬇㜸，婦人皃。於月反。二。饕飴安豆。鱖▨（以）□▨（發）物。其□反。〔八二一〕六。鷢白鳥。〔八二二〕撅株撅。橜栰（杙）橜。〔八二三〕蹷倒。臀尾本。闕少也。去月反。二。瀱水名，在義陽。髪方伐反。三。發草生。浟風寒也。出《詩》。〔八二四〕韤履韤。望發反。一。［□］從韋。〔八二五〕颰小風。許月反。四。狘獸走。泧水皃。狨狨狨，光（飛）也。〔八二六〕謁請也；告也。於歇反。四。閼歲（歲）在夘（卯）名。又於葛、於連二反。暍瘍（傷）熱。〔八二七〕䫻色壞。歇氣泄。許謁反。三。蠍蠆。猲猲獢，犬。訐面片（斥）以言。居謁［□］。又居例反。〔八二八〕四。趨走皃。羯羯羊。榤草出禾上。揭擔物。其謁反。一。怖恨怒。疋（匹）代（伐）反。〔八二九〕一。钀鏕也。魚揭反。一。

10 没

十没沈也；密也。莫勃反。三。殁死。玫玉名。骨骼。古忽反。五。縎縎結。鶻鶻鳩。又胡八、胡骨二反。榾枸榾，木。汩弘（治）也。《書》作汩；或濯。〔八三〇〕勃速也；作也。蒲没反。〔八三一〕七。渤（渤）渤澥，海名；又水皃。騂（騂）馬，牛尾一角。餑（餑）茖（茗）餑。〔八三二〕埻塵起。馞（馞）馞香。悖（悖）悖逆；盛也；卒也；勃起；凶悖。咄訶。當没反。一。宊宊出。他骨反。三。柮木杖。踈踈。宊觸。陁骨反。七。揬搪揬。腯肥腯。鼵鼠名。鵽鳥名。堗竈堗。凸出也。又徒結反。頞内頭水中。烏没反。四。膃膃肭，肥。殟心悶。嗢咽。忽盡；心悶也。

呼骨反。六。惚恍惚。䆷睡一覺。笏。乾忽(急)擷。擷字呼結反。〔八三三〕曶《説文》尚冥也。兀高皃。五忽反。四。杌動搖。又音月。屼山皃。杌樹無枝。誖(䛲)按物聲。普沒反。二。矶碑矶,不平皃。㚓(𤿭)箭射。勒沒反。一。窟穴。苦骨反。五。顝大頭皃。泏漚池。〔八三四〕頞皃(白)禿。〔八三五〕矻用力。或作劼。〔八三六〕訥言澁也。諸骨反。三。枘(抐)内物水中。〔八三七〕肭膃肭。窣勃窣。蘇骨反。二。䅤磨麥。猝倉猝。[□□□。□。□□□]。昨沒反。三。〔八三八〕椊椊杌,以柄内孔。䶵齚。麧麧糏(糏)頭。下沒反。〔八三九〕七。齕齧。又胡結反。紇又胡結反。淈淈泥。又古忽反。渴(濁)也。一曰水出皃。〔八四〇〕搰掘地。膭脥(膝)病也。出《説文》。捆推也。出《説文》。卒則沒反。又子出反。二。倅百人爲倅。朏明出(未)融。普沒反。〔八四一〕一。猾楚詞。又滑,又淈,同。侯忽、公忽二反。一。㱍一骨反。一。咽中息不利。出《説文》。新加。

11 末

十一末水(木)上。莫割反。〔八四二〕十三。秣秣馬。眛星,《易》曰昧中見。〔八四三〕頢頢顯,健。抹抹▨(摋),手摩。〔八四四〕佅佅僆,肥大。妺妺嬉,桀妻。怽忘。𡋯壤土。沬水沬;一曰水名,在蜀。[□□]泰反。〔八四五〕濊塗泧(拭)。〔八四六〕䳮鳥名。昧《説文》目不正。〔八四七〕相(枂)去樹皮。五活反。〔八四八〕一。撥活(治)。博末反。〔八四九〕十。𣧑足癶刺。〔八五〇〕袚(祓)蠻夷蔽膝衣。茇根茇。鉢盂。䳊鳥名。鱍魚掉尾。迖(迖)急走。髮髮鬢,多鬢。撥(撥)海船名。鬢姊末反。〔八五一〕二。拶逼拶。括檢。古活反。八。聒水流。《説文》無耳。髻結髮。檜木名。聒聲□。〔八五二〕▨(佸)會也。〔八五三〕𢡟《尚書》曰『[□□□□]』,無知之皃;自用意。〔八五四〕苦苦蔞。闊廣也;遠也。苦括反。三。筈箭筈。适《説文》疾也。活生也。户括反。二。䄆祠。奪徒活反。〔八五五〕三。敓強取。脫肉去骨。反(又)吐活[□]。〔八五六〕豁豁達。呼括反。〔八五七〕四。濊水聲。或作濊(濊)。〔八五八〕奯大開目。泧(泧)濊泧。〔八五九〕斡天氣轉。烏活反。四。焥火咽(烟)出。〔八六〇〕碗(睕)目開皃。〔八六一〕𣁽𣁽取物。或作捾。縬縬結。[□]括反。〔八六二〕三。撮。攥手把。鏺兩丑(刃),刈草木。普括反。〔八六三〕五。撥芟。蹳蹋草聲。抪推。𨠍酒色。侻侻可;一曰輕。他活反。二。挩解落。或作脫。捋手捋。盧活反。三。𠜱削𠜱。𣐿《説文》木名。掇拾。多括反。三。

鵽鵽雀。 腏挑取骨間肉。 撮手取。 七活反。 〔□〕。〔八六四〕 跋跋躃，行皃。 蒲撥反。 十二（三）。〔八六五〕 跡行皃。 拔迴拔。 又夫括反。 魃旱魃。 废舍。 酦酒氣。 馛香氣。 軷將行祭名。 炦火氣。 颰風皃。 發除草。 又疋（匹）末反。 坺〔□。 □〕犬走皃。 出《説文》。〔八六六〕 蔱跋蔱。 小割反。 三。 薩菩薩。 摋抹摋。 怛悲也。 當割反。 七。 怛驚。 妲（妲）妲（妲）己，紂妃。〔八六七〕 呾（呾）相呵。〔八六八〕 炟（炟）火起。 靼（靼）莫靼（靼），▨（縣），在五京（原）。〔八六九〕 笪（笪）簟。 闥門。 他達反。 八。 健休健。 撻打。 躂▨（足）趺。〔八七〇〕 澾泥滑。 獺（獺）水狗。 鰨（鰨）魚名。 羍《説文》小▨（羊）也。〔八七一〕 遏▨（遮）。 烏邁（葛）反。〔八七二〕 四。 齃鼻齃。 堨▨（擁）□。〔八七三〕 閼止。 又於連▨（反）。〔八七四〕

（後缺）

【校記】

〔一〕 底一所存首段參諸底卷他韻及《箋二》知爲『廿五銑』韻，此前所缺爲廿四産韻以前各韻。行首至殘字『淟』間底一殘泐約半行，據空間，可抄十一個左右大字，《箋二》相關内容作『○廿五銑，金銑。蘇顯反。五。○跣，跣足。○毨，鳥獸秋毛。○姺，古國。○洗，沽洗，律吕。○腆，厚。他典反。六』，與底卷所殘空間略合，蓋可據補。

〔二〕 殘字底一存下部筆畫，兹據《箋二》、《王一》、《王二》校補作『淟』。注文缺字底一殘泐，諸本皆作一代字符形，可據補并回改作『淟』字。

〔三〕 殘字底一存左部『田』旁，兹據《箋二》、《王一》、《王二》校補作『畽』字。又注文缺字底一殘泐，可據諸本補作『畽疃』二字。

〔四〕 殘字底一存左上角似『亻』形部分，《箋二》、《王一》、《王二》『畽』字條下皆作『鉷，釜』，底一『金』字旁的寫法中，其中竪皆上出頭，蓋殘字僅存其上撇及出頭之竪，兹據校補，并擬補一個注文缺字符。『鉷』字下至行末底一殘泐約八個左右大字的空間，又次行上部亦殘泐約半行（據空間，約可抄十二個左右大字），檢《箋二》『錪』、『蠒』二條之間的内容作『○琠，玉。○靦，面慙。○典，多顯反。二。○蕇，葶藶。○蝘，蝘蜓，守宫虫。於殄反。二。○宴，安。又燕見反。○殄，徒顯反。二。○蜓，蝘蜓』，比底一所殘空間少約四個左右大字，可參。

〔五〕殘字下部殘泐，兹參《箋二》校補作『薾』字；『薾』爲今本《説文·糸部》『繭』字之俗變，參《箋二》校記〔三八〇〕。又本小韻標數字與《箋二》同。

〔六〕前行『蠒』字條下至行末底一殘泐約八個左右大字的空間，次行『顯反三』三字居行首雙行注文之左行，《箋二》相關内容作『○⿰爾皮，皮起。○⿱乖衣，小束。○垷，塗。○筧，以竹通水。○峴，峻嶺。胡顯反。三』，與底卷所殘空間略合，兹據擬補十七個缺字符。

〔七〕殘字存左部『月』旁及右部殘畫，兹據《箋二》、《王二》、《廣韻》校補作『臇』字。又缺字底一殘泐，可據諸本補作『肉』字。

〔八〕『睍』字右下角底一略有殘泐，兹據《箋二》、《王二》、《廣韻》録定。又缺字底一殘泐，可據《王二》、《廣韻》補作『小儿』二字。

〔九〕殘字底一存左部作『㬎』形，兹據《箋二》、《王二》、《廣韻》校補作『顯』字。『顯』字下底一殘泐約六個大字的空間（包括『顯』字注文），《箋二》相關内容作『○顯，呼典反。三。○韅，在背曰韅。○蜆，小蛤。○撚，以指按。奴典反。一』，迻入底一空間，除『撚』字注文結構顯示『奴』字前僅容二小字空間外，餘正相吻合，兹據據補十五個缺字符。《補正》徑據《箋二》文字擬補，於『撚』字下之空間有所未安。

〔一〇〕『編』字下至行末底一殘泐約八個左右大字的空間，《箋二》相關内容作『○編，編絹，方顯反；一曰次第。又卑連反。五。○遍（匾），遍（匾）⿷匚虒（匾），薄。⿷匚虒（匾）字陽稽反。○緶，褰常。○萹，萹似（竹），草。又布玄反』，與底一本小韻所殘空間略合，可參。又『萹』字注文『茿』字《廣韻》同，《箋二》作『竹』，與《王二》同，參《箋二》校記〔二八六〕。

〔一一〕『泣』字《箋二》、《王二》、《廣韻》皆作『泫』字（其中《廣韻》諱缺末筆），底一俗作，潘重規《敦煌俗字譜・序》（臺北石門圖書公司一九八〇）引斯二七二九號『毛詩音』『息』字注『泣以休求息韻……』條，謂『泣』即『炫』字，并引底一『泣』字爲旁證，以爲『是六朝唐人書泫作泣之明證』（頁三一四），可參。

〔一二〕『贙』字《箋二》作『贙』，底一蓋其俗寫，《王二》、《廣韻》作『贙』形，與今本《説文・虤部》形同，又大、小徐本釋義皆作『分別也。从虤對争貝。讀若迴（小徐作「回」）』，微別，但與『對争』之形相關的釋義，似以底一所作之『分引』爲長。又殘字前者底一存左部略似『牙』無撇之形，後者亦存左半部，與《箋二》、《王二》、《廣韻》所作之『皃』字合，兹據校補；諸本『争』、『皃』之間皆無他字，疑底一此殘字爲衍文。又『對争具』不辭，亦與構形不合，故據《説文》校『具』作『貝』，底一形訛。

〔一三〕殘字底一存上部『日』旁，兹據今本《説文・金部》『鉉』字注文校補作『易』字。

〔一四〕『鉉』字條下至行末底一殘泐約八個左右大字的空間，《箋二》相關内容作『〇琄，玉皃。〇昀，田。〇辮，編髮。薄顯反。三。〇鯿，吴舡。〇鯿，蜀人呼〔□〕』，與底一所殘空間吻合，《補正》據《箋二》擬補缺文中於『昀』字作缺字符，且脱注文，不確。

〔一五〕『准』字《王二》、《廣韻》皆作『挂』字，《箋二》俗寫作『桂』形，底一形訛，兹據校改。

〔一六〕殘字前者底一存略似『冂』形，檢《廣韻》作『秋獮曰獮，獮，殺也』，是底一此字當爲『曰』字漫壞，兹據校補；後一殘字存上部『〻』形，是爲俗寫『爾』字上部之形，亦據校補。二殘字居雙行注文右行左行的第三字，其下至行末底一殘泐約八個左右大字的空間，《補正》據《箋二》及底一行款、文例擬補本條注文作『秋獮曰獮。按《説文》從□。息淺反。四』，略可從之，兹從擬補七個缺字符。此下《箋二》相關内容作『〇尠，少。〇廯，廩。〇癬，疥癬』，《補正》亦據此補底一之缺，按此雖不能填滿底一所殘空間，但其字頭數當與底一所殘者一致。

〔一七〕字頭與注文所引《説文》形體同，不合文例，今本《説文・水部》所收字形亦作『演』，是則底卷之字頭當別作俗字之形，俟考。

〔一八〕注文『按』下疑脱《説文》二字，『善諓』則疑爲『善言』之誤，『謕』則爲『謯』之訛，《説文・言部》：『諓，善言也。从言，戔聲。一曰謯也。』即底卷所出。

〔一九〕『餞』字下至行末底一殘泐約八個左右大字的空間，《箋二》相關内容作『○餞，酒食送。又疾箭反。○⿰耳善，耳聞(門)。旨善反。三。○剸，以槌去牛勢』，不能添滿底一所殘空間，《補正》據此而於前一小韻補二字頭，於後一小韻標數字改作『三加二』，按前一小韻所加二字當亦有注文，否則不能填滿底一所殘空間。

〔二〇〕『輾』字注文《箋二》、《王二》皆作『輾轉』，《廣韻》作『輾轉；又虜複姓，後魏輾遲氏改爲展氏』，底二『輾』字注文諸本皆以爲『珏』字注文，又底一本小韻標數字五而實收四字，是此處當誤糅二條爲一，而致有脱文，《補正》以爲脱『輾轉。珏』三字，是，茲從擬補三個脱字符。

〔二一〕注文『尼』下一殘字底一存右上角似『口』形部分，茲據《箋二》、《王二》、《廣韻》校補作『展』字。又『展』、『弥』分別爲注文雙行小字右行左行的第三字，其下至行末底一殘泐約八個左右大字的空間，《補正》擬補本條注文作『踐。尼展反；《説文》奴弥反。三』，與本條内容的結構空間略合，唯『趆』字有『奴弥反』之音則未知所出，今《説文》所載之《唐韻》音當晚於底卷所作之時代，其注音作『丑刃切』，俟考。其下所殘泐的相關部分《箋二》作『○輾(輾)，車轢物。或作碾。○㞕，柔弱。○淺，七演反。一。○闡，大。昌善反。二』，與底一所殘空間吻合，可參，茲爲前一殘條擬補四個缺字符。

〔二二〕前一殘條注文『説』字右旁上下有漫壞，《補正》校録作『説』，茲從録定；又『《説□》作譱吉』底一作『説□譱吉作』，不辭，《補正》以爲此『作』字當在『譱』字前，蓋脱抄而隨補於此，亦從乙正；又殘字存上部『丷』形，茲據《説文》校補作『善』字。又『譱』字今本《説文・誩部》作『譱』形，俗寫有簡省。『善』字條下至行末底卷殘泐約八個左右大字的空間，《箋二》相關内容作『○墠，壇墠。○鱓，魚名。○蟮，蚯蚓。○單，人姓。又都寒反」，較底一所殘空間僅少半個大字，蓋其中某字注文增加了一二字。

〔二三〕『謇』字釋義《箋二》、《王二》、《廣韻》皆訓作『吃』，《廣韻》收又義作『止言』，訓『吺』未聞，《補正》校作『吃』，可從；俗寫『口』形或作『厶』狀，『吺』蓋是『吃』字形訛，兹姑從校改。

〔二四〕殘字存左側『亻』旁，兹依文例校補作『作』字。《補正》於『作』字下據《説文》擬補一『㓹』字，然據底一行款，其注文右側所殘處僅補一字則短於左側，故『㓹』字下至少還應有一字，疑爲『此』、『今』等字，兹姑據擬補二個缺字符。

〔二五〕『蒰』字條下至行末底一殘泐約四分之一行，據空間，約可抄五個半大字，『説』字居底一次行行首，《箋二》此小韻共收三字，另二條爲『〇撚，撚搣。〇戩，福祥』，《補正》於此之外又參底一所殘注文擬補一字頭『翦』字，此合於底一本小韻收四字之數，但其内容不能填滿底一所殘空間。又『失』字《説文・羽部》『翦』字下作『秂（矢）』字，『矢羽』指箭羽，《補正》據此校『失』作『矢』，是，兹從改，底一形訛。

〔二六〕底一所引《説文》今大小徐本皆作『酸小棗』。

〔二七〕缺字底一殘泐，《箋二》、《王二》、《廣韻》『鄻』字注文皆作『地名，在周』，可據補。

〔二八〕『鄻』字條下至行末底一殘泐，據空間，約可抄三個大字，《箋二》相關内容作『〇僆，雙生子。〇件，其輦反。 三』，與底一所殘空間吻合，其中『僆』字底一存左側『亻』旁，兹據校補殘字作『僆』，并爲擬補四個缺字符。

〔二九〕『鑳』當作『巕』，文中蓋蒙下『鍵』字而訛；『鏟』亦當作『巕』，蓋抄者因字頭從金旁而臆改之類化字，參《箋二》校記〔三〇二〕。

〔三〇〕『一』字下底一衍抄一『也』字，不合文例，兹徑删去。

〔三一〕『巘』、『緬』二條間《箋二》有『辯，符蹇反。 二』一條，《王二》、《廣韻》『符蹇反／切』小韻亦在『魚蹇』、『無究』二小韻間，《補正》以爲底一脱之，是，兹姑據擬補五個脱字符。

〔三二〕『目』字《箋二》、《王二》皆作『自』，『自強』與《爾雅・釋詁上》『勔，勉也』義合，《補正》據校作『自』，是，茲從改，底一形訛。

〔三三〕注文『湎』字《廣韻》同，《箋二》、《王二》皆作『酒』字，與《説文・水部》『湎，沈於酒也』義合，疑『湎』字爲『酒』字形訛，然『酖湎』於義亦通。

〔三四〕『黾』字爲『黽』之俗寫，參《敦煌俗字研究》下編黽部『黽』字條考釋，《箋二》、《王二》皆作不同的俗字形，《廣韻》作正字『黽』形。

〔三五〕『⿰月隽』字《箋二》作『⿱隽月』，《廣韻》作『臇』，合於《説文》，『⿰月隽』、『⿱隽月』二形皆爲『臇』之俗字。

〔三六〕『⿰月隽』字與『吮』、『隽』《箋二》、《王二》、《廣韻》皆非同一小韻，其中《箋二》以『吮』字領『隽』、『隽』三字爲『徐兖反』小韻，《王二》、《廣韻》則以『隽』字爲小韻首字，而改小韻反語上字作『徂』，《補正》以爲底一此處脱『隽，鳥肉肥。徂兖反。三』一條，前『姊兖反』小韻標數字『三』當爲『一』之誤改，茲從校改并爲擬補八個脱字符。

〔三七〕『隽』字《箋二》、《廣韻》作『雋』形，『隽』當爲『雋』之俗字，《王二》誤作『雟』形，參前文校記〔三五〕。

〔三八〕『口』字《補正》徑録作『曰』，非原形，但作『曰』可通，底一形訛，姑據校改；今本《説文・口部》作『㕣，山間陷泥地。从口，从水敗皃。讀若沇州之沇，九州之渥地也，故以沇名焉』，其中『渥』字爲『涹』字俗寫之變，小徐注云『渥者，澤潤也』，段注云『《毛傳》曰「渥，厚」』，皆非。

〔三九〕『沇』字條下底卷有一字頭文字『兖』，本小韻標數字爲二；『沇』字下不應再有字頭，且此字前已出，《補正》以爲此是衍字，是，茲據徑刪。

〔四〇〕『⿱爲女』字今本《説文・女部》作『嬀』形，《補正》據以徑録作『嬀』形，不確，然『⿱爲女』當爲『嬀』字俗訛，茲據校補正字。

〔四一〕『名』字疑爲『耳』字形訛，參《箋二》校記〔一三〇九〕。

〔四二〕『碶』字《説文》隷定如此，底一從『臭』旁字字頭多從俗寫作『臭』形，本條字頭字形與注文所引《説文》之形互訛，茲爲乙校。又『捻同』之説未聞，疑『捻』字爲衍文。

〔四三〕『大』字右上角稍遠處有一小墨點，《補正》録此作『犬』，而校作『大』字，不確。

〔四四〕字頭『膊』字底一作『脟』形，爲俗字，今爲免繁瑣，於此無或體對照之條目及注文中，凡從『専』旁字皆録作正字形，後不一一出校説明。

〔四五〕『傷』字《箋二》、《王二》、《廣韻》皆作『膓』，合於《説文》，底一形訛，茲據校改，《補正》徑録作『膓』字，不確。

〔四六〕『出卮』不辭，檢《説文·卮部》『䏝』字注文作『小卮有耳蓋者，从卮，專聲』，是底一『出』字當爲『小』字形訛，茲據校改。

〔四七〕『沌』字《箋二》、《王二》、《廣韻》皆從『氵』旁，俗寫『冫』『氵』多淆，此『水名』之字自當以從『氵』旁爲是，茲據校補正字。又『下』字諸本皆作『夏』，底一音訛，亦據校改。

〔四八〕『荘』爲『莊』之俗寫，參《敦煌俗字研究》下編艸部『莊』字條考釋。

〔四九〕注文『具』字《補正》以爲是『僎字訓從下誤入』，於文例爲通，然《廣雅·釋詁三》已有『撰，具也』之訓，故姑存之。

〔五〇〕『踋』字《箋二》、《王二》、《廣韻》皆作『㫁』，《補正》據以校改，茲從之，底一俗作。

〔五一〕『頪』字左旁底一有些漫壞，《周韻》徑録作『頪』字，《補正》據《説文》校録作『頪』，茲從録定。

〔五二〕『冃』字前《補正》認爲『上脱「從」字』，合於文例，茲從擬補一個脱字符。

〔五三〕『鍿』字當爲『錨』字俗訛，參《箋二》校記〔一三九〕，茲爲校補正字。

〔五四〕『大函』未詳，今《説文·丨部》亦作『於，旌旗杠皃』。

〔五五〕『去』字後來寫作『弃』。

〔五六〕所引《説文》『善格』今本『嬉』字下作『枝格』，『好善』義重，疑衍其一；又《説文》前依文例脱一『出』字，茲據擬補一個脱字符。

〔五七〕『廿七』二字底一漫滅，僅存中部一點形筆畫，茲從《潘韻》録定。

〔五八〕釋義《王二》作『墨砥』，《廣韻》、《集韻》皆作『黑砥石』，《補正》據以校改『砆』作『砥』字，按『䃤砆』蓋爲聯綿詞，《集韻·虞韻》『⿰石無』字注文云『䃤⿰石無，石也』，『碔砆』爲聯綿詞，古書多見，『䃤砆』當爲『䃤⿰石無』、『碔砆』之俗變，『砆』非『砥』之訛。

〔五九〕引文今本《禮記·學記》作『足以謏聞』，《説文·言部》新附字『謏』字亦云『《禮記》曰「足以謏聞」』，底卷『問』當是『聞』字形訛，茲據校改。

〔六〇〕注文『傲』字《箋二》、《王二》、《廣韻》皆與字頭字同形，底一形訛，茲據校改；《補正》徑録作『嗷』，非原形。

〔六一〕『⿰日白』字《箋二》、《王一》、《王二》、《廣韻》皆作『⿰白白』形，俗寫『白』、『日』二形多互淆，茲據校補正字。又注文『日』字諸本皆作『白』，底一當亦俗訛，並據校改。

〔六二〕『卜』字今本《説文·鳥部》『鳥』字下皆作『匕』形；又篆文今本《説文》作『』形，底一所摹字形不確，且其後『三點』之説似亦不知所指。

〔六三〕《説文》『曉』、『皢』二字，前者隸日部，訓『明也』；後者隸白部，訓『日之白也』，俞樾《兒笘録》：『樾謂曉、皢一字，皢即曉之俗體也。凡从日之字，俗或从白。』

〔六四〕注文『下』字底一原本倒抄於『説』字下，『文』字居雙行注文之右行末，蓋原抄脱字後造成右行短於左行，故倒抄本應在注文之末的『下』字以填補右行之末的空白，後又發現脱抄『文』字，遂又補於倒抄的『下』字下，茲依文例乙正，《補正》以『下』爲衍文，不確。又『宜』字《補正》依今本《説文》校改作『冥』字，是，茲從之。

〔六五〕『䮤』、『䮃』二字當爲『㔭』、『䞮』二字之形訛，參《箋二》校記〔三三二〕，兹據校改。又『勁』字左下角『工』形部分底一殘泐，兹據《箋二》、《王一》、《廣韻》録定。

〔六六〕『嬲』字左下角『力』形部分底一殘泐，兹據《箋二》、《王一》、《廣韻》録定。殘字前者存右部筆畫，其中『戈』形明確可辨，後者僅存右側二點狀殘畫，其下至行末殘泐三個大字的空間，《箋二》相關内容作『○嬲(嬲)，戲相擾。乃鳥反。四。○嫋，長皃』，與底一所殘空間相較，似尚少半字空間，檢底一本小韻收字比《箋二》多二字，《補正》擬小韻標數字作『四加二』，如此正多出半字空間，兹據校補『戲』、『相』二字并爲擬補八個缺字符。

〔六七〕『䞩』字當爲『䞮』之俗訛，又底一注文當用注文與被注字連讀成訓例，參《箋二》校記〔三三三〕。

〔六八〕殘字底一僅存頂端點畫，其下至行末底一殘泐約四個半大字的空間，《箋二》相關内容作『磽，山田。苦皎反。又口交反。古或作𥑯。一』，與底一所殘空間吻合，兹姑據校補字頭『磽』字并爲擬補十三個注文缺字符。

〔六九〕『小』字《箋二》、《王一》、《王二》、《廣韻》皆作『了』，『小』隸小韻，置此非是，底一形訛，兹據校改。

〔七〇〕『分』字《廣韻》引《説文》同，今本《説文·卜部》作『𠁫，灼龜坼也。从卜、兆，象形。𠔀，古文兆省』。又注文或體與字頭同形，蓋字頭本如《箋二》俗寫作『𡈼』形，抄者皆録作正字，遂致不能別辨。

〔七一〕『㑿』字之訓未詳，今本《説文·人部》作『佻，愉也。从人，兆聲。《詩》曰「視民不佻」』。

〔七二〕『䍮』字下部底一略殘，兹據《箋二》、《王一》、《廣韻》録定。又『䍮』字下至行末底一殘泐約五個大字的空間，《箋二》相關内容作『○䍮，羊子。○沼，之少反。一。○少，書沼反。一。○夭，屈。於兆反。二』，較其所殘空間，雖約多出半字，然就底一之末字爲字頭而言，此種抄法是合於行款文例的，又《王二》『之少反』、『書沼反』二小韻亦在『䍮』、『夭』二字之間，兹姑據擬補十三個缺字符。

〔七三〕『擾』字右旁中間筆畫底一有些模糊，《補正》據《説文》録作『擾』形，兹從之。

〔七四〕『摽』字底一作俗寫『摽』形，本大韻『票』旁多從俗作『㶾』，亦或作『票』（如『標』、『䚦』二字），兹統一録作正體『票』，後不一一出校説明。

〔七五〕殘字底一僅存上部筆畫，其下至行末底一殘泐約五個半大字的空間，《箋二》相關内容作『○梢，木名。○縹，青黄色。[□]沼反。六。○醥，清酒』，與底一所殘空間吻合，兹據校補『梢』字并爲擬補十一個缺字符，底一『敷沼反』小韻比《箋二》增收一條文字。

〔七六〕『犥』當爲『犥』字俗省，參《箋二》校記〔六九〕，兹據校補正字作『犥』。

〔七七〕『馬』字《箋二》、《王二》、《廣韻》皆作『鳥』字，《補正》據以校改，兹從之，底一形訛。

〔七八〕『瞭』字《補正》據《説文·目部》『瞟，瞭也』校作『瞭』，俗寫形訛，兹從校改。

〔七九〕本小韻後脱抄一字頭，《箋二》本小韻收『四』字，故《補正》校此小韻標數字作『四加一』，兹從擬補二個脱字符。

〔八〇〕『秒』字《説文·禾部》訓亦作『禾芒』，而《説文·言部》『訬』字則訓作『訬擾也；一曰訬獪』，《補正》以爲《説文》前脱一字頭『訬』字，兹從擬補一個脱字符。

〔八一〕『繼』字左下角底一殘泐，兹據《箋二》、《王一》、《廣韻》録定。又『繼』、『反』二字爲『紹』字注文右行和左行的首字，其下至行末底一殘泐約五個大字的空間，《箋二》相關内容作『○紹，繼。市沼反。三。○佋，介。○袑，袴上。○矯，或作撟。居沼反。三』，與底一所殘空間吻合，兹據擬補九個缺字符。

〔八二〕『肌』字《箋二》、《王一》、《王二》皆作『肌』形，《補正》據《廣韻》校作『䀏』，按『丩』旁俗寫或作『乚』、『丩』形，參《敦煌俗字研究》下編糸部『糾』字條考釋，底一俗訛，兹從《補正》校改。

〔八三〕注文今本《説文·見部》『䚦』字注作『目有察省見也』，段注：『目偶有所見也，伺者有意，䚦者無心。』底一『自』字形訛，兹據校改；《補正》徑録作『目』字，不確。

〔八四〕『藨』字注文底一本作『草名藨□可爲平□』，其中『藨』、『平』二字下端底一皆有殘泐，兹據《箋二》録定，二字分居底一注文右行與左行第三字，其下至行末殘泐約五個大字的空間，《箋二》相關内容作『〇藨，草名，可爲蓆。或作苞。平表反。二。莩，餓死』，則知底一『可爲』二字蓋初脱而隨補於反語前，茲據乙正，并爲『藨』字注文擬補六個缺字符。又從其行款結構看，小韻標數字不會作超出右行的『二加一』形式，故本小韻亦應只收二字，然下接抄『莩，餓死』後，底一所殘空間尚有二個大字的空位，是當爲加訓之内容，茲姑據擬補『莩』字條缺字符十二個，《補正》全據《箋二》擬補，不確。

〔八五〕釋義《箋二》、《王一》、《王二》皆作『雉聲』，《補正》蓋據《説文·鳥部》『鷕，雌雉鳴也』而校『雄』作『雉』，此亦合於《詩經·邶風·匏有苦葉》『有鷕雉鳴』毛傳『雌雉聲也』，底一形訛，茲據校改。

〔八六〕『浩』字《箋二》、《王一》、《王二》、《廣韻》皆作『浩』，『浩漾』爲聯綿詞，文獻多有用例，底一形訛，茲據校改。又『大水』底一本作『水大』，其『大』字右側有一乙正符號。

〔八七〕『抗』字當爲『抭』之俗訛字，又『𦥷』字《箋二》同，當爲『𦥷』之俗字，《説文·臼部》『舀，抒臼也。抭，舀或从手从宂；𦥷，舀或从臼、宂』，俗或作『扰』、『𣅝』形，《集韻》『舀』字下云：『或作抌、𣅝、韶。』可參。

〔八八〕『戈』字《箋二》、《王二》皆作『七』，《廣韻》作『親』，『七』、『親』同隸清紐，與『戈』異類，底一形訛，茲據校改。

〔八九〕『勦』字當爲『勦』字形訛，參《箋二》校記〔三四六〕，茲據校改。

〔九〇〕『勦』字《箋二》、《王二》、《廣韻》皆作『勦』形，合於形聲構字理據，底一形訛，茲據校改。

〔九一〕『驕』字注文底一作『＝繞。力□反。二』，檢《箋二》相關内容作『〇驕，長皃。在(巨)小反。一。〇繑(繚)，繑(繚)遶。力小反。或作繚。一』，《王一》、《王二》、《廣韻》略同，上田正以爲底一脱『長皃。巨小反。一。繚』七字，是，茲從擬補七個脱字符。又『力』字下缺字底一殘泐，可據諸本補作『小』字。又據下條校記考訂，爲小韻標數字『二』下擬補二個缺字符。

〔九二〕『驕』字條下至行末底一殘泐約五個大字的空間，《補正》僅據《箋二》爲後一殘條擬補一字頭『燎』字，餘空，疑底一前『力小反』小韻的標數字『二』下有缺文『加一』或『加二』，此亦合於『蹻』字注文的行款格式，否則其注文右行比左行多出二字空間，又在『繚』、『燎』二條間還當有一至二條文字。又『獠』字當爲『爒』之形訛，《王一》、《王二》皆作『爒』，《廣韻》以『爒』字爲獨立一條，訓『爒炙也』，《說文・炙部》『爒，炙也。从炙，尞聲。讀若䊵燎』，小徐云『今人作燎』，底一形訛，茲據校改，《補正》據《箋二》校作『爒』，不確。

〔九三〕引文今本《說文・水部》訓作『㵿，夏有水冬無水曰㵿』。

〔九四〕『夘』字《箋二》作『夘』，《王一》略同，『夘』爲『卯』的常見俗字，參《敦煌俗字研究》下編卩部『卯』字條考釋，『夘』通常爲『卯』的俗字，文中蓋爲『夘』的贅點字。殘字前者存上端筆畫，然右部可辨當爲『卩』旁上部之形，茲參《箋二》校記〔一三五二〕擬補作『卯』字；後一殘字存上部『亠』形，《補正》依文例錄作『文』字，茲從校補。『卯』『文』二字分別居底一注文雙行小字的右行第三字和左行第二字，考『夘』字注文《箋二》作『古作夘（卯）。莫飽反。三』，則以『莫飽反三』下接《說文》箋注，合於底一體例，茲據擬補四個缺字符，又其所引《說文》內容不可知，故爲擬補一個多字缺字符。『夘』字條下《箋二》相關內容爲『○昴，星。○茆，鳬葵。又力有反』，與底一所殘空間吻合，《補正》據補，茲從擬補五個缺字符。

〔九五〕『絞』字條前底一有『○瑤，玉。○拗，手撥。於絞反。一』二條文字，《補正》以爲『從下誤入』，從『瑤』字小韻無所歸屬及後面缺文處的內容推測，可從，茲據徑刪。

〔九六〕注文『之』字下底一有二『瓜』字，《補正》以爲『從下誤入』，是，茲徑刪去。

〔九七〕缺字底卷殘泐，參下條校記。

〔九八〕『瓜』字條下至行末底一殘泐約五個半大字的空間，《箋二》相關內容作『○狐，俗作𤞑。狐獠。○瑤，玉。○拗，手撥。於絞反。一』，比底一所殘空間多出一個大字的內容，《補正》據補時刪去『俗作𤞑』三字，蓋是，茲據擬補前行『絞』字條前所誤竄的『○瑤，玉。○拗，手撥。於絞反。一』二條文字並三個缺字符。

〔九九〕『鮑』字訓解今大小徐本《説文·魚部》皆作『饐魚也』，段注以爲鹽漬的濕魚爲饐魚，然底一所引却與《釋名·釋飲食》『鮑魚』條之『鮑，腐也，埋藏淹使腐臭也』義合，亦合於其『右文説』的構字理據。

〔一〇〇〕『熠』字《王一》、《王二》同，《箋二》作『熇』，『熠』當爲『熇』字俗寫，而『熇』又當爲『鬻』之換旁俗字，參《敦煌俗字研究》下編火部『炒』字條考釋。又『鬻』字《補正》依《説文》校作『鬻』字，茲從校補。

〔一〇一〕《説文·夰部》：『昦，春爲昦天，元氣昦昦。』《補正》據以校『夏』作『昦』，是，茲從改。

〔一〇二〕『暭』字當爲『皡』之聲旁替換俗字，《箋二》、《廣韻》皆作『皡』形，《王一》、《王二》俗寫作『睪』字，與表示『明』義的（《集韻·昔韻》夷益切）的『睪』字同形。

〔一〇三〕前一殘字底一存上部『亠』形部分，茲據《箋二》、《王一》、《王二》、《廣韻》校補作『京』字；後一殘字底一存上部左側一『丿』形，上部右側似『コ』形部分，考『鎬』字或體有作『鄗』形者，其常見義又有作『温器』者，似皆不能與底一殘形合，而底一或體前多加『作』字，如果殘字爲『作』字，則其注文『鎬京』二字所在的右行下部就還應有注文文字，今已不能知詳，姑從《補正》所校，定此條爲四字注文。又其下至行末底一殘泐約五個大字的空間，《箋二》相關内容作『〇滈，水，在京兆。〇鰝，大蝦。〇顥，大』，其中『鰝』字條見於下，則餘下的二條文字不能填滿底一所殘空間，雖此字頭數合於本小韻標數字，但注文文字不能知，故爲擬補一個多字缺字符。

〔一〇四〕『壱』字當爲《説文·老部》『老』字篆文隸變形體之一，《補正》依其前之形體描述而録作『耂』形，不確。

〔一〇五〕『西夷』《箋二》、《王一》、《王二》、《廣韻》、《集韻》皆作『西南夷』，疑底一脱『南』字。

〔一〇六〕『轑』字下《箋二》作『〇轑，車軸。〇橑，屋橑，簷前；一曰蓋骨；一曰欄』，《王一》略同而『前』字下有『木』字，《補正》以爲底一脱『車軸。橑』三字，是，茲從擬補三個脱字符。

〔一〇七〕『潦』字下至行末底一殘泐約五個大字的空間，《箋二》相關内容作『〇潦，雨水。〇藔，乾梅。〇討，他浩反。三』，較底一所殘空間少一個大字，疑其注文或有增加，爲便於所缺之小韻識讀，茲姑從《箋二》擬補十個缺字符。

〔一〇八〕『䐉』字通行寫法作『腦』，參《敦煌俗字研究》下編月部『腦』字條考釋。下文『䐉』字仿此。又所引《説文》形體今本《説文·匕部》作『𡿺，頭髓也』，『匕』旁篆文又像『人』形，故或隸定作從『人』旁，底一之『火』旁當爲『人』旁之俗訛，《補正》據校作『𡿺』字，茲從改。

〔一〇九〕『惱』爲『惱』之俗字，參《敦煌俗字研究》下編月部『腦』字條考釋，後之注文中從『𡿺』旁字皆徑録作『𡿺』形，不再出校説明。

〔一一〇〕『石』字底一寫法介於『石』、『名』二形之間，茲據《箋二》、《王一》徑録作『石』字。

〔一一一〕『倒』字條下至行末底一殘泐約五個大字的空間，《箋二》相關内容作『○擣，舂。○禱，禱請。○島，海中山』，與底一所殘空間吻合，茲從擬補九個缺字符。

〔一一二〕『檮』字《王一》、《王二》、《廣韻》皆作『檮』形，合於《説文》，俗寫『木』、『禾』二旁多淆，茲據校補正字。

〔一一三〕『澡』字下至行末底一殘泐約五個大字的空間，《箋二》相關内容作『○澡，洗。○藻，文。○藻，水菜。○蚤，狗蚤』，較底一所殘空間少一個大字，蓋其注文或有增加，茲姑據擬補一個多字缺字符。又底一殘字存上部筆畫，與『洗』字上部形合，茲據校補。

〔一一四〕『鱢』字《王一》、《王二》、《廣韻》皆作『鱢』形，《箋二》右旁亦作『巢』形，底一蓋是『鱢』的俗訛字。

〔一一五〕『廾』爲『斗』之俗寫，參《敦煌俗字研究》下編斗部『斗』字條考釋。又釋義《箋二》、《王一》、《王二》、《廣韻》皆作『草斗，櫟實』（『草』字或作『草』、『草』形），合於《説文》，疑底一有脱倒。

〔一一六〕『艁』爲『造』之古體字，參《集韻》及《説文·辵部》『造』字條注文，依文例其前當有『古作』二字，疑底卷脱。

〔一一七〕『縞』字下部底一略有殘泐，茲據《箋二》、《王一》、《王二》、《廣韻》録定。又『縞』字下至行末底一殘泐約四個半大字的空間，《箋二》相關内容作『○縞，縞素。又古到反。○稾，稾稈也；稾本夜干字』，較底一所殘空間約少一個大字，蓋底一有加訓也。

〔二八〕底一所引或體『保』字與字頭同形，不合文例，《補正》據《廣韻》所引《説文》形體校作『保』形，《集韻》則以此形爲諸形之首字，蓋俗寫混一，兹從校改。

〔二九〕『墇』字下底一有一『⿰镸兆』字，『堢』字注文《箋二》、《王一》、《王二》皆作『墇』字，《廣韻》作『堢障，小城』，《集韻》則訓作『堤也；墇也』，《補正》校云『存疑』，按『⿰镸兆』字當爲後『镺』字訓文的誤抄，兹徑删去。

〔三〇〕殘字底一存右側『鳥』旁及左上角點畫，《箋二》、《王一》、《王二》皆作『鳱』形，《廣韻》作『⿰斗鳥』，前者爲後者之俗字，兹據校補正字作『⿰斗鳥』。又『⿰斗鳥』字注文『鳥』下至行末底一殘泐約五個半大字的空間，《箋二》相關内容作『○鳱，鳥名。○葆，草盛；又羽［□］；皷吹飾』，較底一所殘空間少二個大字。

〔三一〕『镺镺』《箋二》、《王一》、《廣韻》、《集韻》皆作『镺⿰镸兆』，《玉篇·長部》『镺』字下同，《王二》作『镺髟』，雖『镺镺』亦有其詞，然如聯繫前『堢』字注文衍竄之『⿰镸兆』字，則底一後一『镺』字定當爲『⿰镸兆』字之訛，《補正》校之作『⿰镸兆』，兹從改。

〔三二〕『媪』字《箋二》、《王一》、《王二》、《廣韻》皆作『媪』，《説文·女部》『媪』字訓作『女老稱也』，而『媪』字則訓作『古之神聖女，化萬物者也』，底一形訛，《補正》校之作『媪』，兹從。

〔三三〕『考』字下雙行注文左右各存一殘字，其下至行末底一殘泐少半行，據空間，約可抄十一個大字，《箋二》相關内容作『○考，苦浩反。四。○栲，木名。○槁，枯。○祰，禱』，《補正》參考底一的收字情況和行款，校補『考』字條注文作『苦浩反。《説文》孝。四加一』，兹從校補二殘字作『苦』、『孝』二字，并爲擬補七個缺字符，如此，其内容仍比底一所殘空間少約三個大字。

〔三四〕『殁』字《説文·攴部》作『攷』，訓『敂也』，而『敂』（去聲候韻）字訓『擊也』，《龍龕·歹部》『殁，音考。殁打』，是『殁』蓋『攷』之訛俗字，《補正》以爲此處有脱文，校作『○殁，校。○攷，擊，出《説文》』，恐不確，且如此則本小韻亦不止『四加一』矣。

〔二三五〕大韻標序字底一漫滅，兹從《潘韻》録定。

〔二三六〕殘字前者底一存上部『亠』筆畫，後者存略有漫漶的筆畫，二字下至行末底一殘泐少半行，據空間，約可抄十一個左右大字，《補正》據《説文·木部》『果』字注文（『木實也』）及底一行款文例擬補『果』字條注文作『古火反。六。《説文》作此，爲果木實』，兹姑從校補二殘字作『文』、『木』，并爲此殘條擬補二個缺字符。又此後所殘部分《箋二》相關内容作『○猓，猓然，獸。○輠，車脂角。○裹，束。○蜾，蜾蠃，虫』，比底一所殘空間少約一個大字，《補正》據《説文·虫部》『蟡，蟡蠃，蒲盧，細要土蠭也。天地之性，細要純雄無子，《詩》曰「螟蠕有子，蟡蠃負之」』，校補『蜾』字條所殘内容作『《説文》蜾蠃，蒲盧』，并以爲『細』字前、後及『要』字後三個代字符爲『衍字』，按如此亦較底一殘泐空間少半個大字，今如欲推底一之原貌，則依《切韻》文例，似『蜾蠃』非常用聯綿詞，其原本當有訓釋，疑當與《箋二》、《王一》等同，作『蜾蠃，虫』，底一箋注者則在其後引《説文》『蒲盧』，因『蒲盧』亦非常見聯綿詞，故又各加代字符而進一步申釋之，如果回改作本字則此處當作『蒲盧。蒲盧，細要。細要，土蠭』，此與《箋二》本大韻『蠃』字注文略相一致，如此亦恰可填滿底一所殘空間，兹姑據擬補『果』字條以外的缺字符二十個。又『螽』字當爲『蠭』字形訛，兹據《説文》校改。

〔二三七〕『挆』字下部底一略殘，兹據《箋二》、《王一》録定。又『挆』字下至行末底一殘泐半行左右，據空間，約可抄十二個大字，《箋二》相關内容作『○埵，丁果反。六。○▨（綵），冕前▨（垂）。○鬌，小兒前髮。○挆，稱量。○朵，木上垂。○揣，摇。又初委反。○鎖，鐵鎖。俗作鏁。蘇果反。五』，比底一所殘空間約少一個半左右大字，《補正》校『蘇果反』小韻標數字作『五加一』，是，但似仍不能填滿底一所殘空間，故不具補。又『挆』字《王一》、《王二》、《廣韻》皆置於『鬌』、『綵』二條間，底一當與之同。

〔二三八〕『寘』字《箋二》、《王一》、《王二》皆作『寡』字，《廣韻》又音作『蘇瓦切』，『寡』、『瓦』皆在上聲馬韻，底一形訛，《補正》校之作『寡』，兹從之。

〔二九〕『趙』字《王一》、《王二》、《廣韻》『蘇果反/切』小韻皆無，然諸本皆收『麲』字，《王一》、《王二》訓作『麥屑』，《廣韻》則作『《說文》曰：「小麥屑之覈。」』與底一殘迹行款合，《補正》據以校補，兹從。又『文』、『之』二字居『麲』字注文雙行的右行和左行第二字，其下至行末底一殘泐半行左右，據空間，約可抄十二個大字，《箋二》相關内容作『〇墮，落，徒果反。又倭墮，髻，他果反。六。〇垜，聚土。〇㼊，長沙人呼甌。〇穛，小積。〇筙，竹名。〇鞍，履跟緣』，較底一所殘空間多一個大字，《補正》删小韻首字之又音，恐不足憑，故不具補，僅爲前一殘條擬補三個缺字符。

〔三〇〕『跛』字下至行末底一殘泐半行左右，據空間，約可抄十二個大字，《箋二》相關内容作『〇跛，跛足。布火反。三。〇簸，簸揚。又布箇反。〇駊，駊騀，馬行惡。〇𡰪，赤體。郎果反。四。〇瘰，瘰癧，筋結病』，其比底一所殘空間約少二個大字，《補正》據補，似不能盡契。又『歷』字當爲『癧』字形訛，兹據校改，其『癧』字當與『瘰』字聯文，爲一聯綿詞，依底卷行款，本條訓解蓋用注文與被注字連讀成訓例。

〔三一〕『木』字前今本《說文》有『在』字，於文法爲長，《補正》以爲底一脱之，兹從擬補一個脱字符。

〔三二〕『蜾』字右側底一略有殘損，其存形介於『螺』、『蜾』之間，兹據《箋二》、《王一》、《廣韻》録定。

〔三三〕『說』字右下『儿』形部分底一殘泐，《補正》録作『說』字，并在其後擬補一『文』字，合於文例及《說文》所釋，兹從録定，并據補一個缺字符。

〔三四〕『禍』字條下至行末底一殘泐半行左右，據空間，約可抄十一個半字（前一條之『文』字不計在内），《箋二》相關内容有錯亂，《補正》參考《王二》及底一行款擬補作『〇夥，楚云多。〇□。〇顆，小頭。枯果反。一。〇坐，徂果反。一。〇夎，北方』，然此比底一所殘空間少二個半字，兹不具補。

〔三五〕今本《說文·我部》『我，施身自謂也。或說「我，頃頓也」。从戈𠂇。𠂇，或說古垂字；一曰古殺字』，『㦰』、『𢦏』二字蓋『𠂇』、『𠂹』（垂之古本字）二字俗訛，《補正》徑録『㦰』作『𠂇』、『𢦏』作『𠂹』，非原形。又據底一之行款，其『頓』字前容有一字的空間，但『頃頓』之義，縱段玉裁氏力爲詮解，亦有牽強之感，故姑從《補正》作無『頊』字録文。

〔一三六〕『我』字條下至行末底一殘泐半行左右，據空間，約可抄十二個大字，《箋二》相關内容作『〇騀，駊騀。〇左，作可反。一。〇麽，么麽，細小。莫可反。一。〇歌，大笑。或作閜。呼可反。二』，比底一所殘空間少四個半大字。

〔一三七〕殘字底一存左側『女』旁，右側部分漫滅，蓋以雌黄改寫所致，兹據《箋二》本條所校擬補作『妸』字。

〔一三八〕『閅』當爲『閜』之俗省，參《箋二》校記〔三八二〕。

〔一三九〕『椏』字右下『一』畫底一殘泐，兹據《箋二》、《王一》、《廣韻》録定。又『椏』字下至行末底一殘泐半行左右，據空間，約可抄十二個大字，《箋二》相關内容作『〇椏，橒椏。〇櫰，櫰欀（橠），木茂盛。〇橠，乃可反。一。〇橒，橒椏，樹斜。勒可反。二。〇攞，裂。〇婀（妸），好皃。五果反。一』，與底一所殘空間略合，《補正》據補，兹從擬補二十九個缺字符

〔一四〇〕『戹』與『厄』爲同一篆文的不同隸變形體，今本《説文・卩部》『厄』字注文云：『科厄，木節也。从卩，厂聲。賈侍中説以爲「厄，裹也；一曰厄，蓋也」。』底一引文蓋有脱漏。

〔一四一〕殘字存左上端『亠』形筆畫，檢《箋二》、《王一》、《王二》『鬌』字下一字皆作『嚲』，兹據校補。自『嚲』字以下至行末底一殘泐半行左右，據空間，約可抄十二個左右大字，《箋二》相關内容作『〇嚲，垂皃。丁可反。一。〇顆，小頭。枯果反。一。〇卅二馬，莫下反。按《文》有四點，象四足。三』，『顆』字條底一已見於前，《箋二》蓋脱抄而後補於韻末，又底一所殘部分的下行行首有『之形』二字，與《説文・馬部》『馬，怒也；武也。象馬頭髦尾四足之形』合，故《補正》據補，但其删去釋義的『怒也；武也』四字，縱使考慮到大韻接抄時所留出的一字空位，似仍較底一所殘空間少近一個半大字的内容，如果補上四字，則可少半個大字的内容，於行款而言，或可略之，今姑據擬定如此。

〔一四二〕參前條校記。

〔一四三〕『說』字下依文例脫一『文』字，茲據擬補一個脫字符。

〔一四四〕『消』字今本《說文》作『銷』，疑底一爲形訛字。

〔一四五〕『雅』字注文二殘字居底一右行，皆存左側筆畫，『一曰』至『謂』居左行，其下至行末殘泐約六個大字的空間，《箋二》相關内容作『○雅，楚烏。五下反。五。○疋，正。○庌，廡』，二殘字與『楚烏』左側部分合，茲據校補。又其所引『一曰卑居』云乃《說文》語，檢《說文·隹部》『雅』字訓作：『楚烏也，一名鸒，一曰卑居，秦謂之雅』，《補正》據補注文作『楚烏也。五下反。五。一曰卑居，秦謂』，於意略有扞格，疑『一曰卑居』前當有『一曰鸒』，『秦謂』下當有『之雅』二字，於行款亦合，且無語意扞格之感，然縱如此，若加上底一所無的《箋二》另外的二條文字，仍比底一所殘空間少一個半大字。

〔一四六〕殘字底一存右部筆畫，略可辨爲『隹』形字，檢《箋二》、《王一》、《王二》『⿱疋皿』字注文所載俗體皆作『雅』形，茲據校補。

〔一四七〕字頭殘字存右側『賈』旁，茲據《箋二》、《王一》、《王二》校補作『檟』字；注文二殘字皆僅存右側點畫，前者可據諸本校補作『反』字，後之標數字《箋二》作『五』，據《補正》對後之殘文的校擬，底一本小韻亦當收五字，故從校補。

〔一四八〕殘字底一存右部『叚』旁，茲據《箋二》、《王一》校補作『椵』字。缺字底一殘泐，《箋二》『椵』字注文作『大；一曰福』，底一注文之行款作右行抄『大一曰』三字，則其左行至少當有二字，疑當作『福也』，故爲擬補二個缺字符。

〔一四九〕殘字底一存右部筆畫，茲據《箋二》、《王一》校補作『假』字。又缺字底卷殘泐，可據二書補作『訝反』二字。

〔一五〇〕字頭殘字底一存右側上、中二點狀筆畫，茲參《箋二》、《王一》校補作『賈』字，注文殘字前者存『兑』形部分，中者存『文』字右半之形，茲依文例校補作『說』、『文』二字，其下一殘字存右上角二點狀筆畫，此殘字下至行末底一殘泐半行左右，據空間，約可抄十二個大字。檢《説文・貝部》『賈』字注文作『賈市也。从貝，西聲。一曰坐賣售也』，然《箋二》相關的内容除賈字條外，作『○斝，玉爵。○啞，不能言。烏雅反。一。○灺，燭餘。徐野反。一。○丅(下)，胡雅反。二。○夏，又胡駕反。○寫，悉野反。二』，恰占十二個大字空間，則『賈』字注文所引《説文》的内容只能爲其所存殘字及左行的三個小字空間，即不能超過四個字，疑當爲『賈市也』三字，兹爲此殘泐處擬補三十一個缺字符，《補正》以『賈』字無注文，後接『斝』字條以下内容擬補底一，非是。

〔一五一〕本條所缺字頭應爲『寫』字。注文『悉』字居行首，殘字底一前者存右部『兑』形筆畫，後者存右部上『一』下捺的殘畫，《補正》校補前者作『説』字，是，但其換行補『文』字，則不確，『文』字殘形底一接抄於『説』字下，今本《説文・宀部》『寫』字注文作『置物也。从宀，舄聲』，可參。殘字『文』下至行末底一殘泐，據空間，約可抄二十二個左右大字。以上爲底一正面内容，以下至『五十檻』的部分文字爲底一背面内容。正背間缺卅二馬韻後半，卅三感、卅四敢、卅五養三韻，以及卅六蕩韻前部小半。

〔一五二〕『草中爲▨』四字底一右部皆殘，然『草中爲』三字可辨，而殘字因下部亦有殘泐，故《周韻》未録，《潘韻》作殘字形，《補正》校補作『出』，按此四字爲雙行注文之左行文字，其中『草』字居底一行首，據《箋二》推知此處約爲『莽，草。古作茻。模朗反。又莫古反。七』條所在的位置，檢《説文・茻部》『莽』字注文作『南昌謂犬善逐菟艸中爲莽。从犬，从茻，茻亦聲』，則底一之注文當有引《説文》的内容，其殘字當爲『莽』字，《補正》校作『出』非是。又此條上田正校云『此不詳何字注』，由《箋二》及《説文》知此正是『莽』字注文。又殘字『莽』下至行末底一殘泐，據空間，約可抄二十三個左右大字，《箋二》除『莽』爲首字的『模朗反』小韻之七字外，還有『○黨，德朗反。三。○欓，木名。○讜，直言。○朗，盧黨反。一』三小韻的内容，其中後一小韻的注文正與下行行首之『反。一』相銜接。

〔一五三〕『塵埃，吳人』不辭，《箋二》『人』下有『云』字，《王二》作『云云』，龍宇純《校箋》以爲誤增一『云』字，《補正》謂『人』下脱一『云』字，是，兹從擬補一個脱字符。

〔一五四〕殘字存左部『日』旁及右旁的左部筆畫，兹據《箋二》、《裴韻》、《廣韻》校補作『映』，《王二》作『肤』形，俗訛。又缺字底一殘泐，可據《箋二》及《廣韻》補作『映𣉢』二字。

〔一五五〕殘字僅存左側中部一點狀筆畫，檢《箋二》、《王二》、《裴韻》、《廣韻》『映』字條下皆接『泱』字條，兹據校補。又『泱』字下至行末底一殘泐近四分之三行，據空間，約可抄十七個大字，《箋二》相關内容作『○泱，滃泱，水皃。○醠，濁酒。○慷，慷慨。苦朗反。一。○沆，大水。烏晃反。一。○晃，胡廣反。六。○幌，帷幌。○櫎，兵欄。○梶，讀書狀（牀）。○滉，滉瀁』，比底一所殘空間僅少一個大字，《補正》據補。

〔一五六〕又音《箋二》作『黄浪反』，《王二》亦收如此，然《裴韻》又音作『都朗反』，《王二》亦收之，疑底一『朗』字爲『浪』之形訛。又注文末底一衍抄一小韻標數字『一』，兹據諸本及文例逕刪。

〔一五七〕殘字前者存左側『忄』旁，後者存左側中部一點狀筆畫，兹據《箋二》、《王二》、《裴韻》校補作『㦂慌』二字。又缺字底一殘泐，可據諸本補作『虎』字（唯《廣韻》作『呼』字，二字同隸曉紐）。

〔一五八〕殘字底一存左側『火』旁及右旁的『厂』形殘畫，《箋二》、《王二》、《裴韻》、《廣韻》『慌』字下皆作『爣』條，兹據校補。又缺字底一殘泐，然『爣』字釋義《箋二》、《王二》、《裴韻》皆作『開朗』，《廣韻》作『爣朗，寬明也』，不知底一究是『朗』形訛作『明』抑是本作『寬明』，俟考。

〔一五九〕字頭殘字底一存左部『酉』旁，兹據《箋二》校補作『䣊』字。又『䣊』字注文《箋二》作『䣊鹽澤。或作䀮。各朗反。一』，底一『䀮』、『各』二字之右側亦略有殘泐，正可據以録定。注文三個殘字前者存左旁『㠯』形，後二者僅存左側部分點狀筆畫，並據校補；又依行款爲右行注文缺字擬補五個缺字符。

〔一六〇〕『䣊』字條下至行末底一殘泐，據空間，約可抄九個大字，《箋二》『䣊』字條下只有『奘，徂朗反。秦晉間謂爲大奘。一』，且其中『秦晉謂爲大奘』顯爲後加（不合《箋二》訓反數之文例），以其非《説文》之内容，故底一未必有之，上田正蓋據《廣韻》補作『奘，大也。徂朗反。一』及一個字頭『𢊁』，《廣韻》訓『𢊁』作『大也；寬也；怨也。丘晃切。三」，《裴韻》則入之於「苦朗反」小韻，訓作「大。又口廣反」，「口」、「丘」同隸溪紐，可參。

〔二六一〕今本《説文》作「梗，山枌榆，有束莢，可爲蕪夷者」，玄應《音義》卷二十三「榛梗」注引《字林》亦作「山榆一名梗，有刺如棘也」，底一「小」字當爲「山」字形訛，茲據校改。

〔二六二〕「生挭」不詳，疑「生」爲「作」字形訛，而「挭」爲「梗」字俗寫。

〔二六三〕「莒」字下一「口」形底一殘泐，茲據《箋二》、《王二》、《廣韻》録定。

〔二六四〕字頭殘字底卷存右部「更」旁，茲據《箋二》、《王二》、《廣韻》校補作「鯁」字。又注文殘字前者存右側「刂」旁及左旁殘畫，後二者存右部點畫，茲據《箋二》、《王二》及《廣韻》校補作「剌在喉」三字，又此三字底一皆在雙行注文之右行，《補正》録「喉」於左行，非是，《王二》注文除釋義外有「又作腰」三字，《廣韻》收有又義「又骨鯁」，此與《説文》釋義略似，則底一亦或加有「《説文》魚骨」數字。「鯁」字下至行末底一殘泐，據空間，約可抄九個大字（包括三個注文殘字），《箋二》相關部分作「○綆，井索。○埂，堤封。吳人云。○莄，芋莄」，即使加上「鯁」注文可能有的引《説文》文字，較諸底一所殘空間仍少一個半大字左右的內容，并且底一本小韻收七個字，比《箋二》還要少一條，上田正删末條，則底一所收二條之注文當比《箋二》丰富得多。

〔二六五〕「灮」爲「光」之隸定或體「灮」的俗寫，《箋二》、《王二》皆作「光」字。

〔二六六〕「炳」字《箋二》、《王二》、《廣韻》皆作「怲」，合於《説文》，底一形訛，《補正》校作「怲」字，茲從之。

〔二六七〕「邴」字下一條《箋二》、《王二》皆作「秉」，底一「隶」字當爲「秉」之俗寫。

〔二六八〕「境」字下至行末底一殘泐半行左右，據空間，約可抄十二個大字，《箋二》相關內容作「○境，界。○璥，玉名。○撤，抗。○影，於丙反。一。○省，所景反。又息井反。三。○眚，眚災」，比底一所缺空間少二個大字，又「几影反」小韻底一比《箋二》少收一字，《補正》删「撤」字條，則益不足矣。然則「所景反」小韻

《補正》據所補文字校作『三加一』，可從。

〔一六九〕『媎』字今本《説文·女部》訓『減也』，《廣雅·釋詁三》訓『少也』，底一『咸』字訛省『氵』旁，茲據校改。

〔一七〇〕本小韻實收二字，《箋二》同，《補正》校『一』字作『二』，是，底一形訛，茲從改。

〔一七一〕『上』字《箋二》、《王二》、《廣韻》皆作『土』，《説文·穴部》『𥁕，北方謂地空，因以爲土穴，爲𥁕户』，底一形訛，茲據校改。

〔一七二〕『舉』字下部底一略殘，茲據《箋二》、《王二》録定。殘字存上部一横畫，《補正》據《箋二》及其後的擬補情況定爲『三』字，姑從之（參下缺文處校記）。又『求』字非韻，《箋二》、《王二》、《廣韻》皆作『永』，底一形訛，茲據校改。

〔一七三〕『憬』字條下至行末底一殘泐半行左右，據空間，約可抄十二個大字，《箋二》相關内容作『○囧，光。○炅，火。○杏，何梗反。三（二）。○荇，荇菜。○猛，莫杏反。五。○黽，黽盯，視皃。○蜢，蚱蜢，虫名。○鱦，鼃屬』，比底一多二個大字，不知是底一此處有脱抄還是某個小韻少收一條文字。

〔一七四〕缺字底一殘泐，《箋二》、《王二》、《廣韻》皆作『平』、『陽』二字，可據補。又『獷』字爲『古猛反』小韻字，其注文的『居往反』爲又音，依文例前脱一又音標識字『又』，茲參諸本擬補一個脱字符。又『魚』字《王二》同，《箋二》、《廣韻》作『漁』，龍宇純《校箋》云：『「魚」字當從作「漁」，見《漢志》。』《補正》亦校之作『漁』，茲從，底一俗書誤脱左旁『氵』。

〔一七五〕『獷』字條下底一殘泐，據空間，約可抄十一個大字（不包括『獷』字注文所缺的二字），《箋二》相關部分作『○穬，穀芒；一曰稻未舂（舂）。○盯，黽盯。張梗反。一。○瑒，玉名。徒杏反。一。○瞥，清潔。烏猛反。一』，較底一所殘空間少一個半大字，蓋底一或有箋注也。

〔一七六〕『泠』字非韻，《箋二》、《王二》、《廣韻》皆作『冷』，俗寫『冫』、『氵』多淆，茲據校改。

〔一七七〕『泠』爲『冷』之俗寫，參前條校記，茲據校改。

〔一七八〕『耿』字注文的『耳』、『聖』二字分別居底一雙行之右行第七字和左行第六字，『聖』下一字存上部筆畫，其下至行末殘泐半行左右，據空間，約可抄十二個大字，今本《説文·耳部》作『耿，耳箸頰也。从耳，烓省聲。杜林説「耿，光也。从火，聖省」。凡字皆左形右聲，杜林非也』，上田正據補『耳』、『耿』之間十一字和『聖省』之下十一字，合於底一之行款，兹從爲此殘條擬補二十二個缺字符。又『耿』字條下所殘空間《箋二》相關部分作『○瞥，瞥瞌，視皃。○瞌，武幸反。二。○黽，哇（蛙）』，合前『耿』字條所缺《説文》的内容，比底一所殘空間少約一個大字。

〔一七九〕或體字形底一脱，《箋二》作『倂』，《廣韻》同，《補正》據補，可從，兹爲擬補一個脱字符。

〔一八〇〕注文『⿰虫魚』字前底一有二『蟱』字，其上有扇形排列的六個墨點，當示删除，兹徑删去。又『⿰虫魚鮩』《箋二》、《王二》、《廣韻》皆作『蛤鮩』，《説文》『鮩，蚌也』，而『⿰虫魚』字義爲『蠹魚』，義不合，底一『⿰虫魚』字當爲『蛤』字形訛，兹據校改。又『文』、『⿸广⿰卑虫』分居底一雙行注文的右行第五字和左行第三字，『⿸广⿰卑虫』字下有一殘字僅存上部筆畫，不能辨識，此下至行末底一殘泐半行左右，據空間，約可抄十二個大字，除『鮩』字條外，《箋二》相關内容作『○卌九静，疾郢反。五。○睜，眣（眳）睜，不悦皃。○彰，飾，出《説文》。○靖，出《説文》。新加三』，『靖』字條已見於底一後『竫』字條下，且有新加字，故《補正》蓋又參《廣韻》擬補作『○卌九静，疾郢反。四加一。○睜，眳睜，不悦皃。○彰，清飾』，然《箋二》即明言『新加三』，則是《切韻》原本此小韻蓋只收二字，底一與《箋二》同收五字，疑應作『二加三』爲是。又『⿸广⿰卑虫』字《補正》録作『⿸广⿰虫卑』，雖非原形，但却與『蛤鮩』義似，《爾雅·釋魚》『蜌，螷』，郭璞注：『今江東呼蚌長而狹者爲螷。』『⿸广⿰虫卑』即『螷』之換位俗字，疑底二『⿸广⿰卑虫』字即『⿸广⿰虫卑』之形訛字。

〔一八一〕注文『出説文』三字底一在行首，其字頭當爲『彰』字，屬卌九静韻，該字及本大韻代表字及其標序字底一居前行下部殘泐處，參前條校記。

〔一八二〕注文《箋二》作『亭安』，合於《説文》，疑後『靖』字注文的『安也』正爲本條注文之誤竄，參下條校記。

〔一八三〕注文「或」字前底一衍抄一代字符，茲徑删去；又「立靖」《説文·立部》作「立竫」，《補正》據校，茲從，底一形訛；又本條注文云「並出《説文》」，當指其釋義而言，然今本《説文》只收後二義項，而於其前之「竫」字則訓作「亭安也」，《箋二》「竫」字注文亦作「亭安」，疑本條之「安也」二字當爲前條「竫」字釋義的誤竄。

〔一八四〕「整」字今本《説文·攴部》作「整」形，底一俗訛，《補正》據校，茲從。

〔一八五〕殘字底一存上部左點右「口」形部分，與《箋二》、《王二》、《廣韻》「整」字下接的「逞」字條合，茲據校補。

「逞」字下至行末底一殘泐近半行，據空間，約可抄十一字，《箋二》相關内容作「〇逞，疾。丑郢反。二。〇騁，馳騁。〇郢，楚地。以整反。二。〇梬，梬棗名。〇痙，風強病。其郢反。一」，比底一所殘空間約少一個大字。

〔一八六〕本小韻實收二字，其標數字「三」當爲「二」字形訛，茲據校改。

〔一八七〕殘字存上部筆畫，與《箋二》「柃，木名，灰可染」之「灰」字形合，茲據校補。

〔一八八〕「柃」字條下至行末底一殘泐半行左右，據空間，約可抄十二個大字，《箋二》相關内容作「〇衿，衣衿。今作領。〇頸，項。居郢反。又巨成反。一。〇餅，必郢反。一。〇屏，又薄經反。〇頃，去潁反。一」，與底一所殘空間略合，然「衿」字條爲「李郢反」小韻之第四字，當亦爲《箋二》之新加，則底一之所加與此同否不可得知。

〔一八九〕「邢」字《箋二》、《王二》、《廣韻》皆作「郉」，《説文·邑部》「郉」、「邢」二字，底一俗訛，茲據校改。又「{巠阝}」字當爲「陘」之换位俗書（蓋因其指稱地名而改作），《集韻》「郉，郉陘，趙魏地山嶮名」。

〔一九〇〕「廔」與下一字頭同形，非是，茲據《箋二》、《王二》校改作「瘻」。

〔一九一〕殘字存左上部分，其形與《箋二》、《王二》、《廣韻》「一曰廔陶，縣名」之「廔」合，茲據校補。又缺字底一殘泐，可據諸本補作「陶」字。

〔一九二〕「廔」字條下至行末底一殘泐約九個大字的空間，《箋二》相關内容作「〇請，七静反。又疾盈、疾▨（姓）

反。一。○涇，初井反。《廣倉》云「寒泉」。一』，然『涇』字《王二》、《廣韻》入前『其郢反』(《廣韻》作『巨郢切』)小韻，不能確知底一是否另收，故《補正》删之，而僅於此擬補『請』字條及參《廣韻》、《説文》而總括的『省，息井反。二。古文從』字，則較底一所殘空間約少二個大字，檢《説文・目部》『省，視也。从眉省，从屮。𥄉，古文从少从囧』，疑『省』字條注文當作『省，息井反。二。《説文》「視也。古文从少作此𥄉」』。

〔一九三〕今本《説文・水部》『湝』字下作『少減也；一曰水門；又水出丘前謂之湝丘』，《補正》據補『門』字和『出』下之『丘』字，兹從擬補二個脱字符。

〔一九四〕『泂』字下至行末底一殘泐約九個大字的空間，《箋二》相關内容作『○泂，古鼎反。三。○熲，火光。○炅，光。又古惠反。○茗，茗草。莫迥反。四。○嫇，嫇奵，自持皃。○酩，酩酊，酒▨醉』，比底一所殘空間多三個左右大字，蓋有所加字也，《補正》徑以此補，不確。

〔一九五〕『䁝』字《箋二》、《王二》、《廣韻》皆作『聹』，從『耳』旁，與『耳垢』義合，底一形訛，兹據校改。

〔一九六〕《説文・鼎部》：『鼎，三足兩耳，和五味之寶器也，昔禹收九牧之金，鑄鼎荆山之下，入山林川澤，螭魅蝄蜽莫能逢之，以協承天休。《易》卦巽木於下者爲鼎，象析木以炊也。籀文以鼎爲貞字。』則底一所引，蓋有脱誤，《補正》以爲『味』前脱『五』，兹從補一脱字符；然其謂『析木以鼎』之『鼎』爲衍文，其前脱抄『炊』字，則有迂曲之嫌；又《補正》以爲『古以爲鼎』之『鼎』當從《集韻》改作『鼑』，蓋非，此處當與《説文》同，謂『古以貞爲鼎』，其中『貞』字承前省。

〔一九七〕殘字存左側『酉』旁，《箋二》、《王二》、《廣韻》本小韻唯『酊』字從『酉』旁，兹據校補。缺字底一殘泐，可從諸本補作『酩』字。

〔一九八〕『酊』字條下至行末底一殘泐約五個大字的空間，《箋二》相關内容作『○薡，草名。○靪，補履。○挺，挺出。徒鼎反。五』，然《箋二》『丁茗反』小韻比底一多收一字，故『薡』、『靪』二條底一只能有其一，《補正》

擇用前者，則較底一所殘空間少約二個大字，蓋『薡』字下加有箋注，《補正》删『挺』之釋義『挺出』二字，似不足據。

〔一九九〕『杖』字今本《説文》作『枚』，段注以爲『一枚疑當作木枚，竹部曰：「箇，竹枚。」則梃當云木枚也』。底一『杖』字形訛，兹據校改。

〔二〇〇〕今本《説文·頁部》『頲，狹頭頲也』，段注：『疑當作頲頲也。』然無它證，底一所引正可補之，又按『頲頲』爲透透紐族表示特出義的聯綿詞，其同源詞如『倜儻』（卓異皃）、『痑痑』（瘦也）、『籊籊』（竹長殺皃）等，《補正》以爲底一衍一『頲』字，非是。又《説文》下之『也』字不合文例，當爲衍抄。

〔二〇一〕『汫』字下至行末底一殘泐約五個大字的空間，《箋二》相關内容作『○汫，徂醒反。一。○濴，蛙（汫）濴，小水。烏迥反。一。○謦，謦▨（欬）。去挺［反］。一』，與底一所殘空間恰相吻合，兹據擬補十四個缺字符。

〔二〇二〕殘字底一存上部筆畫，《箋二》、《王二》、《廣韻》『醒』字反語下字皆作『挺』，與底一殘形合，兹據校補。

〔二〇三〕『醒』字條下底一殘泐約四五個大字的空間，《箋二》相關内容作『○鞞，刀室。補鼎反。一。○褧，▨（衣）。▨（口）□□。□』，比底一少約一個大字，可參。

〔二〇四〕『匹迥反』小韻與『萍迥反』小韻間《箋二》、《王二》皆有『力鼎反』小韻，《廣韻》則有『烟涬切』和『力鼎切』二小韻，其中《箋二》『力鼎反』小韻收二字：『○笭，箳（篝）笭，籠。力鼎反。箳字［□□］反。二。○冷，寒』，如此常用字，似不當失收，《補正》以爲底一脱，兹從擬補十五個脱字符。

〔二〇五〕『亡』字非聲，《箋二》、《王二》、《廣韻》皆作『云』字，底一形訛，兹據校改。

〔二〇六〕『鳥』、『雉』分别爲注文雙行小字的右行及左行首字，《箋二》『鴗』字注文作『鳥名，似雉』，然此不合底一行款，兹據《王二》『鴗』字注『鳥，似雉』擬補一個缺字符。

〔二〇七〕『鴗』字條下至行末底一殘泐約五個大字的空間（包括『鴗』字注文所缺的『似』字），《箋二》相關内容作

「〇友，朋。〇柳，力久反。六」，《補正》蓋以『友』爲常用字而删其訓解，僅爲底一所缺空間擬補二字，其字頭數是，而注文數則不合。又『柳』字反語上字底一作『刀』，當爲『力』字形訛，兹據校改。

〔二〇八〕『鳥』字《王一》、《王二》作『皃』，合於《説文》，底一形訛，兹據校改，《廣韻》作『蒐』，乃『皃』字因『葵』類化所生之後起本字。

〔二〇九〕『鈕』字下部底一略有殘泐，兹據《箋二》、《王二》、《廣韻》録定。又『鈕』字下至行末底一殘泐約四個半大字的空間，《箋二》相關内容作『〇鈕，印鈕。〇杻，木名。〇肘，陟柳反。二。〇府，腸痛』，比底一多出一個大字的空間，是其『陟柳反』小韻底一當只收一字，兹爲擬補十個缺字符，《補正》徑據《箋二》擬補，不確。

〔二一〇〕『五』字前底一有一『加』字，於義無屬，《補正》以爲『衍字』，兹從徑删。

〔二一一〕缺字底一漫滅，《裴韻》『菲（韭）』字注文作『菜。按《説文》無草，又作韭』，《補正》擬補作『無』字，可從。

〔二一二〕今《説文》以『百』字訓『頭』，而以『𩠐』（通常隸定作『首』）爲『百』字之古文，與底一所引不同。

〔二一三〕『首』條下至行末底一殘泐約五個大字的空間，《箋二》相關内容作『〇手。〇守。〇顔，人初産。〇醜，處久反。一』，與底一所殘空間吻合，兹據擬補七個缺字符。又『虤』爲『處』之俗字，參《敦煌俗字研究》下編虍部『處』字條考釋。

〔二一四〕《説文·女部》『婦，服也。从女持帚灑掃（小徐本作『埽』）也』，《補正》據以校『掃』作『持』，兹從改。

〔二一五〕今本《説文·貝部》『負，恃也。从人守貝，有所恃也。一曰受貸不償』，《補正》以爲『從』字下底一脱一『人』字，兹從擬補一個脱字符。又字頭『負』與注文所引《説文》『負』字形同，皆作『負』形，不合文例，是其所引《説文》字體可校作通行的隸定形『負』。下作此旁者同此。

〔二一六〕『蒷』字注文《箋二》作『王蒷』，合於《説文》，《王二》、《廣韻》『王』皆訛作『玉』，底一同，且脱其後之代字符，兹據校改并擬補一個脱字符。

〔二七〕『阜』字注文『阜』、『作』分別居底一雙行右、左第二字，其下至行末殘泐約五個大字的空間，《箋二》相關內容作『○頗，鷃別名。○缶，瓦器。俗作缶。方久反。三』，如果加上『阜』注文所補二小字，則比底一所殘空間多一個大字，《補正》刪『俗作缶』三個注文小字，則與底一空間吻合，茲從擬補十三個缺字符。又『阜』字注文所引《説文》形體《補正》據《説文·𠂤部》擬作『𠂤』，蓋是。

〔二八〕訓『烝焦』義的字頭《箋二》、《王二》、《廣韻》皆作下有四點的『焦』形，底一注文不誤，而字頭蓋承前『缶』字而誤，《補正》校之作『焦』，茲從改。

〔二九〕『燥』字《王一》、《王二》、《廣韻》皆作『燥』，合於《説文》字形，底一形訛，《補正》校作『燥』字，茲從。

〔三〇〕『齨』字注文『老』、『臼』分別居底一雙行之右行第五字和左行第六字，其下至行末殘泐約五個大字的空間，今本《説文·齒部》『齨』字下云：『老人齒如臼也；一曰馬八歲齒臼也。』是『齨』字注文『老』下當殘『人齒』二字，而『臼』字下缺一『齨』字，且從文意上看，其『臼』前當以有『齒』字爲是，疑底一脱之。又本小韻所收字頭數雖與《箋二》同，但排序却不同，其中底一所無的二條内容爲『麔，牡麋』和『鴭，鳥名』，如果加上下文『直柳反』一條的字頭『紂』，其所用空間恰與底一所殘同，《補正》據補，茲從擬補十個缺字符。

〔三一〕注文所收古文字形，今《説文》『酉』字下所收古文隸定作『丣』形，底卷俗訛，茲據校改。

〔三二〕『羌』字《説文·羊部》作『羑』形，合於解形之『從厶羑聲』（今本《説文》作『从厶，从羑』），底卷形訛，茲據校改。

〔三三〕『楢』字下至行末底一殘泐約五個大字的空間，《箋二》相關內容作『○楢，積木燎。○莠，草。○羑，水名，在蕩陰。按《文》從久』，與底一所殘空間略合，然『蕩』居底一行首，從行款上看，其前的注文文字當爲偶數，然亦不排除有錯位書者，茲姑據擬補九個缺字符，《補正》刪『羑』字注文的『水名，在』三字，不確。又《補正》據《説文》校『美』作『羑』、『陽』作『湯』，是，茲從改。『美』字當爲《説文》篆文『羑』字隸定之俗寫。

〔三四〕 今本《説文·广部》『廇』字下云：『久屋朽木。从广，酉聲。《周禮》曰：牛夜鳴則廇臭如朽木。』今阮刻《十三經注疏》本《周禮·天官·内饔》有『牛夜鳴則廇』句，鄭玄注引鄭衆語云：『廇，朽木臭也。』則底一與《説文》所引《周禮》後的文字似只爲敘述性引用，非必皆爲原文。又底一『昊』字爲『臭』字形訛，兹據校改；又『屋』前疑脱一『久』字，《裴韻》與底一文字略同，而訓作『久屋木』，故爲擬補一個脱字符。

〔三五〕 殘字存上部筆畫，《補正》校補作『説』字，兹從。又『壽』字蓋蒙下誤，《説文·𠬪部》字形『从𠬪，舟省聲』，然一般隸定其形即作『受』形，而依文例，底一注文引《説文》字形當與字頭有别，唯今已不能知其所從之隸定形體，《集韻》收有古體作『𦨯』形，與『壽』字字形略近，可參。

〔三六〕 『受』字條下至行末底一殘泐約五個大字的空間，《箋二》相關内容亦殘泐，據其校記〔一四九六〕知其可擬補文字當是『〇壽。〇鄯，水名，在蜀。〇綬』，與《補正》所擬同，比底一所殘空間少一個大字，疑底一『壽』或『綬』字有加訓。

〔三七〕 大韻標序字底一漫滅，兹從《潘韻》録作『卌二』。又小韻標數字『五』底一略有漫滅，疑當爲『三』字之訛，參下條校記，兹姑據改。

〔三八〕 『后』字左下部略殘，兹據《箋二》、《王一》、《裴韻》録定。又『后』字下至行末底一殘泐約五個大字的空間，《箋二》『胡口反』小韻收四字，除底一所存三字外，尚有『郈』字，《王一》、《裴韻》皆訓作『鄉名，在東平』，《補正》以其不能滿足底一所殘空間的要求，遂據《王二》又加『㖃，吐。又呼后反』一條，這也使得底一下行行首所存的『妃』字無所歸屬，恐不足憑，疑底一本小韻當收三字，從底一與《箋二》的對比來看，其加字前的收字數大多少於《箋二》，罕見有多者；又底一本小韻標數字『五』的中部有漫壞，疑爲用雌黄涂改所致，實當爲『三』字；又《説文·后部》『后』字訓云：『繼體君也。象人之形，施令以告四方，故厂之；從一口，發號者君后也。』與《箋二》訓常用義之『妃』全不同，底一之箋注多引《説文》，如此之不同，似不應不引，且此訓較長，即使稍有删簡亦足以填底一所殘空間，如此訓后，又加有『一曰妃』，則可與後所存之

『妃』字相續矣。

〔二二九〕『草』字非聲，《箋二》、《王一》、《裴韻》、《廣韻》皆作『莫』字，底一形訛，《補正》校作『莫』，茲從。

〔二三〇〕『或作此畞』底一作『或作畮此畞』，其中『畮』《補正》以爲『衍字』，蓋初誤書而未即删者，茲據徑删。又《說文·田部》『畮，六尺爲步，步百爲畮。从田，每聲。畞，畮或从田十久』，大徐注云：『十，四方也，久聲。』是底一『畞』字當爲『畝』之俗訛。

〔二三一〕以本字釋本字，非《切韻》系韻書體例，《王二》、《裴韻》『部』字皆訓作『伍』，《王一》作『部伍』，茲據擬補一個脱字符。又其所引《說文》形體與字頭重形，不合文例，《補正》據《說文·邑部》『部』字篆文『部』擬補作『郶』（依《說文》篆形，似隸作『䣊』形更爲允當些）形，可參。

〔二三二〕殘字前者存上部一點形筆畫，後者存左部『山』旁，《箋二》、《裴韻》『㟝』字注文皆作一代字符加一『嶁』字，與底一殘形合，茲據校補。

〔二三三〕『㟝』字條下至行末底一殘泐約四個半大字的空間，《箋二》相關内容作『○㾱（犃），㾱（犃）𤵸（㸸），［□］高；又牛短頭。○瓿，瓿甊，罌』，與底一所殘空間吻合，茲據擬補十二個缺字符

〔二三四〕『斗』、『科』二條間底一有一『垢，惡』條，《王一》、《王二》、《裴韻》皆無，且使本小韻實收字數比標數字多一條，《補正》以爲『從次行誤入』，茲從徑删。

〔二三五〕上文『蒲口反』小韻『䴺』字下底一作『䴺黈，餅』，又『黈』字注文《王一》、《裴韻》、《廣韻》皆作『䴺黈』，是此『䴴』字形訛，茲據校改作『䴺』。又『𩚿』字當爲『餢』字形訛，《龍龕·食部》『𩜴，餢𩜴，餅也』，亦據校改。

〔二三六〕『妵』字下至行末底一殘泐約五個大字的空間，《箋二》相關内容作『○妵，人名，《傳》有華妵。○黈，冕垂纊。○苟，且。古厚反。八』，與底一所殘空間略合，茲據擬補十一個缺字符。又從『苟』字所存注文引《說文》『從艸，句聲』看，其字頭當作俗寫的『茍』形，《補正》正擬作『茍』字，是。

〔二三七〕『藕』字爲『藕』的俗字，參《敦煌俗字研究》下編艸部『藕』字條考釋。

〔二三八〕殘字底一存左上側似『十』形筆畫，《箋二》、《王一》、《王二》、《廣韻》『偶』字條下皆接抄『耦』字條，茲據校補。又『耦』字條下至行末底一殘泐約三個半大字的空間，《箋二》相關内容作『○耦，耕耦。○㨁，▨（衣）□擊。□垢反。二』（缺字參《箋二》該條校記），與底一所殘空間吻合，茲據擬補十個缺字符。

〔二三九〕『棓』字《箋二》、《王一》、《王二》、《廣韻》皆作『掊』，按俗寫『木』、『扌』二旁多淆混不分，而『棓』爲『棒』之正字，則訓『擊』之字當以從『扌』旁爲是。

〔二四〇〕字頭『㲉』字當爲『穀』之形訛，參《箋二》校記〔五二一〕，茲據校改。阮刻《十三經注疏》本《論語·公冶長》『令尹子文』孔安國注：『楚大夫，姓鬬名穀，字於菟。』《經典釋文·論語音義·公冶長》『名穀』條下云：『奴斗反。本又作㲉』，又『菟』字條下云：『音塗。』《裴韻》本條注文作『乃后反。又楚鬬反。㲉，烏塗也』，竄亂多矣，《補正》據以校底一之『鬬』爲『又楚鬬反』之脱略，非是。

〔二四一〕《正名》一書底卷出現二次，另一次見於卌五琰韻『撿』字注文中，當爲《正名要録》之簡稱。

〔二四二〕缺字底一殘泐，《箋二》、《王一》、《裴韻》『藪』字釋義皆作『藪澤』，可據補。

〔二四三〕『藪』字條下至行末底一殘泐約三個大字的空間，《箋二》相關内容爲『吼，牛鳴。呼后反。一』；又『藪』字所在的小韻底一收字與《箋二》同，然底一『藪』字及其前所收只有六字，較《箋二》少『籔，漉米』一條，故《補正》據補作『○籔，漉米。○吼』，與底一所殘空間略合，茲據擬補四個缺字符。

〔二四四〕『嗚』字《箋二》、《王一》、《王二》、《裴韻》、《廣韻》皆作『烏』字，底一蓋承前『吐』字而誤增『口』旁，《補正》校作『烏』字，茲從。

〔二四五〕注文『此』字右側底一略有漫壞，《補正》依文例校録作『此』字，茲從。又『上』字前底一當有脱文，疑爲『或作婁、婁（底一「婁」旁皆作此形，今爲方便計皆録作從「婁」形）』；又『牙』字置此不辭，《補正》校云『存疑』，按此當爲『互』俗字『彑』字形訛，茲據校改。

〔二四六〕「寑」爲「寇」俗字「寑」的俗寫，參《敦煌俗字研究》下編宀部「寇」字條考釋。

〔二四七〕「⿺辶羊」爲「逆」之俗字，參《敦煌俗字譜》第二一五〇條，《補正》徑録作「延」字，非原形，但疑此「⿺辶羊」當爲「延」字形訛，以「延業」爲人名，唐杜延業有《群書新定字樣》，係增補顔師古《字樣》之作（參顔元孫《干禄字書·序》），底一所引，當即此人。

〔二四八〕注文《箋二》作「先相訶」，《王一》、《裴韻》、《廣韻》皆作「先相訶可」，《補正》以爲底一「相」字下脱一代字符，兹從擬補一個脱字符。

〔二四九〕「又」字前底一有「揄引」二字，《補正》以爲「從下誤入」，是，兹徑删之。

〔二五〇〕反語正音《箋二》、《王一》、《王二》、《裴韻》、《廣韻》皆作於糺反（「糺」字或作「糾」形），疑底一「幼」、「糺」二字互訛，兹姑據校改，然「於幼反」未見他書收載，《集韻》去聲笑韻「一笑切」小韻雖收有「黝」字，然其幼韻却未收之，故亦疑底一抄者誤抄校語入正文，且又音二反多作「又某某、某某二反」的形式，而不重贅「反」字，俟考。又「盖」字除《廣韻》作「於」外，諸本皆作「益」字，底一形訛，《補正》校作「益」字，兹從。

〔二五一〕「田」字《王一》同，《箋二》、《王二》、《裴韻》皆作「由」，「由」字合於音理，底一形訛，《補正》校作「由」字，兹從。

〔二五二〕注文「紏」字《裴韻》同，今本《説文·丩部》作「糾」形，「紏」與「糾」當爲篆文隸變之異。

〔二五三〕字頭「赴」字《裴韻》作「赳」形，唯其注文作「武兒。赳、叫字亦作然，今遂作丩，二同」，似錯亂更甚，然亦有可資參證者，如底一字頭之形正當是「赳」字形訛，而注文「巾」、「中」二字皆爲「丩」字形訛，兹並據校改，今本《説文·走部》有「赳」字，訓「輕勁有才力也」，而「叫」字當爲「叫」字或體，《説文·口部》「叫，嘑也」，底一謂「《説文》作此叫」，「叫」或爲「赳」字之誤。

〔二五四〕「鬮」字《裴韻》、《廣韻》同，周祖謨《廣韻校勘記》云：「『鬮』當是從鬥作『鬮』」。注「鬮取」，故宮《王韻》作

「鬭取」，與《説文》合。』按今檢《裴韻》實作『鬪取』，『鬪』即『鬭』之俗字，而『鬪』又爲『鬭』之俗字，在爭競義上『鬭』字又與『鬥』通用，則底一注文『門』字當爲『鬥』字俗訛，『耳』字則爲『取』字誤脱右部筆畫而訛，《補正》校之作『鬥取』二字，兹從。

〔三五五〕字頭與注文引《説文》字形同，不合文例，《王二》注文云『正作寑』，《廣韻》於『寑』字下收二或體『寢』、『寢』，其中前者下注云『見《説文》』，《補正》據以校作『寑』形，兹從之。

〔三五六〕『梫』字《箋二》、《王二》、《廣韻》皆作『梫』形，合於《説文》，底一蓋承前二字頭而誤增『宀』字頭，兹據校改。

〔三五七〕字頭與注文所引古體同形，不合文例，其注文字形《箋二》引作『䑞』形，《王一》注文謂『正作䑞』，與《説文·舟部》『䑞』字形似，當爲同一篆文隸變的形體之一，《補正》校作『䑞』形，兹從改。

〔三五八〕今本《説文·亩部》『亩』字下作『穀所振入，宗廟粢盛倉黄，亩而取之，故謂之亩。从入，回象屋形，中有户牖』。又『顔監』當指唐太宗貞觀年間秘書監顔師古，曾撰《字樣》。

〔三五九〕注文『蚶』字《箋二》、《王一》、《廣韻》皆作『甜』，《集韻》作『甘也；一曰歃酒』，底一形訛，兹據校改。

〔三六〇〕注文所引《説文》形體與字頭同，不合文例，《補正》據《説文·食部》徑録作『飪』，兹從校改。又『火』字大小徐本《説文》皆作『大』字，疑底一形訛。

〔三六一〕『白』字《箋二》、《王一》、《廣韻》皆作『皃』字，《補正》校之作『皃』，兹從，底一形訛。

〔三六二〕本小韻實收二字，《箋二》作『二』，底一『五』字蓋蒙下一小韻標數字而訛，《補正》校作『二』，兹從之。

〔三六三〕注文引《説文》形體與字頭同，不合文例，《補正》據《説文》校『作審作采』作『作宷，從采』，兹從之。

〔三六四〕『飯』字置此非韻，《箋二》、《王一》、《廣韻》皆作『飲』，《補正》據校作『飲』，兹從之。

〔三六五〕今本《説文·甘部》『甚』字下作『尤安樂也。从甘，从匹，耦也。[illegible]，古文甚』，是底一『目』當爲『甘』之形訛，而『䎼』當爲『耦』之俗訛，兹並據校改；又疑『安』字前底一脱一『尤』字。又『是』字俗作。

〔二六六〕『瘁』當爲『瘁』之訛俗字。

〔二六七〕注文引《説文》形體與字頭同形，不合文例，《補正》據《説文・亩部》『稟』字形校正，兹從之。

〔二六八〕今本《説文・欠部》作『歆，歠也』，底一後一『歆』字當即『歠』字俗訛，兹據校改。

〔二六九〕『斂』爲『斂』字俗寫，而『斂』爲『斂』的换旁俗字。參《箋二》校記〔一五三三〕。

〔二七〇〕『愉』字《補正》依文例校作『諭』，兹從之，底一形訛。又底一『問』字當爲『同』字形訛，亦據文例校改。又『問』字前『此愉者』三字依例當爲承前誤書而未塗去者，可删。

〔二七一〕『頛』字當爲『頴』字之訛俗字，參《箋二》校記〔一五三六〕。

〔二七二〕『國』字當爲『因』字形訛，參《箋二》校記〔一五三九〕，兹據校改。

〔二七三〕注文底一存雙行小字的右行及左行二殘字，其中前者存右側『攵』旁，後者存右側二三點筆畫，檢《説文・女部》『嬐』字下作『敏疾也；一曰莊敬皃』，則底一二殘字可據定作『敏疾』，兹據校補。殘字下底一殘泐約三至四個小字的空間，疑當作『一曰莊敬』四字。

〔二七四〕『《正名》』一書底卷出現二次，另一次見卌二厚韻『叟』字注文中，當係《正名要録》之簡稱。

〔二七五〕『廷』字當爲『延』字形訛，參前文校記〔三四七〕。又字頭『撿』字與注文所引《字樣》字形同，不合文例，今本《説文・木部》作『檢』形，俗寫『木』、『扌』二形多淆混不别，《補正》逕據録《字樣》字形作『檢』，然『撿』字本小韻前已出，是此字頭當爲『檢』字訛作，而注文引《字樣》所作，蓋即當從『扌』旁，姑據校改字頭作『檢』。

〔二七六〕缺字底一殘泐，《箋二》、《王一》、《廣韻》皆作『桒』或『桑』字，可據補作『桒』。

〔二七七〕殘字存右側筆畫，本小韻《箋二》收三字，《裴韻》、《廣韻》『橥』字下皆收『厭』字，與底一殘形吻合，《補正》據校補，兹從之。又『厭』字下至行末底一殘泐約四個半大字的空間，《箋二》相關内容作『〇冉，而琰反。四。〇姌，長好皃；又奴簞反』，比底一所殘空間僅少半個大字，《補正》據補，其中又參『而琰反』小韻實收字數擬其標數字作『四加一』，擬『厭』字無注文，檢《裴韻》、《廣韻》『厭』字皆訓作二字，前者作『厭足』，後者作『厭魅也』（『也』爲虛詞，底一多無），則與底一空間吻合，茲姑爲擬補十二個缺字符。又『好』字《王一》同，《王二》、《裴韻》、《廣韻》皆與《箋二》同作『奴』字，底一形訛，茲據校改。

〔二七八〕『覒』字下《補正》以爲脱一『從』字，合於文例，茲從之擬補一個脱字符。

〔二七九〕『一』字左側底一有殘泐，《箋二》作『一』字，茲從之録定。又『一』字與『作』字分别爲『諂』字注文雙行小字的右行第四字和左行第三字，其下至行末底一殘泐約九至十個大字的空間，檢《説文・言部》『讇』字下作『諛也。从言，閻聲。諂，讇或省』，則『諂』字條注文『一』字下的内容依文例底一當作『《説文》「諛也」，作此讇』，底一『神』字當爲『諛』字形訛，茲據校改，並爲擬補四個缺字符，《補正》蓋據《裴韻》注文『丑琰反。諛也。又讇』而擬補作『一。諛。［又］作讇』，不確。其後《箋二》的相關内容作『〇奄，應儉反。五。〇罨，雲▨（狀）。〇郁，國』，《補正》據後文校補字數考定『應儉反』小韻底一當收『五加三』字，以此加上前所擬補之缺字符，仍較底一所殘空間少三個大字左右。

〔二八〇〕今本《説文・手部》作『掩，歛也，小上曰掩』。

〔二八一〕《説文・門部》『闇』字下作『豎也，宫中奄閽門者』，底一『竪』爲『豎』之俗字；又《裴韻》、《廣韻》『渰』字下作『雲雨皃。《詩》云「有渰淒淒」』，《王一》、《王二》、《裴韻》『闇』字條下正接抄『渰』字條，《補正》以爲底一此處雜糅『闇』、『渰』二條而致有脱文，是，茲從擬補十一個脱字符。

〔二八二〕『目』字誤，茲據《説文》校改作『自』。

〔二八三〕『蓋』字下底一衍抄一俗字『盖』，《補正》據《説文》校其爲『衍增』，茲從之徑删。又『弇』爲『弇』之俗字，非古文，《補正》據《説文》所收古文校改作『穿』，茲亦從之。

〔二八四〕殘字底一存上部筆畫，左似竪形，右爲『大』形，較之《王一》、《裴韻》、《廣韻》本小韻之字形，此當是『掩』字，故據校補。又殘字下至行末底一殘泐約十個大字的空間，《箋二》『應儉反』小韻後只有二條文字：

『○漸，自染反。二。○蔪，蔪礹。』又『火行微燄燄也』爲《説文·炎部》『燄』字之訓，《王一》、《裴韻》、《廣韻》皆隸之於前『以冉反』小韻，大徐本《説文》反切同，《補正》擬之作『由冉反』，未詳所據，然此縱然加上『棯』字的注文『棕』，也仍比底一所殘空間少四個左右大字，疑前『應儉反』小韻或『自染反』小韻更有加字。

〔二八五〕『亭』、『在』二字爲『阱』字雙行注文之右行首字和左行首字，其下至行末底一殘泐約十個大字的空間，《箋二》相關内容作『○阱，亭□，在□。○點，點畫。多忝反。四。○玷，玉瑕。○耆，老人面有黑子。○刣，斫』，比底一所殘空間少一個半大字，蓋其注文或有增益。又『阱』字注文缺字可據《王一》、《裴韻》、《廣韻》校補作『名』、『鄭』二字，茲爲前一殘條擬補二個缺字符。

〔二八六〕『開』字《箋二》作『閅』，《王一》、《裴韻》、《廣韻》皆作『閉』，『閅』爲『閉』之俗字，底一形訛，茲據校改作『閉』字。又『串』當是『鼡』字俗省，參《敦煌俗字研究》下編户部『店』字條考釋。

〔二八七〕『首』字《裴韻》同，《箋二》、《王一》、《廣韻》皆作『脊』，合於《説文》，底一形訛，《補正》校之作『脊』，茲從之。

〔二八八〕『慊』字下至行末底一殘泐約十個大字的空間，《箋二》此下有二條文字：『○穮，禾稀。盧忝反。一。○鼸，鼠名。下忝反。一』，又下『拯』韻的標序字『卌七』當在本行末，再考慮到大韻與其標序字之間存有的一個大字的空間，仍較底一所殘空間少二個左右大字。

〔二八九〕前一『寺』字左側底一略殘，茲據《説文·竹部》『等』字注文録定。

〔二九〇〕『倗』字下至行末底一殘泐約十個大字的空間，《箋二》相關内容作『○倗，不肯。普等反。一。○肯，可也。苦等反。一』，又從下行推知，『蹥』大韻的標序字『卌九』當在此行末，如此加上標序字前後的留空，則當比底一少三個大字，《補正》參《王一》及《廣韻》擬補一條『能，奴等反。一。新加』，可與底一空間略合，然疑其當有訓解，《王一》作『多』，《廣韻》作『夷人語』，茲姑據擬補二十一個缺字符。

〔二九一〕底一行首殘泐約一個半大字的空間，《補正》擬其首字『卌九豏』，大韻代表字『豏』居底一行首，是。又注文缺字底一殘泐，《箋二》『豏』字注文作『豆半生。下斬反。四』，當可據補。

〔二九二〕殘字底一存右部，可辨有『戈』形部分，《箋二》『豏』下一字作『減，秏。又苦（古）斬反』，可據補。

〔二九三〕字頭殘字底一存右部筆畫，其中下部似『皿』旁殘形，茲據《箋二》、《王一》校補作『濫』字。其下之注文首字當爲代字符，茲回改作本字。代字符下至行中底一殘泐約五個大字的空間，《箋二》相關内容作『〇濫，濫泉；又盧暫反，汎濫。〇獵，犬齧物聲。〇湛，水皃。徒減反。又徒感反。又直心反。二』，與底一所殘空間吻合，茲據擬補十八個缺字符（『湛』字條又音底一當作『又徒感、直心二反』）。又注文殘字右下部底一有些漫滅，《補正》據《説文·水部》所收『湛』字古文録作『[illegible]』形，茲從之。

〔二九四〕殘字底一存上部筆畫，茲據《箋二》、《王一》校補作『偡』字。『偡』字下至行末及下行前半行底一殘泐，據空間，約可抄二十二個左右大字，《箋二》相關内容約比底一多二個大字，疑其有字頭增加。又『偡』字注文《箋二》、《裴韻》作『偡然，齊整』，《廣韻》亦作『偡然，齊整』，《王一》作『偡然，齊整物』，茲據前者爲『偡』字注文擬補四個缺字符。『所斬反』與『檻反一』爲同一字注文雙行小字的右行與左行殘餘文字，茲據《箋二》『摻，執袂。所斬反。又沙檻反。一』條擬補五個缺字符。

〔二九五〕字頭『嵁』字下至行末及下行前半行底一殘泐，據空間，約可抄二十二個左右大字。『嵁』字《箋二》未收，其下殘字前二字底一存右側筆畫，《王一》、《裴韻》『嵁』字皆隸於『檻』大韻『士檻反』小韻下，訓作『嵁絶』，二字右側筆畫與底一殘形合，故據校補；又後一殘字底一存上部『十』字形部分，當是其反語上字『士』字的殘形，亦據校補，《補正》擬補其注文作『嵁絶。士減反。一。新加』，然此注文與底一殘字行款不符，疑其訓解當從《廣韻》作『嵁絶，山皃』，是其注文當作『嵁絶，山皃。士減反。一』，如此則『新加』二字或脱，或越端而下書；又《補正》據整行行款擬推此字爲本大韻最後一條文字，其下當接『五十檻』大韻，大韻標序字上下皆有半字左右的留空，故『嵁』字注文越端（指左行）書寫亦有可能，茲姑據擬補七個缺字符。『嵁』字至『㺒』字間用前所擬『嵁』字注文加上《箋二》的相關内容，與底一所殘空間略合，當可據補。

〔二九六〕下『㺒』條底一在行中，其上部及上行『嵁』條之下小半行底一殘缺，應皆爲五十檻韻字，參上條校記。自大韻首字下至『㺒』字間《箋二》相關内容作『○檻，欄。胡黤反。五。○艦，舡。○䡖，力(囚)車。○轞，車聲。○獮，惡。○顑，長面皃。丘檻反。又五[□、□]減[□]反。一。○槧，斬取。山檻反。二』，當可據補。

〔二九七〕『聲』字左部略有殘泐，茲據《箋二》、《王一》、《裴韻》、《廣韻》録定。

〔二九八〕『黤』字注文底一存左右雙行的首字殘畫，其中前一殘字(右行首字)存頂部似『十』字形部分，後者殘畫亦有些漫涣，《箋二》『黤』字注文作『青黑。於檻反。二』，《補正》據擬，茲從之校補『青』、『檻』二字，並爲擬補四個缺字符。此下至行末底一殘泐。以上爲伯三六九三内容，此下綴合接録者爲伯三六九六A的内容，二者中間不缺行，唯『黤』字條至行末殘泐約十個大字的空間。『初』字居底二首行行首，其前與底一末行下端所殘部分相接，《箋二》相關内容作『○黤，青黑。於檻反。二。○黯，董黯，出《孝子傳》。○醶，酢漿。初檻反。一』，比底一末行下部所殘空間少約四個大字，可參，疑其『於檻反』小韻有加字，當與《裴韻》同收三字，所加者即《裴韻》之『黯，汲黯，人名』，另外所少的二個大字空間蓋爲加訓内容。

〔二九九〕『檻』字右上角底二略有殘泐，本條底三亦有少許殘迹，茲據《箋二》、《王一》、《裴韻》録定。缺字底二殘泐，可據《箋二》、《王一》、《裴韻》、《廣韻》補作『小犬吠。荒』四字。

〔三〇〇〕『笵』字左下角底二略殘，茲參注文及後之『笵』字録定，又此字《箋二》、《王二》、《裴韻》、《廣韻》皆從『艹』旁，且其同小韻字後又收有『笵』字，是其俗寫致訛，茲據諸本校改作從『艹』旁。又大韻標序字依文例擬補三個缺字符。注文『語取凡之上聲』見於底三(又此六字《潘韻》、《補正》皆有録，蓋其所據之原卷或影本清晰度好，而其底二上尚有殘迹可爲推斷)，其餘缺字底二、三皆漫漶不能辨，『加』字前缺字可參

《箋二》補作『四』字。又『説』字下《潘韻》録一『文』字，《補正》録一殘『文』字，『水』字前二書並録有一『從』字，唯《補正》所擬補的内容『從』字前無空格，非是，疑『從』前字當爲《説文》正字『范』。

〔三〇一〕『範』字底二有些漫渙，兹據《箋二》、《王一》、《裴韻》、《廣韻》録定。注文缺字底二漫滅，兹據行款及《裴韻》注文『模也。《説文》「範軷」，祭神曰軷，祭訖車範而行，故曰軷』(《箋二》、《王一》訓只作『模』字)擬補十四個缺字符。又『文』字前《潘韻》、《補正》皆録有一『説』字，今本《説文》『範』字下僅訓作『範軷也』，而『軷』字下則訓作『出將有事於道，必先告其神，立壇四通，樹茅以依神爲軷；既祭，軷轢於牲而行爲範軷，《詩》曰「取羝以軷」』，疑底二同《裴韻》『故曰軷』中同脱一『範』字。

〔三〇二〕缺字底二漫滅，《潘韻》未録，此據行款及《箋二》『蛬，蜂』條擬補二個缺字符，《補正》録有注文『蜂』字。

〔三〇三〕殘字底二漫渙，《潘韻》、《補正》皆録作『犯』字，與《箋二》、《裴韻》收字情形合，兹據校補。又注文《潘韻》未録，《補正》録作『干』，與《箋二》、《裴韻》合，兹爲擬補一個缺字符。

〔三〇四〕『軓』字右側底二漫渙，兹據《裴韻》、《廣韻》録定。又注文底二除『也』約略可辨外，皆漫滅，《潘韻》亦僅録『也』字，《補正》於『也』下又録『周礼』二字，檢《裴韻》作『車前軾也，《周礼》曰「立當前軓」』，《廣韻》引《説文》及今本《説文》略同(唯『車前軾』作『車軾前』)，兹據擬補五個缺字符。

〔三〇五〕注文後一『竹』字底二作代字符形，兹據《説文·竹部》『笵』字注文回改作『竹』字。又『氾(《説文》作氾)』字下《説文》有『聲』字，《裴韻》與底二同，疑其脱『聲』字，兹姑爲擬補一個脱字符。又『形』字當爲『刑』之通假字。

〔三〇六〕韻首標序字底二爲朱筆所書，影本、膠片皆漫滅不能辨，兹從《潘韻》録定，下同。

〔三〇七〕『寘』字《箋九》、《王二》皆作『寘』，底卷所作蓋其俗省。又缺字底二漫滅，可據後之正文『支義反』補『支義』二字。

〔三〇八〕『利』字承前『至』韻反語訛，《補正》校作『吏』，與《箋九》、《王一》、《裴韻》、《廣韻》合，兹從改。

〔三〇九〕「他」字左部「亻」旁底二漫滅，兹從《潘韻》、《補正》録定。

〔三一〇〕「晏」字下部底二漫涣，《潘韻》録作「旻」字，《補正》録作殘「晏」字，後者與《箋九》、《王一》、《裴韻》、《廣韻》同，兹從録定。

〔三一一〕本卷卷首標作「五十六韻」，而此韻目表却抄作五十五韻，較諸《箋九》、《王一》及底五的實收韻字情況，知其脱「五十二證諸譍」一目，《補正》已揭此，兹從擬補六個脱字符。

〔三一二〕「三」字《潘韻》、《補正》所録皆作「二」，蓋底二脱抄「五十二證」條後，即把下五十三「嶝」字提前録於「五十二」下，此後直至表末「梵」韻皆誤被前置一個序號，故至「五十五」而終，今擬補序號徑爲改正，後同。又「都」字左旁底二漫涣，兹從《潘韻》、《補正》録定。

〔三一三〕「恪」爲溪紐字，與「鑑」隸見紐不同，《王一》及底五正文「鑑」字下皆作「格懺反」，是，底二蓋蒙下「懺」字之從「忄」旁而訛，兹據校改。

〔三一四〕大韻標序字底二漫滅，兹從《潘韻》録作「一」。注文所引《説文》字形與字頭同，不合文例，《補正》據《説文・辵部》「送」字篆文及注文校作「《説文》作逧。從辵，倂省」，底二形訛，兹從校改并擬補一個脱字符。

〔三一五〕底二所引《説文》本作「從几鳥聲」，與「鳳」字聲形不合，今本《説文・鳥部》「鳳」字下作「从鳥，凡聲」，是知底二誤倒「凡鳥」二字之序，且「凡」字又形訛作「几」，兹並據乙校。

〔三一六〕「章」下底二有「沛郡」二字，按「豫章」與「沛」皆爲郡級政區，《補正》謂「『沛郡』二字衍字，從下誤入」，兹從徑删。

〔三一七〕「而」字《王二》、《裴韻》、《廣韻》皆作「雨」，合於《爾雅・釋天》「暴雨謂之涷」，底二形訛，兹據校改。

〔三一八〕「𦬆」字《王一》、《裴韻》、《廣韻》皆作「苦」，按「𦬆」字當即「苦」字的俗寫，「艹」旁俗寫多作「丱」，兹據校補正字。

〔三一九〕本小韻標數四而實收三字，《王一》、《裴韻》亦收四字，其末條爲「鞚，馬鞚」，《補正》以爲底二脱此，兹從擬補三個脱字符。

〔三〇〕『調』字《王二》、《裴韻》、《廣韻》及《玉篇・言部》『諗』字注文皆作『詷』，底卷形訛，兹據校改。

〔三一〕今本《説文》『詷』字註作『共也；一曰譀也。从言，同聲。《周書》曰：「在夏后之詷。」』，阮刻《十三經注疏》本《尚書・周書・顧命》作『在後之侗』，《經典釋文》：『侗，馬本作詷。』雖文字略異，然可知底二『同』字當爲『周』字形訛，兹據校改。

〔三二〕釋義《廣韻》同，《王一》作『簫』，《裴韻》作『筒簫通底，王褒所賦；哀也；變也；悲也』，周祖謨《廣韻校勘記》云：『案《説文》云「筒，通簫也」，此注「簫達」宜從故宫王韻作「簫通底」，「達」即「通」字之譌。』余迺永《新校》則以爲『簫達』當據《説文》乙正并校改作『通簫』，疑『簫達』之意爲『簫之通達者』，亦通，俟考。

〔三三〕『⿰有戈』字《廣韻》同，龍宇純《校箋》參《集韻》録作『⿰有弋』，周祖謨《廣韻校勘記》云：『段改作「⿰有弋」，與《玉篇》、《集韻》合，當據正。』俗寫『弋』、『戈』二形多混，此蓋取以弋杙之字爲形符，底卷俗作。

〔三四〕今本《説文・夕部》作『夢，不明也。从夕，瞢省聲』，『聲』字底二蓋省，《補正》謂『夕』前脱『從』字，兹從擬補一個脱字符。

〔三五〕底二引《説文》『五曰懼夢，六曰喜夢』《裴韻》略同（唯『喜』字作『憙』），今本《説文・㝱部》『㝱』字下作『五曰喜㝱，六曰懼㝱』，與阮刻《十三經注疏》本《周禮・春官宗伯・占人》合。又『俗單作』不辭，《補正》以爲『蓋脱「夢」』字，是，其所引《周礼》内容已『㝱』、『夢』混用，兹從擬補一個脱字符。

〔三六〕《補正》謂後一『陟』字前『脱「又」』，合於文例，《王二》、《裴韻》、《廣韻》皆有『又』字，兹從擬補一個脱字符。

〔三七〕『仲』字下依文例脱一『反』字，兹據擬補一個脱字符。又今本《説文・㐺部》『衆』字下作『多也。从㐺、目，衆意』，是底二『永』字皆當爲『㐺』字形訛，兹據校改。又『㐺』字今大徐本反切作『魚音切』，其韻與底二同而紐異。

〔三二八〕大韻標序字底二漫滅，此從《潘韻》録作『二』。

〔三二九〕缺字底二殘泐，《王二》、《裴韻》、《廣韻》皆作『子宋』，當可據補。

〔三三〇〕『⿱艹⿰黃充』字《王二》、《裴韻》、《廣韻》皆隸於『他宋反』小韻，且各本該小韻皆收二字，其首字爲『統』，以其爲常用字，底二蓋無釋義，又其前『綜』字注文當殘小韻標數字『一』，兹并據擬五個脱字符。

〔三三一〕大韻標序字底二漫滅，此從《潘韻》録作『三』。

〔三三二〕『袟』字《王二》、《裴韻》、《廣韻》皆作『秩』形，張涌泉審讀時指出，『袟』爲『秩』之俗字。

〔三三三〕『封』字注文殘字底二存上部『、』畫，其下至行末殘泐約兩個半大字的空間，《王二》、《裴韻》、《廣韻》皆載又音『又方容反/切』，兹據校補『方』字并擬補二個缺字符；又『居冬反』《王二》、《裴韻》、《廣韻》皆爲『供，居用反/切』之又音（切下字三本皆作『容』，屬鍾韻字，疑底二『冬』字爲『容』字形訛），《補正》據補『供，居用反。又』五字，與底二所殘空間吻合，兹從擬補五個缺字符。

〔三三四〕注文引《説文》形體與字頭同，不合文例，《説文・隹部》『雝，雝渠也』段注：『經典多用爲雝和、辟雝，隸作雍。』《補正》據校作『雝』字，兹從改。

〔三三五〕『容』字下依文例底二脱一『反』字，兹據擬補一個脱字符。

〔三三六〕《補正》謂後一反語前『脱「又」』字，合於文例，兹據擬補一個脱字符。

〔三三七〕反語《裴韻》正音作『治用反』，又音作『治容反』，《廣韻》正音作『柱用切』，又音作『直容切』，略同，底二反語下字正音與又音誤乙，《補正》乙正之，兹從之。

〔三三八〕殘字底二存上部筆畫，《王二》、《裴韻》、《廣韻》『重』字後一小韻首字皆爲『贚』，與底二殘形合，兹據校補。又『贚』字下至行末底二殘泐約三個半大字的空間，據《裴韻》『贚』字爲用大韻末條文字，其注文作『貪。良用反。一』，《補正》蓋據此補，兹從擬補五個缺字符。又其下爲下一大韻『絳』的標序字『四』，此從《潘韻》録定並換行書之。

〔三三九〕『贛』字《王二》、《裴韻》、《廣韻》皆作『戇』，與《説文》合，《集韻》『戇』字下謂『或省』作『贛』。

〔三四〇〕『衙』字《裴韻》、《廣韻》皆作『衝』，《説文·車部》作『䡴，陷敶車也』，《補正》徑録作『衝』，茲從校改，底二形訛。又小韻標數字當據實收字數校改作『二』。

〔三四一〕『䓯』字《裴韻》、《廣韻》皆作『替』，與釋義合，底卷形訛，茲據校改，《周韻》、《補正》皆徑録作『替』，不確。又字頭除存其注文『直視』及一殘字外，其下至行末底二殘泐約四個半大字的空間，《裴韻》相關内容作『○替，丑降反。直視。一。○胮，匹降反。胮脹皃。一』，其中『胮』字條爲『絳』大韻之末條文字，與底二所殘空間吻合，《補正》據補時删『皃』字，則少半個大字，然其下接换行的大韻標序字，似亦不爲違例，然《裴韻》之釋義『胮脹皃』不合底二文例，檢《廣韻》、《集韻》『胮』字釋義皆作『脹臭皃』，文意又扞格難通，疑其爲用注文與被注字連讀成訓例，則底二『胮』字釋義當作『胮脹，臭皃』，《裴韻》脱『臭』字，加此亦恰與底二所殘空間吻合，故爲擬補十二個缺字符。又殘字底二存漫漶的筆畫，茲據《裴韻》校補作『降』字。

〔三四二〕大韻標序字底二漫滅，茲從《潘韻》録作『五』。

〔三四三〕『惰』字底二有些漫漶，茲參《王二》、《裴韻》及《廣韻》録定。

〔三四四〕『詈』字下至行末底二殘泐約四個大字的空間，《裴韻》相關内容作『○詈，力智反。罵詈。從网。三。○茘，茘芰，草。；又蘆帝反』，《補正》蓋參《王二》、《廣韻》而删其『從网』和『草』三字，然如此則較底二所殘空間少半個大字，疑『從网』二字底二當收，茲姑據擬補十三個缺字符。

〔三四五〕『歌』字底二略有漫漶，然其形當如《潘韻》之所録而作『歌』字，《王二》、《裴韻》、《廣韻》皆作『歐』，《補正》蓋據以録定，不確。

〔三四六〕『賜』、『杫』間文字底二漫滅，《潘韻》據原抄本録作『与。斯義反。三。○澌，盡』，《補正》參酌《王二》、《裴韻》、《廣韻》、《集韻》等補作『与。斯義反。三。○澌，竭盡』，茲從《潘韻》録定。

〔三四七〕『肉』、『爲』間文字底二僅『肉』字注文右行首字及末三字可辨爲『肉』及『漢書尚』外，皆漫滅，《潘韻》據原抄本録作『机後漢書尚書郎無□机杫』，《補正》參酌《王二》、《裴韻》、《廣韻》等補作『机後漢書尚書郎無被机杫』，『肉机』字《裴韻》作如此，《王二》『机』字作『杭』俗寫之形，《廣韻》作『枕』，後者與今本《後漢書·鍾離意傳》『（藥崧）家貧爲郎，常獨直臺上，無被，枕杫，食糟糠』合，兹從《潘韻》録定。

〔二四八〕『爲』字注文右行首字存上部『艹』形部分，左行首字存上部漫渙的筆畫，其下至行末底二殘泐約二個半大字的空間，《補正》參酌《王二》、《裴韻》及《廣韻》擬補作『榮僞反。又榮危反。一。○賙，賭。詭僞反。一。○帔，衣。披』，比底二所殘空間多二個半大字，即『賙』字條底二當無，然此是底二本無還是脱抄，不得而知，兹姑據實有空間擬補九個缺字符，并校補二殘字作『榮』。

〔二四九〕『封』字《王二》、《裴韻》、《廣韻》皆作『卦』，底卷形訛，兹據校改。《補正》徑録作『卦』，不確。

〔二五〇〕『佊』字《王一》、《王二》、《裴韻》、《廣韻》、《集韻》同，合於《廣雅·釋詁二》，王念孫疏證：『今《論語》作「彼」，馬融注云：「彼哉彼哉，言無足稱也。」』則底二所引，當是《論語·憲問》『或問子產，子曰：「惠人也。」問子西，曰：「彼哉，彼哉。」』之轉述語，俗寫『亻』、『彳』二旁多混；又底二『西彼』誤倒作『彼西』，亦徑據乙正。

〔二五一〕『盖』字《王二》、《裴韻》皆作『益』，考今本《説文·髟部》『髲，鬄也』，段注據《詩經·鄘風·牆有茨》正义引《説文》改作『髲，益髮也』，蓋是，底二形訛，兹據校改。

〔二五二〕『駕』下一字底卷漫滅，《潘韻》據原抄本録作『車』，《裴韻》作『馬駕具』，《説文·革部》作『鞁，車駕具』，《補正》補作『具』字，疑『具』字是，故從《潘韻》録定而校改作『具』字。

〔二五三〕『弢』字注文底二漫滅，其空間約可容半個大字（兩個小字），《裴韻》作『絲弢弓；又弢也，所以張弓』，《王一》、《王二》只作『絲弢弓』，《補正》據補，蓋『弢』字底二作代字符形，而未占一個小字的空間，兹從擬補三個缺字符。

〔二五四〕『累』字底二漫渙，此從《潘韻》録定。又其下注文底二漫滅，據空間，約可抄一個大字（四個小字），《王一》、《裴韻》、《廣韻》皆以『累』爲『羸僞反』（《廣韻》作『良僞切』）小韻首字，《補正》據補『羸僞反。一』四字，可從。

〔三五五〕本條底二約略可辨字頭爲『寄』，其注文漫滅不可辨，兹從《潘韻》録定。

〔三五六〕本條底二約略可辨字頭大概，其右部《潘韻》録作『奇』旁，注文漫壞不可辨，《王二》、《裴韻》、《廣韻》『寄』下一條皆作『踦，肉四踦』，《補正》據補，可從，兹爲校補字頭作『踦』字。

〔三五七〕『倚』字注文右行底二殘泐，左行底二漫滅，《王二》『寄』小韻共收二字，《裴韻》、《廣韻》收三字，其《裴韻》末條作『徛，聚石爲橋』，《廣韻》作『徛，石杠，聚石以爲步渡』，《補正》據《裴韻》補，當是。又俗寫『亻』、『彳』二旁多混，兹據校補正字。

〔三五八〕『扰』字《王一》、《王二》、《廣韻》皆作『枕』，底二形訛，兹據校改。

〔三五九〕『刺』字注文底二漫滅不能辨，兹從《潘韻》録定。又『刺』字反語下字《王二》作『豉』，《裴韻》誤作『皷』形，《補正》補作『豉』，是。又據後所校録的本小韻實收字數當爲五，疑此『一』字當爲『二』字形訛，兹姑據校改。

〔三六〇〕本條底二漫滅不能辨，兹從《潘韻》録定。又『⿸广束』字注文《潘韻》本擬作二個缺字符，檢《王一》、《裴韻》皆作『偏⿸广束，屋』，《廣韻》作『偏⿸广束，舍也』，蓋注文『⿸广束』作代字符形，而未占一字之空間，兹據擬作三個缺字符。又俗寫『朿』字或作『束』形，而本小韻聲旁多作『束』形，疑底二『⿸广束』字當從《廣韻》作『⿸广朿』形。

〔三六一〕本條底二漫滅不能辨，此據《潘韻》録定。又『束』字注文《王一》、《裴韻》、《廣韻》皆作『木芒』，《補正》據補，可從。

〔三六二〕殘字底二存『且』字形部分，其注文漫滅，據空間，約可抄一個大字（四個小字），《王一》、《裴韻》、《廣韻》本小韻皆有『㡹』字條，《裴韻》、《廣韻》訓作『人相依㡹』，合於《説文》，兹姑校補字頭作『㡹』，并擬補四個缺字符。

〔三六三〕注文底二漫漶難辨，茲從《潘韻》録定。又阮刻《十三經注疏》本《論語》未載「諫」字，「論」字疑爲「説」字形訛或誤録，《説文·言部》「諫，數諫也」，此字既爲新加，而底二新加字多注「出《説文》」，茲姑據校改作「説」（抄本多作「説」形）字。

〔三六四〕「羊」字底二漫漶不能辨，茲從《潘韻》録定。又注文所引《説文》字形與字頭同，不合文例，茲參注文説明校改作「義」形。

〔三六五〕「疋」、「一」底二漫漶不能辨，茲據《潘韻》録定。

〔三六六〕本條底二漫滅不能辨，茲據《潘韻》録定。又「漬」字注文《裴韻》作「在智反，潤漬」，《王二》作「在智反。潤」，底二當可據補「潤」、「在」二字。

〔三六七〕「髊」字《王一》、《王二》、《裴韻》、《廣韻》皆作「殰」形，然《王一》注文作「亦作體（髊）」，疑此「髊」形亦其俗字之一，故姑存之。又注文底二漫滅不能辨，茲據《潘韻》録定，檢《裴韻》注文作「病；亦疫；一曰骨。亦骴、胔，並同」，《王一》作「骨。或作骴，亦作體、殔」，疑底二所缺字當作「或作殰」、「骴」四字。

〔三六八〕本條底二漫滅不能辨，茲從《潘韻》録定，檢《王一》、《裴韻》、《廣韻》「眥」字注文作「目眥。又在計反／切」，底二「反」字當爲「又」字形訛，又從注文體例看，疑「反（又）」字下所揭爲或體字，如爲又音，則疑「此」字有誤，俟考。

〔三六九〕注文所引《説文》形體與字頭同形，不合文例，《補正》據《説文·白部》校改作「䶩」，茲從之。

〔三七〇〕「具」字《王一》、《王二》、《裴韻》、《廣韻》皆作「直」，底二形訛，茲據校改，《補正》徑録作「直」，非原形。

〔三七一〕「嚣」字底二漫漶難辨，茲從《潘韻》録定。

〔三七二〕「吹」字注文底二僅「尺僞」二字約略可辨，《潘韻》更辨録一「反」字，茲亦從録。其下一字及注文左行底二殘泐，「吹」字注文《裴韻》作「尺僞反。鼓吹。又尺爲反」，《王一》略同，唯「鼓吹」作「嘘氣」，《廣韻》所收又音同，《補正》據補「又尺爲反」，但其後脱補小韻標數字，可據實收數補作「一」字，茲姑爲擬補五個缺字符。

〔三七三〕殘字底二存右部『戈』旁，《補正》校補作『戲』，與《王二》、《廣韻》合，《裴韻》字頭與注文所稱俗體皆作『戲』形，是其字頭字形亦當爲『戲』字之訛。又『義義』二字注文有些漫涣，兹從《潘韻》録定。又其缺字底二殘泐，《補正》據《王二》補作『一或作』三字，可從。

〔三七四〕『鏉』字《王一》、《裴韻》、《廣韻》皆作『鍦』，底二形訛，兹據校改。又『予』字底二漫滅不能辨，《潘韻》録作『予』，按『鍦』字釋義《王一》、《裴韻》、《廣韻》皆作『短矛』，俗寫『予』、『矛』二形多混，兹據校改。

〔三七五〕『躧』字下半部底二有殘泐，兹參《王一》、《廣韻》録定。又『履不躧』和『反又所』分别居底二注文雙行之右行和左行，其下至行末底二殘泐約四個半大字的空間，《王一》相關内容作『〇屣，所寄反。履不攝根。又所綺反。四。〇灑，灑掃。〇蹝，履屬』（『攝根』《廣韻》作『躡跟』，當以『攝根』義長），比底二所殘空間少半個大字，《補正》據補，但脱『根』字，而致左右雙行行款失稱，《裴韻》『灑』字注文作『灑掃。亦洒。又所綺反』，疑底二或有『亦作洒』三字，但如此又多出半個大字的内容，兹姑爲擬補十個脱字符。

〔三七六〕此處所引《説文》語意不明，疑有訛誤，今本《説文·食部》有『餧，飢也。从食，委聲。一曰魚敗曰餧』條，可參。

〔三七七〕殘字底二存左側似『王』字形筆畫，中上部有一短『丨』，《王一》、《裴韻》、《廣韻》『睡』小韻第二字皆作『瑞』，兹據校補。

〔三七八〕殘字底二存左側筆畫，兹據《王一》、《廣韻》校補作『駊』字。

〔三七九〕『内而』、『反一』分别居底二雙行注文之右行和左行，其下殘泐。按『枘』字《王一》、《裴韻》、《廣韻》皆作『枘』形，俗寫『木』、『禾』二形多混，兹據校補正字；又『枘』字《王一》、《裴韻》皆作『而睡反』，兹爲『枘』字注文擬補一個缺字符。『枘（䄲）』字條下至行末底二殘泐，據空間，約可抄五個大字（包括『枘（䄲）』字注文缺文），《補正》云『寘韻全』，從《王一》、《裴韻》『枘』字後所收字皆不同及《裴韻》『枘』字下『争義反』

小韻所收二字後即爲補抄前所脱録的『尺僞反』小韻的『吹』字等情況看，上田正所言蓋是，如此則底二『枘（訥』條下至行末所收的就當是『六至』大韻的字了。又其下行行首中部及行中左側存數殘畫，不能定位和辨識，故不具録。以上爲底二正面内容。

〔三八〇〕『髢』字爲底二背面首行首字，據《王一》、《廣韻》，此處與底二正面間缺六至以下至十二泰各韻及十三霽韻的前部小半内容。據内容及前後韻例、《王一》、《廣韻》，知此第一部分爲十三霽韻字。注文缺字底二殘泐，『髢』字釋義《裴韻》作『髮髢』，《王一》、《蔣藏》作『髮』，《王二》、《廣韻》作『髲』，後者合於《説文》，當可據補。《裴韻》以『髢』爲『特計反』小韻第四字，其前有『第』、『苐』、『遰』三字；《王一》以『髢』爲『特計反』小韻第三字，其前有『第』、『遰』二字。

〔三八一〕『締』字右旁右部底二殘泐，兹據《王一》、《裴韻》、《廣韻》録定。又注文缺字底二殘泐，檢『締』字注文《裴韻》作『結。亦啼』，《王一》作『結』，《廣韻》作『結也』，《補正》據《王二》補作『結締』，恐非，疑當參《裴韻》補作『結。亦』二字。

〔三八二〕殘字底二存左部『目』旁，兹據《王一》、《裴韻》、《廣韻》校補作『睇』字。又注文缺字底二殘泐，可據諸本補作『視』字。

〔三八三〕殘字底二存左部『忄』旁，兹據《王一》、《裴韻》、《廣韻》校補作『悌』字。又『悌』字下接抄另一字頭字，其間没有注文空間，《補正》蓋參諸本補注文作『孝悌』，非是。

〔三八四〕二殘字底二均殘存左側似『女』形部分，《王一》、《裴韻》、《蔣藏》、《廣韻》『悌』下一字皆作『娣』，其中《裴韻》、《蔣藏》、《廣韻》皆訓作『娣姒』，與底二殘形合，兹據校補二殘字作『娣』、『姒』。又注文缺字底二殘泐，亦可據諸本補作『娣』字。

〔三八五〕殘字底二僅存左上角一『丶』形筆畫，《王一》、《裴韻》、《蔣藏》、《廣韻》『娣』下一字皆作『禘』，《補正》據補，兹從之。又注文殘字底二殘泐，可據《王一》、《裴韻》、《蔣藏》補作『祭名』二字。

〔三八六〕字頭殘字底二存左側上下二殘畫，《王一》、《裴韻》、《蔣藏》『祫』字下皆作『鈦』字，《補正》據補，茲從之。又注文殘字底二存左側『力』旁，且居底二注文雙行小字的左行首字，『鈦』字釋義《王一》、《裴韻》、《蔣藏》皆作『以鎖加足』（『鎖』字《裴韻》作俗字『鏁』），《廣韻》作『以鎖加足；《説文》「鐵鉗也」』，茲據校補注文殘字作『加』字。缺字底二殘泐，可據諸本擬補作『以鎖』及『足』三字。

〔三八七〕字頭殘字底二存左側『單』旁大部，茲據《王一》、《裴韻》、《蔣藏》、《廣韻》校補作『鷤』字。注文殘字底二存左部『彳』旁，亦據諸本校補作『徒』字。又缺字底二殘泐，『鷤』字注文《王一》、《裴韻》皆作『鷤鴂，鳥。又徒鷄反』，可據補。

〔三八八〕殘字底二存左側『木』旁，茲據《王一》、《裴韻》、《蔣藏》、《廣韻》校補作『棣』字。又注文缺字底二殘泐，可據諸本補作『車下』二字。

〔三八九〕殘字底二存左側似『辶』形部分，《補正》蓋據《裴韻》、《廣韻》校録作『遞』字，茲從之。『遞』字下至行末底二殘泐約九個大字的空間，《補正》蓋據底二所殘空間及《廣韻》、《王二》『遞』（《王二》未收『遞』字，但在相應位置收一『逮』字）前底二所未收的字及後一小韻的收字情況擬補作『○遞，更遞。○杕，盛皃。○踶，蹋。○題，又徒鷄反。○砌，七計反。三。○切』，比底二所殘空間少約半個大字，疑『題』字注文當從《裴韻》加一訓解作『封』，或如《王一》加一訓解作『次』，則其所用空間即與底二所殘者吻合矣，茲據擬補十九個缺字符。

〔三九〇〕『説』字底二有些漫漶，茲從《潘韻》、《補正》録定。又注文所引《説文》字形『聲』字誤，《補正》據《説文》校作『壻』字，是，底卷形訛，《裴韻》、《蔣藏》字頭作『聟』形，底二引《説文》字形蓋亦本作此形）。又『七』字《説文》作『士』，底二亦形訛，茲並據校改。

〔三九一〕『汝南』二字底二略有漫漶，茲據《王一》、《裴韻》、《廣韻》録定。

〔三九二〕『羿』字條所在爲一碎片，底二誤倒粘於下行『系』字條殘斷後，《潘韻》未録，《補正》則誤認作『栺』字，茲爲移正抄録，其引《説文》字形存右上似『刁』形部分，兹姑據《説文》校補作『羿』字，又後二殘字皆存右側筆畫，不能斷爲何字，從文例看當爲『從幵』二字。『羿』字前存前條注文左行末字『四』，《裴韻》『洶』、『羿』二條間有『詣，五計反。四』一條，與底二合，《補正》所補如是，兹從擬補四個脱字符。

〔三九三〕『羿』字條下至行末底二殘泐約四個半大字的空間，《裴韻》相關内容作『○睨，睥睨。亦覞。○指，枍指，殿名』，『亦覞』依底二文例當作『亦作覞』，如此則與底二所殘空間吻合，兹據擬補十一個缺字符。又《補正》『指』字録出，疑即以倒粘之『羿』字誤認如此，非是。

〔三九四〕『五』字《王二》、《裴韻》、《蔣藏》、《廣韻》皆作『古』，底二蓋承前一小韻『五計反』而訛，兹據校改。

〔三九五〕『□』字《補正》據《説文》校作『薊』，兹從之，底二俗訛。又今本《説文・艸部》作『薊，芺也』。

〔三九六〕『髺』字《王一》、《裴韻》、《蔣藏》、《廣韻》皆作『髻』，底二俗訛，兹據校改。

〔三九七〕殘字底二存左部『厂』形部分，《補正》校録作『反』字，兹從補。又『緒也』、『狄▨（反）』分居『系』字雙行注文的右行和左行前二字，其下至行末底二殘泐約五個大字的空間，《裴韻》相關内容作『○系，緒。《説文》作此系。又巨狄反。○妎，心不了』，《王一》『妎』字亦只訓『心不了』，故底二所殘空間除末一字當爲『妎』外，皆爲『系』字注文，即除已有的四字外，還當有七或八字注文，兹姑爲擬補九個缺字符。

〔三九八〕『刻已』《王一》、《王二》（唯『已』誤作『己』形）同，今本《説文》作『刻也』，王筠《説文句讀》云：『栔原其始，契要其終，祇是一字，略分動静，故經典皆用契而不用栔。』以『刻已』之訓視之，疑其説當作『栔要其終』。

〔三九九〕缺字底二殘泐，『医』字釋義《王一》、《裴韻》、《蔣藏》皆作『藏弓弩器』，《補正》據補『弓』字，可從。

〔四〇〇〕殘字底二存左部筆畫，其中左上角部分約可辨爲『医』形，《王一》、《裴韻》、《蔣藏》『医』下一字皆作『瞖』字，兹據校補。『瞖』字下至行末底二殘泐約三個大字的空間，然『瞖』字下的文字諸本多歧，《補正》參酌諸本并據行款擬補『○瞖，目瞖。○□。○謎』，比底二所殘空間少半個大字，是其所擬缺字當有一或二字注文，《裴韻》『瞖』字條下收有二字『○殹，擊中聲。○㝗，静』，底二蓋有其一，兹姑爲擬補六個缺字符。

[四〇一]『惠』字及後從『惠』旁字底卷皆俗省作『恵』形，爲免繁瑣，今皆徑録作『惠』形，後不一一出校説明。

[四〇二]『蟪』字注文《裴韻》作『蛄蟪，虫』，《王一》作『蟪蛄，小蟬』，《蔣藏》、《廣韻》作『蟪蛄』，《補正》以爲『木名』乃蒙後『槵』字注文而訛，是，然本注文之究爲二字、三字或四字，則不得而知。

[四〇三]殘字存上部筆畫，《王一》、《裴韻》、《蔣藏》『桂』字反語皆作『古惠反』，其『惠』字與底二殘形合，兹據校補。

[四〇四]『桂』字條下至行末底二殘泐約二個半大字的空間，《王一》、《裴韻》『桂』、『筀』之間皆作『昋』字，《王一》訓之作『姓。亦炅』，《裴韻》訓之作『人姓。或作炅；亦作炔』，參酌二書内容及底二所殘空間，底二『昋』字注文蓋當作『人姓。亦作炅』，兹姑據擬補六個缺字符。

[四〇五]『諸』字非韻，《王一》、《裴韻》、《蔣藏》、《廣韻》皆作『詣』，底二形訛，兹據校改。

[四〇六]『睤』字釋義《裴韻》作『睤睨，斜視』，《王一》、《蔣藏》、《廣韻》皆只作『睥睨』，『睤』爲『睥』之俗字，而訓『水名』者諸本皆作『淠』或『渒』形，《補正》謂底二脱『睤睨。淠』三字，是，唯『淠』字或當從前『睤』字右旁寫法作『渒』形，兹據擬補三個脱字符。

[四〇七]缺字底二殘泐，此當爲本小韻標數字，可據實收字數補作『十三』二字。

[四〇八]注文『僕』字右下角底二略有殘泐，兹從《王一》、《裴韻》、録定；又『又附著《説文》作從祟』底二本作『《説文》作又附著從祟』，蓋抄者誤倒，不辭，兹依文例徑爲乙正。

[四〇九]『縊』字《王一》、《王二》作『盩』形，《裴韻》、《蔣藏》、《廣韻》皆作『盭』形，後者合於《説文》，『盩』當爲『盭』字俗變，而『縊』又是『盩』字俗訛。

[四一〇]『鸐』字《王二》、《裴韻》略同，《王一》、《廣韻》作『鶴』，『鸐』爲『鶴』之俗字，《龍龕·鳥部》正以『鸐』爲『鶴』之俗字。

[四一一]『劉』字《蔣藏》同，《裴韻》作『劉』，《王一》、《廣韻》作『劙』形，後者合於《方言》卷一三『劙，解也』之形，

『䵸』當爲其俗變，而『䵸』又其俗變之省。

〔四一二〕今本《説文》作『蝓，蛇屬，黑色，潛于神淵，能興風雨』，『潛』字下底二蓋脱『于』字。

〔四一三〕殘字底二存上部『艹』旁及下部殘畫，《王一》、《裴韻》、《蔣藏》、《廣韻》皆作『薜』字，兹據校補。

〔四一四〕『琵琶』二字底二模糊，兹從《潘韻》録定，又殘字存右部筆畫，兹據《王一》、《裴韻》、《蔣藏》、《廣韻》校補作『撥』字。

〔四一五〕『捩』字條下底二殘泐約一個大字的空間，殘條注文與《裴韻》『濘，泥戾反。陷濘。又乃定反。二』合，《補正》擬補缺字作『濘』，可從。

〔四一六〕『二』字《補正》據實收字數校作『三』，兹從之。

〔四一七〕『似』、『歲』、『繕』三字底二皆有些漫壞，兹參《王一》、《裴韻》録定。又『歲』字下依文例脱一『反』字，兹爲擬補一個脱字符。

〔四一八〕『羽翽』、『説』分居底二雙行注文的右行前二字和左行首字，其下至行末底二殘泐約三個大字的空間（不包括左行注文比右行所少的一個缺字），《補正》據諸本并參酌底二本小韻末字注文的『出《説文》』而擬補相關部分作『○衛，羽翽反。五加一。《説文》作此衛。○轊，車軸頭鐵』，如此則比底二所殘空間多一個多大字，恐不足憑，疑底二本小韻的標數字與《王一》、《裴韻》同爲『六』字（從底二本小韻第六字的注文看，其小韻標數字作『五加一』合於文例），而引《説文》則無『此』字，如此則可與底二所殘空間略相吻合，兹姑據擬十個缺字符。又反語下字『翽』置此非韻，《王二》同，《王一》作『劌』，《蔣藏》同，《裴韻》作『歲』，《廣韻》同，疑底卷『翽』字當爲『劌』字形訛，姑據校改。

〔四一九〕『碎』字《裴韻》、《蔣藏》皆作『砕』字，《王二》作『碎』，《廣韻》作『碎』，『砕』、『碎』皆『碎』之俗字，而『碎』字則當爲『碎』字俗訛，兹據校改作正字『碎』。

〔四二〇〕『䆝』字當爲《説文》篆字的隸定形體，其字通俗隸作『竄』形。又『豕』字《蔣藏》同，《王一》、《裴韻》、《廣韻》皆作『豚』字，與《説文》同。

〔四一〕『苪』字《王一》、《裴韻》同，《王二》作『芮』，《蔣藏》、《廣韻》、《集韻》同，合於《説文》及形聲構字理據，按『内』字本從入旁作『內』形，俗或訛變作『丙』形，是底卷字形乃『芮』之俗訛，茲據校改。

〔四二〕字頭『柄』字《王一》、《裴韻》、《廣韻》皆作『枘』，底二俗寫，參前條校記，然因其俗寫而致注文與被注字同形，不合文例，故據校改。

〔四三〕殘字底二存右上筆畫，《補正》依文例校補作『説』字，茲從之。又缺字底二殘泐，《裴韻》注文有『以物質錢出』，《補正》據補，今本《説文·貝部》『贅』字釋義無『出』字，唯較之於底二缺字情況，疑其『以』、『質』間衍抄一字。

〔四四〕『贅』字條下至行末底二殘泐約三個半大字的空間（不包括『贅』字注文所缺字），《補正》據《王一》、《裴韻》及《廣韻》擬補作『○啐，小歠。山芮反。一。○毳』，與底二所殘空間吻合，茲從擬補八個缺字符。

〔四五〕釋義《王一》、《王二》同，《裴韻》作『肉肥脆』，《蔣藏》作『肉肥臑（腝）』，《廣韻》引《説文》作『小耎易斷也』，又《廣韻》字頭作『脃』形，而以『脆』爲俗字，龍宇純《校箋》：『此云「肉肥」或即「肉脃」之誤。』蓋底卷字頭本作『脃』形，抄者或因俗而改作『脆』，然却誤改注文之『脃』作『肥』字。

〔四六〕『草』、『狀』二字分居底二雙行注文右行和左行首字，其下殘泐，檢《王一》、《裴韻》、《廣韻》『毳』字注文皆作『草生狀』，《補正》只擬補一『生』字，茲從擬補一個缺字符。

〔四七〕殘字存右部『叕』旁上部及左部殘畫，《王一》、《裴韻》、《廣韻》『以芮反』小韻後一小韻首字皆作『綴』字，《補正》校補作『綴』，茲從之。又『綴』字下至行末底二殘泐約三個半大字的空間，《補正》據《王一》、《裴韻》及《廣韻》擬補相關内容作『○綴，陟衛反。又丁劣反。二。○醊，祭』，與底二所殘空間吻合，茲從擬補十個缺字符。

〔四八〕『大』字《説文》作『犬』，俗寫二形多混，茲據校改。又『与』、『死』二字底二皆有些漫滅，茲從《裴韻》録定，

「或与死同」義晦，依文例疑「与」當爲「從」字之訛，姑爲校改。

〔四二九〕今本《説文·㡀部》「敝」字下作「帗也；一曰敗衣」，《補正》據校「狀」爲「帗」字，茲從之。

〔四三〇〕「橐」字《王一》、《王二》、《裴韻》、《蔣藏》、《廣韻》同，《集韻》作「橐」；又「擣」字《裴韻》、《蔣藏》、《廣韻》同，《王一》作「檮」，與《集韻》「一曰數祭」義合，龍宇純《校箋》、余迺永《新校》皆云當作「橐，重檮」，俗寫形訛，茲從校改。 殘字存上部筆畫，茲據《王一》、《裴韻》校補作「作」字。 又「作」、「反」二字分居底二雙行注文的右第四字和左第三字，其下至行末底二殘泐約四個大字的空間，《補正》參酌《王一》、《裴韻》、《蔣藏》等擬補的相關内容作「○橐，重擣。或作箃。楚歲反。一。○篲，掃帚。因歲反。二」，比底二所殘空間少一個大字，疑當從《王一》補「篲」字注文又音「又蘇類反」，始契底二本來面目，故據擬補十三個缺字符。 又《補正》據《蔣藏》擬「橐」字或體作「箃」形，不確，《裴韻》所載作「豉」形，《王一》作「籛」形，皆當爲「箃」字俗變，參《王一》校記〔二七四六〕。

〔四三一〕「大」字疑當作「小」，參《王一》校記〔二七四七〕。

〔四三二〕殘字前者底二存上部筆畫，後者存左下部筆畫，缺字殘泐，《王一》、《王二》、《蔣藏》、《廣韻》注文皆作「剖刷，斷割」（《廣韻》後有語氣詞「也」），《裴韻》作「剞刷，斷割」，茲據校補二殘字作「斷割」，又「剞刷」爲聯綿詞，諸本「剖」字當爲「剞」字形訛，參《王一》校記〔二七五二〕，茲爲校補。

〔四三三〕「恡」字下依文例底二脱一「反」字，姑據擬補一個脱字符。

〔四三四〕殘字底二存下部「一」形筆畫，茲據實收字數校補作「三」字。 又缺字底二殘泐，《王一》、《裴韻》、《蔣藏》、《廣韻》「掣」字反切及又音皆作「尺制」、「尺折」反，可據補。

〔四三五〕殘字底二存「疒」旁左側筆畫，茲據《王一》、《裴韻》、《廣韻》校補作「瘛」字，《蔣藏》俗寫作「瘛」形。 又「瘛」字注文《裴韻》、《蔣藏》、《廣韻》皆作「小兒驚」，《王一》、《王二》有又音「又胡計反」，審底二「瘛」字下所殘空間，僅可録一個大字（四個小字），故不可容又音，《補正》據補「小兒驚」三字，茲從擬補三個缺字符。

〔四三六〕『⿱制酉』字《王一》、《王二》、《廣韻》皆作『⿱制月』形，《裴韻》作『⿱制肉』，《蔣藏》作『⿱制肉』，按『肉』字作偏旁時隸定或作『⿵冂仌』形，或進而簡作『月』形，又《集韻》『⿱制月』字注文云：『或从酉。』

〔四三七〕依文例，注文所引《説文》前一字當爲《説文》字形，後一字當爲《説文》訓解，然今本《説文》作『製，裁也』，段注以爲『此篆處非其次』，因爲訓『裁』，且與『裁』又皆從『衣』旁，是以當『在裁篆之下』，則底二之訓，或許與《説文》原貌有關。又『㓷』字當爲『製』字篆文的一種隸定形體，至底二抄者之録形蓋已失真，其原貌不得而知。又後一『作』字底二抄於『㓷』字下，蓋誤倒，今依文例乙正。

〔四三八〕『入』字下《王一》、《裴韻》、《蔣藏》、《廣韻》皆有一『意』字，《補正》以爲底二脱之，兹從擬補一個脱字符。

〔四三九〕注文引《春秋傳》文字今本《説文·犬部》『猘』字下略同，阮刻《十三經注疏》本《左傳》襄公十七年作『瘈狗入於華臣氏』，阮元校勘記以爲蓋古本作『猘』字。

〔四四〇〕『説』字下《補正》謂脱一『文』字，合於文例，兹從擬補一個脱字符。又今本《説文·水部》『溢』字訓之『增』字前有一『埤』字，《補正》録底二『增』字作『埤』，非是。

〔四四一〕注文又義《王一》、《王二》、《裴韻》、《蔣藏》皆訓作『習』，《廣韻》注文單作『習也』，與《説文》同，底二『尋』義不詳所出，疑爲『習』字形訛。

〔四四二〕『遏』字當爲直音，《廣韻》『餲』字下收二又音：『於葛、於介二切』，其前者即『遏』之音，然諸韻書之直音無作『又云』之標識者，疑底二『云』字爲『音』字之形訛。

〔四四三〕『⿱砅魚』字《裴韻》作『⿱列大』形，《蔣藏》作『⿱列火』，《王一》、《廣韻》作『鮤』，疑底二字形乃蒙上條注文『砅』字而訛『歹』作『石』旁，兹姑據校補作正字『鮤』。又注文底二作『魚一本名作此』，《補正》云：『當作「魚名。一本作此⿱列火」』，疑其俗體當從『火』旁爲是，此合於『魚』字篆文字形，然『大』、『火』作偏旁俗寫多混，兹據乙正，并擬補一個脱字符。

〔四四四〕本小韻實收十二字，比其標數字少一，《裴韻》收十五字，比底二多『𢂑』、『𥞊』、『犡』三條，《蔣藏》收『十二加一』字，其中底二所無者有『𥞊』字條，《王一》收十六字，比本小韻多『𢃢』、『栵』、『𩡧』、『犡』四字，然《王一》之撰，或未參長孫之書，而《裴韻》、《唐韻》及《廣韻》一係則皆有用者，故疑底二脱『𥞊』字條，兹姑據《裴韻》『𥞊，黍秀』條擬補三個脱字符。

〔四四五〕『憩』字《王一》、《王二》、《蔣藏》同，《裴韻》、《廣韻》作『愒』，王國維《唐寫本唐韻殘卷校記》云：『憩字殆愒字之譌』，『蓋即漢魏律文恐猲之猲，本書十一曷與卅四乏均有猲字，一訓恐也，一訓恐受財，義皆相同，此憩字殆恐猲字之又一音』。龍宇純《校箋》：『《切三》（長龍按：即《箋二》）、《全王》（長龍按：即《王二》）、《王一》、《王二》（長龍按：即《裴韻》）、《唐韻》（長龍按：即《蔣藏》）、《廣韻》末（曷）韻猲下云「恐」，《集韻》字作愒，注云「通作猲」。』是『愒』字蓋『猲』字之因義類化字（訓『恐』故從『心』旁），而『憩』則又爲『愒』之俗訛字。

〔四四六〕『𦋺』字《王一》、《王二》、《裴韻》、《蔣藏》同，《廣韻》作『罽』，又其所引《説文》字形，今本《説文》亦作『𦇏』形，是省『厂』形者當爲『罽』之俗字。又今本《説文·糸部》『𦇏』字下作『西胡毳布也』，又《裴韻》訓同，是底二所引《説文》當脱一『布』字，兹據擬補一個脱字符。

〔四四七〕『泉』字中部底二略有殘壞，兹據《王一》、《裴韻》、《廣韻》録定。

〔四四八〕『廗』字《蔣藏》同，《王一》、《王二》、《裴韻》、《廣韻》皆作『𤸪』形，又『𢇍』字《王二》、《裴韻》、《蔣藏》、《廣韻》皆作『痢』字，俗寫『广』、『疒』二旁多混而不分，兹並爲校補正字。

〔四四九〕『會』字下底二有一『來』字，《裴韻》無之，但於『子悦反』前有一『又』字，《補正》以爲底二『來』字爲衍文，而又音前脱一『又』字，是，兹從徑删『來』字并爲擬補一個脱字符。

〔四五〇〕大韻標序字底二漫滅，國家圖書館藏王重民所攝照片『十五』二字清晰可辨。

〔四五一〕『𤷪』字《王一》、《裴韻》略同，《王二》作『瘕』形，《蔣藏》、《廣韻》作『瘕』形，後者合於《説文》，前二形皆訛俗字，兹據校補正字。

〔四五二〕「适」乃「逅」之俗字，俗寫「后」、「舌」二旁多混，如「妒」俗字或作「妬」或作「姤」，參《敦煌變文集校議·維摩詰講經文(二)》之「不姤」條考釋(載《郭在貽文集》二，中華書局二〇〇二)，兹據《王一》、《裴韻》、《廣韻》校補正字作「逅」。

〔四五三〕「二」字底二本録於「反」字下，不合文例，兹徑乙正。

〔四五四〕反語下字《王一》、《王二》、《裴韻》、《蔣藏》、《廣韻》皆作「懈」字，底二蓋承前條注文而訛，《補正》據校，兹從改。

〔四五五〕「畵」爲「畫」之俗字，參《敦煌俗字研究》下編田部「畫」字條考釋。

〔四五六〕注文所引《説文》字形與字頭同，不合文例，檢《裴韻》注文收或體作「蘳」形，《説文·艸部》「蘳，黄華」，與底二所引《説文》義訓略合，兹據校改。又今本《説文·黄部》有「黊，鮮明黄也」，音「户圭切」，與底二本小韻音異；「蘳」音「乎瓦切」，亦與本小韻不同。

〔四五七〕注文「衣」字下《王一》、《王二》、《裴韻》皆有一代字符，《蔣藏》代字符在「衣」字前，疑底二有脱文，或用注文與被注字連讀成訓例。

〔四五八〕「祭」字《蔣藏》同，按「目祭」不辭，檢《王二》、《裴韻》、《廣韻》皆作「際」，底二誤脱左旁，《補正》校作「際」，兹從之。又反語下字「解」《王一》、《王二》、《裴韻》、《蔣藏》、《廣韻》皆作「懈」字，《補正》據校，亦從改。又反语依例脱「反」字，兹爲擬補一個脱字符。

〔四五九〕「庎」字《王一》、《王二》、《裴韻》、《蔣藏》、《廣韻》皆作「庍」形，《玉篇·广部》同，王國維《唐寫本唐韻殘卷校記》云：「案此字於形聲義均無可説，《集韻》有庍字，注「卜卦切。舍别也」，即此字。」俗寫「𠂢」形多作「爪」形，又進而訛作「介」、「斤」之形，楊寶忠《疑難字考釋與研究》广部「庎」字條云：「今謂「庎」、「庍」皆「𠂢」之俗寫。《説文》十一篇下𠂢部：「𠂢，水之衺流别也。从反永，讀若稗縣。」……蓋「𠂢」變作

「𠂢」，構形理據不明，流俗爲恢復其構形理據，「𠂢」復變從「瓜」作，而「厂」、「广」二旁相亂，遂成「庍」字。其演變軌迹與「虒」變作「⿸广虒」正同。「𠂢」訓別，而「庍」訓舍別者，丁度等不知「庍」即「𠂢」字，見其從广，因訓舍別（從广之字多具屋舍義），望形生義也。」又諸本訓『到別』者，楊氏以爲『「到」字即「別」字之誤而闌入正文者』，甚是，兹從校改字頭作『𠂢』字，且底二注文『到』字當刪。

〔四六〇〕『疵』字《王一》、《王二》、《裴韻》、《廣韻》、《集韻》皆作『⿸疒樂』形，底二蓋蒙下字而脱『木』形部分，《補正》校作『⿸疒樂』，兹從之。

〔四六一〕『睚』字下部底二有殘壞，兹據《王一》、《裴韻》、《廣韻》録定。

〔四六二〕『泒』爲『派』之俗字，參《敦煌俗寫研究》水部『派』字條考釋。又底二所引《説文》『從反水』，《補正》據今本《説文·水部》『派』字下『从水，从𠂢，𠂢亦聲』校『反』作『𠂢』，兹從之。又『加一』底二置於注文末，不合文例，蓋抄時脱寫而後補録所致，兹徑爲乙正。

〔四六三〕『⿰糸瓜』爲『⿰糸𠂢』之俗字，參上條校記，《裴韻》、《廣韻》正作『⿰糸𠂢』形。

〔四六四〕『⿰氵⿱艹⿱丹十』字《王一》、《裴韻》略同，《蔣藏》、《廣韻》作『潬』，合於《説文》，底二俗訛，兹據校改。又『單』字諸本皆作『丹』，底二音訛，亦據校改。

〔四六五〕『嫛』字《裴韻》作『嫛』，《王一》作『嫛』，《蔣藏》、《王二》、《廣韻》皆作『嫛』，後者合於今本《説文》隸定形體，底二俗省。

〔四六六〕大韻標序字底二漫滅，國家圖書館藏王重民所攝照片『十六』二字清晰可辨。

〔四六七〕注文底二作『又於飢反；烏界反』，不合文例，蓋抄者初脱正音反語，後補於又音後，兹徑爲乙正。

〔四六八〕『不聲』不辭，《王一》、《裴韻》、《廣韻》注文皆作『不平聲』，《補正》以爲底二脱『平』字，兹從擬補一個脱字符。

〔四六九〕『夰』字見《説文·夰部》，訓『放也』，按《集韻》本小韻『介』字下收『夰』字，引《説文》訓『大也』，《王二》本條下亦注其或體作『夵』形，蓋皆『介』字篆文隸定之不同形體，底卷俗訛，茲據校改。

〔四七〇〕『鞕』字《王二》同，《王一》作『鞕』，《裴韻》、《蔣藏》、《廣韻》皆作『硬』，按『鞕』爲『硬』之或體，底二形訛，茲據校改。

〔四七一〕本小韻標數字作『十二加二』，而實收十三字，『砎』、『价』之間《裴韻》有『魪，魚名』一條，《王一》、《王二》、《蔣藏》、《廣韻》『砎』字下亦皆作『魪』字條，《補正》謂底二脱，茲從擬補三個脱字符。

〔四七二〕『褹』字《王一》、《裴韻》、《廣韻》、《集韻》皆作『褹』形，按『褹』當爲表示『重衣』義的『褺』之易位俗字，底二形訛，茲據校改。

〔四七三〕『誠』字《裴韻》作『説』，底二蓋承字頭而訛，茲據校改，《補正》徑改録作『説』。

〔四七四〕『韲』字《王一》作『齏』形，《裴韻》、《集韻》收之爲《説文》『齏』字之或體，而以『薤』爲其通用俗字，參其正俗二形，則知底卷字形當以『齏』形爲是，作『韲』又爲『齏』之俗寫。

〔四七五〕『嚙』字《王一》、《王二》、《裴韻》、《蔣藏》、《廣韻》皆作『齧』，是，底二誤增『口』旁，茲據校改。

〔四七六〕『矇』字《裴韻》作『瞭』，《王一》、《蔣藏》、《廣韻》作『瞭』形，後者爲《説文·耳部》『聵』字或體『聵』的俗省，『矇』、『瞭』皆其俗訛，茲據校改。

〔四七七〕『剢』字《王一》、《蔣藏》同，《裴韻》、《廣韻》皆作『蒯』，《廣韻》注文有『或作剢』語，二字皆爲『蔽』之俗字。

〔四七八〕『嘳』字與『嘳』爲同一篆文的隸定字，《王一》、《王二》、《裴韻》、《蔣藏》皆作『嘳』形，《廣韻》、《集韻》皆作『嬇』形，後者與釋義合，又《集韻》以『嘳』爲『喟』字或體，龍宇純《校箋》：『「嘳」爲女字未詳，蓋即「嬇」字涉下文「喟」字從口而誤耳。』茲據校改。

〔四七九〕『難』字《王一》、《裴韻》、《蔣藏》、《廣韻》皆作『嘆』，底二形訛，《補正》校作『歎』字，茲從之。

〔四八〇〕『杋』字《王一》同，《王二》、《裴韻》、《蔣藏》、《廣韻》皆作『扒』形，俗寫『扌』、『木』二形多混，茲據校補正字作『扒』。又『詩』字左上角、『剪』字右上角底二有殘壞，茲從諸本録定

〔四八一〕『湧湃』不辭，《王一》、《裴韻》、《蔣藏》、《廣韻》『湧』字皆作『滂』字，底二形訛，兹據校改。

〔四八二〕『良』字《王二》、《裴韻》、《廣韻》皆作『浪』，《補正》校作『浪』字，兹從之，底二誤脱『氵』旁。

〔四八三〕『壞』字或體《裴韻》作『㲉』形，《集韻》亦收此，與《説文·土部》『壞』字下所收籀文合，《補正》據校，兹從之，底二形訛。

〔四八四〕今大徐本《説文》作『𩓥，頭蔽𩓥』，小徐本作『頭蔽𩓥』，段注據改，按『蔽』之俗字或作『蒯』，『茢』當爲『蒯』之俗寫。參上文校記〔四七七〕。

〔四八五〕『憊』字或體《裴韻》作『𢡟』形，《王一》作『𤺋、𢡟』二形，《廣韻》則以『𢡟』爲正字，而以『憊』、『𤺋』爲或體，與《説文·心部》以『㒗』（與『𢡟』爲同一篆文的不同隸定形體一致）爲正體而以『𤺋』爲或體合，底卷形訛，兹據校改作『𢡟』字。

〔四八六〕『作』字上部底二有漫壞，兹從《潘韻》録定。又後一『亦』字疑爲衍文。

〔四八七〕大韻標序字底二漫滅，兹從《潘韻》録定。

〔四八八〕『作』字底二略有漫漶，兹從《潘韻》録定。又『會合善』似有不辭之感，考《説文·言部》話字訓作『會合善言也』，疑底卷『善』下脱抄『言』字。

〔四八九〕『退』字下部、『壞』字上部底二有些漫壞，兹從《潘韻》録定，又按今本《説文》『敗』、『退』二字皆收，前者在攴部，訓『毀也』，後者在辵部，訓『敷也』。

〔四九〇〕『莫芥』不辭，《王一》、《裴韻》、《蔣藏》、《廣韻》（入怪韻）皆作『草芥』，《補正》校『莫』作『草』，兹從之，底二形訛。

〔四九一〕缺字底二殘泐，此爲小韻標數字，可據本小韻實收字數補作『二』字。

〔四九二〕字頭殘字底二存右部『曷』旁，兹據《王二》、《裴韻》、《蔣藏》、《廣韻》校補作『餲』字。注文殘字底二存右下部『又』形部分，兹據諸本校補作『反』字；又缺字底二殘泐，可參諸本補作『於罽』二字。

〔四九三〕 大韻標序字底二漫滅，兹從《潘韻》録定。

〔四九四〕 『怨』、『不』爲『憝』字注文雙行右行及左行的首字，『薄背』、『加一』爲『珮』字前一條注文雙行右行及左行末二字。由行款可推知『加』、『薄』二字前當各缺二注文文字，可參《王一》、《裴韻》、《蔣藏》及本條殘字補作『佩，帶也。薄背反。七加一』，兹爲該條擬補五個缺字符。又其前憝字條注文空間依行款當缺六字，檢《裴韻》『憝』字注文作『怨也。亦憝。《周書》「民不罔憝」』，與底二『憝』字注文殘字及行款正相吻合，兹據擬補五個缺字符，《説文·心部》『憝』字下引《周書》作『凡民罔不憝』，然阮刻《十三經注疏》本《尚書·周書·康誥》作『暋不畏死，罔弗憝』，依文法，『不罔憝』當乙正作『罔不憝』爲是。

〔四九五〕 殘字底二僅存右下角『一』形筆畫，兹參《王一》、《裴韻》、《蔣藏》、《廣韻》校補作『星』字。又『没』字筆畫底二略有漫漶，亦參諸本録定。

〔四九六〕 『督』字右上角筆畫底二有些漫漶，兹據《王一》、《王二》録定。又缺字底二殘泐，可參《王一》、《王二》、《裴韻》及《廣韻》補作『瑇瑁又』三字。

〔四九七〕 缺字底二殘泐，檢《説文·酉部》『配』字訓作『酒色也』，可據補『色』字。又『配』字條居底二末行行末，次行以下殘。

〔四九八〕 據底二所載去聲韻目及《王一》、《王二》，此處缺十八隊韻後部大半、十九代韻以及廿癈韻前半。

〔四九九〕 『柿』字居底四首行行首，此前殘泐，以下爲底四内容。據底二卷端韻目，『柿』下一段大韻代表字爲『癈』，但《王一》、《王二》、《裴韻》、《廣韻》、《集韻》均作『廢』，底二『癈』有可能爲『廢』字俗訛，但因二者本在同一小韻，作『癈』亦不誤，故仍暫擬作『癈』韻。該大韻『廢』、『柿』之間《裴韻》的相關内容爲『○廢，方肺反。捨也。七。○癈，病。○𧸘，賦斂。○橃，木橃。○祓，福。○蕟，蘆蕟。○鱍，《説文》「隿射收繳具」。○肺，芳廢反。内藏名。二』，可參。

〔五〇〇〕 缺字底四殘泐，《裴韻》注文作『於肺反。惡也。四』，《王二》作『於肺反。惡。五』，當可參補。

〔五〇一〕　殘字底四存左側筆畫，《王二》、《裴韻》、《廣韻》『穢』字下皆爲『薉』字，與底卷殘畫合，茲據校補。又注文缺字底四殘泐，檢《裴韻》作『荒蕪』，《王二》作『荒穢』，《廣韻》作『荒穢，《説文》「蕪也」』，底四所殘字當爲『荒』或『蕪』字。

〔五〇二〕　字頭殘字底四存左側『氵』旁，注文二殘字亦皆存左部筆畫，茲參《王二》、《裴韻》、《廣韻》校補作『濊』及『夷名』三字。注文缺字底卷殘泐，可參諸本補作『濊貊』二字。

〔五〇三〕　『濊』字條下至行末底四殘泐約三分之二行，據空間，約可抄十六個左右大字。『魚肺反』小韻首字居底四前行末，《王二》、《裴韻》、《廣韻》皆作『刈』字，當可據補。

〔五〇四〕　『又』字《裴韻》、《廣韻》皆作『乂』，俗寫『乂』字右上角多帶折筆，因與副詞『又』字重形，故爲校補正字。

〔五〇五〕　『困』字《廣韻》同，《王二》、《裴韻》皆作『因』，與《説文·心部》『⿱乂心，懲也』之訓合，底四形訛，茲據校改。

〔五〇六〕　『忍』字置此非韻，《周韻》所收德藏『切韻斷片二』（列TID）、《王二》、《裴韻》、《廣韻》反语下字皆作『刃』，底四誤增『心』旁，茲據校改。

〔五〇七〕　『⿱振鳥』字注文《周韻》所收德藏『切韻斷片二』（列TID）作『⿱振鳥路，鳥名』，《裴韻》作『⿱振鳥鷺，鳥』，《王二》作『⿱振鳥鷺，鳥名』，茲姑據行款擬補三個缺字符。

〔五〇八〕　『⿱振鳥』字條下至行末底四殘泐約半行，據空間，可抄十三個左右大字。

〔五〇九〕　注文『加』字居行首，其下一字底四漫滅，檢『迅』字條所在小韻首字《王二》、《裴韻》、《廣韻》皆作『信』字，音『息晉反/切』，其中《裴韻》收七字，《王二》收六字（龍宇純校作『七』字），疑底四本小韻亦收七字，《裴韻》以『阠』字爲本小韻末字，他字排序與底四同，《王二》亦收『阠』字，是底四小韻標序字蓋本作『六加一』。又『信』字《周韻》所收德藏『切韻斷片二』（列TID）、《裴韻》皆無訓解，疑底卷同。

〔五一〇〕　『⿰月恖』爲『腦』之俗字，參《敦煌俗字研究》下編月部『腦』字條考釋。又『恖』字當爲『思』字的隸定形體之一，《説文》訓『頭會㛴蓋』的則應爲『囟』字，底四蓋承字頭左旁而訛，茲姑據校改。

〔五二一〕大、小徐本《説文·卂部》『卂』字釋『疾飛也。从飛而羽不見』，底卷蓋脱『羽』字，茲姑從擬補一個脱字符。

〔五二二〕『汛』字下至行末底四殘泐約半行，據空間，可抄十三個左右大字。又《裴韻》『汛』字注文作『灑』，其下有該小韻末條『阠，《尔疋》「南方陵」』。

〔五二三〕『燐』字所在小韻首字《王二》、《裴韻》、《廣韻》皆作『遴』，其中《裴韻》音『力進反』，《王二》音『力晉反』，《廣韻》音『良刃切』，可參。

〔五二四〕注文『傾』字《裴韻》、《廣韻》作『須』，與《説文·頁部》『驎，䪾驎也』合，底四形訛，茲據校改。又《周韻》所收德藏『切韻斷片二』（列TID）本小韻末條爲『藺，草』，而『驎』字條又全取於《説文》，是底四此條當爲新加字。

〔五二五〕『認』字條下至行末底四殘泐約半行，據空間，可抄十三個左右大字。

〔五二六〕『引軸』二字居行首，檢《裴韻》（『軸』訛作『輪』字）、《王二》、《廣韻》以『引軸』爲注文的字頭皆作『軔』，爲『与晉反』小韻（首字爲『胤』）字，可從補。

〔五二七〕『輮』字《周韻》所收德藏『切韻斷片二』（列TID）、《王二》皆作『輮』，《廣韻》作『䡆』，《裴韻》作『輮』，後者爲《説文·申部》『䡆』字的换位俗字，作他形者皆當爲俗訛字，茲據校改。又『鼓』字諸書皆作『鼓』，底卷俗訛，茲據校改。

〔五二八〕今本《説文》作『水脈行地中濥濥也』，《裴韻》『脈』訛作『泳』字，疑底四脱『脈』字。

〔五二九〕『疥』字《裴韻》作『疹』形，并於注文云『俗疥』，《玉篇·疒部》、《集韻》皆以『疥』爲『疢』之俗字，然《王二》以『疾』爲釋義文字，蓋因循訛變而致，龍宇純《英倫藏敦煌切韻殘卷校記》徑録『疾』作『疢』，潘重規《龍宇純英倫藏敦煌切韻殘卷校記拾遺》謂『原卷「疢」作「疾」，但當作「疢」』，然參下條注文殘字，似其正字當以作『疹』爲是，『疾』字乃其俗寫訛變，茲姑據校改。

〔五二〇〕殘字存上部筆畫，《裴韻》字頭作『趁』，注文云『逐。俗赺』，《補正》校補殘字作『趁』，龍宇純《英倫藏敦煌切韻殘卷校記》亦謂『當是「趁」字』，兹從校補，潘重規《龍宇純英倫藏敦煌切韻殘卷校記拾遺》謂『原卷作「赺」』，恐不足據。又二缺字底四殘泐，可依《裴韻》及文例補作『逐』、『正』二字。

〔五二一〕『赺』字條下至行末底四殘泐約半行，據空間，可抄十二個左右大字。

〔五二二〕『擯』字《王二》、《裴韻》皆隸於『必刃反』小韻。

〔五二三〕殘字存下部『疋』形部分，兹據《周韻》所收德藏『切韻斷片二』（列TID）、《王二》、《裴韻》校補作『是』字。又『刃』字前底四有一『一』字，《補正》、龍宇純《英倫藏敦煌切韻殘卷校記》皆以爲衍字，兹從徑删。

〔五二四〕殘字底四存上部筆畫，似爲『敉』形，《周韻》所收德藏『切韻斷片二』（列TID）、《裴韻》『慎』下一字皆作『慭』，與底四殘形合，兹據校補。又『慭』字下至行末底四殘泐約半行，據空間，可抄十一個左右大字。

〔五二五〕『揞』字《周韻》所收德藏『切韻斷片二』（列TID）、《王二》、《裴韻》皆爲『即刃反』小韻的第二字，其首字爲『晉』。

〔五二六〕『菣』字下至行末底四殘泐約半行，據空間，可抄十一個左右大字。又『合』字居底四次行行首，考『藎』字前《王二》、《裴韻》、《廣韻》皆爲『燼』字，此爲『疾刃切』（《周韻》所收德藏『切韻斷片二』、《裴韻》，《王二》作『似刃反』）小韻字，《裴韻》注文作『燼，燭餘燼。亦㚏』，《王二》作『燼，燭餘。亦作㚏』，《廣韻》亦訓作『燭餘』，底卷可參補。又或體用『合作』標識非文例，疑『合』字當爲『今』字形訛，兹姑據校改。

〔五二七〕『罪』字前底四衍抄一代字符，兹據《王二》、《裴韻》及《廣韻》删之。

〔五二八〕『覲』字條下至行末底四殘泐約半行，據空間，可抄十一個左右大字。《裴韻》相關内容作『○殣，瘞。《説文》「又道中死人所也。《詩》云：行有死人，尚或殣之」。○墐，塗壁。○瑾，玉瑾。○瘽，劣；又病』，與底四所殘空間吻合，當可據補。又『劣』字居底四次行行首，訓『劣』義者《裴韻》作『瘽』，《王二》作『廑』，然《王二》又收『瘽』，訓『病瘽』，俗寫『广』、『疒』二旁多混而不分，疑《王二》乃誤增『廑』字，《廣韻》亦收

「㾪」字，然已改訓「小屋」，又《説文》訓「病」者正作「㾪」字，底卷可從補。

〔五二九〕「覛」字注文《裴韻》作「覛藉裏」，《王二》作「覛裏。又七刃反」，《廣韻》作「裏也」；又諸本「䁕」字注文皆作「䁕施」，且序於「覛」字條前，其中《裴韻》「䁕」、「覛」二條相接，底四本小韻標數字作「四」而實收三字，蓋即誤糅「䁕」、「覛」二條爲一而致脱略，依敦煌韻書誤合二條之通例，疑底四「覛」字條當序於「䁕」字條前，兹參諸本擬補三個脱字符。

〔五三〇〕缺字底四殘泐，可據《王二》、《裴韻》補作「閏」字。

〔五三一〕「峻」字條下至行末底卷殘泐約半行，據空間，可抄十一個左右大字。又「在」字居底四次行行首，《王二》、《裴韻》、《廣韻》「私閏反／切」小韻皆有訓「水名，在衛」的「浚」字，本條當即「浚」字條殘文。

〔五三二〕今本《説文·鳥部》作「鵔，鵔鸃，鷩也」，「鸃，鵔鸃也。从鳥，義聲。秦汉之初，侍中冠鵔鸃冠」，兹據標點。

〔五三三〕殘字底四存上部筆畫，兹據《裴韻》校補作「殉」字。又《裴韻》「殉」字注文作「辝閏反。以生送死。四」，可參。「殉」字下至行末底四殘泐約半行，據空間，可抄十一個左右大字。

〔五三四〕「畯」字《王二》、《裴韻》、《廣韻》皆隸子峻反小韻。又今本《説文·田部》「畯，農夫也」，疑底四本「夫」字漫壞作「二」，抄者或移置「農」前，當據《説文》乙改。

〔五三五〕「稕」字下至行末底四殘泐約半行，據空間，可抄十一個左右大字。又「摩」字居底四次行行首，以「摩」爲訓的字《王二》、《裴韻》、《廣韻》皆爲「揗」字，其字《裴韻》隸「脣閏反」（《王二》、《廣韻》作「食閏反／切」，同）小韻。

〔五三六〕「尗」字《裴韻》同，《王二》作「市」形，《廣韻》作「朩」，《集韻》作「木」形，又《裴韻》注文有「俗市」，檢《説文·朩部》作「朩」形，解形謂「从中，八象枲之皮莖也」，是韻書諸本之形皆其俗變也。

〔五三七〕「璺」字下部底四略殘，兹據《周韻》所收德藏「切韻斷片二」（列TID）、《王二》、《裴韻》、《廣韻》録定。「璺」字下至行末底四殘泐約半行，據空間，可抄十一個左右大字。又「野」字居底四次行行首，以「野餉」

爲訓的字《王二》、《裴韻》、《廣韻》皆作『餫』，隸『云問反』小韻。

〔五三八〕『腫』字《王二》、《裴韻》、《廣韻》皆作『臐』，《補正》、龍宇純《英倫藏敦煌切韻殘卷校記》皆校作『臐』字，茲從之。

〔五三九〕殘字底四存上部筆畫，《王二》、《裴韻》、《廣韻》『鑕』字皆訓作『鐵類』，今本《說文・金部》則訓作『鐵屬』，其『鐵』字與底四殘字所存形迹合，茲據校補。又『鐵』字下底四殘泐，『說文』二字居雙行注文左側，其下似別有字頭殘迹，依文例此加字當引《說文》訓解後別注『出《說文》』三字，故爲擬補二個缺字符。

〔五四〇〕殘字底四存左下角一提筆及右上角一『丿』形筆畫，茲據《王二》、《裴韻》、《廣韻》校補作『溢』字，此爲『紛問反』（《裴韻》，《周韻》所收德藏『切韻斷片二』、《王二》、《廣韻》作匹問反）小韻首字。又『鑕』字條下至行末底四殘泐約五分之二行，據空間，可抄九個左右大字。又『揚』字居底四次行行首，此殘條可據《周韻》所收德藏『切韻斷片二』（列TID）、《王二》、《裴韻》及《廣韻》校補字頭作『奮』字，隸『府問反』小韻。又『奞』底四誤録作『大鳥』二字，蓋本爲『奞』字而分寫，後以其不辭而改作『大鳥』，今據《說文・奞部》『奞』字訓解合爲一字抄録并校改作『奞』字。又『奞』字反語下字潘重規《龍宇純英倫藏敦煌切韻殘卷校記拾遺》謂『「作」字蓋誤』，《廣韻》收『奞』字反語有『私閏切』、『息遺切』、『相邀切』、『息晉切』，然亦不能斷底四之『作』爲何字之訛。

〔五四一〕『伺』字《王二》作『吻』，《裴韻》、《廣韻》皆作『刎』字，底四之形當爲『刎』字俗訛，茲據校補正字。又『人』字依文例當爲『又』字形訛，亦據校改。

〔五四二〕『習』字前底四蒙後『慍』字釋義衍抄一『怨』字，茲據《王二》、《裴韻》、《廣韻》刪之。

〔五四三〕『捃』爲『居運反』小韻首字，其下至行末底四殘泐約九個大字的空間。又注文『制』字居底四次行行首，殘條注文與《廣韻》『郡』字注文所引《說文》義略合，檢《說文・邑部》作『郡，周制天子地方千里，分爲百縣，縣有四郡，故《春秋傳》曰「上大夫受郡」是也，至秦初置卅六郡，以監其縣』，與底四互有脱略，可相參補。

又『郡』字《王二》、《裴韻》皆音『渠運反』，而訓各不同，是《切韻》原本蓋無訓義，則底四『制』前之缺文可依文例推擬作『郡，渠運反。一。《説文》曰周』九字。又以『上大夫郡』置此不辭，當脱『受』字，故爲擬補一個脱字符，又阮刻《十三經注疏》本《左傳·哀公二年》載趙簡子語云：『克敵者，上大夫受縣，下大夫受郡』，《説文》段注謂『各本少「受郡，下大夫受」五字』，并從《水經注·河水篇》所引《説文》補之，當是。

〔五四四〕『門』字置此非韻，《王二》、《裴韻》、《廣韻》皆作『問』，底四誤脱『口』旁，兹據校改。

〔五四五〕『廿三』下至行末底四殘泐約九個左右大字的空間，《周韻》所收德藏『切韻斷片二』（列TID）相關内容作『○□（廿）▨▨（三焮），火氣。許靳反。〔二〕。○㾙，瘡中冷。○靳，靳固；又姓。居焮反。一』，《裴韻》『㾙』字前有『脪，瘡肉出』一條，如果加上底四小韻標數字『二加一』，則比底四所殘空間僅少一個大字的空間，疑底四『脪』字注文當如《王二》一樣置『脪』字條於『㾙』字條後，并有又音『又興近反』，則可與底四文例及所殘空間吻合，兹爲擬補二十二個缺字符。

〔五四六〕『傿』字《箋八》、《王二》、《裴韻》同，《廣韻》作『傴』，《箋八》、《廣韻》並收或體作『㥏』，《補正》據校，兹從改。又小韻標數字據實收字數校改作『三』。

〔五四七〕『廿四』之下二個大字處的右側底四有一注文殘字的右側筆畫，不能推知爲何字，且對行款亦無定位作用，故不具録，其他至行末底四殘泐，據空間，約可抄十一個左右大字（包括殘畫在内）。《周韻》所收德藏『切韻斷片二』（列TID）相關内容作『○廿四願，魚怨反。二。○愿，敬；一曰善。○怨，於願反。一』，《箋八》同（中有殘泐），比底四所殘空間少五個左右大字，參《裴韻》、《廣韻》『願』字下皆引有《説文》字形，《廣韻》且引有《説文》訓解『大頭也』，又二書『願』所在小韻皆收有『傆』字，《廣韻》注云『《説文》「黠也」』，是底四當亦收爲新加字，然此仍較底四所殘空間少一個多大字，蓋仍有未知的加注内容。

〔五四八〕『敗』字《周韻》所收德藏『切韻斷片二』（列TID）、《王二》、《裴韻》、《廣韻》皆作『販』字，《箋八》此字雖殘，然存右部殘形亦作『反』旁，底四形訛，兹據校改。

〔五四九〕注引《説文》有不通者，檢《説文·刀部》作『券，契也。从刀，𢍏聲。券别之書，以刀判契其旁，故曰契券』，茲據擬補三個脱字符。又『從刀者』之『刀』據《裴韻》校改作『力』字，《裴韻》謂『從力是倦字』，『倦』、『㑥』皆爲『券』之俗字。

〔五五〇〕『奬』、『作』二字底四分别居『勸』字雙行注文的右行和左行首字，其下至行末殘泐，據空間，可抄十一個左右大字。茲依文例爲『勸』字注文擬補二個缺字符，檢《周韻》所收德藏『切韻斷片二』（列TID）、《王二》、《裴韻》、《廣韻》『勸』字下皆未收或體，唯《集韻》收其或體作『勧』字，可參。

〔五五一〕缺字底四殘泐，可據《箋八》、《王二》、《裴韻》補『上』字。

〔五五二〕『弆』字條下至行末底四殘泐約十個左右大字的空間。又『説』字居底四次行行首，檢《裴韻》有『䁏，引与爲偃（價）。又於面反。又作傿。又於演反』，隸『於建反』小韻，《周韻》所收德藏『切韻斷片二』（列TID）本條存『引与爲▨（價）』四字，書於雙行注文之右行，則其左行當有一又音，《廣韻》作『引與爲價。又於面切』，又『与』字《王一》、《王二》作『物』，龍宇純《校箋》謂《王二》阮韻與《集韻》皆訓『物相當』，『与』『疑是「物」字之誤』，底卷殘條可據參補。

〔五五三〕注文所引《説文》字形與字頭略同，不合文例，《箋八》『憲』字注文謂『正作憲』（應爲俗字），比較之下，則底四之字頭當作『憲』，故據校改。又『手』字《裴韻》同，此蓋『憲』字中間的『龶』部變形，然下既謂『害』省，則不當出其一部而别説之，龍宇純《英倫藏切韻殘卷校記》云『「手」當作「心」』，茲從校改。

〔五五四〕『楥』字雙行注文之右行文字底四存右側少許筆畫，其下至行末底四殘泐，據空間，可抄十一個左右大字（包括三殘字），然據行款文例知其行末二字爲下一大韻『慁』字的標序字『廿五』，爲便於檢讀，今爲擬補兩個缺字符，并换行録之。又『楥』字注文《王二》作『許勸反。鞾楦。二』（《王二》字頭作俗字『楦』形），《裴韻》作『許勸反。鞾楥。亦楦。一』，《廣韻》作『靴履楥；又法也。虚願切。四』，姑參校補三殘字爲『鞾楥許』。

〔五五五〕殘字底四存上部筆畫，兹據《王一》、《裴韻》、《廣韻》校補作『困』字。又『困』、『文』分別爲『頓』字雙行注文之右行和左行的第二字，其下至行末殘泐，據空間，可抄十一個左右大字。依文例推知『頓』字注文所殘內容當爲『困』字下缺『反』字及一個小韻標數字，『文』字下缺《説文》的釋義『下首』，兹爲前一殘條擬補四個缺字符。又『苦』字居底四次行行首，『苦悶反』小韻首字《王一》、《裴韻》、《廣韻》皆作『困』，可參補。

〔五五六〕『嬾』爲『嬾』之俗字，參《敦煌俗字研究》下編貝部『賴』字條考釋。

〔五五七〕『肉』字下《王一》、《王二》、《裴韻》、《蔣藏》、《廣韻》皆有一代字符或『腝』字，底四蓋用注文與被注字連讀成訓例。

〔五五八〕注文『猛』字《王一》、《裴韻》、《廣韻》皆作『搵』，與釋義合，底四形訛，兹據校改。

〔五五九〕『鐏』字條下至行末底四殘泐，據空間，可抄十一個左右大字。又『作』字居次行行首，此殘條字頭當爲『遁』字，《裴韻》『遁』字訓『隱』，《王一》、《王二》、《蔣藏》訓『逃』，與《説文》合，《廣韻》則兩收之，依文例及行款，本條所殘文字當爲『遁逃（或爲隱）。《説文》』。又『遷』字當爲『遯』字篆文隸定的俗變字。『仙』字當從《説文·辵部》『遁，遷也』作『遷』，蓋『遷』字初形訛作『僊』，抄者或改俗字作『仙』，兹亦從校改。

〔五六〇〕『焌』字雙行注文底四存右行首字『子』和左行首『礼吹』二字，其下至行末底四殘泐約十一個左右大字的空間，檢《説文·火部》『焌』字注云：『然火也。从火，夋聲。《周禮》曰「遂籥其焌，焌火在前，以焞焯龜」。』與底四所存情況不能盡合，然可知底四之『礼』當爲《周礼》之殘，可參。又『焌』字條下當爲『廿六恨』大韻的內容，參下條校記。

〔五六一〕上一大韻『焌』條注文『子』、『礼吹』之下至行末底四殘泐，約可抄十一個左右大字，其中應包括廿六恨韻的全部內容，《王一》該大韻作：『〇□□恨，胡艮反。怨。一。〇艮，古恨反。卦。二。〇詪，語。又胡曲（典）反。〇饐，五恨反。饐饐。一。』可參。又參上條校記。

〔五六二〕『廿七』二字底四漫漶，茲從潘重規《龍宇純英倫藏切韻殘卷校記拾遺》録定。又《説文·毛部》『𣯛』訓『獸毫也』，而羽部『翰』字訓『天鷄赤羽也。从羽，倝聲。《逸周書》曰「大(文)翰若翬雉，一名鷐風，周成王時蜀獻之」』，底四引文有脱略。

〔五六三〕『扞』字下部底四有殘泐，茲據《王一》、《裴韻》、《廣韻》録定。『扞』字下至行末底四殘泐，據空間，可抄十個左右大字。

〔五六四〕『鷄』字下底四衍抄一『毛』字，茲據《蔣藏》『又《礼》云「雞曰翰音」』及《礼記·曲禮下》删之。又注文引《説文》字形不合文例，茲參傳本《説文》校改作『鶾』字。

〔五六五〕『鳥』字《王一》、《裴韻》、《廣韻》皆作『馬』，與字形義合，底卷蓋承前一條之從『鳥』旁字而訛，茲據校改。又缺字諸本皆作『毛』，可據補。

〔五六六〕殘字存左上角筆畫，《補正》據《裴韻》校補作『輪』，茲從之。又『輪』字下至行末底四殘泐約十個左右大字的空間。

〔五六七〕『此』字下依文例當有一《説文》字形『段』，此脱，茲爲擬補一個脱字符。又『叚』爲『段』及『叚』之俗字，參《敦煌俗字研究》下編殳部『段』字條考釋，由本小韻字音及與他本比較知此處當爲『段』之俗字，爲免繁瑣，後除字頭外，注文中出現的『段』及從『段』旁字皆徑改作正字字形。

〔五六八〕『敽』字條下至行末底四殘泐約十一個左右大字的空間。又『也』字居底四次行行首，檢『褖』字所在小韻首字《王一》、《裴韻》、《蔣藏》、《廣韻》皆作『彖』，其反語《王一》、《裴韻》作『他乱反』，訓作『彖象』，底四『他』字誤脱『亻』旁，茲據校改。又『此』字下依文例當有所引《説文》之形體『彖』，蓋爲誤脱，茲爲擬補一個脱字符。

〔五六九〕『熌』字注文《王一》、《裴韻》、《蔣藏》、《廣韻》皆作『火光』，其下一字『渙』則訓『水流散』或『水散』，龍宇純《英倫藏敦煌切韻殘卷校記》謂「一煥」下脱注文及「渙」字』，茲從擬補三個脱字符。

〔五七〇〕『筭』字注文『段』、『從』分居雙行注文的右行與左行之末，其下至行末底四殘泐約十一個左右大字的空間，兹據文例及行款爲前一殘條擬補三個缺字符，其中前一缺字當爲『反』字，中間缺字爲小韻標數字，當與《裴韻》、《蔣藏》同作『二』字，第三個缺字疑可從《説文·竹部》『算，數也，从竹，从具』補作『具』字（《説文·竹部》『算』、『筭』異字，前者訓作『長六寸，計歷數者。从竹，从弄。言常弄乃不誤也』，後世二字通用，而依底卷文例，言《説文》字形者，皆與字頭構形異）。又『不』字居底四次行行首，以『不蒔田』爲訓的字《王一》、《裴韻》、《蔣藏》、《廣韻》皆作『穓』字，隸『莫半反』小韻，底卷可參補。

〔五七一〕『牛』字下底四衍抄一『聲』字，兹從大、小徐本《説文》删之。

〔五七二〕『絆』字注文底四作『羈孕』，不辭，檢《王一》、《王二》、《裴韻》、《廣韻》『絆』字皆訓『羈』或『羈絆』，其下一字『姅』則訓『傷孕』，龍宇純《英倫藏敦煌切韻殘卷校記》云：『是「絆」下脱「姅」字及其注文「傷」字。』兹從擬補二個脱字符。

〔五七三〕注文殘字底四存上部『亠』形筆畫，兹依文例校補作『文』字；又『宫説文』和『侯鄉射』分居『泮』字雙行注文的右行和左行，其下至行末底四殘泐約半行，據空間，可抄十二個左右大字。《説文·水部》『泮，諸侯鄉射之宫，西南爲水，東北爲牆』，底四引《説文》依行款當爲『諸侯鄉射之宫』，蓋有所簡省，兹爲前一殘條擬補三個缺字符；又『㜺』字居底四次行行首，以『㜺嫯，無宜適』爲訓的字《王一》、《裴韻》、《廣韻》皆作『嫯』字，隸『薄半反』小韻，底卷可參補。

〔五七四〕『肒』字《王一》同，《王二》、《裴韻》、《蔣藏》、《廣韻》皆作『肒』，後者合於《説文》，俗寫『九』、『丸』多混，兹據校補正字。又『肒』字下至行末底四殘泐約半行，據空間，可抄十二個左右大字。又『穿』字居底四次行行首，『古段反』小韻首字《王一》、《裴韻》皆作『貫』，底四可參補。又小韻標數字《王一》、《裴韻》皆作『十九』，《蔣藏》作『廿一』，《廣韻》作『二十八』，而本小韻第七字『癰』字下雖有殘泐，但殘泐之後的字如『爟』、『錧』、『遺』、『冠』等，諸本亦皆隸於『古段反』小韻，是底四的『六』字前當脱『十』字，兹據擬補一個脱字符。

〔五七五〕『癰』字下至行末底四殘泐約半行，據空間，可抄十二個左右大字。又『憂』字居底四次行行首，以『憂無告』爲訓的字《王一》、《裴韻》、《蔣藏》、《廣韻》皆作『懽』，隸『古段反』小韻，可參補。

〔五七六〕『刀』字《王一》、《裴韻》、《廣韻》皆作『刃』，《蔣藏》誤作『仞』字，俗寫『刀』、『刃』多混，兹據校補正字。

〔五七七〕殘字底四存上部『冖』旁，《王一》、《裴韻》、《蔣藏》、《廣韻》『遺』下一字皆作『冠』，兹據校補。又『冠』字下至行末底四殘泐約半行，據空間，可抄十二個左右大字。又『炊』字居底四次行行首，以『炊也』爲訓的字《裴韻》作『爨』形，然注文謂『俗作爂』，《王一》作『爂』形，《王二》、《蔣藏》、《廣韻》皆作『爨』，又《集韻》『爨』字條收二或體作『籑』、『熶』，疑底四字頭所書字形當作『爂』，又『爨』隸『七段反』（《裴韻》、《王一》、《廣韻》作七亂反）小韻。

〔五七八〕『旦』字無『得安反』音，《王一》、《裴韻》、《廣韻》皆作『旦』字，《蔣藏》蓋因避諱而作『旦』形，俗寫『旦』、『旦』多混而不分，兹據校補正字。

〔五七九〕『疸』字爲『疸』字俗訛，參上條校記，兹據校補正字。

〔五八〇〕殘字底四存上部筆畫，《王一》、《裴韻》、《廣韻》『疸』字下皆爲『鴠』字，與底四所存殘形合，兹據校補。又『鴠』字下至行末底四殘泐約半行，據空間，可抄十二個左右大字。

〔五八一〕今本《説文·人部》作『僤，疾也。从人，單聲。《周禮》曰「句兵欲無僤」』，阮刻《十三經注疏》本《周禮·冬官司空·廬人》略同，唯『僤』作『彈』字，段注云：『疑本作「僤」，「彈」乃先鄭所易字，許訓「僤」爲「疾」者，古説也。』是底四所引《周禮》之文有脱略，當據補。

〔五八二〕『犴』字下至行末底四殘泐約半行，據空間，可抄十二個左右大字。又『又』字居底四次行行首，依此殘條下一字『衎』所在小韻及殘條注文引《説文》『從手、目』，知其字頭當爲『看』，《裴韻》作『看，苦旦反。又苦寒反。從手，從目。三』，《王一》、《蔣藏》、《廣韻》該小韻皆以『侃』爲首字，從底四的文例看，如以『看』爲小韻首字，其小韻數字當在又音和加訓所引的《説文》之間，是底四當以『看』爲『苦旦反』小韻的第二字。

〔五八三〕『暵』字條下至行末底四殘泐約半行，據空間，可抄十二個左右大字。又『患』字居底四次行行首，以『患』爲訓的字《王一》、《裴韻》、《廣韻》皆作『難』，且皆收又音『又奴丹反/切』，隸『奴旦反』(《王一》、《蔣藏》、《廣韻》作『奴案反/切』，《裴韻》作『盧旦反』)小韻。又注文缺字底四殘泐，可據諸本補作『丹反』二字。

〔五八四〕『⿱癶米』字左上角底四有殘泐，兹據《王一》、《裴韻》、《蔣藏》、《廣韻》并參後之從『⿱癶米』旁字録定，按『⿱癶米』爲『粲』之俗字，參《敦煌俗字研究》下編米部『粲』字條考釋，後從『⿱癶米』旁者同，不再一一出校。

〔五八五〕『三反』不辭，『反』字《王一》、《裴韻》皆作『女』字，《蔣藏》、《廣韻》引《詩傳》云『三女爲㛤』，底四形訛，兹據校改。

〔五八六〕『散』字下至行末底四殘泐約半行，據空間，可抄十二個左右大字；次行殘字存右部『戔』形，行首至殘字間殘泐約五六個大字的空間。《補正》謂殘字似『濺』，與《裴韻》『㜺』上字則旦反小韻的『灒，濺灒』合，兹據校補『濺』字并爲其所在殘條擬補二個缺字符。

〔五八七〕殘字底四存右部『賛』形大部，兹據《王一》、《裴韻》、《蔣藏》、《廣韻》校補作『㜺』。又底四雙行注文之左行全殘，依行款及諸本『好』後内容可補『皃。徂粲(或作『賛』)反。一』五字，故據擬補五個缺字符。

〔五八八〕殘字底四存右部『耎』形部分，兹據《王一》、《裴韻》、《廣韻》校補作『偄』字。前一『作』字下部底四殘泐，兹依文例及後『作』字字形録定，然疑其前脱一『或』字。又今本《説文》無『愞』字，而於人部有『偄，弱也。从人，从耎』，故疑底四正字本作俗形『愞』，而引《説文》字形當作『偄』。又前一『作』字和『從』字分居雙行注文的右行末和左行末，其下殘泐，兹依文例擬補二缺字符，檢《裴韻》『偄』字收二或體『煗』、『懦』，《蔣藏》、《廣韻》皆收或體作『愞』，《集韻》則載有五個或體『愞』、『需』、『懦』、『燸』、『耎』，依《裴韻》之形則底四前一或體當作『煗』，而後引《説文》字形當作『懦』形之俗變，《説文·心部》『懦，駑弱者也』，如此則後一缺字當作『需』或『心』字。

〔五八九〕『偄』字條下至行末底四殘泐約半行，據空間，可抄十二個左右大字（包括『偄』字條的注文缺字）。又按《裴韻》、《蔣藏》皆以『偄』小韻爲『翰』（《蔣藏》從『翰』韻中分出作『換』韻）大韻的最後一個小韻，且二書該小韻皆收二字，與底四同，二書的後一字皆作『稬』，訓『稻』，《裴韻》别收或體作『亦穤』。兹據《裴韻》擬補五個缺字符（或體字底四當作『或作某』、『亦作某』）。其下當爲『廿八諫』韻的内容。以上爲底四正面，下接反面。

〔五九〇〕據《王一》、《王二》及底二所載去聲韻目，此下一段内容爲卅二嘯韻字。又參諸本可知底四正反面間殘廿八諫、廿九襉、卅霰、卅一線各韻，以及卅二嘯韻的前半。行首至『𣢑』字間底四殘泐約五六個大字的空間，其中缺字存左部筆畫，可辨有『厂』旁殘形，兹據《王一》、《裴韻》校補作『歷』字（《蔣藏》作『曆』），其全條爲『古吊反』小韻『激，水急。又古歷反』，姑爲此殘條擬補五個缺字符。

〔五九一〕殘字存左旁『㬰』形，《裴韻》作『𣢑』，與《説文》合，兹據校補。又注文缺字底四殘泐，可據《裴韻》及《説文》補作『所』字。

〔五九二〕『尿』字右部底四略殘，兹據《王一》、《裴韻》、《蔣藏》録定。殘字皆存左部筆畫，唯第三字可辨出所存爲『言』旁，兹依文例及《王一》、《裴韻》校補作『反一説文作』五字。又缺字底四殘泐，可據諸本補作『奴弔』二字。又『水』字下底卷有一『聲』字，考今本《説文・水部》『尿』字解形作『从尾，从水』，底四衍抄『聲』字，兹據删之。

〔五九三〕『尿』字條下至行末底四殘泐約半行，據空間，可抄十二個左右大字。

〔五九四〕殘字存左下角『口』形筆畫，檢《説文・艸部》『莜』字下云：『艸田器。从艸，條省聲。《論語》曰「以杖荷莜」。』兹據校補殘字作『器』，又依本殘條行款及底四文例，知此殘字『器』前所殘的注文文字當爲『説文艸田』四字，本條字頭當在前行末，兹據擬補四個缺字符。又『莜』字前依《説文》及阮刻《十三經注疏》本

〔五九五〕《論語・微子》當有『荷』字，底四脱之，茲爲擬補一個脱字符。前一殘字底四存上部筆畫，茲據《裴韻》、《蔣藏》、《廣韻》校補作『炮』字。又『炮』字下至行末底四殘泐約半行，據空間，可抄十一個左右大字。又後一殘字居底四次行行首，漫壞不能辨，茲據《王一》、《裴韻》、《蔣藏》、《廣韻》校補作『韓』字，其字頭諸本皆作『澆』字，隸五吊反小韻，當居底四前行行末。

〔五九六〕『窅』當爲『宧』字的俗寫，檢該字《裴韻》作『窱』，《王一》作『窔』，《廣韻》作『窅』，余廼永《新校》謂『《説文》「从穴，皀聲」』，底四形訛，茲從校改作『窅』字。

〔五九七〕『私』、『反』二字分居底四『咲』字雙行注文的右行和左行首字，其下至行末殘泐約半行，據空間，可抄十二個大字。又依文例、行款及《王一》、《裴韻》、《蔣藏》、《廣韻》，『咲』字注文當缺反語下字『妙』和小韻標數字『三』，茲爲擬補二個缺字符。

〔五九八〕『鴈』通常爲『鴈』的俗字，參《敦煌俗字研究》下編鳥部『鴈』字條考釋，文中則應校讀作『鷹』，《王一》、《裴韻》、《蔣藏》正作『鷹』字，底四誤作，茲據校改。又『鷂』字所在小韻《王一》、《裴韻》、《蔣藏》皆作『弋笑反』。

〔五九九〕『普』字當爲『並』字誤增『日』旁而訛，參《王一》校記〔三一七〕。

〔六〇〇〕『約』字條《王一》、《裴韻》、《廣韻》皆隸於以『要』爲小韻首字的於笑反小韻，《蔣藏》蓋脱抄『約』字條，龍宇純《英倫藏敦煌切韻殘卷校記》謂『「約」字當在下「要」字之下』，是，底卷誤倒，當乙正。

〔六〇一〕『要』字左下角底四有殘泐，茲據《王一》、《裴韻》、《廣韻》録定。又『要』字下至行末底四殘泐約半行，據空間，可抄十二個左右大字。又『疋』字底四居行首。又『匹笑反』小韻首字《王一》、《裴韻》皆作『剽』，可參補。

〔六〇二〕『誚』字下至行末底四殘泐約半行，據空間，可抄十三個左右大字。

〔六〇三〕『鐐』字所在小韻《王一》、《裴韻》、《蔣藏》皆作『力召反』。

〔六〇四〕殘字底四皆僅存上部筆畫，兹據《王二》、《裴韻》、《蔣藏》校補作『輕』、『反』二字；又此二字分居雙行注文之右行第二字和左行第三字，其下至行末底四殘泐約半行，據空間，可抄十二個左右大字。然依文例和行款可推知『趬』字條雙行注文殘字下當各缺一字，可據諸本補作『皃』、『二』二字。又『注』字居底四次行行首，其字頭可據《王一》、《裴韻》、《蔣藏》、《廣韻》補作『潐』字，隸子肖反小韻。

〔六〇五〕『朓』字條下至行末底四殘泐約半行，據空間，可抄十二個左右大字。又據《裴韻》及《蔣藏》可推知，此『朓』字條當爲『咲』大韻的末條内容，其下當接『卅四效』大韻，故換行録之。

〔六〇六〕據内容，此下一段應爲卅四效韻字。注文『撿』字底四居行首，其下一字作代字符；其上的字頭及本大韻代表字等十二個大字左右在上一行下部。以『撿』加代字符爲訓的字頭《裴韻》、《蔣藏》、《王一》、《王二》皆作『挍』，隸『古校反』小韻，《裴韻》并於注文中指出『杜延[業]《字樣》二並從木』，《廣韻》則並從『木』旁作；按俗寫『木』、『扌』二形多混而不分，兹姑從衆回改底四注文代字符作『挍』。

〔六〇七〕『罩』字下至行末底四殘泐約半行，據空間，可抄十一個左右大字。又『教』字居底四次行行首，『奅』小韻字前《裴韻》、《蔣藏》皆作『貌』字，音『莫教反』，《王一》、《廣韻》亦爲『奅』前一小韻的首字，從本條所存行款及諸本注文情況可補其所缺内容作『貌，儀貌。又作皃。莫』七字。

〔六〇八〕『奅』字訓解《王一》、《裴韻》、《蔣藏》、《廣韻》皆作『起釀』（其中《裴韻》後有語氣詞『也』），是底四『壤』當爲『釀』字形訛，而代字符當爲『也』字形訛，兹並據校改。

〔六〇九〕『执』字《裴韻》作『抛』，《王一》、《王二》、《蔣藏》作『拋』，《廣韻》作『拋』，大徐本《説文・手部》新增字『拋』字注文云：『棄也。从手，从尢，从力；或从手，尥聲』。則『抛』、『执』二形蓋即『拋』之俗字及俗省。

〔六一〇〕『稍』字下至行末底四殘泐約半行，據空間，可抄十一個左右大字。又『泥』字居底四次行行首，以『泥』爲訓的字《王一》、《裴韻》、《蔣藏》皆作『淖』，隸『奴効反』小韻，可參補。

〔六一一〕『反二』二字底四抄在注文末，當爲漏抄後隨文所補，今徑依文例移正。

〔六一二〕字頭存左上部筆畫，兹參《王一》、《裴韻》、《蔣藏》校補作『勒』字。又『勒』字下至行末底四殘泐近半行，據空間，可抄十個左右大字，依行款、文例并參《王一》、《裴韻》、《蔣藏》可補其缺文內容作『〇勒，韓勒。於教反。一。〇卅五号，胡到反。二。〇璣，石，似玉。〇導，徒到反。八加一』，兹姑爲擬補廿四個缺字符，其中『卅五号』以下部分從録文例換行書之。

〔六一三〕大韻代表字及其標序字當居行中殘泐處，參前條校記。

〔六一四〕『櫱』字條下至行末底四殘泐近半行，據空間，可抄十個左右大字。

〔六一五〕『縞』字《王一》、《裴韻》、《廣韻》皆隸古到反小韻。

〔六一六〕『舟』字左下角底四有殘泐，兹據《王一》、《裴韻》、《廣韻》録定。又缺字底四殘泐，可據諸本補作『行』、『人』二字。

〔六一七〕『奡』字條下至行末底四殘泐約半行，據空間，可抄十個左右大字(不包括『奡』字注文缺字)。又『圭』字居底四次行行首，以『圭名』爲訓的字《裴韻》(『圭』類化作『珪』字)、《王一》皆作『瑁』，隸『莫報反』小韻，可參補。

〔六一八〕『怯物』不辭，『怯』字《裴韻》作『怯』，《王二》作『慅』，《廣韻》作『慆』，按『慅』、『慆』皆『吝』之俗字，參《敦煌俗字研究》下編口部『吝』字條校記，『怯』又『慅』之俗省，底四『怯』當爲『慅』之形訛，兹據校改。

〔六一九〕『尉』字《王一》同，《裴韻》、《蔣藏》、《廣韻》皆作『慰』，底四俗脱『心』旁，兹據校改。

〔六二〇〕『嚳』字下至行末底四殘泐約半行，據空間，可抄十一個左右大字。又『卵』字居底四次行行首，考『報』字前《裴韻》作『菢，鳥伏卵』，隸薄報反小韻。

〔六二一〕『漕』字所在小韻標數字《王一》、《裴韻》、《蔣藏》皆作『一』，底四蓋因後『奥』字脱反語，遂加計其所在小韻的收字而改作『五』，參後『奥』字條校記，兹據校改小韻標數字作『一』。

〔六二二〕『奥』字《王一》、《裴韻》、《蔣藏》皆訓『深』，爲『烏到反』小韻首字，而『藏肉』諸本皆隸作『奥』字下一條的

「膄」字注文，龍宇純《英倫藏敦煌切韻殘卷校記》謂「此奥下脱「膄」字及「奥」字注文」，茲從擬補六個脱字符。

〔六二三〕殘字底四存右上角筆畫，茲據《王一》、《裴韻》校補作「隅」字。

〔六二四〕「隩」字條下至行末底四殘泐約半行，據空間，可抄十一個左右大字。

〔六二五〕「靠」字《王一》、《裴韻》、《蔣藏》、《廣韻》皆隸苦到反小韻。

〔六二六〕「秏」字《王一》、《裴韻》、《蔣藏》、《廣韻》皆作「秏」，龍宇純《英倫藏敦煌切韻殘卷校記》謂底四「「秏」當作「秏」」，茲從校改，底四形訛。

〔六二七〕「好」字《王一》、《裴韻》皆無釋義，《蔣藏》、《廣韻》首義皆訓「愛好」，龍宇純《英倫藏敦煌切韻殘卷校記》謂「「志」當是「恧」字之誤，「恧」即「愛」字」，可參。

〔六二八〕「六」字下至行末底四殘泐約半行，據空間，可抄十一個左右大字。又注文「勞」字底四居次行行首，以「勞」爲訓的字《王一》、《裴韻》、《蔣藏》、《廣韻》皆作「癉」字，隸丁佐反小韻。

〔六二九〕「軻」字下至行末底四殘泐約半行，據空間，可抄十一個左右大字。

〔六三〇〕「則」字《蔣藏》、《廣韻》同，《王一》、《裴韻》作「側」，未詳孰是。

〔六三一〕殘字存上部筆畫，茲據《王一》、《裴韻》、《廣韻》校補作「座」字。又「座」字下至行末底四殘泐約半行，據空間，可抄十一個左右大字。又「卧」字居底四次行行首，「壖」字前《裴韻》、《蔣藏》皆爲該小韻首字「懦」，《王一》、《廣韻》作「愞」，「懦」爲「儒」之類化俗字，「儒」、「愞」俗通，又諸本皆訓其義作「弱」，而收乃卧反、又乃亂反二音，依底四行款，當無又音。又小韻標數字《裴韻》、《蔣藏》同，然《裴韻》實收三字，《蔣藏》實收二字（蓋脱一字），此實收四字，依底四之文例，疑此小韻標數字脱「加一」二字，茲姑爲擬補二個脱字符。

〔六三二〕「壖」字《裴韻》、《蔣藏》同，《王一》、《王二》、《廣韻》作「堧」形，按「壖」乃「壖」之俗字，依形聲構字通例，從『耎』聲是，然自唐以來，『耎』、『需』二旁多混，《玉篇·土部》『堧』字注文云『俗作壖』，本小韻後從『需』旁字同。

〔六三三〕殘字底四存右上部筆畫，其下至行末底四殘泐近半行，據空間，可抄十個左右大字，考『能』字注文《王一》、《裴韻》、《蔣藏》皆作『鳥獸易毛』，兹據校補『鳥』字，并爲前一殘條擬補三個缺字符。又『泥』字居底四次行行首，以『泥著物』爲訓的字《王一》、《裴韻》、《蔣藏》、《廣韻》皆作『涴』。

〔六三四〕『馱』字《王一》、《裴韻》、《蔣藏》、《廣韻》同，《王二》作『馱』，周祖謨《廣韻校勘記》云：『此字段改作「馱」，案「馱」，俗體也。』周説是，俗寫『大』、『犬』多混。

〔六三五〕『祭』、『駕』分居『禡』字雙行注文之右行與左行首字，其下至行末底四殘泐約半行，據空間，可抄十一個左右大字。又依底四之行款、文例，與《王一》『禡』字注文『莫駕反。祭名。七』最爲契合，底四的文例爲釋義在反語前，乙正之即可，唯其小韻標數字蓋當從《裴韻》、《蔣藏》作『六』字，兹爲前一殘條擬補四個缺字符。又『縣』字居底四次行行首，以『縣名』爲訓的字《王一》、《裴韻》、《蔣藏》、《廣韻》皆作『鄢』字，唯諸本釋義皆加有『在犍爲』三字，疑底四脱之。

〔六三六〕『叚』旁爲『段』及『叚』之俗字，參《敦煌俗字研究》下編殳部『段』字條考釋，由本小韻字音及與他本比較此『叚』形皆當爲『叚』之俗字，爲免繁瑣，後除字頭外，注文中出現的『叚』及從『叚』旁字皆徑改作正字字形。

〔六三七〕『椵』字《王一》同，並當爲『椴』（都館反）字形訛而誤從右旁增此音。

〔六三八〕殘字底四存上部筆畫，《王一》、《裴韻》、《蔣藏》、《廣韻》『價』字下皆作『假』，兹據校補。又『假』字下至行末底四殘泐近半行，據空間，可抄十個左右大字。又『虎』字居底四次行行首，以『虎聲』爲訓的字《王一》、《裴韻》、《蔣藏》、《廣韻》皆作『唬』字，其中《王一》、《裴韻》隸之於『呼訝反』小韻。

〔六三九〕『誶』字《王一》、《裴韻》、《蔣藏》、《廣韻》、《集韻》同，《王二》作『誶』形，《校箋》：『案此字不詳所出，字從宰、從宰俱與此音不合,《説文》「諕」字從言從虎,注云「號」,亦與此字不同。《集韻》本紐有「託」字,注云「告也」,字出《莊子》……《史記·司馬相如傳》「子虛過詫烏有」,集解引郭璞曰「誇也」,《漢書》顔註云「誇誑也」。(本書「丑亞反」「詫」下云「誑」。)篆文「乇」字作「乇」形,與「卒」字俗書作「卆」形近,疑「誶」即「詫」字之譌。』然《集韻》以『誶』爲『諕』字或體,則亦疑『誶』爲『諕』之俗訛字,俟考。

〔六四〇〕龍宇純《英倫藏敦煌切韻殘卷校記》謂『「卸」當作「御」,《集韻》「迓」、「訝」、「御」同字』;按《漢語大字典》『卸』字下按語云:『古文字「御」或省「彳」,疑「卸」與「御」本一字。』

〔六四一〕殘字底四皆存左部筆畫,唯前者之『言』旁可辨,兹據《王二》、《裴韻》、《蔣藏》、《廣韻》校補作『誑』、『丑』二字(《王一》『丑』訛作『刃』)。

〔六四二〕殘字底四存上部筆畫,檢《王一》、《裴韻》、《蔣藏》『詫』字下一字皆作『吒』字,兹據校補。又『吒』字下至行末底四殘泐約三分之一行,據空間,可抄八個左右大字。又『醋』字底四本作代字符,居底四次行行首,考該字頭《裴韻》作『醋』,《廣韻》作『醓』,周祖謨《廣韻校勘記》云:『醓,段改作「醡」,與《集韻》、《韻會》合。』《集韻》以『醋』爲『醡』字或體,兹姑據《裴韻》回改代字符作『醋』字。

〔六四三〕本小韻實收二字,小韻標數字『一』當爲『二』字形訛,兹據校改。

〔六四四〕『以』字《王一》、《裴韻》作『似』,《蔣藏》、《廣韻》作『辭』,按『似』、『辭』同隸邪紐,底四形訛,兹據校改。

〔六四五〕『髂』字釋義《裴韻》無,《王一》作『髖骨』,《蔣藏》、《廣韻》作『腰骨』;底卷『胜』爲『髀』的俗字,俗字亦作『髀』,『髀』指股骨,與『髖骨』、『腰骨』義近。

〔六四六〕『暇』字《蔣藏》、《王二》同,《王一》、《裴韻》、《廣韻》皆作『暇』,然《廣韻》注文云:『俗作暇。』又『暇』字下至行末底四殘泐近三分之一行,據空間,可抄九個左右大字。

〔六四七〕殘字中部底四漫漶,兹據《王一》、《裴韻》、《蔣藏》及《廣韻》校補作『烏』字。

〔六四八〕『蝐』字《王一》、《裴韻》、《蔣藏》、《廣韻》皆作『蛸』,俗寫『目』、『月』二形多混而不分,兹爲校補正字作

『蝑』。又『田』字《裴韻》作『思』，《王一》、《蔣藏》、《廣韻》皆作『司』，『思』、『司』同隸心紐，底四誤脱『心』旁，兹據校改。又本小韻標數字底四存一橫畫，兹據實收字數校補作『二』字，《裴韻》本小韻亦只收二字。

〔六四九〕殘字底四存右部豎形筆畫，其下至行末底四殘泐近三分之一行，據空間，可抄九個左右大字，考《王一》、《裴韻》、《蔣藏》、『蝑』字下皆接『卸』字，除《裴韻》訓『去馬鞍』外，皆訓『卸馬去鞍』，兹爲前一殘條擬補三個缺字符。

〔六五〇〕『炙』字所在小韻《王一》、《裴韻》、《蔣藏》、《廣韻》皆作之夜反。

〔六五一〕『赦』即『赦』之或體字，《説文·攴部》『赦』字注文云『赦，或从亦』。

〔六五二〕殘字底四存上部筆畫，兹據《王一》、《裴韻》、《蔣藏》及《廣韻》校補作『騇』字。又『騇』字下至行末底四殘泐約半行，據空間，可抄十一個左右大字。

〔六五三〕『靶』字所在小韻《王一》、《裴韻》皆作『博駕反』。

〔六五四〕『槬』字《王一》、《裴韻》同，《王二》、《蔣藏》、《廣韻》作『摦』，與《説文·手部》新附字同，俗寫『木』、『扌』二形不分，然古之度量的基本單位多與人體有關，則此訓『寬』之字當以從『扌』爲是，兹從校補正字作『摦』。

〔六五五〕『崋』字注文底四僅存一代字符，其下至行末底四殘泐約半行，據空間，可抄十一個左右大字。又參《王一》、《裴韻》、《蔣藏》及《廣韻》，底四『崋』字注文當作『崋山，西嶽』，兹爲前一殘條擬補三個缺字符。

〔六五六〕『眵』字《王一》、《裴韻》、《蔣藏》、《廣韻》皆作『䏧』，除《裴韻》訓作『膩䏧』外，皆單訓『膩』字，是底四『眵』、『膱』二字皆形訛，兹並據校改。

〔六五七〕『卅八』二字底四漫涣難辨，兹從潘重規《龍宇純英倫藏敦煌切韻殘卷校記拾遺》録定。又『卅八』字下至行末底四殘泐約半行，據空間，可抄十一個左右大字。

〔六五八〕『贛』字所在小韻《王一》、《裴韻》、《蔣藏》、《廣韻》皆作古暗反。

〔六五九〕殘字底四存上部『一』畫，按『暗』字條下底四雖殘泐，然考《裴韻》本小韻收二字，《蔣藏》雖『暗』字條殘泐，僅存後『闇』字條，但從其行款看，此小韻亦當收二字，而『闇』字《説文·門部》收之，底四多以《説文》作爲箋注之資料來源，此常用字不當脱收，又從底卷行款看，此小韻標數字似不當作『一加一』，故據校補作『二』字。

〔六六〇〕『暗』字條下至行末底四殘泐約半行，據空間，可抄十一個左右大字。

〔六六一〕反語上字底四脱，可從《王二》、《裴韻》、《蔣藏》、《廣韻》補作『徒』字，兹爲擬補一個脱字符。

〔六六二〕注文『買』、『付』二字分居『賵』字雙行注文的右行和左行首字，其下至行末底四殘泐約半行，據空間，可抄十一個左右大字。《王一》、《裴韻》『賵』字注文作『買物逆付錢』，《廣韻》作『買物預付錢也』，兹爲前一殘條擬補三個缺字符。

〔六六三〕『瞰』字底四居行首，其前的大韻代表字條及其標序字在前行後段殘泐處，《王二》、《裴韻》皆作『闞，苦濫反。魯邑』，底四文例爲釋義在反語前，又其小韻標數字可據實收字數補作『二』，兹爲擬補九個缺字符。

〔六六四〕『㜮』字下至行末底四殘泐約半行，據空間，可抄十一個左右大字。

〔六六五〕釋義《王一》、《蔣藏》（『乞』字殘泐）、《廣韻》同，《裴韻》作『戲物』，前蓋脱『乞』字，《王二》脱釋義，《校箋》云：『又案《廣韻·談韻》「䝨」下云「戲乞人物」，《集韻》云「戲乞也」，蓋當云「戲乞物」。』

〔六六六〕『㺝』字注文《王一》、《裴韻》、《廣韻》皆作『犬吠聲』，而其下之『誕』字則訓『誇誕』，龍宇純《英倫藏敦煌切韻殘卷校記》云：『此「㺝」下脱「譀」字及「㺝」字注文也。』兹從擬補四個脱字符。

〔六六七〕缺字底四殘泐，可據《王一》補作『皃』字。

〔六六八〕『澹』字條下至行末底四殘泐約半行，據空間，可抄十二個左右大字。

〔六六九〕『漾』韻標序字底四漫滅，兹從潘重規《龍宇純英倫藏敦煌切韻殘卷校記拾遺》録定。

〔六七〇〕『颮』字《裴韻》訓作『風颮』，《王一》作『物從風去』，《蔣藏》、《廣韻》作『風飛』，而訓『炙』字者諸本皆爲『颮』下『煬』字，兹從《裴韻》擬補三個脱字符。

〔六七一〕殘字底四存上部筆畫，《王一》、《裴韻》、《蔣藏》、《廣韻》餘亮反小韻下一小韻的首字皆作『亮』，兹據校補。又『亮』字下至行末底四殘泐約半行，據空間，可抄十三個左右大字。

〔六七二〕『量』字所在小韻《王一》、《裴韻》、《蔣藏》、《廣韻》皆作力讓反，其首字即『亮』字。

〔六七三〕『伏』字《補正》録作『狀』，龍宇純《英倫藏敦煌切韻殘卷校記》録作『犾』（『狀』的俗寫），皆不確，檢此反語下字《裴韻》作『仗』，《王一》作『仗』，則知底四當爲『仗』字俗寫之形訛，兹據校改。

〔六七四〕殘字底四存上部筆畫，兹據《王一》、《裴韻》、《蔣藏》及《廣韻》校補作『向』字。又『向』字下至行末底四殘泐半行，據空間，可抄十三個左右大字。又『弓』字居底四次行行首，以『弓衣』爲訓的字《王一》、《裴韻》、《蔣藏》、《廣韻》皆作『韔』字，隸丑亮反小韻。

〔六七五〕『王』字《王一》、《裴韻》、《蔣藏》、《廣韻》皆作『玉』，俗寫『王』、『玉』二字多混而不分，兹爲校補正字。

〔六七六〕殘字底四存上部筆畫，兹據《王一》、《裴韻》、《蔣藏》及《廣韻》校補作『長』字，其下至行末底四殘泐約半行，據空間，可抄十三個左右大字。又『反』字居底四次行行首，『上』字所在小韻首字《王一》、《裴韻》、《蔣藏》、《廣韻》皆作『尚』，《王一》、《裴韻》音『常亮反』。

〔六七七〕『牡』字《王一》、《裴韻》、《蔣藏》同，《廣韻》作『壯』，合於本大韻音理，按『爿』旁俗寫與『牛』旁同作『牜』形，參《敦煌俗字研究》下編爿部『爿』字條考釋，兹從校補正字作『壯』。下文『裝』、『⿰氵壯』二字所從的『壯』旁底四亦從俗作『牡』形，徑加録正，不再一一出校説明。

〔六七八〕殘字底四存右部『牡』形部分，兹據《裴韻》、《蔣藏》校補作『⿰氵壯』字，《王二》、《廣韻》皆作『⿰氵壯』形，訓『⿰氵壯米』，『⿰氵牡』爲『⿰氵壯』之俗作。又缺字底四殘泐，可據諸本補作『米』字。

〔六七九〕殘字底四存右部『央』旁，兹據《王二》、《裴韻》、《蔣藏》校補作『怏』字，音『於亮反』。又其注文『於』字下至行末底四殘泐約半行，據空間，可抄十三個左右大字。『怏』字諸本训解不一，是《切韻》原本并無訓解，故爲此殘條擬補三個缺字符，其中小韻標數字當與《裴韻》、《蔣藏》同作『二』字。又『即』字居底四次行行首，『即亮反』小韻首字《王二》、《裴韻》、《蔣藏》皆作『醬』，且《王二》、《裴韻》、《蔣藏》該小韻皆收二字，從底四後之殘字知本小韻亦收二字。

〔六八〇〕殘字底四存右部『寽』旁，茲據《王二》、《裴韻》、《蔣藏》校補作『將』。又缺字底四殘泐，可據《裴韻》補作『帥』字。

〔六八一〕殘字存右側『丁』形部分，茲據《王二》、《裴韻》、《蔣藏》校補作『輈』字。又『輈』字下至行末底四殘泐。以上是底四內容。

〔六八二〕以下爲底五內容，據《王一》、《王二》及底二所載去聲韻目，此處殘缺卌漾韻後部小半，卌一宕、卌二敬、卌三諍、卌四勁四韻，以及卌五徑韻開端數條。本條以下所在韻部據諸本及底卷韻例知當爲卌五徑韻。『乃定反』小韻首字《王二》、《裴韻》、《蔣藏》及《廣韻》皆作『甯』字，其中《王二》訓『邑名』，它本亦皆以『邑名』爲首訓，可參。

〔六八三〕『迋』爲『廷』之俗字，參《敦煌俗字研究》下編廴部『廷』字條考釋。

〔六八四〕殘字底五存上部筆畫，茲據《王一》、《裴韻》、《蔣藏》校補作『飣』字。又訓解《裴韻》作『飣貯』，《王一》、《蔣藏》、《廣韻》作『貯食』，可參。

〔六八五〕殘字底五存左上部筆畫，可辨部分似『尸』形筆畫，茲據《王一》、《裴韻》校補作『磬』字。又缺字底五殘泐，可據諸本補作『苦定』二字。

〔六八六〕『他定反』小韻《王一》、《裴韻》、《蔣藏》（標作『三加一』）、《廣韻》皆收三字：『聽』、『汀』、『侹』，其收字排序亦同，是底五之『二』蓋本不誤，而是『聽』下有脱文，《補正》謂脱『侹，侹侹』，蓋不足憑，疑當取『聽』下之『汀，汀瀅，不遂志』條，茲姑據擬補六個脱字符。

〔六八七〕『艷』字反語《王一》、《裴韻》皆作『千定反』，底五脱『反』字及小韻標數字『一』，兹爲擬補二個脱字符。

〔六八八〕『刀水』不辭，檢《王一》、《裴韻》、《蔣藏》、《廣韻》『瀅』字釋義皆作『小水』，底五『刀』字當爲『小』之形訛，兹據校改。

〔六八九〕釋義疑有誤，《裴韻》作『憕丁，心恨』，《廣韻》作『志恨也』，《集韻》作『忊憕，恨也』，疑『一心』爲『丁』字加代字符的誤書，姑誌以俟考。

〔六九〇〕大韻標序字底五漫滅，兹從《潘韻》録定。

〔六九一〕『⿸广殳』字《王一》、《裴韻》、《蔣藏》、《廣韻》皆作『疫』形，與釋義合，俗寫『广』、『疒』二旁多混，兹據校補正字作『疫』。

〔六九二〕『囿』字注文《王一》、《裴韻》、《蔣藏》皆有又音『于目反』，底五脱『反』字，兹據擬補一個脱字符。

〔六九三〕『⿸疒欠』字《王二》同，注文云『病。正作⿱宀欠字』，《裴韻》、《廣韻》本小韻則兼收『⿱宀欠』、『⿸疒欠』二字，前者訓『貧病』（同《説文》），後者則只訓『病』，《蔣藏》雖只收『⿱宀欠』字，但其本小韻脱收二字，蓋亦當兼收之，《補正》據以謂『⿸疒欠』下脱『⿸疒欠』字注文『病』及下一字頭『⿱宀欠』字，恐不足據。又殘字底五存上部和左部筆畫，兹據諸本校補作『病』字。

〔六九四〕『⿰彳胤』字《裴韻》、《蔣藏》同，《王一》作『胤』形，按『⿰彳胤』即『胤』之俗字。

〔六九五〕『首』字訓『仗』未聞，《裴韻》訓作『自告』，《王一》、《王二》作『自陳』，《蔣藏》、《廣韻》作『自首前罪』，疑此『仗』字當爲『伏』字形訛，敦煌俗寫『伏』多作『仗』形，參潘重規主編《敦煌俗字譜》第四七條，與『仗』形俗寫甚易混淆，而此『伏』字當即取『折服』、『伏法』之義。

〔六九六〕本小韻標數字作『三』而實收二字，《王一》、《裴韻》、《蔣藏》該小韻皆收三字，其末字皆作『鏉，鐵鉎』（《裴韻》訓作『鐵鉎鏉』），《補正》謂底五脱此條，兹從之擬補三個脱字符。

〔六九七〕『⿱雨復』即『覆』之俗字，參潘重規主編《敦煌俗字譜》第一九三一條，俗寫『雨』、『西』二旁多通用，如『霸』又作『覇』，參《敦煌俗字研究》下編雨部『霸』字條考釋。

〔六九八〕『輻』字當是『輻』承前『富』字而誤的俗訛字，『輻』俗寫多作『輻』形，參潘重規主編《敦煌俗字譜》第二一二一條，抄者承前『富』字訛作，茲據校改。又『竟』爲『競』之俗字，參潘重規主編《敦煌俗字譜》第一四九七條。

〔六九九〕『鑊』字《王一》、《裴韻》、《蔣藏》、《廣韻》皆作『鍑』形，底五蓋爲增繁俗字。又『小口』諸本皆作『大口』，與《説文·金部》『鍑，釜大口者』合，底五蓋有誤作。

〔七〇〇〕『狖』爲『狖』之正字（參《説文·豸部》『貁』字條段注），『穴』、『宂』俗寫或通用，參潘重規主編《敦煌俗字譜》第一四八〇條。又『從豸』前依文例當有『《説文》』二字，《補正》謂底卷脱，茲從擬補二個脱字符。又底卷『豸』爲『豸』之隸變或體字『豸』的增筆繁化字，參《敦煌俗字研究》下編豸部『豸』字條考釋。

〔七〇一〕『栖』字《裴韻》同，《王一》、《蔣藏》、《廣韻》皆作『槱』形，合於《説文》，『栖』當爲『槱』之俗省。

〔七〇二〕『楺』字《王一》、《裴韻》皆作『橘』字，《補正》據校，茲從之，底五形訛。

〔七〇三〕『輞』字《王一》、《裴韻》作『輞』形，皆爲『輞』之俗寫，《廣韻》正作『輞』形。

〔七〇四〕注文底五本作『不遇兒，邂逅』，蓋抄者誤倒，茲依文例乙正之。又《説文·辵部》『邂』字下訓作『邂逅，不期而遇也』，《補正》謂『不』字下底五脱『期』字，茲從擬補一個脱字符。

〔七〇五〕『脽』字《王一》、《裴韻》、《廣韻》皆作『睺』，訓『半盲』，與《方言》卷一二『半盲爲睺』合，是底五『脽』、『牛』當爲『睺』、『半』之形訛，茲據校改。

〔七〇六〕『巳』字《王一》同，《裴韻》作『己』，『戊己』天干相鄰，且於五行同配土，故多連用，《淮南子·天文訓》『其日戊己』，高誘注：『戊己，土地』，俗寫『己』、『已』、『巳』多混而不分，茲據校改。

〔七〇七〕『木爪』《王一》同，《廣韻》『楙』字注文作『《爾雅》曰：「楙，木瓜，實如小瓜，味酢可食。」』俗寫『瓜』、『爪』多混而不分，茲爲校補正字。

〔七〇八〕『⿰禾豆』字《王一》、《裴韻》、《蔣藏》、《廣韻》皆作『梪』，合於《説文》，俗寫『木』、『禾』二旁或淆混不分，兹據校補正字。又『邊』字《王一》、《蔣藏》同，《裴韻》、《廣韻》作『籩』，合於《説文·竹部》『籩，竹豆也』之訓，底五所書蓋俗省。

〔七〇九〕『⿱林厶』字《裴韻》作『⿱林云』，《王一》作『⿱林云』，《蔣藏》、《廣韻》作『⿱林日』，俗寫『口』多作『厶』形，是諸本所作皆爲『⿱林日』之訛俗字，兹據校補正字。

〔七一〇〕『⿰土⿱鹵皿』爲『鹽』之俗字，《集韻·鹽韻》『鹽』字注文云『或從土』作『⿰土⿱鹵皿』形。

〔七一一〕『虞』字《王一》、《裴韻》、《蔣藏》、《廣韻》皆作『盧』，底五形訛，兹據校改。

〔七一二〕釋義《裴韻》首義同，《王一》作『屋水漫下』，《王二》作『屋水下』（原書『屋水』二字誤倒），《蔣藏》同，與《説文·雨部》『屚，屋穿水下也』合，疑底卷誤脱『下』字。

〔七一三〕『詬』、『吼』二條間底五有一未加訓解的字頭『狗』，《補正》以爲是衍字，兹從徑删。

〔七一四〕『卌九』與『沁』字間底五有『幼，伊謬反。一』條，蓋承前『卌八幼，伊謬反。一』而衍，《補正》已指出此爲衍字，兹從徑删。

〔七一五〕『浸』字《王一》、《裴韻》、《廣韻》皆作『祲』，《蔣藏》作『祲』，注文云：『妖氣；又祲清（漬）。《天文志》作祲。』《補正》校『浸』、『妖』作『祲』、『祅』，兹從校改『浸』作『祲』字，底卷形訛，唯『妖』當爲『祅』之俗字，似不必改。

〔七一六〕本小韻標數字作『四』而實收三字，《王一》、《裴韻》、《蔣藏》亦收四字，『妊』、『鵀』之間較底五多『紝，織紝』條，《補正》據補，兹從擬補三個脱字符。

〔七一七〕『任』字《王一》、《裴韻》、《蔣藏》、《廣韻》皆無訓解，《集韻》訓作『克也』，底五訓『倿』不詳，《補正》以爲『使』之訛，亦疑『倿』爲『倭』字俗訛，『倭』爲『妊』之俗字，姑誌以俟考。又又音《王一》同，《裴韻》『計』作『針』，與《廣韻》音『壬』同韻，《補正》校之作『針』，兹從之，底五形訛。

〔七一八〕『任』字《王一》、《裴韻》同，《蔣藏》、《廣韻》作『壬』字，又音與正音同，不合文例，茲爲校改『任』作『壬』字，底五誤作。

〔七一九〕『豆』字《王一》、《裴韻》、《蔣藏》、《廣韻》皆作『巨』，底五形訛，茲據校改。

〔七二〇〕殘字底五皆存下部筆畫，茲參《王一》、《裴韻》、《蔣藏》校補作『地屋』二字。

〔七二一〕『識』字《王一》、《裴韻》、《蔣藏》皆作『䜟』形，《廣韻》作『讖』形，『䜟』爲『讖』之俗字，底五俗省，茲據校改。

〔七二二〕『儗』字《王一》、《裴韻》、《蔣藏》、《廣韻》皆作『擬』，底五形訛，茲據校改。

〔七二三〕小韻標數字『一』底五脱，茲爲擬補一個脱字符。

〔七二四〕本小韻末『饜』字條因誤抄於下一小韻末，抄者因改標數字以合於實收字數，今移正『饜』字條於本小韻末，故回改此小韻標數字『二』作『三』。

〔七二五〕本條底五誤抄於下一小韻末，茲據《王一》、《裴韻》、《蔣藏》、《廣韻》移正。又又音反語依文例脱『反』字，茲爲擬補一個脱字符。

〔七二六〕本小韻末因誤抄上一小韻『饜』字條，抄者因改標數字以合於實收字數，今移正『饜』字條於上一小韻末，故回改此小韻標數字『三』作『二』。

〔七二七〕『官』字《王一》、《裴韻》、《蔣藏》、《廣韻》皆作『棺』，底五誤脱左旁，茲據校改。

〔七二八〕又音依文例脱『反』字，茲爲擬補一個脱字符。

〔七二九〕『⿰僉殳』字《王一》、《裴韻》、《蔣藏》、《廣韻》皆作『斂』或『歛』之形，俗書『殳』、『攴』（或楷作『攵』）多混而不分，茲據校補正字作『斂』。

〔七三〇〕反語上字『將』字《裴韻》同，《王一》作『支』，《蔣藏》、《廣韻》作『章』，蓋有辨音之别。

〔七三一〕『掭』字《王二》、《裴韻》、《蔣藏》同，《廣韻》、《集韻》作『⿰木忝』，俗寫『扌』、『木』二形多混而不分，底卷俗作。

〔七三二〕注文殘字底五存下部筆畫，兹據《王一》、《裴韻》、《蔣藏》及《廣韻》校補作『奴』字；又缺字底五殘泐，可依文例及諸本補作『反』字。

〔七三三〕『雷光』不辭，『雷』字《王一》、《裴韻》、《蔣藏》、《廣韻》皆作『電』，底五形訛，兹據校改。

〔七三四〕『畲』字《箋五》（伯三六九三）、《王二》、《蔣藏》同，《裴韻》、《廣韻》作『畬』形，與小徐本《説文》字形同，底卷所作蓋『畬』之訛俗字。

〔七三五〕殘字底五存左部『氵』旁及中部上端一高起的竪畫，兹據《王一》、《蔣藏》、《廣韻》校補作『漸』字。

〔七三六〕『念』字右下角底五略殘，兹據《王一》、《裴韻》、《蔣藏》及《廣韻》録定。

〔七三七〕『餡』字《蔣藏》同，《王一》、《廣韻》作『餡』形，合於形聲構字理據，俗寫『臽』、『㚒』二旁多混而不分，兹爲校補正字。

〔七三八〕殘字底五存右部少許筆畫，其下至行末底五殘泐約三個大字的空間，與《王一》、《裴韻》、《蔣藏》及《廣韻》等比較，不能斷其爲何字，《補正》擬作『=從。苦念反。一』，但前二字與底五殘形似不盡合，且從殘迹看，『傔』字條下亦或還有一條文字，姑存疑。

〔七三九〕『⿰貝賛』字《王一》、《裴韻》作『⿰骨賛』，《蔣藏》、《廣韻》作『⿰月賛』，『⿰骨賛』、『⿰月賛』爲同一篆文的不同隸定形體，底五左側『貝』蓋因類化而訛變，兹據校補正字。

〔七四〇〕『認』字下至行末底五殘泐約三個半大字的空間，準底五文例及《王一》、《裴韻》、《蔣藏》的相關内容，當可補『而證反。三。〇扔，強牽。〇艿』，兹姑據擬補八個缺字符。

〔七四一〕『眙』字下至行末底五殘泐約三個大字的空間，《補正》據諸韻書擬作『直視。丈證反。一。餕』，兹從擬補七個缺字符。

〔七四二〕缺字底五殘泐，《王一》、《蔣藏》、《廣韻》皆作『古』，當可據補。

〔七四三〕殘字底五存左部筆畫，兹據《王一》、《蔣藏》、《廣韻》校補作『埴』字。又缺字底五殘泐，可據諸本補作

『路』字。

〔七四四〕殘字底五皆存左部少許筆畫，茲參《王一》、《蔣藏》、《廣韻》校補作『揯』、『引』二字。又缺字底五殘泐，可據諸本補作『急』字。

〔七四五〕殘字底五存左側少許筆畫，茲據《王一》、《蔣藏》、《廣韻》校補作『鮔』字。

〔七四六〕『亘』字下依文例當有『反』字，底五脱抄，茲據擬補一個脱字符。

〔七四七〕字頭及釋義《王一》、《裴韻》、《蔣藏》同（《蔣藏》於『僜蹬』下加有解釋語『行皃』二字），《王二》字頭同，釋義作『倰，癡』，《廣韻》、《集韻》字頭皆改作『倰』字，釋義前者作『倰僜，行皃』，後者作『倰僜，不親事』，其字頭合於形聲構字理據，而釋義亦與該族聯綿詞形義一致，底卷字形蓋承前一小韻諸字而訛，茲據校改『僜』、『蹬』作『倰』、『僜』字。

〔七四八〕『陷』字《蔣藏》同，《王一》有殘，但可據其同大韻字及其中的反語用字知其右旁當與《廣韻》同作『臽』形，後者合於形聲構字理據，俗寫『舀』、『臽』二形多混而不分，茲據校補正字；本大韻下文注文『陷』字除『歉』條外皆作俗字『䧟』形，以下均徑録正，不再出校説明。

〔七四九〕『䶃』字《王一》、《王二》、《蔣藏》同，《裴韻》作『䶃』，《廣韻》同，後者合於《説文》，《廣韻》『䶃』字注文云『俗作䶃』，《集韻》首字亦作『䶃』形，次字作『䶃』形，蓋以『今』之下部俗變作『命』形（俗寫『口』多作『マ』形），或以『䶃』字左旁不成字而臆改作『䶃』形，參張涌泉《時要字樣》『䶃』字條校記。

〔七五〇〕『滔』字《王一》、《蔣藏》、《廣韻》皆作『淊』形，合於形聲構字理據，俗寫『舀』、『臽』二形多混而不分，茲據校補正字。

〔七五一〕注文『以』字下《王一》、《廣韻》皆有『物』字，《玉篇》及《説文・艸部》新附『蘸』字下同，於義爲長，《蔣藏》訓作『以内物水』，乃誤倒『内物』之序，是亦有『物』字，《補正》徑謂底五脱『物』字。

〔七五二〕字頭與注文或體同形，不合文例，《王一》、《蔣藏》字頭與底五同，然其注文或體則前者作『䳺』，後者未收，是底五注文或體形訛，《廣韻》則徑以『歉』爲字頭，茲據校改作『歉』形，《王一》所作則爲別一或體。

〔七五三〕『儳』字右部上下底五皆作『免』形，下文『鑱』字同，俗寫，茲徑録正。

〔七五四〕注文『涅』字《王一》、《蔣藏》同，《裴韻》、《廣韻》作『泥』，《集韻》訓作『泥涅』，《校箋》以爲『當從之』，按『涅』本爲『泥』之增旁俗字，《集韻・齊韻》『涅』字下云『通作泥』，此蓋因聲別義，非以『涅』形而專表泥涅之意也。

〔七五五〕字頭《王一》、《蔣藏》、《廣韻》同，而注文作『從刀』，《蔣藏》亦同，疑『刀』爲『刃』字形訛，或『從』字前脱抄『或』字。

〔七五六〕依卷四文例，此『入聲』後亦當標有大韻數目，茲據擬補脱字『卌二韻』三字。

〔七五七〕『屋』字底五左部殘泐，茲據《箋二》、《箋九》、《王二》録定，并爲其擬補序號『一』字，後殘條之擬補序號同，不再一一出校。 又缺字底五殘泐，可據諸本補作『谷』字。

〔七五八〕殘字底五存右部『告』旁，茲據《箋二》、《箋九》、《王一》校補作『酷』字。

〔七五九〕本卷首韻目之標序字朱書底五皆漫漶不能盡辨，此從《潘韻》録定，後同。

〔七六〇〕殘字底五存右部折形筆畫，茲據《箋二》、《箋九》、《王一》校補作『物』字。 又缺字底五殘泐，可據諸本補作『弗』字。

〔七六一〕殘字底五存左下角筆畫，茲據《箋二》、《箋九》、《王一》校補作『積』字。

〔七六二〕『洽』、『苿』之間《箋二》、《箋九》、《王一》皆有『廿三狎』條，《補正》以爲底五『脱「廿三狎，胡甲」』，是，茲從擬補五個脱字符。

〔七六三〕『四』字《潘韻》作『三』，蓋底五脱抄『廿三狎』條後，即把下廿四『苿』字提前録於『廿三』下，此後直至表末皆誤被前置一號，此誤蓋與去聲卷首韻目表脱録『五十二證』韻後之情況同，爲便於檢讀，此後所録擬序號皆徑改作本序號，不再一一出校説明。

〔七六四〕殘字底五存下部筆畫，兹據《箋二》、《箋九》、《王二》校補作『職』字。

〔七六五〕據《王一》、《王二》及底五卷端韻目，此下數條應爲一屋韻字。行首至『捝』字間底五殘泐約半行多，據空間，可抄十三個左右大字。『櫝』字前一條《裴韻》、《蔣藏》、《廣韻》皆作『讀，讀誦』，《王二》作『言誦』，『言』蓋『讀』之壞也。《箋二》『讀』字訓解亦當爲二字，然僅存下字『書』，與底五殘字所存右下角形合，兹據校補，并爲本殘條擬補一個字頭缺字符。又『捝書』不辭，疑『捝』或爲『説』之形訛，《廣雅·釋詁二》『讀，説也』，故據校改。《王二》、《裴韻》、《蔣藏》等『讀』、『櫝』字皆在徒谷反小韻，『讀』上各本所載本大韻字有六至七條不等。

〔七六六〕『櫝』字左下角底五殘泐，兹據《箋二》、《王二》、《裴韻》録定。又缺字底五皆僅存右側點狀筆畫，《箋二》注文只一『棺』字，《裴韻》則作『棺櫝』，《王二》作『棺。或作樚（槐）』，《蔣藏》、《廣韻》皆作『函也；又曰小棺』，故不能知底五之『又』字下是或體還是又義。

〔七六七〕『鞫』字下部底五略有殘泐，兹據《箋二》、《王二》、《裴韻》、《蔣藏》録定。又『鞫』字下至行末底五殘泐約五個大字的空間，次行行首至下條『轂』字間底五殘泐約三分之二行，據空間，可抄十五個左右大字。

〔七六八〕字頭『轂』字上部底五略殘，兹據《箋二》、《王二》、《裴韻》録定。

〔七六九〕注文殘字底五存其大略，部分有些漫漶，兹參《箋二》、《王二》、《裴韻》校補作『水名』二字。『瀫』字條下至行末底五殘泐約五個大字的空間，底五正面内容至此結束。

〔七七〇〕此处殘缺一屋韻後部大半，二沃、三燭、四觉三韻，以及五質韻前半。

〔七七一〕『唧』字以下爲底五背面内容。據《箋二》、《王一》等及底五卷端韻目，此下一段爲五質韻字。行首至『唧』字間底五殘泐約三分之二行，據空間，可抄十五個左右大字。下『唧』字條《箋二》、《王二》、《裴韻》皆隸『資悉反』小韻。

〔七七二〕『沘』字下至行末底五殘泐約五個大字的空間。次行行首至『畢』字底五殘泐約半行多，據空間，可抄十三個左右大字。

〔七七三〕殘字底卷存下部『畢』旁部分，茲據《箋二》、《王二》、《裴韻》校補作『蓽』字。又『織荊』二字右側底五皆略有殘泐，此並據《箋二》、《王二》録定。『蓽』字《箋二》、《裴韻》、《蔣藏》、《廣韻》皆隸卑吉反（《王二》作比蜜反）小韻。

〔七七四〕殘字前者底五存上部漫渙之形，後者存上部少許筆畫，『珌』字注文《箋二》、《王二》皆作『刀上飾』，茲據校補『刀』、『飾』二字。又缺字底五殘泐，可據前二書補作『上』字。

〔七七五〕前行『珌』字條下至行末底五殘泐約五個大字的空間，次行行首至『燏』字間底五殘泐約半行，據空間，可抄十二個左右大字。

〔七七六〕殘字底五存左側少許筆畫，以『火光』爲訓的字《箋二》、《王二》、《裴韻》皆作『燏』，茲據校補。『燏』字諸本隸餘律反小韻。

〔七七七〕前行『驈』字條下至行末底五殘泐約五個大字的空間；次行行首至『賉』字間底五殘泐約半行，據空間，可抄十二個左右大字。

〔七七八〕『賉』字《裴韻》隸於辛律反，《箋二》、《廣韻》作辛聿反小韻。

〔七七九〕前行『術』字下至行末底五殘泐約五個大字的空間；次行行首至『邲』字間底五殘泐約半行，據空間，可抄十一個左右大字。

〔七八〇〕殘字底五存下部少許筆畫，以『地名，在鄭』爲訓的字《箋二》、《王二》、《裴韻》皆作『邲』字，茲據校補。

〔七八一〕前行『柲』字下至行末底五殘泐約五個大字的空間；次行行首至『走』字間底五殘泐約半行，據空間，可抄十二個左右大字。以『走』爲訓的字《箋二》、《王二》、《裴韻》皆作『趉』，隸『其聿反』小韻，茲爲此殘條擬補一個缺字符。又諸本注文『走』下皆有一『皃』字，疑底五脱之。

〔七八二〕缺字底五殘泐，可據《箋二》、《王二》、《裴韻》補作『高』字。

〔七八三〕前行『眡』字條下至行末底五殘泐約四個大字的空間；次行行首至下條『⿰忄出』字間底五殘泐約半行，據空間，可抄十一個左右大字。

〔七八四〕『⿰忄出』字上部底五略有殘泐，兹據《箋二》、《王二》、《裴韻》録定。又注文底五作『憂心竹律皃反』，其中『律』字乃後補於『竹』字左下角，此據諸本乙正『皃』字到反語『竹律』前，底五蓋先分欄抄注文，旋覺而補抄反語，遂致此亂，下『术』條注文之亂同。

〔七八五〕殘字中部底五漫渙，兹據《箋二》、《裴韻》校補作『滑』字。

〔七八六〕注文底五作『藥名作米直正或律反』，扞格不通，檢《箋二》作『藥名。或作⿱艹术。直律反』，《裴韻》作『直律反。藥名。亦⿱艹术，《説文》無點』，是知底五『米』當爲『⿱艹术』字形訛，而『正或』二字當在『作』字前，兹據校改『米』作『⿱艹术』字并乙正『或正』至『作』字前。又依文例，『或』字疑衍。

〔七八七〕『愓』字及其前一注文缺字底五居行首，其前行『术』字條下至行末底五殘泐約四個大字的空間，《箋二》相關内容作『○⿰火术，煙出。○黜，丑律反。三。○怵，怵愓（愓）』，與底五所殘空間吻合，兹據擬補九個缺字符（不包括『愓』字前一缺字符）。

〔七八八〕字頭殘字底五存左部『赱』，兹據《箋二》校補作『䟣』字。注文殘字存左側少許筆畫，亦據《箋二》校補作『赱』字。

〔七八九〕殘字底五皆存左側筆畫，兹據《箋二》、《裴韻》、《廣韻》校補作『風也于』三字。

〔七九〇〕殘字底五存左部筆畫，兹參《箋二》、《裴韻》校補作『律反四』三字。又缺字底卷殘泐，釋義前揭二書及《王二》皆單作『領』字，疑底五當同《蔣藏》、《廣韻》，『領』字下有一『也』字；反語疑可據《箋二》、《裴韻》補作『所』字（《王二》作『師』，紐同）。

〔七九一〕殘字底五存左下部筆畫，兹據《箋二》及《裴韻》校補作『帥』字。又注文缺字底五殘泐，疑可據《箋二》補作『師』字，參《箋二》校記〔二六九二〕。

〔七九二〕殘字存左部『虫』旁及右下一竪畫，兹據《箋二》、《裴韻》校補作『蟀』字。又注文諸本皆作『蟋蟀』，此爲聯綿詞，底五蓋用注文與被注字連讀成訓例。

〔七九三〕『⿱竹準』字《箋二》、《王二》、《裴韻》、《蔣藏》、《廣韻》皆作『準』形，『⿱竹準』字當即『準』的換位俗字。

〔七九四〕注文殘字底五存上部『亠』形筆畫，兹據《裴韻》校補作『言』字；又缺字底五殘泐，《裴韻》引《方言》訓『柲』作『刺』，錢繹《方言箋疏》卷十二『柢、柲，刺也』，則底五所引當有語尾助詞。

〔七九五〕殘字存左上角一竪畫，《箋二》、《王二》、《裴韻》『鄙蜜（或作密）反』小韻下接『美筆反』小韻，其首字爲『密』，兹據校補。又缺字底五殘泐，可據諸本補作反語，其小韻標數字可據實收字數推知爲『三』，與《箋二》、《裴韻》同。

〔七九六〕缺字居底五行末，以『山形如堂』爲訓的字《箋二》、《王二》、《裴韻》皆作『峃』，可據補。

〔七九七〕今本《説文》作『弻，輔也；重也。从弜，㐁聲。𢐀，弻或如此；⿰弓攴、⿱弗㐁，並古文弻』，疑底五『古』、『正』二字誤乙。

〔七九八〕『秔』字《箋二》、《王二》、《裴韻》、《蔣藏》、《廣韻》皆作『⿰禾即』，疑底卷訛誤，兹據校改。

〔七九九〕『聲』字當爲『聱』字之形訛，參《箋二》校記〔一六九五〕，兹據校改。

〔八〇〇〕『紎』字《箋二》、《王二》、《裴韻》、《廣韻》皆作『紱』形，按『犬』字俗寫作『犮』形，與『犮』字俗寫形同，本小韻字據其讀音當以從『犮』爲是，是底五回改作『犬』形非是，兹據諸本校改，本大韻後諸從『犬』旁字同。

〔八〇一〕『⿰山犮』爲『⿰山敝』的俗字，《集韻》『⿰山敝』字注云『或作⿰山犮』。

〔八〇二〕『⿰夫犬』字今本《説文・大部》作『⿱大弗』形。

〔八〇三〕『⿱⿲木缶木寸』字《箋二》作『鬱』，疑皆《説文・鬯部》『鬱』字之俗變。

〔八〇四〕『鬱』字今本《説文・鬯部》作『鬱』，底五所作爲俗字。

〔八〇五〕『無在臂』不辭，『在』字《箋二》、《王二》、《裴韻》、《廣韻》皆作『左』，底五形訛，兹據校改。

〔八〇六〕『揋』字《王二》、《廣韻》、《集韻》同，《箋二》、《裴韻》作『揹』，疑『揋』爲『揹』之俗訛。

〔八〇七〕字頭當爲『祓』字俗變；注文又音反語上字『乎』字當爲『孚』字形訛；反語下字『物』蓋承前正音下字而訛，當從《裴韻》作『吠』字，詳參《箋二》校記〔一七〇七〕。

〔八〇八〕『曰』字《箋二》、《裴韻》、《廣韻》皆作『汩』，『瀄汩』與後『飂』字下的『飂颵』爲同一音軌的同源聯綿詞，底五誤脱『氵』旁，兹據校改。

〔八〇九〕注文《箋二》同，此蓋用注文與被注字連讀成訓例，參《箋二》校記〔一七〇九〕。

〔八一〇〕殘字底五有些漫壞，兹據《箋二》、《王二》、《裴韻》校補作『蟣』字。

〔八一一〕『詐』字《箋二》、《王二》、《裴韻》、《廣韻》皆作『許』，底五形訛，兹據校改。又缺字底五殘泐，可據本小韻實收字數補作『四』字，與《箋二》、《裴韻》同。

〔八一二〕字頭殘字存右部『乞』形部分，《箋二》、《王二》、《裴韻》、《廣韻》本小韻第二字皆作『仡』，兹據校補。注文殘字存右部『士』旁及左部一竪形筆畫，《箋二》、《裴韻》釋義皆作『壯皃』，《王二》作『壯』，《廣韻》作『壯勇皃』，兹據校補作『壯』字。又缺字底五殘泐，可參諸本補作『皃』字。

〔八一三〕殘字底五存右部一些漫渙的筆畫，兹據《箋二》、《王二》、《裴韻》、《廣韻》校補作『釳』字。

〔八一四〕『餼』字左下角底五略殘，兹據《箋二》、《裴韻》録定。

〔八一五〕殘字底五存上部二竪形筆畫，兹據《箋二》、《裴韻》校補作『芞』字。又『芞』字二書皆爲本大韻之末字，且皆訓『香草』，兹據擬補二個注文缺字符。

〔八一六〕『杌』字《王二》、《裴韻》、《廣韻》皆作『扤』，合於《説文》，俗寫『扌』、『木』二形多混而不分，兹據校補正字。

〔八一七〕殘字底五存上部筆畫，兹據《箋二》、《王二》、《裴韻》、《廣韻》校補作『橃』字。又『橃』字下至行末底五殘泐約二個半大字的空間，《箋二》相關内容作『○撥（橃），木撥（橃）。○哱，舂米。○欱（鼤），盾。新加』，與底五所殘空間略合，茲從擬補六個缺字符。

〔八一八〕『䇅』字當即『絨』字俗訛，又『佇』字當爲『紵』字誤改，詳參《箋二》校記〔一七一六〕。

〔八一九〕『瘚』字條下至行末底五殘泐約三個大字的空間，《箋二》相關内容作『○劂，刻刀。○蕨，菜。○蟨，獸名，走則顛，常爲蛩蛩取食，蛩蛩負之而走』，比底五所殘空間多近一個大字的内容，疑『蕨』字没有注文，茲姑據擬補五個缺字符。

〔八二〇〕『亦』字下《箋二》有『入』字，於義爲長。

〔八二一〕殘字前者底五存上部筆畫，後者存下部筆畫，茲據《箋二》、《裴韻》校補作『以』、『發』二字。又缺字底五殘泐，可據諸本補作『角』、『月』二字。

〔八二二〕釋義《箋二》、《王一》、《裴韻》皆作『白鷢，鳥』，與《説文·鳥部》『鷢，白鷢，王雎也』合，疑底卷『白』字下脱一代字符。

〔八二三〕『栰』字《裴韻》同，《箋二》、《王一》、《廣韻》皆作『杙』字，合於《説文》，底五形訛，茲據校改。

〔八二四〕『沷』字《王一》、《裴韻》、《蔣藏》同，《廣韻》作『冹』形，與《説文》合，俗寫『氵』、『冫』二旁多混而不分；又阮刻《十三經注疏》本《詩經》無『沷』或『冹』字，《説文·仌部》『冹，一之日滭冹』，則知此爲《詩經·豳風·七月》之文，今作『觱發』。

〔八二五〕『從』字前依文例當有一標識性文字如『亦』、『或』、『又』等，《箋二》作『亦』，茲爲擬補一個脱字符。

〔八二六〕『獩』字釋義《王一》、《裴韻》、《廣韻》皆作『飛』或『飛皃』，《集韻》則作『獩獩，飛皃』，是底五『光』字當爲『飛』字俗寫之形訛，茲據校改。

〔八二七〕『瘍』字《箋二》、《王二》、《裴韻》、《蔣藏》、《廣韻》皆作『傷』，底五形訛，茲據校改。

〔八二八〕『面片以言』不辭，『片』字《箋二》、《王一》、《裴韻》、《廣韻》皆作『斥』字，底五形訛，茲據校改。又『謁』字下依文例脱一『反』字，茲爲擬補一個脱字符。

〔八二九〕『代』字置此非韻，《箋二》、《王二》、《裴韻》、《廣韻》皆作『伐』，底五形訛，兹據校改。

〔八三〇〕『汩』字釋義《裴韻》作『治』，《王一》、《蔣藏》本小韻皆未收『汩』字，《廣韻》訓作『汩没』，《補正》謂底五『汯』「蓋『治』之缺筆」，《周韻》考釋篇謂避高宗諱缺筆，兹從校補正字。

〔八三一〕『勃』爲『勃』的俗字，『孛』旁俗或作『孛』，『孚』旁又『孛』之變，寫卷中又有寫作『孚』的，則又『孚』之訛省。參《敦煌俗字研究》下編子部『孛』字條考釋。下文從上揭各俗寫偏旁者，不再一一出校説明。

〔八三二〕『茖』字《箋二》作『茗』，《裴韻》、《蔣藏》同，唐陸羽《茶經·七之事》：「茶有餑，飲之宜人。」茶餑指茶湯中的厚沫，底卷形訛，兹據校改。

〔八三三〕『忽』字《王一》同，《箋二》、《王二》、《裴韻》、《蔣藏》、《廣韻》皆作『急』字，底五形訛，兹據校改。

〔八三四〕注文『漚池』二字底五雙行並書，然後『漚』字所在右行下接抄『用力或』，左行『池』下接書『作左』，《箋二》、《裴韻》、《蔣藏》、《廣韻》皆僅作『漚池』，《補正》謂「『用力或作□』是『矻』字訓從下誤入」，兹從徑删之。參下校記〔八三六〕。

〔八三五〕『兒』字《廣韻》同，《箋二》作『曰』，《王一》、《裴韻》、《蔣藏》皆作『白』，底五形訛，兹據校改。

〔八三六〕上文『泏』字條下底五有衍文『用力或作左』五字，蓋本當在本條下；《説文·土部》：「圣，汝潁之閒，謂致力於地曰圣。」『圣』、『矻』、『䯇』《廣韻》皆在苦骨切小韻，三字音同義近，蓋本一字之分化，而以作『圣』爲典正，『左』即『圣』之俗作。參上校記〔八三四〕。

〔八三七〕『枘』字《箋二》、《王二》、《裴韻》、《蔣藏》、《廣韻》皆作『抐』形，俗寫『扌』、『木』二形多混而不分，兹據校改。

〔八三八〕底五以『猝，倉猝。昨没反。三』爲一條，檢《箋二》、《王二》、《裴韻》、《蔣藏》皆作『猝，麁没反』，而音『昨没反』的是其下一小韻的『捽』字。《補正》謂底五此條當作『○猝，倉猝。麁没反。一。○捽，手捽。昨没反。三』，與《箋二》同，兹從擬補七個脱字符。

〔八三九〕『糈』字當爲『糒』字形訛，參《箋二》校記〔一七三六〕，茲據校改。

〔八四〇〕『淈』字注文《箋二》、《王一》、《裴韻》、《蔣藏》皆作『淈泥。又古忽反』，檢《説文·水部》『淈』字下作『濁也。从水，屈聲。一曰滒泥；一曰水出皃』，則底五『渴』字當爲『濁』字形訛，茲據校改。又依長孫箋注文例，又音後之釋義既出於《説文》，則當標引『《説文》』二字，然底五此類脱省甚多，蓋抄者有意爲之。

〔八四一〕『朗』字《裴韻》、《廣韻》作『朏』，《集韻》『朏，月未盛之明。古書作朗』，又別收『朏』，訓『日未明』，然俗寫『日』、『月』二形多混而不分，疑『朏』爲『朏』之俗字。又『明出融』不辭，『出』字《裴韻》作『未』，底五形訛，《補正》據校，茲從之。

〔八四二〕『水』字《箋二》、《王一》、《裴韻》、《蔣藏》、《廣韻》皆作『木』，底五形訛，茲據校改。

〔八四三〕『日昧中見』四字《箋二》、《裴韻》作『日中見昧』，阮刻《十三經注疏》本《周易》豐卦九三作『日中見沬』，『昧』爲『沬』字異文，疑底五『昧』字位置誤倒。

〔八四四〕殘字存下部筆畫，茲據《箋二》、《王一》、《裴韻》、《蔣藏》校補作『撥』字。

〔八四五〕『泰』前底五脱又音標識字『又』及反語上字，其中反語上字《箋二》、《裴韻》、《蔣藏》皆作『武』字，茲爲擬補二個脱字符。

〔八四六〕『泧』字《箋二》、《王一》、《裴韻》、《廣韻》皆作『拭』，按『泧』字實爲『泧』之俗寫，雖《説文》『泧』字下作『瀎泧』，段注以爲即『抹摋』、『摩挲』之轉語，當以聯綿詞視之，則底五『泧』字蓋爲『拭』字形訛〔底五本大韻後『呼括反』小韻『泧（泧）』字注文作『瀎泧（泧）』，似本條『塗』有形訛之可能，然如注文作『瀎』字，依文例當用代字符，是又與『塗』字字形隔遠〕，茲據校改。

〔八四七〕『昔』字今本《説文·𦫳部》作『首』形。

〔八四八〕『相』字《箋二》、《王一》、《裴韻》、《廣韻》皆作『枂』形，俗字『日』、『月』二形多混，茲據校補正字。

〔八四九〕『活』字《裴韻》作『治』，合於《説文》，底五蓋承前一小韻反語之『活』字而致形訛，茲據校改。

〔八五〇〕『殁』字《箋二》、《王一》、《裴韻》、《廣韻》皆作『歺』形，《集韻》作『𣦵』形，注文云：『隸作歺。』又《裴韻》『歺』字注文亦收一或體作『芖』形，與底五『殁』當皆爲『歺』字篆文的隸定訛俗字。

〔八五一〕『姉』爲『姊』之俗字，參《敦煌俗字研究》下編女部『姊』字條考釋。

〔八五二〕缺字底五殘泐，可據《箋二》、《王一》、《裴韻》補『擾』字。

〔八五三〕缺字底五存右側筆畫，兹據《王一》、《裴韻》校補作『佸』字。

〔八五四〕注文所引《尚書》疑有脱文，《説文·心部》『𢠸，善自用之意也。从心，銛聲。《商書》曰「今汝𢠸𢠸」』，是底五『曰』字下脱所引《尚書》語，兹據擬補四個脱字符。

〔八五五〕『奞』爲『奪』之俗字，參《箋二》校記〔一七四六〕。

〔八五六〕注文底五作『肉去胡骨反吐活』，錯亂不知所云，《箋二》作『肉去骨。又土活反』，《王二》、《裴韻》略同而『土』作『吐』字，是底五衍抄『胡』字，又誤『又』作『反』字，并於反語後脱抄『反』字，兹據校改删削，并爲擬補一個脱字符。

〔八五七〕『谿』即『豁』之左旁涉右旁而類化之俗字，參《敦煌俗字研究》下編谷部『豁』字條考釋。

〔八五八〕或體與字頭同形，不合文例，《箋二》字頭作『濊』形，或體作『濊』形，《王一》、《裴韻》、《蔣藏》、《廣韻》字頭或作『濊』或作『濊』，然或體皆作『藏』形，兹姑據《箋二》校改或體字作『濊』形。

〔八五九〕『泧』字當爲『泧』字之俗寫，參看上文校記〔八四六〕，又參《箋二》校記〔一七四八〕。

〔八六〇〕『咽』字《蔣藏》同，《箋二》、《王一》、《裴韻》、《廣韻》皆作『煙』（或作『烟』形），底五形訛，兹據校改。

〔八六一〕『碗』字《箋二》、《王一》、《裴韻》、《蔣藏》、《廣韻》皆作『畹』形，與釋義合，底五形訛，兹據校改。

〔八六二〕反語上字底五脱，《箋二》、《王一》、《裴韻》、《蔣藏》、《廣韻》皆作『子』，可據補，兹爲擬補一個脱字符。

〔八六三〕『丑』字《箋二》、《蔣藏》、《廣韻》皆作『刃』，合於《説文》，《王一》、《裴韻》俗訛作『刀』形，底五形訛，《補正》校作『刃』，兹從之。

〔八六四〕注文依文例底五脱小韻標數字，可據實收字數補作「一」，兹爲擬補一個脱字符。

〔八六五〕本小韻後有脱文，蓋抄者據脱後字數改此標數字，兹據補後字數校改「二」作「三」字。

〔八六六〕「坺」字注文底五作「犬走皃。出《説文》」，形義不合，檢「坺」字注文《裴韻》作「壤」，《王一》作「一臿土。或作墢。又扶發反」，《廣韻》作「一臿土也。又音伐」，訓「犬走皃」的字諸本皆作「犮」，此亦與《説文》合，《補正》謂「坺」字「下脱「壤犮」二字，兹從擬補二個脱字符。

〔八六七〕「妲」字《王一》同，《箋二》、《裴韻》、《廣韻》皆作「妲」形，俗寫「旦」、「且」二形多混而不分，兹據校補正字，後從「且」者同，不再一一出校。

〔八六八〕「呵」字右上部底五略有殘泐，兹據《箋二》録定。

〔八六九〕殘字存大略形迹，兹據《箋二》、《王一》、《裴韻》校補作「縣」字。又「京」字諸本皆作「原」，與《説文》合，底五形訛，同據校改。

〔八七〇〕殘字底五存上下筆畫，兹據《箋二》、《王一》、《裴韻》校補作「足」字。

〔八七一〕殘字底五存上部筆畫，兹據《王一》、《裴韻》及《説文·羊部》「羍」字注文校補作「羊」字。

〔八七二〕殘字底五存下部一横狀筆畫，《箋二》、《王一》、《裴韻》「遏」字釋義皆作「遮」，兹據校補。又「邁」字諸本皆作「葛」，底五蓋承前二從「辶」旁字而誤增「辶」旁，兹據校改。

〔八七三〕殘字存右部似「隹」形部分，兹據《箋二》、《王一》、《裴韻》校補作「擁」字。又缺字底五殘泐，可據諸本補作「堨」字。

〔八七四〕殘字存右下角一捺點，兹據《箋二》、《王一》、《裴韻》校補作「反」字。底五内容至此結束，以下殘缺。

切韻箋注（六）（卷四、五）

斯六一五六

【題解】

底卷編號爲斯六一五六，爲一碎片，前後及上下皆殘泐，正反抄。其内容正面爲去聲陷、鑑韻殘字及入聲卷首名、卷首韻目殘字，計八行（其中卷首韻目有一行僅殘存無字的一截），背面爲入聲燭、覺二韻殘字，亦計八行。卷首韻目下有注文，以説明當時大韻分合的情况；大韻起始處文字接書，不空格，大韻標序字朱書；小韻首字前加朱點，其注文體例爲字頭—釋義—反語—小韻字頭數。

底卷收字與訓解皆較少，其所存入聲五個小韻標數字皆與《箋二》同，去聲字所存四個小韻標數字則與《箋五》（伯三六九三）同，且字下多無訓解，又依底卷去聲鑑韻『鑱』字下所殘泐情況推測，底卷所殘空間與《箋五》（伯三六九三）相關内容略合，是其去聲亦當只分五十六韻，與《切韻》同，又《周韻》已據底卷『覺』字注文有刊定字體之語而論其非陸書，但當與《切韻》原書較爲接近，底卷『𪗾』字（字頭殘泐）注文亦比《箋五》（伯三六九三）多『《續漢書》』一書證，又其覺韻古岳反小韻『傕』字條《箋二》、《王一》、《裴韻》、《蔣藏》皆不載，《廣韻》收之。底卷字體豐裕灑脱，行款尚爲疏朗，疑當抄於盛唐時期。《索引》據底卷卷首題名定名作《切韻》，《金岡目》、《索引新編》同，《提要》作『《切韻》（陸法言撰）』，皆不確，兹爲擬名作『切韻箋注』（六），簡稱《箋六》。

龍宇純《英倫藏敦煌切韻殘卷校記》（臺灣《中央研究院歷史語言研究所集刊》外篇第四種《慶祝董作賓先生六十五歲論文集》，一九六一）最早據膠片對底卷加以摹録和校勘，其後《補正》、《周韻》亦據膠片加以録文和校勘考釋，後潘重規《龍宇純英倫藏敦煌切韻殘卷校記拾遺》（《華岡文科學報》第十五期，一九八三）又據原卷做了進一步的校正。今據《英藏》録文，并參考敦煌韻書中相關的卷子如《箋二》、《箋五》（伯三六九三）、《王一》及傳世韻書《王二》、《裴韻》、《蔣藏》、《廣韻》等校録於後。

（前缺）

53 嶝 □□。〔一〕▨（僜）□□。□鄧反。〔二〕一。 [illegible]□□□□。方鄧反。〔三〕一。

54 陷 五十□□ ▭ 重賣。佇陷反。一。〔四〕

55 鑑 五十五鑑鏡。格▨（懺）反。〔五〕二。 ▭〔六〕大盆，《續漢書》『盜伏於覧（覽）下』。胡懺（懺）反。〔七〕一。 鑱 鑱出（土）。▨（士）□□。又士▨（銜）□。□。 ▭〔八〕

切韻卷□□（第五）□□□□□□（入聲卅二韻）〔九〕

□屋〔一〇〕 二 ▭〔一一〕

□□〔一二〕 七 ▭〔一三〕

▭〔一四〕

□□□▨（李）与昔同。夏▨（侯）□▨（陌）同。吕与昔□，□▨（麥）同，今□□。 ▭〔一五〕

（中缺）〔一六〕

3 燭 ▭□託。今作囑。〔一七〕 鸀□□，□。□▨（赤）□□。 ▭〔一八〕 絭纏臂繩。〔一九〕 鋦（鋦）▨（以）□縛物。〔二〇〕 ▭〔二一〕 辱而玉反。六。 蓐草蓐。 ▨（褥）▭□□；□沓云『銅屑』，《□□》『▨（磨）錢取鋊』是。〔二二〕 輍車枕前。 躅 ▭□□。〔二三〕 緑緑色。 曲起玉反。三。 鮈魚名。又渠竹反。 ▭〔二四〕 □七玉▨

（反）。〔二五〕一。續似足反。三。俗時俗。蕢▭〔二六〕

4 **覺**

□▨（覺）古岳反。又古孝反。八。字從爻（爻），俗從与，非。〔二七〕斠平□斛。▭▨□〔二八〕▨（傕）漢有傕、汜□□□□。〔二九〕▨（嶽）又作▨（岳）。□▨（角）反。□。▭〔三〇〕

（後缺）

【校記】

〔一〕據《箋五》（伯三六九三）、《王一》、《王二》，底卷前二殘條爲去聲五十三嶝韻字。行首至下條殘字『僜』前底卷約殘半個大字的空間，當爲前一字的注文，兹爲擬補二個缺字符。

〔二〕字頭殘字底卷存左下角筆畫，其中可辨一短竪一短横，兹據《箋五》（伯三六九三）、《王一》、《裴韻》、《蔣藏》校補作『僜』字。『僜』字釋義諸本皆作『僜蹬』，反語作『魯鄧反』，故爲其底卷注文擬補三個缺字符；然『僜，僜蹬』當爲『倰，倰僜』之訛，參《箋五》校記〔七四七〕。

〔三〕注文缺字底卷殘泐，可據《箋五》（伯三六九四）、《王一》、《蔣藏》補作『東棺下之』四字。

〔四〕『十』字下至行末底卷殘泐，因底卷爲一殘片，不能推知其下部殘字的字數，後同。考諸《箋五》（伯三六九四）、《王一》及底卷文例，知『十』下當爲大韻代表字『陷』及其標序字『四』；又『重』、『陷』二字分别居底卷次行所存部分的雙行注文之右行與左行行首，其前至行首尚殘泐約一個大字的空間，較諸《箋五》（伯三六九四）、《王一》、《裴韻》，知此當爲『賺』字注文。

〔五〕注文殘字底卷存上部少許筆畫，兹據《箋五》（伯三六九四）、《王一》、《裴韻》校補作『懺』字。

〔六〕『鑑』字條之下至行末底卷殘泐。

〔七〕行首至『大』字間底卷殘泐約一個大字的空間，考《箋五》（伯三六九四）、《王一》，此當爲『覧』字注文，注文『覓』亦應爲『覧』的訛字，兹據校改。

〔八〕注文殘字前者底卷存上部一竪形筆畫，後者存上部似二撇和一横形筆畫，兹據《裴韻》、《廣韻》校補作『土』、『銜』二字；又釋義《箋五》（伯三六九四）作『鑱土具』，《蔣藏》、《廣韻》同，《王二》作『穿土具』，《裴韻》作『犁土具』，疑底卷脱抄『具』字，而『出』當爲『土』字形訛，兹據校改；又二殘字『土』、『銜』下至行末底卷殘泐，『鑱』字雙行注文依行款及諸本情況當右行與左行各缺二字，可分别補作『懺反』、『反一』，兹爲殘條擬補四個缺字符。

〔九〕此爲入聲卷首目名，兹依韻書通例擬補『第五』、『入聲卅二韻』七字。

〔一〇〕『屋』字上部底卷略殘，兹參《箋五》（伯三六九四）、《王二》録定。又依底卷文例，『屋』字前當有韻部標序字『一』，兹爲擬補一個缺字符。

〔一一〕『二』字下至行末底卷殘泐，依底卷之行款及後部殘文，《周韻》已推測其每行當抄五個韻目字（頁八六三），當是。

〔一二〕行首至『七』間除無字的部分外，近行首處底卷殘泐約二個大字的空間，兹依文例擬補二個缺字符。

〔一三〕『七』字右下角底卷略殘，此參文例録定。又『七』字下至行末底卷殘泐。

〔一四〕本行行首底卷約殘泐二個大字的空間，其下存一小截無字的部分，此爲二韻目間的空白處，其下至行末底卷殘泐。

〔一五〕注文殘字底卷第一字存下部『子』旁，第二字存上部少許筆畫，第三字存下部筆畫，第四字存下部似『又』形筆畫，又此注文底卷作三行小字書之，其第二殘字及『昔』、『今』分别爲各行末字，其下至行末底卷殘泐，考敦煌韻書卷首韻目殘存而又有注文者，唯有《王一》同底卷，較之《王一》可知此當爲十六錫韻注文，唯《王一》注文作『先擊反。李與昔同，夏侯與陌同，吕與昔同（别），與麥同，今竝别』，其中『昔』字下之『别』字《王二》不誤，兹據校補四殘字作『李』、『侯』、『陌』、『麥』，又考底卷之文例及行款，知其右行殘字『侯』下當殘泐一個小字，依此推擬其中行『昔』下、左行『中』下並當殘泐二個字，與《王一》、《王二》之内容相合，姑爲擬補五個缺字符。又行首至第一個殘字間底卷殘泐約二個左右大字的空間，可參《王一》、《王二》補作『十六錫』三字，兹爲擬補三個缺字符。以上爲底卷正面内容。

〔一六〕此處應缺入聲卷首韻目三行，一屋、二沃二韻，以及三燭韻之前數條。

〔一七〕據《箋二》、《王一》及底卷文例，知此下前一部分爲入聲三燭韻字。行首至『託』字間底卷殘泐約二個大字的空間，考《箋二》、《王一》，知此殘條當爲『噣』字注文，兹爲此擬補一個缺字符。『噣』字前《箋二》、《王一》、《王二》皆爲同屬之欲反小韻的『燭、屬、矚、斸』四條内容。

〔一八〕前行『鸀』字《箋二》、《王一》、《王二》、《裴韻》、《蔣藏》、《廣韻》皆作『鸀』形，注文亦皆作『鸀鳿，鳥』，《集韻》正字與諸本同，唯别收『䲀』字爲其或體，考《龍龕·鳥部》收有『鸀』，注爲『鸀』字或體。注文殘字底卷居雙行注文之左行行首，存似『赤』形上及左部筆畫的字，其下至行末底卷殘泐，次行行首至下條『絭』字間底卷殘泐約二個大字的空間，潘重規以爲殘字當爲『赤』字，并引《史記·司馬相如傳》『鵁鶄鸀鳿』《集解》引郭璞曰『鸀鳿，似鴨而大，長頸赤目，紫紺色也』爲證，唯底卷本條注文之實貌已不可得知，《箋二》作『鸀鳿，鳥，』《王一》、《裴韻》、《廣韻》同，可參。

〔一九〕『絭』字上部底卷略有殘泐，此參《箋二》、《王一》録定。

〔二〇〕『鋦』字《王一》作『鋦』形，其右旁『局』爲『局』字隸定或體之一，參《王一》校記〔三六二〇〕，俗寫『口』形多作『厶』形，是『鋦』亦『鋦』之俗變字。注文殘字底卷存左上角少許筆畫，兹參《箋二》、《王一》校補作『以』字；又『物』字右下角底卷略有殘泐，此亦參二書録定；又缺字底卷殘泐，可據二書補作『鐡（鐵）』字。

〔二一〕前行『鋦』字條之下至行末底卷殘泐，次行行首至下條『辱』字間底卷殘泐約二個大字的空間。

〔二二〕前行字頭殘字底卷存上部少許筆畫，其下至行末底卷殘泐，考《箋二》、《王一》『蓐』字條下皆爲『褥』字條，與底卷殘存字形吻合，兹據校補此字頭作『褥』。次行行首至『沓』字間底卷殘泐約一個半大字的空間，注文殘字底卷存下部少許筆畫，考下『輍』字條前一字頭《箋二》、《王一》、《裴韻》、《蔣藏》皆作『鋊』

字，訓『炭鉤』，《廣韻》、《集韻》字頭同，唯《廣韻》訓作『炭鉤；又銅屑也，《漢書》曰「磨錢取鋊」』，《集韻》訓作『《説文》「可以鉤鼎耳及鑪炭」；一曰銅屑』，是底卷之『脊』當指許慎，『脊』、『慎』古今字，而其缺字處據行款推測當有六個小字（包括殘字，左、右雙行各三字）；又『磨錢取鋊』見於《史記・平準書》和《漢書・食貨志》，兹據校補；又疑底卷左行所缺二字可參《廣韻》補作『《漢書》』，唯其右行三殘字除『脊』字前可斷爲『許』字外，餘不能知，姑爲此殘條擬補五個缺字符。

〔三三〕『躅』字下至行末底卷殘泐，次行行首至下條『緑』字間底卷殘泐約半個大字的空間，檢《箋二》、《王一》、《裴韻》、《蔣藏》『緑』字條前爲『親，眼曲』條，是底卷所殘半個大字的空間當即容『眼曲』二小字，兹爲擬補二個缺字符，其字頭『親』字當居前行行末。

〔三四〕『䱍』字條之下至行末底卷殘泐。

〔三五〕行首至『七』字間底卷殘泐約一個大字的空間，可參《箋二》、《王一》補字頭作『促』字。注文殘字底卷存下部筆畫，兹參二書及底卷文例校補作『反』字。

〔三六〕『蕢』字下至行末底卷殘泐。

〔三七〕字頭殘字底卷存下部『儿』形筆畫，兹據《箋二》、《王一》、《裴韻》校補作『覺』字。又『覺』爲大韻代表字，其前標序字可參諸本擬補作『四』字，又依底卷行款，此『四』字疑當居底卷前行行末。

〔三八〕注文『平』、『斛』二字底卷分居雙行注文右行和左行之首，下部皆略有殘泐，此參《箋二》、《王一》録定；『平』、『斛』二字下至行末底卷殘泐，《箋二》、《王一》『斠』字皆訓作『平斗斛』，《裴韻》、《蔣藏》同，兹據爲此殘條擬補一個缺字符。又次行行首至下條殘字『傕』間底卷殘泐約半個大字的空間，此當爲注文小字，其右側小字存右下角一捺形筆畫，左側小字全殘，兹爲擬補一個缺字符，然因敦煌其他韻書及《裴韻》、《蔣藏》皆不載『傕』字條，唯《廣韻》、《集韻》收之，故不能推知前一殘條文字之内容。

〔三九〕字頭底卷存右部『隺』旁，兹參《廣韻》、《集韻》校補作『傕』字，又『漢有傕汜』四字底卷皆居雙行注文之右行，其左行全殘，《廣韻》『傕』字作『傕』（『雀』、『隺』二形爲同一篆字的不同隸定形體），訓作『後漢有李傕』，《集韻》字形同底卷，訓作『闕：人名，漢有李傕』，考《後漢書·孝獻帝紀》有云：『董卓部曲將李傕、郭汜、樊稠、張濟等反，攻京師。』依底卷文意推之，疑其下當有『稠濟等反』四字，姑爲擬補四個缺字符。

〔三〇〕字頭底卷存右部筆畫，其中下部『犬』形可辨，注文殘字前者存上部『丘』旁，後者存右下角筆畫，兹參《箋二》、《王一》校補作『獄』、『岳』、『角』三字。又殘字『岳』在右行，『反』字在左行，其下至行末底卷殘泐，據上揭二書及底卷之行款與文例，『岳』、『反』二字下當各殘一字，分別爲反語上字『五』和小韻標數字，兹爲擬補二個缺字符。

切韻箋注（七）（序、卷一）

斯二〇五五

【題解】

本件底卷編號爲斯二〇五五，存卷子本一殘紙，正反抄。正面與反面内容銜接，正面存陸法言《切韻序》和長孫訥言箋注序，序文後爲平聲上二十六韻韻目，次为正文平聲一東、二冬、三鍾、四江、五支全部字及六脂『葵，渠惟反。四』條，計一〇五行；反面自六脂『渠惟反』小韻第二條『鄈』字起至七之、八微、九魚全韻，計七十四行，後缺抄，然後接有倒抄的《鍾馗驅鬼》文一篇。底卷所據抄之原本内容有殘泐，如五支韻『欹』字下注云『四行全無』，又七之韻『鯔』字條起到九鱼韻『歔』字條止的二十行文字皆據《刊謬補缺切韻》配抄，可能就是據《王一》配抄（其内容、俗寫甚至錯亂詞條的情況皆與《王一》相同，如把『機，祥。亦作僟』與前條之『饑，穀不熟』合爲一條抄作『饑，穀不熟。祥亦機作僟』等）。

底卷所用紙質粗惡，字迹潦草，基本上没有爲便於閲讀而加注的各種標識，所存平聲卷首亦與前之序文接書不換行；卷首録有該卷之全部大韻名稱、排序與反語；大韻前有排序號，大韻起始處空一個大字的空間後接書（但不嚴格，如二冬、五支、八微、九魚即不空格接書，而四江、七之又換行書），注文或不遵守雙行慣例（如『蘆』、『驢』、『栟』、『蘩』等字條），底卷增字皆用幾加幾的形式表示，小韻首字注文體例爲字頭—釋義—反切—小韻字頭數。又全書所加的按語較多，但主要是引《説文》以申證字的形、義，并且這種引證是置於其所據增補之原本内容的後面，《周韻》以爲此與卷首長孫序中所説『但稱案者，俱非舊説』及『遂乃廣徵金篆，遐泝石渠，略題會意之詞，仍紀所由之典』的话正相符合。

王國維在《書巴黎國民圖書館所藏唐寫本〈切韻〉後》中認爲本書爲長孫箋注本《切韻》（載《觀堂集林》卷

八），姜亮夫《S二〇五五爲長孫訥言箋註本證》（載《姜韻考釋》卷十三）論同，周祖謨認爲本書除用《刊謬補缺切韻》配抄的部分外，當是長孫箋注的一種傳本。姜氏所據論之字數統計不確，《周韻》通過底卷與《箋二》等的小韻數比較後指出：其所據增補的底本，『估計全書可能比箋注本一（長龍按：即《箋二》）要多上幾百字，全書總有一萬一千五六百字之數，這與孫愐《唐韻·序》中所説一萬一千五百字的數目很接近』。如果我們接受《周韻》估計的《箋二》比《切韻》原本增三百字左右，從底卷支、脂、之、魚四韻加字前的字數比《箋二》多收十字的比例看（考慮到收字較少的大韻），則整個卷子多收的字數亦當在三百多字，這個數字應該與長孫序中所説的『又加六百字，用補闕遺』的『六百字』相一致，也就是説，底卷所據增補的底本可能就是長孫的箋注本《切韻》，上田正《補正》解題引『銅』、『豐』、『宫』三字長孫注逸文分别作『《説文》「青鐵」』（《和漢年號字抄》）、『豆之滿者，從豆』（《和漢年號字抄》）和『宫室』（《浄土三部経音義集》卷一），與底卷幾乎全同，且此三條所在小韻底卷皆無『加』字，逸文正與『加』字前所據底本同，亦可證其爲長孫箋注之原貌，後來《唐韻》所據修補的底本應該也是這個本子，因此據《唐韻》而增廣之的《廣韻》才於卷首述《切韻》原本之纂著情況時並署『陸法言撰本，長孫訥言箋注』。又從底卷新加字的統計看，《周韻》斷其爲『幾百』似較爲含糊，今考底卷除『微』大韻外的八韻共有新加字三十八個，如果考慮到殘缺部分的可能加字數，則當在四十字左右，約每韻平均加字五個左右，由此我們估計底卷全部的新加字數當即卷首所謂的『伯加一千字』的數量，是其當爲基於長孫氏《切韻》箋注之上的一種箋注本。《金岡目》、《索引》、《提要》皆因卷首所書題而作『切韻并序』，《向目》題作『《切韻》長孫訥言箋』，皆不確。《周韻》承《大宋重修廣韻》序所載『陸法言撰本，長孫訥言箋注』擬之爲《箋注本切韻二》，今從擬名作『切韻箋注』（七），簡稱《箋七》。

底卷的抄寫時間王國維定爲唐中葉（《觀堂集林》，中華書局一九五九，頁三五五），姜亮夫謂其『風格固不能于中唐以後求之也』（《姜韻考釋》卷十三，頁三六七），而從其用《刊謬補缺切韻》配抄的情況看，底卷之抄寫時間蓋當是在《刊謬補缺切韻》形成之後的中唐時期。

底卷之抄寫形態雖似完整，然其所據抄之底本蓋有殘泐，故其卷首實有缺略，據關長龍、曾波《敦煌韻書斯二〇五五之謎》（張涌泉、陳浩主編《浙江與敦煌學》，浙江古籍出版社二〇〇四）考證，底卷之『伯』當爲人名之末字，然《廣韻》所提及者無作此名，王國維《唐諸家〈切韻〉考》亦未及之，魏建功於《十韻彙編・序》中詳列唐宋史志所載一百六七十種可能是韻書的著作，其中有撰人的亦未見有作某伯或某某伯者，因此也不排除此爲抄手所誤作之錯字，魏氏即於其據《日本國見在書目録》所考稽的孫伷《切韻》五卷條下指出：『王國維摹寫《敦煌寫本〈切韻〉殘卷》第二種有「伯加千一字」題記一行，疑即此書，「伷」、「伯」形近。』按孫伷事迹不詳，然殘卷所存內容與《周韻》所輯孫伷書之相關內容無一合者，是底卷恐亦非孫伷之所作。又參諸韻書文例，『伯加一千字』前除書名及『陸法言撰』外，還當有『長孫訥言箋注』及增字加訓者全名、地望、官銜云云，今底卷皆無，亦可證明其所據抄本卷首本有殘泐。

底卷最早的録文爲王國維一九二一年據膠片寫印的《唐寫本〈切韻〉殘帙三卷》之第二種（多被稱作『切二』），其後《姜韻》又據原卷影抄，《潘韻》復據原卷對《姜韻》加以勘正，後《補正》、《周韻》又因膠片對《姜韻》加以校勘和考釋；徐朝東又撰《S 2055 校記》（載臺北《書目季刊》第四期，二〇〇二），在諸家基础上又有新的所得。刘燕文《〈切韻〉殘卷S．2055所引之〈説文〉淺析》（敦煌文物研究所《1983年全國敦煌學術討論會文集・文史遺書編下》，甘肅人民出版社一九八七）、單周堯《〈切韻〉殘卷S．2055引〈説文〉考》（『紀念敦煌藏經洞發現一百周年敦煌學國際研討會』論文，香港二〇〇〇年七月）二文則對底卷引《説文》的內容與今傳本《説文》進行了比較研究，其於校勘也或有發見。

茲據《英藏》録文，并參考敦煌韻書中相關的卷子如《切一》、《切二》、《箋二》、《箋九》、《王序》、《王一》、《唐韻》（伯二〇一八）、《唐刊》、《唐箋》、《唐箋序》及傳本韻書《王二》、《裴韻》、《廣韻》等校録於後。

切韻序

陸法言撰

伯加一千字〔一〕

昔開皇初，有劉儀同臻〔二〕、顔外史之推、盧武陽思道、魏著作彦渕(淵)〔三〕、李常侍若、蕭國子該、辛諮議德原(源)〔四〕、薩(薛)史(吏)部道衡〔五〕等八人，同詣法言門宿。夜永酒闌，論及音韻，以古今聲調既自有別，諸家取舍〔六〕亦復不同。吴楚則時傷輕淺，燕趙則多涉重濁，秦隴則去聲爲入，梁益則平聲似去。又支章移反〔七〕脂旨夷反、魚語俱(居)反〔八〕虞語俱反〔九〕，共爲不〔一〇〕韻；先蘓前反仙相然反、尤〔□□□〕侯〔□□□〕〔一一〕，俱論是切。欲廣文〔一二〕路，自可清濁皆通；若賞知音，即須輕重有異。吕静《韻集》、夏侯詠《韻略》、陽休之《韻略》、李季節《音譜》、杜臺卿《韻略》等，各有乖𤘘(互)〔一三〕；江東取韻，与河北復殊。因論南北是非，古今通塞；欲更桾(捃)〔一四〕選精切，除削踈緩。顔外史、蕭國子〔一五〕多所決定。魏著作謂法言曰：『向來論難，疑處悉盡，何爲不〔一六〕隨口記之？我輩數人定則定矣！』法言即燭下楃(握)〔一七〕筆，略記綱(綱)〔一八〕紀；後博問英(英)辯〔一九〕，殆得精華。於是更涉餘學，兼從薄宦(宦)〔二〇〕，十數年間，不遑修集。今返□□〔二一〕，私訓諸弟〔二二〕，凡有文藻，即須聲韻〔二三〕。屏居山野，交遊阻絶，疑或〔二四〕之所，質問無從。亡者則生死路殊，空懷可作之歎；存者〔□〕貴賤礼〔二五〕隔，以〔二六〕報絶交之旨。遂取諸家〔二七〕音韻、古今字書，以前所記者定之，爲《切韻》五卷。剖析毫氂，分別黍(黍)〔二八〕累。何煩泣玉，柒(未)可〔二九〕懸金。藏之名山，昔怪〔三〇〕馬遷之言大；持以盖醬，今歎楊〔□〕〔三一〕之口吃。非是少(小)子〔三二〕專輒，乃述羣賢遺意；寧敢施行人世，直欲不出户庭。于時歲次辛酉，大隨（隋）仁壽元年也〔三三〕。

訥言謂陸生□：□□□古訟（沿）今，推而言之，無以加也。〔三四〕 然苦傳之已矣（久，多）失本□；□□□□，詎唯千里！〔三五〕 弱冠嘗覽顔公《字樣》，見炙從肉，□□□□〔三六〕，輒意形聲，固當從夕。及其晤矣，彼乃〔三七〕乖斯，□□□□〔三八〕。 他皆倣〔三九〕此。 湏（頊）以佩（佩）經之隟〔四〇〕，沐雨之餘，揩其紕繆，疇茲得□。□釣（鈎）扨（扨）閲，〔四一〕晉豕成羣；盪櫛〔四二〕行披，魯魚盈貫。 遂乃廣〔四三〕 徵金篆，遐泝〔四四〕石渠，略題會意之訶（詞）〔四五〕，仍絶（記）〔四六〕所由之典。 亦有一文兩體，不復備陳〔四七〕；數字同帰〔四八〕，唯〔四九〕其擇善。 勿謂有增有減，更（便）〔五〇〕慮不同；一點一撇〔五一〕，咸資則（别）據〔五二〕。 又加六百字，用補闕遺；〔五三〕其[□□]雜〔五四〕，並爲訓解；但稱按者，俱非舊說。傳之弗謬，遮（庶）□箋云〔五五〕。 于時歲次[□]丑〔五六〕，大唐儀鳳二年也〔五七〕。

切韻弟一平聲上廿六韻

一德紅東　二都宗冬　三職容鍾　四古雙江
五章移支　六旨夷脂　七止而之〔五八〕　八無非微
九語居魚　十語俱虞　十一莫胡模　十二（二）俱（徂）嵆齊〔五九〕
十三古膎佳　十四古諧皆　十五呼恢灰　十六呼來咍
十七職隣真　十八側詵臻　十九武分文　廿不（於）斤殷〔六〇〕
廿一愚表（袁）元〔六一〕　廿二户昆魂　廿三户恩痕　廿四胡安寒

廿五所蓌(姦)删[六二]　　廿六所間山

1東

一東德紅反。二。桉《説文》春方也,動也,從日,又云日在水(木)中。[六三] 涷水名。 同徒紅反。十八。 童古作僕,今爲
童子。從辛(辛),辛(辛)丘麦(山反),本從干,古者干字頭向上曲而乱,辛(辛)非辛也。男有罪曰奴,奴曰童,女曰妾。
從辛(辛)重。妾字亦從辛(辛)。[六四] 僮古作童子,今爲僕也。 銅桉《説文》青鐵也。[六五] 桐木名。准上。又人姓。[六六]
峒崆峒。 狪獸名,以(似)豕,出秦(泰)山。[六七] 硐磨。 艟舩。 烔烔烔,熱皃。 曈曈曨,日欲明。 筒竹名。 瞳目子。
瓨瓦。[六八] 罿車上綱(網)。又尸(尺)容反。[六九] 犝牛無角。 筩竹名(筩)。[七〇] 潼水名;關名。又他紅、昌容二反。
中桉《説文》和也。陟隆反。又陟仲反。[七一] 三。 哀(衷)桉《説文》裹褻衣也。[七二] 忠。 蟲桉《説文》有足虫。直隆
反。[七三] 四。 沖和。[七四] 种稚;亦人姓。 盅桉《説文》更有此一字:《老子》曰『道蟲(盅)而用之』,盅,器虚。[七五] 終桉
《説文》絿絲也。今爲終始字。職隆反。十。 衆又之仲反。 泈水名,在襄陽。 [□□□]。[七六] 潨小水入大水。又在
冬反。 柊(柊)殁(歿)。 螽桉《説文》秋虫也。[七七] 霳小雨。 鼨豹文鼠。 蔠蔠葵,蘩露也。 忡憂也。初(敕)中
反。[七八] 一。 崇桉《尔疋》重也,商(高)也,充也。 鉵(鋤)隆反。[七九] 二。 剢鍤屬。 嵩息隆反。四。桉《説文》小(山)
名;又高。[八〇] 娀有娀,契母。 菘[□□。 □]山。[八一] 戎而隆反。四。 茙蜀蔡(葵)。[八二] 械木名。 駥八尺馬。
弓居隆反。四。桉《易》絃木爲弧,即弓也。[八三] 躬桉《説文》作此船也。 宫室也。 涫縣名,在酒泉。 融餘隆反。二。
和也;長也;《説文》[□]氣上出也。[八四] 肜祭名。又勑林反。 雄羽隆反。二。 熊獸。 瞢目不開(明)。莫中反。[八五]
三。 夢又武仲反。 鄸(鄸)邑(邑)名,在菑。[八六] 穹去隆反。二。 芎芎藭。 藭渠隆反。三。 芎藭也。《説文》作此
营。[八七] 竆羿封。 窮。 馮(馮)扶隆反。三。 姓也;邑也。 汎浮。又浮(孚)劒反。[八八] 芃草皃。 風方隆反。二。
桉《説文》從凡,虫聲。[八九] 楓木名。 豐敷隆反。六。桉《説[□]》豆之滿者也,從豆。[九〇] 酆邑(邑)名。桉《説文》周王
所都,在京兆杜陵西南。[九一] 蘴蕪菁。 灃水名,在咸陽。 豐(豐)大屋。[九二] 麷煑[□]。[九三] 充處隆反。三。 玩
(琉)玩(琉)身(耳)。[九四] 茺茺蔚,草。 隆力中反。三。 癃病。[九五] 鼕鼓(鼓)聲。[九六] 空苦紅反。七。 涳涳濛

字。〔九七〕 埪土埪。 箜箜篌。 崆崆峒，山名。 硿硿青，石[□]。〔九八〕 椌（椌）稻椁（稈）。〔九九〕 公古紅反。七（八）。桉
《説文》從厶、八。〔一〇〇〕 功。 工。 功（攻）治也；擊也。〔一〇一〕 疘下病。 蚣蜈蚣，虫。 玒玉。 釭車釭。又古雙反。
蒙玉（王）女草。《説文》從冃，亡保反。 莫紅反。〔一〇二〕十一加二。 濛。 朦。 檬（矇）。 艨（艨）[　]〔一〇三〕 鸏
大谷。〔一〇四〕 櫳檻也，養禽獸所。〔一〇五〕 瓏玲瓏，玉聲。 巃巃嵷，高皃。 櫳囚房。〔一〇六〕 朧月明。〔一〇七〕 礱大聲。 蘢馬
攏頭。 瀧瀧涷（涷），治（沾）漬（漬）。〔一〇八〕 聾。 轆軸頭。 礱斲。 嚨喉嚨。 穠黍穠。〔一〇九〕 蘢草名。 洪胡籠反。十
一加一。 訌譃。 釭（鉷）弩牙。〔一一〇〕 紅。 虹又古巷反。 鴻。 葓草名。〔一一一〕 葒草名。 仜身肥大。 谼大
舩。〔一一二〕 粠赤米。 洚（洚）水不遵道；一曰洚下也，出《説文》。〔一一三〕 藂古作叢。 草生也。 徂紅反。一加一。 叢聚。
翁烏紅反。四。桉《説文》頸毛也。 螉蠮螉，蟲。 鰯魚。 蓊蓊鬱，菜（草）木盛皃。〔一一四〕 悤古作悤。 倉紅反。八加一。
葱。 樬檜。 轗檻□，戰（載）囚。〔一一五〕 聰。 緫色青黃；又細絹。 驄馬色。 鍯鏟也。 廖屋謻（階）中會也，出《説
文》。〔一一六〕 通他紅反。四。 蓪蓪草，藥名。 侗大。 恫痛。 葼木細支。 子紅反。十二加一。 椶栟櫚。 緵縷。 嵸巃
嵸。 嵏飛而斂足。 丈（又）則貢反。〔一一七〕 鬷釜屬。 嵕九嵕，山。 猣[□□□□。 □]豕生三子。〔一一八〕 鯼石首魚。
椶（㪣）椶（㪣）減。〔一一九〕 騣馬騣，俗作騌。〔一二〇〕 堫桉《説文》種也，一曰内其中。〔一二一〕 蓬薄紅反。四。 篷（筝）車
篷（筝）。〔一二二〕 芃芃芃。 篷織竹以編若（箬），以覆（覆）蓋船車。 烘火皃。 呼同反。三。 魟河魚，以（似）鱉。〔一二三〕
䆗䆗風皃。 檧蕵公反。 小蘢（籠）。 又先孔反。二。 般緩。 六音入冬韻。〔一二四〕 㟅（㟅）小（山）廣皃。 五公
反。〔一二五〕 一。

2 冬

二冬都宗反。二。 苳草名。 彤赤。 徒冬反。六。 疼痛。 佟姓。 炵火盛皃。 也（又）他冬反。〔一二六〕 鴓鳥名，出《山
海經》。 鼕（鼕）皷（鼓）聲。 賨西域（戎）[□]。 在宗反。五。〔一二七〕 琮玉名。 悰慮；[□]曰樂。〔一二八〕 潨小水入大
水。 又轍隆反。 淙水聲。 農奴東（冬）反。三。 桉《説文》又作此農，從晨，未聞。〔一二九〕 膿面（血）。〔一三〇〕 儂我。 恭駒
東（冬）反。〔一三一〕 四。 龔桉《説文》結（給）也，古字与上同。〔一三二〕 供。 珙璧。 蜙蜙蝑，虫。 先恭反。〔一三三〕 二。 淞水名，

山(出)吴郡。〔一三四〕樅木名。七恭反。二。鏦短矛。攻伐。古冬反。二(一)。〔一三五〕硿硿礲，石落聲。户冬反。一。
礲力宗反。一。宗作綜(琮)反。二(一)。〔一三六〕鬔(鬆)鬔鬃(鬆)，乱皃。私宗反。〔一三七〕一。

3 鍾

三鍾須(酒)器。職容反。〔一三八〕九加一。鐘樂器。蚣虫名。忪心動。〔一三九〕䇨長莭。〔一四〇〕彸征彸，行皃。妐夫兄。
衳小褌。[□]〔一四一〕龍(龍)力鍾反。〔一四二〕四。瓏圭，爲龍文。躘躘蹱，小行皃。〔一四三〕鸗鳥名。舂
[□□□。□。□]搑撞。〔一四四〕踳蹋。鶞鷛鶞，鳥名。〔一四五〕松羊(祥)容反。〔一四六〕二。訟又徐用反。衝尸(尺)容
反。〔一四七〕五。罿䋄(網)。憧往來皃。䡴陷陣車。艟戰舡。容餘封反。十四。溶水皃。滽水名，在(出)宜蘓
山。〔一四八〕庸。墉垣。[□□□，□□□。]〔一四九〕鏞大鍾。鄘国(國)名。傭傭賃。又丑凶反。鷛鳥名。㼶甖。
鱅魚名。鏞(鎔)鏞(鎔)鑄。〔一五〇〕蓉芙蓉。封府容反。二。犎野牛。胷許容反。七。凶。銎柄孔。洶水勢。
恟懼。兇(兇)惡。〔一五一〕訩衆語。顒魚容反。二(三)。鰅魚名。喁噞喁。邕於容反。十一。
[□□□□。]〔一五二〕噰鳥鳥(鳴)。〔一五三〕灉水名，在宗(宋)。又以侯反。〔一五四〕⿰多邕⿰多邕⿰多邕，多皃。甕汲器。癰[□]。
[□]壁(辟)廱。〔一五五〕饔熟食。《説文》作此饔(饔)。〔一五六〕鶅鶅鶏，鳥名。壅(壅)塞。又於隴反。〔一五七〕醲厚酒。
女容反。四。⿰多農⿰多邕⿰多農。穠花皃；穠華字。又而容反。濃厚。重治容反。二加一。種晚熟。緟桉《説文》曾益
也。〔一五八〕從疾容反。一。蹤(蹱)躘蹱。丑凶反。〔一五九〕三(二)。〔一六〇〕傭均直。逢符容反。四。縫紩
(紩)。〔一六一〕漨水名。[□□]〔一六二〕峯敷容反。九。鋒刃端。丰丰茸。又扶風反。桉《説文》作此[□]，草木
盛生也。從生而上下達。〔一六三〕妦好。蜂蠆。桉《説文》從䖵作此蠭。〔一六四〕蘴菜。又敷隆反。桻木上；一云木名。
夆(夆)甹夆(夆)，掣曳。甹字普經反。〔一六五〕熢火。桉《説文》作此熢。〔一六六〕縱縱橫。即容反。[□]字(子)用
反。〔一六七〕三。蹤迹。⿰車從車迹。茸草生皃。而容反。五。⿰革茸⿰革茸毛也。〔一六八〕髶髮多。⿱竹茸竹頭有文。穠花皃。蛩蛩
距。渠用(容)反。〔一六九〕六加一。邛臨邛，縣。舼小舡。笻竹。輁軸，所以支棺。⿱艹邛蓂莢實。⿱邛石水鳥石也，出《説

文》。〔一七〇〕鱅魚名。蜀容反。二。慵嬾（嬾）。

4 江

四江古雙反。五。扛[□□。□]旌旗餝；一曰牀前横。〔一七一〕忹（茳）忹（茳）蘺。〔一七二〕釭燈。又古紅反。〔一七三〕痝厚大。莫江反。六。桉《説文》從[□]。〔一七四〕駹墨（黑）馬皃（白）面。〔一七五〕狵犬。今《説文》單作[□]。〔一七六〕瀧水名。哤語雜乱曰哤。牻牛白黑雜。聰耳中聲。女紅（江）反。[□]。〔一七七〕毾髮多。窓楚江反。二（三）加一。桉《説文》作此囱。又從穴作此窗。〔一七八〕稄稄種。〔一七九〕摐打鍾（鐘）鼓（鼓）。〔一八〇〕窻桉《説文》通孔也。〔一八一〕邦博江反。一。栙（栙）栙雙，机（帆）。[□]江反。〔一八二〕四。跭（跭）跭𨇾，胡豆。降降伏。又古巷反。桉《説文》作此降（降）。〔一八三〕缸罌類。桉《説文》作此坈（瓨），二同。〔一八四〕胮（胮）胮脈（脹）。也（疋）江反。〔一八五〕二。䜶（䜶）鼓（鼓）聲。瀧南人名湍。吕江反。一。雙所江反。四。桉《説文》作此雙（雙）。〔一八六〕𨇾（𨇾）豆。愯（愯）《左傳》馬（駟）氏愯。〔一八七〕䉶（䉶）帆。龐薄江反。二。膖（膖）膖肛，脹口（皃）。〔一八八〕肛許江反。一。腔羊腔。苦江反。五。椌（控）控（打）。〔一八九〕悾信皃。跫蹋地聲。涳直流。幢巏（旛）幢。宅江反。〔一九〇〕三。橦木名。又徒東反。花可爲布。撞撞突。惷愚。丑江反，又丑龍、丑用二反。二。覩直視；目不明。椿橛。都江反。二（一）。〔一九一〕

5 支

五支章移反。十。桉《説文》去竹之枝也，從又持半竹。〔一九二〕庀（卮）圓器也，一名觛，所以莭（節）飲食，出《説文》。〔一九三〕枝。疺病。秖適。又巨支反。〔一九四〕觶本音寘。今作奉觶字。肢體。桉《説文》又作此胑。禔福。梔梔木（子），林蘭也。〔一九五〕鳷鵲，帝觀也。〔一九六〕移戈（弋）支反。十加一。桉《説文》遷也，作此运（迻），從禾者禾名。〔一九七〕暆東（東）暆，縣，在樂浪。〔一九八〕迤逶迤。䝐獸名，似犬，見則有大兵。栘抶（扶）栘，木名。〔一九九〕檄（撽）檄𤸰（𤸰），手相弁（弄）。又以遮反。𤸰（𤸰）字以周反。〔二〇〇〕酏酒汁。与㐌同。㐌杯也，似稀（桸）。又羊氏反。与迤（匜）[□]。〔二〇一〕椸衣架。〔二〇二〕栘加。䔟桉《説文》萎䔟。〔二〇三〕爲薳支反。又薳嗚（僞）反。〔二〇四〕二。潙[□□，□□□]。[□]姓。居爲反。〔二〇五〕一。麾許爲反。二（三）。〔二〇六〕撝謙。桉《説文》裂也；一曰手指撝。〔二〇七〕嗚口不正。逶於爲反。五加一。《説文》作嗚（鳴）。〔二〇八〕痿枯死；又草木萎。萎桉《説文》食牛也，亦木萎。〔□〕一嗚反。〔二〇九〕椅田器。魏（覣）好視。〔二一〇〕倭慎皃也；《詩》曰『周道倭俹』也。糜糜粥。靡爲反。四加一。縻縻爵；桉《説文》牛轡，或作此紖，二同。〔二一一〕麋麋爛。醿醿無。又武悲反。麋鹿屬。又武悲爲（反）。〔二一二〕隳毁。許規反。三加一。《説文》作此▨（墮），又作此隓（陊）。〔二一三〕眭盱，健皃。盱字旭俱反。〔二一四〕觽（觿）角錐，童子佩之。〔二一五〕睢仰目，出《説文》。鬌（髻）髮落。直垂反。〔二一六〕二。錘八兩。又馳僞反。〔二一七〕垂是爲反。三。桉《説文》人（又）作垂（垂），遠邊也。〔二一八〕陲邊；桉《説文》危也。倕重；又神晨（農）時巧人名。〔二一九〕羸力爲反。一。吹昌爲反。又尺僞反。二加一。炊蒸。〔二二〇〕籥桉《説文》籥音理（律）管之樂也。〔二二一〕鈹普羈反。五。《説文》大針，刃如刀。〔二二二〕帔又普髮（髮）女（反）。〔二二三〕鮍魚名。披披尋。畋耕。陂彼爲反。四。〔二二四〕詖辯辞。碑碑銘。羆熊屬。隨旬爲反。二。隋國名。虧去爲反。〔二二五〕一。闚去隨反。一。《説文》小視也，作此窺，二同。〔二二六〕奇渠羈反。又居宜反。〔二二七〕六。琦玉名。騎馬。又奇寄也（反）。〔二二八〕鵸似烏，三首六尾。魃小兒鬼。碕曲岸。反（又）巨機反。〔二二九〕祇地神。巨支反。九加二。祇祇被（衼）。〔二三〇〕鞁弓鞭（鞕）。〔二三一〕岐山名。又渠羈〔□〕。〔二三二〕岐（歧）岐（歧）路。〔二三三〕郊邑；桉《説文》周文王所都，在右扶風美陽中外（水）鄉也。或從山也。〔二三四〕馶勁。疷病，《詩》云『俾我疷兮』。軝軝。桉《説文》作此軝，『長轂之軝也，以朱約之。《詩》曰約軝錯衡』。汥水都也，出《説文》。趍《説文》滁（緣）木皃；行皃也。〔二三五〕犧許羈反。八。羲桉《説文》氣也，從兮，〔□〕聲。〔二三六〕曦赫曦。焁焁欽，貪者見食皃。桸杓。〔二三七〕巇儉（險）。〔二三八〕蒹地名，在魏。㶒水名，在新豊（豐）。〔二三九〕攲不正。去奇反。五。攲攲器。〔二四〇〕崎崎嶇。觭角一府（俯）一仰。〔二四一〕踦脚跛。宜魚羈反。〔□〕。桉《説文》作此宐（宜），從宀下一，多省聲，所安也。〔二四二〕儀容儀。鄯地名，在徐。鸃鵕鸃。轙車上環，轡所貫。桉《説文》或作此钀。皮符羈反。三。疲。郫郫氏，縣，在蜀。提飛。是支反。又弟遲反。四加一。堤封頃畝。〔二四三〕匙。忯愛。蓶草桉也，出《説文》。〔二四四〕

兒汝移反。一。桉《説文》作此兒。離吕移反。十三加一。〔二四五〕籬［□□。□］酒。〔二四六〕罹心憂。璃琉璃。𩁹
（𩁹）陳。〔二四七〕羅羃羅。驪馬。鸝小兒（鼠）相銜行。〔二四八〕樆山梨。鸝鳥（鸝）黄，鳥。〔二四九〕縭婦人香纓。蘺茳
離。桉《説文》即蘼蕪。〔二五〇〕蘺草木附地生兒。疵疾移反。二（三）。〔二五一〕骴鳥鼠殘骨。玼玉病。貲貲則（財）。即
移反。〔二五二〕七。髭口上毛。桉《説文》作此頿。鴜水鳥。又疾移反。鴜鼠，似兒（雞）。〔二五三〕訾思也；量也。鮆魚
名。鄑城名，在北海。羈馬絡頭。居宜反。六。畸殘田。羇寄。掎［□□］。〔二五四〕攲（攲）攲（攲）取物。〔二五五〕四
行全無。〔二五六〕釃下酒。祈（所）宜反。又山尔反。三（二）。〔二五七〕簁下物。韉革（鞍）鞘；一曰［□］兒。山垂
反。〔二五八〕一。痿濕病；一曰兩足不能相及。人垂反；［□］於侯（隹）反。一。〔二五九〕厜厜㕒，山巔狀（狀）。姊規
反。〔二六〇〕三。觜星。纗紉繩。〔二六一〕槻木名，堪作弓。居隨反。四。嫢圓。鬹三足釜，有柄。規（摫）鷤規（鴂）
別名。〔二六二〕劑券（券）。觜隨反。又在細反。〔二六三〕一。衰楚危反。一。腄瘢[illegible]（胝）。竹垂反。二（一）。〔二六四〕𧲣弋
（弋）［□□。□□□。□］。〔二六五〕騷子垂反。馬小兒。又子累反。一。

6 脂

六脂旨夷反。三。桉《説文》，截（戴）角者脂，無角者膏。〔二六六〕祗（祇）敬。〔二六七〕砥（砥）石。姨以脂反。十二。
彝彝倫。桉《説文》又宗廟常器也。象形。糸，綦也；廾（廾），持；［□］，器中實。此與爵相似，牙（彑）聲也。《周礼》
［□］彝：鷄［□、□□］、黄［□］，虎彝、隹彝、［□□］，以待祼爵（將）之礼。〔二六八〕寅桉《説文》作此寅（寅）。〔二六九〕夷
（夷）桉《説文》從弓聲作此夷，上亦通。〔二七〇〕痍瘢。胰豬胰。〔二七一〕恞悦樂。㦤陳陝陝。荑莖荑。桋木名。蛦蛦
蛦。胂夾脊骨［□］。〔二七二〕師踈脂反。二。鰤老魚。毗房脂反。十三。比又必履、婢四、扶必三反。琵琵琶。枇
楣。又方奚反。芘藜芘，荆藩。阰。沘水名，在楚。貔獸。膍牛百葉（葉）。蚍蚍蜉。〔二七三〕枇枇杷。仳仳催，醜
女。䶠䶠䶠。咨即脂反。八。與諮同，《説文》謀事也。〔二七四〕資。粢祭飯。桉《説文》作此𪐝（齍）；又作此粢
（粢）。〔二七五〕齋齋衰。諮諮謀。姿儀。齍黍（黍）稷在器。《説文》從血（皿）。〔二七六〕濱水名，在邵陵。飢居指（脂）

反。二。飢（餓）也。〔二七七〕肌。䲡（鴟）鳥。處指（脂）反。三。胵膍胵。䲠（魠）魚名。絺丑指（脂）反。三。䵹喚（唤）皃。［□］勑辰反。〔二七八〕欷。郪縣名，在廣陵。取私反。三加一。趑（趦）趑趄（趄）。〔二七九〕簏却車邸（邸）階。䞗（趀）桉《説文》倉平（卒）。〔二八〇〕茨疾脂反。七。瓷（瓷）瓷（瓷）瓦。薋蒺莉。桉《説文》草多皃。餈飯餅。垐以土增道。穦積。嚌嚌螬。尼女指（脂）反。三。從匕。柅木名。怩忸怩。墀直尼反。〔二八一〕六加一。坻（坻）小堵。泜（泜）水名，陳餘死處。遅又直利又（反）。桉《説文》從辛，又作此迟。〔二八二〕蚳（蚳）蟻卵。岻（岻）山名。謘桉《説文》倉卆。〔二八三〕私息指（脂）反。〔二八四〕二加一。鋖平木器。䅷桉《説文》茅秀。尸式指（脂）反。四。鳲鳲鳩。屍死屍。蓍（蓍）蓍草。〔二八五〕鬐（鬐）馬項上鬐。渠指（脂）反。六。耆（耆）耆老。鍺（鍺）衛軸鐵（鐵）。〔二八六〕鰭（鰭）魚脊上骨。鮨鮓。《説文》魚指（脂）醬，一曰魚名。〔二八七〕祁盛皃；又縣名，在太原。又市支反。伊於指（脂）反。三。咿咿喔。〔二八八〕蛜蛜蝛。梨力指（脂）反。七加三。《説文》作此棃（棃），菓。〔二八九〕棃剢同，直破。桉《説文》金屬也；一曰剥。〔二九〇〕䅐禾二把。長沙云。秜稻死來年更生。蜊蛤。〔二九一〕䔧蒺䔧。黎（犂）牛駁（駁）。〔二九二〕㴝（㴝）桉《説文》恨也，一曰怠也。〔二九三〕𩑶（𩑶）微畫也。准上。〔二九四〕𩑶（𩑶）引也。准上。〔二九五〕葵渠惟反。四。〔二九六〕郯郯丘，地名，在陳留；又地名，在河東，漢葵（祭）后土處。〔二九七〕楑柊楑。鱍魚名。〔二九八〕追莎（陟）隹反。二。桉《説文》作追。〔二九九〕靁（靁）雷，出《韓詩》。［　　］。〔三〇〇〕䅫儒（儒）隹（隹）反。三加一。《説文》草木垂皃。〔三〇一〕綏冠纓。桵白桵，木名。撋相著。〔三〇二〕衰所追返（反）。三。微也。〔三〇三〕榱屋橑。《説文》秦名爲椽，周謂［□］榱，齊［□］之桷也。〔三〇四〕瘣病。惟以隹反。八。旌旌。壝埒。維語端。琟石，似玉。遺又于季反。潍水名，在琅耶。唯獨也。瀿水名。力追反。七。虆蔓。纍纍索。又作縲。欙山行乘欙也。犪求子牛。嫘嫘祖，黃帝妻。𡾊㟪𡾊。又力罪反。綏安。息遺反。六加一。〔三〇五〕䧌桉《説文》從出（虫）、唯聲。〔三〇六〕荽胡荽，香菜。又作此荽。〔三〇七〕浽浽溦，小雨。睢水名，在梁郡。又許葵反。〔三〇八〕䅗禾四把，長沙云。文狐兔行皃。《詩》曰『雄狐文文』，合作此文字也，今從綏字，誤矣。〔三〇九〕逵渠追反。五。夔夔龍。俗作憂(聂)。桉《説文》作此夔(夔)。〔三一〇〕騤馬行皃。馗《説文》与此逵義同。戣兵器。眉古作眉。武悲反。〔三一一〕九。湄水湄。楣户楣。桉《説文》秦名屋聯棉，周齊謂之檐，楚謂之梠。〔三一二〕瑂石，以(似)玉。〔三一三〕矀伺視。薇竹名。又無非反。黴黴藜，垢腐皃。又草(莫)背反。〔三一四〕麋。蘪蘪蕪。〔三一五〕悲府眉反。一。錐止椎反。六。隹桉《説文》鳥之短尾惣名。〔三一六〕麠鹿一歲。鵻小鳥。騅馬名。萑木名，似桂。桉《説文》草名(多)皃。〔三一七〕誰視隹反。二。脽坐處。帷洧悲反。一。邳下邳(邳)，縣。蒲悲反。〔三一八〕四加一。岯山。魾魾鱗。〔三一九〕頾《説文》短項(須)髮皃。〔三二〇〕銔姑銔。〔三二一〕丕普悲反。五。大也。伾有力。秠黑黍。⿰丕頁大面。駓桃花馬色。《説文》從否。〔三二二〕倠仳倠。許維反。一。鎚直追反。三加一。搥桉《説文》作此椎，擊也。〔三二三〕頧頭亞。⿰王追玉。推尺住(隹)反。〔三二四〕一。胵(胝)皮厚。陟夷反。〔三二五〕二。秪(秖)穀始熟。紕繒欲壞。匹夷反。一。嶉高皃。醉綏反。二。擕以木有所擣。《春秋》越敗吳於擕李。〔三二六〕巋小山而衆。丘追反。又丘誄反。一。狋火(犬)怒皃。牛肌反。又巨員反。一。〔三二七〕

7 之

七之止而反。二。芝芝草。飴与之反。十二加二。怡桉《説文》又有此嬰，悦樂也。〔三二八〕圯圯橋名。從土，巳聲。貽⿰貝兑(貺)遺。〔三二九〕頤篆文從貞(頁)，籀文作𦣞(䪿)，《説文》作𦣝，頷(頷)也。象形。〔三三〇〕詒詒言。瓵玉名。宧室東北隅。桉《説文》無穴作此宧，養也，食所居。〔三三一〕洏水名。胹豕之息肉。鮞魚名。妃王妻別稱。〔三三二〕洍水名；一曰《詩》『江有洍』。〔三三三〕嬰悦。時市之反。三。塒鑿垣栖。〔三三四〕鼭鼠。疑語基反。二。《説文》從疑(匕)聲。〔三三五〕嶷九嶷山。思息兹反。九。《説文》從囟。〔三三六〕司桉《説文》，臣司事於外者也，從反后。〔三三七〕罳罘罳。絲絲絹。伺候。緦緦麻。楒相楒木。箟竹有毒，傷人即死。偲不安欲去意。輜楚治反。又側治反。二。颸風。其渠之反。十八加一。桉《説文》作此𠀠，舉也。〔三三八〕期限。旗旍旗。萁豆莖(莖)。〔三三九〕騏馬青色。蜝蟿(蟚)蜝，似蟹。〔三四〇〕琪王(玉)。〔三四一〕綦履飾；《説文》未嫁女所服之。〔三四二〕麒麒麟。淇水名。鶀鳥名。藄紫藄，似錤

（蕨）。〔三四三〕錤鎡錤。古作兹其。棊弈。璂弁飾。鯕編（鯿）魚。〔三四四〕祺福祥。綨白倉色。碁石。〔三四五〕詩書之
反。二。〔三四六〕郝池（地）名。〔三四七〕而如之反。十二。《説文》頰毛而也，《周礼》曰『作其鱗之而』。然作此而，亦通俗
也。〔三四八〕栭木名，子似栗而細；一曰梁上柱也。檽（檽）木耳。隭（隭）地名；又峻坂。《説文》作陾，築墻聲。音
仍。〔三四九〕轜（轜）車。《説文》作此輀。〔三五〇〕胹（臑）煑熟。洏漣洏，涕流皃。〔三五一〕鮞魚子。《説文》魚之美者，有
東海之鮞也。〔三五二〕耏多毛。今桉《説〔□〕》作爲而字，二同。〔三五三〕咡吻。㮅丸之熟。誀誘。欺詐。去其反。五。
娸姓；一曰醜。魌大頭。䫏方相。今作魌頭。僛舞皃。姬居之反。九（七）。朞今桉《説文》，古從日，今從月，二
同。〔三五四〕基基址。箕簸箕。萁菜，似蕨。箕可以取蟣。諆諆（謀），《詩》云『周爰諮諆』。〔三五五〕詞似兹反。五。祠
二月祭。柌鎌柄。辭理訟。辤讓而不受。釐理；一曰福。里之反。七加二。貍猫貍。〔三五六〕氂十毫。嫠無夫。
斄剥，從刀。梩從（徙）土輂，字出《六韜》。又都皆反。李作杞，從木，已聲。〔三五七〕犛牛。又莫交反。憝桉《説文》，楚
顯（潁）之間謂愁憂云。〔三五八〕氂强曲毛，可以褚衣。〔三五九〕甾側持反。九。桉《説文》東楚名正（缶）曰甾；又不耕田也，
或作此菑字。〔三六〇〕淄水名。輜車。又楚治反。錙錙銖。菑樹不（立）死爲菑。又音哉。〔三六一〕緇黑繒。鶅東方爲
雉。〔三六二〕椔木立死。鯔（鯔）魚名。〔三六三〕僖樂。許其反。十二。歖卆（卒）喜。熙和；《説文》又燥也。嬉美；一
曰遊。譆痛聲。禧福。熹盛；《説文》炙也。𤸰坼。瞦目精。焈火盛也。嘻噫嘻。欸（欸）喜笑。〔三六四〕毉
（毉）於其反。二。噫恨聲。癡丑（丑）之反。〔三六五〕三。齝牛吐食。笞杖。治直之反。二。持携持。蚩蟲名。
赤之反。三。《説文》作此蚩，從㞢，非山。嗤笑。媸奸嫼字。〔三六六〕慈疾之反。三。《説文》從竹作此慈也。〔三六七〕礠
石。鶿（鶿）鸕鶿，鳥也。兹子之反。九加一。《説文》草木多益也，作此茲。〔三六八〕孳息。嵫崦嵫。孜蔦（篤）愛。
滋多。或作稵。〔三六九〕嗞嗞嗟，憂聲。䵋染黑。鎡鋤之别名。鼒（鼒）小鼎。〔三七〇〕鰦鯛（鮰）。〔三七一〕孖雙生。仔
克。茌士之反。平，縣名。〔三七二〕一。漦俟淄反。龍次；又順流。一從沫。〔三七三〕一。

8 微

八微(微)無非反。妙。通俗作微。〔三七四〕六。微隱行。〔三七五〕[□□□]。〔三七六〕薇竹名。又武悲反。薇菜。鐵縣物鉤。輝許歸反。光。亦作煇、暉。十。揮奮。徽美。翬飛皃。褘后祭服。徽魚有力。暉(瀈)竭瀈。〔三七七〕旛動。〔三七八〕楎梨(犂)頭。〔三七九〕𢓨(𢓨)幟。〔三八〇〕幃王悲(非)反。香囊。〔三八一〕十三。闈宮中。圍周合。韋皮。韗束。違乖。湋水名。潿不流濁。鍏𨿅(臿)。〔三八二〕韎戾。禕(襌)重衣。〔三八三〕[□□]。〔三八四〕褱裹。〔三八五〕霏芳非反。雰。或作霏。〔三八六〕七。妃女官。又並(普)佩反。〔三八七〕菲芳。又芳尾、符未二反。〔三八八〕騑細毛皃。婓婓,往來皃;一曰醜。〔三八九〕騑驂馬。䨽大目。之(又)芳小(巾)反。〔三九〇〕裴匪肥反。裴豹,見在《左傳》。[□]。〔三九一〕飛翔。扉户扉。緋赤色。非不是。𤜶似羊(牛),一目白首。〔三九二〕騛[□□。□]騛兔,馬而兔足(足)。〔三九三〕肥符非反。㹆肥(肌)。正作肥(肥)。〔三九四〕八。腓腨(脚)腨腸。〔三九五〕䈅竹。疿飛(風)病。或作疿。〔三九六〕淝淝水。䖸(䖸)縣名,在何(河)東聞喜。〔三九七〕蟦齋蠐。蜰負蠜蟲。威於非反。可畏。七。葳葳蕤。喂喂𡸣。又於鬼、於罪二反。隇隇陝,難(艱)危。〔三九八〕蝛(蛜)蟠(蛜)蝛,蟲。〔三九九〕媁美皃。楲决塘。祈渠希反。求。十一。頎長好。旂旗。𩐢鬼俗。畿王畿。或作圻。崎水傍曲岸。亦作圻。又渠羈反。〔四〇〇〕㱦似(以)血塗門。〔四〇一〕𡾊危。又公哀反。𦟙頰肉。又居希、古亥二反。肵俎。𤡮犬生一子。機居希反。具。〔四〇二〕十四。譏誹。蘄縣名,在譙郡。今音祈。嘰小食。璣珠不圓。幾微。蘮菹,草。〔四〇三〕磯大石激水。鞿繫馬。饑穀不熟。機祥。亦作禨。〔四〇四〕鐖血器。鐖鉤金。〔四〇五〕钊斷。希虚機反。少。八。晞日氣乾。莃菟葵。鵗北方名雉。睎視。稀稀概。趡走。桸木汁,可食。依於機反。倚。六。衣服裳。譩痛聲。陈方(天)陈,縣,在酒泉。〔四〇六〕悘念痛。郼殷國。沂魚機反。水名。一。蘬丘韋反。馬蓼,似蓼而大。一。歸俱韋反。還。亦作歸(帰)。[□]。〔四〇七〕巍語韋反。闕。二。魏牛。又牛畏反。〔四〇八〕

9 魚

[□]魚語居反。水蟲。〔四〇九〕六。漁水名,在魚陽。〔四一〇〕𩵹捕魚。或作瀫、䱷。〔四一一〕齬齒不相值;又魚(齒)不住

（正）。又魚舉反。〔四一二〕 鋙鉏鋙。〔四一三〕 䲣馬目皃（白）。〔四一四〕 魼魼獵。〔四一五〕 初楚魚反。一。桉《説文》始也，從刀，裁
衣之始。〔四一六〕 書傷魚反。六。鵨鳥名，似鳧。瑹玉。舒展。紓緩。鄃地名，在廬江。居舉魚反。六加一。桉《説
文》從几作此凥。〔四一七〕 据手病，《詩》云『予手拮据』。裾衣裾。琚玉。䀠貯。鶋雜（鶢）鶋，鳥。〔四一八〕 涺水名，出
《説文》。渠強魚反。十三加一。轃輷（輷）。〔四一九〕 縔履緣。璩玉名。磲硨磲，次玉。蕖芙蕖。籧籧篨。籧牛匡。
淭淭挐之淭。〔四二〇〕 醵合錢飲酒。腒鳥腊。鰈鷓鰈，鳥名。䝣獸。豦桉《説文》，從虎征（從）豕，小聲。虎豕之鬭
（鬬）不相余（舍）之（也）。〔四二一〕 余与魚反。十九。《説文》從八作余。〔四二二〕 蜍蜘蛛。餘殘餘。輿又与庶反。旟旗。
鵌同穴鳥。璵魯寶玉。艅艅艎。畬田二歲。澦水名。〔四二三〕 歟桉《説文》安氣也。又与庶反。譽又与據反。嬩女
字。舁對舉。桉《説文》又此舉，義略同。〔四二四〕 妤婕妤。今桉《説文》婦官也，作伃。䢩山驢。予又餘佇反。与余同。
獄語助，与與同。䮂馬行皃。胥息魚反。七。桉《説文》蟹醢（醢）也；又相也。〔四二五〕 䱬魚名。䈍竹名。湑沉。楈
木名。蝑蚣蝑，蟲。稰落。疽癰疽。七余反。〔四二六〕 十一。岨石山戴土。苴履中藉草。桉《説文》子与反。〔四二七〕 趄
趑趄。沮水名，在北地。又慈与［□］。桉《説文》沮出漢中，此濾出北地，並水名。〔四二八〕 狙猨。桉《説文》一曰狙犬暫齧
人，一曰不潔人。又七庶反也。〔四二九〕 雎鳩。胆蟲在肉中。葙苞葙。鄓鄉名，在鄠縣。蛆蟲。俗作蛆。〔四三〇〕 鉏助魚
反。一加一。桉《説文》作此鉏。狙桉《説文》豕屬也。攄舒。勑居反。三。樗惡木。摴摴蒲。今作攄。〔四三一〕 蔬色
魚反。四。綀綀葛之綀。蔬蔬菜。梳櫛（櫛）。虛許魚反。五。驉駏驉，畜。歔歔欷。噓氣噓。魖稅（秏）
鬼。〔四三二〕 徐似魚反。三。郐地名。羭野羊。扵（於）央魚反。五。《説文》從（作）扵。〔四三三〕 箊（箊）箖箊，竹名。
淤淤泥。菸（菸）菸邑，茹熟皃。〔四三四〕 吣（唹）唹皃。豬陟魚反。三。又作猪。櫫楬櫫，有所表識。瀦水所停。
臚皮臚；又鴻臚。力魚反。十。鬛毛鬛。〔四三五〕 閭里閭。廬倚廬。〔四三六〕 蘆漏蘆，藥名。驢畜。櫚栟櫚。〔四三七〕 藘
藘蘩。〔四三八〕 蕳菴蕳。爈火燒山界（冢）。〔四三九〕 諸章魚反。五。衆也。櫧木名。瀦水名，［□］北岳。〔四四〇〕 藷藷蔗，

目（甘）蔗。〔四四一〕　**儲**礷儲，青礪。　**除**直魚反。七。去也。　**躇**躊躇。　**儲**粻儲。　**涂**水名，在堂邑；又直胡反，亦水名，在建寧。　**篨**籧篨。　**䅳**薵䅳，荍名。　**宁**門屏間。　**如**汝魚反。四。　**蒘**蘆（藘）蒘。〔四四二〕　**洳**水名，［□］南郡；又人慮反，在晉。〔四四三〕　**鴽**鴾。　**且**（且）子魚反。三。從目、一聲。正［□］。〔四四四〕　**砠**山。《説文》又作此岨。〔四四五〕　**蛆**蝍蛆，食虵蟲。蝍字子結反。　**墟**去魚反。五。　**笶**飯器。　**袪**（祛）袖；又袪惑。〔四四六〕　**阹**依山谷爲牛馬圈。　**椐**木名。　**菹**側魚反。二。《説文》作此葅。　**沮**姓。　**蜍**蟾蜍。　署魚反。〔四四七〕二。　**稌**署預，藥名。　又音杜。　**袽**《易》曰『衣有袽』。　女余反。三。桉《説文》又作此絮。〔四四八〕　**帤**幡巾。　**毠**犬多毛。　又作挐。

【校記】

〔一〕『一千』原卷本作『千一』，『一』字右上角有一墨點，《補正》及《周韻》皆以爲是乙正符號，此雖與韻書一般的乙正符號不同，但從底卷書法之不規範情況看，蓋是，故從乙正。又『伯加』費解，《金岡目》、《索引》録『伯』作『追』，非是，其他學者皆不取之。今檢傳世本首全之行款，若《王二》作『刊謬補缺切韻序，刊謬者謂［刊］正訛謬；補缺者謂加字及訓。六萬三百七十六字，舊三万三千九百二十二（三）言，新二万六千四百五十三言。朝議郎行衢州信安縣尉王仁昫字德温新撰定』，《裴韻》前作『刊謬補缺切韻并序。刊謬者謂刊正訛謬；補缺者［謂］加字及訓。朝議郎行衢州信安縣尉王仁昫撰。前德州司户參軍長孫訥言注。承奉郎行江夏縣主簿裴務齊正字。右四聲五卷，大韻惣有一百九十三，小韻三千六百七十一，二千一百廿韻清，一千五百五十一韻濁。已上都加二百六十五韻。凡六万四千四百廿三言，舊二万二千七百廿三言，新加二万八千九百言』（按：『二万二千七百廿三』當有誤，其數當爲『三万五千五百廿三』方合），又《廣韻》前載《切韻》序等，其首題部分作『陸法言撰本，長孫訥言箋注。儀同三司劉臻、外史顔之推……以上八人同撰集。郭知玄拾遺緒正，更以朱箋三百字。關亮增加字，薛峋增加字，王仁昫增加字，祝尚丘增加字，孫愐增加字，嚴寶文增加字，裴務齊增加字，陳道固增加字，更有諸家增字及義理釋訓，悉纂略備載卷中，勒成一部進上」，依諸本文例，則底卷題首「陸法言撰」（其卷首作「切韻序」三字，從諸本文例看，亦非書名，疑其所據抄之原本題名已殘）下當有長孫訥言箋注、增字加訓者名銜云云及所增字、小韻數等文字，今底卷皆無，從序文情況看，知其所據抄之原本有殘泐，又所謂「伯加一千字」已明示此卷爲某某伯（「伯」蓋爲人名之末字，然《廣韻》及諸家所考知之韻書作者未見作此名者）所加字，且其所加字數亦與長孫箋注之加六百字不同。

〔二〕「劉儀同」等八人下小字所注人名《王二》略同，《王序》皆無。

〔三〕「魏著作」《王序》、《王二》皆在八人之末，疑其初脱抄，而後補於末；《廣韻》「有劉儀同」至「等八人」一段省作「有儀同劉臻等八人」，但作者「陸法言撰本」後順序列劉臻等八人同撰集，其中「著作郎魏淵」置於「外史顔之推」之後、「武陽太守盧思道」之前，或亦誤倒。

〔四〕「原」字《王二》、《廣韻》皆作「源」，後者與《隋書·辛德源傳》同，底卷蓋訛省，兹據校改。

〔五〕「薩」字《王序》作「薛」，皆爲「薛」字俗寫，《王二》正作「薛」；前一形敦煌寫本中多用作今菩薩的「薩」字，「薩」實即由「薛」字分化訛變而然。又「史部」《王序》、《王二》皆作「吏部」，《廣韻》作「吏部侍郎」，《隋書·薛道衡傳》載，開皇八年（五八八），薛道衡被任命爲淮南道行臺尚書吏部郎，可證「吏」字是，俗寫「史」「吏」多淆，兹據校改。

〔六〕「舍」字《王序》、《王二》、《廣韻》皆作「捨」，「舍」「捨」古通用。

〔七〕「支」、「脂」以下八字《箋九》、《王二》、《廣韻》亦有注文切音，《王序》無，當屬抄者删略。

〔八〕「魚」字《箋九》、《王二》皆音「語居反」（《箋九》脱「反」字），《廣韻》音「語居切」，底卷切音下字「倶」蓋蒙下「虞」字反語而訛，兹據校改。

〔九〕切音「語倶反」《箋二》、《王二》同，《廣韻》作「遇倶切」，「語」「遇」同爲合口三等疑紐字。

〔一〇〕「不」字《箋九》、《王序》、《王二》同，《廣韻》作「一」，後者合於文本之前後語境，疑諸本皆誤。

〔一一〕依前所舉諸例，『尤』、『侯』下亦當有反切注音，檢《王二》、《廣韻》二字下皆有切音作雨求反、胡溝反，《箋九》亦有，但僅剩殘字，底卷當有脱抄，兹據分別擬補三個脱字符。

〔一二〕『文』字底卷作似『父』形，《姜韻》録作『父』，於義難通，審後面第十七行『文藻』之『文』亦作似『父』形，則可斷此爲『文』無疑，《王序》所載《切韻序》正作『文』字，兹從録定。

〔一三〕『〓』乃『互』俗字『𠄠』的手寫之變，《箋九》、《王序》、《王二》皆作『𠄠』形，《廣韻》則徑作『互』字，兹據校補正字『互』。

〔一四〕『桾』爲『捃』字俗訛，《箋九》、《王序》、《王二》正作『捃』，兹據校改。

〔一五〕『顔外史、蕭國子』《箋九》、《王序》、《王二》同，《唐箋序》（伯二六三八、四八七一、四八七九）、《廣韻》皆作『蕭、顔』。

〔一六〕『何爲不』《箋九》、《王序》、《王二》同，《唐箋序》（伯二六三八、四八七一、四八七九）、《廣韻》作『何不』，蓋自唐韻系韻書始删去『爲』字。

〔一七〕『楃』字《箋九》、《王二》、《唐箋序》（伯二六三八、四八七一）、《廣韻》皆作『握』，底卷俗作，兹據校改。

〔一八〕『網』字《王序》、《王二》、《唐箋序》（伯二六三八、四八七一）、《廣韻》皆作『綱』字或其俗體，兹據校改。

〔一九〕『後』字《唐箋序》（伯二六三八、伯二〇一九、四八七一）、《廣韻》無。又『英』字《唐箋序》（伯二六三八、伯二〇一九、四八七一）略同，爲『英』之俗字，參《碑别字新編》『英』字條所收俗體，《廣韻》正作『英』字；《王二》脱此字；《箋九》該句作『即須問辯』，《王序》作『後博問辯士』，似皆有誤。『英辯』一詞，中古常見，如《文選·左思·魏都賦》『英辯荣枯，能濟其厄』，《隋書·孫萬壽傳》『英辯接天人，清言洞名理』，《宋書·顧覬之傳》『清論光心，英辯溢目』，皆是也。

〔二〇〕『𡧍』字乃『宦』之俗字，參《敦煌俗字研究》下編宀部『宦』字條考釋，《王序》、《王二》、《廣韻》正作『宦』；《箋九》、《唐箋序》（伯二六三八、伯四八七一）作『官』，則爲『官』字之訛。

〔二一〕『返』字《箋九》、《唐箋序》（伯二〇一九）、《王序》、《王二》、《廣韻》同，《唐箋序》（伯二六三八、二〇一九、四八七一）作『反』，『反』、『返』古今字。又『返』字下底卷有能容二個大字的空白，此處《箋九》、《王序》、《王二》、《唐箋序》（伯二六三八、二〇一九、四八七一）、《廣韻》皆作『初服』二字，茲據擬補兩個缺字符。

〔二二〕『弟』字《箋九》、《王二》同，《唐箋序》（伯二六三八、二〇一九、四八七一）、《廣韻》皆作『弟子』，《王序》作『子弟』，按陸法言之解職歸隱，蓋在開皇二十年時（參丁山《陸法言傳略》、董作賓《切韻年表》，俱載《國立中山大學語言歷史學研究所週刊·切韻專號》，一九二八），一般推測，其年齡當在四十歲左右（分參前丁山文，羅常培《切韻序校釋》，載《國立中山大學語言歷史學研究所週刊·切韻專號》，一九二八；胡竹安《唐寫全本〈刊謬補缺切韻〉所存〈切韻序〉疏義》，載《江西師院學報》一九八二年第四期），於斯時退隱，縱以其戴罪而不可私授門生，然謂其訓弟而不訓子，似亦非常情，唯『弟』字於此，亦可兼指弟子，而爲駢儷之需，故省『子』字，後之抄傳者，或因前述之由，而補『子』字，則有『子弟』與『弟子』之異矣。

〔二三〕『即須』句各寫本同，《廣韻》『須』下多一『明』字，當爲傳刻者臆增，非是。

〔二四〕『或』字《王二》同，《箋九》、《王序》、《唐箋序》（伯二六三八、二〇一九、四八七一）、《廣韻》皆作『惑』；按《玉篇·戈部》『或，有疑也』，《廣韻·德韻》『或，疑也』，『或』『惑』古今字。

〔二五〕『者』字下《箋九》、《王序》、《王二》、《唐箋序》（伯二六三八、二〇一九、四八七一）、《廣韻》皆有『則』字，合於駢文格式，底卷誤脱，茲據擬補一個脱字符。又『礼』字《箋九》同，《王序》、《王二》、《唐箋序》（伯二六三八、二〇一九、四八七一）、《廣韻》皆作『禮』，『礼』『禮』古異體字。

〔二六〕『以』字《唐箋序》（伯二六三八、二〇一九、四八七一）、《廣韻》同，《箋九》、《王序》、《王二》作『已』，據文意則當以『已』爲是，然『以』『已』古多通用，《正字通·人部》：『以，與已同，畢也；止也。』疑陸氏本用『以』字，抄者或改作正字『已』。

〔二七〕『家』字底卷作草體而字形近似『字』，《姜韻》録作『字』，檢《箋九》、《王序》、《王二》、《唐箋序》（伯二六三

八、二〇一九、四八七一）、《廣韻》皆作『家』字，兹徑録正。

〔二八〕『乘』字《箋九》、《王序》、《唐箋序》（伯二六三八、四八七一）似皆作『忝』形，《唐箋序》（伯二〇一九）作『𥝩』形，皆爲『黍』的訛俗字，《王二》、《廣韻》正作『黍』字。

〔二九〕『柒可』《箋九》、《王二》作『未可』，《王序》作『求可』，《唐箋序》（伯二六三八、二〇一九、四八七一）、《廣韻》作『未得』。林慶勳云：『疑「求」、「柒」皆「未」字之訛，故「未得」、「未可」乃二系也。』（參《切韻序新校》，載《木鐸》五、六卷合刊，一九七七年。）檢『未』字俗寫或作『末』形（秦公《碑別字新編》『未』字下收），與『柒』字略似，底卷形訛，兹據校改。

〔三〇〕『恠』字《箋九》、《王序》、《唐箋序》（伯二六三八、二〇一九、四八七一）同，乃『怪』的俗字，《王二》、《廣韻》正作『怪』。

〔三一〕『今』字下底卷衍抄一『今』字，兹據各本徑删。『楊』字《王二》、《唐箋序》（伯二〇一九）、《廣韻》同，《箋九》、《王序》、《唐箋序》（伯二六三八、四八七一）作『揚』形，俗寫木旁與扌旁相亂也，今『楊雄』字多作『揚』，乃承俗寫之訛變。又『楊』字下諸本皆有『雄』字，底卷誤脱，兹據擬補一個脱字符。

〔三二〕『少子』字《箋九》、《王序》、《王二》、《唐箋序》（伯二六三八、二〇一九、四八七一）、《廣韻》皆作『小子』，『小子』爲自稱謙詞，底卷形訛，兹據校改。

〔三三〕『随』爲『隨』字俗省，《箋九》、《王序》、《王二》、《唐箋序》（伯二六三八、二〇一九、四八七一）、《廣韻》皆作『隋』，『隨』『隋』古今字。又『也』字《箋九》、《王序》、《王二》同，《唐箋序》（伯二六三八、二〇一九、四八七一）及《廣韻》無。

〔三四〕『生』字下底卷留約四個大字的空白，蓋其所據抄本已殘泐；檢《唐箋序》（伯二六三八、二〇一九）、《廣韻》，『訥言』以下相關内容皆作『訥言曰：此製酧古沿（《廣韻》作『沿』）今，無以加也』，《唐箋序》（伯四八七一）此處有殘泐，存『訥言曰，此製酧古』七字，似亦與諸本同，唯《裴韻》作『訥言謂陸生曰：此製酧古沿今，權而言之，無以加也」，與底卷略同，而他本蓋多有簡省也。「沿」爲「沿」之俗字，底卷「訟」字當爲「沿」字形訛，兹據校改。又「推」字似當據《裴韻》作「榷」字爲長，「榷」謂研究，「榷而言之」謂言出有據，而非信口雌黃。唐劉知幾《史通·書志》：「歷觀衆史諸志，列名或前略而後詳，或古無而今有，雖遞補所闕，各自以爲工，榷而論之，皆未得其最釋。」「榷而言之」與「榷而論之」義近，可參。

〔三五〕「本」字下底卷留有約可容二個大字的空白，蓋其所據抄本已殘泐，檢此相關内容，《唐箋序》（伯二六三八、伯二〇一九）作「然昔（苦）傳之已文（久），多失本原，差之一畫（畫），詎唯千里」，《唐箋序》（伯四八七一）此處有殘泐，存「多失本原，差之一晝（畫），詎唯千里」數字，蓋同；《裴韻》作「然若（苦）傳之已久，多失本源，差之一點，詎唯千里」，其「點」字蓋「畫」字形訛而抄者臆改；《廣韻》作「然古傳之已久，多失本源，差之一畫，詎唯千里」，「古」字當爲「苦」字訛省；是底卷「本」字下當殘五個字，抄者所留空間不足也，兹改擬五個缺字符。又「矣」字當爲二字雜糅，又受後「失」字影響而成，兹據諸本校改作「久多」二字。

〔三六〕「肉」字下底卷留有約可容七個大字的空白，蓋其所據抄本有殘泐，檢《唐箋序》（伯二六三八、伯二〇一九）、《裴韻》、《廣韻》相應位置皆有「莫究厥由」四字，則底本所留空白過大，兹爲擬補四個缺字符。

〔三七〕「乃」字底卷作「及」形，然其捺筆較短，且施有一點，當以删除視之，王國維、《姜韻》、《周韻》皆徑録作「乃」，與《唐箋序》（伯二六三八、伯二〇一九、四八七一）、《裴韻》、《廣韻》合，兹從之。

〔三八〕「斯」字下底卷留有約可容四個大字的空白，蓋其所據抄本有殘泐，檢《唐箋序》（伯二六三八、伯二〇一九）、《裴韻》、《廣韻》相應位置皆有「若靡憑焉」四字（「憑」字《裴韻》、《廣韻》作「馮」，「馮」、「憑」古今字），底卷當可據補。

〔三九〕「倣」字《裴韻》、《廣韻》同，《唐箋序》（伯二六三八、伯二〇一九）作「放」，「放」「倣」古今字。

〔四〇〕「湏」字《唐箋序》（伯二六三八、伯二〇一九）、《裴韻》同，是爲「須」之俗字，參《敦煌俗字研究》下編頁部「須」字條考釋，但文中則當爲「頊」字形訛，《廣韻》正作「頊」，兹據校改。又「佩」字上揭諸本皆作「佩」，底卷形訛，茲據校改。『隟』字《唐箋序》（伯二六三八、伯二〇一九）、《裴韻》同，《廣韻》作『隙』，『隟』即『隙』之俗字，參《敦煌俗字研究》下編阜部『隙』字條考釋。

〔四一〕底卷『得』字下留有約可容一個大字的空白，蓋其所據抄本已殘泐，檢《唐箋序》（伯二六三八、伯二〇一九）、《裴韻》、《廣韻》相關位置有『失銀』二字，是底卷所留空間不足，茲據擬補二個缺字符。『鈞』字《唐箋序》（伯二六三八、伯二〇一九）皆作『鈎』字，《裴韻》、《廣韻》皆作『鉤』字，俗寫『口』旁多作『厶』形，『鈎』即『鉤』的俗字，而『鈞』則應爲『鈎』字形訛，茲據校改。又『刱』本爲『刑』之古體，在此當爲『刱（剏）』的俗寫，《唐箋序》（伯二六三八、伯二〇一九）即作『刱』形（《裴韻》右部訛從『欠』），《廣韻》作『創』字，則爲『刱』的古通用字，參《敦煌俗字形究》下編刀部『創』字條考釋。

〔四二〕『盪』字《唐箋序》（伯二六三八、伯二〇一九）、《裴韻》、《廣韻》同，周祖謨《廣韻校勘記》引段玉裁語云：『盪疑當作盪』；按『盪櫛』與上句『銀鈎』對仗，段説是。

〔四三〕『乃廣』二字《裴韻》同，《唐箋序》（伯二六三八、伯二〇一九）、《廣韻》無此二字，蓋脱；『廣徵金篆』與下句『遐沂石渠』儷偶，『廣』字不可缺。

〔四四〕『沂』字《裴韻》、《唐箋序》（伯二六三八、伯二〇一九）同，《廣韻》右上部的一横作一撇，介於『沂』、『泝』二形之間，『沂』『泝』爲篆文隸定之異。

〔四五〕『詞』字置此不辭，檢《唐箋序》（伯二六三八、伯二〇一九）、《裴韻》皆作『詞』字，《廣韻》别作『辞』字，『詞』『辞』二字義同，底卷『詞』則當爲『詞』字形訛，茲據校改。

〔四六〕『絶』字《唐箋序》（伯二六三八、伯二〇一九）、《裴韻》、《廣韻》皆作『記』字，底卷形訛，茲據校改。

〔四七〕『不復俻陳』《裴韻》、《廣韻》作『不復備陳』，『俻』爲『備』之俗字，參《敦煌俗字研究》下編『備』字條考釋；《唐箋序》（伯二六三八、伯二〇一九）作『不得備陳』，按『不復備陳』與後句『唯其擇善』對仗，『不得』有强制口吻，非是，『得』當爲『復』字形訛。

〔四八〕『㱕』字《唐箋序》（伯二六三八、伯二〇一九）、《裴韻》、《廣韻》皆作『歸』，《説文》以『㱕』爲『歸』字籀文。

〔四九〕『唯』字《唐箋序》（伯二六三八、伯二〇一九）、《裴韻》、《廣韻》皆作『惟』，『唯』『惟』作助词或副词古混用無別。

〔五〇〕『更』字《唐箋序》（伯二六三八、伯二〇一九）、《裴韻》、《廣韻》皆作『便』，於義爲長，底卷當脱左『亻』旁，茲據校改。

〔五一〕『撇』字《唐箋序》（伯二六三八、伯二〇一九）、《裴韻》同，《廣韻》作『畫』，疑爲傳刻者所改。

〔五二〕『則據』二字王國維、《周韻》、《姜韻》皆録作『則像』，《唐箋序》（伯二六三八、伯二〇一九）、《裴韻》、《廣韻》皆作『別據』，按『則』字左部底卷不太明晰，比照上文『則』字『別』字的寫法，似更近『則』字，故姑從各家録作『則』字，但據文義似仍以作『別』字爲長，故據校改。又『據』字底卷正文似本作『掾』形，復於其右側書一近似『據』的字，作『據』與各本合，茲徑録正，各家録作『像』字，非是。

〔五三〕『又加六百字，用補闕遺』《裴韻》同，《唐箋序》（伯二六三八、伯二〇一九）、《廣韻》無此九字，疑抄刻者臆删。

〔五四〕『其雜』不辭，檢《唐箋序》（伯二六三八、伯二〇一九）皆作『其有𩔗雜』，『𩔗』字《裴韻》、《廣韻》作『類』，底卷中應脱二字，茲據擬補二個脱字符。又饒宗頤云：『「𩔗」即「顡」，《廣韻》去聲十六怪：「顡，顔惡也，他怪切。」字亦見《説文》，訓「癡顡，不聰明也」。故作「顡雜」者，是。』（《敦煌書法叢刊・韻書》之『長孫訥言《切韻序》解説詞，日本二玄社一九八四。）按饒説不可從，《法藏》『𩔗』實爲『類』的俗字，《干禄字書》：『𩔗類：上俗下正。』可證。文中『類』似當讀作『顡』，謂疵病，『類』『顡』古字通。

〔五五〕『遮』字下底卷留有一個大字的空白，蓋其所據抄本有殘泐，檢《唐箋序》（伯二六三八、伯二〇一九）皆作『庶埒□云』，《裴韻》、《廣韻》作『庶埒箋云』，可據補；又底卷『遮』字當爲『庶』字增旁之誤，茲據校改。

〔五六〕『丑』字前底卷當脱一天干字，檢『大唐儀鳳二年』干支爲『丁丑』，乃六七七年也，又《唐箋序》（伯二六三

八、伯二〇一九)、《裴韻》、《廣韻》正作『丁丑』，茲據擬補一個脱字符。

〔五七〕『也』字《裴韻》同，《唐箋序》(伯二六三八、伯二〇一九)、《廣韻》俱無此字。

〔五八〕『之』字反語底卷作『而止』，『止』爲上聲韻，置此非是，檢『之』字反語《箋九》卷首韻目作『止而』，《切二》、《箋二》正文及《王二》、《裴韻》、《廣韻》卷首韻目和正文皆作止而反，底卷誤倒，茲據乙正。

〔五九〕依前後標序字的排序，本條『十一』當爲『十二』之形訛，《潘韻》已揭之，茲從改，徐朝東《S 2055 校記》云：『原卷「十一莫胡模」，字體小於其他，此似後加於「十一俱嵇齊」與「十三古膎皆(長龍按『皆』當作『佳』)」之前，而未改「十一俱嵇齊」之序數。』又『俱』字當爲『徂』字形訛，參《箋二》校記〔三六五〕、《補正》亦揭『俱』爲『徂』之訛，茲從校改。

〔六〇〕『殷』字反語上字『不』，《箋九》卷首韻目作『於』，《箋二》正文及《王二》卷首韻目和正文同，底卷形訛，茲據校改。

〔六一〕『表』字非韻，檢《箋九》卷首韻目作『袁』，《箋二》正文及《王二》、《廣韻》卷首韻目和正文同，底卷形訛，茲據校改。

〔六二〕『⿱艹姦』字《箋九》卷首韻目作『姦』，《箋二》正文作『姧』，《王二》、《廣韻》卷首韻目及正文同《箋二》，『姧』爲『姦』之俗字，與『⿱艹姦』同屬元韻字，然底卷之形當爲誤增『艹』旁，茲據校改。

〔六三〕所引《説文》各本差異較大，如《箋九》引作『春方也；又動也。從木從日。又云從日在水(木)中』，《裴韻》引作『春主東方也；万物生動也。從木從日；又云日在水(木)中』，《廣韻》引作『動也，从日在木中』，檢大徐本《説文·木部》作『東，動也，从木。官溥説：从日在木中』，其前一解形『从木』不合《説文》通例，小徐本《説文》無『從木』及『官溥説』五字，比較之下，似當以《箋九》引文較爲通達，《裴韻》有所增訓，《廣韻》又有省略，底卷『從日』前疑脱『從木』二字。又『桉』字同『案』，用与『按』同，後不一一出校説明。

〔六四〕注文『古作僕』，《王二》、《裴韻》同，《箋二》作『古作僮僕』，《唐刊》(伯二〇一六)作『古童僕字』，按《切韻》

箋注本文例之『作』字通常表異體字，此處則爲用作義，底卷下文『僮』字注『古作童子，今爲僕也』，其中的『作』字義同；又『童子』下《箋九》有『《説文》童字』四字，《裴韻》有『按《説文》童字』五字，底卷疑有脱漏；又『辛』字注文中凡六見，除『非辛』的『辛』字外皆當校作『辛』，《説文》『童』、『妾』二字皆從『辛』，可證；又『麦』字《裴韻》作『山反』二字，《箋九》訛作『山及』，底卷誤糅二字爲一，徐朝東《S 2055 校記》已揭之，兹從校改；又『本』字《裴韻》作『辛』，較以文理，以底卷爲長。大徐本《説文》童字注文作『男有辠曰奴，奴曰童，女曰妾。從辛，重省聲』，可參。

〔六五〕『銅』字《裴韻》注文作『赤金也；《説文》青鐵也』，按今大、小徐本《説文》皆作『赤金也』，『青鐵』説未詳。

〔六六〕『准上』當謂與前『銅』字同出於《説文》也。

〔六七〕『以』《唐刊》（伯二〇一六）、《王二》、《裴韻》、《廣韻》皆作『似』，底卷形訛，兹據校改。又『秦』字《王二》同，《裴韻》、《廣韻》作『泰』，《唐刊》（伯二〇一六）作『太』，底卷亦形訛，並據校改。

〔六八〕『㼚』字《王二》、《裴韻》、《廣韻》皆作『甀』，然《廣韻》『㼚』字條下收有『甀』字，注云『上同』。

〔六九〕『尸』字《王二》、《裴韻》皆作『尺』，《廣韻》又音作『又音衝』，『尺』、『衝』同隸昌紐，底卷形訛，兹據校改。

〔七〇〕『篃』字文獻未見作竹名義者，《裴韻》、《廣韻》皆訓作『竹篃』，《王二》後一字作代字符形，底卷『名』字當爲代字符形訛，兹據校改。

〔七一〕『中』字大徐本《説文》訓作『内也』，小徐本作『和也』。

〔七二〕『哀』字不當入此韻，《箋九》、《王二》、《裴韻》、《廣韻》皆作『衷』，底卷形訛，兹據校改。又注文『裏褻衣』與大、小徐本《説文》『衷』字訓合，《裴韻》引《説文》作『衷，褻衣』。

〔七三〕注文所引《説文》《裴韻》作『有足曰蟲』，今本《説文·蟲部》『蟲』字訓作『有足謂之蟲，無足謂之豸』，底卷引文蓋有所省。

〔七四〕『沖』字《王二》、《裴韻》、《廣韻》皆作『沖』，底卷所作俗字。

〔七五〕此注文蓋化用《説文》訓釋，今本《説文・皿部》『盅』字注文作：『器虚也。从皿，中聲。《老子》曰：「道盅而用之。」』又『蟲』字置此非例，兹據《説文》及《裴韻》所引《老子》文校改作『盅』字，底卷形訛。

〔七六〕本小韻實收字數比標數字少一，檢《王二》、《裴韻》收字雖皆多於底卷，然其『蔠』字條下皆有『柊，木名』一條，且皆置於該小韻第十字的位置，《廣韻》略同，而有所加訓，置於第九字的位置，《箋九》、《唐刊》（伯四七四七）該條置於前『泈』字條下，是亦當有之，底卷脱，兹據擬補三個脱字符。

〔七七〕《裴韻》本條『案』字下未引《説文》，其所訓作『蝗螽，蟲名』，大、小徐本《説文》皆訓作『蝗也』。

〔七八〕『初』字《王二》、《裴韻》皆作『勑』，《廣韻》作『敕』，二字俗通，皆爲徹紐字，與『初』異紐，底卷形訛，兹據校改。

〔七九〕『商』字《裴韻》作『高』，《爾雅・釋詁上》『崇』字有『高也』一訓，《説文・山部》『崇』字訓作『嵬高也』，是底卷『商』字當爲『高』字形訛；又『劒』字《王二》、《裴韻》、《廣韻》皆作『鋤』，底卷形訛，並據校改。

〔八〇〕大、小徐本《説文・山部》皆收崇而未收『嵩』字，唯大徐本於新附字中收有『嵩』字，訓作『中岳嵩山名。从山，从高。亦从松。韋昭《國語》注云「古通用崇字」』，《説文・山部》『崇』字訓云：『嵬高也。从山，宗聲。』蓋底卷所引有所簡省，亦因知『小』字當爲『山』字形訛，兹據校改。

〔八一〕本小韻實收字數較標數字少一，檢與此小韻數相同的《裴韻》，其後二條爲『○菘，菜名。○崧，山名』，《王二》、《廣韻》已删『崧』字條，並以『崧』爲『嵩』之或體，底卷誤糅二條爲一，兹據擬補三個脱字符。

〔八二〕『蔡』字《王二》、《裴韻》、《廣韻》皆作『葼』，《玉篇・艸部》『茙』字注文同，底卷形訛，兹據校改。

〔八三〕引文今阮刻《十三經注疏》本《周易・繫辭下》作『弦木爲弧』，底卷『絃』爲『弦』的後起换旁字。又『易』字前底卷衍抄一『説』字，兹據《裴韻》删之。

〔八四〕《裴韻》、《廣韻》引《説文》皆作『炊氣上出也』，與《説文》合，底卷脱『炊』字，兹據擬補一個脱字符。

〔八五〕『開』字《王二》、《裴韻》、《廣韻》皆作『明』，合於《説文》，而他書未見『瞢』字釋『目不開』者，底卷『開』當爲『明』字形訛，兹據校改。

〔八六〕『邑』字隸定亦或作『邑』形，參《敦煌俗字研究》下編邑部『邑』字條考釋，又『口』旁俗寫多作『厶』形，是『邑』即『邑』之俗寫，字頭右旁同，《王二》、《裴韻》皆作『鄸』形，『鄸』爲『鄸』字異寫。又『曺』爲『曹』之俗字，《王二》、《唐刊》（伯二〇一四）皆作『曹』字，與《左傳·昭公二十年》『曹公孫會自鄸出奔宋』杜注『鄸，曹邑』合，《裴韻》、《廣韻》誤作『魯』字。

〔八七〕『营』字《王二》、《廣韻》皆隸屬作前『芎』字或體，與《説文·艸部》『营，营藭，香草也。从艸，宮聲。芎，司馬相如説营或从弓』合，疑底卷所引《説文》文字當屬前『芎』字條下，而誤移至此。

〔八八〕『反』字前底卷衍抄一『也』，兹據《王二》、《裴韻》删之。《廣韻》釋義『浮』字下有『也』字，底卷或誤移於此。又反語上字諸本皆作『孚』，底卷蓋承前而訛，『浮』、『孚』異紐，兹據校改。

〔八九〕今大徐本《説文》『風』字『从虫，凡聲』，段注：『凡古音扶音切，風古音孚音切，在七部，今音方戎切。』單周堯《〈切韻〉殘卷S．2055引〈説文〉考》云：『「虫」與「風」古音相去絶遠，殘卷所引殆誤，當以大徐本「从虫凡聲」爲是。』

〔九〇〕『説』字下依文例當有一『文』字，兹爲擬補一個脱字符。又《裴韻》未引《説文》，然其訓解作『豆之▨（滿）者』，與底卷同，而與今本《説文·豐部》『豐』字注文『豆之豐滿者也，从豆象形……』略異。

〔九一〕『酆』字今本《説文·邑部》作『周文王所都，在京兆杜陵西南』，《裴韻》作『周文王所封』云云，疑底卷脱『文』字。

〔九二〕字頭《王二》、《裴韻》、《廣韻》皆從『宀』旁，底卷俗訛，兹據校改。

〔九三〕注文『夌』字下《裴韻》、《廣韻》皆有『麥』字，《王二》『麥』訛作『麦』字，疑底卷脱之，姑爲擬補一個脱字符。

〔九四〕『玩』字《王二》、《裴韻》、《廣韻》皆作『琉』，合於形聲構字理據，底卷形訛，兹據校改。又『身』字當爲

『耳』字俗譌，參《敦煌俗字研究》下編耳部『職』、『聽』諸字所收的『耳』旁俗寫樣式，《王二》、《裴韻》、《廣韻》皆徑作『琉耳』字，茲亦並據校改。

〔九五〕字頭《王二》同，唯其注文收有或體云『亦作癃』，《裴韻》、《廣韻》字頭皆作『癃』形。

〔九六〕『鼕』爲『鼜』之俗字，參《切一》校記〔四〕。又『鼓』爲『鼓』之俗字『鼓』之俗變。

〔九七〕《王二》、《裴韻》注文皆僅作『涳濛』二字，疑底卷『字』字衍抄。

〔九八〕『石』字下底卷脱一『聲』字，參《切一》校記〔七〕，茲據擬補一個脱字符。

〔九九〕『椌』、『桿』二字《切一》、《王二》、《裴韻》、《廣韻》皆从禾旁，與釋義合，俗寫『木』、『禾』二旁多淆，茲據校改。

〔一〇〇〕『公』字今本《説文・八部》注文作『平分也。从八，从厶。八猶背也，《韓非》曰「背厶爲公」』，其解形之部件排序與底卷不同。又小韻標數字蓋因後之『攻』字誤作『功』并抄作『工』字注文，遂致脱計一字，今從校補之數而改作『八』字。

〔一〇一〕底卷字頭『功（攻）』與『治也』等同抄作『工』字之注文，考『工』字《王二》及《裴韻》第一義項皆作『工巧』，《廣韻》注文作『官也；又工巧也』，諸本別有『攻』字，《王二》訓作『擊』，《裴韻》作『陷也；擊也』，《廣韻》作『攻擊』，《集韻》作『《説文》「擊也」；一曰治也』，『攻』爲常用字，《切韻》原本不應不收，疑底卷『功』字爲『攻』之形訛，因其形訛，遂并其注文而誤作前條『工』字之注文，茲姑依諸本校正并恢復作字頭字號。

〔一〇二〕『玉』字《裴韻》作『王』，後者與《爾雅・釋草》及《説文・艸部》『蒙』字注合，俗寫二字多淆，茲據校改。又注文『從冃』似僅説明該字的中間部分作『冃』形，非論其整體構形也，其後的『亡保反』則是『冃』字的讀音。

〔一〇三〕『濛』、『矇』、『幪』、『艨』四字底卷接抄，然依底卷文例及諸本所載之情況推知，此四字皆當有注文，蓋其所據抄之原本有漫滅，僅可辨其大字，而抄者接録其字頭而已。又『艨』字下至行末底卷留有空缺，則共作一個不確定字數的缺字符。『儚』字字書未見所載,《切一》、《王二》、《唐刊》(伯二〇一六)、《廣韻》『朦』字下皆作『矇』字條,疑其所據抄原本左旁漫壞,而抄者臆録作從『亻』形,兹姑據校改;又『艟』爲『鍾』韻字,底卷蓋因『艨艟』一詞而致訛,檢《切一》、《王二》、《廣韻》皆以『艨』爲『莫紅反』小韻的第五字,《裴韻》列第四字,《唐刊》(伯二〇一六)列第六字,兹據校改。『艨』、『蘢』二條間《切一》的内容爲『〇饛,盛食滿皃。〇鬉,馬垂鬉。〇𩧯,驢子。〇檬,似槐黃葉。〇𨣍,麴□□。〇□,□□。〇□,盧紅反。十三』,可參,唯底卷『莫紅反』小韻比《切一》多二字,而後『盧紅反』小韻如以『籠』爲首字,『蘢』爲第二字,則該小韻底卷共收十六字,且標數字是否作某加某的形式亦不能知。

〔一〇四〕『蘢』字右旁『龍』底卷皆俗寫作『龍』形,爲免繁瑣,除『龍』字字頭外,皆徑改作規範字形。

〔一〇五〕此條當爲箋注本所增,《切一》無,參下條校記。

〔一〇六〕注文與本小韻前一『櫳』字注文有直接的引申關係,如係同字頭,則不應分立,考此字當爲《説文·木部》『櫳』的俗字,其訓解當與《切一》同作『房櫳』,參《切一》校記〔三〕,蓋底卷所據抄之原本漫壞,遂臆斷其訓作『囚房』而致訛。

〔一〇七〕注文《切一》作『月欲明』,疑底卷脱一『欲』字。

〔一〇八〕注文『涷』字當爲『涷』字俗省。又『治漬』不辭,檢《切一》、《王二》、《廣韻》皆作『沾漬』,《裴韻》作『霑漬』,底卷形訛,兹據校改。

〔一〇九〕『黍』爲『黍』之俗字,參《隸辨》上聲語韻所釋。

〔一一〇〕『釭』字《王二》、《裴韻》、《廣韻》、《集韻》皆作『鉷』,底卷蓋承前古紅反小韻之『釭』及本小韻諸從『工』形字而訛,兹據校改。

〔一一一〕注文《切一》、《王二》、《裴韻》皆作『水草』,疑底卷蒙下『葒』字注文而訛,然亦可通。

〔一一二〕『𪖙』爲『𪖐』字俗寫,參《敦煌俗字研究》下編『𪖐』字條考釋,《王二》、《裴韻》、《廣韻》皆作正體『𪖐』形。

〔二三〕『洚』字所從之『夅』（《説文》『服也』）與後『逢』等字所從之『夆』（《説文》『啎也』）旁，底卷皆俗寫作『夆』形，今以溯源取義，參考《説文》所釋及《王二》、《裴韻》、《廣韻》等所載形體，而分别校録作從『夅』或從『夆』，後不一一出校。又注文今大徐本《説文・水部》作『洚，水不遵道；一曰下也。从水，夅聲』，《廣韻》所引訓解同；小徐本《説文・水部》作『洚，水不遵其道也。從水，夅聲。一曰洚下』，《王二》、《裴韻》所引訓解同（其中《裴韻》引文中『洚』誤作『降』）。

〔二四〕『菜木盛皃』不辭，『菜』字《裴韻》、《唐刊》（伯二〇一四）、《廣韻》皆作『草』，底卷形訛，兹據校改。

〔二五〕『檻』字下底卷空一字格，檢《唐刊》（伯二〇一四）、《王二》、《裴韻》、《廣韻》『檻』字下皆有『車』字，底卷蓋所據抄原本有殘泐，故作空缺，兹爲擬補一個缺字符。又『戰』字諸本皆作『載』，底卷形訛，兹據校改。

〔二六〕『⿸广怱』字《裴韻》作『⿸广悤』形，後世多作『⿸广悤』形，『怱』、『悤』爲同一篆文隸定之異，底卷蓋前一形之訛省。又『諧』在雙行注文左行之首，疑抄手『屋』後接抄『諧』字而誤抄在左行，覃周堯《〈切韻〉殘卷S．2055引〈説文〉考》謂『「諧」字似爲「階」之誤，位置亦錯亂』，是，兹從《裴韻》及《説文》乙正，并據校改『諧』作『階』字，底卷蓋初抄錯行，且又形訛。

〔二七〕『丈』字置此不辭，兹據《王二》、《裴韻》及底卷文例校改作『又』字，底卷形訛。

〔二八〕『猣』字注文《王二》、《裴韻》、《唐韻》（伯二〇一八）、《廣韻》皆作『犬生三子』，又諸本『猣』字下又有『豵』（《裴韻》從『犭』旁）字，訓『豕生三子』，又檢底卷本小韻實收字比標數字少一，是此處乃誤抄二條爲一，兹據擬補五個脱字符。

〔二九〕『椶』字《王二》同，龍宇純《校箋》云當作『扌』旁，《裴韻》、《唐韻》（伯二〇一八）正作『捘』，俗寫『木』、『扌』二旁多淆而不分，兹據校改。

〔三〇〕『騘』字《裴韻》同，《切一》、《王二》皆作『驄』形，《廣韻》以『鬉』爲『騣』的異體字，『驄』當爲『鬉』的形旁類化俗字（受『騣』字及釋義『馬騣』的影響，『鬉』字的左側構件『镸』類化作『馬』），而『騘』又爲『驄』字訛省（本小韻前有『騐』，訓『馬色』，非一字）。又『馬駿』《切一》、《王二》、《廣韻》、《集韻》及《説文新附・馬部》皆作『馬鬣』，底卷蓋承前字頭而訛，然亦通。

〔二二〕『種』字《裴韻》、《唐韻》（伯二〇一八）同，今本《説文》作『穜』，《説文・禾部》穜字段注：『小篆埶爲穜，之用切；種爲先穜後埶，直容切，而隸書互易之。』

〔二二〕『篷』字與後表示『織竹編箬以覆蓋船車』的字頭重形，檢《切一》、《王二》、《裴韻》、《唐韻》（伯二〇一八）、《唐刊》（伯四七四七）、《廣韻》皆作『夆』形，底卷蓋承前蒙後誤增『辶』旁，兹據校改。

〔二三〕『以鰲』《裴韻》同，不辭，兹據《王二》、《廣韻》校改『以』字作『似』字，底卷形訛。

〔二四〕《王二》、《裴韻》『蘇公反』小韻皆收一字，《廣韻》、《集韻》該小韻亦未收『般』字，然底卷謂『六音入冬韻』，自當指冬韻的心紐小韻而言，然檢冬韻心紐小韻，實分爲二：『先恭反』收二字（此《廣韻》入鍾部，《廣韻・鍾韻》『恭』字注文云：『陸韻以恭、蜙、縱入冬韻，非也。』），『私宗反』小韻收一字『鬆』（底卷誤書作『鬔』），俗寫多作『鬆』形，其義與底卷之訓『緩』亦略相一致，疑『般』即其形訛，俟考。又所謂『六音』之『六』，疑爲『陸法言』之『陸』字俗借（陸法言一族原出鮮卑步六孤氏，北魏孝文帝遷都洛陽後改作漢姓『陸』，然或仍用舊借音字『六』，如伯二七二一《雜抄》『陸法言』即作『六法言』），或即『又』字之誤。

〔二五〕『峵』字《廣韻》、《集韻》皆作『峣』形（《王二》、《裴韻》未載），合於形聲構字理據，底卷形訛，兹據校改。又《廣韻》釋作『崆峣，山兒』，《集韻》釋作『崆峣，山高兒』，底卷『小』字當爲『山』字形訛，亦據校改。

〔二六〕《切一》、《王二》、《裴韻》、《廣韻》釋義後皆無『也』字，反語上字『他』前皆有『又』字，底卷蓋誤『又』爲『也』字，兹據校改。

〔二七〕釋義《王二》、《唐韻》（伯二〇一八）作『西戎』，《裴韻》作『西戎税也』，《廣韻》作『戎税。《説文》曰「南蠻賦也」』，又《廣雅・釋詁二》云『賨，税也』，又《晉書・李特載記》云：『巴人呼賦爲賨，因謂之賨人焉。』則其地在西南，底卷『域』當爲『戎』字形訛，兹據校改，并爲擬補一個脱字符；又『在宗反五』底卷作『在宗五反』，兹依文例乙正。

〔一二八〕『曰樂』之訓不合文例，檢《切一》、《王二》、《裴韻》、《廣韻》皆作『一曰樂』，底卷『曰』前脱『一』字，兹據擬補一個脱字符。

〔一二九〕『東』字當爲『冬』字音訛，兹據《切一》、《王二》、《裴韻》、《唐刊》（伯二〇一四、二〇一五）、《廣韻》校改作『冬』字。

〔一三〇〕『面』字《切一》、《裴韻》皆作『血』，與《説文·肉部》『腫血也』之訓略合，『血』字俗寫上部多加一横，而與『面』字形似，底卷形訛，兹據校改。

〔一三一〕『東』字當爲『冬』字音訛，兹據《切一》、《王二》、《裴韻》、《唐刊》（伯二〇一四、二〇一五）校改作『冬』字。

〔一三二〕『結』字《裴韻》作『給』，『給』字與《説文》合，底卷形訛，兹據校改。

〔一三三〕釋義《王二》、《裴韻》、《唐刊》（伯二〇一四、二〇一五）、《廣韻》皆作『蚣蝑，虫』或『蚣蝑，虫名』，底卷此處可視爲用注文與被注字連讀成訓例。

〔一三四〕『山』字《切一》、《王二》、《裴韻》皆作『出』，底卷形訛，兹據校改。

〔一三五〕本小韻實收一字，標數字『二』當爲『一』字形訛，底卷蓋承前一小韻標數字而訛，兹據校改。

〔一三六〕『綜』爲去聲宋韻字，置此非韻，檢《王二》、《裴韻》、《唐刊》（伯二〇一四、二〇一五）皆作『琮』字，底卷形訛，葉鍵得《十韻彙編研究·切二校勘記》已揭之，兹從校改。又本小韻實收一字，標數字『二』當爲『一』字形訛，亦據校改。

〔一三七〕字頭『鬌』字依反語標識當爲『鬆』之訛，《廣韻》作『鬆，鬌鬆，髮亂皃。私宗切』，并收『鬆』爲其或體，從底卷『鬆』字可知底卷該字本當作『鬆』形，兹據校改。

〔一三八〕『湏』字寫卷中通常用作『須』的俗字，但『須器』不辭，考《切一》、《王二》、《裴韻》、《唐刊》（伯二〇一五）、《廣韻》皆作『酒器』，底卷形訛，兹據校改。

〔三九〕『心』字前底卷承前衍抄一『虫』字，兹據《切一》、《王二》、《裴韻》、《唐刊》（伯二〇一五）、《廣韻》徑删。

〔四〇〕釋義《切一》、《王二》、《廣韻》作『長節竹』，《裴韻》作『竹長節』，《唐刊》（伯二〇一五）作『長節竹名』，疑底卷脱抄一『竹』字，又『莭』即『節』的俗字。

〔四一〕本小韻標數字作『九加一』而實收八字（與《切一》同），脱録二條，考《王二》本小韻實收十字，然除與底卷同者外，尚有『伀，志及衆』一條及字頭殘迹略似『鐘』字而注文完全漫滅的字一條，《裴韻》二字的注文作『伀，《説文》「志及衆也」』（《唐韻》伯二〇一八略同），『鐘，案鐘籠，竹名，踈節柔弱』，可參。兹據擬補一個多字脱字符。

〔四二〕『龍』爲『龍』字俗作，爲免繁瑣，除此字頭字外，注文及諸從『龍』旁字皆徑改作規範字形。

〔四三〕底卷『小』、『行』間疑脱一個『皃』字，參《切一》校記〔五二〕。

〔四四〕『摏』字底卷作代字符形，并與『撞』同作爲『舂』字的注文，此使『力鍾反』小韻字數大大超出，檢《切一》『舂』字後相關部分作『〇舂，書容反。四。〇摏，摏撞』，《裴韻》該二條除標數字外全同，底卷誤糅『舂』、『摏』二條爲一而致有脱文，葉鍵得《十韻彙編研究·切二校勘記》已揭此，兹從擬補五個脱字符。

〔四五〕『鱅』字《切一》、《王二》、《裴韻》、《唐韻》（伯二〇一八）、《廣韻》、《集韻》皆作『鰅』，疑底卷形訛，當從改。

〔四六〕反語上字《切一》、《唐韻》（伯二〇一八）、《廣韻》皆作『祥』，《王二》、《裴韻》皆作『詳』，『祥』、『詳』同隸邪紐，並與『羊』異，底卷蓋誤脱『礻』旁，兹據校改。

〔四七〕『尸』《切一》、《王二》、《裴韻》、《廣韻》皆作『尺』，底卷形訛，兹據校改。

〔四八〕『在』字《切一》、《王二》、《裴韻》、《唐韻》（伯二〇一八）、《廣韻》皆作『出』，《集韻》注文并引《山海經》：『宜蘇之山，⿰氵庸水出焉。』底卷形訛，兹據校改。

〔四九〕本小韻實收字比標數字少一條，檢《切一》、《切二》（伯三六九六）、《王二》、《裴韻》、《唐韻》（伯二〇一八）『墉』字下皆爲『⿰犭庸』（《王二》字頭作『⿰牛庸』，異體字）字條，諸本訓釋多作『似牛，領有肉』，可從補，兹據擬補六個脱字符。

〔五〇〕字頭《切一》、《切二》（伯三六九六）、《王二》、《廣韻》、《裴韻》皆作『鎔』，底卷承前音訛，兹據校改。

〔五一〕『兇』字《切二》（伯三六九六）同，爲『兇』之俗字，參《切二》校記〔一九〕。

〔五二〕『邕』字下《切二》、《裴韻》、《王二》、《廣韻》皆作『雍』字條，唯注文各異，底卷本小韻標數字『十一』而實收九字，除後誤糅『癰』、『廱』二條爲一外，還缺此一條内容，兹依《切二》『雍，又於用反』擬補五個脱字符。

〔五三〕『鳥鳥』不辭，後一『鳥』字《切二》（伯三六九六）、《王二》、《裴韻》皆作『鳴』字，底卷脱抄『口』旁，兹據校改。

〔五四〕『宗』爲『宋』字俗訛，兹據校改；又『以侯』疑爲『於用』之形訛，參《切二》校記〔三三〕。

〔五五〕注文『廱』字底卷作代字符形，然與『壁（辟）』連文的字《切二》（伯三六九六）、《裴韻》、《廣韻》皆作『廱』形，而『癰』字諸本皆注作『疽』或『疽癰』，《廣韻》作『癰瘬』，是底卷當誤糅二條爲一，而致有脱文，使本小韻實收字數比標數字少一條，兹據《切二》（伯三六九六）校補二個脱字符，注文代字符則回改作『廱』字；又『壁』字《王二》、《裴韻》、《廣韻》作『辟』（《切二》（伯三六九六）誤作『璧』字），合於《説文》，『辟廱』之構詞義當指辟開壅塞以溝通天人的地方，底二誤增『土』旁，兹據校改。

〔五六〕『饔』字底卷誤抄作『雍食』二字，不合異體標識文例，徐朝東《S 2055校記》已揭此，兹從合爲一字。又檢《裴韻》引《説文》字作『饔』形，與今傳本《説文》合，底卷字形俗訛，兹據校改。

〔五七〕『壅』字《切二》（伯三六九六）、《王二》、《裴韻》、《廣韻》皆作『壅』，底卷所作當爲訛俗字。

〔五八〕『曾』字《廣韻》引《説文》作『增』，合於今傳本《説文》，《説文·土部》『增，益也』段注：『會下曰「曾，益也」，是可叚曾爲之。』底卷用俗借字。

〔五九〕『蹤』字右旁蓋承前一字頭而訛，兹據《切二》（伯三六九六）、《王二》、《裴韻》及《廣韻》校改作『蹱』字。

〔一六〇〕小韻標數字《切二》(伯三六九六)、《裴韻》皆作「二」,《王二》作「三」,別收「邁,不行」條,然以底卷「二」、「三」互訛之時多,兹姑據實收字數校改作「二」。

〔一六一〕「⿰糹吏」字《王二》、《裴韻》、《廣韻》作「紩」,合於《説文》,底卷形訛,兹據校改。

〔一六二〕本小韻依標數字當脱一條文字,檢《切二》(伯三六九六)收三字,《王二》收五字,《裴韻》收六字,《廣韻》收八字,諸本第四字所收不同,是底卷所脱抄者不能推知,兹姑爲擬補一個字頭和一注文多字脱字符。

〔一六三〕「⿰丬夫」爲「扶」字俗作,此又音反語上字《切二》(伯三六九六)、《王二》、《裴韻》皆作「伏」,「扶」、「伏」紐同。又注文所引「《説文》作此」依底卷文例其下當有一與字頭不同的字形,疑即與其後引文中的「生」字字形同,兹爲擬補一個脱字符。《説文·生部》「丰」字注文作「艸盛丰丰也。从生上下達也」,大、小徐本同,與底卷小異。

〔一六四〕「蠭」字底卷誤抄作「逢蚰」二字,又蒙後一小韻之反語而在注文末衍抄「反三」二字,致生混亂,兹據《裴韻》、《廣韻》及《説文》合「逢蚰」爲一,并删「反三」二字。

〔一六五〕字頭「夆」字爲「夅」(《説文》「服也」)及「夆」(《説文》「啎也」)二字俗寫,今爲免繁瑣,諸從「夆」旁字皆徑參《説文》所釋及《王二》、《裴韻》、《廣韻》等所載形體,而分别校録作從「夅」或從「夆」形。注文「峯」字依文例當與字頭同形,《切二》(伯三六九六)、《王二》、《廣韻》皆作不從「山」旁的「夆」字,底卷誤增「山」旁,兹據校改。

〔一六六〕「⿱夆火」底卷誤抄作「逢火」二字,兹據《裴韻》、《廣韻》及《説文》合爲一字。

〔一六七〕「字」字《切二》(伯三六九六)、《王二》、《廣韻》皆作「子」,《裴韻》蓋承前一反語而誤抄作「即」字,「子」、「字」異紐,《補正》以爲「恐訛『又子』二字爲『字』」,張涌泉以爲「字」當爲「子」字之誤,而其前脱抄「又」字,兹從校改并擬補一個脱字符。

〔一六八〕「鞋」字注文《切二》(伯三六九六)、《王二》、《廣韻》皆作「毳飾」,《裴韻》作「毳飾;又馬牽飾」,《説文·

革部》作『鞲，䩞毳飾也』，可參。

〔一六九〕『用』爲去聲字，置此非韻，兹據《切二》（伯三六九六）、《王二》、《裴韻》、《廣韻》校改作『容』，底卷蓋爲音訛字。

〔一七〇〕釋義《王二》、《裴韻》、《廣韻》同，今本《説文·石部》作『砮，水邊石也』，《集韻》作『水石之島』，按『水島石』不辭，疑諸本『島』字皆『邊』之俗訛。

〔一七一〕『扛』字《切二》（伯三六九六）訓作『舉鼎』，《裴韻》、《廣韻》皆收此義項而又有所增加，《王二》作『對舉』，而訓『旌旗飾』者諸本皆作『杠』，唯《切二》（伯三六九六）、《王二》、《廣韻》『扛』字條在『杠』前，《裴韻》則作『杠』在『扛』前，蓋脱抄而後補所致，底卷誤糅二條爲一，而致其實收字數較標數字少一條，兹據擬補三個脱字符。《玉篇·食部》『飾』字後云『餝，同上，俗』。又參《切二》校記〔三〇〕。

〔一七二〕『⿰忄⿱艹工』字未見字書所載，檢《切二》（伯三六九六）、《王二》、《裴韻》、《廣韻》皆作『茳』，合於形聲構字理據及文獻用例，葉鍵得《十韻彙編研究·切二校勘記》已揭此，底卷形訛，兹據校改。

〔一七三〕『燈又』底卷作『又燈』，不合文例，兹據《切二》（伯三六九六）、《王二》、《裴韻》、《廣韻》乙正。

〔一七四〕『痝』字《切二》（伯三六九六）、《箋十二》、《王二》、《裴韻》皆作『庬』，《廣韻》作『厖』，後者合於《説文》，『庬』爲『厖』之俗字，而『痝』又爲『庬』字進一步訛變所致，參《敦煌俗字研究》下編厂部『厖』字條考釋。又底卷『從』字下依文例當有脱文，檢《説文·厂部》『厖，石大也。从厂，尨聲』，是底卷所脱字當爲『厂』字，兹據擬補一個脱字符。

〔一七五〕『墨馬皃面』不辭，檢《切二》（伯三六九六）、《王二》、《裴韻》、《廣韻》皆作『黑馬白面』，底卷形訛，兹並據校改。

〔一七六〕『狵』字《切二》（伯三六九六）、《王二》、《裴韻》、《廣韻》同，然《廣韻》注文云『亦作尨』，《説文·犬部》『尨，犬之多毛者』，是『狵』當爲『尨』之後起累增字，從文例看，底卷『作』字後當即脱此『尨』字，兹據擬補一個脱字符。

〔一七七〕「紅」字乃「東」韻字，置此非是，茲據《王二》、《裴韻》、《廣韻》校改作「江」字，底卷形訛。又本小韻脱標數字，可據其實收字數校補作「二」，茲姑爲擬補一個脱字符。

〔一七八〕本小韻實收四字，準《切二》（伯三六九六）所收「三」字及《裴韻》標數作「三加二」，知底卷加字時所據之底本亦當作「三」字，「二」字形訛，茲據校改。《説文》「窗」字篆文古本字隸定多作「囱」、「囪」之形，「冊」當亦爲其隸變形體之一；又「窗」字篆文隸定多作「窗」形，比照可知，「窬」亦其隸定形體之一，參《敦煌俗字研究》下編穴部「窗」字條考釋。

〔一七九〕「稯」爲「堫」的後起字，與作「四十把」禾或「八十縷」布解的「子紅反」的「稯」爲同形字，參《切二》校記〔三三〕。

〔一八〇〕「鍾」字《王二》、《裴韻》、《廣韻》皆作「鏱」字，底卷形訛，茲據校改。

〔一八一〕「窓」即「窻」的俗變字，或擬篆文隸定作「窻」形，《説文·穴部》「窻，通孔也。从穴，悤聲」，段注：「此篆淺人所增，古本所無，當刪。十篇「囱」下曰「在牆曰牖，在屋曰囱。或从穴作窗」，古祇有「囱」字，「窗」已爲或體，何取乎更取「悤」聲作「窻」字哉？自東、江韻分，淺人多所僞撰。」

〔一八二〕底卷原抄作「机江反」連書，檢《切二》（伯三六九六）、《王二》、《裴韻》、《廣韻》皆作下江反，而釋義多作「栙欆，帆」，《廣韻》別作「栙欆，帆未張」，是底卷之「机」當爲「帆」字形訛，而其反語上字則脱録，茲據校改并擬補一個脱字符。

〔一八三〕「降」字右旁爲「夅」旁俗寫，本大韻後從「逄」旁者同，不再一一出校。注文所引《説文》正字與字頭同形，不合文例，茲參《説文》及通用字形校改作「降」形。

〔一八四〕考《説文·缶部》「缸」字「从缶，工聲」，其下未載或體，《箋十二》、《裴韻》、《集韻》收「缸」字或體作「瓨」（《裴韻》該字左旁訛作从「土」），《廣韻》收作「瓬」形，余廼永《新校》作「瓨」字，但其謂《王二》（即《箋七》）或作「坃」字，則不確；又劉燕文《〈切韻〉殘卷S．2055所引之〈説文〉淺析》録「坃」字作「㼕」形，單周堯《〈切韻〉殘卷S．2055引〈説文〉考》已斥其非，并謂此字『似爲誤書』，是，底卷『垳』字正爲『瓨』字之俗訛；又劉氏廣徵博稽的考釋則勝義紛出，其引《説文》『缸』字段注『「缸」與「瓨」音義皆同』，又據《急就篇》收『瓨』未收『缸』字，認爲『漢代以「瓨」爲正體』，『大徐本《説文》「缸，瓨也」，實際上是以本字注本字，可能是有問題的』，皆可取也。

〔一八五〕『胮脈』不辭，檢《切二》（伯三六九六）、《王二》、《裴韻》、《廣韻》『脈』字皆作『脹』，底卷形訛，兹據校改。又『也』字非聲，兹據《切二》（伯三六九六）並參《裴韻》、《箋二》、《箋十二》、《廣韻》校改作『疋』字，底卷形訛，亦據校改。

〔一八六〕『雙』當爲『雙』之訛俗字，參《敦煌俗字研究》下編隹部『雙』字條考釋。又底卷字頭與注文引《説文》之字同形，不合文例，檢《説文·雔部》作『从雔，又持之』之『雙』形，是底卷形訛，兹據校改。

〔一八七〕『僂』字《廣韻》作『僂』，略同；《切二》（伯三六九六）、《王二》、《裴韻》皆省作『僂』形，與《説文》同，又參《切二》校記〔三八〕。『馬』字諸本及《説文》所引及阮刻《十三經注疏》本《左傳·昭公十九年》皆作『駟』，底卷誤脱右旁，兹據校改。

〔一八八〕『脹口』不辭，檢《切二》（伯三六九六）、《王二》皆訓作『大脹皃』，《裴韻》脱『皃』字；《廣韻》訓作『脹大皃』，是底卷之『口』當爲『皃』字形訛（『皃』字俗或訛作『白』，再由『白』字訛抄作『口』形），兹據校改。

〔一八九〕『椌』字《切二》（伯三六九六）、《王二》、《裴韻》、《廣韻》皆作『控』形，俗寫『扌』、『木』不分，兹據校改。又注文『控』字蓋承字頭而訛，諸本皆作『打』字，亦並據校改。

〔一九〇〕『攏』字《王二》、《裴韻》、《廣韻》皆作『攡』字，底卷當爲其增繁訛俗字，兹據校改。

〔一九一〕小韻標數字蓋承前一小韻而訛，兹據實收字數校改作『一』字。

〔一九二〕『又』字今本《説文》作『手』，《説文·又部》『又，手也。象形』，二字義同。

〔一九三〕『庀』當爲『卮』字之俗寫，參《切二》校記〔四〕。又注文『圓』字今本《説文》作『圜』，《説文·口部》『圜，圜也；全也」，二字義同。

〔一九四〕『秖』字《裴韻》同，《切二》（伯三六九六）作『祇』，《王二》、《廣韻》誤作『衹』，按《集韻》：『衹，適也。或从禾』，俗寫『礻』、『禾』二旁多混，表虚詞『適』義字初借『祇』字爲之，底卷『巨支反』小韻正作『衹』形，俗寫或作『秖』。

〔一九五〕『木』字當爲『子』字之形訛，又參《切二》校記〔四八〕。

〔一九六〕注文《王二》作『鳷鵲，觀名』，《裴韻》作『案鳥名，漢有鳷鵲觀』，底卷本條當用注文與被注字連讀成訓例。

〔一九七〕『戈』字《切二》（伯三六九六）、《王二》、《裴韻》、《廣韻》皆作『弋』形，按『弋』字俗寫與『戈』字相亂，茲據校改。『运』字《裴韻》作『迻』，與今本《説文·辵部》字合，底卷形訛，茲據校改。又注文前一『禾』字《姜韻》録作『禾』，《周韻》同，《潘韻》以爲原卷當作『木』，審底卷字形，其上撇較短，介於手寫的『木』『禾』之間，但參下文可斷其爲禾字無疑，《説文·禾部》『移，禾相倚移也。从禾，多聲。一曰禾名』；又《辵部》『迻，遷徙也。从辵，多聲』，可參。

〔一九八〕『東』字《切二》（伯三六九六）、《箋二》、《王二》、《裴韻》、《廣韻》皆作『東』字，底卷形訛，茲據校改。

〔一九九〕『状』字《切二》（伯三六九六）、《王二》、《廣韻》皆作『扶』，《裴韻》類化作『枎』形，底卷當爲『扶』字俗寫。

〔二〇〇〕『橄』字爲『廞』俗字『撖』的俗寫，『瘷』則爲『廞』字俗訛，葉鍵得《十韻彙編研究·切二校勘記》已揭此，又參《切二》校記〔四九〕，茲並據校補正字。『弁』字《切二》（伯三六九六）、《王二》、《裴韻》、《廣韻》皆作『弄』，底卷形訛，並據校改。

〔二〇一〕『稀』字當爲『桸』之俗寫，參《切二》校記〔五〇〕。『与』字前衍抄一『計』字，乃承前一條『与』字前之『汁』字而訛寫，茲徑删之。『迤』字爲『匜』之俗字，參《敦煌俗字研究》下編匚部諸字之考釋，《説文·匚部》『匜，似羹魁，柄中有道，可以注水』，俗寫或作『㔭』。又依文例『迤』字後脱一『同』字，茲爲擬補一個脱字符。

〔二〇二〕『架』字前底卷衍抄一『一』字，《切二》（伯三六九六）、《箋二》、《王二》、《裴韻》、《廣韻》皆無，合於《説文》

新附，兹據徑删。

〔三〇三〕《裴韻》引《説文》作『萎荄，草』，今本《説文·艸部》作『荄，艸萎荄』，底卷引文蓋有所省。

〔三〇四〕注文底卷本作『薳支反又薳僞反以周反嗎反』，其中『僞』字上有粗綫塗抹以示删除，『嗎』字《潘韻》校作『僞』，檢《切二》（伯三六九六）、《裴韻》又音皆作『又薳僞反』，《箋二》作『又于僞反』，《王二》作『又榮僞反』，《廣韻》作『又王僞切』，兹從校改，底卷形訛。底卷蓋抄完『又薳僞反』後，誤以此爲前行鄰字『檞』字條注文，遂欲删『薳僞反』作『以周反』，旋又覺其誤作，遂致删字未徹，而補字又因下行『嗎』而出錯，兹參諸本徑爲删改如此。

〔三〇五〕『姓。居爲反。一』底卷抄作『潙』字的注文，這使前一小韻實收字數比標數字少一條，檢《箋二》此處作『〇潙，水名，出新陽。〇嬀，姓。居爲反。一』，《王二》、《裴韻》略同，是底卷誤抄二條爲一，而致脱漏，兹據擬補六個脱字符。

〔三〇六〕本小韻實收字數爲三，《切二》（伯三六九六）、《箋二》同，底卷小韻標數字『二』當爲『三』字形訛，兹據校改。

〔三〇七〕《裴韻》引《説文》作『裂也；一曰手指』，合於大徐本《説文》，小徐本《説文》與底卷同，可參。

〔三〇八〕『逶』字注文《裴韻》、《集韻》皆引有或體『蝸』字，與今本《説文》所載或體合，底卷『嗎』字當爲『蝸』字形訛，兹據校改。

〔三〇九〕注文《裴韻》作『《説文》牛馬食；又草木萎。又一嗎反』，今本《説文》『萎』字『食牛也』，與底卷合；但《裴韻》又音加標識文字『又』，則合於文例，底卷疑脱，兹據擬補一個脱字符；又『又草木萎』之説似亦比底卷『亦木萎』義長。

〔三一〇〕『魏』字《切二》（伯三六九六）、《箋二》、《王二》、《裴韻》、《廣韻》皆作『覣』字，底卷形訛，兹據校改。

〔三一一〕今本《説文·糸部》『縻』字注文正收有或體『紉』字。

〔三一二〕『又武悲爲』不辭，兹依文例校改『爲』字作『反』，底卷形訛。又按底卷『醾』、『麇』二字《切二》（伯三六九六）、《箋二》、《王二》、《裴韻》、《廣韻》本小韻皆未收。

〔三一三〕注文前一『作此』底卷作『此作』，兹依文例乙正，《姜韻》徑録作『作此』；又殘字上部似『陏』形，下部有些漶亂，兹據《説文·阜部》『隓』字條下所收篆文或體校補作『墮』字；又『隓』字當爲『隓』字俗訛，此亦據《説文》校改。

〔三一四〕注文前一『盱』字前《切二》（伯三六九六）、《王二》、《裴韻》、《廣韻》皆有一代字符或『眭』字，底卷當用注文與被注字連讀成訓例。

〔三一五〕『觿』字即『觽』之俗寫，參《切二》校記〔五七〕。

〔三一六〕『鬌』字《王二》、《裴韻》、《廣韻》皆作『鬌』字，合於形聲構字理據，底卷形訛，兹據校改。

〔三一七〕字頭『錘』字右部底卷俗寫作『垂』形，底卷上下文『垂』字或『垂』旁亦多作此形，一般徑予録正，不一一出校説明。參下條校。注文『兩』字《裴韻》同，《切二》（伯三六九六）、《箋二》、《王二》、《廣韻》、《集韻》皆作『銖』，合於《説文》。按『錘』於文獻中又有『六銖』、『倍錙』之説，而『錙』又有『六銖』、『六兩』、『八兩』之説，此度量衡蓋有混亂，姑存俟考。

〔三一八〕字頭『垂』與注文所引《説文》『垂』同形，必有一誤，『垂』爲『垂』字俗寫，説已見上條，疑注文『垂』或當作通行正體『垂』，姑爲校改。又注文『人』字不辭，兹據文例校改作『又』字，底卷形訛。

〔三一九〕『晨』爲『農』的俗寫訛變字，兹依文意校改。

〔三二〇〕『蒸』當爲『蒸』的俗字，慧琳《音義》卷六五『炊作』注引《韻詮》正作『炊，蒸也』。

〔三二一〕《裴韻》引《説文》作『龠理管之樂』，今本《説文·龠部》作『龠，龠音律管壎之樂也』，底卷『理』字當爲『律』字形訛，兹據校改。

〔三二二〕注文『反』字前底卷蒙下條又音衍抄一『又』字，此字右部有一墨點，蓋即删字標記，兹據删；又『鈹』字注文大、小徐本《説文》皆作『大鍼也』；一曰劍如刀裝者』，可參，針即鍼的俗字。

〔三三三〕注文『髪』字《王二》同，《切二》（伯三六九六）、《廣韻》皆作『髮』字，《王二》『帔』字又載於寘韻『披義反』小韻，而未載於月韻，是『髪』字當爲『髮』字形訛，茲據校改；又『女』字當爲『反』字形訛，亦同據校改。

〔三三四〕注文底卷本作『彼爲四反』，茲依文例并參《切二》（伯三六九六）、《箋二》、《裴韻》乙正。

〔三三五〕『齡』字當爲『齝』之俗字，《廣韻》字頭作『齝』，注文云『俗作齡』，《王二》字頭與注文俗體同作『齝』形，疑其俗體或當作底卷字頭之形。

〔三三六〕『闚』、『窺』分別爲『闚』、『窺』的俗字，參《切二》校記〔六三〕。

〔三三七〕『奇』字底卷作俗字『竒』形，今皆徑録作標準字體『奇』，參《切二》校記〔六四〕，後從『奇』旁者同，不再一一出校。

〔三三八〕『騎』字《切二》（伯三六九六）無訓解，《箋二》作『跨馬』，《廣韻》引《説文》同，《王二》作『乘馬』，《裴韻》作『跨』，則底卷可視爲用注文與被注字連讀成訓例。又『也』字置此不辭，茲依諸本校改作『反』字。

〔三三九〕『反』字依文例當爲『又』字形訛，《切二》（伯三六九六）、《王二》、《裴韻》、《廣韻》皆作『又』字，茲據校改。

〔三四〇〕『被』字《切二》（伯三六九六）、《裴韻》、《廣韻》、《集韻》皆作『袨』（鉅宋《廣韻》作『被』），《廣韻》又加訓云『尼法衣』，茲據校改，《王二》訛作『秡』字。

〔三四一〕『鼓』字《裴韻》同，《廣韻》作『鼓』形，《集韻》以『鼓』、『弜』皆爲『鼓』（原字頭右旁誤作『攴』）字的或體。又『弓鞭』《裴韻》亦同，《廣韻》作『弓硬皃』，《集韻》作『弓彊皃』，底卷『鞭』字當爲『硬』或體『鞕』字形訛，茲據校改。

〔三四二〕『羇』字下依文例脱一『反』字，《王二》、《裴韻》皆有，茲據擬補一個脱字符。

〔三四三〕『岐』字《王二》、《裴韻》、《廣韻》皆作『歧』形，底卷形訛，茲據校改。

〔三四四〕『郊』字今本《説文・邑部》注『周文王所封，在右扶風美陽中水鄉』，《漢書・地理志上》『美陽』條下云：

「《禹貢》岐山在西北中水鄉，周大王所邑。」《裴韻》注文作「邑名，在扶風，周太王所居」，《説文》段注云：「按此云文王所封，要其終而言。」是底卷「外」字當爲「水」字形訛，兹據校改；而「都」字則疑以底卷爲長，兹存俟考。

〔三五〕《裴韻》引《説文》作「緣木；一曰行皃」，《廣韻》引作「緣大木也；一曰行皃」，後者與今本《説文》合，底卷所引蓋有所省，然其無「大」字，却於義爲長。又底卷「湪」字當爲「緣」字形訛，兹據諸本校改。

〔三六〕「從兮聲」不合《説文》解形文例，檢今本《説文·兮部》：「羲，气也。从兮，義聲。」疑底卷「兮」字下脱一「義」字，葉鍵得《十韻彙編研究·切二校勘記》已揭此，兹從擬補一個脱字符。

〔三七〕「桸」字左部原卷作「十」形，在俗字寫法中多爲「忄」、「巾」旁的寫法，檢《切二》（伯三六九六）、《王二》、《裴韻》、《廣韻》該字皆作「桸」形，《姜韻》徑録作「桸」，兹從之。

〔三八〕「巇」字注文《切二》（伯三六九六）、《王二》、《裴韻》皆作「險巇」，「險巇」爲聯綿詞，「巇」正字作「巇」形，「險」或類化作「嶮」形，《玉篇·山部》作「巇，嶮巇，巔危也」，《集韻》「㠊」字下則作「㰝㠊，山險。或作巇、㟗」，「㰝」與「險」同隸曉紐，《廣韻》作「巇嶮」，雖亦與曉曉族聯綿詞之音軌不殊，然却與諸本以「巇」爲下字不諧，疑爲誤倒，又其字雖或可單用，然義則無異，如《文選·王褒〈洞簫賦〉》有「又似流波，泡溲汎涟，趨巇道兮」，李善注：「巇道，嶮巇之道。」是底卷「儉」字當爲「險」字形訛，且用注文與被注字連讀成訓例。

〔三九〕「豊」字《王二》、《裴韻》同，《切二》（伯三六九六）、《廣韻》作「豐」字，「豐」俗寫或作「豊」形，參《敦煌俗字研究》下編豆部「豐」字條考釋。

〔四〇〕「欹」字《切二》（伯三六九六）、《箋二》皆未收，底卷本小韻比二書多一字，即此字也，《裴韻》、《廣韻》皆作「敧」形，《王二》則後增此條而作「攱」形，從形義關係的角度看，當以「敧」字爲正字，其他則爲俗借字，今傳本《荀子·宥坐》有「吾聞宥坐之器者，虛則欹，中則正，滿則覆」句所作字形與底卷同，故姑存之。

〔三四一〕『府』字《箋二》、《王二》、《裴韻》、《廣韻》皆作『俯』，底卷誤脱『亻』旁，兹據校改。

〔三四二〕『宜』爲『宜』之俗字，《廣韻》『宜』字注文云『俗作宜』。又今本《説文·宀部》『宜』字下云：『所安也。从宀之下，一之上，多省聲。』底卷所引《説文》形體，其解形云『從宀下一』，而本字形下部之『一』則俗寫作『灬』形，兹據正之。又小韻標數字『五』底卷脱抄，兹據擬補一個脱字符。

〔三四三〕『封』字前《箋二》、《王二》、《裴韻》、《廣韻》皆有一代字符或『堤』字，底卷當用注文與被注字連讀成訓例，參《箋二》校記〔四〇〕。

〔三四四〕『桉』同『案』，『草案』蓋指用草編織而成的几榻類器物，《裴韻》『桉』作『安』，蓋省借字。今本《説文·艸部》：『莛，草也。从艸，是聲。』段注：『芪母前已見，則此非芪母也。』此字《説文》與『莜』（艸田器）、『蓽』（雨衣）、『苴』（履中艸）、『虆』（艸履）、『蕢』（艸器）等一些與草相關的名物詞排列在一起，故段氏『莛』字下又云：『艸名之字，不當廁此。』據底卷，則今本《説文》『艸』下疑脱『桉』或『案』字，『草案』爲與草相關的器物名，與《説文》前後字條的字義正合。《淮南子·泰族》『甂甌有莛』，于省吾《雙劍誃淮南子新證》卷四云：『莛、堤字通，《詮言》「瓶甌有堤」注：「堤，瓶甌下安也。」』（《雙劍誃諸子新證》，上海書店出版社一九九九年，頁四三五）《淮南子·詮言》篇的『堤』當是『莛』字之借，而高誘注中的『安』亦當校讀作『桉（案）』，與《裴韻》『草安』之『安』同用。

〔三四五〕本條實收十三字，檢《切二》（伯三六九六）及《箋二》該小韻雖有殘泐，然考知其所收字數皆爲十二個，是底卷所據底本較前二書已有增字，《裴韻》本小韻標數字作『十四加四』，是其所據修之原本有收十四字者，底卷誤糅『籬』、『醨』二條爲一，故致此誤，詳參下條校記。

〔三四六〕『籬』字訓解《王二》作『柵』，《裴韻》作『蕃籬，阬』，《廣韻》作『笊籬；又《爾雅》曰「樊藩也」，郭璞云「謂藩籬也」』，《集韻》則作『藩也』。而訓解與『酒』有關的則是『醨』字，《王二》、《裴韻》、《廣韻》『籬』字下一條『醨』皆訓作『酒薄』，又檢底卷本小韻標數字作『十三加一』而實收十三字，是此處正爲誤抄二條爲一而致脱去一條，葉鍵得《十韻彙編研究·切二校勘記》、徐朝東《S 2055 校記》皆已揭此；又檢《玉篇·竹部》『籬』字訓作『藩籬』，從諸家『籬』字的訓解情況看，疑底卷『籬』字訓解當有二字，而『醨』字訓『酒』則可以注文與被注字連讀成訓例視之，兹姑據擬補三個脱字符。

〔二四七〕『黻』字《王二》作『黻』，《裴韻》作『黻』，《切二》（伯三六九六）、《廣韻》、《集韻》作『黻』，『攴』、『攵』爲同一篆文的不同隸定形體，底卷及《王二》皆其形訛，兹據校改。

〔二四八〕『皃』字《周韻》所收日大谷光瑞《西域考古圖譜》之『《切韻》斷片一』、《箋二》、《王二》、《裴韻》、《廣韻》皆作『鼠』字，底卷形訛，兹據校改。

〔二四九〕訓解《箋二》、《王一》、《王二》皆作『鸝黄，鳥』，《廣韻》作『鸝黄』，《裴韻》作『黄鳥』，後者蓋用注文與被注字連讀成訓例，而底卷前一『鳥』字當蒙下誤，兹據校改作『鸝』字。

〔二五〇〕注文『離』字依文例當作『蘺』，底卷俗省。又『蘼』字今大徐本《説文》作『蘼』，段注本徑改作『蘼』，與底卷同。

〔二五一〕『二』字當據本小韻實收字數校改作『三』，底卷形訛。又本小韻《切二》（伯三六九六）收『四』字，其『玼』字條底卷及《王二》無，《裴韻》、《廣韻》有之，或底卷及王韻皆未參用《切二》之作也。

〔二五二〕『則』字《王二》、《裴韻》、《廣韻》皆作『財』字，底卷形訛，兹據校改。

〔二五三〕『皃』字《切二》（伯三六九六）、《箋二》、《廣韻》皆作『雞』，《王一》作『鷄』，『雞』、『鷄』異體字，底卷蓋所據抄之原本有漫壞，而臆録作『皃』形，兹從諸本校改作『雞』字。

〔二五四〕『掎』字注文底卷作一代字符加『取物』二字，檢《王一》、《王二》、《裴韻》、《廣韻》皆以『掎』、『攲』、『奇』三字序接，其中『掎』字皆訓『掎角』，而『攲』字則訓『攲取物』（《廣韻》作『箸取物』），底卷此處誤將『攲』字注文移置『掎』字下，兹據乙正，并擬補兩個脱字符。又本小韻收六字，從諸本收字序列中可知，底卷還應有『奇』字，《箋二》『奇』字注文作『不耦。又渠羈反』，《裴韻》同，疑底卷脱抄。

〔二五五〕『皺』字《王一》、《王二》、《廣韻》皆作『皷』形，合於《説文》，《裴韻》、《集韻》誤作『鼓』形，底卷亦形訛，茲據校改，又參前條校記。

〔二五六〕『四行全無』係指抄手所據底本此處缺四行。考『居宜反』小韻末字與下文『祈宜反』小韻首字間《箋二》約有五行半字，《王一》約有八行半强，《王二》約有九行半字，《裴韻》約有十行字，而底卷之大量加訓，則必多於《箋二》之字數，然因加字不多，則又當少於《王一》、《王二》、《裴韻》，是底卷缺『四行』之説，疑其估算有誤。

〔二五七〕『祈』字《箋二》、《王二》、《裴韻》、《廣韻》皆作『所』字，底卷形訛，茲據校改。又本小韻實收二字，與《箋二》同，《裴韻》作『二加三』，是其所據增之底本亦收二字，底卷『三』當爲『二』字形訛，同據校改。

〔二五八〕『革』字《切二》（伯三六九六）、《箋二》、《王二》、《裴韻》、《廣韻》皆作『鞍』字，底卷脱略，茲據校改。又『一曰皃』不辭，檢諸本皆作『一曰垂皃』，底卷脱『垂』字，茲據擬補一個脱字符。

〔二五九〕『侯』字《箋二》、《王二》、《裴韻》、《廣韻》皆作『佳』，『侯』字俗寫與『佳』形甚似，底卷形訛，茲據校改。又依韻書體例，底卷又音當脱『又』字，茲據擬補一個脱字符，不過此『又』字《箋二》、《王二》皆脱，《裴韻》、《廣韻》有之。又底卷後一『反』字前有一『一』字，茲依文例乙至注文之末。

〔二六〇〕『狀』字通常爲『扶』字俗寫，但『扶』字置此不辭，檢《箋二》、《王一》、《王二》、《裴韻》、《廣韻》該字皆作『牀』，底卷形訛，茲據校改。

〔二六一〕『紉』字《切二》（伯三六九六）作『細』，蓋爲『網』或『綱』之形訛，參《切二》校記〔八四〕。

〔二六二〕『規』字本小韻前已出，此處重出蓋承前二字頭而訛，茲據《箋二》校改字頭『規』字作『雉』、注文『規』字作『鳺』，又此條文字諸本或有出入，參《箋二》校記〔六七〕。

〔二六三〕『劵』字《切二》（伯三六九六）、《箋二》、《王一》、《廣韻》皆作『券』，底卷俗訛，茲據校改。

〔二六四〕『[illegible]』字底卷似有塗改，以致不能辨識，檢『腄』字注文《箋二》、《王二》、《裴韻》、《廣韻》皆作『胝』（或誤作

『眡』），合於《説文》，茲據校改。又小韻標數字『二』疑爲抄者誤計下字而臆改，參下『豴』字條校記，茲據本小韻實收字數回改作『一』，《箋二》『竹垂反』小韻亦只收一字。

〔二六五〕『豴』字《箋二》、《王二》本大韻未收，《裴韻》收之，注文作『弋垂反。一。豬也，出《説文》。新加』，《廣韻》隷之於『悦吹切』小韻，訓作『小豬也』，與《説文·豕部》『豴，豬也』之訓略同，底卷『戈』當爲反語上字『弋』字俗訛，茲據校改。又『戈』字下底卷脱録，疑其據抄底本有殘泐，而底卷抄寫之時未加留空，茲參諸本擬補反語、訓解及小韻標數字計六個脱字符。

〔二六六〕『載』字今本《説文·肉部》脂字下作『戴』，於義爲長，底卷形訛，茲據校改。

〔二六七〕『袛』即『祇』之俗字，參《敦煌俗字研究》下編示部『祇』字條考釋。底卷『氐』旁或作『互』形，或作『丘』形，皆俗寫，以下不再一一出校説明。

〔二六八〕注文『舡』字《裴韻》作『夘』形，今本《説文》作『廾』形，『廾』字小篆像二手相對形，底卷及《裴韻》所抄皆其訛變，茲據校改；又『持』與『器』間《裴韻》亦無他字，今本《説文》有『米』字，合於文字解形通例，蓋二本並脱，茲據擬補一個脱字符；又『牙』字今本《説文》作『彑』，底卷蓋以與『互』之俗字相混，茲據校改；《裴韻》載《周礼》語作『有六彝：象彝、鳥彝、鷄彝、虎彝、黄彝、隹彝，以待裸爵之礼』，今本《説文》引作『六彝：雞彝、鳥彝、黄彝、虎彝、蟲彝、斝彝，以待裸將之禮』，是底卷所引多誤，茲據《説文》及《周禮》校補七個脱字符，又校改『爵』字作『將』，底卷形訛。

〔二六九〕注文『窅』字與字頭同形，不合文例，茲據今本《説文》校改作通行隷定字『寅』。

〔二七〇〕『弖』非『夷』聲，單周堯《〈切韻〉殘卷S．2055引〈説文〉考》云『《説文》「從弖聲」，未知所據爲何，似誤』；按《裴韻》注文作『從弖，從大』，與《説文·人部》『夷，平也。从大，从弓。東方之人也』略合；又注文『夷』爲『夷』字俗書之變，下文『痍』、『恞』、『陕』、『荑』、『桋』、『蛦』所從的『夷』旁底卷皆作此形，此據《説文》篆體的通行隷定形體録正；字頭『夷』則爲『夷』進一步訛變産生的俗體，敦煌寫本中經見。

〔三七一〕『脠』字《箋二》未收，《王二》、《裴韻》皆以之入『之』韻。又『豬』爲『豬』的俗字，參《敦煌俗字研究》下編豕部『猪』字條考釋。

〔三七二〕字頭『胂』字字形及釋義諸本分歧較多，參《切二》校記〔九〇〕。又底卷釋義據《切二》(伯三六九六)及《説文》當於『骨』字下補一『肉』字，底卷蓋脱，兹爲擬一個脱字符。

〔三七三〕字頭『蚍』字前底卷衍抄一『月』字旁，已用竪綫塗去，《切二》(伯三六九六)、《箋二》、《王二》、《裴韻》『膍』、『蚍』二字頭間亦無他字頭，故不具録。又底卷此條下至行末留約五個大字的空格，次行首抄『枇』字條，考《切二》、《箋二》、《王二》、《裴韻》『蚍』字條下皆接抄『枇』字條，不詳此處何故留空，姑從諸本接録。

〔三七四〕今本《説文》作『謀事曰咨』，似不如底卷之洗練。

〔三七五〕檢大小徐《説文·食部》『餈』字下皆收『饝』、『粢』二異體，底卷前一異體可斷爲『餈』字形訛；又檢《集韻》所收『粢』字異文，有作『粢』者，疑底卷後一異體當爲此字形訛，其引之以示俗字，非謂《説文》之異體也，兹並據校改。

〔三七六〕『禝』字今本《説文》作『稷』，《集韻》職韻『禝』字下云『通作稷』，則『禝』字當爲『稷』用作祭品時的類化俗字。又今大小徐本《説文》『齍』字皆作從『皿』形，合於構字理據，兹據校改。疑俗寫有從『血』旁者，注文辨之，或字頭從『血』作俗寫形。

〔三七七〕注文『指』爲上聲字，置此非韻，兹據《箋二》、《王二》、《裴韻》校改作『脂』字，底卷形訛，後反語下字用『脂』字者誤同，皆徑校改，不再一一出校説明；又注文用本字爲訓，不合文例，兹據諸本校改作『餓』字，底卷蓋承字頭而訛。

〔三七八〕『喚』字《切二》(伯三六九六)作『咲』，《箋二》、《王二》、《裴韻》、《廣韻》皆作『笑』，按『咲』即『笑』字的增旁俗字，參《敦煌俗字研究》下編竹部『笑』字條考釋，底卷『喚』字當爲『咲』字形訛，兹據校改。又又音前依例當有標識語『又』字，《王二》有之，兹爲擬補一個脱字符。

〔二七九〕『趯』字字書未見所載，《切二》（伯三六九六）、《箋二》、《王二》、《裴韻》、《廣韻》皆作『趄』字，底卷形訛，兹據校改。

〔二八〇〕字頭之右旁《王二》、《裴韻》皆作『市』形，《廣韻》作『朿』形，皆爲『朿』旁隸變之異，底卷形訛，兹據校定作通行體『趚』。又『平』《裴韻》作『卆』，皆爲『卒』的俗字，參《敦煌俗字研究》下編十部『卒』字條考釋，《王二》、《廣韻》正作『卒』字。

〔二八一〕『墀』字《裴韻》同，《王二》作『墀』，皆爲『墀』之俗字，參《敦煌俗字研究》下編牛部『犀』字條考釋，《切二》（伯三六九六）、《箋二》、《廣韻》正作『墀』。

〔二八二〕今本《説文·辵部》『遟，徐行也。从辵，犀聲。《詩》曰「行道遟遟」。迡，遟或从𡰱；遟，籀文遟从屖』，可參。

〔二八三〕『卆』爲『卒』之俗字，參《敦煌俗字研究》下編十部『卒』字條考釋。又《裴韻》引《説文》釋義作『語諄誶（誶）』，與今本《説文》同，底卷『倉卒』之訓蓋涉前『趚』條注文而抄誤。

〔二八四〕『私』字《切二》同，《箋二》、《王二》、《裴韻》皆作『私』形，按『私』當爲『私』之增筆俗字，底卷他處亦多作此形，今爲免繁瑣，除此字頭外，他處皆録作規範字形，不一一出校説明。

〔二八五〕『目』、『日』俗寫或淆，如『昕』又作『盺』、『暇』又作『睱』，潘重規主編《敦煌俗字譜》序已發之，是底卷『者』即『者』之俗寫。本小韻後之『者』及從『者』旁字同，不再一一出校。又『草』字底卷作草寫之形，甚似『子』字，然其中上部比『子』字多一轉折，今參《箋二》、《王二》徑録作『草』字。

〔二八六〕注文底卷作『衛鐵軸』，《切二》（伯三六九六）、《箋二》、《王二》、《裴韻》、《廣韻》皆作『衛軸鐵』，《集韻》作『軸耑鐵』（中國書店影印揚州使院本，上海古籍影印述古堂本注文殘泐），指加在軸端用來保護軸頭的一種鐵製的碗形物，底卷『鐵軸』二字蓋誤倒，兹據諸本乙正。

〔二八七〕 注文『指』字《裴韻》引《説文》作『脂』，從本大韻諸小韻反語下字之『脂』多訛作『指』言，此處原本似亦當作『脂』字，然檢《説文·魚部》：『鮨，魚脂醬也。出蜀中。从魚，旨聲。一曰鮪魚名。』『脂』本指油脂，『鮨』指魚肉醬，雖似脂而實非，故當以《説文》作『脂』爲長，底卷與《裴韻》所引皆形訛，兹據校改。又《説文》之『鮪魚名』下段注：『鮪魚名當作鮨魚也，三字一句，謂有魚名鮨也。』由此知底卷引作『魚名』當更契《説文》原貌。

〔二八八〕 『呷喔』《切二》（伯三六九六）、《箋二》、《裴韻》、《廣韻》、《集韻》皆作『喔呷』，按此爲影影族聯綿詞，因二字互乙并不影響其音軌結構，故文獻中亦或見有作『呷喔』者，如韓愈詩《納涼聯句》有『危行無低徊，正言免呷喔』；又劉夢得詩《有僧言羅浮事因爲詩以寫之》有『呷喔天鷄鳴，扶桑色昕昕』句等，然疑底卷蓋因下條之『蛜蝛』而倒，雖異於諸本，然亦不爲誤，故姑存其舊。

〔二八九〕 注文引《説文》之字形與字頭同，不合文例，檢《説文·木部》作『棃，果名。从木，𥝢聲。𥝢，古文利』，是底卷所引《説文》之形當作『棃』，底卷俗訛，兹據校改。

〔二九〇〕 底卷『剥』字左下部草率且似略有漫滅，《姜韻》録作『剥』，《潘韻》以爲不確，按《周韻》亦録作『剥』，考《説文·金部》：『鏫，金屬；一曰剥也。从金，黎聲。』《集韻》『鏫』字下云『或作鋫』，『剥』字之訓合於《説文》，兹從之。又『剓』字《切二》（伯三六九六）、《箋二》字頭同作此形，《龍龕·刀部》亦收之，訓云『割也』，其正字當作『剺』，《王二》、《廣韻》字頭正作『剺』；又《玉篇·刀部》『剺，力之切，直破也』，音義亦合；『鋫』《説文》作『鏫』，『剺』蓋即『鏫』的換旁俗字；『鏫』字《説文》一曰『剥』，與『直破』、『割』義近。

〔二九一〕 注文《切二》（伯三六九六）、《箋二》、《王二》、《裴韻》、《廣韻》皆作『蛤蜊』，底卷可視爲用注文與被注字連讀成訓例。

〔二九二〕 『黎』字當爲『犂』之形訛，兹爲校改，參《切二》校記〔一〇八〕。又釋義《切二》、《箋二》、《裴韻》、《廣韻》皆作『牛駮（字或作駁）』，是底卷『駁』字當爲『駮』字形訛，故據校改。

〔二九三〕字頭《裴韻》作『⿱黎心』形，《廣韻》作『⿱黎心』形，後者與《説文・心部》『⿱黎心，恨也。从心，黎聲。一曰怠也』合，底卷俗訛，茲據校改。

〔二九四〕『准上』當謂與前一條字同出於《説文》，檢《説文・文部》：『⿱𠩺文，微畫也。从文，𠩺聲。』《王二》、《裴韻》該字頭下部皆從『文』，《廣韻》之韻『里之切』小韻收此字，下亦從『文』，是底卷形訛，茲據校改。

〔二九五〕『嫠』字下部《王二》、《裴韻》皆作從『又』，《廣韻》之韻『里之切』小韻收此字，下亦從『又』，與《説文》合，底卷俗訛，茲據校改。

〔二九六〕切音下字『惟』《切二》（伯三六九六）、《箋二》、《王二》、《裴韻》皆作『隹』，『惟』字爲本大韻『以隹反』小韻首字，用此不誤。此條以上爲底卷正面内容，之下爲反面，正反間内容可相銜接。

〔二九七〕注文『葵』字《切二》（伯三六九六）、《箋二》、《王二》、《裴韻》皆作『祭』，與《説文》合，底卷形訛，茲據校改。

〔二九八〕『鰔』即『鮧』之俗字。參《敦煌俗字研究》下編大部『夷』字條考釋。

〔二九九〕底卷『説』前有一『隹』字，上有一粗堅綫塗去，當示刪除，故不録。又『莎』字《切二》（伯三六九六）、《箋二》、《王二》、《裴韻》、《廣韻》皆作『陟』，底卷形訛，茲據校改。

〔三〇〇〕《切二》（伯三六九六）、《箋二》、《王二》、《裴韻》、《廣韻》『陟隹反』小韻與『儒隹反』小韻間皆有一『居追反』小韻，其中《切二》（伯三六九六）、《箋二》、《王二》皆收『龜』、『跰（跻）』二字，《裴韻》收『二加二』字，較前多『螝』、『騩』二條，《廣韻》收同《裴韻》，此常用字底卷不當失收，當爲脱抄，茲據擬補一個多字脱字符。

〔三〇一〕注文『儒』爲『儒』的偏旁類化字，參《敦煌俗字研究》下編人部『儒』字條考釋；又『住』字非韻，茲據《切二》（伯三六九六）、《箋二》、《王二》、《裴韻》校改作『隹』字，底卷形訛；『垂皃』二字底卷側、倒書於注文右側邊緣，今本《説文・艸部》作『草木華垂皃』，於義爲長，疑底卷脱『華』字。

〔三〇二〕與『相著』義有關的字頭《王二》作『檽（擩）』，訓『染』，《裴韻》作『楆（撄）』，訓『染也；沾（沾）也』，《廣韻》作『擩』，訓『染也』，《集韻》本小韻收『擱』字爲『捼』字的或體，訓云『兩手相切摩。或作挼、擱』，又《集韻·僊韻》『而宣切』小韻以『擱』爲正字，而收『擩』、『撄』、『捼』三形爲或體，訓云：『煩擱，猶挼莎也』，而訓『摧』之『桵（挼）』（或作『捼』）《王二》、《裴韻》、《廣韻》皆收之，由此知底卷所加此條《王二》、《裴韻》、《廣韻》皆分爲二條訓之。

〔三〇三〕『返』爲『反』之音訛字，兹依文例校改。

〔三〇四〕《裴韻》引《説文》作『秦爲椽，周爲榱，齊爲桶（桷）』，《廣韻》引作『秦名爲屋椽，周謂之榱，齊魯謂之桷』，後者與《説文》同，是《裴韻》所引蓋有省簡，亦知底卷注文『榱』字前脱『之』字而『齊』字後脱『謂』字，兹各爲擬補一個脱字符，又由底卷所引知其『秦名爲椽』比今《説文》之『秦名爲屋椽』義勝，以其語相駢儷也。

〔三〇五〕注文『安』字底卷作『𡚹』形，『安』字俗書作『㚢』，『𡚹』當是受『安』『㚢』的交互影響而産生的繁化俗字，兹爲録正。

〔三〇六〕注文『從出（虫）、唯聲』底卷本作『從唯、出聲』，檢今本《説文·虫部》：『雖，似蜥蜴而大。从虫，唯聲。』是底卷『出』字當爲『虫』字形訛，而又與『唯』字字序誤倒，兹據乙正并校補正字；字頭『雒』爲『雖』字俗寫。

〔三〇七〕底卷字頭與『又作』字字形同，不合文例，疑字頭當作『葰』或『葰』，注文『葰』即『葰』之簡化字『葰』的訛俗字，參《敦煌俗字研究》下編艸部『葰』字條考釋；《箋二》同一小韻作『葰，胡葰』，可參。

〔三〇八〕『葵』字前底卷有一删去的誤録字。

〔三〇九〕注文引《詩》今阮刻《十三經注疏》本《詩經·齊風·南山》作『南山崔崔，雄狐綏綏』。

〔三一〇〕注文『憂』字誤，《箋二》『夔』字下載俗體『夒』，《切二》（伯三六九六）、《廣韻》俗字作『㚘』，與底卷形似，故據《廣韻》校改；又此字《説文》篆字通常隸定作『夔』形，底卷所引作乃其俗寫訛變之形，兹據校改。

〔二二一〕『眉』字底卷本作『眉』，上下文『眉』字及『眉』旁底卷大抵亦皆作此形，乃『眉』字篆文隸變之異，茲均徑予録正，以下不再出校説明。

〔二二二〕引文《裴韻》作『秦名曰屋連綿，周謂之檐，楚謂之招（梠）』，今《説文·木部》作『楣，秦名屋櫋聯也，齊謂之檐，楚謂之梠』，蓋傳本小異，而皆可通。

〔二二三〕『以』字《切二》（伯三六九六）、《箋二》、《王二》、《裴韻》皆作『似』，俗寫『以』、『似』多互訛，茲據校改。

〔二二四〕『草』字《切二》（伯三六九六）、《箋二》、《王二》、《裴韻》皆作『莫』字，底卷形訛，茲據校改。

〔二二五〕『無』字《切二》（伯三六九六）、《箋二》、《王二》、《裴韻》皆作『蕪』，按注文爲連聯詞，故多字無定體，要之字書當以類化之『蘼蕪』爲長。

〔二二六〕『短』字底卷字形介於『短』、『矩』之間，茲據《裴韻》引《説文》及今本《説文》録定。

〔二二七〕『萑』字或作『雈』形，參《切二》校記〔二一八〕。『名』字《説文·艸部》『萑，艸多皃』作『多』字，是，底卷形訛，茲據校改。

〔二二八〕『邲』爲『邳』的古異體字，《切二》（伯三六九六）、《箋二》、《裴韻》皆作『邳』，《王二》字頭及注文皆作『邲』形，然作爲同一條内容，其字形當統一，茲爲校改。

〔二二九〕注文《切二》（伯三六九六）、《箋二》皆作『大鱗』，底卷蓋以其義晦，而臆改作如此。又『鱗』字疑當爲『鱯』字形訛，參《切二》校記〔二三〇〕。

〔二三〇〕『短』字底卷字形介於『矩』、『短』二形間，與本大韻前『隹』字注文『短尾』之『短』形同，茲據《王二》、《裴韻》及《廣韻》録定；又『短項髮皃』不辭，《廣韻》引《説文》作『短須髮皃』，與今本《説文》合，底卷『項』字當爲『須』字形訛，茲據校改。

〔二三一〕釋義《裴韻》作『齊旌名』，《廣韻》作『刃戈』，《集韻》作『鈈，靈姑鈈，旗名』，後者與《左傳·昭公十年》『公卜，使王黑以靈姑鈈率，吉』合。《洪武正韻·灰韻》：『鈈，亦作銔。』疑底卷『姑銔』非詞，其前當脱

『靈』字。

〔三二二〕注文『馬』字前底卷有一『駓』字，側有删除符號『卜』，故不録；又『否』旁大小徐本《説文》皆作『丕』形，段注本改字頭作『駓』形，則作『駓』形當亦『駓』的俗字之變，底卷所據本《説文》蓋即作此俗字之形。

〔三二三〕今本《説文・木部》兼收『椎』、『槌』二字，前者訓『擊也，齊謂之終葵』，後者訓『關東謂之槌，關西謂之持』，檢《切二》（伯三六九六）本小韻收『槌』字，《箋二》收作『搥』字，二卷皆無訓解，《王二》兼收『槌』、『椎』二字，《裴韻》則兼收『搥』、『椎』二字，按《集韻》『椎』字注文云：『傳追切。《説文》「擊也，齊謂之終葵」。或作柏，通作槌。』《廣韻》所收『椎』字二或體同，俗寫『扌』、『木』二形多淆，是『搥』、『槌』二形皆爲『椎』之俗字，諸本之别可並存之。

〔三二四〕『住』字非韻，兹據《切二》（伯三六九六）、《箋二》、《王二》、《裴韻》校改作『隹』字，底卷形訛。

〔三二五〕反語上字『陟』《切二》（伯三六九六）、《箋二》、《王二》、《裴韻》、《廣韻》皆作『丁』字，《集韻》作『張』，『陟』、『張』同隸知紐，與『丁』之『端』紐類隔，蓋舌頭音與舌上音分化所致。

〔三二六〕『擕』字當爲『檇』之俗字，參《切二》校記〔一二七〕。

〔三二七〕注文『火』字《切二》、《箋二》、《王二》、《裴韻》皆作『犬』，底卷形訛，兹據校改。

〔三二八〕『嫛』字訓解與今本《説文》同（唯《説文》『悦』字作『説』，古今字也），然大徐本《説文・心部》亦收『怡』字，訓『和也』，段注改作『龢也』，并注云：『龢者，調也。《玉篇》曰「怡者悦也，樂也」。』是二字義通，底卷本小韻末復收『嫛，悦』條。

〔三二九〕『⿰貝兑』《切二》（伯三六九六）、《箋二》、《王一》、《王二》、《裴韻》、《廣韻》皆作『⿰貝兒』，底卷俗訛，兹據校改。

〔三三〇〕檢《説文・𦣝部》『𦣝』字下云：『顄也。象形。凡𦣝之屬皆从𦣝。頤，篆文𦣝；䪿，籀文从首。』據此知底卷所録篆、籀之形不確，當從《説文》隸定，而改『貞』作『頁』、『䪿』作『𩑵』，又『頷』當爲『顄』之俗字『頷』的形訛，亦並據校改。

〔三一〕今本《説文·宀部》作『宧，養也；室之東北隅，食所居。』底卷當爲分而引之。

〔三二〕『妃』字《切二》(伯三六九六)、《箋二》、《王二》、《裴韻》、《廣韻》皆作『姫』(或作俗字『姬』形)，《集韻》『姫』字下云：『衆妾總稱。或作妃、娼。』是『妃』乃『姫』之俗字。

〔三三〕『江有洍』與《説文》『洍』字下引《詩》同，段注：『此蓋三家《詩》，下文引「江有汜」，則毛《詩》也。』然準前條校記例，則『洍』、『汜』似當爲正俗字關係，此或因抄者之異而致，非必有詩學意義上的今古文分歧。

〔三四〕『栖』字下《王二》、《裴韻》有一『鷄』字，與《説文·土部》『塒，雞棲垣爲塒』義合，疑底卷『栖』字下脱『鷄』字。

〔三五〕『從疑聲』與字頭『疑』同形，非是，檢《説文·子部》『疑』字下云：『惑也。从子、止、匕，矢聲』，段注：『此六字有誤，「匕」、「矢」皆在十五部，非聲；「疑」、「止」皆在一部，「止」可爲「疑」聲；匕部有「𠤕，未定也」，當作从「子」，「𠤕」省，「止」聲，以「子」、「𠤕」會意也。』可參，姑據校改注文『疑』作『𠤕』字。

〔三六〕注文『囟』字《姜韻》録作『囱』，不確；《潘韻》新校作『囟』，蓋因今本《説文》而定者；《裴韻》字頭即作『悤』形，底卷俗作。

〔三七〕今本《説文》『者』字後無『也』字，『從』作『从』字，餘同。

〔三八〕今本《説文·箕部》以『其』爲『箕』之籀文，字作『𠀠』形，然底卷訓『舉也』之字則當爲《説文·廾部》之『舁，舉也。从廾，由聲』字，大徐本音『渠記切』，《王二》入本小韻，而注云『又渠記反』，《王一》本條注文有『正作「畁」(即舁之俗寫)』，蓋俗通用之，然以『其』爲正字，則又當是《説文》『𠀠』形之俗省，而底卷字形摹録亦不够準確。

〔三九〕『萁』字訓解諸韻書不一，蓋《切韻》原本無訓解，而後之加訓者各自爲之，檢《王一》、《王二》作『豆莖』，與底卷最爲形近，按『莖』爲『莖』之俗字，參《敦煌俗字譜》第一七八一條所録，此訓解合於《説文》，是底卷『茎』字當即『莖』之俗字的形訛，茲據校改作正字『莖』。

〔三四〇〕『繫』字《箋二》、《王二》、《裴韻》皆作『蟚』或『蟚』字，《集韻》作『彭』，《玉篇・虫部》『基』字下亦作『蟚基』，底卷『繫』字當爲『蟚』字形訛，姑據校改。

〔三四一〕『王』字《箋二》、《王二》、《裴韻》、《廣韻》皆作『玉』，俗寫二形多淆，茲據校改。

〔三四二〕今本《説文・糸部》：『綥，帛倉艾色。从糸，畀聲。《詩》「縞衣綥巾」，未嫁女所服。一曰不借，綥。綦，綥或从其。』則所謂『未嫁女所服』之物，似非『履飾』，而是一種灰白色的頭巾，作者補此訓似與其釋義不甚契合，《裴韻》作『履飾，案未嫁服』，《王二》略似（但有誤字），又疑『未嫁女所服』与『履飾』各自爲義，姑爲分斷，俟考。又注文『之』字有贅感，疑爲衍文。

〔三四三〕注文『錤』字《切二》（伯三六九六）、《箋二》、《王二》、《裴韻》、《廣韻》皆作『蕨』，底卷蓋蒙下一字頭『錤』字而訛，茲據校改。

〔三四四〕『編』字當爲『鯿』字俗訛，參《切二》校記〔一三〕。

〔三四五〕『碁』字《切二》（伯三六九六）、《箋二》、《王二》、《裴韻》未載，《廣韻》以之爲『棊』的或體，《玉篇・石部》訓作『圍碁也』，是底卷之訓當爲用注文與被注字連讀成訓例。

〔三四六〕注文底卷本作『書之二反』，茲依文例乙正。

〔三四七〕『池』字《箋二》、《王二》、《裴韻》、《廣韻》皆作『地』，底卷形訛，茲據校改。

〔三四八〕注文『頰毛而也』的『而』字疑爲衍文當删，今本《説文・而部》『而』字注文作『頰毛也。象毛之形。《周禮》曰「作其鱗之而」，凡而之屬皆从而』，可證。

〔三四九〕今本《説文・阜部》：『陾，築牆聲也。从阜，耎聲。《詩》云「捄之陾陾」。』

〔三五〇〕注文『車』字《箋二》同，《王一》、《王二》、《裴韻》皆作『柩車』，《廣韻》作『喪車』，後者與《説文・車部》『輀，喪車也』釋義合。

〔三五一〕『洏』字前底卷衍抄一『洏』字，上有一粗斜墨綫以示删除。

〔三五二〕今本《説文・魚部》作：「鮞，魚子也；一曰魚之美者，東海之鮞。」可參。

〔三五三〕注文「説」字後底卷脱一「文」字，兹依文例擬補一個脱字符。注文《王二》略似而多誤，龍宇純《校箋》云：「唯今本《説文》「而」、「耏」異字，豈唐人所見不同於今乎？」

〔三五四〕注文「日今」底卷誤倒作「今日」，檢《説文・月部》「期，會也。从月，其聲。𣅀，古文期，从日丌」，兹據乙正。又注文前一「今」字疑爲「會」字形訛，其下應句斷。

〔三五五〕注文前一「諆」字《王二》同，以本字釋本字不合《切韻》系韻書通例，檢《箋二》、《廣韻》訓解皆作「謀」字，是底卷形訛，兹據校改。

〔三五六〕「貍」字字頭本作「貍」形，其右側又書一「貍」字，當爲改字，兹據改字録文。又注文「貓」下「貍」底卷本作代字符，王國維、《周韻》、《姜韻》與《潘韻》皆未録之，上田正《補正》録之，是。

〔三五七〕「從」當爲「徙」字形訛，參《箋二》校記〔一三七〕，兹據校改。「李」置此似當代指人名，然他處未見提及，不詳，《集韻・止韻》「杞，木名，《説文》「枸杞也」；一曰國名；亦姓。或作梩」，可參。

〔三五八〕「間」字下底卷有一衍抄而用粗竪筆塗去的未成形字。又底卷「顯」字誤，「謂愁」二字誤倒，檢《説文・心部》「慦」字注「楚潁之間謂憂曰慦」，兹據校改乙正；又疑注末「云」字爲代字符之訛，姑誌以俟考。

〔三五九〕「𢑥」王國維、《周韻》、《姜韻》皆録作「𣯍」，《潘韻》未作新校，當同，非是；上田正《補正》録作「𢑥」，是。《説文・𢑚部》：「𢑥，彊曲毛，可以箸起衣。」段注：「箸同褚，裝衣也。」

〔三六〇〕注文「東楚名」後底卷衍一「也」字，「正」當爲「缶」字形訛，《説文・甾部》「甾」字下云「東楚名缶曰甾」，兹據删正。又「菑」字《説文》作「葘」，在艸部，云「不耕田也，从艸、田，巛聲。……甾，或省艸」（據段玉裁注本），「甾」上部本從「巛」聲（「巛」爲災害之「災」的古本字），「葘」字俗省作「菑」，「甾」亦俗省作「甾」，於是便與指缶名的「甾」（篆文本作「甾」，象形字）混而爲一，音又相同，所以底卷也就把二字歸併作一條了。

〔三六一〕『菑』字《王二》、《廣韻》、《集韻》皆作『椔』形，《王一》作『椔』形，又《集韻》注文云『通作甾』，檢《集韻》該小韻『菑』字下有『或省；俗作蕃，非是』，其俗作字當即『菑』之形訛，《正字通・艸部》云『菑，音義與菑同』。又該字諸本皆訓作『木立死』，疑底卷『不』字乃『立』字形訛，姑據校改，至於本小韻下文又出『椔，木立死』之字，乃著者之誤分古今字爲二，不合《切韻》系韻書通例。

〔三六二〕《爾雅・釋鳥》：『鶅，雉……東方曰鶅。』《王二》訓作『東方雉名』，《廣韻》作『東方雉也』，是底卷『爲』字義當爲『曰』也，《廣韻》之訓亦同樣易致歧解。

〔三六三〕『緇』字前已單設字頭，此蓋承誤，檢訓『魚名』的字頭《箋二》、《王一》、《王二》、《廣韻》皆作『鯔』，合於形聲構字理據，底卷形訛，兹據校改。

〔三六四〕『欳』字當爲『蚑』之俗訛，參《箋二》校記〔一四二〕。

〔三六五〕『土』字《箋二》、《王一》、《廣韻》皆作『丑』，《王二》形訛作『刄』字，龍宇純《校箋》謂此誤，當作『丑』字，疑底卷亦『丑』字形訛，《補正》據校，兹從之。

〔三六六〕『嫛』字《集韻・德韻》以爲『嫼』字或體，注云『怒也』，與『嫱』字義不合，葉鍵得《十韻彙編研究・切二校勘記》云：『疑此本注文當作「姸嫱」。』可從。《王二》『嫱』字正訓『姸嫱』，《廣韻》訓『嫱姸』，亦可參。

〔三六七〕今本《説文・心部》云：『慈，愛也。从心，兹聲。』而『兹』爲『从艸，兹（絲）省聲』（《説文・艸部》），俗寫『艹』、『𥫗』多淆混不分，底卷蓋因此而致不確也。

〔三六八〕『兹』字《説文・玄部》云『黑也。从二玄。《春秋傳》曰「何故使吾水兹」』，又《説文・艸部》『兹，草木多益。从艸，兹（絲）省聲』，『兹』『兹』二字隸定皆作『兹』形，相混無别，釋『草木多益』的本當作『兹』，底卷作『兹』，當又應由『兹』錯誤回改而然。又注文『兹』字當爲《説文》『兹』字篆文隸變之訛。

〔三六九〕《玉篇・水部》『㴨，㴨益也。與滋同』，按『滋』、『㴨』當爲古今字。

〔三七〇〕『鼒』字《王一》略同，然該字以『乃』爲聲旁，不應有『子之反』之音，檢《王二》、《廣韻》皆作『鼐』形，合於

《説文》，《箋二》訛作『熹』形，底卷亦俗訛，茲據校改。

〔三七一〕『鮦』字《王二》同，《王一》作『鮰』，與《爾雅・釋魚》『鮰，黑鰦』説合，龍宇純據此以爲『鮦』字當爲『鮰』字形訛，茲據校改。又按底卷本小韻標數字作『九加一』，比《箋二》『九』字多一字，底卷『鰦』字前已有九字，與《箋二》同，而此字及後共增三字，比底卷標數字多出二條，而與《王二》本小韻末三條全同，《周韻》考釋二云：『本書從之韻「鰦」字起到魚韻「歔」字止一段（共二十行，主要是微韻字），是先出反切，後出訓解，再記一紐字數，體例與其他各韻都不相同，而與王仁昫《刊謬補缺切韻》的體制和内容幾乎全部相合。由此可知本書還雜有王仁昫《切韻》在内，而不是單純的一種書。』

〔三七二〕注文『平』字前《箋二》有一代字符，《王二》、《廣韻》皆有『荏』字，合於《説文》，底卷蓋用注文與被注字連讀成訓例。

〔三七三〕注文『次』字《王二》同，當爲『㳄』字俗省，《説文・水部》『㳄，慕欲口液也』，俗作『涎』字，《玉篇・水部》『㳄，亦作涎、㳄』；又『一從沫』三字《王二》無，不知是抄校者所增還是《王二》脱之，然據文例，此當作『一從沫作𣽷』，然『𣽷』字未詳。

〔三七四〕字頭與注文通俗體底卷字形略同，疑字頭當作通行體『微』，而注文則當作『㣲』或『微』，『㣲』或『微』皆爲『微』唐代前後的通行用字，而底卷『微』即『微』字手寫之變。《五經文字》卷上彳部：『微，作微訛。』又下文『薇』、『薇』所從的『微』旁底卷皆寫作『微』形，可參。

〔三七五〕此條《王二》無，《廣韻》、《集韻》合其形義於前一條下，當是，今本《説文・彳部》『微，隱行也』，可證。

〔三七六〕本小韻標數字『六』而實收五字，檢《王二》本小韻標數字與實收字皆爲『五』，然其未收『微，隱行』一條，但又比底卷多收『瀓（溦），小雨』（居小韻第二條，置『薇』字條前）一條，《箋二》略同，唯訓作『溦溦，小雨』，此當爲底卷脱抄，茲據《王二》擬補三個脱字符。

〔三七七〕本小韻所收字數及排序與《王二》同，然本條《王二》作『潬，竭』，《廣韻》及《玉篇・水部》皆作『潬，竭也』，略同，《集韻》則作『⿰氵⿱罒軍，振去水也。通作揮』，而『揮』字訓解則作『《説文》「奮也」；一曰竭也。或作⿰扌⿱罒軍』，底卷蓋因《爾雅·釋詁下》『揮，竭也』而作此改變，然則訓『竭』之字不當作『暉』可知，底卷『暉』蓋承前『輝』條之或體而訛，而注文『⿰氵⿱罒軍』殆即抄手補記正字於本條之末用以改正字頭之誤者。葉鍵得《十韻彙編研究·切二校勘記》據《箋二》本小韻第二條『暉，日色』之訓云：『此本脱「暉」字之注文及正文「⿰氵⿱罒軍」。』亦可備一説。唯如此則本小韻計收十一字。

〔三七八〕注文『動』字下《王二》有一代字符，《廣韻》有一『旗』字；按《玉篇·㫃部》作『旂，動也。亦作揮』，與底卷訓略同。

〔三七九〕注文『梨』字《王二》、《廣韻》作『犂』，於義爲安，底卷形訛，茲據校改。

〔三八〇〕『⿰亻𢼸』字《王二》同，《廣韻》作『微』形，合於《説文》，俗寫『亻』、『彳』多混，茲據校補正字。

〔三八一〕『悲』字置此非韻，《箋二》、《王二》、《廣韻》皆作『非』字，底卷誤增『心』旁，葉鍵得《十韻彙編研究·切二校勘記》已揭此，茲從改。

〔三八二〕『⿱不臼』字《王一》同，爲『臿』之俗字，參《敦煌俗字研究》下編臼部『臿』字條考釋，《廣韻》引《方言》訓義正作『臿』字。

〔三八三〕『褘』字《王一》、《王二》、《廣韻》、《集韻》皆作『⿰衤畺』，合於《説文》，而『褘』字上文許歸反小韻已見，此處蓋涉上『韡』等從韋旁字而誤，茲據校改。

〔三八四〕本小韻標數字『十三』而實收十二字，檢《王一》、《王二》『⿴衣畺』字條前皆有『⿳亠田夂，衺』一條文字，當爲底卷所脱，茲據擬補兩個脱字符。

〔三八五〕本條《王一》、《王二》同，《集韻》『⿰衤畺』字注文云『或作「⿴衣畺」』，龍宇純《校箋》云：『疑「裏」是「重衣」二字之誤，《説文》「⿰衤畺，重衣皃也」，本書「⿰衤畺」下云「重衣」，此當沿前人字書韻書之誤。《切三》（長龍按：即《箋二》）本紐無「⿰衤畺」與「⿴衣畺」，《切二》（長龍按：即《箋七》）並收，韻書之誤，蓋自《切二》始矣。』不過底卷此處内容乃據王仁昫《刊謬補缺切韻》配補，其原本或亦未别立『裏』字條。

〔三八六〕釋義《王一》、《王二》、《集韻》同，《廣韻》作『雪皃』，此當用注文與被注字連讀成訓例，玄應《音義》卷一九『雰霏』條注：『雰霏，雨雪甚皃也。』又參本小韻後『菲』、『斐』字條訓義。

〔三八七〕『並』字《王一》、《王二》皆作『滂』，《廣韻》又音作『又音配』，按『滂』、『配』同隸滂紐，是底卷蓋誤脱『普』字下部的『日』旁，葉鍵得《十韻彙編研究·切二校勘記》已揭此，兹據校改。

〔三八八〕釋義《王一》、《王二》同，《廣韻》作『芳菲』，按本條當用注文與被注字連讀成訓例，又參本小韻前『霏』字條及後『斐』字條訓義。

〔三八九〕釋義《箋二》、《王一》、《王二》同，本條前一義項當用注文與被注字連讀成訓例，參《箋二》校記〔一五〇〕，又參本小韻前『霏』、『菲』二條校記。

〔三九〇〕『之芳小反』不辭，檢《王一》、《王二》此又音皆作『又方巾反』，《廣韻》作『又方市（巾）切』，是底卷『之』、『小』當爲『又』、『巾』二字形訛，兹據校改。 又『芳』、『方』分隸脣音敷、非二紐，疑爲底卷誤增『艹』旁所致，亦或是底卷有意改之，姑誌以俟考。

〔三九一〕『奜』字《王一》、《王二》同，《箋二》作『斐』，《廣韻》作『奜』，《集韻》『奜』字注文云：『姓也。《春秋傳》晉有斐豹。 或作斐。』今阮刻《十三經注疏》本《左傳·襄公二十三年》亦作『斐』字，『奜』、『奜』蓋皆『斐』字俗變。 又本小韻標數字脱，《王一》同，《王二》作『八』，底卷及《王一》皆實收七字，然『鯡』字條二書皆誤合二條文字爲一，則其實收字數亦當爲『八』，可據補作『八』字，兹爲擬補一個脱字符。

〔三九二〕注文《王一》同，《王二》唯『羊』作『牛』，餘同，《箋二》作『以（似）牛，一曰（目）曰（白）頭』，《廣韻》作『獸如牛，白首一目』，從『牛』合於構字理據，是底卷『羊』字當爲『牛』字形訛，兹據校改。

〔三九三〕『鯡』字注文底卷本作『=兔，馬而兔是』，《王一》同，《王二》『鯡』字注文作『魚名』，其下接『騑，騑兔，馬而兔走』一條，《箋二》略同，唯注文『魚』下無『名』字，且『走』作『足』字，底卷本條當爲誤糅『鯡』、『騑』二條爲一而致有脱文，兹據擬補三個脱字符，并回改代字符作『䮨』字，又『是』字當爲『足』字形訛，亦據校改。又考《説文·馬部》『䮨，馬逸足也』，段注引《廣韻》謂『「逸」當作「兔」』，又引《吕氏春秋》高注曰：『飛兔、要褭，皆馬名也，日行萬里，馳若兔之飛，因以爲名也。』如此似當以『兔走』義長，言馬之奔跑騰跃若兔之遠縱迅捷也，疑諸本作『足』字皆『走』之形訛。

〔三九四〕注文後一『肥』字依文例不應與字頭同形，《王一》、《王二》作『肥』形，疑亦非是，《干禄字書》『肥肥，上通下正』，又參《敦煌俗字研究》下編月部『肥』字條考釋，兹據校補正字作『肥』。『豊』爲『豐』之俗字，其下之『肥』《王一》作『肌』字，疑底卷形訛，兹姑從校改。

〔三九五〕『脚』字《王一》有些漫壞，不能確定細節情況，《箋二》、《王二》作『脚』字，《廣韻》作『腳』，『脚』爲『腳』的俗字，《説文·肉部》『腓，脛腨也』，是底卷『脚』字當爲『脚』字俗訛，兹據校改。又『腸』字前底卷有一墨點，上田正以爲是代字符，然諸本皆不重出『腓』字，王國維、《周韻》、《姜韻》、《潘韻》皆未録，兹從之。

〔三九六〕『飛』字《箋二》、《王一》、《王二》、《廣韻》皆作『風』，底卷形訛，兹據校改。

〔三九七〕『何』字《王一》、《王二》皆作『河』字，合於《説文》，底卷形訛，兹據校改。

〔三九八〕『難』字《王一》同，《王二》作『歎』，《箋二》作『艱』，『艱』字義長，底卷形訛，兹據校改。

〔三九九〕本條《箋二》、《王一》、《王二》皆作『蜮，蜱蜮，蟲』（『蟲』字《王二》作『虫』），《廣韻》作『蜮，蜱蜮，蟲也；一名蟜蝋』，是底卷字頭及注文『蝳』字當分别爲『蜮』、『蜱』二字形訛，兹據校改，底卷形訛。

〔四〇〇〕『水』字《王一》、《王二》同，《箋二》作『山』，然當以『水』字爲長，參《箋二》校記〔一五六〕。

〔四〇一〕『似』字《王一》同，置此不辭，《箋二》、《王二》、《廣韻》皆作『以』字，底卷形訛，兹據校改。

〔四〇二〕釋義《王一》同，《王二》作『織具』，於義爲長，疑底卷『具』字前脱抄『織』字。

〔四〇三〕注文『葅』字下《箋二》、《王一》、《王二》、《廣韻》皆有『菹』字，底卷蓋用注文與被注字連讀成訓例。

〔四〇四〕本條底卷原作注文小字，接録於前『饑』字注文後，原文本作『祥亦機作僟』，《王一》同，這使本小韻實收字數比標數字少一條，葉鍵得《十韻彙編研究・切二校勘記》已揭此，兹參《箋二》、《王二》及《廣韻》分作兩個字條。

〔四〇五〕「鉤」字《王一》、《王二》皆作「鈎」，《廣韻》「鐵」字訓作「鉤逆鋩」，《淮南子》曰「無鐵之鉤，不可以得魚」，龍宇純《校箋》謂「『釣』當作『鉤』」，是。

〔四〇六〕「方」字《王二》作「大」，皆誤，《箋二》、《王一》、《廣韻》皆作「天」字，合於《説文》，底卷形訛，兹據校改。

〔四〇七〕注文亦作字與字頭同形，不合文例，檢《王一》、《王二》、《廣韻》所收或體字作「帰」，是底卷抄誤，兹據校改。又底卷脱小韻標數字，《箋二》、《王一》同，《王二》作「一」，故據擬補一個脱字符。

〔四〇八〕「魏」字《王一》同，《王二》作「犩」字，龍宇純《校箋》：「案本書未韻『犩』下云『牛名，又魚歸反』，《王一》同本書。」按《爾雅・釋畜》「犩，牛」，郭璞注：「即犪牛也，如牛而大，肉數千斤，出蜀中。」按此類譯音字多先有借字，然後因類而加形旁，唯其字既通用後，再用借字似當視爲俗省字。

〔四〇九〕「魚」字前依文例當有一大韻標序字「九」，《王一》有之，底卷脱抄，兹據擬補一個脱字符。

〔四一〇〕注文「魚」字《王一》、《王二》、《廣韻》皆作「漁」，底卷俗省。

〔四一一〕或體「𤅩」字底卷作「漁」、「魚」二字，《王一》同，葉鍵得《十韻彙編研究・切二校勘記》以爲此二字當參《廣韻》、《集韻》作「𤅩」，底卷誤分爲二字，按《説文・水部》：「𤅩，捕魚也。从𩺰，从水。漁，篆文𤅩从魚。」底卷本小韻前已出「漁」字，訓作「水名」，且文獻除個別通假現象外，一般不以「魚」爲動詞，故從校改。底卷從上文之韻「鯔」字起到本條止，蓋抄手所據原本殘泐，而全據《刊謬補缺切韻》配補，自下條起，其内容有不能與《刊謬補缺切韻》本全同者，蓋爲此箋注本原文斷後复存者，故本小韻標數字亦與其實録字數不合。

〔四一二〕「值」字底卷初抄蓋承上作「木」旁，後又有塗改，兹據《箋二》、《王一》、《王二》、《廣韻》録作「值」字。又「又魚不住」不辭，考「齬」字當爲聯綿詞用字，一般作「⿰齒盧齬」或「齟齬」，檢《玉篇・齒部》及《集韻・麻韻》

『齟』字訓解皆作『齒不正也』，又《集韻·語韻》『齟』字注文作『齟齬，齒不正』，是底卷又義之『魚』、『住』當分别爲『齒』、『正』二字形訛，茲據校改。

〔四一三〕『鋤』字《王一》、《王二》作『鉏』，二字同音，又參《箋二》校記〔一六七〕。

〔四一四〕『皃』字《箋二》、《王一》、《王二》、《廣韻》皆作『白』字，底卷形訛，茲據校改。

〔四一五〕本小韻『𢿌』字條前爲據《刊謬補缺切韻》配抄者，故其小韻標數字作『六』而本小韻實共收七字。又本條《王一》、《王二》皆不作獨立字條，而與『漁』字條合，底卷『漁』字條下亦注云『或作漁、魚、魰』，是本條或爲淺人所加。

〔四一六〕今本《説文·衣部》：『初，始也。从刀，从衣，裁衣之始也。』底卷引文略有簡省。

〔四一七〕今本《説文》『居』『尻』異字，前者隸尸部，訓作『蹲也。从尸，古聲（從段注所改）。踞，俗居从足』；後者隸几部，訓作『處也。从尸，得几而止。《孝經》曰「仲尼尻」，「尻」謂閒居如此』，段注：『凡尸得几謂之尻。尸即人也，引申之爲凡尻处之字。既又以蹲居之字代尻，别製踞爲蹲居字，乃致居行而尻廢矣。』則至底卷时代，蓋『居』代『尻』義已成定勢，故底卷合二字爲一。

〔四一八〕『雞』字《王一》作『鷄』，《箋二》作『鶏』，後者合於《爾雅·釋鳥》『爰居』之語，俗訛『鶏』形作『鷄』，底卷又因『鷄』而寫作其異體『雞』字，茲據校改。

〔四一九〕『輞』爲『輞』的俗字，參《敦煌俗字研究》下編車部『輞』字條考釋。

〔四二〇〕注文『挐』字《姜韻》録作『拏』，《潘韻》新校云『原卷「拏」作「挐」』，審底卷右上角之形介於『口』、『又』二形之間，茲據《箋二》、《王一》、《王二》、《廣韻》録定。

〔四二一〕今本《説文》『豦』字訓作『鬬相丮不解也。从豕，虍，豕虍之鬬不解也』，『豕虍之鬬不解也』段注本改從小徐本作『豕虎之鬬不相捨』，底卷『征』、『余』、『之』當分别爲『從』、『舍』、『也』之訛，茲據校改。又底卷『小聲』疑爲『豕亦聲』之誤，但『豦』、『豕』音異，只能存疑。

〔四二二〕依底卷對字頭與《説文》字形的辨别，當是指字頭之『余』下部不從『八』形，然今底卷所作已不能與『八』有别，姑同録作『余』形，俟考。

〔四二三〕『滰』字前底卷有一誤書的滰字（中間脱『方』旁），字上已加二粗墨畫删去。

〔四二四〕今本《説文》『舉』、『舁』各列，前者隸手部，訓『對舉也』；後者隸廾部，訓『共舉也』，然『舉』字條段注據小徐本補又義作『一曰輿也』，并加注云：『按「輿」即「舁」，轉寫改之。』底卷蓋即用此訓解。

〔四二五〕注文『監』字《説文・肉部》作『䀋』，《篇海類編・器用類・皿部》謂『監』字同『䀋』。

〔四二六〕注文『⿸疒淮』字《王一》、《王二》作『⿸疒⿰乡隹』，《箋二》、《廣韻》作『癰』，後者合於《説文》；《龍龕・疒部》『⿸疒⿰乡隹，俗；癰，正』，又《篇海類編・人事類・疒部》『⿸疒淮，與癰同』，『⿸疒⿰乡隹』字當爲『癰』俗字『癕』的俗省，而『⿸疒淮』又當是『⿸疒⿰乡隹』字俗變。

〔四二七〕今大徐本《説文》反語作『子余切』，切下字不同，是底卷所引《説文》反語，或爲徐鉉所用《唐韻》注音之前的《説文》注音，《箋二》上聲語韻：『苴，履中草。子与反。又子余反』，《王一》上聲語韻『苴』字又音作『子餘反』，與『子余反』同，然《箋七》、《王二》魚大韻『子魚反』小韻皆未收『苴』字，《廣韻》始補收之。

〔四二八〕注文『与』字下依文例當脱一『反』字，《箋二》、《王一》、《王二》皆不脱，兹據擬補一個脱字符；又《説文・水部》：『沮，水，出漢中房陵，東入江。』又：『滬，水，出北地直路西，東入洛。』可參。

〔四二九〕今本《説文・犬部》作『狙，玃屬。从犬，且聲。一曰狙犬也暫齧人者；一曰犬不齧人也』，其又義段注校作『一曰犬暫齧人者；一曰犬不齧人者』，按此蓋别引字書釋義，故重出字頭『狙』字，依文例可删；又《玉篇・犬部》：『狙，且余切，玃屬也；犬暫齧人也，犬不絜也。』底卷『潔』即『絜』的後起增旁字，則唐代前後《説文》『狙』字注文或有作『不絜（潔）人』者，爲底卷及《玉篇》所本，然衡之字義，似仍當以『齧』字義長。

〔四三〇〕注文底卷作『俗作蝨蛆』，葉鍵得《十韻彙編研究・切二校勘記》云：『案注文當作「蝨俗作蛆」。』兹從乙正。又敦煌俗寫中『虫』旁多作『虽』形，故底卷本不必以此作爲二形之别，檢《箋二》本條作『蛆，蝨』，《王二》本小韻未收『蛆』字條，而於『胆』字注文有『俗作蛆』，《廣韻》略同，疑底卷字頭亦當作『胆』形。

〔四三一〕《集韻》云『捊』字『或作摢』，然《説文・木部》新附『捊，舒也；又捊蒲，戲也』，則其字之本義與『摢』略同，而引申通用，自不爲誤。

〔四三二〕『税鬼』不辭，茲據《箋二》校改『税』字作『秏』，底卷形訛，又參《箋二》校記〔一八七〕。

〔四三三〕《説文・烏部》以『於』爲『烏』字或體，謂『象古文烏省』，則其分形隸定，自難盡一致，然底卷謂『《説文》從於』，似不合文例，當謂『《説文》作於』，底卷形訛，姑據校改。

〔四三四〕『芭』字底卷蓋初抄作『苢』形，又在其下加『巴』旁，而用墨條塗去上部一個『口』旁，又在塗改之字右側重寫一『芭』字以示改正，茲參《箋二》、《王二》徑録作『芭』字。

〔四三五〕注文《王二》同，《箋二》、《廣韻》僅作『毛』或『毛也』字，王國維、《周韻》、《姜韻》皆未録『鬣』字（底卷本作代字符），《潘韻》亦未作新校，蓋同，皆非原形，龍宇純《校箋》謂『重文疑出誤增，《切三》、《切二》「毛」下無重文，《廣韻》云「毛也」』，其所謂《切二》即指本底卷，考《説文・髟部》『鬣，鬣也』，『毛鬣』可通，則『毛鬣』當亦可通。

〔四三六〕『倚』字前底卷有一似『渴』狀字，蓋爲『倚』字誤書，已用粗墨畫塗去。

〔四三七〕『栟櫚』二字底卷亦抄作字頭大的文字，不合文例，茲徑改録作注文小字。又本條下有二字頭并注文『○躇，躊躇。○儲，粮儲』，已用一粗縱墨綫塗删；按此二條及次行首字所删的『涂』字皆爲下一小韻『直魚反』的內容，抄手提前書寫，隨又發現其誤，故塗去。

〔四三八〕『蘆』字前底卷有一『涂』字，右側有一粗墨點以示删除，王國維、《周韻》、《姜韻》皆照録而未加墨點，《潘韻》、上田正未作新校補正，蓋同，皆不確，又參上條校記。又『蘆蒘』當爲『蒘蘆』之倒，參《箋二》校記〔一九四〕。

〔四三九〕『界』字《廣韻》同，《王一》、《王二》作『冢』，龍宇純《校箋》云：『「界」字無義，當是「冢」字之誤。』茲從改；《箋二》作『冢』，則當是『冢』字之訛。

〔四〇〕 底卷注文不辭，檢《箋二》、《王一》、《王二》、《廣韻》『北』字前皆有一『在』字，語意完整，底卷脱之，兹據擬補一個脱字符。

〔四一〕 『目蔗』未聞，兹據《箋二》、《王二》、《廣韻》校改『目』作『甘』字，底卷形訛。

〔四二〕 『藘蒘』二字底卷亦抄作字頭大的文字，不合文例，兹徑改録作注文小字。又『藘』字《箋二》、《王二》皆作『蘆』，底卷前『力魚反』小韻『蘆』字下作『蘆蒘』，是此處『藘』字當爲『蘆』之形訛，兹據校改。又『蘆蒘』一詞當爲『蒘蘆』之倒，參《箋二》校記〔一九四〕。

〔四三〕 『南郡』前《箋二》、《王二》、《廣韻》皆有一『在』字，於義爲長，底卷脱之，兹據擬補一個脱字符。

〔四四〕 今本《説文·且部》『且』字注文作『薦也。从几，足有二横；一，其下地也』，底卷稱『從目』，蓋用以描述俗字『且』上部之形，而『一聲』之『聲』則應爲衍文當删。又『正』字依例當用以提示正字，其下當脱正字之形（疑當作『且』形），兹爲擬補一個脱字符。

〔四五〕 注文『岨』字王國維、《姜韻》、《周韻》皆録作『砠』，《潘韻》未作新校，皆不確，上田正《補正》録作『岨』，是。今本《説文》正收『岨』字而未收『砠』字，『砠』當爲『岨』的後起俗字。

〔四六〕 字頭《箋二》同，《王二》、《廣韻》作『袪』，釋義《箋二》、《王二》僅作『袖』，《廣韻》作『袖也；舉也』，『祛惑』之『祛』《王二》、《廣韻》皆未收載，《集韻》於本小韻别立『祛，禳却也』一條，按俗寫『礻』、『衤』二旁多淆混不分，然其構形釋義却不當混淆，底卷蓋淺人補其又義，而致混亂，兹姑據諸本校改字頭作『袪』，注文之『祛』則自不誤也。

〔四七〕 『魚』字下端底卷漫滅，兹參《箋二》、《廣韻》録定。

〔四八〕 今本《説文·糸部》『絮，敝緜也。从糸，如聲』，又『⿱奴糸，絜緼也；一曰敝絮。从糸，奴聲。《易》曰「需有衣⿱奴糸」』，又阮刻《十三經注疏》本《周易·既濟》六四爻辭作『繻，有衣袽』，由此觀之，似底卷所引《説文》字形以作『⿱奴糸』爲是，劉燕文《〈切韻〉殘卷S．2055所引之《説文》淺析》云：『我們認爲「袽」、「⿱奴糸」、「絮」三字在上古音近義同，當爲一字的三種不同寫法。……《經典釋文·周易音義》在《既濟》「衣袽」下注：「《説文》作絮，云緼也。」今《説文》作「衣絮」，可能與陸、長孫氏所見的不是一個本子。《玉篇》「絮，緼也；塞也。或作袽」，可能本之於與今《説文》相同的一個《説文》本子。』從形聲構字理據上言，劉氏所言可從，後以因聲别義而致『絮』字别出，又《周易》言此爲闡發舟濡而仍可得濟之理由，故王弼已指出其『繻』字通『濡』，即船已漏水，其仍得濟的理由是『有衣袽』可以堵漏，而底卷引作『衣有袽』，疑爲抄校者以意改之。

切韻箋注(八)(卷四)

斯五九八〇

【題解】

底卷編號爲斯五九八〇,存一殘紙,單面抄。內容爲去聲廿三焮、廿四願、廿五慁三韻殘字計五行;另有補書底卷殘泐、漫漶處的二條文字,别占一行,总存六行文字。正文五行文字中前三行下部爲配抄內容,其行款及銜接處重出文字多異,字體亦明顯不同,示二者非同類韻書,亦非同一人所抄。

底卷原抄內容大韻起始處文字接書,銜接處不空格;大韻代表字前有朱筆標序字;小韻首字前加朱點;小韻首字注文的體例爲字頭—釋義—反切—小韻字頭數。配抄部分大韻起始處文字不存,小韻首字前無標識性符號,小韻首字注文的體例與原抄同。《周韻》以爲二者同是增注本《切韻》,然從『於靳反』小韻的收字情況看,原抄爲三字,與《箋五》同,配抄則收四字,與《王一》同(第四字內容不同),另外,從配抄殘字中也未发現有如原抄在反切和字數之後别有訓解的情況,是配抄蓋是介於箋注本和刊謬本切韻之間的一种韻書。

原卷缺題,《索引》擬名作『韻書』,《寶藏》、《索引新編》同,《提要》擬名爲『切韻』,蓋皆不確。審原抄書法秀麗整飭,與配抄之顯係硬筆所書者異趣,《周韻》考證以爲原抄是增注本《切韻》,『每紐收字數目與吐魯番出土的《切韻》殘片(列TID)相同,當與陸法言書比較接近。這一段普通常用的文字都没有訓釋,如「近」、「願」、「怨」、「販」、「勸」、「憲」、「健」、「遠」、「悶」等字都是如此,但是有些字在原注之外已有增加,值得注意』,如『楥』、『鐏』等字則在反切和字數之後别有訓解,蓋於陸書基础上直接加訓,此在《箋五》(斯六一七六)中亦或有見(如『獻』字注文標數字後又引《説文》爲證),又如『娩』字訓釋所列義項之多,爲敦煌韻書甚至其他傳本韻書所僅見,從其配抄所占空間少於原抄所殘空間似亦可知本件原抄的訓解內容要大大多於配抄本;又原抄訓解徵引廣博，不似《箋五》之多引《説文》；又據推考，本卷『炊』韻當有『延』字條，而與之相似的韻書《箋五》則無之，且底卷所未加訓解的字《箋五》亦大多無訓，疑其撰寫時間當晚於《箋五》。又配抄部分則收字更有增加，有些常用字如『万』、『建』皆加有訓解，此與原抄不同，但其所增字加訓的内容不多，故《周韻》以爲此也是一種增注本韻書。今姑據擬名作『切韻箋注』（八），簡稱《箋八》。

龍宇純《英倫藏敦煌切韻殘卷校記》（載《中央研究院歷史語言研究所集刊》外篇第四種，一九六一）最早據原卷録文并加校勘，潘重規《龍宇純英倫藏敦煌切韻殘卷校記拾遺》（載《華岡文科學報》第十五期，一九八三）更加校理，《周韻》亦據膠片對底卷作過摹録和研究。

兹據《英藏》、縮微膠片及潘重規所攝英藏照片（《龍宇純英倫藏敦煌切韻殘卷校記拾遺》附）録文，并參考敦煌韻書中相關的卷子如《箋五》、《王一》、德藏列TID及傳世韻書《王二》、《裴韻》、《蔣藏》、《廣韻》等校録於後。

（前缺）

23 炊　廿三炊火氣。許靳反。二。　㾀瘡中冷。　靳靳固；又姓。居炊反。一。　近巨靳反。又巨隱反。一。　傿依人。或憶。於靳反。三。〔一〕　櫽楢櫽。〔二〕　濦水名，在汝南。　楝。〔三〕　延溵滓。魚靳反。又魚瑾、二（巨）□□□。□。〔四〕

24 願　廿四▨（願）魚怨□。二。〔五〕　▨（愿）敬；一□□。〔六〕　怨於願□。一。〔七〕　▨（販）方願□。一。〔八〕　券券約。去願（願）反。三。　絭束罥繩。　勸奬。　万十千。無販反。〔九〕五。　萬儛。　輓輓車。或作挽。　蔓蔓草。　曼長。▭。〔一〇〕　▨（閈）門樽櫨。〔一一〕　嬔嬔息；一曰鳥伏乍出。芳万反；□□□□，俗曰𪁉（𪁉），奴侯反。又齊人謂生子。□。〔一二〕　㾹吐。　畚一宿酒。　奔上大。　建立。居万反。一。　堰以土斷水。於建反。三。▭〔一三〕　▨（獻）許建▨（反）。二。〔一四〕　憲正作憲。〔一五〕　健渠建反。□。〔一六〕　楥韗楥。許勸反。□。□□□□▨作此楎；《周礼》作韗、作喧。〔一七〕　䜌□□。居願反。〔一八〕一。　遠于願反。又于▨（返）▨（反）。〔一九〕一。

25 **慁** 廿五□ □ □遁。□。〔二〇〕 ▨(悶)莫困反。〔二一〕一。 鐏矛戟下。徂困反。一。鄭玄云：尖底爲鐏。〔二二〕 睔大目。古鈍反。二。 瑻〔二三〕

(後缺)

【校记】

〔一〕底卷别行配抄『傿』字條注文作『依人。或㥯。於靳反。四』，因原抄與配抄分屬兩部不同的韻書，故有此歧異。

〔二〕注文底卷漫壞，其下有配抄作如此，又本行右部有别行配抄亦作『櫽，栝櫽』，茲從録定。又『櫽』字條下原抄殘泐近半行，據空間，約可抄十三個大字，其下『○濦，水名，在汝南。梀。垽，澱滓。魚靳反』爲配抄文字，較原抄所殘空間，尚有約八個大字的空間未能填滿，且底卷『於靳反』小韻收三字，比配抄本的四字少一字，如此，則底卷尚應有約九個大字的空間多出，其内容不能確知。

〔三〕『梀』字《裴韻》作『楝』形，《集韻》作『梀』形，皆訓『束』，從形義關係言，當以《集韻》爲是，底卷俗寫，又《説文·木部》『梀，短椽也』，可參。

〔四〕『垽』字條《箋五》(斯六一七六)未收，《王一》、《王二》、《廣韻》收之，然皆未收又音，唯《裴韻》隸之於『巨靳反』小韻下，復收有二又音，其注文作『江東謂日垽。又魚靳反；又魚墐反』，『墐』、『瑾』同爲去聲震韻字，姑依底卷文例、行款擬補四個缺字符，其『二』字所在位置疑當爲『巨』字漫漶或形訛，亦姑參《裴韻》及底卷行款、内容校改。又小韻標數字可據實收字数補作『一』字。

〔五〕『廿四』二字底卷略有漫漶，茲參文例録定。又『願』字底卷存右部『頁』旁，茲據文例校補作『願』字。又注文缺字底卷殘泐，可依文例補作『反』字。

〔六〕殘字底卷存右側筆畫，檢德藏列TID、《王一》、《王二》、《裴韻》皆作『愿』字，與殘存筆畫合，茲據校補。又缺字底卷殘泐，可參諸本補作『曰善』二字。

〔七〕缺字底卷殘泐，可依文例補作『反』字。

〔八〕字頭殘字存左側筆畫及右側『反』旁，茲據德藏列TID、《王一》、《王二》、《裴韻》校補作『販』字。注文缺字底卷殘泐，可據文例補作『反』字。

〔九〕『万』字底卷存上半，配抄補全，『万』字之下原抄殘泐近半行，據空間，約可抄十三個大字，其下『十千。無販反。五。○萬，僆。○輓，輓車。或作挽。○蔓，蔓草。○曼，長』爲配抄文字，較原抄所殘空間，尚有約四個大字的空間未能填滿。

〔一〇〕底卷行首至『開』字間殘泐約三分之一行，據空間，約可抄八、九個大字。

〔一一〕殘字存下部，茲據德藏列TID、《箋五》（斯六一七六）、《王一》、《王二》校補作『開』字。

〔一二〕注文『鳥伏乍出芳万反』底卷原抄作『鳥伏乍芳万反』，其下殘泐，約可容四個小字，此處配抄有『乍出芳』三字，以示原抄『乍』下脱一『出』字，茲據配抄刪正。又檢《爾雅·釋獸》『兔子，嬎』郭璞注『俗呼曰䨲』，疑底卷殘泐處當作『兔子謂嬎』；又標數字底卷殘泐，《箋五》（斯六一七六）作『四』，與底卷配抄者合，當可據補。又『嬎』字條下至行末原抄殘泐約四分之一行強，據空間，可抄七個左右大字，原卷有配抄作『○瘀，吐。○畚，一宿酒。○弁，上大。○建，立。居万反。一。○堰，以土斷水。於建反。三』，其中『堰』字及其前面部分與原抄所殘空間略合，『堰』字注文在原抄版心外。

〔一三〕底卷行首至『獻』字間殘泐約三分之一行，據空間，可抄八、九個大字。

〔一四〕字頭殘字存底端漫壞殘畫，茲據《箋五》（斯六一七六）、《裴韻》、《蔣藏》并參《廣韻》校補作『獻』字。注文殘字底卷漫壞，只存右下殘迹，茲據文例擬補作『反』字。

〔一五〕『憲』字篆文字形略如此，然自漢碑已或省作『憲』形，疑底卷正俗字形互倒。

〔一六〕缺字底卷漫滅，可據實收字數補作『一』字。

〔一七〕缺字底卷殘泐，其最前一字當爲本小韻標數字『一』。殘字底卷存其大略，然因模糊而不能斷其究爲何字；又『煇』字底卷亦存其大略，龍宇純疑是『楥』字，潘重規斷作左旁漫壞的『韗』字，似皆不確，兹據底卷定作『煇』字，《集韻》『韗』字注文云『或作煇』，又《禮記・祭統》『夫祭有畀、煇、胞、翟、閽者，惠下之道也』鄭玄注：『煇，《周禮》作韗，謂韗磔皮革之官也。』可參。按以『楥』、『韗』爲異體字除底卷外，尚有《蔣藏》作如此，其他若《王一》、《王二》、《裴韻》、《廣韻》、《集韻》皆别爲二字，合於《説文》，但諸書皆以『楦』爲『楥』之俗字，『㡩』字當與『⿰革宣』同爲『韗』之音變俗字。

〔一八〕字頭右上角略殘，《王一》作『⿱䜌廾』，底卷字形略似，《裴韻》、《廣韻》作『⿱䜌斗』，《王二》、《蔣藏》作『⿱䜌廾』形，皆爲『⿱䜌斗』字俗寫，《説文・斗部》正作『⿱䜌斗』形，兹據録定。又釋義《王一》、《王二》、《裴韻》皆作『⿱䜌斗物』，其中後二書注文前一字皆作代字符，底卷此處文字漫滅，從其抄寫行款看，當存一代字符及一個小字，兹據擬補二個缺字符。

〔一九〕殘字前者底卷存右側『反』字形筆畫，兹據《王一》校補作『返』字；後者底卷存其上部大略，兹依文例校補作『反』字。

〔二〇〕『廿五』二字底卷以朱筆書於前行行末，則大韻代表字『慁』當在次行行首，而次行自首至底卷殘存的注文『遁』字間殘泐約三分之一行略強，據空間，可抄九至十個大字，『遁』字下至殘字『悶』間又殘近三分之一行。檢諸本，『悶』字前『蘇困反』小韻皆有注文作『遁』的字頭『遜』，兹從爲此殘條擬補一個缺字符。

〔二一〕殘字底卷存右下部分，兹據《箋五》（斯六一七六）、《王一》、《裴韻》、《蔣藏》及《廣韻》校補作『悶』字。

〔二二〕阮刻《十三經注疏》本《禮記・曲禮上》『進戈者前其鐏』鄭玄注：『鋭底曰鐏，取其鐏地。』與此引文實同而文字小異。

〔二三〕『琯』字底卷居行末，其後殘泐。又檢『琯』字注文《王一》、《王二》作『出光』，《裴韻》作『琯出光』，《蔣藏》作『琯出光。又音管』，《廣韻》作『玉光也。又音管』，可參。

切韻箋注(九)(序、卷一)

伯二〇一七

【題解】

底卷編號爲伯二〇一七,存一殘紙,單面抄。有陸法言《切韻序》八行又二殘行、四聲韻目十七行(其中上、去、入有殘)及東韻字四殘行。韻目與正文『一東』間未標卷名及韻數等,蓋承前韻目字而省或脱,大韻起始處提行,大韻標序字高出一格書寫。從所存四個小韻(其中『蟲』字注文殘)的情況推證,其小韻首字的注文體例爲字頭—反切—小韻字頭數—加訓,此與長孫訥言箋注本《切韻》體例一致。

本件《索引》定名爲『寫本切韻殘卷』,《寶藏》、《索引新編》同。《周韻》通過與《箋七》、《裴韻》的收字、訓解情況進行比較,認爲底卷是介於二書之間的一部書,『它應當屬於增字本《切韻》一類,年代當在箋注本二(長龍按:即《箋七》)之後』,因據以擬題作『增字本切韻殘卷』。考底卷收字雖多於《箋七》,然其序文後未附他序,而且其東韻『同』字標數字作『□六加□』(《箋七》作『十八』,《裴韻》作『十六加六』),明其或與長孫箋注無關,然其分部仍爲一百九十三韻,仍屬《切韻》原書體系,是其當爲《切韻》箋注風氣中較晚的産物,今擬名作『切韻箋注』(九),簡稱《箋九》。

底卷書法娟秀工緻,以序文大字計,行抄約卅五字左右,施安昌以爲當是盛唐及中唐前期的作品(《論漢字演變的分期——兼談敦煌古韻書的書寫時間》,載《故宫博物院院刊》一九八七年第一期)。

《姜韻》最早據原卷對底卷加以摹録,《潘韻》又據原卷對《姜韻》有所校正,《周韻》、上田正《補正》則據膠片而在《姜韻》基礎上又重加摹録,并加以校勘和考釋。兹據《法藏》及縮微膠片録文,并參考敦煌韻書中相關的卷子如《箋二》、《箋七》、《王序》、《王一》、《唐箋序》及傳本韻書《王二》、《裴韻》、《廣韻》校録於後。

（前缺）

▨（亦）復▨（不）□▨（則）時□〔一〕。支章移反脂旨▨（夷）反、魚語居〔□〕虞▨▨（語俱）反〔二〕，共爲不韻〔三〕；先▨▨▨（蘓前反）▨（仙）▨（相）□▨（反）、▨（尤）□▨（求）□▨（侯）□□▨（反）〔四〕，□通〔五〕；若賞知音，即湏（須）輕重有異。吕静《韻集》、夏侯〔□〕《韻略》〔六〕、陽休之《韻〔□〕》〔七〕、李季節《音譜》、杜臺卿《韻略》等，各有乖互；江東取韻，与河北復殊。因論南北是非，古今通塞，欲更捃選精切，除削踈緩。顔外史、蕭國子多所决定。魏著作謂法言曰：『向來論難，疑處悉盡，何爲不隨口記之，我輩數人定則定矣！』法言即燭下握筆，略記綱紀，即湏（須）問辯〔八〕，▨（殆）〔九〕得精華。於是更涉餘學，兼從薄官（宦）〔一〇〕，十數年間，不遑修集。今返初服，私訓諸弟，凡有文藻，即湏（須）聲韻。屏居山野，交遊阻絶，疑惑之所，質問無從。亡者則生死路殊，空懷可作之歎；存者則貴賤礼隔，已報絶交之旨。遂取諸家音韻、古今字書，以前所記者定之，爲《切韻》五卷，剖析毫氂，分别黍累。何煩泣玉，未可懸金。藏之名山，昔恠馬遷之言大；持以盖醬，今歎揚雄之口吃。非是小子專輒，乃述羣賢遺意。寧敢施行人世？直欲不出户庭。于時歲次辛酉，大隋仁壽元年也。

平韻 五十四

一德紅東　二▨（都）宗冬〔一一〕　三▨（軄）容鍾〔一二〕　四□雙江〔一三〕

五▨（章）移支〔一四〕　六旨夷脂　七止而之　八無非微

九語居魚　十語俱虞　十一莫胡模　十二徂嵇齊

十三古膎佳〔一五〕 十四古諧皆 十五呼恢灰 十六呼來咍
十七鱵隣真 十八側詵臻 十九武分文 廿於斤殷
廿一愚袁元 廿二户昆〔□〕 〔□□□〕痕〔一六〕 廿四□□寒〔一七〕
廿五所姦删 廿六所間山 廿七蘇前先 廿八相然仙
廿九蘇彫蕭 卅相焦宵 卅一胡茅肴 卅二胡刀豪
卅三古俄歌 卅四莫霞麻 卅五徒含覃 卅六徒甘談
卅七与章陽 卅八徒郎唐 卅九古行庚 卌古筮(莖)耕
卌一七精清 卌二倉經青 卌三雨求尤 卌四胡溝侯
卌五於虬幽 卌六七林侵 卌七余廉塩(鹽) 卌八他兼添
卌九諸膺蒸 五十都滕登 五十一胡讒減(咸)〔一八〕 五十二户監銜
五十三語輸嚴 五十四苻芝凡〔一九〕

上韻五十一

一多▨(動)董〔二〇〕 二之▨(隴)腫〔二一〕 三胡項講〔二二〕 四諸▨(氏)紙〔二三〕
五鱵雉旨 六諸市止 七無匪尾 八魚舉語
九虞矩麌 十莫補姥 十一徂礼薺 十二鞵買蟹
十三諧揩(楷)駭 十四呼猥賄 十五呼改海 十六之忍軫
十七武粉吻 十八於謹隱 十九虚(虞)遠阮〔二四〕 廿胡本混

廿一痕墾佷〔二五〕
廿二胡滿旱
廿三數板潸
廿四所簡産
廿五蘇顯銑
廿六息淺獮
廿七蘇鳥篠
廿八私兆小
廿九苦絞巧
卅胡老晧
卅一古我哿
卅二莫下馬
卅三古禫感
卅四古覽敢
卅五餘兩養
卅六堂朗蕩
卅七古杏梗
卅八古幸耿
卅九疾郢静
卌户鼎迥
卌一云久有
卌二胡口厚
卌三於糾黝
卌四七稔寑
卌五以冉琰
卌六他玷忝
卌七之+仍拯〔二六〕
卌八多肯等（等）
卌九下斬豏
五十胡黤檻
五□□□□〔二七〕

去韻 五十六

一蘇弄送〔二八〕
二蘇統宋
三余共用
四古▨絳〔二九〕
五之義寘
六脂利至
七之吏志
八無沸未
九□▨（據）御〔三〇〕
十虞樹遇
十一莫故暮
十二他盖泰
十三子計霽
十四子例祭
十五古賣卦
十六古壞恠
十七古邁夬
十八徒對（對）隊
十九徒戴代
廿方肺廢
廿一職刃震
廿二無運問
廿三許靳焮
廿四魚怨（怨）願
廿五胡困慁
廿六胡艮恨
廿七胡旦翰
廿八古晏諫
廿九古莧襉
卅蘇見霰
卅一私箭線
卅二蘇弔嘯
卅三私妙咲
卅四胡教効
卅五胡到号
卅六古賀箇

卅七莫駕禡　卅八苦甘（紺）勘[三一]　卅九苦濫（濫）闞[三二]　卌餘亮漾
卌一在（杜）浪宕[三三]　卌二尻命敬[三四]　卌三側迸諍　卌四尻盛勁
卌五古定徑　卌六尤救宥　卌七胡遘候　卌八伊謬幼
卌九七鴆沁　五十以瞻（贍）艷[三五]　五十一他念㮇　五十二諸膺▨（證）[三六]
□□□都▨（鄧）磴[三七]　五十四▨（户）□陷[三八]　□□□□□　□□□□□[三九]

入韻 卅二

一烏谷屋　二烏酷沃　三之欲燭　四古嶽覺
五之日質　六無弗物　七阻瑟櫛　八許訖迄
九魚厥月　十莫勃没　十一莫割末　十二胡八黠
十三胡瞎鎋　十四先結屑　十五私列薛（薛）　十六先擊錫
十七私積昔　十八莫獲麥　十九莫□▨（陌）[四〇]　廿胡閤合
廿一胡臘□[四一]　□□▨（侯）□▨（洽）[四二]　廿三胡□□　□[四三]

（中缺）

1 東 一東德紅反。二加一。《説文》春方也，又動也，從木從日；又云從日在水（木）中。[四四] 凍冰。又東送反。 涷水名；又瀧涷，霑也。 同徒□□。□六▨（加）□。 □竹筩。[四五] 僮古作童子，今爲僮僕。 童古作僮僕，今爲童子。《説文》童字從辛（辛），辛（辛）丘山反，辛□而亂，辛（辛）[□□□]也。『男有罪曰奴，奴曰童，女曰妾，從辛（辛）□』，□兒。又洪同（洞），縣名。[四六] 曈曈曨，日欲明。 橦峯具飾。[四七] 中陟隆反。三。中央；和。又陟仲反，當。 衷善；又衷衣。忠。蟲□〔四八〕⿰歺冬（⿰歹冬）⿰歺殳（殁）。泈水名，在襄陽。柊木名。鼨豹鼠。潨小水入大水。又在冬反。霐小□。〔四九〕▨▨□〔五〇〕

（後缺）

【校記】

〔一〕『復』字底卷雖有些模糊，但參《箋七》校本的字位可以録定；其前一殘字爲底卷行首字，已甚漫漶，但約可準《箋七》斷爲『亦』字的俗寫『⿱夂灬』形，上田正《補正》徑録作『亦』字，《潘韻》新校云『姜摹本首行之前，有「亦復」二字，隱約可見，「復」字僅存「彳」旁，姜未抄』，兹從校補；『復』字下一殘字亦甚漫漶，兹據《箋七》校補作『不』字；『不』字下至行末除行中處有二字殘迹（其中一字可辨爲『時』字，『時』前一殘字底卷可辨者爲左下角部分，兹據《箋七》校補作『則』字）外，皆殘泐不存，底卷一行約可抄三十三字到四十三字（據後存的全行字數統計），檢《箋七》『支，章移反』前的内容作『諸家取捨，亦復不同。吴楚則時傷輕淺，燕趙則多涉重濁，秦隴則去聲爲入，梁益則平聲似去』，如果補入正文，則此行當有三十三字。

〔二〕『支』字中部底卷有些漫漶，兹從《箋七》、《王序》、《王二》、《廣韻》録定。『旨』字下的殘字底卷存左部及上部，兹據諸本校補作『夷』字；『虞』字反語二殘字前者存左側『言』旁及右下殘畫，後者存右側『具』旁的右部筆畫，兹據諸本校補作『語』、『俱』二字。又『居』字下依文例脱一『反』字，亦據諸本擬補一個脱字符。

〔三〕『韻』字右上角底卷殘泐，兹據《箋七》、《王序》、《王二》、《廣韻》録定。

〔四〕殘字底卷皆存殘畫，兹據《箋七》、《王序》、《王二》、《廣韻》校補。又缺字底卷殘泐，《王二》相關部分作『先蘓前反仙相然反、尤雨求反侯胡溝反』，《廣韻》略同，唯『雨』作『于』字，二字同爲匣紐三等字，《箋七》『尤』、『侯』二字反語脱，底卷可參補。

〔五〕『侯』字反語之下至行末底卷殘泐，相關部分《箋七》作『俱論是切。欲廣文路，自可清濁皆通』，可參補。
〔六〕『侯』字下《箋七》、《王序》、《廣韻》皆有『詠』字，與《隋書・經籍志》所載夏侯詠撰《四聲韻略》合，《王二》、《廣韻》誤作『該』字，茲據擬補一個脱字符。
〔七〕陽休之所著書，諸本皆作《韻略》，底卷當脱『略』字，故據擬補一個脱字符。
〔八〕『即須』二字前底卷有『文藻』二字，右下側各有二『、』，蓋以示删除，故不録。又『即須』二字當亦涉底卷次行『文藻』後二字而誤抄，該句《箋七》作『後博問英辯』，《唐箋序》（伯二〇一九、二六三八、四八七一）脱『後』字，《王序》又誤作『後博問辯士』，底卷『問辯』前後當有脱文，可參《箋七》校改。
〔九〕殘字底卷因紙頁斷裂而殘壞，僅存部分筆畫，茲據《箋七》、《唐箋序》（伯二〇一九、二六三八、四八七一）、《王二》、《廣韻》校補作『殆』字。
〔一〇〕『官』字《王序》、《唐箋序》（伯二六三八、四八七一）略同，《箋七》作『窅（宧）』，按『薄宧』爲一通辭，各本作『官』者皆當爲『宧』之俗字形訛，茲爲校改。
〔一一〕殘字底卷存左側部分筆畫，《姜韻》空缺，上田正《補正》、《周韻》徑録作『都』，與《箋七》、《唐刊》（伯二〇一六）、《王二》、《裴韻》、《廣韻》合，茲據校補。
〔一二〕殘字底卷存左側『身』旁及右側部分筆畫，《姜韻》空缺，上田正《補正》、《周韻》徑録作『軄』，與《箋七》、《唐刊》（伯二〇一六）合，《王二》、《裴韻》、《廣韻》作『職』字，《玉篇・身部》『軄，俗職字』，茲據校補。
〔一三〕缺字底卷漫滅，檢《箋七》、《唐刊》（伯二〇一六）、《王二》、《裴韻》、《廣韻》皆作『古』字，可據補。
〔一四〕殘字存上端『立』形部分，《姜韻》未録，上田正《補正》校補作『章』字，《周韻》徑録作『章』，與《箋七》、《唐刊》（伯二〇一六）、《王二》、《裴韻》、《廣韻》合，茲據校補。
〔一五〕『古』字底卷因紙頁斷裂而致其字上下有些錯位，《姜韻》録作『旨』字，《潘韻》新校云：『「旨」蓋「古」之誤。』上田正《補正》、《周韻》徑録作『古』字，茲從。

〔一六〕底卷以『户昆』下接『痕』字，而致『廿三』條脱録，檢《箋七》、《王二》此處皆作『廿二户昆魂，廿三户恩痕』，《唐刊》（伯二〇一六）、《裴韻》、《廣韻》略同，唯排序有異，兹據擬補五個脱字符。

〔一七〕缺字底卷殘泐，檢《箋七》、《唐刊》（伯二〇一六）、《王二》、《廣韻》皆作『胡安』，《裴韻》改作『户安』，可從衆補。

〔一八〕『減』字非平聲字，兹據《箋二》、《王一》、《王二》、《裴韻》及《廣韻》校改作『咸』字，底卷誤增『冫』旁。

〔一九〕『芝』字底卷有些漫壞，《姜韻》、《周韻》、上田正《補正》皆徑録作『芝』，與《箋二》、《王一》、《王二》合，兹從録定。

〔二〇〕殘字底卷漫壞，可見左側筆畫，兹據《箋二》、《王一》、《王二》、《裴韻》、《廣韻》校補作『動』字。

〔二一〕殘字底卷漫壞，存左側筆畫，兹據《箋二》、《王一》、《王二》、《裴韻》、《廣韻》校補作『隴』字。又『腫』字左側『月』旁底卷因裂紋而變形，此據諸本録定。

〔二二〕『項』字右側『頁』旁底卷因裂紋而變形，兹據《箋二》、《王一》、《王二》、《裴韻》、《廣韻》録定。又反語上字諸本皆作『古』，《集韻》亦同，疑底卷誤增『月』旁，俟考。

〔二三〕殘字底卷存左下角筆畫，兹據《箋二》、《王一》、《王二》、《裴韻》、《廣韻》校補作『氏』字。

〔二四〕『虚』字非紐，《箋二》、《王一》、《王二》、《裴韻》、《廣韻》皆作『虜』，底卷形訛，兹據校改。

〔二五〕『墾』字中上部底卷有些漫壞，兹據《箋二》、《王一》、《王二》、《裴韻》、《廣韻》録定。

〔二六〕『仍』字左下部底卷略有漫滅，然其字仍可辨之，《姜韻》蓋準《箋二》録作『無反語，取蒸上聲』，《潘韻》失校，《周韻》録作『乃』，上田正《補正》校記云『似殑』，皆不確；檢《箋二》『拯』字注文作『無反語，取蒸上』，伯五〇〇六作『蒸上音（聲）』，《王一》、《王二》作『無韻，取蒸之上聲』，《裴韻》作『無韻』，《廣韻》作『蒸上』，底卷置於上聲卷中而標作與平聲『蒸』字相同的反語（音同而用字不同），并在『仍』字上略偏右處加一小『十』字形標記，蓋示其爲上聲，以此解決『拯』字無反語而又需與其他有反語的韻目格式保持一致的問題。

〔二七〕『五』字下底卷殘泐，從行款排序看，本條是上聲的最後一韻，如此則與《箋二》的上聲韻目一致，檢《箋二》上聲第五十一韻作『范，無反[語]，取凡之上聲』，此标識法與前『拯』字同，則遵底卷文例，此處當用與『凡』字相同的反語（用字不一定相同）來作爲標識，而在反語下字上端略偏右處加『十』字形作爲指示，茲姑爲擬補五個脱字符。

〔二八〕『弄』字下『廾』旁的下部底卷漫壞，茲據《箋五》（伯三六九六A）、《王一》、《王二》、《廣韻》録定。

〔二九〕殘字底卷略顯模糊，似作『幼』形，但韻不合，檢《箋五》（伯三六九六A）、《王一》、《王二》、《裴韻》、《廣韻》皆作『巻』字，疑不能定，姑誌以俟考。

〔三〇〕反語上字底卷漫滅，可參諸本補作『魚』字；下字存上中部筆畫，茲據《箋五》（伯三六九六A）、《王一》、《王二》、《裴韻》、《廣韻》校補作『㨿』字。

〔三一〕『甘』爲平聲韻字，置此非韻，察底卷此字左側有折痕，疑左側有『糹』旁被折疊後失去，檢《箋五》（伯三六九六A）、《王一》、《王二》、《裴韻》、《廣韻》皆作『紺』字，茲據校改。

〔三二〕『監』之去聲爲『鑑』韻字，察底卷此字左側有折痕，疑左側有『氵』旁被折疊後失去（其殘畫仍隱約可見），檢《箋五》（伯三六九六A）、《王一》、《王二》、《裴韻》、《廣韻》皆作『濫』字，茲據校改。

〔三三〕『在』字非聲，檢《箋五》（伯三六九六A）、《王一》、《王二》、《裴韻》、《廣韻》皆作『杜』字，《潘韻》新校云：『「在」蓋「杜」之誤』，上田正《補正》校同，底卷形訛，茲據校改。

〔三四〕『凥』字爲『居』之俗字，《箋五》（伯三六九六A）、《王一》、《王二》正作『居』字，《姜韻》脱録，《潘韻》補録作『凥』，《周韻》同，是；上田正《補正》録作『尻』，不確。

〔三五〕『瞻』字《姜韻》脱抄，《潘韻》補抄作『瞻』，是，然『瞻』爲平聲字，置此非韻，檢《箋五》（伯三六九六A）、《王一》、《王二》、《裴韻》、《廣韻》皆作『贍』字，底卷形訛，茲據校改，上田正《補正》、《周韻》徑録作『贍』

字，雖是而不確。

〔三六〕殘字底卷存右上部殘畫，《王一》、《王二》、《裴韻》、《廣韻》皆作『證』字，兹據補。

〔三七〕缺字底卷殘泐，依文例爲『五十三』三字；又殘字存右側『阝』旁，兹據《箋五》（伯三六九六A）、《王一》、《王二》、《裴韻》校補作『鄧』字。又『磴』字左部『石』旁左側底卷有殘泐，然其所存的右側短竪上部有折筆，兹據《裴韻》録定；《姜韻》録作殘字『登』，《潘韻》校云：『由殘餘點畫，可辨知爲「都鄧嶝」』，《周韻》、上田正《補正》亦皆據《箋五》（伯三六九六A）、《王一》、《王二》、《廣韻》録作『嶝』，不確。

〔三八〕反語上字存上部，兹據《箋五》（伯三六九六A）、《王一》、《王二》、《裴韻》、《廣韻》校補作『户』字；又反語下字底卷殘泐，可參諸本補作『䤔』字。

〔三九〕『陷』字下底卷殘泐，兹依文例并參《箋五》（伯三六九六A）、《王一》、《王二》擬補二條十二個缺字符。

〔四〇〕殘字底卷存右側『白』形筆畫，兹據《箋二》、《王一》、《王二》、《廣韻》校補作『陌』字。又缺字底卷殘泐，可據諸本補作『白』字（其中《王二》訛作『百』字）。

〔四一〕缺字底卷殘泐，《潘韻》云：『規案，缺文當爲「盍」字。』可從補。

〔四二〕二殘字底卷皆存右側筆畫，兹據《箋二》、《箋五》（伯三六九四）、《王一》、《王二》、《裴韻》、《廣韻》分別校補作『侯』和『洽』字。又缺字底卷殘泐，前二字可依文例補作『廿二』，『侯』下缺字可據諸本補作『夾』字。

〔四三〕『廿三』二字左側底卷殘泐，然其字存者可辨，故爲具録。又二缺字底卷殘泐，檢《箋二》、《王一》、《王二》、《裴韻》、《廣韻》，可補作『甲』、『狎』二字。本條下之入聲韻目底卷殘泐，準本卷韻目前揭之『卅二』韻知，此下當殘去九條韻目。

〔四四〕《説文》東字注文各本引文差異較大，其『水』字《箋七》、《裴韻》同，《廣韻》作『木』字，合於《説文》，底卷形訛，兹據校改，又參《箋七》校記〔六三〕。

〔四五〕殘字底卷存上部筆畫，可辨爲『加』字上部殘畫，上田正《補正》校補作『加』字，是，《姜韻》、《潘韻》、《周韻》未録。又檢《箋七》本條注文僅作『徒紅反。十八』，依文例及底卷殘存文字的行款，則此注文的内容當作『徒紅反。十六加□』，《裴韻》標數字作『十六加六』，其所據增字的底本與底卷所據增補底本的標數字同。又『徒』字下至行末底卷殘泐約五分之三行，據空間，可抄約三十一個左右大字。次行注文『竹筩』二字位於底卷行首，檢《箋七》、《裴韻》、《廣韻》知此爲『筩』字的注文，茲爲前一殘條擬補四個缺字符。

〔四六〕『童』字注文雙行小字後段至行末底卷殘泐約五分之三行，據空間，可抄約三十個左右大字。又此殘條注文右行末字爲『辛（辛）』，左行末字亦爲『辛（辛）』字，茲據《箋七》本條内容及校記加以校補，并爲擬補三個脱字符，參《箋七》校記〔四〕。又『皃』字居底卷次行行首，『洪同』依文例當作『洪洞』，其字頭當是『洞』字，『同』字已出現在前，不應於此用之釋詞，檢《箋七》、《王二》、《裴韻》皆未載『洞』字，《廣韻》作『洞，洪洞，縣名，在晉州北。又徒弄切』，《集韻》作『洞，洪洞，縣名，在晉州；一曰洚洞，水無厓皃。』則依行款，底卷『皃』字在下行行首，其前字頭下當有四個字，從《集韻》的内容推知底卷當作『洚洞，無厓皃』。

〔四七〕注文『飾』字右上部底卷多一草頭，蓋受『飾』字俗體『餝』影響而贅增，茲刪正。『䡴』字《箋七》未收，注文《裴韻》作『被具』，《王二》作『被具飾』，龍宇純《校箋》：『「被」字《廣韻》作「鞁」，字通。《集韻》云「車被具飾」，《説文》「鞁，車駕具也」，《史記·封禪書》云「駕被具」。』則底卷與諸書所指實同一物。

〔四八〕『蟲』字下至行末底卷殘泐約五分之三行，據空間，可抄三十一個左右大字。

〔四九〕『小』字左點底卷殘泐，茲據《箋七》録定。又缺字底卷殘泐，可據《箋七》補作『雨』字。

〔五〇〕字頭存右側上、下二殘點，注文字存右部大半，皆不可辨知，疑或爲『⿰冬龜』、『龜』二字之殘筆。殘字下至行末底卷殘泐約三分之二行，據空間，可抄三十二個左右大字。

切韻箋注(十)(卷五)

斯六〇一二

【題解】

底卷編號爲斯六〇一二,存一殘紙,正反抄,上部完整而下部每行殘泐約六至十字不等。正面(《英藏》誤作反面)存入聲廿八鐸韻和廿九職韻殘字七行及誤録於版心外的七個注文小字一行;反面(《英藏》誤作正面)存廿九職韻殘字七行。以大字計,行抄約十九字左右。與《箋四》(斯六〇一三)、《箋十一》等比較可知,底卷大韻起始處文字不提行,與前一大韻字接抄;韻首代表字前有標序字,數字前是否有朱圈不得而知;小韻首字前加朱點;小韻首字注文的體例爲字頭—釋義—反切—小韻字頭數。加字附於原本小韻末,注明『陸欠』,不計入小韻標數字中,此與《箋十一》同。

與敦煌諸韻書比較,底卷加訓少,如『陟』、『寔』等字《王二》、《裴韻》皆有訓解,底卷則與《箋四》(斯六〇一三)同,無訓;有些字或訓解不見於相近韻書如《箋四》(斯六〇一三)、《王二》、《裴韻》、《蔣藏》甚至《廣韻》中;其所據增字的底本字數與《蔣藏》所據本同者稍多,此類底本即其加字所謂『陸欠』的《切韻》原本當爲一種箋注本《切韻》(此系韻書所用書名疑多用《切韻》之名);訓釋中引《方言》(《箋十一》有引《爾雅》、《史記》、《禮記》等),而未見箋注本《切韻》多所稱引的《説文》,其訓釋之簡明則與《刊謬補缺切韻》系韻書相似,疑此爲《切韻箋注》系韻書的後期修訂本(如孫強上元間之於《玉篇》的删訓加字),又從與底卷同用『陸欠』(『陸欠』即『陸缺』)標識法的《箋十一》卷尾殘存題名『切韻』來看,疑本韻書與《箋十一》皆别有書名,或與『刊謬補缺切韻』之名相似者,唯因其殘泐,而不能確知其大韻劃分有無增加。《索引》擬名作『韻書』,《索引新編》同,《提要》定名作『《切韻》(陸法言撰)』,蓋皆不確;《周韻》擬作『增字本《切韻》殘葉二』,姑從隸之於箋注本《切韻》系統,擬名作『切韻箋注』（十），簡稱《箋十》。原卷書法豐潤樸質，略有顔風。其中『葉』字寫作『苿』，當與避唐諱有關，疑抄于中唐之际。

今據《英藏》録文，并參考敦煌韻書中相關的卷子如《箋四》及傳世本韻書如《王二》、《裴韻》、《蔣藏》及《廣韻》等校録於後。

（前缺）

28 鐸 □□反。六。〔一〕亳▨（國）名。〔二〕箔▨（簾）。〔三〕薄□▨（厚）；▨▨（一曰）草藂。〔四〕欂□櫨。〔五〕轉軠▨（轉），車内飾也。〔六〕礴▨▨（盤礴）。陸欠。〔七〕□□□。□□□。□□□□。□。□□。□□□□□高邑。〔八〕䶗丘䶗。〔九〕䕻螌。熇酷烈。郝人姓。又施隻反。索藤各反。又所戟反。三。摗摸摗。▨（𧀼）□□。□□□。□□□。□。□□□。□□□□□。〔一〇〕狢狐狢。又作貉。佫人姓。貉似乘（黍）而小。昨在各反。十一。酢酬酢。筰縣名，在越巂。作□□。□□。□□□。□□□□。□山牛。〔一一〕柞木名。䋏絚。岝岝崿（崿），山巖。〔一二〕飵楚人食麥饘謂之飵，見《方言》。陸欠。博補各反。十。髆□□。□□□□。□□□。□□□□□□。〔一三〕嚩嚩嚗，嚗皃。嚗字子入反。襮衣領。鑮大鍾。膊胛。煿爇。霍□罩也。〔一四〕搉揮搉，促疾皃。〔一五〕郭古博反。三。崞縣名，在鴈門。槨棺。臛□〔一六〕欂欂落，木名。鑊鼎鑊。爔熱。濩湯濩。廓虚。苦郭反。二。鞹□□□。

29 職 □□□□□□。□。□□□。□□□。□蠟螺，虫，蝙蝠别名。〔一七〕蘵草名，似酸漿。直除力反。一。力良直反。四。扐（朸）縣名；▨（在）□原。〔一八〕芀芀𦛨。〔一九〕仂□□。□□。□□□。□。□□□。□□□。□□□。□杙卜。〔二〇〕杙意慎杙杙。鳺溪鳺，鳥。陟竹力反。二。稙早禾。食乘力反。二。▨（蝕）□□。□□□□。□。□□□。□□□，□□，□□□。□□□。〔二一〕熄熾。寔常職反。六。湜水清。殖多。植種。埴黏土。蓖□□，

□。□□□□。□。□□。□□□□。□□□。□刷。〔二二〕 䨏傷也，見《尚書》。陸欠。〔二三〕 赩火赤。許力反。二。爔火氣。 極渠力反。一。 崱崱屴，山皃。士力反。一。 □□□□。□。□□□□。□。□□。□□□，陳器狀也。〔二四〕 憶念也。於力反。十。 臆胷臆。 億万億。 繶丝繩。 醷梅漿。 澺水名，在上蔡。 ▨(檍)□□。 □□□。□□□，□□。 □□□。 □皮鞭(鞕)皃。丘力反。一。〔二五〕 色所力反。六。 歓小怖。又火吊反。 嗇(嗇)愛；一曰受，不詳。〔二六〕 轖馬車下絡革。 穡稼。 薔▨(蔘)菜。〔二七〕 □□□□。□。□□□□。 □□□。 □衣交▨(領)。〔二八〕 棘小□。〔二九〕 蕀高草名，細茎□□□□。〔三〇〕 弋橜。与識□。□□。〔三一〕 翊㴟(馮)翊，郡，□□□。〔三二〕 翌明□。〔三三〕 廙敬。〔三四〕 □〔三五〕

（後缺）

【校記】

〔一〕 首段内容所在大韻《箋四》（斯六〇一一三）、《王二》、《裴韻》、《蔣藏》皆作『鐸』韻，又參與底卷同標『陸欠』案語的《箋十一》，可斷此『鐸』大韻的標序字爲『廿八』。首條注文『反』字居底卷殘存部分的首行注文雙行小字的左行行首，其右行二小字殘泐，檢『亳』字所在小韻首字《箋四》（斯六〇一一三）、《王二》、《裴韻》、《蔣藏》皆作『泊』字，訓『止也』，音『傍各反』，其中字頭與訓解底卷當在前行末。

〔二〕 『國』字底卷存左部小半，兹據《箋四》（斯六〇一一三）、《王二》、《裴韻》、《蔣藏》校補。

〔三〕 『簾』字底卷存左半，兹據《箋四》（斯六〇一一三）、《王二》、《裴韻》、《蔣藏》校補。

〔四〕 缺字底卷殘泐，可據《箋四》（斯六〇一一三）補作『薄』字，此字底卷當作代字符形；殘字底卷皆存左部筆畫，與《箋四》（斯六〇一一三）『薄』字注文『薄厚；一曰草藂』之『厚一曰』三字左部形合，兹據校補。

〔五〕 缺字底卷殘泐，《箋四》（斯六〇一一三）、《王二》、《裴韻》、《蔣藏》及《廣韻》本大韻皆未收『欂』字，《廣韻》

入之於麥韻，訓『欂櫨，枅』，底卷可據補『欂』字。

〔六〕『⿰車薄』字《王二》、《廣韻》作『⿰革薄』，《集韻》謂『⿰革薄』字『或从車』，《王二》訓作『下橐鞋』，《廣韻》訓作『⿰革薄⿰革余，屧也』，《集韻》則引《廣雅》訓作『鞋⿰革薄謂之鞇』，底卷殘字存左部『車』旁，兹從校補作『⿰車薄』字。

〔七〕殘字底卷存左部少許筆畫，兹據《蔣藏》、《廣韻》校補作『盤礴』二字。

〔八〕『高』字居底卷行首，前行『礴』字條下至行末底卷殘泐，參酌《箋四》（斯六〇一三）、《王二》、《裴韻》、《蔣藏》、《廣韻》及底卷行款，可爲所缺内容擬補作『〇膗，羹膗。呵各反。又火酷反。六。〇鄗，縣，漢光武改名（名或作爲）』，兹從擬補十八個缺字符。由此亦可知底卷每行約可抄十八個左右大字，而『礴』字條下所殘約三分之一行，據空間，可抄六個左右大字。

〔九〕『𡑞』爲『壑』字俗寫，參《敦煌俗字研究》下編土部『壑』字條考釋。

〔一〇〕殘字底卷存上部筆畫，兹據《王二》、《蔣藏》及《廣韻》校補作『𧂐』字。又『𧂐』字下至行末底卷殘泐約三分之一行，據空間，可抄六七個大字，檢《箋四》（斯六〇一三）、《王二》、《裴韻》、《蔣藏》『䕺各反』下一小韻的前三字皆作『涸』、『洛』、『鵅』，參酌諸本注文内容及底卷行款，可擬所缺内容作『𧂐釋。〇涸，水竭。下各反。六。〇洛，洛澤。〇鵅，似鴟長喙』，兹從擬補十七個缺字符。

〔一一〕『怍』字下部底卷略有殘泐，兹據《箋四》（斯六〇一三）、《王二》、《裴韻》、《蔣藏》録定。次行『山』字底卷居行首，『怍』字下至行末底卷殘泐，據空間，可抄七個左右大字，參酌諸本及底卷行款、文例，可擬所缺内容作『慚怍。〇斀，穿。〇鑿，鏨。〇筰，竹索。□□□□。〇㸲』，其中『筰』字《王二》、《裴韻》皆訓作『竹索』（《王二》『索』字下衍抄一代字符），《蔣藏》、《廣韻》皆訓作『竹索，西南夷尋之以渡水』，而驗於底卷行款，此處當有六個（或五個）小字的容量，其中四字（或三字）不詳何字，兹姑從爲底卷擬補十四個缺字符。

〔一二〕『㟧』應爲『㟧』的訛俗字，《蔣藏》、《廣韻》即作『㟧』，而『㟧』又爲『崿』的偏旁易位俗字，《廣韻》本大韻

「五各切」小韻所收字頭正作「崿」。

〔一三〕「髆」字下至行末底卷殘泐約三分之一行，據空間，可抄六七個大字。參酌《箋四》（斯六〇一三）、《王二》、《裴韻》、《蔣藏》及底卷行款，可補所缺部分内容作「胸髆。〇煿，迫於火。〇搏，手擊。〇鎛，鐘磬上橫木」，兹從擬補十五個缺字符。

〔一四〕「霍」字下部有些殘泐，兹據《箋四》（斯六〇一三）、《王二》、《裴韻》及《蔣藏》録定。次行「罩」字底卷居行首，前行「霍」字下至行末底卷殘泐約半行，據空間，可抄八九個大字。又諸本及《廣韻》、《集韻》「虚（或作虎）郭反」小韻字皆無與「罩也」相關的訓解，其所釋字頭不得知，俟考。

〔一五〕就字形而言，「搉」通常爲「搉」字俗寫，文中則當爲「攉」的俗字（「隺」旁「霍」旁俗書相混），《裴韻》、《廣韻》正作「攉」。

〔一六〕「艧」字右下部的「隻」底卷作「侇」形，下文「檴」、「鑊」、「濩」等字所從的構件「隻」同，俗寫，兹俱徑予録正，下不再出校説明；「艧」字《王二》同，當爲「臒」字俗訛，《集韻》正作「臒」。又「艧」字下底卷殘泐約半行，據空間，可抄八九個大字。

〔一七〕「蟙蠌，虫，蝙蝠别名」底卷作小字單行，抄於行首雙行注文位置的右行，其左及下皆空白，而此内容與反面「蘵」字條内容相銜接，是其當爲抄者誤抄「蟙」字注文於紙尾版心外，發現後遂止而翻頁續抄，以致如此。又「蟙蠌，虫，蝙蝠别名」的字頭當爲前行末字，而前行自「鞢」字下至行末殘泐約半行，據空間，可抄八九個大字。參酌底卷行款及《箋四》（斯六〇一三）、《王二》、《裴韻》、《蔣藏》、《廣韻》的相關内容，可補底卷所缺内容作「皮去毛。〇廿九職，之翼反。五。〇織，組織。〇職，油敗。〇蟙」，爲便於檢讀，兹姑從擬補十四個缺字符。

〔一八〕「扐」字《王二》、《裴韻》同，《蔣藏》作「朸」，「朸」字合於《説文》，俗寫「扌」、「木」二旁多混而不分，兹據校補正字。注文殘字存上部筆畫，兹據《箋四》（斯六〇一三）、《王二》、《裴韻》、《蔣藏》及《廣韻》校補作

『在』字；又缺字底卷漫滅，可據諸本補作『平』字（《蔣藏》誤作『五』字）。

〔一九〕注文『岃崱』《王二》、《裴韻》、《蔣藏》、《廣韻》同，底卷本大韻後『崱』字釋義作『崱岃，山皃』，《裴韻》、《蔣藏》、《廣韻》亦同，余迺永《新校》於本條引王延壽《魯靈光殿賦》『崱岃嵫釐』乙正之，按『崱岃』與『崒嵂』（山高皃）、『峻峎』（山名，冬至日所入）等同爲精來紐同源聯綿詞族，而來精紐同源聯綿詞族亦有相似之義，如『巃嵸』（山孤高皃）、『嶗嶆』（山險皃）等，故作『岃崱』蓋亦不爲誤。

〔二〇〕『栻』字底卷作代字符形，居行首，前行『仂』字下部底卷有些殘泐，茲據《王二》、《裴韻》、《蔣藏》録定。『仂』字下至行末底卷殘泐約半行，據空間，可抄八九個大字。參酌底卷行款及《箋四》（斯六〇一三）、《王二》、《裴韻》、《蔣藏》的相關內容，可補所缺文字作『不懈。○勑，誡。恥力反。七。○飭，牢密。○湕，水名。○趩，行聲。○栻』，茲從擬補十八個缺字符。

〔二一〕殘字底卷存上部筆畫，茲據《王二》、《裴韻》、《蔣藏》校補作『蝕』字。又『蝕』字下至行末底卷殘泐約半行，據空間，可抄九個左右大字，參酌底卷行款及上揭諸本、《箋四》（斯六〇一三）等相關內容，可補所缺文字作『日蝕。○息，相即反。五。○槵，木名。○鄎，新鄎，縣名，在汝南。○瘜，病肉』，茲從擬補二十一個缺字符。

〔二二〕『刷』字居底卷次行行首，前行『葸』字下部底卷略殘，此參《王二》、《蔣藏》、《廣韻》録定，然諸本皆以之入前相即反小韻字，或底卷於前脱抄而補於此，俟考。又『葸』字下至行末底卷殘泐約半行，據空間，可抄九個左右大字，參酌底卷行款及《王二》、《裴韻》、《蔣藏》、《廣韻》的相關內容，可補所缺內容作『菲葸，菜。○識，聲（或作商、賞）職反。五。○式，法。○軾，車前木。○飾，裝飾。○拭』，茲從擬補十八個缺字符。

〔二三〕『䖂』字條《王二》、《裴韻》、《蔣藏》、《廣韻》皆入下許力反小韻，疑底卷抄誤。

〔二四〕『陳』字底卷居行首。前行『崱』字條下至行末底卷殘泐約三分之一行，據空間，可抄七個左右大字，參酌底卷行款及《王二》、《裴韻》、《蔣藏》及《廣韻》的相關內容，可補所缺文字作『○匿，女力反。一。○測，初力反。三。○惻，愴。○畟，畟畟」，兹從擬補十五個缺字符。

〔二五〕「皮」字居底卷行首。前行殘字底卷存上部筆畫，兹據《王二》、《裴韻》、《蔣藏》校補作「檍」字。「檍」字下至行末底卷殘泐約三分之一行，據空間，可抄七個左右大字。參酌底卷行款及諸本相關内容，可補所缺文字作「梓屬。○螠，小蜂。○薏，薏苡，藥名。○䪰，履頭。○鞕」，兹從擬補十四個缺字符。又「鞭」字《王二》、《蔣藏》同，《裴韻》作「硬」，《廣韻》作「鞕」，按「鞕」字《集韻》訓作「韋堅也」，「硬」與「鞕」爲古異體字，底卷「鞭」字形訛，兹據校改。

〔二六〕「啚」爲「嗇」的俗字，上下文「嗇」旁或作「啚」，或作「畗」，皆俗寫，兹俱録正，不另出校。「嗇」一訓「受」，「受」當即「愛」字俗訛，此蓋因參修本之異而録之，而曰「不詳」，疑爲作者之疏也。

〔二七〕殘字底卷存上部「艹」旁，兹據《王二》、《裴韻》、《蔣藏》校補作「蓼」字。

〔二八〕「衣」字底卷居行首。前行「薔」字條下至行末底卷殘泐約三分之一行，據空間，可抄六七個大字。參酌底卷行款及《王二》、《裴韻》、《蔣藏》及《廣韻》相關内容，可擬補所缺文字作「○殛，紀力反。六。○悈，急性相及（疑「及」爲「反」字形訛）。○亟，急也。○襋」，兹從擬補十四個缺字符。又殘字底卷存右部「頁」旁，兹據諸本校補作「領」字。

〔二九〕「棘」字左部底卷略有殘泐，兹據《王二》、《裴韻》、《蔣藏》録定。又缺字底卷殘泐，可據諸本補作「棗」字。

〔三〇〕「蕀」字左部底卷略有殘泐，兹據《王二》、《裴韻》、《蔣藏》録定。又缺字底卷殘泐，當可據《爾雅·釋草》「髦，顛蕀」郭璞注「細葉有刺，蔓生，一名商蕀」補「有刺蔓生」四字。

〔三一〕缺字底卷殘泐，「識」下缺字可依文例補「反」字，其後之標數字《箋十一》作「十二」，可參。

〔三二〕「翊」字左部底卷有殘泐，兹據《王二》、《裴韻》、《蔣藏》録定。又缺字底卷殘泐，可據《箋四》（斯六〇一三）、《箋十一》補作「在雍州」三字。

〔三三〕缺字底卷殘泐，可據《箋四》（斯六〇一三）、《王二》、《裴韻》及《蔣藏》補作「日」字。

〔三四〕『廩』字左部『丿』畫底卷殘泐，兹參《箋四》（斯六〇一三）、《王二》、《裴韻》、《蔣藏》録定。又『廩』字諸本皆作『廪』，《正字通·广部》謂『廩，同廪』。

〔三五〕『廩』字條下至行末底卷殘泐約三分之一行，其後缺。

切韻箋注（十一）（卷五）

伯四七四六

【題解】

底卷編號爲伯四七四六，凡一殘紙，單面抄，存入聲廿九職至卅二乏四韻殘字十七行及尾題殘字『切韻卷第五』一行，計十八行，下部除前五行略有殘泐外，大體完整，上部則僅二行完整，餘每行上部均殘缺約一至九字不等。大韻起始處文字不提行，與前一大韻字接抄；韻首代表字前有標序字，數字前加朱圈；小韻首字前加朱點；小韻首字注文的體例爲字頭—釋義—反切—小韻字頭數。加字附於原本小韻末，注明『陸欠』，不計入小韻標數字中。

底卷與前揭《箋十》爲敦煌文獻中僅見的二種加字用『陸欠』爲標識的韻書，且與《箋十》相比，底卷注文增訓或以『案』字提領，且增解説形體的内容（此參《周韻》所揭，頁八六二），又從其『陸欠』標識的數量看，底卷之出現比例亦多於《箋十》，蓋又爲前一韻書的進一步修訂本。《金岡目》據底卷之卷尾殘題定名作『切韻卷第五』，《索引》、《索引新編》同，恐不確；《周韻》擬名作『增字本切韻殘葉二』，今參《箋十》擬名作『切韻箋注』（十一），簡稱《箋十一》。

底卷字體穩健圓潤，施安昌於《論漢字演變的分期——兼談敦煌古韻書的書寫時間》（《故宫博物院院刊》一九八七年第一期）以爲當屬盛唐與中唐前期的寫卷。

今據《法藏》及膠片録文，并參考敦煌韻書中相關的卷子如《箋四》及傳世本韻書如《王二》、《裴韻》、《蔣藏》及《廣韻》等校録於後。

（前缺）

29 職 □〔一〕▨（弋）橜。□軄反。〔二〕十二。▨（翊）□□，□，在雍州。〔三〕□〔四〕潩水名，在河南，出密縣大槐山。又作瀷。又音曼反。〔五〕杙□□□□，虫□皃。〔六〕即子力反。七。稷［□。□］木名，松屬，細理。〔七〕⿰牛畟牛名。▨（蝍）□莽改□▨。〔八〕逼彼側反。二。《尔雅》作此偪。逼迫。皕＝（二）百。〔九〕域□□衣縫。〔一〇〕殈裂也。又尖辟反。陸欠。堛甴。不逼反。七。愊□愊。〔一一〕□□〔一二〕▨（昃）日昃。〔一三〕⿰木則（⿰扌則）杒。〔一四〕仄仄陋。古側字。萴萴子，藥。側傍。愎佷。□〔一五〕⿰扌亟（極）渠力反。一。字從木。〔一六〕崱崱屴，山皃。士力反。一。

30 德 卌德多則反。二。得□〔一七〕㤤《礼記》『祭用數之㤤』。〔一八〕⿰王勒美石，似玉。又作玏。芀蘿芀，菜名。忒□▨（假）貸，謂從人求物也；今与人物▨皆同此字。吐得二反。陸欠也。〔一九〕刻刻鏤。苦德反。三。克能。尅□□。□□□□。□。□□□□□□。□作貸。〔二〇〕⿹弋虫食木（禾）蟲，頰食葉（葉）者。又作蟘；又蠈。〔二一〕樴杙。黑乎德反。三。潶水名，在▨（雍）州。〔二二〕⿰黑欠□□。〔二三〕□□□。□▨（北）反。〔二四〕五。默靜。冒干。又莫報反。⿰虫墨蟙⿰虫墨，虫。纆索。案張晏云『三股曰纆』。⿰虫墨案蟙屬，一名蛅蟖。陸欠。〔二五〕賊藏則反。二。▨（鱡）鰞鱡，魚名。〔二六〕塞蘓德反。一。又蘓盖反。北［□□□。□］。〔二七〕菔蘆菔。傍北反。三。僰縣名。又符逼反。匐匍匐。⿱雨服案《方言》南罵賊庸為⿱雨服。陸欠三（二）。〔二八〕踣倒也。《吳都賊（賦）》作垘。或不定。胡國反。三。正作或（或）。下並准此。〔二九〕惑迷惑。蜮蟲，以毒射人也。國古或反。一。又作國（國）。〔三〇〕餩噎聲。受（愛）黑反。〔三一〕一。

31 業 卌一業魚法（怯）反。〔三二〕三。鄴縣名，在魏郡。驜馬皃。脅脅脅。虛業反。二。又作脇，俗從力，非。〔三三〕頗頗氣。怯去劫反。一。⿰木去（抾）⿰木去奉也。陸欠。〔三四〕劫▨▨（強取）。▨▨（居怯）反。□。□□□。〔三五〕▨（衱）□□。〔三六〕

□案水虫，蠣，形如龜，至春月甲坼，肉生華，江〔□〕▨（或）〔□〕石砌，應萠而蝪（揚）苝（葩）。字又作蛣。陸欠三也。〔三七〕极草名，見《尔雅》。儒（儒）者云未詳。〔三八〕跲▭〔三九〕罨魚網（網）。又烏合反。〔四〇〕裛書囊。又於及、於輒（輒）二反。稐犁種。殗案《方言》『殗傑，病也』，傑□□□。□□□□□。〔四一〕

32 乏

□□□□▨（法）反。□。▨（匱）乏。〔四二〕法則。方乏反。一。猲恐受財也。《史記》曰『恐猲諸侯』。起法反。一。

▭切韻卷第五〔四三〕

【校記】

〔一〕首段内容較之《箋四》及《王二》、《裴韻》、《廣韻》及底卷後之韻次知隸『廿九職』韻。字頭殘字『弋』底卷居首行殘存部分之首，行首至『弋』字間底卷殘泐約半行，據空間，可抄九個左右大字。

〔二〕殘字底卷存左部及下部筆畫，兹據《箋十》、《王二》、《裴韻》、《蔣藏》校補作『弋』字。又缺字底卷殘泐，可據諸本補作『与』字。

〔三〕殘字底卷存左部及中部筆畫，兹據《箋十》、《王二》、《裴韻》、《蔣藏》校補作『翊』字。又缺字底卷殘泐，可據諸本補作『馮翊郡』三字。

〔四〕『翊』字條下至行末底卷殘泐約四分之一行，據空間，可抄四五個大字，次行行首至『潩』字間殘泐約半行，據空間，可抄九個左右大字。

〔五〕『槐』字《廣韻》作『隗』，《蔣藏》作『䫋』，余廼永《新校》謂『合《後漢書·郡國志》之河南尹密縣山名』，蓋專名用字多通假致異。

〔六〕前行『杙』字下至行末底卷殘泐約三個大字的空間，次行行首至『虫』字間底卷殘泐約半行，據空間，可抄十個左右大字。又依殘條之行款，其雙行注文中『虫』所在的右行當比『皃』所在的左行多一字，參酌《廣韻》『與職切』小韻的字，可知此當爲『蝋，蝋蝋，蟲行皃』之殘條，兹爲此殘條擬補四個缺字符。

〔七〕『稷』字釋義《箋十》作『黍』，《裴韻》作『五穀之長』，《王二》作『禾』，《蔣藏》作『五穀之惣名；一曰黍屬』，然諸本『稷』字條下皆接『㮨，木名』（《蔣藏》『名』字下有『似松』二字）條，《補正》以爲『脱「稷」字注與「㮨」字』，兹從《箋十》擬補二個脱字符。

〔八〕前行殘字底卷存上部筆畫，兹據《箋十》、《王二》、《蔣藏》、《廣韻》校補作『蝍』字。又『蝍』字下至行末底卷殘泐約二個大字的空間，《蔣藏》『蝍』字注文作『蝍蛆，蟲。又子結反』，可參。又次行行首至『莾』字間底卷殘泐約半行，據空間，可抄十個左右大字。又次行注文殘字底卷存下部『心』旁，然不知爲何字，『莾改』當指王莽改『揤裴』侯國名爲『揤是』一事（《干禄字書・上聲》以『莾』爲『莽』之俗字，又《漢書・地理志第八上》『即裴侯國，莽曰即是』，其『即』字當即『揤』字省書），則此殘條之字頭當爲『子力反』小韻之末字『揤』，唯其注文究竟如何，不能推知矣。

〔九〕代字符《王二》、《蔣藏》同，《箋四》（斯六〇一三）、《裴韻》、《廣韻》皆作『二』字，底卷形訛，兹據校改。

〔一〇〕前行『域』字下至行末底卷殘泐約二個半大字的空間，其中『域』字爲『榮逼反』小韻首字；次行行首至『衣』字間底卷殘泐約半行，據空間，可抄十個左右大字，其中以『衣縫』爲訓的字當爲『緎』字，隸況逼反小韻，兹爲此殘條擬補一個缺字符。

〔一一〕缺字底卷殘泐，可據《王二》、《裴韻》、《廣韻》補作『悃』字。

〔一二〕前行『愊』字條下至行末底卷殘泐約一個半大字的空間，次行行首至殘字『昃』間底卷殘泐約半行，據空間，可抄九個左右大字。

〔一三〕殘字底卷存下部殘畫，兹據《箋四》（斯六〇一三）、《王二》、《裴韻》、《蔣藏》及《廣韻》校補作『昃』字，隸阻力反小韻。

〔一四〕『㮹』字《箋四》（斯六〇一三）、《王二》、《裴韻》、《蔣藏》、《廣韻》皆作『㨉』形，又『朾』字諸本亦多作『打』形，『朾』『打』古今字。

〔一五〕行首至『拯』字間底卷殘泐約半行，據空間，可抄九個左右大字。

〔一六〕『拯』字《裴韻》同，《王二》、《廣韻》皆作『極』，而底卷與《裴韻》注文中皆注明從『木』旁，蓋俗寫『扌』、『木』不别，而特注明其從『木』旁也，兹據校補正字。

〔一七〕行首至『㔓』字間底卷殘泐約半行，據空間，可抄九個左右大字。

〔一八〕『㔓』字《裴韻》、《蔣藏》同，《王二》、《唐刊》(伯二〇一四)、《廣韻》皆作『仂』形，與阮刻《十三經注疏》本《禮記·王祭》字同；按《說文·十部》『㔓』字段注：『《王制》「祭用數之仂」，注：「什一也。」按一當十爲㔓，故十取一亦爲㔓，蓋仂本作㔓也。』又『㔓』字隸盧德反小韻。

〔一九〕殘字底卷皆存下部筆畫，行首至第一個殘字間底卷殘泐約八個左右大字的空間。前一殘字可據《王二》、《裴韻》及《廣韻》校補作『假』字；後者似『切』字下部形，然不知其本爲何字。又『二反』似指其所隸之小韻音與『吐得反』加起來之數，此種標識亦不合韻書通例，俟考。又此殘條字頭據諸本知爲『貣』字，隸『他則反』小韻，唯其注文用『貸』字，則又疑字頭原或亦作『貸』，兹據爲此殘條擬補一個字頭缺字符。

〔二〇〕『作貸』二字底卷爲雙行注文小字，居左行末，其右行並列者殘泐，行首至『貣』字間底卷殘泐約四分之一行，據空間，可抄六個左右大字(包括『作貸』二字)。參酌底卷行款及《箋四》(斯六〇一二)、《王二》、《裴韻》、《蔣藏》、《唐刊》(伯二〇一四)及《廣韻》相關内容，可補所缺文字作『勝也。○特，徒德反。四。○貣，從官借本賈也。或』，兹姑從擬補十五個缺字符。

〔二一〕『木』字《箋四》(斯六〇一二)、《王二》、《裴韻》、《蔣藏》、《廣韻》皆作『禾』字，合於《說文·虫部》『蟘，蟲食苗葉者』之訓，底卷俗訛，兹據校改；又『蠈』字蓋爲『蟘』字俗訛，『𧈢』字《說文》作『蟘』，『蟘』即『蟘』的改換聲旁俗字，猶『蚮』改換聲旁又作『𧈢』也。

〔二二〕『水』字前底卷衍抄一個代字符，《蔣藏》同，兹據《箋四》(斯六〇一二)、《王二》、《裴韻》、《廣韻》徑删。殘字底卷存上部『亠』形筆畫，兹據諸本校補作『雍』字。

〔三三〕缺字底卷殘泐，可據《箋四》（斯六〇一二三）、《王二》、《裴韻》、《蔣藏》補作『唾聲』二字。

〔三四〕殘字底卷存左部近似『土』形筆畫，茲據《箋四》（斯六〇一二三）、《王二》、《裴韻》、《蔣藏》校補作『北』字。又缺字底卷殘泐，可據諸本補作『墨，筆墨。莫』四字。

〔三五〕此訓與《爾雅·釋蟲》『蟔』字下及郭璞注略同，然其字形與前訓『蟙蟔』者同，同小韻下同字重出，似不合《切韻》系韻書通例，蓋作者之疏也。

〔三六〕殘字底卷存左下角筆畫，茲據《箋四》（斯六〇一二三）、《王二》、《裴韻》、《蔣藏》校補作『鰔』字。又『鴝』字右上角底卷略殘，亦據諸本録定。

〔三七〕『北』字注文脱，可參文例及《箋四》（斯六〇一二三）補作『搏墨反。一』，茲爲擬補四個脱字符。

〔三八〕字頭《王二》、《唐刊》（伯二〇一四）、《廣韻》作『䨣』，與《方言》同，俗寫『雨』、『襾』二形多混用，如『霸』又作『覇』，是其比。又今本《方言》卷三作『儓、𩁹，農夫之醜稱也；南楚凡罵庸賤謂之田儓，或謂之𩁹』，疑底卷『南』字下脱『楚』字，而『賊』當爲『賤』字形訛。又本小韻實加二字，此『三』當爲『二』字形訛，茲據校改。

〔三九〕注文所揭正體字與字頭同形，不合文例，故校改注文『或』字作『或』，俗寫『口』形多作『厶』形。

〔三〇〕注文所揭正體字與字頭同形，不合文例，故校改注文『國』字作『國』，俗寫『口』形多作『厶』形。

〔三一〕『受』字《王二》、《裴韻》、《蔣藏》、《廣韻》皆作『愛』，底卷形訛，茲據校改。

〔三二〕『法』字爲『乏』韻字，置此非韻，檢《王二》、《裴韻》、《廣韻》此反語下字皆作『怯』，底卷形訛，茲據校改。

〔三三〕『脅』字《説文》從『劦』得聲，而『劦』又從三『力』，故就其來源而言，當以從三力爲典正，《干禄字書》云『脅脅：上通，下正』，是也；但俗書從『力』從『刀』相亂，『力』旁俗書每多作『刀』，故『脅』字俗寫作『脅』，『脅』字異體『脇』俗寫作『脇』，俗字流行既久，則或以俗字爲正矣。下『頡』字條準此。

〔三四〕本小韻二條内容底卷本作『〇怯，二 奉也。陸欠。一。〇枝，去劫反。一』，如此則似『怯』當入前虚業反小韻，與《箋四》（斯六〇一一三）、《王二》、《裴韻》、《蔣藏》去劫反小韻只收一『怯』字的情況不合，此蓋抄寫有誤亂，疑原本當作『〇怯，去劫反。一。〇柭（抾），= 奉也。陸欠』，（又底卷二條之中似有一縱貫的綫條，不知是否示乙正之意）兹姑據删改乙換，并回改代字符作『柭』字。又『柭』當據《廣韻》校改作『抾』，俗寫『扌』、『木』二形不分。

〔三五〕『強取居怯』四字左側底卷殘泐，兹據《箋四》（斯六〇一一三）、《王二》、《裴韻》校補。又缺字底卷殘泐，其小韻標數字可據實收字數補作『二』，其後可據《廣韻》及底卷文例補作『正作劫』三字。

〔三六〕殘字底卷存右側筆畫，兹據《箋四》（斯六〇一一三）、《裴韻》、《蔣藏》、《廣韻》校補作『衱』字。又缺字底卷殘泐，可據諸本補作『衣領』二字。

〔三七〕字頭缺字底卷殘泐，可據《蔣藏》、《唐刊》（伯二〇一四）、《廣韻》補作『蜐』字。『案』字上部『宀』旁底卷殘泐，《補正》校補作『案』字，兹從録定。又殘字底卷存右部似『戈』形筆畫，《補正》校補作『或』字，亦從。『江或石蜐』疑有脱誤，本當作『江南或謂石蜐』，兹參諸本擬補二個脱字符。又『蝪』字《補正》校補作『揚』，而徑録『芤』字作『葩』，於義可通，兹從校改。

〔三八〕『极』字今本《爾雅》未能檢到，其『儒者』蓋本指《爾雅》的注疏者言。

〔三九〕行首至『罨』字間底卷殘泐約五分之二行，據空間，可抄七個左右大字。

〔四〇〕『罨』字隸『於劫反』小韻。

〔四一〕前行二『偞』字中間的『世』旁缺末筆，蓋以避諱故。又『偞』字《王二》、《裴韻》、《蔣藏》及《廣韻》皆從『歹』旁，蓋聯綿詞字無定體，始借『偞』字記音，而後始類化作『殜』形。次行前部底卷殘泐約七個左右大字的空間，參酌底卷行款及《裴韻》、《蔣藏》的相關内容，可補其所缺文字作『字音葉。〇⿰魚邑，《釋名》「腐魚」。〇卅二乏，房法反。一。匱乏』，兹爲擬補十個缺字符。

〔四二〕參前條校記。又殘字底卷皆存下部筆畫，兹據《箋四》（斯六〇一一三）、《王二》、《裴韻》、《蔣藏》校補作

「法」、「匱」二字。

〔四三〕「切」字上底卷殘泐約七個左右大字的空間，《補正》云「恐書名不完整」，其説蓋是，故爲擬補一個多字缺字符。

切韻箋注（十二）（卷一）

俄敦五五九六

【題解】

底卷編號爲俄敦五五九六，爲一碎片。其内容爲平聲鍾、江二部殘字，計七行，每行下部皆有殘泐。大韻起始處文字換行，大韻標序字提行書；小韻首字注文體例爲字頭—釋義—反語—小韻字頭數，及字頭—反語—釋義—小韻字頭數，二種方式並存。

底卷收字較多，如江韻江字所在小韻收七字，《切二》、《箋二》、《箋七》皆僅五字，《王二》、《裴韻》（實收六字）爲七字；又如『庬』字所在小韻底卷收十字，《切二》、《箋七》皆收六字，《王二》收九字，《裴韻》收十一字。底卷注文引用書目中有《方言》、《説文》、《考聲》，而後者未見引於敦煌其他韻書殘卷中。《考聲》爲《考聲切韻》之省稱，慧琳《音義》中多有稱引，其作者張戩蓋生活於唐高宗與中宗時期（參《舊唐書·張文瓘傳》附）；又慧琳《音義》之作（元和二年，八〇七）晚於王仁昫《刊謬補缺切韻》及孫愐《唐韻》之作，或底卷之作亦成於盛唐之末。《俄藏》置之於未定名殘片中，鈴木慎吾認爲此當是在王仁昫基礎上增補而成（《〈切韻殘卷諸本補正〉未收の切韻殘卷諸本について》，《開篇》第二十三卷，東京好文出版社二〇〇四年）。考其形態與内容，當在《切韻》箋注本與王氏《刊謬補缺切韻》之間，今姑擬名作『切韻箋注』（十二），簡稱《箋十二》。

鈴木慎吾最早對之加以録文和校訂。今據《俄藏》録文，并參考敦煌韻書中相關的卷子如《切二》、《箋二》、《箋七》及傳世韻書《王二》、《裴韻》、《廣韻》等校録於後。

（前缺）

3 鍾 舩牛▨，出《孝（考）聲》。〔一〕□▭▨▭〔二〕

4 江 四江 河也。古雙反。七。杠 旌旗飾。一曰牀前横木。扛 □▨（鼎）。〔三〕▭〔四〕庞 厚大也。莫江反。十。龙 厚大；《方言》云⿰弓鳥鳩。〔五〕駹 黑□白面。〔六〕▭〔七〕⿰耳農 女江反。耳中聲。四。⿰農毛 髮多。鬞 乱髮。⿰食農 强食。▭稯穜。〔八〕䆹 矛。亦鏦。〔九〕窻 《説文》通孔。邦 邦国。博江反。一。栙 ▭〔一〇〕甖類。俗瓨。〔一一〕洚 消。又古巷反。胮 匹江反。胮脹。又彭江反。二。又⿸疒夅。〔一二〕韸 鼓聲。▭〔一三〕▨（愯）《左傳》曰『□□□』。〔一四〕□ □▨（也），出南安。□□□。□。〔一五〕▨（胮）胮肛，□□□。〔一六〕舽 ▭〔一七〕

（後缺）

【校記】

〔一〕所存殘條爲『三鍾』韻内容。『舩』、『出』二字底卷分居雙行注文右行與左行行首，此二字亦爲本行（鍾韻末行）行首。又殘字底卷存上部少許筆畫，俟考。『孝聲』不辭，『孝』應爲『考』字俗書形近之誤，『考聲』爲書名，全稱《考聲切韻》，唐張戩撰。又以『舩牛』爲訓之字於他字書中未能檢到，唯《王二》鍾韻『蜀容反』小韻收有『⿰庸攴』字，訓作『⿰庸攴船』，此字亦不見於他字書中，《集韻》收有『⿰革庸』字，訓作『引船淺水中』，并收其或體作『⿱從牛』，從形聲構字理據看，『⿰庸攴』、『⿰革庸』二字略同，而《集韻》所收之或體又當爲會意字，疑底卷本條釋義之字頭與此字有關，俟考。

〔二〕缺字底卷漫滅，殘字底卷居雙行注文左行首，存左側『古』形，不詳究爲何字，故爲其前擬補一多字缺字符。又殘字下至行末底卷殘泐，因底卷所存皆爲上部殘行，故不能推擬其下部所殘部分的字數，後同。

〔三〕殘字底卷存上部似『目』形筆畫，茲參《切二》（伯三六九六）、《箋二》、《裴韻》校補作『鼎』字。又缺字底卷殘泐，可參諸本補作『舉』字。

〔四〕『扛』字條下至行末底卷殘泐。

〔五〕『尨』字《集韻》同，《切二》（伯三六九六）、《箋七》、《王二》、《裴韻》、《廣韻》皆作『狵』形，唯《廣韻》別收『尨』字爲『狵』之或體；注文或作『犬』，或作『犬多毛』，《集韻》作『《説文》「犬之多毛者」，引《詩》「無使尨也吠」；一曰雜也』，皆與底卷不合，疑『厚大』之訓即涉上條『庬』字注文而誤，而『《方言》云⿰弓鳥鳩』云云則涉『⿺尨鳥』字注文而誤；『⿰弓鳥』字他書未見，疑爲『鴟』字俗訛（《龍龕》卷一言部載『詆』俗作『⿰言互』，卷二土部載『坻』俗作『⿰土互』，皆可參），『鳩』則即『⿺尨鳥』字之誤，《集韻》與『尨』同一小韻下文隔四字有『⿺尨鳥』字，《廣韻》該字收在上聲腫韻、講韻，訓『⿺尨鳥鴟，鳥』，『⿰弓鳥鳩（鴟⿺尨鳥）』『⿺尨鳥鴟』一也；唯『鴟⿺尨鳥』或『⿺尨鳥鴟』今本《方言》皆未見，或『方言』二字非書名歟？

〔六〕缺字底卷殘泐，可參《切二》（伯三六九六）、《箋七》、《王二》、《裴韻》補作『馬』字。

〔七〕『駹』字條下至行末底卷殘泐。

〔八〕『⿰飠農』字條下至行末底卷殘泐。次行一代字符和『穜』字居行首，兹參《切二》（伯三六九六）、《箋二》、《箋七》、《王二》、《裴韻》回改代字符作『稯』字，『稯穜』前所缺的字頭上揭諸本皆作『稯』字，可據補。

〔九〕『⿰禾悤』字《王二》同，《校箋》：『此「⿰禾怱」字俗書。』《集韻》以『鏦』字爲正字，其所收或體有『⿰禾悤』字，『⿰禾悤』『⿰禾怱』爲一字異寫，『⿰禾悤』則又爲『⿰禾怱』字俗訛。

〔一〇〕『桻』字之下至行末底卷殘泐。

〔一一〕本條注文之字頭居底卷前行末，可參《切二》（伯三六九六）、《箋七》、《王二》、《裴韻》補作『缸』字。

〔一二〕前一『反』字下部、前一『又』字上部及後一『江』字上部底卷皆有些殘泐，兹參《切二》（伯三六九六）、《王二》、《裴韻》録定。　又或體標示『又⿸疒夆』二字《王二》作『或作⿸疒夆』，置於『二』字前，合於韻書通例，或底卷二字爲抄者之所隨補。

〔一三〕『䜶』字條之下至行末底卷殘泐。

〔一四〕『㦼』字左側底卷略殘，茲參《切二》（伯三六九六）、《箋七》、《王二》、《裴韻》校補。又缺字底卷殘泐，可參諸本補作『駟氏㦼』三字。

〔一五〕殘字底卷存下部筆畫，茲參《王二》、《裴韻》、《廣韻》及底卷文例校補作『也』字。又缺字底卷殘泐，可參諸本及底卷文例補作『龐』、『姓』及『薄江反。二』（《王二》作『蒲江反』，《切二》伯三六九六、《箋七》、《廣韻》反切上字皆作『薄』）。又『安』字底卷因斷裂而有些漫壞，此參《廣韻》録定。

〔一六〕殘字底卷存右上角一『一』形筆畫，茲參《切二》（伯三六九六）、《箋七》、《王二》、《裴韻》校補作『舽』字。又缺字底卷殘泐，可參諸本補作『大脹皃』三字。

〔一七〕『舽』字之下至行末底卷殘泐。

切韻箋注（碎片一）（卷一）

斯一〇七二〇

【題解】

底卷編號爲斯一〇七二〇，所存部分爲原紙下端一小片，存之韻四殘行十九字（包括代字符），行間有界欄。

底卷内容與《切二》及《箋二》相近，常用字或無釋義，未若《箋七》之徵引《説文》；又從其書法風格言，似有盛唐雍容之象。鈴木慎吾從『萁』字注文衆韻書之不同，指出其釋義蓋爲增訓（《〈切韻殘卷諸本補正〉未収の切韻殘卷諸本につぃて》，《開篇》第二十三卷，東京・好文出版社二〇〇四）。《榮目》定此爲『陸法言《切韻》』，鈴木慎吾亦認爲此碎片近陸氏《切韻》初期的抄本，然據前所述，疑此爲《切韻》早期的增字加訓本，故爲擬名作『切韻箋注』，簡稱『箋碎一』。

鈴木慎吾最早據影本録文并加以考訂。今據《英藏》録文，并參考敦煌韻書中相關的卷子如《切二》、《箋二》、《箋七》、《王一》及傳本韻書《王二》、《裴韻》、《廣韻》等校録於後。另附圖版於首，以資比勘。

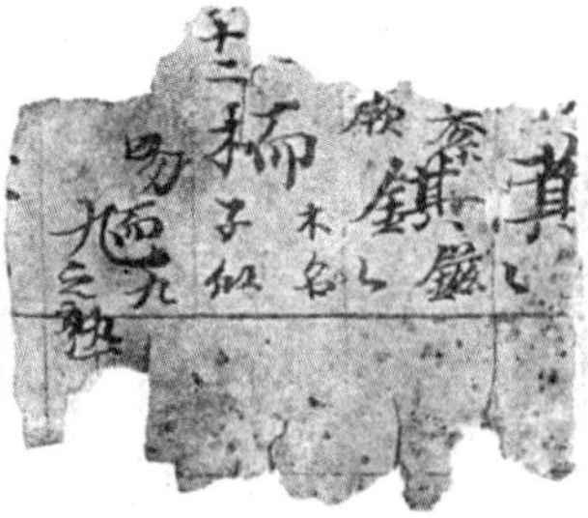

斯10720號《切韻箋注》（碎片一）圖版

（前缺）

7 之 □□▨▨（旌旗）。〔一〕 萁□萁。〔二〕 □□□蘩，□蕨。〔三〕 錤鎡錤。 □■□▨▨（之反）。十二。〔四〕 栭木

名，子似□□吻。〔五〕 [⿺尢西]（[⿺九西]）九（丸）之熟。〔六〕

（後缺）

【校記】

〔一〕殘字前者底卷存左下角一短『丿』形筆畫，後者存似代字符下部形筆畫，行首至殘字間底卷殘泐。下『萁』等字所在大韻據《切二》、《箋二》、《箋七》、《王二》、《裴韻》知當爲平聲『七之』韻字。考《箋二》、《箋七》、《王一》『萁』字前一字頭皆作『旗』字，隸『渠之反』小韻，其注文諸本略有不同，《箋二》作『旌』，《箋七》作『旌旗』，《王一》作『所（旂）』，底卷殘形與『旌旗』合，茲據校補，并爲字頭擬補一個缺字符。

〔二〕缺字底卷殘泐，考敦煌及傳本韻書，『萁』字注文分歧較多，《箋二》作『菜』，《箋七》作『豆茎（莖）』，《王一》作『豆莖』，《裴韻》作『擀（榦）』，《廣韻》作『豆萁』，鈴木慎吾擬補缺字作『豆』，可從。

〔三〕『藄』、『蕨』二字分居底卷雙行注文之右行和左行行末，行首至二字間底卷殘泐，較諸《切二》、《箋二》、《箋七》、《王一》、《王二》知此爲『藄，紫藄，似蕨』條之殘，底卷可從補，茲爲此殘條擬補三個缺字符。

〔四〕二殘字底卷皆存下部少許筆畫，行首至二殘字間底卷殘泐，按本殘條爲『栭』字所在小韻首條，此條《切二》、《箋二》作『而，如之反。十二』，《箋七》於此注文基礎上引《説文》申訓之，《王一》作『如之反。詞。十三』，『之反』二字與底卷殘字所存殘形合，茲據校補。

〔五〕『似』字居底卷前行行末，次行行首至『吻』字間殘泐，考『栭』字注文《切二》作『木名，子似粟（栗）而緦（細）；一曰梁上柱』，《箋二》、《箋七》同，唯無訛字（唯《箋七》又義後加一語氣詞『也』字），《王一》亦略同，唯又義作『一曰梁上短柱』，可參。又據《箋二》、《箋七》、《王二》、《裴韻》知『吻』字爲『咡』字注文，茲爲擬補一個字頭缺字符。

〔六〕『㛊』字所從之『九』旁及注文『九』字《箋二》、《箋七》、《王二》、《裴韻》、《廣韻》皆作『丸』形，於義爲安，底卷俗訛，茲據校改。

切韻箋注（碎片二）（卷一至三）

伯三六九六碎三（底一）
伯三六九六碎四（底二）
伯三六九六碎五（底三）
伯三六九六碎七（底四）
伯三六九六碎九（底五）
伯三六九六碎八（底六）

【題解】

底一編號爲伯三六九六碎三（伯三六九六的具體情況參《切二》題解），正面存平聲真韻字一殘行，反面字迹不能辨；底二編號爲伯三六九六碎四，正面存平聲庚韻的三個小碎片（後以《法藏》排放的位置稱之爲左、中、右片），反面字迹不能辨；底三編號爲伯三六九六碎五，正面（原卷整理時誤作反貼）存部分庚韻字殘畫，反面字迹不能辨；底四編號爲伯三六九六碎七，正面存平聲庚韻殘字，反面存上聲董韻殘字；底五編號爲伯三六九六碎九，存大小二殘片，其中大者正面（原卷整理時誤作反貼）爲《箋五》（伯三六九六A）之殘斷（參《箋五》題解），反面當爲補丁（此當爲補丁的正面），存董韻殘字（補丁的反面情況不知），小者正面存庚韻殘字，反面字迹不能辨；底六編號爲伯三六九六碎八，正面存董韻殘字，反面字迹亦不可辨。鈴木慎吾以爲諸碎片當出自同一韻書（《〈切韻殘卷諸本補正〉未收の切韻殘

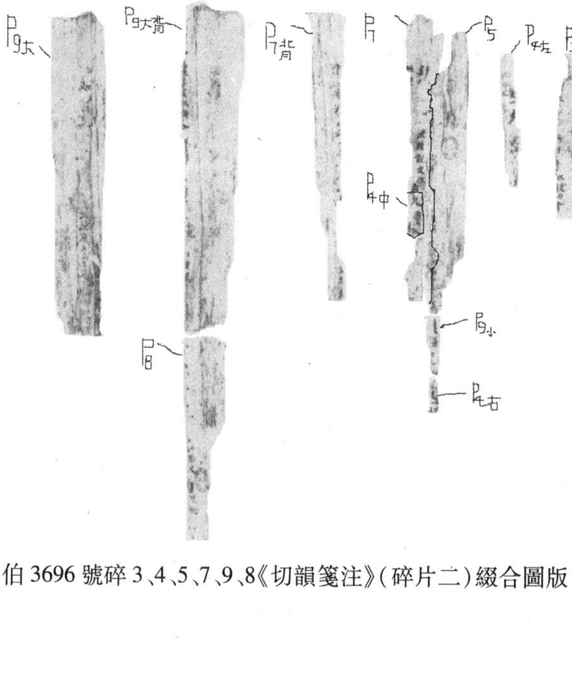

伯3696號碎3、4、5、7、9、8《切韻箋注》（碎片二）綴合圖版

卷諸本について》,《開篇》第二十三卷,東京・好文出版社二〇〇四年),且疑即《箋五》之斷,并推擬出諸底本所在原卷的版式摹擬圖,然依其圖似難以解釋何以底五大片的反面會與正面粘合在一起,疑底五反面爲一補丁(此情形與《切碎》底一相似),故今别録此六件殘片。

鈴木慎吾對諸底卷作了非常細致的考訂工作,并綴合底五小片正面及底二左片、中片與底四、底六與底五大片反面,皆可信從(詳録文校記)。諸底卷從殘存的内容看,注文訓注較爲簡略,常用詞亦有不加訓者(如『迎』、『動』等),引《説文》爲訓者多置於所據增補之《切韻》原本注文後,或於《説文》前加有『按』字,此與長孫箋注等早期箋注本《切韻》的情形相合;小韻首字的注文體例爲字頭—釋義—反切—該小韻字頭數。今爲擬名作『切韻箋注』,簡稱『箋碎二』。

今從《法藏》及膠片録文,并參敦煌韻書中相關的卷子如《切二》、《箋二》、《王一》及傳世本韻書《王二》、《裴韻》、《廣韻》等校録於後。另附圖版於前,以資比勘。

(前缺)

17真 ▭▨(蒨),▨(草)名。〔一〕 ▨(勻)▨(遍)。羊□□。□。〔二〕 ▨(淪)水没。力□□。□。〔三〕 ▨(倫)▭〔四〕

(中缺)

13庚 □□反。一。〔五〕 ▨(卿)□□□。□。《▨(説)文》作▨(卿)。〔六〕 ▨(生)▭生▭〔七〕 ▨(魚),▨▨▨(雄曰鯨),▨▨▨(雌曰鯢)。按《説文》作此▨(鱷),□□□□□□□。〔八〕 ▨(黥)▨▨(墨刑)。《▨(説)文》□□。〔九〕 ▨(檠)▨▨▨▨(所以正弓)。〔一〇〕 ▨(樈)鑿□。〔一一〕 ▨(葝)□□。〔一二〕 ▨(頋)▨(頸)。〔一三〕 ▨(迎)▨▨(語京)反。一。《▨(説)□》▭〔一四〕

(中缺)

1董[　　]▨(曈)□□，欲署。〔一五〕▨(捴)□□反。六。〔一六〕▨(嵸)□□，▨▨(山兒)。〔一七〕▨(𢋈)□□。□□□。□□□，▨▨(草兒)。〔一八〕▨(総)[　　]〔一九〕▨(䵜)□▨(𧳋)，□。〔二〇〕▨(𧳋)▨▨(奴動)□。□。〔二一〕▨(琫)▨▨▨(佩刀飾)。□□□。□。〔二二〕▨(菶)▨(草)□。〔二三〕▨(䋯)小兒□。〔二四〕▨(曨)▨▨(曈曨)。力□□。□。〔二五〕▨(襱)▨(袴)。▨▨(又直)□□。〔二六〕▨(巃)▨(巃)□。〔二七〕▨(竉)▨(孔)□。〔二八〕▨(籠)竹器。又□□□。〔二九〕▨(動)徒捴□。□。〔三〇〕▨(酮)▨(酒)[　　]〔三一〕

(後缺)

【校記】

〔一〕自首條注文『蘄』字至字頭『倫』字間爲底一內容。《切二》(無大韻標序字)、《箋二》、《王二》皆隸於平聲十七真大韻。本條二注文殘字底一皆存右側少許筆畫，《切二》、《箋二》、《王二》皆作『蘄』、『草』二字，鈴木慎吾據校，兹從之。又《切二》、《箋二》全條內容作『蘄，牛蘄，草名，青黑色』，《王二》無『青黑色』，餘同，諸本並隸之於『食倫反』小韻，可參。

〔二〕字頭殘字底一存右上部少許漫漶的筆畫，注文殘字存右部筆畫，其中『扁』形略可辨，兹參《切二》、《箋二》、《王二》校補作『匀』、『遍』二字。又缺字底一殘泐，可從諸本補作『倫反一』三字。

〔三〕字頭殘字底一存右側少許筆畫，兹據《切二》、《箋二》、《王二》校補作『淪』字。又缺字底一殘泐，其中前二字可從諸本補作『屯反』，後一字爲小韻標數字，《切二》、《箋二》皆作『十』字，《王二》本小韻收十二字，疑底一當與《切二》、《箋二》同。

〔四〕字頭殘字底一存右上部少許筆畫，兹據《切二》、《箋二》、《王二》校補作『倫』字。其下至行末底一殘泐。底一內容止此。

〔五〕本段內容《箋二》、《王一》、《王二》皆隸之於平聲庚大韻，其大韻標序字依《箋二》當作下平聲『十三』。自首條注文『反』字至『生』字注文『生』間爲底二左片内容；自殘條注文『魚』字至『檠』字注文『弓』字間爲底四正面内容；『檍』字至『葝』字間爲底二中片内容；『頗』字至『迎』字注文『語』字間爲底五小片内容；『迎』字注文『京』至『説』間爲底二右片内容。本條『反』字居底二左片行首，『反一』二字居雙行注文之左行，右行二字殘泐，考《箋二》『卿』字前爲『兵，甫榮反。一』條，《王二》爲『兄，許榮反。一』條（此條《箋二》置於『卿』字條下），《裴韻》、《廣韻》『卿』字前亦皆爲『兄』字條，可參，兹爲擬補二個缺字符。

〔六〕字頭殘字底二存左部『夕』形筆畫，鈴木慎吾蓋據《箋二》、《王二》等校補作『卿』字，兹從之。注文二殘字前者存下部漫漶的筆畫，後者存左部少許漫漶的筆畫，兹依文例校補前者作『説』字，又參《説文》校補後者作『卿』字。又缺字底二殘泐，可參《箋二》及《王二》補作『去京反一』四字。底二左片内容止此。又據《箋二》、《王二》，『卿』字所在條與下底四『黥』字所在行當爲鄰行，中間不缺行。

〔七〕字頭殘字底二存漫漶的筆畫，《王二》『卿』字下爲『生，所京反。出。七』條，《箋二》爲『兄，許榮反。一』條，其下爲『生，所京反。六』條。此殘字注文『生』字居底二雙行注文之左行行首，其下至行末殘泐，疑此注文亦引有《説文》語（《説文》『生，進也。象屮木生出土上。凡生之屬皆从生』），兹據校補字頭作『生』字。

〔八〕注文殘字第一字中部底四略有漫壞，餘畫亦稍有漫漶，第二、三、四、六字爲底三内容，皆存右部筆畫，鈴木慎吾綴合於此，兹從之，第五字底四存上端少許筆畫，第七字存左部筆畫，第八字存右部『畺』旁，兹參《箋二》、《王二》、《裴韻》、《廣韻》校補前七字作『魚』及『雄曰鯨雌曰鯢』，第八字鈴木慎吾據《説文》校補作『䲔』字，兹從之。又缺字底四殘泐，此依行款擬補八個缺字符，檢《説文·魚部》『䲔』字注云：『海大魚也。从魚，畺聲。《春秋傳》曰：「取其䲔鯢。」鯨，䲔或从京。』鈴木慎吾補缺字作『《春秋傳》曰「取其䲔鯢」』，可參。

〔九〕字頭殘字底四存左部『黑』旁和右部少許漫漶的筆畫，注文殘字前者底四存少許漫漶的筆畫，中者居底三，存右側少許筆畫，後者底四存右側少許筆畫，底三亦存部分筆畫，缺字殘泐，鈴木慎吾綴合底三、四殘字録文，并擬校本殘條作『墨刑。《説文》又作此剠』，審《箋二》、《王二》本條注文作『墨刑』，《裴韻》作『黑(墨)刑。亦剠』，按《説文・刀部》『黥，墨刑在面也。从黑，京聲。剠，黥或从刀。』又審底卷之殘字行款，『文』字居雙行注文左行行首，其下當殘泐二個小字的空間，鈴木以『文』爲『又』字，恐不足據，兹從鈴木校補三殘字作『墨刑説』。又『《説文》』下二缺字疑當爲『或剠』或『亦剠』。

〔一〇〕本條殘字底四皆僅存漫漶的筆畫，兹參《箋二》、《王二》、《裴韻》及底卷行款校補作『檠，所以正弓』五字。

〔一一〕字頭殘字底四存左部似『木』旁筆畫，底二中片存右下部似『竟』中下部筆畫，鈴木慎吾綴合録作『橩』字，兹從校補。又『鑿』字居底二中片，缺字底二中片殘泐，可參《箋二》、《王二》、《裴韻》補作『柄』字。

〔一二〕殘字底二中片存右部筆畫，鈴木慎吾蓋據《箋二》、《王二》、《裴韻》校補作『葝』字，兹從之。又缺字殘泐，可參諸本補作『山薤』二字。

〔一三〕本條殘字居底五小片，字頭殘字存右部『頁』旁，注文殘字存右部『頁』旁及左部少許筆畫，鈴木慎吾蓋據《箋二》、《王二》、《裴韻》校補作『頗頸』二字，并與前底四相綴合，兹從之。

〔一四〕字頭及注文第一殘字居底五小片，皆存右部少許筆畫，其中後者右下角『口』形可辨，注文後二殘字及『反一』爲底二左片内容，其中二殘字前者存下部筆畫，『小』形可辨，後者存上部筆畫，似『説』字上部形，鈴木慎吾蓋據《箋二》、《王二》、《裴韻》及諸底卷文例校補作『迎』、『語京』、『説』四字，并予綴合，兹從之。又『説』字下至行末底二左片殘泐，爲便檢讀，姑於『説』字下擬補一個缺字符。

〔一五〕本段内容《箋二》、《王一》、《王二》皆隸於上聲『一董』大韻。自『曈』字至『総』字間爲底四背面内容；自『䳆』字至『襱』字之注文『又』字間爲底五大片背面内容；自『襱』字注文『直』字至『酮』字注文『酒』字間爲底六内容。本條字頭殘字底四背存左部筆畫，其中『日』旁可辨，兹參《箋二》、《王二》、《裴韻》校補作『曈』字。又注文缺字殘泐，可參諸本補作『曈曨』二字。又『署』字《裴韻》同，《廣韻》作『曙』，《箋二》本大韻前『曈』字注文亦作『曙』，『署』當讀爲『曙』。

〔一六〕『反』、『六』二字底四背皆存右半字形，兹參《箋二》、《王二》、《裴韻》及《廣韻》録定。 又字頭殘字存左部『扌』旁，兹參諸本補作『捴』字。 又注文缺字底四背殘泐，可參諸本補作『作孔』二字。

〔一七〕字頭及注文殘字底四背僅存左側少許筆畫，兹參《箋二》、《王二》、《裴韻》及《廣韻》校補作『嵸』、『山皃』三字。 又注文缺字殘泐，可參諸本補作『巃嵸』二字。

〔一八〕前一條字頭殘字底四背存左部似『厂』形部分筆畫，後一條注文殘字存似『草皃』二字左半筆畫，兹參《箋二》、《王二》、《裴韻》及《廣韻》校補作『𢈞』、『草皃』三字。 又殘字『𢈞』至殘字『草』間底四背漫滅約三個大字的空間，鈴木慎吾蓋參諸本擬補作『衆立。○鬆，鬆角。○蓯，菶蓯』，可從，兹據擬補八個缺字符。

〔一九〕字頭殘字底四背存左部『糸』旁，其下至行末殘泐，兹參《箋二》、《王二》、《裴韻》及《廣韻》校補殘字作『總』。 以下爲底五背内容，比較諸本知底四背與底五大片背間不缺行，故爲接録。

〔二〇〕字頭殘字底五大片背存右側少許筆畫，注文殘字存右部似『農』字右部形筆畫，兹參《箋二》、《王二》及《廣韻》校補作『郺』、『䢋』二字。 又缺字底五大片背殘泐，可參諸本補作『郺』、『多』二字。

〔二一〕字頭殘字底五大片背存右側少許筆畫，注文二殘字分别存右部『又』、『力』二旁，兹參《箋二》、《王二》、《裴韻》及《廣韻》校補作『䢋』『奴動』三字。 又注文缺字底五大片背殘泐，可參諸本及諸底卷文例補作『反』、『一』二字。

〔二二〕字頭殘字底五大片背存右部一捺形筆畫，注文三殘字皆存右側筆畫，兹參《箋二》、《王二》、《裴韻》、《廣韻》校補作『琫』『佩刀飾』四字。 又缺字底五大片背殘泐，可參《箋二》補作『方孔反三』四字，其反語《王二》、《裴韻》同，小韻標數字後二書作『四』字，底五大片背本小韻所收字數與《箋二》同。

〔二三〕字頭殘字底五大片背僅存右下角一點狀筆畫，注文殘字存右部筆畫，兹參《箋二》、《王二》、《裴韻》、《廣韻》校補作『菶』『草』二字。 又注文缺字底五大片背殘泐，可參諸本補作『盛』字。

〔二四〕字頭殘字底五大片背僅存右側少許殘迹，茲參《箋二》、《王二》、《裴韻》、《廣韻》校補作『絜』字。又注文缺字底五大片背殘泐，可參《箋二》補作『履』字，《王二》、《裴韻》、《廣韻》作『屨』字。

〔二五〕字頭殘字底五大片背存右下角少許筆畫，注文二殘字分别存右部『童』、『龍』二旁，茲參《箋二》、《王二》、《廣韻》校補作『曨』、『曈曨』三字。又缺字底五大片背殘泐，可參《箋二》、《王二》補作『董反五』三字，『董』字《廣韻》同。

〔二六〕字頭殘字底五大片背存右側少許筆畫，注文殘字前二者底五大片背存右部筆畫，後者居底六，存右下角少許筆畫，鈴木慎吾蓋據《箋二》、《王二》、《裴韻》及《廣韻》擬校殘字作『襱』『袴又直』四字，并予綴合，茲從之。又注文缺字底卷殘泐，可參諸本補作『隴反』二字。

〔二七〕字頭及注文殘字底六皆存右側少許筆畫，茲參《箋二》、《王二》、《裴韻》及《廣韻》校補作二『巃』字。又缺字底六殘泐，可參諸本補作『嵸』字。

〔二八〕字頭及注文殘字底六皆僅存右側少許筆畫，茲參《箋二》、《王二》、《裴韻》及《廣韻》校補作『竉』、『孔』二字。又注文缺字底六殘泐，可從諸本補作『竉』字。

〔二九〕字頭殘字底六存右下角少許筆畫，茲參《箋二》、《王二》、《裴韻》及《廣韻》校補作『籠』字。又缺字底六殘泐，可參諸本補作『盧紅反』三字。

〔三〇〕殘字底六存右部『力』旁，茲參《箋二》、《王二》、《裴韻》及《廣韻》校補作『動』字。又『徒揔』二字底六略有漫漶，茲參諸本録定。又缺字底六殘泐，前者可參諸本及諸底卷文例補作『反』字，後者爲小韻標數字，《箋二》作『四』，《王二》、《裴韻》作『五』，《廣韻》作『九』，疑底六當與《箋二》同。

〔三一〕字頭殘字及注文殘字底六皆存部分漫漶的筆畫，其下至行末底六殘泐，茲參《箋二》、《王二》、《裴韻》及《廣韻》校補作『酮』、『酒』二字，考『酮』字注文《箋二》、《王二》、《裴韻》皆作『酒壞』，《廣韻》作『酒壞。又音同』，疑底六當與敦煌諸本同。

切韻箋注（碎片三）（卷三）

俄敦一二六七

【題解】

底卷編號爲俄敦一二六七，此蓋是被裁來粘補他書的補丁，存一紙，兩面書，正反各一行文字，正面存上聲麌韻的『取』『縷』二字及注文，此當居末行，《俄藏》以此爲反面，非是；反面存上聲麌韻的『陋、僂、褸、簍、螻、漊』六字及注文，此當居首行，《俄藏》以此爲正面，非是。正反文字可相銜接，行抄十七個左右大字，有界欄。

從所存的兩個小韻情況推證，其小韻首字的注文體例爲字頭—反切—小韻標數字，其正面注文除『力主反』小韻比《箋二》多一字外，餘與《箋二》全同，而其所多之字，則於注文中標明『出《説文》』，此與前所揭示的長孫《切韻》箋注本合，上田正已指出其與長孫訥言箋注本《切韻》甚似（《ソ連にある切韵残卷について》，載《東方學》第六十二輯，一九八一），《周韻》修訂本擬名作『增字本切韻』。《孟目》擬名作《切韻》，但謂『各字的排列順序及其解釋均與《刊謬補缺切韻》相符』，《俄藏》因而改擬作《刊謬補缺切韻》，不確，今爲擬名作『切韻箋注』，簡稱『箋碎三』。

潘重規《瀛涯敦煌韻輯拾補》（《新亞學報》第十一卷，一九七四）最早據原卷録文；《俄藏》以底卷與俄敦三一〇九號合頁影印；上田正亦據馬淵和夫抄本綴合校録（載見前文），於一九八一年發佈；《周韻》增補本（臺灣學生書局一九九四）因之。審底卷與俄敦三一〇九號書體、行款皆不同，其中且有重出文字，今別爲録文，因俄敦三一〇九號與《箋二》全同，故用爲《箋二》之參校本。

底卷據《俄藏》録文，并參考敦煌韻書中相關的卷子如《箋二》、《王一》及傳本韻書《王二》、《裴韻》、《蔣藏》、《廣韻》等校録於後。

（前缺）

·9 麌 □□又求□□[一] 取七庾反。一。縷縷絲。力主反。六加一。𨻻羸𨻻，縣名，在交阯。羸字落禾（千）反。[二] 僂傴僂。褸襤褸。簍小筐。嶁岣嶁，衡▨▨（山別）名。[三] 漊雨漊漊也；一曰汝南謂飲酒習之不醉爲漊。出《說文》。

（後缺）

【校記】

[一] 所存内容據《箋二》、《王二》、《裴韻》知當爲上聲「九麌」韻字。「取」前一字注文底卷存八九個文字，其中右行末二字可辨爲「又求」，餘則漫漶且左右反粘，不能辨識，考《箋二》「取」前一字作「蒟」，其釋文爲「蒟醬，出蜀。又求于、俱付二反」，蓋即其文。

[二] 「禾」爲「千」字形訛，參《箋二》校記[一六六]，茲據校改。

[三] 殘字底卷存右側筆畫，茲據《箋二》、《王二》、《裴韻》校補作「山別」二字。

切韻箋注（碎片四）（卷五）

伯三六九六碎十一

【題解】

底卷編號爲伯三六九六碎十一，存入聲『蹳』、『抪』、『䤵』三條殘字。

底卷書體與伯三六九六其他碎片不同，鈴木慎吾已指出這一現象，故此别爲録文。審底卷書體筆畫直硬，疑是硬筆所爲，而以敦煌文獻之抄寫情況看，用硬筆書者多爲敦煌陷蕃後的産物，如此則當屬於九世紀以後的抄本，然從其所存内容看，疑仍屬於箋注本《切韻》系韻書。姑爲擬名作『切韻箋注』，簡稱『箋碎四』。

今從《法藏》録文，并參敦煌韻書如《箋二》、《箋五》、《王一》及傳世本韻書《王二》、《裴韻》、《蔣藏》、《廣韻》等校録於後。

（前缺）

11末 蹋草聲。[一] 抪▨（推）。[二] ▨（䤵）[三] □

（後缺）

【校記】

[一] 字頭『抪』所在大韻據《箋二》、《箋五》、《王一》知當爲入聲『十一末』韻。本條『蹋』字居底卷行首，考《箋二》、《箋五》、《王一》（省作『蹳』形）知此爲『蹳』字注文，隸入聲十一末韻『普括反』小韻。

[二] 注文殘字底卷存右上角筆畫，兹據《箋二》、《箋五》、《王一》校補作『推』字。

〔三〕字頭殘字底卷存左部『酉』旁及右上角筆畫，兹據《箋二》、《箋五》、《王一》校補作『蹄』字。又三書注文皆作『酒色』，當可參補。

切韻箋注（碎片五）（卷一、二）

斯一一三八〇

【題解】

底卷編號爲斯一一三八〇，原殘片由三個紙條粘成，每條一行字。其中第一個紙條正面書『平上去入四聲足』，背面書『宮商徵羽角五音』；第二條似書平聲下卷卷首目録，然僅抄『先蘇前』三字；第三條爲平聲上最後一大韻山韻的內容。從韻書的一般情況看，其録文順序當與底卷三個紙條的順序相反，故疑此或爲據某一韻書所作的練字雜抄，或爲粘合已剪裁好的剩餘補丁以供抄録文字之用，故此徑參《唐刊》、《廣韻》體例逆三殘條之序録文。《榮目》擬作『字書』，《英藏》從之，不確。今依第三片殘文擬名作『切韻箋注』，簡稱『箋碎五』。

鈴木慎吾據底卷第三條內容推測此韻書與長孫訥言的箋注本《切韻》相近（《〈切韻殘卷諸本補正〉未收の切韻殘卷諸本について》，《開篇》第二十三卷，東京・好文出版社二〇〇四年），甚是，然如第一條的內容與後二條屬同一韻書，則表明箋注本韻書已有於正文後附録音韻學知識介紹的內容了。

鈴木慎吾於《〈切韻殘卷諸本補正〉未收の切韻殘卷諸本について》一文中最早據影本録文并加以校訂。今據《英藏》録文，并參敦煌韻書如《箋二》及傳世本韻書《王二》、《廣韻》等校録於後。

（前缺）

26山 二加一。〔一〕▨（覸）人名。出《▨▨（孟子）》。〔二〕▨（顚）頭髮少□。〔三〕▨（戲）虎淺文皃。昨□□。□□□。〔四〕▨（鬝）▨（按）《説文》□□□。〔五〕■▨（羊）臭。許▨（閑）□。□□□□。□。□〔六〕

先蘇前〔七〕

平上去入四聲足〔八〕

宮商徵羽角五音〔九〕

（後缺）

【校記】

〔一〕自此『二加一』至後『許▨（閑）』間的内容底卷抄於一行，居正面三個紙條之末條（原紙似由三個紙條相粘而成），今依韻書内容之順序乙正録文。本段大韻據《箋二》、《王二》推知當爲平聲『廿六山』韻。其『覵』字所在小韻《箋二》首條作『慳，悋。苦間反。二』；《王二》略同，唯小韻標數字作『七』；《廣韻》亦略同，唯反語下字和小韻標數字作『閑』、『八』，可參。

〔二〕字頭殘字底卷存右部『見』形部分，考《箋二》、《王二》、《廣韻》此字皆作『覵』形，合於《説文》，底卷俗訛，兹據校補作正字形。又注文殘字底卷皆存右部筆畫，兹參諸本及《説文》校補作『孟子』二字。

〔三〕字頭殘字底卷存右部『頁』旁，兹參《箋二》、《王二》、《廣韻》校補作『顅』字。又注文『頭髮少』三字居雙行注文之右行，其左行殘泐，考『顅』字注文《王二》作『少髮。又苦班反』，《廣韻》作『頭髮少皃』，唯依底卷行款，其左行置又音反語雖無可能，但若置一直音却是可能的，也可能僅抄一個『皃』字，故不能推知底卷注文左行之詳情。

〔四〕字頭殘字底卷存右側『戔』旁大部，兹據《箋二》、《王二》、《廣韻》校補作『虥』字。又注文『虎淺文皃昨』居雙行注文右行，其左行殘泐，考『虥』字注文《箋二》作『虎淺文皃。昨閑反。［一］』，《王二》略同，唯小韻標數字作『七』，鈴木慎吾蓋參底卷文例行款及本小韻實收字數補注文左行文字作『閑反一加一』五字，茲從擬補五個缺字符。

〔五〕字頭殘字底卷僅存右部似『冂』形筆畫，注文殘字存右部『安』旁，鈴木慎吾蓋依文例校補注文殘字作『按』，茲從之；又《王二》『戱』字條下接『髷，髮禿』條，《廣韻》、《集韻》本小韻字別有調整，分隸『昨閑切』和『士山切』（《集韻》作『鉏山切』）二小韻，其中《集韻》『鉏山切』小韻亦收有『髷』字，《説文・髟部》『髷，鬢禿也』，鈴木慎吾謂此字頭殘字當即『髷』字，或可信從。又注文『按《説文》』三字居雙行之右行，其左行全殘，疑可從《説文》『髷』字訓補作『鬢禿也』三字，茲爲擬補三個缺字符。

〔六〕注文二殘字底卷皆存右側筆畫，『▨臭許▨』四字居雙行之右行（左行全殘），其下至行末殘泐，比較《箋二》知此殘條當即其『羴，羊臭。許閑反。又失聯反。一』之殘，《王二》本條同，茲據校補二殘字作『羊』、『閑』，并從擬補七個缺字符。

〔七〕本行居正面三個紙條之中條，今依韻書内容之順序録於末條之下。『蕪前』二字分居底卷注文雙行之右行和左行，其下至行末未録文字，依韻書文例，疑此爲平聲下卷卷首韻目字。

〔八〕本行抄於正面三個紙條之首條，今依韻書内容之順序録於三條之末，疑原當附於韻書正文之末行。

〔九〕本條抄於『平上去入四聲足』所在紙條之反面，如此與以上二紙條之内容爲同一韻書，則明此韻書或與《廣韻》一樣在後面附有部分韻學知識介紹。